税收法治通论

杨志强◎主编

中国税务出版社

图书在版编目（CIP）数据

税收法治通论 / 杨志强主编． -- 北京：中国税务出版社，
2014.9（2018.4 重印）
ISBN 978-7-5678-0135-6

Ⅰ．①税… Ⅱ．①杨… Ⅲ．①税法—研究—中国
Ⅳ．① D922.220.4

中国版本图书馆 CIP 数据核字（2014）第 203755 号

版权所有·侵权必究

书　　名	税收法治通论
作　　者	杨志强　主编
责任编辑	刘淑民　刘　菲
特约编辑	孙晓萍
责任校对	于　玲
技术设计	刘冬珂
出版发行	中国税务出版社
	北京市西城区木樨地北里甲 11 号（国宏大厦 B 座）
	邮编：100038
	http : // www.taxation.cn
	E-mail : swcb@taxation.cn
	发行中心电话：(010) 63908889 / 90 / 91
	邮购直销电话：(010) 63908837　传真：(010) 63908835
经　　销	各地新华书店
印　　刷	北京天宇星印刷厂
规　　格	787×1092 毫米　1/16
印　　张	37.5
字　　数	661000 字
版　　次	2014 年 9 月第 1 版　2018 年 4 月第 4 次印刷
书　　号	ISBN 978-7-5678-0135-6
定　　价	98.00 元

如有印装错误　本社负责调换

《税收法治通论》编写组

主　　　编：杨志强

副 主 编：卜祥来

编写组成员：施　宏　　李　娜　　王　珊　　饶梦阳
　　　　　　张清松　　乔　游　　王秉明　　唐敬春
　　　　　　毛　江　　高　源　　欧阳晓娴　易　明
　　　　　　高文学　　黄建达

序 言

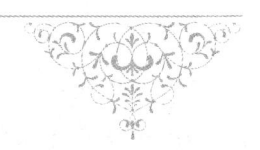

"推进法治中国建设",是党的十八届三中全会作出的决定,是旗帜,是号角。"建设法治中国,必须坚持依法治国、依法执政、依法行政共同推进,坚持法治国家、法治政府、法治社会一体建设",是党的十八届三中全会作出的部署,是任务,是举措。即将召开的党的十八届四中全会将首次聚焦"依法治国",是里程碑,是路线图。

法治税收建设,是法治中国建设的重要组成部分。党的十八届三中全会《关于全面深化改革若干重大问题的决定》指出,"财政是国家治理的基础和重要支柱,科学的财税体制是优化资源配置、维护市场统一、促进社会公平、实现国家长治久安的制度保障。"这是新中国成立以来第一次对财政如此定位。决定同时指出,"落实税收法定原则",这是建党以来第一次将"税收法定原则"写入党的纲领性文件,具有史无前例的开创作用。2014年初召开的国务院第二次廉政工作会议强调,"对市场主体,'法无禁止即可为',对政府,'法无授权不可为'",这是法治思维和法治方式的体现,是践行法治政府的具体行动,具有泾渭分明的指南作用。根据党中央、国务院的精神,国家税务总局党组第一次提出"税收现代化"奋斗目标,其中"六个体系"的第一个体系就是"建立完备规范的税法体系",接着是"成熟定型的税制体系、优质便捷的服务体系、科学严密的征管体系、稳固强大的信息体系、高效廉洁的组织体系"。显而易见,税收现代化要求用法治的理念和方式处理政府与市场、征税人与纳税人等多种复杂关系,要求税制的经济目标、政治目标和社会目标的有机统一,要求适应纳税人主体的变化、科技信息技术的突飞猛进,要求顺应世界税制的发展和税收管理的趋势。由此可见,"以法治税"、"依法治税"的法治税收建设随着法治中国建设的步伐踏上新征程、迈上新台阶。

法治的治是统治的"治",而不是治理的"治"。法治税收建设的"法",既包括税收法律,又包括行政法规和部门规章,它们是一个体系,共同居于法治税收的统治地位。知法治其要义,懂法治其内涵,正是发挥国家治理体系和治理能力作用的关键。

《税收法治通论》恰逢其时,应运而生。这是一本通晓税收法治打牢基础的书,是一本通达税收法治冲上彼岸的书。阅读全书,合卷而感:既是一次轻松的"税收法治之旅",又是一次成功的"税收法治之战"。

第一,一个好书名。本书用税收法治为名,在国内能见到的数十本税法学书中,不落窠臼,首屈一指,十分灵性地体现近年来我国税收法治工作深入推进的重大成果和里程碑式的意义。

第二,一个好结构。书的篇章是按照税法基础理论、税收立法、税收实体法要素、税收程序法制度、国际税法、税收法律救济、税收法律责任、税收法治专题研究分章论述的,体现了以法学基本理论为指导,遵循立法、执法、司法的逻辑顺序,实体法与程序法并重的法律体系进行布局的。

第三,一个好通论。本书没有简单介绍现行税制的内容,而是按照法学原理,分析各方面、各层次的税收问题,通而不泛,通不求全,力求理论指导实务,实务丰富理论,力求理论与实务相辅相成,相得益彰,是名副其实的通论。

这是本书区别于现有诸多税法学书籍的特色之处,也可以说是本书的成功之处。

第四,一本好教材。本书基本理论介绍简单明了,具体内容论述的都是在实际工作中存在的问题,好像用解剖学分析结构,用显微镜观察问题,用神经学把握经络。一个税务工作者通过本书基本能找到他想找到的答案,尽管可能不是十分准确,或是值得探讨;一个税法研究者通过阅读此书可以了解纷繁芜杂的税法实务,为开展实务研究提供新的具体的素材。

第五,一种好精神。创新是一种精神,是一种能力,是一种实现税收现代化的发展动力。例如,将税收的特征重新归纳为"国家主体性、公共目的性、无偿征收性"。例如,从税法基础理论研究角度入手,重新梳理了税收实体法的制定原理、各要素之间的相互关系。同时,在比较分析税务登记制度与商事登记制度的基础上,在置身于加快转变政府职能、深化行政体制改革的大背景下,重新阐述了税务登记制度如何改革的见解。例如,针对"营改增"的背景,面对发票管理手段弱化带来的挑战,积极探讨了地方税务机关如何创新管理方式、提升管理的途径。例如,从实际出发,大胆提出了借鉴国际经验,完善我国纳税申报制度的建议,等等。

《税收法治通论》这本书,流淌着一股实劲:立足实际、面向实际、服务实际;流淌着一股闯劲:务实探索、求是探索、管用探索;流淌着一股韧劲:率先知行合一、笃实行胜于言。

我和杨志强同志相识近二十年了。他先后从事税政、稽查、法制工作,担任过稽查局长、法制处长、分管法制工作的副局长,曾任海淀区常务副区长、市政府副秘书长,现任北京市地方税务局局长。当年,在全国税收法规工作会议上,听他的发言,总能感觉到他是一位学习型、思考型、研究型的领导,有理论功底,有实践经验,思考问题有新亮点,解决问题有新招数,令人耳目一新,思想一震。自2013年4月主持北京市地税局工作以来,他坚持以法治税收建设为纲,组建"北京税收法制建设研究会",并组织一批"胸"有税理、"身"接地气、税龄十年以上的同事们,在全面搜集和消化吸收税法研究已有成果的基础上,充分结合自己的学习心得和工作体会,历时一年多,编写了这本《税收法治通论》。本书既体现了专业性、实用性、指导性，又体现了责任感、使命感，还体现了务实、创新的时代精神。他们的思考和创作，你能认同、接受、赞成，是好事，如你不认同、不接受、不赞成，就此展开交流、争论和批评，我想也是他们愿意看到的，同时也是我乐意看到的。

中国税务出版社把这本书当作力作来打造，是独具慧眼的，对繁荣税法学肯定是一件大好事。希望税务系统中有更多的同志拿起自己的笔总结本单位、本系统的税收法治经验，共同推动税法学的研究，为实现税收现代化和推动税收文明作出应有的贡献。这也算是一个老税务人的殷切期盼。

邀作序，允作序。是为序。

郝昭成

2014年8月于北京玉渊潭

前　言

　　法治（rule of law），即法律之治，是一种与人治相对应的社会治理的理论、原则和方法。它既是一种治国之略，也是一种因依法办事而形成的良好社会状态，更是一种法律精神和社会理想。法治的基本内涵包括法律至上、良法之治、人权保障、司法公正和依法行政等。法治是迄今为止人类社会探索出来的治理国家的最理想模式。党的十八大报告指出，法治是治国理政的基本方式，要积极推进依法行政，促进科学立法、严格执法、公正司法、全民守法，确保法律面前人人平等。十八届三中全会将落实税收法定原则首次写入党的重要纲领性文件，进一步彰显税收法治建设的重要地位。税收法治，就是依据税收法定原则，对税收立法、税收执法、税收司法和税收法律监督等一系列税收法律制度进行创建，使征税主体与纳税主体的税收法律行为合法、规范、有序，从而实现依法征税和依法纳税的良性社会秩序状态。税收法治是法治在税收领域的实践和应用，是从税收角度对法治的性质、功能、目标方向、价值取向和实现途径等重大问题的系统化认识和反映。其核心是在保障国家行使征税权力的同时，限制国家的任意征税权，保障纳税人合法权益。

自1994年我国推行分税制改革以来，经过20年的不断努力，我国已初步建立起一个以法律、法规为主体，规章和规范性文件相配套，实体法与程序法并重的税收法律体系，并在统一税法、公平税负、简化税制、合理分权等方面采取了一系列措施。依法行政被放在政府自身建设的重要位置。贯彻依法治国基本方略，推进依法行政，建设法治政府，是党治国理政从理念到方式的革命性变化。随着依法行政工作的不断推进，广大税务干部的法治意识不断增强，税收征管质量和效率逐步提高，税法遵从度和纳税人满意度不断提升。税务机关坚持有法可依、有法必依、执法必严、违法必究，基本实现了"五个转变"：一是治税理念逐渐从"法制"向"法治"转变；二是制度执行逐渐从依"文"层层转发向依"法"科学规范转变；三是管理方式逐渐从"管制型"向"服务型"转变；四是监督机制逐渐从"单一型"向"立体化"转变；五是治税模式逐渐从"孤军奋战"向"部门协同"转变。在长期税收征管实践中，税务机关也摸索运用了一定的理论研究方法，形成了一批实践经验成果，为推进税收法治建设，加强税法学理论研究，促进税收理论、法律理论与实践有机融合创造了条件。

2013年年底，国家税务总局提出，当前和今后一个时期，我们的工作目标就是通过创新理念、创新机制、创新组织、创新方法、创新能力、创新文化，逐步建立完备规范的税法体系、成熟定型的税制体系、优质便捷的服务体系、科学严密的征管体系、稳固强大的信息体系、高效清廉的组织体系，到2020年基本实现税收现代化。税收现代化是以依法治税、依法行政为基础，以管理、服务、技术手段的现代化为依托，以人的现代化为决定因素，与经济社会发展阶段相适应的税收管理状态。税收现代化是一个历史的发展过程。它的基本价值取向是培养税务机关与纳税人法律至上的现代法治观念。我们认为，税收现代化的重要标志之一就是税收的法治化。没有税收法治做基础，税收现代化就成为无源之水、无本之木。税收法治是建设法治国家不可缺少的重要组成部分，是税务机关履行职能的根本保证。为推动实现新时期税收现代化的工作目标，我们必须牢固树立法治理念，增强法治意识，提高依法行政能力，以法治为原则有效规范税收立法、税收执法、税收司法等活动。

税法学是一门研究征税主体与纳税主体之间税收法律关系及其税收法律行为的学科，是法学的重要分支。税法学的创立与发展充分借鉴了法理学、宪法学、行政法学、民法学、经济法学、诉讼法学等其他法律学科的经验。如根据宪法精神，明确了税收法律关系主体的权利与义务；根据民法精神，明确税收债权的产生与消灭以及诸多民法概念在税法中的适用等；根据诉讼法精神，设立税收行政诉讼程序等。同时，税法学也吸纳了经济学、管理学、社会学、会计学等其他学科的研究成果。如利用经济学方法，研究税收开征、停征以及课税要素变动可能产生的经济效果，为制定税收政策提供依据等。近年来，税法学领域研究成果颇多，有力地促进了税收法制建设。但是，由于税法学成为独立学科的时间还很短，研究重点还主要停留在如何针对具体问题制定税收政策、如何对税收政策加以实际运用等方面，基础理论研究重视不够、研究方法比较单一，改变这种状况需要更多通晓税收与法律理论知识，实践经验丰富，具有一定研究能力的人士共同努力。

编著《税收法治通论》一书，目的就是要充分汲取当前国内外税法学研究成果，系统整理并如实反映税务机关的工作经验和问题，为推动税法学的理论和实践研究，推进实现税收现代化贡献力量。编著过程中，我们坚持科学实用、内容全面、联系实际、有所创新的工作原则，力求从理论研究层面和税收实践层面，就各章节内容进行多角度、立体化的分析，既简明扼要地介绍税法学界现有的理论成果，又开门见山地陈述我们的观点和看法；既客观反映当前税收立法、税收执法、税收司法活动中存在的问题，又对改进和完善相关法律法规和管理制度提出相对合理、可行的意见。本书力求体现以下特点：一是实用性和可读性。如在税法基础理论部分，特别是税收实体法要素研究方面，没有采取传统的分税种介绍法律内容的写作手法，而是按照税制要素进行专题研究，力求以全新视角解读税制设计的基本原理。二是专业性和实践性。本书重点介绍了税收管理基本制度和税法执行中的重点难点问题，同时如实反映税收管理实践工作情况，在专业探索和管理实践方面具有一定的比较优势。三是指导性和启发性。本书在介绍税法基础知识的同时，也提出了关于税法理论和实践问题的意见和建议。希望本书能够成为税收专业人员学习税收理论和征管业务的基础性教材，也能成为纳税人和社会各界了解税收、熟悉税收的参考用书，帮助广大读者掌握税法知识，提高运用法治思维和法律手段解决实际问题的能力。

由于编者知识水平有限，本书还有疏漏、不足和失误之处，恳请读者批评指正。

编　者

2014年8月

目　录

第一章　税法基础理论　　1

第一节　税法的概念与特征　　3
第二节　税法原则　　11
第三节　税收法律关系　　26
第四节　税法的分类　　39
第五节　税法的地位　　44
第六节　新中国税法的建立与发展　　55

第二章　税收立法　　71

第一节　税法的渊源　　73
第二节　税法的制定　　81
第三节　税法立法技术　　95
第四节　税法的解释　　112
第五节　税法的效力　　121

第三章　税收实体法要素　　129

　　第一节　概　　述　　131

　　第二节　纳税人　　135

　　第三节　课税对象　　143

　　第四节　税　　目　　149

　　第五节　计税依据　　153

　　第六节　税　　率　　167

　　第七节　纳税环节　　178

　　第八节　税收优惠　　181

　　第九节　纳税地点　　193

　　第十节　计税期间和纳税期限　　204

第四章　税收程序法基本制度　　213

　　第一节　税收程序概述　　215

　　第二节　税务登记　　219

　　第三节　账簿和凭证管理　　229

　　第四节　发票管理　　237

　　第五节　纳税申报　　246

　　第六节　税款征收　　255

　　第七节　税务检查　　262

　　第八节　税收保全　　273

　　第九节　税收强制执行　　280

　　第十节　欠缴税款管理　　285

第五章　国际税法　293

第一节　国际税法概述　295
第二节　税收管辖权　297
第三节　国际重复征税及其避免　301
第四节　国际税收协定　307
第五节　国际税务争议的解决　327
第六节　内地与香港、澳门间税收安排　336

第六章　税收法律救济　343

第一节　税务行政调解　345
第二节　税务行政复议　352
第三节　税务行政诉讼　364
第四节　税务行政赔偿　373

第七章　税收法律责任　381

第一节　税收法律责任概述　383
第二节　纳税主体的税收法律责任　387
第三节　征税主体的税收法律责任　397
第四节　其他主体的税收法律责任　405

第八章　税收法治专题研究　411

第一节　法治国家建设与税收法治　413

第二节　税收法定原则的中国实践　　　421

第三节　税务依法行政理论与实践　　　433

第四节　纳税服务　　　444

第五节　税收风险管理与纳税评估　　　455

第六节　税收滞纳金　　　463

第七节　税收优先权　　　471

第八节　税务行政裁量权　　　484

第九节　税务行政处罚　　　495

第十节　税务行政审批　　　504

第十一节　避税与反避税　　　517

第十二节　税法的期间制度　　　534

附录　　　551

附表一：中国现行税种纳税人列表　　　551

附表二：中国现行税种课税对象列表　　　553

附表三：中国现行税种税目税率列表　　　555

附表四：中国现行税种计税依据列表　　　562

附表五：中国现行税种纳税环节列表　　　565

附表六：中国现行税种税收优惠列表　　　567

附表七：中国现行税种纳税地点列表　　　572

附表八：中国现行税种计税期间和纳税期限列表　　　575

参考文献　　　578

后记　　　583

第一章　税法基础理论

研究税收法治，首先必须弄清楚税法的基础理论问题。本章从深入探讨税收的概念与特征入手，阐释税法的概念、特征及其与税收的关系。在此基础上，对税法所蕴含的基本原则和税法的适用原则进行了归纳，并对税收法律关系的概念、构成要素以及产生、变更、消灭进行了分析。为便于读者更加系统地把握税法，本章按照不同的标准对税法分类进行简要介绍，并通过全面研究税法与宪法以及其他部门法的关系，阐述了税法作为一个单独的法律部门的必要性，最后在介绍新中国税法发展历程的基础上，对我国现行税法体系进行了分析。本章旨在对税法中一些基本的知识和问题进行介绍和剖析，为读者正确全面认识税收、税法以及我国的税法制度奠定基础。

第一节　税法的概念与特征

早在一个多世纪前，马克思就指出："税收是国家存在的经济体现"[①]。德国经济学家熊彼特也在1918年提出了"税收国家"的概念。据统计，当今世界大多数国家税收收入占财政收入的比重都在80%以上，一些发达国家更是高达90%以上，从这个角度而言，大多数国家已成为"税收国家"。但时代发展至今，税收国家的内涵已不再局限于税收收入是国家财政收入的主要组成部分这么简单，尊重和保护私权、合理限制和制约公权的"法治"思想早已成为税收国家的应有之意，税收法定主义更是被多个国家的宪法确认为一项基本的法治原则。在近现代民主社会里，国家的税收无一不是以法律的形式来明确，并通过法律的实施来实现的。"有税必有法，无法必无税"，税收与税法密不可分。

一、税收的概念与特征

税收是税法之本，是决定税法的内容和性质的主要因素。学习和研究税法必须首先明确什么是税收，这既是税法学习的逻辑起点，也是税法研究的重要基础。

（一）税收的概念

"皇粮国税，自古有之。"税收是一个古老的经济范畴，随着社会生产力的发展，经历了从简单到复杂、从低级到高级的发展过程。因其历史悠久、演变复杂、形式纷繁，人们对于税收的认识存在诸多分歧，对税收概念的表述也众说纷纭。英国古典政治经济学创始人威廉·配第在其代表著作《赋税论》中指出，赋税在本质上是纳税人因从公共安宁中所分享的好处或利益而向国家缴纳的公共经费。大卫·李嘉图在其所著的《政治经济学及赋税原理》中指出：赋税是一个国家的土地和劳动的产品中由政府支配的部分；它最后总是由该国的资本中或是由该国的收入中支付的。德国经济学家海因里森·劳认为，税收是政府根据一般市民的标准向其课征的资财。日本税法学家金子宏认为，税收是国家为取得用以满足公共需求的资金，基于法律的规定，无偿地向私人课征

[①] 中共中央马克思恩格斯列宁斯大林著作编译局. 马克思恩格斯选集：第四卷[M]. 北京：人民出版社，1972：167.

的金钱给付。《美国经济学辞典》指出：税收是居民个人、公共机构和团体向政府强制转让的货币（偶尔也采用实物和劳务的形式）。在我国，经济学界普遍认为，税收是国家参与社会产品分配和再分配的重要手段，是财政收入的主要形式。

综合古今中外专家学者对于税收概念的不同界定，我们认为，税收的概念可以表述为：税收是国家依法向纳税人征收的一定量的社会财富在货币形态上的表现。主要可以从以下几个方面来理解：

第一，税收是一种价值形式。税收是国家依据政治权力从国民收入中取得的一部分财富，与工资、利息、租金和利润等其他国民收入构成形式一样，是社会产品的一部分，是物质生产部门劳动者在一定时期所创造的价值。与国民收入一样，税收通常也以本国货币计算，在形式上表现为一定量的货币。

第二，税收是由国家依照法律所确定的课税对象和课税标准强制征收的。这种强制征收是实施法律的过程，是国家权力的体现。在国民收入的分配和再分配过程中，当一定量的货币被国家依法征收，转归国家占有、使用和支配时，这一定量的货币就表现为税收。税收虽然是被依法强制征收的，但作为以一定量的货币形式体现的国民财富，本身不具有强制性。

第三，税收是一个经济范畴。税收在社会再生产过程中属于分配范畴，体现的是纳税人与国家间的一种特殊的分配关系。税收分配关系的特殊性主要体现在三方面：一是分配的目的。国家征税是为了获取财政收入，用以满足社会全体成员对公共产品和公共服务的需要。二是分配的依据。税收分配凭借的是国家的政治权力，这与其他经济主体之间基于生产资料所有权或劳动力所有权而进行的收益分配的性质截然不同。三是分配的作用。国家征税不仅是为了满足财政需要，还可以缓解社会财富与所得分配不公。

第四，税收作为一种财政收入形式，与国债、规费、国有企业利润等其他财政收入形式一样，其数量的多少取决于一个国家经济发展的状况、可分配社会产品的数量，并受国家法律所确定的课税范围和课税深度的制约，受国家政治、社会、文化发展等多种因素的影响，不具有固定性。

（二）税收的特征

税收的特征是不同社会形态下税收所具有的共性，也是税与非税的重要区别。在我国，学术界通常将税收的基本特征归纳为"税收三性"，即强制性、无偿性与固定性。

基于以上对税收概念的界定，我们认为"税收三性说"并未准确反映税收的本质，未能很好地体现税收特征与税法特征的区别。税收的特征可以概括为以下几个方面：

1. 国家主体性

国家是征税的主体。征税权只属于国家，除了国家，其他任何组织和团体都无权征税。国家享有的政治权力是税收据以征收的依据，也正是因为有了国家强制力的保障，税收这种"侵益性"征收行为才得以实现。实践中，国家的征税权由中央政府和地方政府具体行使。

2. 公共目的性

国家征税的首要目的是为了取得足额的资金以履行公共职能，满足社会全体成员对公共产品和公共服务的需要。美国著名经济学家保罗·萨缪尔森在其最具代表性的著作《经济学》中指出："通过税收，政府实际上是在决定如何从公民和企业手中取得资源以用于公共目标。通过税收所筹集的货币实际上是一种载体，经由它才能将那些现实的经济资源由私人品转化为公共品。"[1]

3. 无偿征收性

虽然就社会整体而言，税收"取之于民，用之于民"，纳税人缴纳的税款与国家提供的公共服务间具有一定的报偿性，但就纳税人个体而言，国家征税无需向纳税人支付对价，税款缴纳后即转归国家所有，国家不需要在事后以相应的资财直接偿还某一具体纳税人。国家征税不是与纳税人进行利益的等量交换，纳税人缴纳税款的多少与其可能享受的公共服务、消费的公共产品的多少也没有直接联系。

（三）税收的职能作用

《中共中央关于全面深化改革若干重大问题的决定》对财政及税收作出了新的定位，明确指出"财政是国家治理的基础和重要支柱，科学的财税体制是优化资源配置、维护市场统一、促进社会公平、实现国家长治久安的制度保障。"可见，税收职能作用的发挥对于现代国家治理具有重要意义和作用。

税收的职能作用是税收所具有的内在功能在一定条件下的具体体现。税收的职能作用主要表现在以下几个方面：

一是筹集财政收入。这是税收最基本的职能。税收是财政收入的主要来源。除税

---

[1] 保罗·萨缪尔森，威廉·诺德豪斯. 经济学 [M]. 肖琛，译. 18版. 北京：人民邮电出版社，2008：284.

以外，国家取得财政收入的形式通常还包括发行国债、行政收费等形式，但相比较而言，通过税收筹集财政收入风险较低、资金充足、稳定可靠，因此世界各国都把税收作为组织财政收入的基本形式。

二是调节收入分配。税收是国家参与国民收入分配最主要的形式，能够调整政府、企业和个人之间的分配关系。国家不仅可以通过税收获取财政收入，而且可以通过对个人所得、消费和财产征税，适当调节个人收入分配，缓解社会分配不公的矛盾，促进经济发展和社会稳定。例如，个人所得税实行超额累进税率，对高收入者适用高税率、对低收入者适用低税率或不征税，可以适当调节个人之间的收入水平，有助于促进社会公平。消费税对特定的消费品征税，也可以达到调节收入分配和引导消费的目的。

三是调控经济运行。首先，在税率既定的条件下，税收可以随着经济周期同方向自动变化，起着抑制经济过热和缓解经济紧缩的作用，被称为国民经济的"内在稳定器"。其次，由于税收涉及社会生产、流通、分配、消费等各个领域，税收数据信息能够准确、及时地反映国民经济运行的质量和效率，深入分析税收数据可以及时掌握经济发展动态，有助于国家预判经济发展趋势，及时"相机而动"，通过增税或减税等措施影响社会成员的经济利益，引导企业和个人的经济行为，对资源配置和社会经济发展产生影响，从而弥补市场失灵，调控宏观经济运行。

四是维护国家经济利益。在经济全球化背景下，纳税人跨国开展经济活动，商品和资源跨国流动，纳税人既有可能同时面临两个或两个以上国家的重复课税，也有可能利用不当的税收筹划或关联交易进行国际避税，对相关国家的税收利益造成损害。通过开展国际税收管理可以有效协调各国征税权，避免国际重复征税，防范国际避税，合理分配国与国之间的税收权益，对于促进世界经济发展，维护各国的国家主权和经济利益具有重要作用。

二、税法的概念与特征

（一）税法的概念

税法是国家权力机关及其授权的行政机关制定的、调整税收活动中形成的税收关系的法律规范的总称。简而言之，税法就是调整税收关系的法律规范的总称。理解税法的概念应注意以下几点：

一是这里所说的调整，是国家以政治权力为后盾，通过法律规范的形式确立征税与纳税的权利义务关系的活动。

二是税法的调整对象是税收关系，即税收活动中形成的各种社会关系的总和。根据涉及主体的不同，可以把税收关系分为税收征纳关系和税收体制关系。税收征纳关系是指代表国家的征税机关与纳税人及其他税务当事人之间，因征税、纳税而发生的社会关系。按照法律依据和关系内容的不同，这种关系又可以细分为税收征纳实体关系和税收征纳程序关系。税收征纳实体关系是由税收实体法进行调整的国家与纳税人之间的一种经济关系。税收征纳程序关系是征税机关与纳税人及其他税务当事人之间，就税收债权债务的履行而发生的程序性关系，既包括一般意义上的登记、申报、缴税等税收征收管理关系，也包括税务行政复议、税务行政诉讼等事后性的税收救济关系。税收体制关系主要包括税收立法主体、税收执法主体和税收司法主体之间因职责和权限划分等原因而形成的税收关系。

三是人们通常所说的税法有狭义和广义之分。狭义税法是指国家最高立法机关制定的税收法律。目前，我国狭义税法仅有《中华人民共和国税收征收管理法》《中华人民共和国企业所得税法》《中华人民共和国个人所得税法》和《中华人民共和国车船税法》4部。广义税法是指国家有权机关制定的，关于调整和确认税收活动中征税主体与纳税人及其他税务当事人之间社会关系的法律规范的总称。广义的税法是由专门的税收法律、法规、规章、规范性文件和其他与税收相关的规范性法律文件，例如《中华人民共和国刑法》《中华人民共和国公司法》《中华人民共和国会计法》等法律中有关税收的规定，共同构成的一个税法体系。税法概念强调的正是广义上的税法体系。据统计，目前我国现行有效的税收法律有4部，税收行政法规有20余部，税收行政规章和其他规范性文件有5000余件。概念中的"税法"是指广义的税法。

（二）税法的特征

与其他法律一样，税法也是由国家制定或认可，体现国家意志，并由国家强制力保障实施的社会规范。除了一般法律规范所具有的规范性、普遍性、国家意志性等特征之外，因其调整对象的特殊性，税法还具有以下显著特征：

1. 强制性

税收法定原则是税法领域的最高原则，该原则强调保障纳税人的权利和自由，强调税收对公民财产权的"剥夺"必须限定在法律范围内，但税法调整和维护的利益重心是国家利益或公共利益，而非个体权益。税法具有典型的公法特征，以强制性规范为主，以国家强制力保障实施，否定私法自治，不以征纳双方意思一致为基础，具有非常明显的单方强制性。如果纳税人未能依法履行纳税义务，将依法被追缴税款、加收滞纳金，并可能因违法行为受到行政处罚或刑事处罚。

2. 确定性

为了维护纳税人的合法权益，现代国家普遍遵循税收法定原则，各税种的课税对象、计税依据、税率等课税要素都由法律文件予以明确规定，而且税法颁布实施后非经法定程序不得任意修改或废止，在一定时期内相对稳定。税务机关按照法律规定的标准和程序进行征收，纳税人也按照规定的标准履行纳税义务，征纳双方的权利义务相对稳定而连续。

3. 综合性

税收关系的复杂性决定了税法内容的综合性。税法的内容既涉及不同税种的课税要素、征纳双方的权利义务，又涉及税收管理规则、违法责任处理和涉税争议解决；既有对税收实体要素进行明确的实体规范，也有保障税收收入得以实现的程序规则，是一个由税收实体法、税收程序法、税收救济法等构成的综合法律体系。此外，由于税收关系广泛存在于经济社会生活的各个层面，调整这些关系的税法规范与民法、刑法等多个部门法相互交叉、相互影响，各国税法都大量借用了其他法律规范的概念、规则和原则。税法的综合性从一个侧面反映出税收对经济社会生活的广泛影响，反映出税法在国家法律体系中的重要地位。

（三）税法的作用

税法的作用是由税收的职能和法的一般功能决定的。[①] 根据税法在社会生活中发挥作用的形式和内容不同，税法的作用体现在规范作用和社会作用两个方面。

1. 规范作用

税法的规范作用是税法作为一种法律规范作用于社会的特殊形式，实质上是法的一般功能在税法中的体现，具体包括指引、评价、教育、预测和强制五种作用。

指引作用是指税法作为调整税收关系的社会规范，具有指引人们选择税收行为的内

[①] 刘剑文. 税法学 [M]. 北京：北京大学出版社，2010：18.

容和方式的作用。税法通过设置税收法律义务为社会成员提供确定性的指引，使其明确自己必须从事或不得从事的税收行为界限。例如，《税收征收管理法》关于从事生产、经营的纳税人办理税务登记的规定和不得伪造、变造或擅自损毁账簿、记账凭证、完税凭证的规定，就属于确定性的指引。税法也通过宣告税收法律权利为社会成员提供不确定的指引，又称选择性的指引，使其根据自身情况自由选择作为或是不作为、这样作为或是那样作为。例如，《税收征收管理法》中关于当事人对税务机关的处罚决定、保全措施或强制执行措施不服，可以依法申请行政复议或提起诉讼的规定就属于此类。

评价作用是指税法作为税收活动的基本行为标准，具有判断、衡量他人税收行为合法与否的评判作用。通常而言，由于价值标准和自身利益方面的差异，不同的社会成员区分和判断是非善恶的标准差异很大。法律从社会成员根本利益的一致性出发，超越于个体差异之上，将大家具有最大共识的规则确定为社会行为准则，为全体社会成员提供了评价各自行为的基本标准。

教育作用是指税法通过其自身存在和实施所产生的广泛的社会影响，发挥出教育社会成员正当行为的作用。首先，税法作为税收活动的基本规范，本身就具有一种价值导向和示范作用。其次，在税法的实施过程中，对守法行为的鼓励和保护、对违法行为的否定和惩处对其他社会成员也具有感化、威慑和惩戒作用。充分发挥税法的教育作用对于培养和提高全社会的税法遵从度具有重要意义。

预测作用是指税法具有使社会成员预知其行为的可能结果的作用。税法作为税收活动的基本规范，确定了税收行为与后果之间的联系，使人们根据规则即可预测某一税收行为可能产生的社会后果。税法的预测作用对于社会成员和经济组织安排工作与生活、组织生产经营、从事交易活动，合理预期经济收益具有重要意义。在市场经济条件下，税收规则的确定性及其实施的一致性已成为影响税法预测作用的重要因素。

强制作用是指税法可以通过制裁违法行为来提高法律的权威性，强制社会成员遵从税法，预防税收违法行为的发生。具体而言，税法的强制作用主要表现为三种形式：一是强制特定主体作为或不作为，如税法关于纳税人应依法履行纳税申报义务的规定和税务机关不得查封、扣押个人及其所扶养家属维持生活必需的住房和用品的规定。二是强令对他人或社会遭受的损失予以赔偿或补偿，如《税收征收管理法》中关于税务机关不当实施税收保全措施应当承担赔偿责任的规定和对滞纳税款加收滞纳金的规定。三是强令对违法者予以制裁，如《税收征收管理法》中关于法律责任的相关规定。

2. 社会作用

税法的社会作用实质上是税收的经济作用在法律保障下得以发挥的结果。

首先，税法是国家取得财政收入的重要保证。税收的基本职能是将属于纳税人的财产无偿地收归国家所有，这必然会与纳税人的利益产生矛盾，发生冲突。国家只有通过制定税法，才能在根本利益一致的基础上，通过法律的强制性解决或克服征纳双方的利益冲突。此外，法律的稳定性也保障了国家财政收入来源的稳定、可靠。

其次，税法是国家调控宏观经济的重要手段。市场经济是法治经济，以法律的形式调节经济是市场经济发展的内在要求。税法可以将税收的经济优势与法律优势相结合，为国家的宏观调控提供最具权威性的规则和最高的效力保障，强化调节的效果。法律的评价、预测等作用也可以增强税收杠杆的导向性，使其对宏观经济的调控更为灵敏、准确。

再次，税法是加强监督管理、维护经济秩序的有力武器。税法使税收的监督职能上升到法律的高度，成为法律监督的一部分，使税收监督的强制力和约束力显著增强。以税法为依据对税收领域的违法犯罪活动进行制裁和打击，维护税收秩序，进一步维护社会经济秩序。

最后，税法是维护国家税收主权的法律依据。税收主权是国家经济主权的重要组成部分。在对外经济交往中，以税法中规范国际税收关系的相关协定、条约为基本依据，协调国家间税收管辖权冲突和国际税收权益分配，有利于妥善处理吸引外资、引进技术、对外投资与维护国家主权和经济利益之间的关系。

三、税收与税法的关系

税收与税法既有联系，又有区别。

税收与税法密不可分。税收是税法产生、存在和发展的基础，是决定税法内容和性质的主要因素；税法是税收制度的表现形式，是税收得以实现的法律依据和法律保障。税收作为社会经济关系，是税法的实质内容；税法作为特殊的行为规范，是税收的法律形式。二者之间是一种经济内容与法律形式内在结合的关系。

税收与税法也存在明显的区别。税收是国家依法向纳税人征收的一定量的社会财富在货币形态上的表现，它是一个国家在一定时期内的国民收入的一部分，属于经济基础范畴；税法是国家依一定程序制定的调整税收关系的法律规范的总和，属于法律制度，是建立在一定经济基础上的上层建筑。二者的表现形式截然不同,税收一般表现为一定量的货币,而税法一般以其特有的形式,如法律、法规、规章等形式表现出来。

第二节　税法原则

税法原则是指税收法律制度中作为法律规则的基础或本源的综合性、稳定性的法律原理和准则。[①] 它是构成税法的基本要素,对税法的创制和实施都具有重要的意义。在税法研究领域,通常将税法原则分为税法基本原则和税法适用原则。就税法基本原则和税法适用原则的关系而言,税法基本原则是根本性的,规定的是最抽象的税收关系,对所有的税收活动都可以适用,具有普遍适用的意义;税法适用原则,也称税法具体原则,是非根本性的,由特定税法中的具体税收关系所决定,仅对具体税收关系所涉及的特定税收活动适用,效力不具有普遍性。

一、税法基本原则

税法基本原则是指一个国家调整税收关系的基本规律的抽象和概括[②],是贯穿税法的立法、执法、司法和守法全过程的具有普遍指导意义的法律准则。税法的基本原则是税法精神最集中的体现,直接决定了税收法律制度的基本性质、内容和价值取向,是构成税收法律制度的理论基础。在税法的创制和实施过程中,税法基本原则主要具有指导税收立法和税法解释、保障税法体系内部和谐统一、克服成文法局限、强化税法调整能力、引导行政裁量权合理行使等功能。

税法基本原则的确立是一国税收立法要解决的核心问题之一。在我国税法体系中税法基本原则长期缺位,使得部分税收法律制度制定时价值取向不清晰,定位不明确,税法施行后不但未能有效发挥税收职能作用,还对市场主体的经济行为产生扭曲效应,一定程度上影响了市场配置资源作用的有效发挥。在我国税收基本法[③]的起草过程中,

---

[①] 张文显. 法理学 [M]. 北京:高等教育出版社,北京大学出版社,1999:71.
[②] 刘剑文. 税法专题研究 [M]. 北京:北京大学出版社,2002:80.
[③] 税收基本法是对税收法律关系中基本的、共同的、普遍的以及原则性问题进行规范的税法。制定我国的税收基本法曾列入第八届全国人大常委会的立法规划。在1995至1997年间,起草组先后拟出多稿,但由于认识分歧,工作一度搁置。2003年,该法列入第十届全国人大常委会立法规划,全国人大财经委员会、全国人大常委会预算工作委员会会同国务院有关部门组成起草组,重新启动起草工作,2006年有关部门曾就该法草案的专家稿进行讨论,后因分歧太大,起草工作再度搁置。

税法基本原则的确立也成为各界研究讨论的主要议题之一。总体来看，大家认为应该列入税收基本法的税法基本原则主要有：税收法定原则、财政收入原则、税收公平原则、税收效率原则、税收中性原则、普遍纳税原则、适度负担原则、宏观调控原则、实质课税原则、保障纳税人合法权益原则、不溯及既往原则，等等。[①] 这些原则从不同侧面反映了税法的本质，但从税法基本原则对税收活动应具有的根本性、指导性作用来考虑，结合我国税收立法、税收执法和税收司法实践，参考世界各国普遍公认的税法基本原则，我们认为应将税收法定原则、财政收入原则、税收公平原则和税收效率原则作为我国税法的基本原则。

（一）税收法定原则

税收法定原则也称税收法定主义或税收法律主义，是指税收法律关系主体及其权利义务必须由法律加以规定，没有法律依据，任何主体不得征税，国民也不得被要求缴纳税款。税收法定原则被称为税法的最高原则，不仅约束税收立法和税收执法，还对税法实施过程中所有的税收法律行为都起到规范和约束作用。曾有学者对 111 个国家的宪法进行考察，其中有 85 个国家的宪法明确了税收法定原则，占 76.58%。[②] 各国宪法一般都是从征税主体的征税权和纳税主体的纳税义务两方面予以规范，强调征纳双方的权利义务必须以法律规定为依据，任何主体行使权利和履行义务均不得超越法律的规定。我国《宪法》第五十六条规定："中华人民共和国公民有依照法律纳税的义务"，仅强调了公民依法纳税这一方面，未能涵盖政府也必须依法征税的要求，内容不够完整，只能说是体现了税收法定主义的思想，税收法定原则在我国《宪法》中还未得到根本确立。《立法法》第八条和《税收征收管理法》第三条[③]，在法律层面有限地体现了税收法定原则的相关要求，即便这些有限的规定在实践中也没有得到有效落实，我国税收法定原则的确立还任重而道远。十八届三中全会通过的《中共中央关于全面深化改革若干重大问题的决定》明确提出要"落实税收法定原则"，并在财税体制改革等相关部分提出了具体要求。一是要求完善立法，深化税收制度改革，建立健全适合我国社会经济发展的

---

① 易利杰，黄运. 试析《税收基本法》立法中应重点确立的税收基本原则[J]. 税务与经济，2007（3）.
② 翟继光. 税收法定原则比较研究——税收立宪的角度[J]. 杭州师范学院学报（社会科学版），2005（2）.
③ 《立法法》第八条规定，财政、税收等的基本制度只能制定法律，属于全国人大的专属立法事项。《税收征收管理法》第三条规定，税收的开征、停征以及减税、免税、退税、补税，依照法律、行政法规的规定执行。任何机关、单位和个人不得违反法律、行政法规的规定，擅自做出税收开征、停征以及减税、免税、退税、补税和其他同税收法律、行政法规相抵触的决定。

税法体系；二是要求规范税收优惠，按照统一税制、公平税负、促进公平竞争的原则，清理规范税收优惠政策，统一由专门税收法律法规规定；三是要求规范政府收入行为，正税清费，取消不合理收费。我们相信，随着法治政府建设的持续推进和税制改革的不断深化，税收法定原则终将成为我国税法的最高原则。

税收法定原则包含以下两方面要求：

1. 实体法定

实体法定有两方面含义。首先是课税要素法定。这是参照刑法中的罪刑法定原则形成的，主要是指税种、纳税人、课税对象、税率等课税要素的全部内容，以及课征的程序等都必须由法律规定，否则国家无权征税。依据课税要素法定原则，凡是没有税收法律作为依据或者违反税收法律的规定，哪怕是以行政立法形式通过的税收法规、规章都是无效的。在税收立法领域，有权制定税收法律的立法机关可以依法就税收的具体事项或个别事项授权国务院或地方政府制定有关的行政法规或地方政府规章。其次是课税要素明确。这是对课税要素法定的深化，是要求税法规定的课税要素和征收程序必须尽量明确，避免出现漏洞、歧义和矛盾，以便纳税人准确预测税收负担，执法机关准确执行税法，防止征税权的滥用。但应该注意，为了使税法的实施更符合实际，税法中有时"故意"不明确，赋予行政机关有限的立法权限，或为执法机关保留一定的行政裁量权。例如，有的税法规定的幅度比例税率，由各地在此幅度内因地制宜地确定适用税率，这是不违背税收法定原则的。但按照课税要素明确原则的要求，这些有限的立法权或行政裁量权的行使必须符合税法的立法精神，以税法的基本精神和宗旨不被曲解为最低限度。

2. 程序合法

该原则主要是指在课税要素依法明确的前提下，税款的征收和缴纳程序也应该由法律予以规范和明确，征纳双方都应该按照法定程序行使职能、履行义务。具体而言，该原则包含三方面要求：一是要求税收实体要素必须由立法机关依照法定程序以法律形式明确，也就是税收立法程序必须合法。对授权立法必须严格控制，要一事一授权，并对授权范围和目的等作出明确规定。二是要求税务机关必须严格依照法律的规定征收，不得擅自改变法定课税要素和法定征收程序。例如，在减税、免税问题的处理上，必须依照税法规定的范围、条件、程序执行，不得任意调整。三是要求纳税人必须依法全面、及时、足额地履行登记、申报、缴税等纳税义务，同时也依法享有知情权、救济权等法定权利。

（二）财政收入原则

税法基本原则是税法调整对象的本质和规律的集中体现，税收关系是税法调整的对象，税法的基本原则应该反映税收的本质。为国家筹集财政收入是税收最基本的职能和最根本的特征。税种的开征、税法的制定、税收制度的执行等所有税收活动都是以是否有利于及时、足额、稳定地筹集财政收入为出发点。因此，把财政收入原则列为税法的基本原则，有利于准确反映税收的根本性质，体现税法的根本特色。

财政收入原则，也称税收财政原则，最早是由德国经济学家阿道夫·瓦格纳提出的。财政收入原则的核心是保证财政收入，但财政收入作为政府分配的重要资金来源，不仅是维持政府运行的经济基础，同时也反映了政府介入经济生活的规模与深度，对经济生活作用明显，财政收入过多或过少都会影响经济增长。因此，财政收入原则要求国家通过税收取得的财政收入既要足额稳定，又要适度合理。

财政收入的足额，是指国家通过税收取得的一定的财政收入，在一定时期内能够充分满足政府向社会提供公共服务的财政支出的需要。财政收入的稳定，是指为了避免对正常经济秩序的冲击，国家通过税收取得的收入同国民生产总值或国民收入的比例要保持相对稳定，不宜经常变动，特别不宜急剧变动。

财政收入的适度合理，是指财税收入要取之有度，要兼顾好国家、企业和个人三者的利益，税率不可过高，要尽可能避免过多征收而伤害企业和个人的积极性，影响经济持续稳定发展，最终影响财政收入的增长。美国经济学教授阿瑟·拉弗在20世纪70年代提出的著名的"拉弗曲线"表明，一个国家的整体税率和税收收入及经济增长之间存在函数关系，税率的选择有其合理区间，并不是税率越高税收总量就越大。当税率的提高超过一定限度时，企业的经营成本提高，投资减少，将导致收入减少，即税基减少，反而导致政府的税收收入减少。因此，确定税率时既要考虑国家对税收的需要，又要注意培养税源、保护税本，才能保证国家财政收入与国民收入同步增长，实现"民不加赋而国用饶"。

从国际经验来看，一些国家在宪法中直接体现税收的财政收入原则。如美国《宪法》及其修正案规定，国会具有征收关税、消费税、所得税等税收的权力，并规定国会开征的税收应用以支付债务、提供公共防御和服务。我国《宪法》对税法基本原则几乎未作规定，财政收入原则更是无从体现。有必要在税收基本法中确立此原则，明确国家具有开征税收的权力，且所征之税主要用于满足提供公共产品和公共服务、处理公共事务、支付国家债务等公共用途方面的财政需要。这样既能从基本法的层面体现税收"取之于民，用之于民"的根本属性，又能进一步明确税收筹集财政收入的基本职能。

（三）税收公平原则

美国著名经济学家斯蒂格利茨曾提出："判断一个良好税收体系的第一个标准是公平，第二个重要标准是效率。"[1] 在现代税收法律关系中，所有纳税人的法律地位平等，不得因种族、性别、文化程度、宗教信仰、经济性质、身份地位等实行差别对待的税收政策，税收负担在国民之间的分配也必须公平合理，这就是税收公平原则的实质。税收公平原则是指政府征税要使各个纳税人承受的负担与其经济状况相适应，并使各个纳税人之间的负担水平保持均衡。[2] 税收公平原则曾被英国古典经济学家亚当·斯密列为税收四大原则之首，当代许多经济学家也将税收公平原则视为设计和实施税收制度应该遵循的最重要的原则。

理解税收公平原则应从税收的社会公平和税收的经济公平两方面入手。

税收的社会公平包含横向公平和纵向公平两层含义。横向公平是指经济条件或纳税能力相当的纳税人应缴纳数额相同的税收，即同等情况同等税负。纵向公平是指经济条件或纳税能力不同的人，应缴纳数额不同的税收，即不同情况不同税负。各国在个人所得税制度中普遍采用的超额累进税率就是对社会公平含义的最佳诠释。

相对于社会公平中的横向公平和纵向公平，税收的经济公平也包括两层含义。首先，要求对所有从事投资、生产、经营的纳税人，一视同仁，同等对待，以创造一个合理的税收环境，促进公平竞争。如我国2008年统一内外资企业所得税法。其次，对于因资源禀赋差异而导致的客观上的不公平，需要通过差别征税实施调节，创造大体同等或大体公平的客观竞争环境。如企业所得税法针对不同地区、不同类型企业实行的优惠税率就是要通过差别征税更好地实现经济公平。

衡量税收公平的标准主要有受益标准和能力标准。受益标准是根据每个纳税人从政府提供的公共服务中所享受的利益多少来分配税收负担，多受益者多纳税，少受益者少

---

[1] 斯蒂格利茨. 经济学 [M]. 郭晓惠，译. 北京：中国人民大学出版社，1997：517.
[2] 徐孟洲. 税法原理 [M]. 北京：中国人民大学出版社，2008.

纳税，没有享受利益的人不纳税。如根据国务院《关于实施成品油价格和税费改革的通知》（国发〔2008〕37号），我国自2009年1月1日起开始征收成品油消费税，即人们通常所称的"燃油税"。新增成品油消费税连同由此相应增加的增值税、城市维护建设税和教育费附加具有专项用途，主要用于替代公路养路费等6项收费的支出、补助各地取消政府还贷二级公路收费等。燃油消耗是衡量公路使用者对公路使用程度的标志，因此，可以说燃油税是公路用户根据其对公路的使用程度而负担的使用费，鲜明地体现了"用路者缴税，多用路者多缴税"的受益原则。能力标准是根据纳税人承担税收负担的能力大小来分配税收负担，纳税能力大者多纳税，纳税能力小者少纳税，无纳税能力者不纳税，也就是我们通常所称的"量能负担"。累进税率的设计即体现了量能负担的原则。

当前我国地区之间、城乡之间、行业之间发展不平衡、收入分配不公平等问题比较突出，制约了经济社会的全面、协调、可持续发展。在现代经济中，税收是调节经济的重要手段，运用税收可以调节收入差别，抑制分配不公，促进社会公平，维护社会稳定。有必要在我国税收基本法中确立税收公平原则，并在改革税制、完善立法的过程中全面贯彻这一原则，以更好地发挥税收促进社会公平的作用。

（四）税收效率原则

税收效率原则就是要求国家征税应有利于资源的有效配置和经济机制的有效运行，提高税务行政的管理效率[①]，以最少的成本损失取得应有的税收收入。通常来说，税收效率原则可以分为税收的经济效率原则和税收的行政效率原则两个方面。

税收的经济效率原则要求政府应考虑税收对经济资源配置和经济机制运行的影响，选择合理的税制结构和征税方式，尽量减少因税收而产生的"额外负担"[②]，尽量增加税收的额外收益。经济效率原则一方面强调税收要尽量保持中性，要有利于发挥市场机制配置资源的作用，不阻碍市场机制的正常运行；另一方面也要求适当发挥税收的杠杆调节作用，在市场机制失灵时，依法运用适当的税收手段进行宏观调控，通过税收分配来提高资源配置的效率，以促进社会经济效率的提高。例如，国家对农业、能源、交通、

[①] 王传纶，高培勇. 当代西方财政经济理论：下册[M]. 北京：商务印书馆，1995：241.

[②] 税收额外负担，也称"税收成本负担"或"税收拖累"，是指课税除了给纳税人带来正常的经济负担之外，对资源配置和经济运行产生的不良影响。

高新技术产业、重要原材料等急需发展的部门、行业和产品，给予适当的税收优惠待遇；对某些已被国家列入限制生产、限制进口，以及部分准备淘汰的产品和项目，采取税收限制政策，就是税收经济效率原则的具体体现。

税收的行政效率原则要求税收行政成本占税收收入的比率最低，以最少的征收费用或者最小的额外损失取得同样或较多的税收收入。税收行政成本既包括政府为征税而花费的征收成本，也包括纳税人为纳税而耗费的缴纳成本，也就是我们通常所说的"遵从成本"。征税成本和纳税成本是衡量税收行政效率的两个指标。征税成本和纳税成本越高，税收行政效率越低，反之亦然。要提高税收行政效率应该做到税制简化、机构精干、征管规范、信息畅通，这样才能最大限度地降低税务机关的征税成本和纳税人的纳税成本。国家税务总局发布的《关于落实"两个减负"优化纳税服务工作的意见》（国税发〔2007〕106号），要求各级税务机关切实采取措施，减轻纳税人不必要的办税负担和基层税务机关额外的工作负担，从理论层面看，就是提高税收行政效率的具体体现。

公平与效率历来是一对难解的矛盾，科学认识税收公平原则与税收效率原则之间的关系，对于确定税制设计和税收政策的价值取向具有重要意义。税收效率和税收公平具有辩证统一关系。二者之间存在对立性，因为强调效率，往往要以牺牲公平为代价；而强调公平，又要以牺牲效率为代价，往往是"鱼"和"熊掌"不可兼得。二者之间也有相容性，构成一个互相促进、互为条件的统一体。一方面，效率是公平的前提。没效率的公平只是浅层次的公平，如果一味强调税收公平，阻碍了经济发展，这样的公平只能是无本之木。另一方面，公平也是效率的前提。因为失去了公平的税收就不可能实现经济的增长，效率的标志就无法反映。可见，制定税收政策要兼顾效率与公平。税收效率和税收公平之间的相互均衡和地位转换要依生产力发展水平不同、财政调控政策的转变而适时调整[①]。处理公平与效率的矛盾，通常有"效率优先，兼顾公平"（效率型）、"公平优先，兼顾效率"（公平型）和"兼顾公平与效率"（兼顾型）三种模式。发展中国家由于生产力水平相对较低，社会经济总量不足是其应该解决的主要矛盾，所以实行"效率型"税制及政策比实行"兼顾型"税制及政策更能促进本国经济腾飞。而发达国家社会财富相对丰富，实行"公平型"税制更有益于社会安定。当前及今后一段时期内我国

---

① 徐孟洲. 税法原理[M]. 北京：中国人民大学出版社，2008：78.

还处于社会主义初级阶段，生产力发展水平还较低，人民日益增长的物质文化需要同落后的社会生产之间的矛盾，仍是我们面临的主要矛盾，我们的根本任务是集中力量发展社会生产力，应该优先考虑效率，在税制和税收政策的选择运用上应实行"效率型"，即"效率优先，兼顾公平"的原则。但是随着经济的发展，各种社会资源的分配也在加剧分化，分配不公带来的收入差距过大和贫富悬殊，已逐渐成为当前社会矛盾产生的主要原因之一，阻碍着经济社会又好又快发展。因此，我们在大力发展经济时也要注重"公平"，促进社会和谐稳定，通过税收等多种手段对我国国民收入分配结构进行适当调整，以实现经济社会的持续健康发展。

二、税法适用原则

税收与社会经济生活联系紧密，为适应社会经济生活的发展，税收法律体系也日益复杂，不仅涉及民商法、经济法、行政法、刑法等多个部门法领域，且按照其效力高低由宪法、法律、行政法规、地方性法规、规章等一系列法律规范组成了一个庞大的金字塔式的法律体系。如此庞大、复杂的税法体系的具体规定之间难免存在内容上的不一致，甚至冲突，在执法、司法等税法适用活动中如何有效解决法律冲突问题，把握不同税法规定的法律效力，是非常现实而重要的问题。税法适用原则正是税务机关和司法机关运用税收法律规范解决具体问题时所必须遵循的准则。这些准则为判断税收法律规范之间的相互关系，解决税法之间的效力冲突，准确、合理、有效地执行税收法律提供了指引。

税法适用原则也称税法具体原则，是指税法适用机关运用税收法律规范解决具体问题所必须遵循的一般性准则。税法适用原则是税法基本原则的具体化，是在税法基本原则指导下适用于税法运行中的特定情形的原则，是规范和调整税收法律关系时体现具体税法部门特殊性的法律准则。税法适用原则的功能和目的主要在于明确各种税收法律规范的效力范围和效力强弱，以解决因税法体系庞杂、修改频繁而造成的法律适用上的困难，其价值更多在于指导税收法律的执法、司法等实践活动。

（一）上位法优于下位法原则

上位法优于下位法原则是从法律优位原则发展演变而来。法律优位原则是法律适用中非常重要的一条基本原则，其基本含义是指法律的效力高于行政法规、规章的效力，行政法规、规章与法律相抵触的无效。根据《立法法》第五章关于法律适用的相关规定[①]，可以在法律优位原则的基础上进一步推导出上位法优于下位法原则。由于"法"的渊源不同，"法"在法律体系中所处的效力和等级位置也不同，据此可将"法"分为上位法、下位法和同位法。根据《立法法》规定，在我国的法律体系中上位法的效力高于下位法，后者不得与前者相抵触；同位法之间则具备同等效力，在各自的权限范围内施行。该原则在税法领域也同样适用，也就是说，宪法的效力优于税收法律的效力，税收法律的效力优于税收行政法规的效力，授权制定的税收行政法规优于非授权制定的税收行政法规，税收行政法规的效力优于税收行政规章的效力。立法时，效力低的税法规定不得与效力高的税法规定相抵触，否则无效。

根据《立法法》的相关规定，上位法优于下位法原则仅在我国国内法体系中适用，并不适用于国际法与国内法规定发生冲突时的效力确定问题。我国宪法对于国际法和条约在国内的效力也没有明文规定。实践中，我国一向奉行公认的国际法基本原则和准则，严格履行我国参加的国际条约中所规定的国际义务。对于需要在国内执行的国际法的原则、规则，我国根据情况制定相应的国内立法或直接适用；对于我国法律没有规定的或有不同规定的，则按照我国加入的条约或有关国际惯例执行。[②] 由此，在我国国际法与国内法适用上基本形成了事实上的"条约优先原则"。此原则在税收领域处理国际税法与国内税法效力冲突时也同样适用。《税收征收管理法》第九十一条明确规定："中华人民共和国同外国缔结的有关税收的条约、协定同本法有不同规定的，依照条约、协定的规定办理。"在税收实体法领域，当国际税收协定与国内税法规定不同时，一般优先适用税收协定，《企业所得税法》就有类似规定。但国内税法提供的待遇优于税收协定时，应按照孰优原则执行更有利于纳税人的规定。在税收程序法领域，国际税收条约或公约在促进国与国之间征管协作的同时，协调处理的大多是国与国之间的执法权限和程序的衔接问题。此类问题更多地反映为国与国之间的主权问题，很少直接影响到纳税人的权利义务。根据国家间主权平等这一重要的国际法原则，以程序法内容为主的国际税收条约或公约多以尊重缔约国国内税法的程序性规定为基础，且大多都赋予签署国一定

---

① 我国《立法法》第五章确立的"上位法优于下位法""特别法优于一般法""新法优于旧法""法律不溯及既往"等原则，不仅具有立法上的意义，更具有指导执法和司法实践的价值。

② 例如，《民法通则》第一百四十二条规定："中华人民共和国缔结或者参加的国际条约同中华人民共和国的民事法律有不同规定的，适用国际条约的规定，但中华人民共和国声明保留的条款除外。中华人民共和国法律和中华人民共和国缔结或者参加的国际条约没有规定的，可以适用国际惯例。"

的保留权利。但协定或公约一经签署并生效执行,则应严格遵守"条约必须遵守"的国际法基本准则,履行承诺的义务。因此,在国际税收的程序法领域较少发生国际法与国内法效力冲突的问题。

(二)特别法优于一般法原则

《立法法》第八十三条规定:"同一机关制定的法律、行政法规、地方性法规、自治条例和单行条例、规章,特别规定与一般规定不一致的,适用特别规定。"这确立了我国法律适用的一项基本规则,即特别法优于一般法原则。该原则是指两部法律对同一事项分别作出一般规定和特别规定时,特别规定的效力高于一般规定的效力。适用该原则时,首先需要明确什么是"一般法"或"一般规定",什么是"特殊法"或"特殊规定"。通常而言,"一般法"是指在效力范围上具有普遍性的法律,即针对一般的人或事,在较长时期内,在全国范围普遍有效的法律。"特别法"是指对特定主体或事项,或在特定地域、特定时间有效的法律。税法作为一个专门规范税收法律关系的部门法,其所涉及的主体、事项常具有特定性,因此在具体执行中常处于"特别法"的地位。其次要注意,根据《立法法》的规定,该原则仅适用于同一机关制定的法律规范之间。税务行政处罚时效问题的处理就是适用"特别法优于一般法"原则的典型范例。《行政处罚法》和《税收征收管理法》均为同位阶的法律,两个法律关于行政处罚时效的规定不一致。《行政处罚法》第二十九条规定:"违法行为在二年内未被发现的,不再给予行政处罚。"而《税收征收管理法》第八十六条规定:"违反税收法律、行政法规应当给予行政处罚的行为,在五年内未被发现的,不再给予行政处罚。"由于《税收征收管理法》是税收领域的"特别法",其在处理税务行政处罚事项时效力高于《行政处罚法》,所以在对违反税收法律、行政法规的行为依法进行处罚时,应该适用"五年"的处罚时效。

(三)新法优于旧法原则

《立法法》规定,同一机关制定的法律、行政法规、地方性法规、自治条例和单行条例、规章,新的规定与旧的规定不一致的,适用新的规定。这确立了新法优于旧法原则。新法优于旧法原则也称后法优于先法原则,其基本含义是指,当新法(新的规定)和旧法(旧的规定)对同一事项有不同规定时,新法(新的规定)的效力优于旧法（旧的规定）的效力，在新的法律生效后，与新法内容相抵触的原法律内容效力终止、不再适用。该原则在适用时需要注意以下几点：一是新法、旧法的区分是以法律生效的时间为标准确立的。一部法律或法律的规定在先生效的，称之为先法或旧法；一部法律或法律的规定在后生效的，称之为后法或新法。也就是说该原则的适用以新法生效实施为标志，新法生效实施以后才可以适用新法，新法实施以前，包括新法公布以后尚未实施这段时间，仍沿用旧法，新法不发生效力。二是根据《立法法》的规定，该原则仅适用于同一机关制定的法律规范之间。三是该原则在税法中无论是税收实体法、税收程序法还是税收救济法都普遍适用，只有新税法与旧税法处于普通法与特别法的关系时，才可能有例外。在"新法优于旧法"与"特别法优于一般法"适用原则发生竞合时，应合理选择适用其中一项原则，在不能确定适用时，应按照《立法法》第八十五条、第八十六条的规定报请有关机关裁定。《行政强制法》与《税收征收管理法》的衔接适用是税法领域"新法优于旧法"与"特别法优于一般法"适用原则发生竞合的典型事例。《行政强制法》与《税收征收管理法》都是由全国人大制定，且由全国人大常委会审议通过的同一位阶的法律，但《行政强制法》于2012年1月1日起施行，属于二者中的"新法"。该法第三条明确规定行政强制的设定和实施适用该法，确定了该法在行政强制法律规范领域"一般法"的地位。《税收征收管理法》作为专门规范税收征收管理活动的"特别法"，在税收滞纳金、税收保全和税收强制执行等方面的许多规定与《行政强制法》不一致，在实践中急需明确两法的不同规定如何衔接适用。由于在《行政强制法》与《税收征收管理法》的衔接适用中发生了"新法优于旧法"与"特别法优于一般法"适用原则的竞合，理论界和实务界关于应当优先适用何种原则，如何处理好二者相关规定，有着多种不同意见，国家税务总局也曾向立法机关专题汇报过相关问题。遗憾的是，相关部门至今未就此问题作出明确裁定，导致两法衔接适用中仍然存在诸多模糊地带。

（四）法律不溯及既往原则

法律不溯及既往原则是指一部法律实施后，人们在此之前的行为不适用该法，而只沿用旧法。理解该原则需要理解什么是"法律溯及力"。法律溯及力又称法律溯及既往的效力，是指法律对其生效以前所发生的事件和行为是否适用，如果适用就有溯及力，如果不适用就不具有溯及力。法律不溯及既往原则是基于法律所具有的指引作用和预测作用而产生的。该原则要求国家不能用当前制定的法律指导人们过去的行为，更不能用当前的法律处罚人们过去从事的当时合法而当前违法的行为。这一原则的功能和目的在于限制国家权力的扩张与滥用，保证社会和经济秩序的稳定，使公民能够预测和期待自身行为所能产生的法律后果，并据此选择、决定自身行为的方向和内容，以最终实现权利、履行义务。该原则对于保障人权与自由、保护信赖利益、维护秩序稳定都具有重要意义，因此，世界各国都将"法不溯及既往"作为一项基本的法治原则，适用于民法、刑法、行政法等领域。作为对"法不溯及既往"原则的补充，许多国家同时还认为法律规范的效力可以有条件地适用于既往行为，即所谓的"有利追溯"原则。《立法法》第八十四条规定："法律、行政法规、地方性法规、自治条例和单行条例、规章不溯及既往，但为了更好地保护公民、法人和其他组织的权利和利益而作的特别规定除外。""有利追溯"原则在不同部门法的适用略有区别。在我国民法当中，有利追溯原则体现为，如果先前的某种行为或者关系在行为时并不符合当时法律的规定，但依照现行法律是合法的，并且对于相关各方都有利，就应当依照新法律承认其合法性并且予以保护。在我国刑法中，有利追溯表现为"从旧兼从轻"原则，即新法原则上不溯及既往，但是新法不认为是犯罪的或处罚较轻的，适用新法。在行政法领域，一般按照"实体从旧、程序从新"原则适用，即涉及行政相对人实体权利义务的法律不具有溯及既往的效力，但涉及实现权利义务的行政管理程序方面的法律则具有溯及既往的效力。

　　在税法领域理解和适用"法律不溯及既往"原则需要注意，不溯及既往仅仅是税法适用的一般原则。由于税法的特殊性，税法执行中有时也存在溯及既往的特殊情形，例如，在所得税法领域，一些税收法律法规或规范性文件的生效时间早于发布时间、对发布之前的行为溯及适用等。如财政部和国家税务总局于2009年3月19日联合发布的《关于企业手续费及佣金支出税前扣除政策的通知》（财税〔2009〕29号）规定："本通知自印发之日起实施。新税法实施之日至本通知印发之日前企业手续费及佣金所得税税前扣除事项按本通知规定处理。"必须说明的是，税法中的溯及既往现象具有一定的合理性，这是由税法解释的复杂性、所得税以年度为单位纳税以及税法适用的事后评价性[①]来决定的。税法溯及既往适用于以前的行为并不会在税法体系内部出现较大的问题，

---

① 税法的事后评价性，是指税法一般都是在交易行为发生后对纳税人应当承担多少纳税义务进行评价。这种评价既不会影响交易行为的合法性，也不会额外增加交易行为的负担。

特别是在所得税领域,纳税年度结束以后,汇算清缴期间或汇算清缴结束后,仍可以对相关交易行为进行税务处理,这并不影响企业正常生产经营活动的开展。

（五）实体从旧、程序从新原则

适用"实体从旧、程序从新"原则的基本前提是对税法进行税收实体法和税收程序法的分类。税收实体法是指以规定有关税收权利义务的产生、变更和消灭为主的法律,如《企业所得税法》《个人所得税法》《增值税暂行条例》等税种管理方面的法律法规。税收程序法是指以保证与税收有关的权利和义务得以实施或职权和职责得以履行的有关操作规范、流程手续和时限要求等"程序性内容"为主的法律,如《税收征收管理法》《行政诉讼法》《税务行政复议规则》等。税法领域的"实体从旧、程序从新"原则包括两方面含义：一是税收实体法不具备溯及力,即如果税收实体法在应纳税行为或事实发生后有调整,除非法律有特别规定的,对该行为或事实应适用其发生时的税法规定,遵循"法律不溯及既往"的原则。二是税收程序法在特定条件下具备一定的溯及力。此处的"特定条件"是指,如果一项纳税义务的产生与税款的征收跨越程序性的新税法与旧税法交替时期的特殊情况。具体而言,"程序从新"是指税务机关在适用征税程序时,不问应税行为或事实发生的时间,征管程序上适用新法,遵循"新法优于旧法"的原则。一定条件下允许"程序从新",是因为税收程序法的变化主要涉及税款征收方式的改变,一般不对纳税人的实体性权益产生影响,不应以纳税人的实体性权利义务的发生时间来判定新旧程序的效力。并且,在法治环境下,新的执法程序通常更加严格地限制行政权力的扩张,对于纳税人权益更加有利。但"程序从新"的适用也有例外,当程序变更可能对纳税人的权益产生不利影响时,应该按照"有利追溯"原则适用旧的程序。

"实体从旧、程序从新"原则在税法修订后、新旧税法衔接适用期间非常具有指导意义。例如,现行《企业所得税法》自2008年1月1日起施行,企业所得税税率由33%调整为25%,申报缴纳的期限由4个月改为5个月。在汇算清缴2007年的所得税时,因为纳税义务发生在旧法施行期间,计算所得税时要按照旧法的规定用33%的税率,但汇算清缴期限应按新法规定的5个月执行。这是因为税率属于实体法的内容,而汇算清缴期限为程序法的内容。又如,修改后的《个人所得税法》及其实施条例于2011年9月1日起施行。新法对工资、薪金所得项目的减除费用标准和税率适用作出了新的规定，并将该项所得的纳税申报期限由"次月七日内"调整为"次月十五日内"。纳税人2011年9月1日前实际取得的工资、薪金所得，无论税款是否在2011年9月1日后由扣缴义务人申报缴纳，均应适用税法修改前的减除费用标准和税率计算缴纳个人所得税。纳税人2011年9月1日（含）以后实际取得的工资、薪金所得，应适用税法修改后的减除费用标准和税率计算缴纳个人所得税。在2011年9月1日后实际发生纳税义务的，从9月1日起均应遵循程序从新原则，根据新法规定的更宽松的期限在"次月十五日内"向税务机关办理纳税申报手续。

（六）程序优于实体原则

程序优于实体原则是指处理税务争讼案件时，税收程序法优于税收实体法适用。这是审理税务行政复议或诉讼案件时特殊适用的原则，并非处理税收实体法和税收程序法关系的一般原则。《税收征收管理法》第八十八条规定："纳税人、扣缴义务人、纳税担保人同税务机关在纳税上发生争议时，必须先依照税务机关的纳税决定缴纳或者解缴税款及滞纳金或者提供相应的担保，然后可以依法申请行政复议；对行政复议决定不服的，可以依法向人民法院起诉。"根据该规定，纳税人希望通过税务行政复议或税务行政诉讼来解决税收争议时，必须先履行税务机关认定的纳税义务，而不论该认定是否准确。如不能满足这个前提条件，税务行政复议机关或司法机关对纳税人的申诉或起诉将不予受理。适用这一原则的主要目的是为了确保国家征税权的实现，不因争议的发生而影响税款的及时、足额入库。

（七）实质课税原则

实质课税原则是适用于税收实体法的具体原则，是指对于某种情况不能仅根据其外观和形式确定是否应予课税，而应根据实际情况，尤其应当注意根据其经济目的和经济生活的实质，判断是否符合课税要素，以求公平、合理和有效地进行课税。[1] 也就是说，当某些经济行为"形式"与"实质"不一致时，应根据该行为的"实质"而非"形式"判断该行为是否符合课税条件，进而适用税法进行课税。这种"实事求是""实质重于形式"的法律适用原则并非税法独有，在其他部门法中也存在，比如《公司法》中"刺

---

[1] 张守文. 税法原理 [M]. 北京：北京大学出版社，2009：34.

破公司面纱"的制度①，也是针对事实关系与法律关系不一致时如何评判的标准。

确立实质课税原则的主要目的在于防止纳税人滥用税法而形成的避税以及因虚假行为而形成的偷税。世界上很多国家的税法都有关于实质课税原则的规定，我国相关税收法律没有对实质课税原则进行一般性规定，但在《税收征收管理法》，以及《企业所得税法》《增值税暂行条例》《消费税暂行条例》等不同税种的实体法中都有体现实质课税原则的具体规定。例如，《税收征收管理法》第三十五条、第三十七条对未按规定办理税务登记、未按规定设置账簿、逾期未办理纳税申报、申报明显偏低等情形的纳税人，赋予税务机关可以核定其应纳税额的权力；第三十六条对关联企业之间不符合独立交易原则的业务往来，赋予税务机关合理调整应纳税额的权力。《企业所得税法》第六章以专章形式规定"特别纳税调整"，可以说这一章是实质课税原则最集中的体现。该章第四十一条至第四十四条关于调整关联企业交易的规定，第四十五条和第四十六条关于受控外国企业、资本弱化的情况纳税调整的规定，第四十七条关于反避税的一般性条款，都是依据实质课税原则作出的具体规定。在此基础上，国家税务总局发布的《特别纳税调整实施办法（试行）》（国税发〔2009〕2号），也对转让定价、预约定价安排、成本分摊协议、受控外国企业、资本弱化以及一般反避税等特别纳税调整事项进行了详细的、具有操作性的规定。

从表面上看，实质课税原则与税收法定原则有冲突，但从本质上看，该原则追求的正是实质意义上的公平与正义，这正是法的价值所在。所以，实质课税原则与税收法定原则有着内在的契合与统一。

---

① "刺破公司面纱"制度又称"公司人格否认"制度。所谓"公司面纱"，即公司作为法人必须以其全部出资独立地对其法律行为和债务承担责任，公司的股东以其出资额为限对公司承担有限责任。公司与其股东具有相互独立的人格，当公司资产不足以偿付其债务时，法律不能透过公司这层"面纱"要求股东承担责任。所谓"刺破公司面纱"，是指在特定的情况下，为保护公司的债权人，法院可揭开公司的面纱，否定股东与公司法人分别独立的人格特性，追溯公司法律特性背后的实际情况，从而责令特定的公司股东直接承担公司的义务和责任。该原则反映了法律既应充分肯定公司人格独立的价值，将维护公司的独立人格作为一般原则，鼓励投资者在确保他们对公司债务不承担个人风险的前提下大胆地对公司投入一定的资金，同时又不能容忍公司股东滥用公司法人独立地位和股东有限责任，逃避债务，谋取法外利益，严重损害公司债权人利益。公司人格否认制度是对公司人格独立制度必要而有益的补充，使二者形成和谐的功能互补，我国《公司法》通过第二十条及第六十四条的相关规定建立了该制度。

第三节 税收法律关系

税收法律关系是贯穿税收活动全过程的一条主线,是税法理论研究中不可回避的基础性问题。研究税收法律关系有助于正确理解和掌握税法的精神实质,有助于税收法律关系中的各方主体更好地理解各自在税收法律关系中的地位,从而引导纳税人自觉履行纳税义务、征税机关尊重纳税人合法权益,具有重要的理论和实践意义。

一、税收法律关系的概念

(一)税收法律关系的概念

根据法理学对法律关系的理解,可以将税收法律关系定义为,税法在确认、调整国家和纳税人之间以及相关国家机关之间税收行为的过程中,形成的特殊的权利和义务关系。

对这一概念的理解应注意把握以下几点:一是税收法律关系是由税收法律规范所确认和调整的。二是税收法律关系的主体不仅包括税收征纳双方,还包括相关国家机关和其他当事人。三是税收法律关系的产生以发生了税法规定的行为为前提。四是税收法律关系是在税法确认和调整税收行为的过程中形成的。五是税收法律关系与其他法律关系一样是以权利义务为内容的一种社会关系。

(二)税收法律关系的范围

税收法律关系是税收关系在税法上的反映,研究税收法律关系的范围应该从税收关系入手。广义上的税收法律关系的范围应该包括国家与纳税人之间的税收宪法性法律关系、征税机关和纳税主体之间的税收征纳法律关系、相关国家机关之间的税收权限划分法律关系、国际税收权益分配法律关系、税收救济法律关系等。[1] 其中,最基本、最核心的是税收征纳法律关系,其他的税收法律关系都是为了保障税收征纳法律关系而存在的。

---

[1] 刘剑文. 税法学 [M]. 北京:北京大学出版社,2010:71.

（三）税收法律关系的性质

中外税法学界就税收法律关系的性质问题进行了长期的研究和探讨，概括而言，主要有税收权力关系说和税收债权关系说两种学说。

税收权力关系说认为，税收法律关系是以"查定处分"为中心的、纳税人对国家课税权的权力服从关系。所谓"查定处分"是指课税权的行使以税收法律规范的制定、课税行为的实施、税务罚则的运用为基本模式进行。这里的"查定处分"具有与刑事判决相同的性质。在刑法中，当出现符合犯罪构成要件的行为时，并不立即出现刑罚权的行使，而是在履行刑事判决程序以后才处以刑罚。同样地，在税法中当出现了满足税法规定的税收要素时，也并不立即产生纳税义务，而是通过"查定处分"这一行政行为的实施才产生纳税义务。根据该学说，"查定处分"是纳税义务的创设行为，而不仅仅是纳税义务内容的确定行为。该学说强调国家在税收法律关系中具有优越的权力主体地位，强调行政行为在税收法律关系中的重要作用，但相对忽视纳税人享有的权利。税收权力关系说认为，税法与其他行政法在性质上并没有差别，只是行政法领域的一个特别分支，税法没有独立的地位。

税收债权关系说把税收法律关系定性为国家对纳税人请求履行税收债务的关系，国家和纳税人之间是法律上的债权人和债务人关系。这种学说以德国1919年制定的《税收通则法》第八十一条关于"税收债务在法律规定的税收要件充分时成立。为确保租税债务而需确定税额的情形，不得阻碍该租税债务的成立"的规定为依据，否定了传统权力关系说中由征税主体的"查定处分"行为创设纳税义务的观点，认为只要满足税法规定的税收要素，税收债务即纳税义务就随即产生，征税主体的行政行为仅具有确定纳税义务具体内容的效力。税收债务关系说强调国家与人民之间最基本的税收关系和公共物品提供关系，强调对纳税人权益的保障和国家税收债权的保护。税收债务关系说的创立在理论上具有十分重要的意义，税法学的独立直接归因于该学说的提出及发展完善，该学说是现代税法学理论体系建立的基础。

税收权力关系说和税收债务关系说在税法学理论研究中具有互补性。有学者认为可以从两个层面对税收法律关系进行界定。在抽象的层面，基于对国家公共职能和税收本质的认识，可以将税收法律关系的性质整体界定为公法上的债务关系。在具体层面，也就是法的技术层面，可以将税收实体法律关系和税收程序法律关系分别按性质归入债务关系和权力关系。这种界定方法为构建具体税法制度时引入其他部门法的相关制度提供了理论基础。将税收实体法律关系界定为债务关系，就可以将民法债法中的担保制度、保全制度、优先权制度、不当得利制度、连带责任制度、债务抵消制度等相关制度引入税法中，既保证国家税收债权的实现，也可以保护纳税人的合法权利。将税收程序法律关系界定为权力关系，就可以借鉴一般行政法上的理论和制度，合理配置征纳双方的权利、义务和责任。①

二、税收法律关系的构成要素

与其他所有法律关系一样，税收法律关系也是由主体、内容和客体三要素构成的。

（一）税收法律关系的主体

税收法律关系的主体也就是税收法律关系的参加者，是在税收法律关系中依法享有权利和承担义务的当事人。税收法律关系由税收宪法性法律关系、税收征纳法律关系、税收权限划分法律关系和国际税收权益分配法律关系等构成，税收法律关系的主体也由不同的组合构成。其中，税收征纳关系是最基本的税收法律关系，征税主体和纳税主体是最主要的税收法律关系主体。此外，税收实践中还存在因委托代理关系成立而产生的代征人、税务代理人等受托主体。

1. 征税主体

征税主体是税收法律关系中享有国家税收征管权力，履行税收征管职能，依法对纳税主体进行管理的国家机关。征税权是由国家享有的，但国家作为一个抽象的主体无法直接行使其享有的权力，总是通过立法的形式将征税权授予具体的国家职能机关来行使。就我国而言，在具体的税收征纳法律关系中，行使征税权的征税主体包括各级税务机关和海关。海关总署和地方各级海关负责关税以及进口环节的增值税、消费税和船舶吨位税的征收和管理。除此之外的大部分税收都是由各级税务机关负责征收管理。可以说，税务机关是最主要的征税主体。

根据《税收征收管理法》第十四条的规定，税务机关是指各级税务局、税务分局、税务所和按照国务院规定设立并向社会公告的税务机构。根据我国分税制财政体制的要

---

① 刘剑文. 税法学 [M]. 北京：北京大学出版社，2010：73—74.

求，地方各级税务机关分设为国家税务局和地方税务局两个系统。国家税务总局对国家税务局系统实行机构、编制、人员、经费的垂直管理。省以下地方税务局实行上级税务机关和同级政府双重领导，以上级税务机关垂直领导为主的管理体制，地区（市）、县（市）地方税务局的机构设置、干部管理、人员编制和经费开支由所在省、自治区、直辖市地方税务局垂直管理。省级地方税务局实行地方政府和国家税务总局双重领导，以地方政府领导为主的管理体制。国家税务总局对省级地方税务局的领导，主要体现在税收政策、业务指导和协调，对国家统一的税收制度、政策的执行、监督等方面。[①]

稽查局和税务所是两类相对特殊的税务机关，其执法主体资格问题在实际执法中较易引发争议，需要特别予以关注。《税收征收管理法实施细则》第九条规定："按照国务院规定设立并向社会公告的税务机构，是指省以下税务局的稽查局。"此规定明确了稽查局的执法主体资格，为稽查局作为独立机构行使税收执法权提供了法律依据。此外，根据《税收征收管理法》第十四条的规定，税务所是具有独立执法主体资格的一类税务机关，可以以自己名义独立对外行使法律法规授权范围内的税收执法权。值得一提的是，在行政处罚权行使方面，《税收征收管理法》第七十四条对税务所的行政处罚决定权进行了一定限制，授权税务所可以就罚款额在2000元以下的行政处罚作出决定。

2. 纳税主体

纳税主体是指税收法律关系中享有法律规定的相应权利并负有纳税义务的当事人。纳税主体也有广义和狭义之分。狭义的纳税主体仅指纳税人。广义的纳税主体既包括纳税人，也包括扣缴义务人、纳税担保人等。不同的纳税主体之间承担的税法义务和享有的税法权利既有联系，又有区别，为便于把握，下面作简要介绍。

（1）纳税人。根据《税收征收管理法》第四条规定，纳税人是指法律、行政法规规定负有纳税义务的单位和个人，具体包括全民所有制企业、集体所有制企业、合伙企业、联营企业、个人独资企业、股份制企业、外商投资企业、外国企业、行政事业单位、城乡个体工商户以及中国公民和外国公民等。根据我国现行税法的规定，纳税人因其在民法中身份的不同，可以分为自然人和法人。在税收实体法中，不同税种按照不同的标准，也对纳税人作了不同的划分。增值税中，根据销售额的高低和会计核算的健全与否，把纳税人分为一般纳税人和小规模纳税人。所得税中，根据征税权行使的范围不同，把

---

① 国家税务总局征收管理司. 新税收征收管理法及其实施细则释义[M]. 北京：中国税务出版社，2002：37—38.

纳税人分为居民纳税人和非居民纳税人；根据承担的法律责任的不同，把纳税人分为无限纳税义务人和有限纳税义务人等等。

纳税人所承担的纳税义务是税法直接规定的，也就是说纳税人的身份是由法律确定的，不可任意改变。在征管实践中，由于种种原因，经常发生纳税人以外的第三人愿意代替纳税人缴纳税款的情况。针对这种情况有人提出，实际缴纳税款的第三人是否可以成为纳税人？税务机关是否可以收取该笔税款？我们认为，在这种情况下纳税人与第三人基于交易需要自愿达成协议，国家的税收利益和社会公众的利益并未受到损害，基于对"契约自由"的尊重，税法和税务机关对此不应该反对，税务机关可以收取该笔税款。但必须认识到，纳税人与第三人之间达成"代缴税款协议"属于"私法性质的契约"，这种平等民事主体之间的民事法律关系并不能超越税法规定的公法意义上的债权债务关系，纳税人的法定义务和身份并不因此而改变。也就是说，无论实际缴税人是谁，对税务机关而言，只能认定法律规定的负有纳税义务的人为纳税人。如果第三人违背契约精神拒不缴纳承诺的税款，税务机关不能向第三人追缴税款，只能要求纳税人依法履行纳税义务。纳税人因第三人违约可能遭受的损失只能依据事前的约定向第三人追偿，这属于民事法律纠纷，并不属于税收法律关系范畴。

（2）扣缴义务人。扣缴义务人是指法律、行政法规规定负有代扣代缴、代收代缴税款义务的单位和个人。扣缴义务人是一种特殊的纳税主体，不是纯粹意义上负有法定纳税义务的纳税人，其所承担的义务是由法律基于征管便利原则而设定的。在实际的税收征管中，扣缴义务人也需要面对国家和征税机关，常常会同时扮演纳税人的角色，很多基本权利与纳税人一致。把扣缴义务人与纳税人一起归入广义上纳税人的概念范畴，有利于保护扣缴义务人权利。税收征管中通常将扣缴义务人视为特殊的纳税人，比照纳税人的相关规定进行管理。根据《税收征收管理法》的规定，扣缴义务人又分为代扣代缴义务人和代收代缴义务人。

代扣代缴义务人是依照法律规定有义务从其持有的纳税人收入中扣除应纳税款并代为缴纳的单位或个人。目前，我国对纳税人课征的个人所得税、预提所得税就是采取代扣代缴的源泉扣缴形式。代收代缴义务人是指依照法律规定有义务借助经济往来关系向纳税人收取应纳税款并代为缴纳的单位或个人。例如，根据《车船税法》规定，从事机动车第三者责任强制保险业务的保险机构为机动车车船税的扣缴义务人，应当在收取保险费时依法代收车船税。《消费税暂行条例》规定，委托加工的应税消费品，由受托方在向委托方交货时代收代缴税款。

代扣代缴义务人和代收代缴义务人的区别在于，代扣代缴义务人直接持有纳税人的收入，可以从其持有的纳税人收入中直接扣除应纳税款，而代收代缴义务人并不直接持有纳税人的收入，只能在与纳税人的经济往来中向纳税人收取相应税款并代为缴纳。

扣缴义务人除扣缴税款义务外，还承担了办理税务登记、接受账簿凭证管理、纳税申报、填发扣缴凭单、接受税务检查等义务。按照《税收征收管理法》规定，扣缴义务人必须严格依法履行代扣、代收税款并及时解缴的义务，否则除追缴或协助追缴税款、加收滞纳金外，根据不同情况还会受到相应处罚。在我国，税务机关应当依法向扣缴义务人支付代扣、代收手续费。我国增值税、消费税、营业税、个人所得税、资源税、印花税、车船税和城市维护建设税等税收实体法中都有关于由特定义务人代扣代缴或代收代缴税款的规定。确定扣缴义务人有利于对零星分散、不易控管的税源实行源泉控管，简化征税手续，减少税收流失。

（3）纳税担保人。纳税担保人是指经税务机关同意或确认，以保证、抵押、质押的方式为纳税人应当缴纳的税款及滞纳金提供担保的单位或个人，主要包括以保证方式为纳税人提供纳税担保的纳税保证人，以及以未设置或者未全部设置担保物权的财产为纳税人提供纳税担保的其他担保人。法律、行政法规规定的没有担保资格的单位和个人不得作为纳税担保人。同意为纳税人提供纳税担保的单位或个人，应当按规定提供纳税担保书，经纳税人、担保人分别签字盖章，报纳税人主管税务机关审核同意后，方可作为纳税担保人。纳税人和纳税担保人对所担保的税款及滞纳金承担连带责任。当纳税人在税收法律、行政法规或税务机关确定的期限届满未缴清税款及滞纳金的，税务机关即可要求纳税担保人在其担保范围内承担担保责任，缴纳担保的税款及滞纳金。纳税担保人未按照规定期限缴纳所担保的税款、滞纳金的，由税务机关责令限期缴纳；逾期仍未缴纳的，税务机关依法划拨保证金、拍卖或变卖抵押物或质押物，以抵缴税款和滞纳金。

3. 受托主体

根据税法规定，为降低成本、提高效率等目的，征税主体和纳税主体都可以在法律允许范围内，借助第三方力量实施税收法律活动。例如，税务机关为了提高税收征管效率，方便纳税人缴纳税款，可以委托税务机关以外的企事业单位、社会组织或者公民作为代征人，代为征收税款；纳税人为了克服自身专业知识和能力的不足，可以委托税务代理人代为处理税收事务。这种基于委托代理关系而产生的，法律地位介乎于征税主体和纳税主体之间的第三类税收法律关系主体，我们称之为受托主体。

受托主体的共同特征主要表现在两个方面：一是无论代征人还是税务代理人，都是基于委托代理关系而产生的。征税主体或纳税主体，即委托人，将其依法享有的部分权力或权利委托给有关单位（组织）或人员，受委托者以委托人名义实施税收法律行为。二是此种委托均不发生法律主体资格及其权力或权利，以及税收法律责任的转移。受托人在受托范围内实施受托行为的税收法律责任由委托人承担。

二者之间的区别主要在于，因委托人身份不同，二者受托享有的权力（或权利）和承担的义务各有不同。代征人是受税务机关委托，依法行使代征税款的权力，而税务代理人是受纳税人委托代为办理以履行纳税义务为主的相关涉税事宜。

（1）代征人。代征人是指自愿接受税务机关依法委托，行使代征税款权力并承担委托代征协议规定义务的单位或个人。委托代征是税务机关依照《税收征收管理法实施细则》有利于税收控管和方便纳税的要求，以双方自愿、简便征收、强化管理、依法委托为原则，按照国家有关规定，以《委托代征协议书》的形式委托有关单位和人员代征零星分散和异地缴纳的税款的行为。税务机关确定的代征人一般与纳税人之间存在经济业务往来、业务管理、地理位置邻近等关系。如税务机关根据管理需要，委托街道办事处或居委会代为征收与个人出租房屋相关的各项税收，并以签订《委托代征协议书》的形式约定双方权利义务。代征人依照委托代征协议履行代征税款、开具税收票证、接受代征账簿和票证管理、报送《代征代扣税款结报单》、为纳税人保密等义务。代征人不得将代征税款事项再行委托其他单位、组织或人员办理。

虽然代征人和扣缴义务人都从事代为收缴税款的活动，但二者的法律地位和法律责任不同。扣缴义务人的身份是由税收法律法规确定的，以自身名义独立履行法定扣缴义务，独立承担相关法律责任。而代征人的身份不是法定的，是以其自愿接受委托为前提，以委托协议的形式确定的。代征人以税务机关的名义征收税款，授权范围内的代征行为引起纳税争议或法律纠纷，由税务机关解决并承担相应法律责任。税务机关拥有事后向代征人追究法律责任的权利。例如，根据国家相关规定，因代征人责任未征或少征税款的，应由税务机关向纳税人追缴税款，并可按《委托代征协议书》的约定向代征人按日加收未征、少征税款万分之五的违约金，而非滞纳金；代征人违规多征税款致使纳税人合法权益受到损害的，由税务机关赔偿，税务机关有事后向代征人追偿的权利。

（2）税务代理人。税务代理人是指接受纳税人或扣缴义务人的委托，在法定的代理范围内以纳税人或扣缴义务人的名义依法代其办理相关涉税事宜的专门人员及其工作机构。税务代理人在其代理权限内，以纳税人名义代为办理税务登记、设置保管账簿凭证、办理纳税申报、申请减免税、进行税务行政复议和诉讼等事项。国家对从事税务代理活动的专业技术人员实行注册登记制度，按规定取得执业资格证书并注册的人员，方可从事税务代理活动。根据代理权限范围的不同，税务代理可分为全面代理、单项代理或常年代理、临时代理。

税务代理属于民事代理中委托代理的一种，具有委托代理的一般属性。税务代理人的代理行为具有以下特点：一是税务代理人是以被代理人，即纳税人或扣缴义务人的名义办理税收代理事项的。二是税务代理人在其权限范围内有独立意思表示的权利。三是税务代理人代理行为的法律后果直接归属于纳税人或扣缴义务人。税务代理人接受委托后，未能按规定为纳税人办理纳税申报等涉税事宜的，税务机关行政处理的对象是纳税人，而非税务代理人，但纳税人可以在事后根据双方委托协议追究代理人违约责任。

税务代理人及其工作机构作为社会服务性的中介人和中介机构，既要对委托人负责，又要对社会负责，其代理行为既要符合国家税收法律法规，又要符合委托人意愿。为了保证税务代理人在公正的立场上，依法独立地行使税务代理权限，国家对税务代理进行严格的管理和监督，对税务代理人的资格认定、税务代理的范围、权限和责任等都作了明确规定。税务代理人超越代理权限、违反税收法律法规进行代理活动的要依法承担代理责任，根据不同情况，可能受到罚款、暂停代理业务、注销代理资格等税务行政处理，构成犯罪的，由司法机关追究其刑事责任。

需要说明的是，税收实践中大量存在纳税人委托并不具备税务代理执业资格的其他人员代为办理涉税事宜的情况，我们认为此种委托代理关系完全可以归属于一般意义上的民事委托代理，并不属于《税收征收管理法》及其实施细则中明确要求国家税务总局另行制定管理办法加以规范的税务代理。

（二）税收法律关系的客体

税收法律关系客体是指税收法律关系主体的权利和义务共同指向的对象。法理学研究表明，无限多样的法律关系的具体客体可以抽象地概括为国家权力、人身和人格、行为、法人、物、精神产品、信息等，并可以进一步抽象为"利益"或"利益载体"。可以说，法律关系的客体就是一定的利益。概括而言，税收法律关系的客体主要包括税收权益（权力）、物和行为，具体而言，税收宪法性法律关系和税收权限划分法律关系的客体是税收权力；国际税收权益分配法律关系的客体是税收权益；税收征纳法律关系的客体是按照一定的税率计算出来的税款，即纳税主体向国家缴纳的货币；税收救济法律关系的客体是税务机关在征管活动中作出的相关行为。所有这些客体都可以概括为"税收利益"。[①]

理解税收法律关系客体时要注意与征税客体的概念相区别。税收法律关系的客体是法学范畴，是税收法律关系主体权利义务指向的对象，是联系税收权利和义务的中介，是一个相对抽象的概念。而征税客体是经济学范畴，是税法规定的课税对象，是各个税种间相互区别的根本标志，体现了国家与纳税人之间物质利益转移的形式、数量关系及范围，是一个相对具体的概念。

（三）税收法律关系的内容

税收法律关系的内容就是税收法律关系主体依据税法享有的权利和承担的义务。税务机关和纳税人作为最重要的税收法律关系主体，其享有和承担的权利义务是税收法律关系内容中最核心的部分。

1. 税务机关的权力

税务机关的权力是国家行政权力的重要组成部分。在现代法治国家中，依法行政已实质性地成为行政机关所普遍遵循的一项法治原则。按照依法行政的要求，政府的权力是有限的，"法未授权不可为"，行政权力的取得必须由国家法律授予，受法律的约束。税务机关的权力是由国家法律以税款的征收和实现为目的而设定的，税务机关必须依法行使，不得任意扩大，也不得任意放弃或转让，具有职、权、责相统一的特征。根据《税收征收管理法》以及相关法律、法规的规定，税务机关的权力可以概括为以下几个方面：

（1）税款征收权。税务机关依照法律、行政法规的规定要求纳税人缴纳税款的权力是税务机关最基本的权力。这项权力又包括征收税款、核定税款、核准减免税、委托代征、追征税款、责令提供纳税担保、税收保全、强制执行、阻止欠税人出境等具体权力。

（2）税务管理权。税务管理权是税款征收权实现的保障，具体包括税务登记管理、账簿凭证管理、纳税申报管理等权力。

（3）税务检查权。为打击税收违法犯罪行为，税务机关有权根据税法和财务会计

[①] 刘剑文. 税法学[M]. 北京：北京大学出版社，2010：85.

制度的规定，对纳税人履行纳税义务和扣缴义务人履行代扣、代收税款义务的状况进行监督检查。

（4）行政处罚权。对于纳税人、扣缴义务人和其他税务当事人违反税收法律法规的一般税收违法行为，税务机关有权依法予以处罚。情节严重构成犯罪的，应当依法移送司法机关追究刑事责任。

（5）代位权和撤销权。税务机关在特定情况下可以依法行使代位权和撤销权。这两项权利都源自民法债法上的代位权制度和撤销权制度。税收代位权是指当欠缴税款的纳税人怠于行使其对第三人享有的到期债权而有碍于国家税收时，即税收债权实现时，税务机关可以请求人民法院以自己的名义代替纳税人行使其债权的权利。税收撤销权是指税务机关对欠缴税款的纳税人滥用财产处分权而对国家税收造成损害的行为，请求人民法院予以撤销的权利。

2. 税务机关的责任

根据《税收征收管理法》的规定，税务机关的责任主要包括：

（1）依法征收管理。主要包括不得违反法律、行政法规的规定开征、停征、多征或少征税款，或擅自决定税收优惠；依法办理税务登记、开具完税凭证；依照法定程序征税；及时足额将税款、罚款和滞纳金解缴入库；依法办理减免税优惠；对纳税人的咨询、请求和申诉作出答复处理；按照规定支付代扣、代收税款手续费；对多征税款立即返还；合理适当实施税收保全等。

（2）依法实施税务检查。税务机关应该按照征管范围，依据法定职权和程序对纳税人的生产经营管理、经济核算、税收政策的执行、征管制度的落实等情况进行检查，发现涉税违法行为应该依法进行处理，并依法采取相应的执行措施组织税款、滞纳金和罚款入库。

（3）税法宣传和咨询。税务机关应当广泛宣传税收法律、行政法规，普及纳税知识，无偿地为纳税人提供纳税咨询服务。

（4）公正执法、接受监督。各级税务机关应当建立健全内部制约和监督管理制度，税务人员必须秉公执法，忠于职守，依法接受监督，不得索贿受贿、徇私舞弊、玩忽职守、不征或者少征应征税款，不得滥用职权多征税款或者故意刁难纳税人和扣缴义务人。

（5）提供优质服务。高效便捷的纳税服务是税收管理和税收执法的重要组成部分，是帮助纳税人依法履行义务，维护合法权益的基础性工作。《税收征收管理法》将纳税服务确定为税务机关的法定职责，体现了对纳税服务的高度重视。

（6）提供救济。正如法律谚语所言，"无救济则无权利"。无论法律对纳税人权利规定得有多完备，如果这些权利受到侵害时，纳税人无法获得有效救济，所有的规定都只能是一纸空文，毫无意义。因此，对我国现行税法中规定的纳税人的权利，税务机关要切实依法维护，尤其是要依法做好行政复议和国家赔偿等法律救济工作。

（7）依法回避。税务人员在实施核定税款、调整定额、税务检查、行政处罚、办理复议等管理行为时，与纳税人、扣缴义务人或者其法定代表人、直接责任人之间存在夫妻关系、直系血亲关系、三代以内旁系血亲关系、近姻亲或其他可能影响公正执法的利害关系的，应当回避。实行回避制度是确保税务人员公正执法的基本要求。

（8）为纳税人和检举人保密。税务机关必须为税收管理中知悉的纳税人、扣缴义务人及其他当事人的商业秘密与个人隐私保密，对税收违法行为检举人也应该严格保密。

3. 纳税人的权利

从某种意义上说，纳税人的权利既是公民权利的重要方面，也是公民权利的重要体现。税收法定原则最本真的表达就是"无代表不征税"，要求税收应当具有"人民性"，纳税人及其代表应当依法享有对税款的征收和使用全过程参与、决定和监督的权利。遗憾的是，我国相关法律对这种"纳税人全过程参与税收"的权利的规定还严重不足，尤其是纳税人在税法的制定、税款的使用等方面还一定程度上处于"只管出钱，无从发言"的"无权"地位。纳税人的权利需要随着法治国家建设的不断推进而得以维护。

国家税务总局根据《税收征收管理法》等相关法律的规定，将纳税人的权利概括为十四项，并以《关于纳税人权利与义务的公告》（国家税务总局公告2009年第1号）的形式向全社会公布。这十四项权利具体包括：

（1）知情权。纳税人有权向税务机关了解现行税法的规定、办理税收事项的程序、税务处理的依据和方法、采取法律救济措施需要满足的条件等信息。

（2）保密权。纳税人有权要求税务机关为自己的商业秘密和个人隐私保密，如没有法律法规的明确规定或者纳税人的许可，税务机关不得对外部门、社会公众和其他个人提供。但税收违法行为信息不属于保密范围。

（3）税收监督权。纳税人对其他纳税人的税收违法行为，以及税务机关和税务人员违反税收法律、行政法规的行为，有权进行检举和控告。

（4）申报方式选择权。纳税人可以直接到办税服务厅办理纳税申报，也可以经主管税务机关批准后，采取邮寄、数据电文或者其他方式办理。

（5）申请延期申报权。纳税人如不能按期办理纳税申报，在规定的期限内提出书面延期申请，经税务机关核准并按规定预缴一定税款后，可以在核准的期限内办理税款结算。

（6）申请延期缴纳税款权。纳税人因不可抗力或当期货币资金不足等特殊困难，不能按期缴纳税款的，经税务机关批准，可以延期缴纳税款，但最长不得超过三个月。

（7）申请退还多缴税款权。纳税人超过应纳税额缴纳的税款，税务机关发现后，应自发现之日起 10 日内办理退还手续；如纳税人自结算缴纳税款之日起 3 年内发现的，可以向税务机关要求退还多缴的税款并加算银行同期存款利息。

（8）依法享受税收优惠权。纳税人可以依法享受减免税优惠，目前纳税人享受税收优惠的方式主要有法定享受、审批批准和备案等三种。

（9）委托税务代理权。纳税人有权委托税务代理人代为办理税务登记、发票领购、纳税申报、税款缴纳、申请减免税、提起税务行政复议和诉讼以及国家税务总局规定的其他业务。

（10）陈述申辩权。纳税人对税务机关作出的税务处理有权进行陈述、申辩，如果纳税人有充分的证据证明自己的行为合法，税务机关就不得对纳税人作出处理；即使纳税人的陈述或申辩不充分合理，税务机关也不得因纳税人的申辩而加重处罚。

（11）拒绝违规检查权。纳税人对未出示税务检查证和税务检查通知书的税务检查有权拒绝。

（12）税收法律救济权。纳税人对税务机关作出的决定，依法享有申请行政复议、提起行政诉讼、请求国家赔偿等权利。

（13）依法要求听证权。对税务机关拟作出的达到听证标准的行政处罚，纳税人有权要求举行听证，税务机关应当依申请组织听证，否则行政处罚决定不能成立。

（14）索取税收凭证权。税务机关征收税款时，必须给纳税人开具完税凭证。扣缴义务人代扣、代收税款时，应按纳税人要求开具代扣、代收税款凭证。税务机关扣押商品、货物或者其他财产时，必须开付收据；查封商品、货物或者其他财产时，必须开付清单。

4．纳税人的义务

国家税务总局《关于纳税人权利与义务的公告》将纳税人的义务概括为十项，主要包括：依法进行税务登记的义务；依法设置账簿、保管账簿和有关资料以及依法开具、使用、取得和保管发票的义务；财务会计制度和会计核算软件备案的义务；按照规定安装、使用税控装置的义务；按时、如实申报的义务；按时缴纳税款的义务；代扣、代收税款的义务；接受依法检查的义务；及时提供信息的义务；报告其他涉税信息的义务。

三、税收法律关系的产生、变更和消灭

税收法律关系与其他社会关系一样，处于不断发展变化之中，其发展变化过程可以概括为产生、变更和消灭等不同情形。税收法律关系的"产生"是指税收法律关系之间形成一定权利和义务的联系；"变更"是指税收法律关系主体、客体、主体的权利和义务，即法律关系要素的改变；"消灭"是指税收法律关系主体之间权利和义务关系的终止。

（一）税收法律关系的产生

税收法律关系的产生，是指因一定税收法律事实的发生而使税收法律关系主体之间形成权利义务关系。由于税法属于义务性法律，税收法律关系的产生以引起纳税义务成立的法律事实为基本标志。例如，在纳税人取得工资或利息、股息、特许权使用费等所得，销售货物或提供加工、修理修配劳务，生产、委托加工和进口法定的消费品，拥有或占有一定财产，购买或转让一定的财产等法律事实产生后，都会在纳税人和税务机关之间发生相应的税收征纳法律关系。

（二）税收法律关系的变更

税收法律关系的变更，是指由于某一法律事实的发生，使得税收法律关系的主体、内容和客体等要素发生变化。法律事实的变化是引起税收法律关系变更的直接原因，但这种变化必须以税收法律规范为依据。这种变化包括纳税主体发生的变化，如纳税人的组织状况、经营或财产情况的改变；也包括税收法律规范发生的变化，如国家修订某项税收法律，调整了税务机关的征管范围或某税种的课税要素，使得征税主体和纳税主体之间原来形成的税收法律关系随之发生变化。

（三）税收法律关系的消灭

税收法律关系的消灭，是指税收法律关系主体之间已经形成的税收法律关系，因一定的税收法律事实的发生而终止。引起税收法律关系消灭的法律事实主要有：

（1）纳税义务履行。即纳税人依法及时足额地履行了缴纳税款的义务，而使税收法律关系消灭。这是税收法律关系消灭的最常见原因。

（2）纳税主体消灭。如果纳税主体消灭，如撤销、破产等，就会使税收法律关系消灭。

（3）纳税义务因超过期限而消灭。例如，《税收征收管理法》规定，未征、少征税款的一般追缴期限为3年，超过3年，除《税收征收管理法》规定的特殊情况外，即使纳税人没有履行纳税义务，也不能再追缴税款，税收法律关系因此消灭。

（4）纳税义务的免除。如果纳税人符合免税条件，经税务机关审核确定以后，纳税义务免除，税收法律关系消灭。但对于税法规定不需要税务机关审核确定、自动生效的免税，通常不认为是纳税义务的免除，而是纳税义务自始没有设定。

（5）国家暂停或废止执行某些税种。例如，暂停征收个人储蓄利息所得个人所得税，废止固定资产投资方向调节税。

（6）税务行政复议决定。有关税务机关依法作出税务行政复议决定，纳税人或税务机关依法履行决定的内容，导致税务行政复议法律关系的消灭。纳税人撤回复议申请，经复议机关同意，也可以导致税务行政复议法律关系的消灭。

（7）人民法院的裁定或判决。人民法院作出税务行政诉讼判决或裁定，纳税人或税务机关依法履行的，导致税务行政诉讼法律关系的消灭。纳税人撤诉，经人民法院准许，也可以导致税务行政诉讼法律关系的消灭。

第四节　税法的分类

税法的内容丰富、涵盖面广，通过对其进行科学的分类，有助于从不同的角度，分析比较税法间的共性与差异，更加系统地把握税法的整体结构与体系。税法的分类不同于税收的分类，前者是从法学的角度出发，从法律地位、内容、调整对象、适用范围等方面对税法进行的分类，后者则主要是从税收的经济性质、地位、作用等方面进行的分类。根据不同的标准，税法的分类主要有以下几种：

一、按税法的法律地位分类

根据税法在税收法律体系中法律地位的不同，可以将其分为税收基本法与税收单行法。

（一）税收基本法

1. 税收基本法的含义和内容

税收基本法，也被称作税收通则法，是对税收法律关系中基本的、共同的、普遍的以及原则性问题进行规范的税法。其内容主要包括税收基本概念、税收基本权利与义务、税收征收程序、税权划分、税收协助、税收争讼、罚则等方面的基本性、原则性规定。

目前，我国尚未制定税收基本法。其他国家的税收基本法有德国的《税法通则》、日本的《国税通则法》、韩国的《国税基本法》、俄罗斯的《联邦税法体制基础法》等。

2. 税收基本法的法律地位

从内容上说，税收基本法是税法领域的基本法律制度，在整个税法体系中占有重要的地位。其规定的税法基本原则和制度对其他税法的制定与实施起到制约和指导作用，是税法体系的基础。而一国税收基本法在本国税法体系中的具体地位和法律效力，则与该国的法律体系和该国税收基本法的立法程序有关。

（二）税收单行法

1. 税收单行法的含义和内容

税收单行法是与税收基本法相对应的概念，总体上说，税收基本法以外的税法都属于税收单行法的范畴；具体而言，税收单行法是调整税收法律关系中某一方面问题的税法。

税收单行法的内容由其具体调整的税收法律关系所决定，可以是对某一税种各项税制要素的确定、对税收征收程序的具体规定或是对涉税争议解决方式的规定，等等。我国税法中的《企业所得税法》《税收征收管理法》《增值税暂行条例》等都属于税收单行法。

2. 税收单行法的法律地位

税收单行法由不同形式的税收法律制度组成，每一税收单行法在税法体系中的具体地位因其内容和制度形式的不同而有差异。在数量上，税收单行法是税法体系的主要组成部分。税收基本法对税收法律关系基本性、原则性的规定正是通过数量众多的税收单行法的具体规定得以有效实施的。

(三）税收基本法与税收单行法的关系

由于税收基本法在内容上是对税收法律关系中基本的、共同的、普遍的以及原则性问题的规范，这就决定了其在税法领域中基础性的作用和重要的地位。无论在一国法律体系中税收基本法与税收单行法在法律制度层级上是同一位阶还是不同位阶，税收单行法的制定和实施都必然会受税收基本法的统领和指导，两者间相辅相成、协调统一才能有效发挥税收法律体系的功能和作用。

二、按税法的内容分类

根据税法内容的不同，可以将税法分为税收实体法、税收程序法和税收救济法。

（一）税收实体法

税收实体法是规定税收法律关系主体所享有的权利或职权、承担的义务或职责的税法。税收实体法是税法体系的核心部分，直接影响国家与纳税人之间权利义务的分配。税收实体法主要是对纳税人、课税对象、税目、计税依据、税率、纳税环节、纳税地点、纳税期限、税收减免等内容进行规范的税法。从其内容可以看出，税收实体法主要解决的是对什么征税、什么时候征、征多少以及对谁征等问题。我国的《企业所得税法》《车船税法》《增值税暂行条例》等就是税收实体法。

（二）税收程序法

税收程序法是与税收实体法相对的概念，它是以保证税收实体法规定的权利和职权得以实现或行使，义务和责任得以履行的相关程序性规定为主要内容的税法。税收程序法的主要内容包括对税收法律关系主体发生税收法律行为时所应遵循的方式、步骤、时限和顺序等问题的规定。税收程序法在功能上主要解决的是以什么样的方式、步骤实施税收实体法规定的问题。我国的《税收征收管理法》就属于税收程序法范畴。

税收程序法与税收实体法之间关系密切、不可分割，税收实体法是税收程序法制定和实施的基础，税收程序法是税收实体法得以实现的保障。二者分别体现的法律实体公正和程序公正具有同等重要的意义，就其在税法体系中的价值而言，税收程序法与税收实体法同样重要。因此，税收程序法不应被视作税收实体法的附庸，二者不是主从关系也不是手段和目的的关系。

（三）税收救济法

税收救济法是以规定涉税争议如何解决，纳税主体合法权益已经或可能遭到侵害时如何得到救济为主要内容的法律规范。广义的涉税争议是税收法律关系主体在发生税收法律行为过程中就税收相关问题产生的争议，既包括征纳双方之间的争议，也包括一国征税主体之间、不同国家征税主体之间、纳税主体之间有关税收的争议。狭义的涉税争议是指纳税主体与征税主体之间在税收相关问题上产生的争议。税收救济法调整和解决的主要是狭义上的涉税争议，其目的是为涉税争议的解决设计制度化、规范化的法律途径，以确保征税主体的行为在合法适当的范围内作出，保护和救济纳税主体的合法权益。

根据其所规范的税收救济途径的不同，税收救济法分为税收行政救济法和税收司法救济法两类，其中税收行政救济法主要包括规范税务行政复议行为的法律制度；税收司法救济法则主要包括税务行政诉讼制度。我国目前没有专门规定税务行政复议和行政诉讼的法律法规，起规范作用的是《行政复议法》《行政诉讼法》等的相关规定，而在规章和规范性文件层面有一些专门规范税收救济途径的制度，如国家税务总局颁布的《税务行政复议规则》（国家税务总局令第21号）等。德国在《税法通则》和《税务法院法》中对税收救济方式和程序作了专门规定，法国则在《税收程序法典》中规定了相关内容。

三、按税法调整对象分类

根据税法调整对象的不同，分为货物和劳务税法、所得税法、财产税法、资源税法和行为税法。

（一）货物和劳务税法

货物和劳务税法是调整对货物或劳务征税的税收法律关系的法律规范。以货物或劳务为课税对象的税种就是货物和劳务税，例如我国的增值税、营业税、消费税。由于货物和劳务税以货物或劳务的流转额为计税依据，所以也称流转税。我国的《增值税暂行条例》《营业税暂行条例》《消费税暂行条例》等就属于货物和劳务税法。

（二）所得税法

所得税法是调整对纳税人的所得或收益征税的税收法律关系的法律规范。以纳税人的所得或收益为课税对象的税种就是所得税，例如我国的企业所得税和个人所得税。规范所得税法律关系的税法就属于所得税法，如我国的《企业所得税法》《企业所得税法实施条例》《个人所得税法》《个人所得税法实施条例》等。

（三）财产税法

财产税法是调整对特定财产征税的税收法律关系的法律规范。财产税是以纳税人拥有或支配的特定财产为课税对象的税种，如我国的房产税、车船税。规范财产税法律关系的税法就属于财产税法，如我国的《房产税暂行条例》《车船税法》等。

（四）资源税法

资源税法是调整对特定资源征税的税收法律关系的法律规范。资源税是以土地等特定自然资源为征税对象的税种，如我国的资源税、耕地占用税、城镇土地使用税等。规范资源税法律关系的税法就属于资源税法，如我国的《资源税暂行条例》《耕地占用税暂行条例》《城镇土地使用税暂行条例》等。

（五）行为税法

行为税法是调整对特定行为征税的税收法律关系的法律规范。行为税是以特定行为为课税对象的税种，如印花税、城市维护建设税等。规范行为税法律关系的税法就属于行为税法，如我国的《印花税暂行条例》《城市维护建设税暂行条例》等。

四、按税法适用范围分类

根据税法适用范围的不同，可以将税法分为国内税法和国际税法。

（一）国内税法

国内税法是指一国制定的，调整本国税收体制关系和税收征纳关系的法律规范。国内税法是一国税法的主要组成部分，我国现行税收法律体系中的法律、法规、规章及规范性文件都属于国内税法,如《企业所得税法》《税收征收管理法》《发票管理办法》等。

(二)国际税法

国际税法是调整国家之间税收分配关系和国家与跨国纳税人之间税收征纳关系的综合性法律规范。既包括各国间签订的双边或多边国际税收条约,例如《中华人民共和国政府和美利坚合众国政府关于对所得避免双重征税和防止偷漏税的协定》;也包括一国制定的税法中有关国家与跨国纳税人之间税收征纳关系和国家之间税收分配关系的内容,例如《企业所得税法》中关于非居民纳税人就来源于中国境内的所得缴纳企业所得税的规定和《税收协定相互协商程序实施办法》(国家税务总局公告2013年第56号)。

(三)国内税法与国际税法的关系

国内税法与国际税法适用范围的不同主要体现在适用主体上,国内税法适用于本国征税主体,国际税法适用于两个或两个以上国家的征税主体。而在法律渊源上,国际税法与国内税法存在重叠。国内税法的法律渊源主要是本国制定的税法,而国际税法是一个综合性的法律体系,既有国内法渊源又有国际法渊源,其中,国内法渊源主要是一国制定法中调整国家与跨国纳税人之间税收征纳关系和国家间税收分配关系的内容。这同样是国内税法的渊源。由此我们认为,将税法按照适用范围划分为国内税法与国际税法并不是泾渭分明的,两者在一定程度上存在交叉重叠,在具体适用上也具有诸多内在联系。

第五节 税法的地位

税法的地位是指税法在整个法律体系中的位置及其重要程度,也就是关于税法在整个法律体系中是否具有独立存在的理由和价值,能否成为独立的法律部门的问题,其核心是税法和其他部门法的关系问题。

一、税法的地位概述

按照一般的法学理论，一国的法律体系是由现行的全部法律规范按照不同的法律部门分类组合形成的多层次的有机联系的统一整体。而部门法（又称法律部门）由调整同一类社会关系的法律规范组成。一国的法律体系通常包括宪法、行政法、民商法、经济法、刑法、诉讼与非诉程序法等主要法律部门。目前，学术界普遍否定了税法属于行政法的观点，认为税法具有税收法律关系这样一个独立的调整对象，能够区别于其他法律部门，所有调整税收法律关系的法律规范可以组成一个单独的法律部门，即税法。但是，多数学者认为税法是经济法中宏观调控法之下的一个组成部分，是经济法的二级部门法。我们认为，这种将税法定位于经济法之下的宏观调控法的观点，强调的是税收的宏观调控这一附带职能，没有体现税收筹集财政收入的基本职能，也不符合税法的本质属性。税法所规范的主要是国家与纳税人之间的税收法律关系，它有自己独立的调整对象、独特的价值和其他法律部门所无法替代的职能，应该是一个独立的法律部门。就税法在整个法律体系中的重要性而言，现代国家政府与公民之间的基本关系主要是税收征纳关系和公共物品供求关系，税法作为调整现代国家政府与公民基本关系之一的法律部门，其重要性不亚于民法、刑法、行政法等其他基本法律部门。

税收法律关系涉及经济社会生活的各个方面，以其为调整对象的税法也因此成为一个综合性的法律部门，几乎与宪法、民商法、经济法、行政法、刑法、诉讼法等其他所有的法律部门密切相关。"税法中既有涉及国家根本关系的宪法性规范，又深深浸透着宏观调控精神的经济法规范，还包含着大量的规范行政管理关系的行政法规范。此外，税收犯罪涉及刑法规范，其定罪量刑具有很强的专业性；税款征收的保障还必须借助民法的相关制度来解决等。"[①] 税法与其他法律相互交叉、相互影响之处很多，税法中大量借用了其他法律规范的概念、规则和原理。学习和研究税法应当注意到税法与各部门法之间的关联程度，吸收相关法律部门的理论研究成果，以便更好地理解和运用税法知识。

---
① 刘剑文. 税法学 [M]. 北京：北京大学出版社，2010.

二、税法与宪法的关系

宪法是一个国家的根本大法，规定的是国家的根本制度和国家进行政治经济活动的根本原则，在一国的法律体系中具有最高的法律效力，是其他一切法律制定和运行的依据，被称作"法律的法律"。税法与宪法之间有着天然的联系。税收是国家财政收入的主要来源，对国家机器的正常运转意义重大。由宪法来确立国家征税权的合法性，才能为税收的实现提供最根本、最强有力的保障。同时，税收是对私有财产的无偿获取，对公民的财产权有直接而明显的影响，有必要在国家根本大法中对征税权的行使进行最严格的约束。

税法与宪法的关系主要体现在两个方面：一是宪法作为根本大法，是国家活动的总章程，是制定其他一切法律的依据。其他所有法律的制定和执行都不得与宪法相抵触，税法也不例外。税法的制定和执行均不得违背宪法的规定与精神。二是税收是维持国家机器运转的主要经济来源，关系到公民的财产权和自由权，有关税收的基本制度和原则应该在宪法中加以规范和体现。

宪法是税法的立法依据。世界上许多国家为保证宪法对税法应有的指导作用，在宪法中对税收内容进行了较为详细的规定，如征税的基本依据、税收立法权限的划分、税收立法程序、公民依法纳税的权利和义务等。我国宪法中仅有一个条款直接涉及税收，即第二章"公民的基本权利和义务"中第五十六条规定："中华人民共和国公民有依照法律纳税的义务。"由于我国宪法对税收基本制度和原则都没有作出规定，使得宪法与税法缺少必要的衔接，宪法对税法的指导、规范、制约作用明显不够。加之我国至今没有制定税收基本法，税收法定原则未能得到有效确立，导致税收立法权缺乏有效规范，税收立法级次普遍偏低，税收执法和税收司法也受到严重影响，税法的地位被严重弱化。从长远来看，应适当修改宪法，把税收基本制度和原则写入宪法，以增强宪法对税法的指导，提高税法的法律地位。

考虑到宪法修订的严肃性和长期性，单独制定税收基本法不失为一种较为可行的现实选择。将税收基本法作为统率各单行税收法律、法规的"母法"，对税收立法权限、税法基本原则和制度构架、征税主体和纳税主体的基本义务与权利等根本性、全面性问题作出规范，为税法的制定和执行提供一般性准则。这对于我国税制改革的深化、税收立法的完善、税收执法的改进和税收司法的加强都将起重要的推动和保障作用。

三、税法与各部门法的关系

（一）税法与行政法的关系

行政法是调整国家行政管理活动的法律规范的总称。税法与行政法有着十分密切的联系，以至于税法曾一度被认为是行政法的组成部分。税法调整的是国家机关与法人或自然人之间的税收法律关系，其中国家总是居于领导地位的一方，征税权的行使体现国家意志，不需要征纳双方意思表示一致，这与行政法律关系的调整非常相似。尤其是在税收程序法律关系中更是表现出明显的权力服从关系特征。因此，在税收管理中行政法的基本原理和基本制度都能普遍适用，很多问题的处理都要遵循行政法的一般规则。但按照"特别法优于一般法"的法律适用原则，适用行政法的一般规则时需要考虑税收法律法规的特殊规定。例如，在税务行政处罚、税务行政许可、税务行政强制、税务行政复议、税务行政诉讼、税收信息公开等税收实践中，需要处理好《税收征收管理法》等税收法律法规与《行政处罚法》《行政许可法》《行政强制法》《行政复议法》《行政诉讼法》《政府信息公开条例》等行政法律法规的衔接适用问题。

尽管税法与行政法联系紧密，但又与一般行政法有所区别，不能简单地把税法归并到行政法中。第一，税法具有经济分配性质。税法的调整对象决定了税收法律规范具有经济分配的性质，而且这种分配是将纳税人的经济利益无偿地向国家单向转移。这是税法与一般行政法的根本区别。第二，税法广泛联系社会经济生活。税法不仅与社会再生产，尤其是物质资料再生产的全过程密切联系，而且与人们的生活、消费、文化、娱乐等活动广泛相关。税法与社会经济生活联系的深度和广度是一般行政法所无法比拟的。第三，税法是特殊的义务性规范。税法是一种义务性规范，并且是以转移货币的金额作为纳税人所尽义务的基本度量。而行政法大多为授权性规范，少数义务性法规也不涉及货币的转移。因此，简单地将税法体系归并到行政法部门中是不够严谨的。

（二）税法与民商法的关系

民法是调整平等主体的公民之间、法人之间、公民和法人之间的财产关系和人身关系的法律规范的总称。一般认为，商法是民事特别法，是调整商事法律关系的法律规范的总称。从内容上说,民商法主要包括物权法、债权法、人身权法、侵权行为法、知识产权法、婚姻家庭法、票据法、海商法等。

虽然税法与民商法分属公法和私法的不同体系,但两者有着密切的联系。首先,税法的调整通常是以民商法的调整为基础,经由民商法调整所确定的私法秩序,对税法的有效调整起着重要的作用[1]。税法的调整要遵循民商法确立的私人交易的规则,不能对基本的私法秩序构成损害[2]。其次,民商法是最基本的法律部门之一,形成的时间比较早,发展历史比较久,法律制度建设较为成熟和完善,其他法律部门的建立和发展在不同程度上借鉴了民商法的制度规范,所以有"民法乃万法之母"的说法。税法也不例外,特别是随着税收债权关系理论的不断发展,税法在制定和执行过程中都借鉴和运用了民商法的概念、原则和规则。

税法与民商法的区别主要表现在以下方面:一是调整对象不同。民商法调整的是平等主体间的财产关系和人身关系;而税法调整的是国家以及代表国家的征税机关与纳税人及其他税收法律关系主体之间的关系。二是法律关系的建立基础不同。民商事法律关系一般是自愿设立的,当事人的意思会对民商事法律关系产生比较大的影响;而税收法律关系的产生多源自法律的规定,一般不允许当事人协商调整。三是调整手段不同。民商法以民事调整手段为主,违法者主要承担民事责任;而税法的调整手段具有综合性,包括行政手段、刑罚手段以及民事性质的责任追究等。

为便于准确把握和理解税法与民商法的关系,下面就税法与民商法中几部主要法律的关系作简要介绍。

1. 税法与《民法通则》

《民法通则》制定于1986年,是对民事活动中一些共同性问题作出的法律规定,是民法体系中的一般法。税法对《民法通则》的运用主要体现在三个方面:一是对《民法通则》基本概念的运用。税法在涉及法人、监护人、合同、代理、完全民事行为能力等概念时,如果没有作出特殊规定,就适用《民法通则》对相关概念的解释和规定。二是对《民法通则》确定的民商事法律活动基本原则的运用。随着税收法律制度的发展,特别是税收债权关系理论的发展,人们对税收法律关系的理解不再仅仅是国家与纳税人之间命令与服从的关系,因此税法对《民法通则》中的公平、平等、诚实信用等原则也

---

[1] 张守文. 税法原理[M]. 北京:北京大学出版社,2001:27.
[2] 樊丽明,张斌,等. 税收法制研究[M]. 北京:经济科学出版社,2004:77.

渐渐重视。三是对《民法通则》制度的运用。税收法律关系中部分内容与民商事法律活动关系密切，税法直接借鉴《民法通则》的规定进行调整。如在对税务代理关系进行调整时，税法就运用了《民法通则》有关代理的制度规定。

同时，《民法通则》中也有涉及调整税收法律关系的内容，这是其与税法的交叉。如《民法通则》第二十一条规定，失踪人所欠税款、债务和应付的其他费用，由代管人从失踪人的财产中支付。第四十九条规定，企业法人向税务机关隐瞒真实情况、弄虚作假的，除法人承担责任外，对法定代表人可以给予行政处分、罚款，构成犯罪的，依法追究刑事责任。

2. 税法与《合同法》

合同是民商事权利义务产生和变化的一种最为普遍和重要的根据，因此合同法是民商事法律中一项重要的法律制度。《合同法》制定于1999年，对合同的订立、效力、履行、变更、转让、终止、违反合同的责任及各类有名合同等问题进行了全面规定。由于合同在社会经济活动中广泛存在，税收法律关系中纳税义务的产生与变更多与合同有关，这一点在有关增值税、消费税、营业税以及印花税的税收法律关系中都有体现。因此，《合同法》与税法关系密切。

其中最主要的体现就是税法中直接运用《合同法》的概念和规定。例如《税收征收管理法》第五十条规定："欠缴税款的纳税人因怠于行使到期债权，或者放弃到期债权，或者无偿转让财产，或者以明显不合理的低价转让财产而受让人知道该情形，对国家税收造成损害的，税务机关可以依照合同法第七十三条、第七十四条的规定行使代位权、撤销权。"《印花税暂行条例实施细则》第四条规定："条例第二条所说的合同，是指根据《中华人民共和国经济合同法》《中华人民共和国涉外经济合同法》[①]和其他有关合同法规订立的合同。"

虽然《合同法》与税法关系密切，但它并不能调整税法中所有关于合同的内容，因为税法除了涉及平等当事人间的合同外，还涉及税务机关为履行行政管理职能，实现税务管理目标而与行政相对人订立的税务行政合同，如税务行政委托合同、税务行政执行合同等。此类合同属行政合同，虽然也在一定程度上反映双方当事人的合意，但其订立

---

① 根据《合同法》第四百二十八条，本法自1999年10月1日起施行，《中华人民共和国经济合同法》《中华人民共和国涉外经济合同法》《中华人民共和国技术合同法》同时废止。根据条文含义和目的，《印花税暂行条例实施细则》此处规定应是指《合同法》。

的主要目的是实现行政管理目标,税务行政机关作为合同一方当事人处于主导地位并享有一定的行政特权,合同双方地位并不平等。因此,此类合同不属于《合同法》的调整对象,而应是税法和行政法的调整对象。

3. 税法与《物权法》

《物权法》是调整因物的归属和利用而产生的民事关系的法律规范,其与税法的联系主要体现在三个方面:一是《物权法》所确立的物权设立、变更、转让和消灭制度,为部分税收法律关系的产生和变更明确了法律要件,提供了制度支持。二是《物权法》建立的制度体系及其所反映的物权原理,为税法的制定提供了制度和理论基础,例如在我国目前进行的房产税试点改革中,有关房产税征收基础、制度设计的研究都与《物权法》制度和理论密切相关。三是《物权法》中规定了物权担保制度,这一制度与税法中的纳税担保制度相关联。[①] 税法上的纳税担保来源于民事担保制度,两者作为债权的保护制度,在法理上有相似之处,在当事人权利义务的基本规定方面也有共同之处。但由于税收债权的公法之债性质,决定了纳税担保比民事担保更具有行政性。与《物权法》《担保法》的民事担保制度相比,税法上的纳税担保制度更强调税务机关在纳税担保法律关系中的主导地位,因此在担保的种类、成立条件、责任范围、实现方式以及法律责任和救济等方面都与民事担保制度有区别。

(三)税法与经济法的关系

经济法是国家在管理经济运行过程中,对具有社会公共性的经济活动进行干预、管理和调控的法律规范的总称。其调整对象是特定的经济关系,如市场主体调控关系、市场秩序调控关系、宏观经济调控和可持续发展保障关系、社会分配关系等。从内容上看,经济法主要包括公司法、企业法、破产法、竞争法、消费者法、银行法、证券法、劳动法、土地和房产法、环境保护法等。

税法与经济法关系密切,两者间的联系首先表现在税法具有较强的经济属性,即在税法运行过程中,始终伴随着经济分配的进行。[②] 其次,经济法中的部分概念、规则和制度在税法中运用,例如企业所得税法律制度就与公司法、企业法、破产法等密切相连。

[①] 关于担保制度,我国《担保法》亦有规定,由于《担保法》与《物权法》在物权担保制度上有重合,而制定时间在后的《物权法》对《担保法》的部分内容进行了调整和完善。在此,我们就税法中的纳税担保与《物权法》和《担保法》的关系一并进行分析。

[②] 张松. 税法原理[M]. 北京:中国税务出版社,2008:8.

第三，经济法的制定也考虑了税法的因素，如《破产法》《保险法》在企业清算制度设计时都考虑到税收债务的偿还。

税法作为一个独立的法律部门，其与经济法的区别主要表现在：一是调整对象不同。经济法调整的是市场调控、经济管理、社会分配等特定的经济关系；而税法调整的税收法律关系不仅与经济活动有关，还包含行使国家职权、实现税务行政管理职能的内容。二是功能作用不同。经济法的作用主要是协调经济运行，限制市场的不公平竞争和其他负面效应，保障社会公共利益；而税法最基本的作用是保障国家财政收入。尽管近年来税收作为实现国家经济政策的主要工具之一，在经济调控中扮演重要角色，使税法在功能作用上与经济法有重叠，但二者的基本作用还是有明显区别的。三是法律性质不同。总体上税法属于义务性法律规范，而经济法属于授权性法律规范。四是争议解决方式不同。经济法主要采取协商、调解、仲裁、民事诉讼等争议解决方式，而税法更多地采用行政复议、行政诉讼等方式。

1. 税法与《公司法》

《公司法》是规定公司设立、组织、活动、解散及其他对内对外关系的法律规范，调整范围是我国境内设立的有限责任公司和股份有限公司。由于税收法律关系中纳税人的相当部分是公司，且公司与其他类型的纳税人相比，缴纳的税款涉及税种多、数额大、计算复杂，因此税法与《公司法》关系密切。

首先，税法中有关有限责任公司、股份有限公司、国有独资公司、上市公司以及董事、监事、公司债券等概念的运用源于《公司法》的规定。其次，税法中运用了《公司法》的规定，部分税收法律关系的成立或变更条件与《公司法》中关于出资方式、出资额、出资时间等规定有关。再次，《公司法》关于设立公司须向登记机关申请登记并列举营业执照记载事项的规定，为税务机关从登记机关获取纳税人详细信息、提高税法执行效率提供了保障。

值得注意的是，2013年12月28日，第十二届全国人大常委会第六次会议修改了《公司法》，所作修改自2014年3月1日起施行。此次共修改了12个条款，将公司注册资本实缴登记制改为认缴登记制，取消了公司注册资本最低限额，放宽了市场主体准入管制，还明确了公司实收资本不再作为工商登记事项，公司登记时无需提交验资报告。这些内容的修改必将对税法的制定和执行产生较大的影响，如何适应形势变化，调整相关制度是税法面临的一个亟待解决的问题。

2. 税法与《破产法》

《破产法》是规范企业破产程序的法律规范。其规定企业法人不能清偿到期债务，并且资产不足以清偿全部债务或者明显缺乏清偿能力的，依照该法规定清理债务。税法与《破产法》的联系主要体现在企业破产时税收债权的清偿问题上。

为保障国家税收收入，税法中就税收债权的清偿设计了税收优先权制度，其中最主要的制度规定体现在《税收征收管理法》第四十五条[①]，该条明确了税收债权优先于无担保债权和发生在欠税之后的设定了抵押权、质权、留置权的债权。《破产法》中规定了税收债权优先于普通破产债权受偿的顺序[②]，对税收债权与担保债权的关系没有明确规定，但在相关司法解释中规定，设定担保物权的债权优先于税收债权受偿。[③]《保险法》和《商业银行法》分别在保险公司破产清算和商业银行破产清算中赋予"保险金"和"个人储蓄存款的本金和利息"优先于税款受偿的地位。[④]

（四）税法与刑法的关系

刑法是规定犯罪、刑事责任和刑罚的法律。刑法与税法的区别明显，两者的联系主要体现在以下两个方面：

1. 税法与刑法涉税犯罪有关规定

我国《刑法》中有关涉税犯罪的内容主要规定在刑法分则第三章第六节危害税收征管罪中，该节共12条，规定了逃避缴纳税款罪、抗税罪、骗取出口退税罪等14个罪名。从行为性质上说，《刑法》所规定的涉税犯罪行为属于税收违法行为，是税收违法行为中性质比较严重、造成危害结果，达到刑事犯罪标准的一类。由于税法对税收违法行为也有规定，包括对违法行为的界定和对法律责任的规定，如税法中也有对伪造发票行为的禁止和处罚规定。所以，税法与《刑法》在税收违法行为的规定上有共同性的内容，但如前所述，并不是所有的税收违法行为都构成《刑法》上的涉税犯罪行为，

[①] 《税收征收管理法》第四十五条规定：税务机关征收税款，税收优先于无担保债权，法律另有规定的除外；纳税人欠缴的税款发生在纳税人以其财产设定抵押、质押或者纳税人的财产被留置之前的，税收应当先于抵押权、质权、留置权执行。纳税人欠缴税款，同时又被行政机关决定处以罚款、没收违法所得的，税收优先于罚款、没收违法所得。税务机关应当对纳税人欠缴税款的情况定期予以公告。

[②] 根据《破产法》第一百一十三条规定。

[③] 《最高人民法院关于适用〈中华人民共和国企业破产法〉若干问题的规定（二）》第三条规定：债务人已依法设定担保物权的特定财产，人民法院应当认定为债务人财产。对债务人的特定财产在担保物权消灭或者实现担保物权后的剩余部分，在破产程序中可用以清偿破产费用、共益债务和其他破产债权。

[④] 详见《保险法》第九十一条、《商业银行法》第七十一条。

因而区分罪与非罪就成为税法和《刑法》衔接的关键。为此，最高人民法院、最高人民检察院出台了一系列司法解释，就办理涉税犯罪案件中如何认定犯罪的问题进行明确。税法也在制定过程中注意与《刑法》的衔接，对可能构成涉税犯罪的违法行为在规定法律责任时，就追究刑事责任作出衔接性规定。但2009年，刑法修正案（七）将"偷税罪"修改为"逃避缴纳税款罪"，《税收征收管理法》等税法制度尚未作出相应调整。而目前规范和指导两法衔接实际操作的法律制度也尚不完善，在案件查办、移送等问题上税法和《刑法》的执行如何有效衔接，还需进一步完善相关制度、建立相关机制。

2. 税法与刑法职务犯罪有关规定

职务犯罪是指国家机关、国有公司、企业事业单位、人民团体工作人员利用职权，贪污、贿赂、徇私舞弊、滥用职权、玩忽职守，侵犯公民人身权利、民主权利，破坏国家对公务活动的规章规范，依照刑法应当予以刑事处罚的犯罪，包括贪污贿赂罪、渎职罪和国家机关工作人员利用职权实施的侵犯公民人身权利、民主权利的犯罪。税务人员作为国家机关工作人员也可能成为职务犯罪的主体。而税法在对纳税人行为进行规范的同时，也有对税务人员行为进行规范的内容。税法与《刑法》在对税务人员违法行为的规定上存在共同性和衔接性的内容。如《发票管理办法》和《税收违法违纪行为处分规定》中就有对税务人员违法行为处理与追究刑事责任衔接的内容。

（五）税法与诉讼法的关系

1. 税法与《行政诉讼法》

《行政诉讼法》是规定法院审理行政案件程序和行政诉讼参加人权利义务的法律规范，是法院审理行政案件和行政诉讼参加人进行诉讼活动必须遵守的准则。《行政诉讼法》第二条规定："公民、法人或者其他组织认为行政机关和行政机关工作人员的具体行政行为侵犯其合法权益，有权依照本法向人民法院提起诉讼。"

如果行政相对人认为税务机关在行使职权过程中作出的具体行政行为侵犯其合法权益，可以依法提起行政诉讼。行政诉讼也是税法规定的救济途径中的一项重要内容，因此，税法中常可以见到关于行政诉讼的内容，如《税收征收管理法》第八条规定："纳税人、扣缴义务人对税务机关所作出的决定，享有陈述权、申辩权；依法享有申请行政复议、提起行政诉讼、请求国家赔偿等权利。"同时，由于行政诉讼的过程会对税务机关的行政行为做出评判，并根据其合法性做出有利或者不利于税务机关的裁决，因此，税法作为税务机关行为的依据和准则，在立法时会充分考虑《行政诉讼法》的规定和要求。《行政诉讼法》及其相关司法解释等制度中对行政行为合法性的要求和对行政执法证据证明标准的规定也对税务机关的行政行为起到规范和指导作用。

在税法与行政法的衔接上有一个特别的制度安排，就是税务行政复议前置程序。《行政诉讼法》规定，法律、法规规定应当先向行政机关申请复议，对复议不服再向人民法院提起诉讼的，依照法律、法规的规定。而《税收征收管理法》规定，纳税人、扣缴义务人、纳税担保人同税务机关在纳税上发生争议时，必须先依照税务机关的纳税决定缴纳或者解缴税款及滞纳金或者提供相应的担保，然后可以依法申请行政复议；对行政复议决定不服的，可以依法向人民法院起诉。所以，在纳税争议上，税务行政复议是行政诉讼的前置程序，而对税务机关其他具体行政行为产生的争议，复议则不是必经程序。

2. 税法与《民事诉讼法》

《民事诉讼法》是规定法院审理民事案件程序和民事诉讼参加人权利义务的法律规范。虽然税法上的权利救济更多的与《行政诉讼法》产生联系，但民事诉讼法制度对税法也有多方面的影响。一方面，一些民事诉讼法的程序性制度是税法程序制度的补充，如《税务行政复议规则》第一百零四条规定："行政复议期间的计算和行政复议文书的送达，依照民事诉讼法关于期间、送达的规定执行。"税务机关在履行职责过程中，在税法对时限计算、文书送达等事项没有明确规定时，可以参照民事诉讼法的有关规定执行。另一方面，税务机关在按照税法规定行使撤销权、代位权和税收优先权等过程中，可能作为民事诉讼当事人直接参与民事诉讼。由于税法目前对税务机关参加民事诉讼的规定尚不完备，所以主要适用民事诉讼法的规定。

3. 税法与《刑事诉讼法》

《刑事诉讼法》是调整刑事诉讼活动的法律规范，税法与刑事诉讼法的联系主要发生在涉税犯罪案件的侦查起诉中。一是我国《刑事诉讼法》规定了刑事案件侦查管辖范围，这就为税务机关对涉嫌犯罪的税收违法案件移送司法机关明确了移送对象。二是《刑事诉讼法》规定行政机关在行政执法和查办案件过程中收集的物证、书证、视听资料、电子数据等证据材料，在刑事诉讼中可以作为证据使用。但有效发挥税务机关采集证据的作用，需要税务机关在证据采集程序和证据形式内容上符合刑事诉讼证据规则的要求。三是《刑事诉讼法》规定，人民检察院决定不起诉的案件，对被不起诉人需要给予行政处罚、行政处分或者需要没收其违法所得的，人民检察院应当提出检察意见，移送有关主管机关处理。有关主管机关应当将处理结果及时通知人民检察院。这种情况下，税务机关应按照《刑事诉讼法》的规定接收检察机关移送的案件，在按照税法规定处理后，将处理结果通知检察机关。四是税务机关在配合司法机关侦查、起诉税收违法案件时，一方面需按照税法的规定计算核定应纳税额、应纳税时间等事项，另一方面需要按照《刑事诉讼法》的程序要求进行文书出具、出庭作证等行为。

第六节　新中国税法的建立与发展

中华人民共和国的成立标志着我国政权性质和法律制度性质的根本转变，我国的税收法律制度也随之进入新的历史时期。本节侧重从法律制度的角度总结分析新中国成立以来税法建立和发展的主要阶段以及现行税法体系情况。

一、新中国税法建立和发展的主要阶段

根据新中国税法在不同时期的内容和特点，可将其建立和发展过程划分为建立时期、低谷时期、恢复时期、发展时期和完善时期五个主要阶段。

（一）新中国税法的建立时期（1949~1956年）

从新中国成立到1956年这段时期是新中国税法的初步建立时期。1949年9月，中国人民政治协商会议通过《中国人民政治协商会议共同纲领》，其中对税收问题明确规定："中华人民共和国国民均有保卫祖国、遵守法律、遵守劳动纪律、爱护公共财产、应征公役兵役和缴纳赋税的义务""国家的税收政策，应以保障革命战争的供给、照顾生产的恢复和发展及国家建设的需要为原则，简化税制，实行合理负担"。这些规定成为建国初期税收法律制度建设的法律依据和指导思想。

此后，经过1949年11月首届全国税务会议的准备，1950年1月中央人民政府政务院颁布《关于统一全国税政的决定》的通令，同时发布了《全国税政实施要则》和《全国各级税务机关暂行组织规程》。其中，《全国税政实施要则》是新中国第一个统

一税收法规，其颁布标志着我国社会主义统一税法制度的建立。《全国税政实施要则》共十二条，规定在全国征收货物税、工商业税、盐税、关税、薪给报酬所得税、存款利息所得税、印花税、遗产税、交易税、屠宰税、房产税、地产税、特种消费行为税、使用牌照税共 14 种税。受当时情况所限，薪给报酬所得税和遗产税并未实际开征。

1950 年政务院陆续颁布了《工商业税暂行条例》《货物税暂行条例》《利息所得税暂行条例》《屠宰税暂行条例》《印花税暂行条例》《商品流通税实行办法》《文化娱乐税条例》和《契税暂行条例》。值得一提的是，1950 年 12 月，政务院制定了《税务复议委员会组织通则》，明确规定了税务复议委员会的性质、任务和受案范围。1951 年，颁布了《特种消费行为税暂行条例》和《车船使用牌照税暂行条例》。这一系列税收法规的出台适应了新中国成立初期全国政治上统一、经济上迅速恢复和发展的需要。

1953 年我国开始实行第一个五年计划，进入经济建设和社会主义改造时期。为适应大规模社会主义改造的需要，在"保证税收、简化纳税手续"的原则下，经政务院批准，政务院财政经济委员会于 1952 年 12 月 31 日发布了《关于税制若干修正及实行日期的通告》并附《商品流通税试行办法》，自 1953 年 1 月 1 日起施行。这次税法修正的主要内容包括试行商品流通税；简化货物税；修订工商业税、印花税、屠宰税、交易税、城市房地产税；取消棉纱统销税，并入商品流通税；特种消费行为税改称文化娱乐税。

1954 年 9 月第一届全国人大第一次会议通过《中华人民共和国宪法》。该法第一百零二条规定："中华人民共和国公民有依照法律纳税的义务。"这是宪法在"公民的基本权利和义务"一章中规定的一项重要内容，是我国宪法第一次对税收作出规定。

1956 年 3 月第一届全国人大常委会第三十五次会议通过《文化娱乐税条例》，并以中华人民共和国主席令的形式颁布。该条例成为我国最高立法机关成立后首次通过的税收法律。

（二）新中国税法的低谷时期（1957~1977 年）

1956 年我国对生产资料私有制的社会主义改造基本完成，社会主义公有制经济基本成为单一的所有制形式，一些原来针对私有制改造的税收法律制度已经不能适应当时的经济形势要求,因此需要对原有税法制度进行调整。但从1958年至文化大革命期间,由于受极"左"思潮和"非税论"思想的影响,国家一度忽视税收的经济杠杆作用,单纯强调简化税制,致使税收法制建设出现曲折,进入低谷时期。

1958年9月经第一届全国人大常委会第一百零一次会议原则通过,国务院发布《中华人民共和国工商统一税条例(草案)》。该条例(草案)本着简化税制的精神,在基本保持原税负的基础上,将原来对工商企业征收的货物税、商品流通税、工商业税中的营业税部分、印花税加以合并,改成工商统一税;工商业税中的所得税部分成为一个独立税种,称为工商所得税;简化了纳税环节和征税办法。

在进行工商税制改革的同时,1958年6月第一届全国人大常委会第九十七次会议通过了《中华人民共和国农业税条例》,在全国范围内施行,统一了全国农业税法。这次会议还通过了《关于改进税收管理体制的规定》,下放了部分税收立法权,规定省、自治区、直辖市在中央统一的征税条例的基础上,根据当地实际情况,对部分税种采取减税、免税或者加税的措施,并有权对这些税收的税目和税率作必要的调整。这是新中国税收立法权的首次调整。

在1958年工商税制改革、简化税制的基础上,1972年3月,国务院批转财政部报送的《关于扩大改革工商税制试点的报告》,并附《中华人民共和国工商税条例(草案)》,自1973年1月起全面试行工商税。这次税法修订中心仍是简化税制,其主要内容包括:合并税种,简化税目税率。将国营企业与集体企业缴纳的工商统一税及其附加、城市房地产税、车船使用牌照税、盐税、屠宰税合并为工商税。

1975年第四届全国人大第一次会议通过的《中华人民共和国宪法》取消了1954年宪法中关于"中华人民共和国公民有依照法律纳税的义务"的规定,整部宪法没有关于税收的内容。

(三)新中国税法的恢复时期(1978~1993年)

1978年12月,中共十一届三中全会作出把党和国家的工作重心转移到经济建设上来,实行改革开放的伟大决策。1982年12月第五届全国人大第五次会议通过的《中华人民共和国宪法》,重新恢复了"中华人民共和国公民有依照法律纳税的义务"的条款,税收的作用得到了重新认识和评价。为搞活经济、吸引外资、理顺国家与企业间的分配关系,从20世纪80年代初至90年代初国家进行了一系列的税制改革,税收法律制度建设也得到了重视和恢复。

1. 建立涉外税收法律制度

在涉外企业流转税方面，1983年6月财政部发布《关于对中外合资经营企业、合作生产经营企业和外商独资企业征收工商统一税问题的通知》（财税字〔1983〕88号），明确对外商投资企业征收工商统一税。

在涉外企业所得税方面，1980年9月第五届全国人大第三次会议通过了《中华人民共和国中外合资经营企业所得税法》，1981年12月第五届全国人大第四次会议通过了《中华人民共和国外国企业所得税法》，1991年4月第七届全国人大第四次会议通过了《中华人民共和国外商投资企业和外国企业所得税法》，同时废止了原来的两个涉外企业所得税法。

在涉外个人所得税方面，1980年9月第五届全国人大第三次会议通过了《中华人民共和国个人所得税法》，明确了对外籍人员征收个人所得税的法律依据。

2. 调整其他税收实体法律制度

这一时期其它税收实体法的修改调整主要是围绕"国营企业利改税和改革工商税制"进行的。1984年9月第六届全国人大常委会第七次会议通过《关于授权国务院改革工商税制发布有关税收条例草案试行的决定》，授权国务院在实施国营企业利改税和改革工商税制的过程中，拟定有关税收条例，以草案形式发布试行，再根据试行的经验加以修订，提请全国人大常务委员会审议。1985年4月第六届全国人大第三次会议做出《关于授权国务院在经济体制改革和对外开放方面制定暂行规定与条例的决定》，授权国务院对于有关经济体制改革和对外开放方面的问题，必要时可以根据宪法，在同有关法律和全国人民代表大会及其常务委员会的有关决定的基本原则不相抵触的前提下，制定暂行的规定或者条例，颁布实施，并报全国人民代表大会常务委员会备案。经过实践检验，条件成熟时由全国人民代表大会或者全国人民代表大会常务委员会制定法律。

根据上述两项授权，在工商税收立法方面，国务院先后颁布了《中华人民共和国产品税条例（草案）》《中华人民共和国增值税条例（草案）》《中华人民共和国营业税条例（草案）》《中华人民共和国盐税条例（草案）》《中华人民共和国资源税条例（草案）》《中华人民共和国城市维护建设税暂行条例》《中华人民共和国车船使用税暂行条例》《中华人民共和国房产税暂行条例》《中华人民共和国印花税暂行条例》《中华人民共和国城镇土地使用税暂行条例》《中华人民共和国筵席税暂行条例》。通过这些立法,把原工商税按性质分为产品税、增值税、营业税和盐税,恢复和开征了资源税、城市维护建设税、房产税、车船使用税、印花税、城镇土地使用税、筵席税。

在企业所得税立法调整方面,1983年国务院批转财政部《关于国营企业利改税试行办法》,财政部公布了《关于对国营企业征收所得税的暂行规定》,被称为"第一步利改税"。1984年国务院批转财政部《国营企业第二步利改税实行办法》,同时,国务院发布《中华人民共和国国营企业所得税暂行条例(草案)》和《国营企业调节税征收办法》,被称为"第二步利改税"。1985年4月,国务院颁布《中华人民共和国集体企业所得税暂行条例》,1988年6月,国务院颁布了《中华人民共和国私营企业所得税暂行条例》。这些税收立法体现了当时按企业性质分别立法、区别对待的内资企业所得税法律制度特点。

在个人所得税立法方面,除1980年9月全国人大颁布的《中华人民共和国个人所得税法》外,国务院也先后出台了一系列相关制度,包括1984年6月发布的《国营企业奖金税暂行规定》,1985年8月发布的《集体企业奖金税暂行规定》,1985年9月发布的《事业单位奖金税暂行规定》,1986年1月颁布的《中华人民共和国城乡个体工商业户所得税暂行条例》,1986年9月颁布的《中华人民共和国个人收入调节税暂行条例》,1988年6月颁布的《关于征收私营企业投资者个人收入调节税的规定》。

1982年4月,国务院下发《国务院批转国家计委、财政部关于征收烧油特别税的报告的通知》,同意国家计委、财政部《关于征收烧油特别税的报告》和《关于征收烧油特别税的试行规定》,自1982年7月起,征收烧油特别税。

为控制固定资产投资规模,1983年9月国务院发布了《建筑税征收暂行办法》,征收建筑税,1983年11月,财政部发布《建筑税征收暂行办法施行细则》。1987年6月国务院发布了《中华人民共和国建筑税暂行条例》,废止了1983年的《建筑税征收暂行办法》;1987年8月财政部发布的《中华人民共和国建筑税暂行条例实施细则》废止了1983年的《建筑税征收暂行办法施行细则》。为进一步引导投资方向,调整投资结构,1991年4月国务院发布《中华人民共和国固定资产投资方向调节税暂行条例》,征收固定资产投资方向调节税,废止了1987年的《中华人民共和国建筑税暂行条例》；1991年6月国家税务总局发布了《中华人民共和国固定资产投资方向调节税暂行条例实施细则》。1999年12月，财政部、国家税务总局、国家发展计划委员会下发通知，自2000年1月1日起对应税项目新发生的投资额，暂停征收固定资产投资方向调节税。

3. 建立税收管理、税收处罚、税收救济法律制度

随着税制改革的推进，税收管理法律制度的建设也得到重视。1986年4月，国务院发布《中华人民共和国税收征收管理暂行条例》，我国税收程序法建设开始起步，该条例后来被1992年9月第七届全国人大常委会第二十七次会议通过的《中华人民共和国税收征收管理法》所取代。1986年8月，财政部发布《全国发票管理暂行办法》。

在税收违法行为处罚方面，1979年7月第五届全国人大第二次会议通过的《中华人民共和国刑法》第一百二十一条规定："违反税收法规，偷税、抗税，情节严重的，除按照税收法规补税并且可以罚款外，对直接责任人员，处三年以下有期徒刑或者拘役。"第一百二十四条对伪造税票罪作出了处罚规定。1992年3月，最高人民法院、最高人民检察院联合颁布了《关于办理偷税、抗税刑事案件具体应用法律的若干问题的解释》，1992年9月，第七届全国人大常委会第二次会议通过了《全国人民代表大会常务委员会关于惩治偷税、抗税犯罪的补充规定》。

随着1989年4月《中华人民共和国行政诉讼法》和1990年12月《行政复议条例》的出台，税收救济法律制度的建设也进一步加强。1989年10月，国家税务总局发布《税务行政复议规则（试行）》，该规则的试行标志着税务行政复议制度的初步建立。1993年11月，国家税务总局根据《税收征收管理法》及其实施细则的有关规定，在对原有制度进行修订的基础上，颁布了《税务行政复议规则》。

4. 签署税收协定

在改革开放过程中，我国与其他国家在税收上的交往和摩擦日益增加，为妥善处理与各国间的税收关系，我国开始与其他国家签订税收协定。1983年9月，中国政府与日本政府签订《关于对所得避免双重征税和防止偷漏税的协定》，这是中国政府与外国政府签订的第一个关于避免对所得双重征税和防止偷漏税的协定。其后我国又与英国、美国、德国、法国等多国签订了税收协定。

(四)新中国税法的发展时期(1993年底~2000年)

1992年9月中共十四大提出建立社会主义市场经济体制的战略目标。1993年11月中共十四届三中全会通过《中共中央关于建立社会主义市场经济体制若干问题的决定》,提出按照统一税法、公平税负、简化税制和合理分权的原则,改革和完善税收制度。在这一原则指导下,1994年前后我国进行了新中国成立以来范围最广、影响最深远的一次税制改革,税收法律制度也在这一时期快速发展。

1. 税收实体法律制度的发展

1993年11月国务院总理办公会议和国务院常务会议审议并原则通过国家税务总局报送的《工商税制改革实施方案》。1993年12月国务院相继发布了增值税、消费税、营业税、企业所得税、资源税、土地增值税等6个暂行条例,自1994年1月1日起施行。同时,财政部从1993年底至1995年初先后出台了上述6部税收法规的实施细则,并将原增值税、产品税、营业税、企业所得税、盐税、特别消费税等相应的税收条例和实施细则废止。这一系列税收法律制度的修改,标志着适应社会主义市场经济体制需要的税收制度开始建立。

1993年12月,第八届全国人大常委会第五次会议审议通过《全国人民代表大会常务委员会关于外商投资企业和外国企业适用增值税、消费税、营业税等税收暂行条例的决定》,废止1958年公布的《中华人民共和国工商统一税条例(草案)》,实现了流转税上的内外资企业统一。1994年1月,国务院发出关于取消集市交易税、牲畜交易税、烧油特别税、奖金税、工资调节税,下放屠宰税、筵席税给地方管理的通知。

个人所得税方面,1993年10月,第八届全国人大常委会第四次会议作出了《关于修改〈中华人民共和国个人所得税法〉的决定》,将原《中华人民共和国城乡个体工商业户所得税暂行条例》和《中华人民共和国个人收入调节税暂行条例》废止。1994年1月,国务院出台了《中华人民共和国个人所得税法实施条例》。

2. 税收管理、税收处罚和税收救济法律制度的发展

在税收管理体制上,1993年11月国务院发出《关于组建国家税务总局在各地的直属税务机构和地方税务局有关问题的通知》。1993年12月,经国务院批准,国务院办公厅转发《国家税务总局关于组建在各地的直属税务机构和地方税务局实施意见的通知》,我国开始在省以下组建中央、地方两套税务机构。

在具体税收管理制度上，为适应新税制下加强发票管理的需要，1993年12月财政部发布了《中华人民共和国发票管理办法》，废止了1986年发布的《全国发票管理暂行办法》。国家税务总局发布了其实施细则，并制定了《增值税专用发票使用规定》。

在税收违法行为处罚上，1994年6月最高人民法院、最高人民检察院联合颁布《关于办理伪造、倒卖、盗窃发票刑事案件适用法律的规定》。1995年10月第八届全国人大常委会第十六次会议公布《关于惩治虚开、伪造和非法出售增值税专用发票犯罪的决定》。1997年3月第八届全国人大第五次会议修订的《中华人民共和国刑法》，在第三章第六节专门规定了"危害税收征管罪"。

在税收救济法律制度发展上，1999年4月《中华人民共和国行政复议法》发布后，1999年10月，国家税务总局在修订原有《税务行政复议规则》的基础上，颁布施行了新的《税务行政复议规则（试行）》。

（五）新中国税法的完善时期（2000年至今）

21世纪初，我国经济进入完善社会主义市场经济体制的新阶段，2001年中国正式加入世界贸易组织，中国经济与世界经济联系更加密切。这一经济发展形势对税制完善提出了新的要求。1999年依法治国被写入宪法修正案，2000年第九届全国人大第三次会议通过《中华人民共和国立法法》，我国税收法律制度建设也走上了更加规范的完善时期。

1. 税收实体法律制度的完善

在货物和劳务税法律制度方面，2000年10月国务院公布了《中华人民共和国车辆购置税暂行条例》，用车辆购置税取代车辆购置附加费，拉开了我国全面实施"费改税"的序幕。2006年3月，经国务院批准，财政部、国家税务总局发布《关于调整和完善消费税政策的通知》，调整了消费税的税目税率。2008年11月国务院修订了《中华人民共和国增值税暂行条例》《中华人民共和国消费税暂行条例》和《中华人民共和国营业税暂行条例》，并决定自2009年1月1日起在全国范围实施增值税转型改革。2008年12月，财政部、国家税务总局公布了修订后的《增值税暂行条例实施细则》《消费税暂行条例实施细则》和《营业税暂行条例实施细则》，并发布了《关于全国实施增值税转型改革若干问题的通知》。2011年10月财政部、国家税务总局公布《关于修改〈中华人民共和国增值税暂行条例实施细则〉和〈中华人民共和国营业税暂行条例实施细则〉的决定》。

2011年12月,经国务院批准,财政部、国家税务总局印发《营业税改征增值税试点方案》,2012年起开始实施营业税改征增值税试点。财政部、国家税务总局发布《关于在上海市开展交通运输业和部分现代服务业营业税改征增值税试点的通知》(财税〔2011〕111号),上海市作为最先进行试点的地区,从2012年1月1日起开展交通运输业和部分现代服务业营业税改征增值税试点。2012年7月财政部、国家税务总局发布《关于在北京等8省市开展交通运输业和部分现代服务业营业税改征增值税试点的通知》(财税〔2012〕71号),自2012年8月1日起,北京、江苏、安徽、福建、广东、天津、浙江、湖北等8个省市,也开始面向社会组织实施交通运输业和部分现代服务业营业税改征增值税试点工作。2013年5月财政部、国家税务总局发布《关于在全国开展交通运输业和部分现代服务业营业税改征增值税试点税收政策的通知》(财税〔2013〕37号),自2013年8月1日起,在全国范围内开展交通运输业和部分现代服务业营业税改征增值税试点,废止《关于在上海市开展交通运输业和部分现代服务业营业税改征增值税试点的通知》(财税〔2011〕111号)和《关于在北京等8省市开展交通运输业和部分现代服务业营业税改征增值税试点的通知》(财税〔2012〕71号)。2013年12月财政部、国家税务总局发布《关于将铁路运输和邮政业纳入营业税改征增值税试点的通知》(财税〔2013〕106号),自2014年1月1日起,在全国范围内开展铁路运输和邮政业营业税改征增值税试点,废止《关于在全国开展交通运输业和部分现代服务业营业税改征增值税试点税收政策的通知》(财税〔2013〕37号)。2014年4月财政部、国家税务总局发布《关于将电信业纳入营业税改征增值税试点的通知》(财税〔2014〕43号),自2014年6月1日起将电信业纳入营业税改征增值税试点范围。

在所得税法律制度方面,2005年10月、2007年6月和12月、2011年6月,全国人大常委会先后四次修改了《个人所得税法》。现行的《个人所得税法》在加强税收对收入分配的调节作用,减轻中低收入者税收负担,缩小收入分配差距等方面发挥了重要作用。2007年3月第十届全国人大第五次会议通过《中华人民共和国企业所得税法》,同时废止了1991年颁布的《中华人民共和国外商投资企业和外国企业所得税法》和1993年国务院发布的《中华人民共和国企业所得税暂行条例》。我国企业所得税终于实现了统一。

在财产税法律制度方面,2006年12月国务院公布了《中华人民共和国车船税暂行条例》，将车船使用税与车船使用牌照税合并为车船税，废止了 1951 年政务院发布的《车船使用牌照税暂行条例》和 1986 年国务院发布的《中华人民共和国车船使用税暂行条例》。2011 年 2 月，第十一届全国人大常委会第十九次会议通过了《中华人民共和国车船税法》，2011 年 11 月，国务院发布了《中华人民共和国车船税法实施条例》。2006 年 12 月，国务院第 163 次常务会议通过《关于修改〈中华人民共和国城镇土地使用税暂行条例〉的决定》，将对内征收的城镇土地使用税改为内外统一征收。2007 年 12 月国务院公布《中华人民共和国耕地占用税暂行条例》，废止 1987 年发布的《中华人民共和国耕地占用税暂行条例》，将对内征收的耕地占用税也改为内外统一征收。2008 年 12 月，国务院公布第 546 号令，决定自 2009 年 1 月 1 日起废止《城市房地产税暂行条例》，规定外商投资企业、外国企业和组织以及外籍个人依照《中华人民共和国房产税暂行条例》缴纳房产税。

在其他税收实体法律制度方面，2005 年 12 月，第十届全国人大常委会第十九次会议通过《关于废止中华人民共和国农业税条例的决定》，新中国实施了近 50 年的农业税条例被依法废止，一个在我国延续数千年的税种宣告终结。2006 年 2 月，国务院第 459 号令废止了 1950 年政务院发布的《屠宰税暂行条例》，将过去征收农业特产收入农业税的烟叶收入改征烟叶税。2008 年 1 月国务院第 516 号令废止了 1988 年国务院公布的《中华人民共和国筵席税暂行条例》。2010 年 10 月，国务院发布《关于统一内外资企业和个人城市维护建设税和教育费附加制度的通知》。2011 年 9 月，国务院公布《关于修改〈中华人民共和国资源税暂行条例〉的决定》。2012 年 11 月国务院公布的《关于修改和废止部分行政法规的决定》废止了《中华人民共和国固定资产投资方向调节税暂行条例》。

2. 税收管理和税收救济法律制度的完善

2001 年 4 月，第九届全国人大常委会第二十一次会议修订了《中华人民共和国税收征收管理法》。2002 年 9 月，国务院颁布《中华人民共和国税收征收管理法实施细则》。根据《立法法》和国务院关于行政法规、规章制定的要求，2002 年 2 月国家税务总局制定了《税务部门规章制定实施办法》。2010 年 12 月国务院通过《关于修改〈中华人民共和国发票管理办法〉的决定》，2011 年 1 月国家税务总局发布《中华人民共和国发票管理办法实施细则》。

2004 年 2 月国家税务总局公布了《税务行政复议规则（暂行）》，废止了 1999 年发布的《税务行政复议规则（试行）》，该暂行规则后又被 2010 年 2 月公布的《税务行政复议规则》废止。

二、我国现行税法体系

税法体系是由一国现行全部税收法律制度构成的有机联系的整体。新中国成立 60 多年来，我国法治建设不断加强，目前已经形成了中国特色社会主义法律体系。在此过程中，我国税收法律制度不断发展完善，形成了内容丰富、层次分明的税法体系。

（一）我国现行税法体系的内容和特点

我国现行税法体系内容丰富，既包括规定各税种纳税人、课税对象、计税依据、税率等内容的税收实体法，也包括规范税收征收方式、时限、步骤等的税收程序法，还包括调整税收争议解决方式、机制等的税收救济法。我国现行税法体系在制度构成和内容划分上具有以下特点：

1. 我国现行税法体系的制度构成具有形式多样性

我国现行税法体系在制度构成上由不同形式的法律制度组成，具体包括六种形式：一是宪法中有关税收的规定；二是全国人大及其常委会制定的税收相关法律，既包括税收专门法律，如《中华人民共和国企业所得税法》，也包括其他法律中调整税收法律关系的内容，如《中华人民共和国刑法》中有关惩治涉税犯罪的内容；三是税收法规，包括国家最高行政机关制定的税收行政法规，如《中华人民共和国企业所得税法实施条例》，也包括地方立法机关制定的地方性税收法规，如《山东省地方税收保障条例》；四是税收规章，包括国务院财税主管部门制定的部门规章，如《税务登记管理办法》，也包括有权制定规章的地方人民政府制定的地方政府规章，如《北京市实施〈中华人民共和国城镇土地使用税暂行条例〉办法》；五是各级各类行政机关制定的税收规范性文件，如《国家税务总局关于增值税一般纳税人资格认定有关事项的公告》；六是税收条约和税收协定，如《中华人民共和国政府和美利坚合众国政府关于对所得避免双重征税和防止偷漏税的协定》，《税收征收管理法》第九十一条规定："中华人民共和国同外国缔结的有关税收的条约、协定同本法有不同规定的，依照条约、协定的规定办理"。（我国现行税法体系制度构成见图 1-1。）

```
我国现行税法体系构成形式
├── 宪法 ── 第五十六条规定："中华人民共和国公民有依照法律纳税的义务。"
├── 法律 ── 《中华人民共和国个人所得税法》
│           《中华人民共和国企业所得税法》
│           《中华人民共和国车船税法》
│           《中华人民共和国税收征收管理法》
├── 税收法规 ── 行政法规
│              地方性法规
├── 税收规章 ── 部门规章
│              地方政府规章
├── 税收规范性文件 ── 制定主体包括各级、各类行政机关，内容涉及面广，数量众多，是落实税收法律法规规章的重要制度形式。
└── 税收条约和协定 ── 截至2013年12月31日，我国同99个国家正式签署了税收协定，其中96个已经生效执行。
```

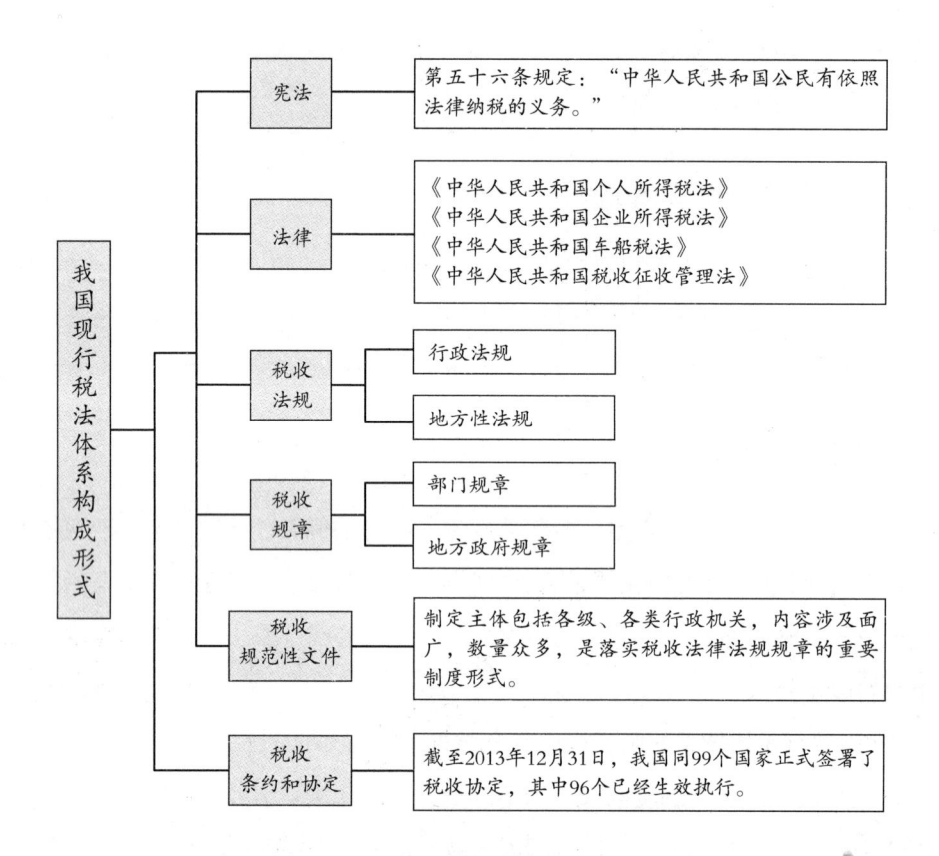

图1-1 我国现行税法体系制度层级图

2. 我国现行税法体系的内容划分具有多元性

在内容上，我国现行税法可以按照不同的标准划分成多种体系结构。在整体上可分为税收实体法、税收程序法和税收救济法三个大类。在实体法上可以分为货物和劳务税法律制度、所得税法律制度、财产税法律制度、资源税法律制度和行为税法律制度五类（见图1-2 我国现行税法内容体系图（分税种类别）[①]）。按照这些税种的征管权限不同，可以把相应的法律制度分为国家税务局管辖的税种制度和地方税务局管辖

[①] 关于我国现行税法内容体系按税种类别划分的方式，目前尚无统一标准。基于对税种性质的不同理解，相关法律制度的体系划分也不尽相同。例如有将税收实体法分为货物和劳务税法律制度、所得税法律制度、财产税法律制度和其他税收法律制度四类的，也有将其划分为货物和劳务税法律制度、所得税法律制度、财产税法律制度、资源税法律制度和行为税法律制度五类的。在具体类别构成上，也有不同的观点，例如有将土地增值税法律制度归类为资源税法律制度的，也有将其归类为所得税法律制度的；有将契税法律制度归类为行为税法律制度的，也有将其归类为财产税法律制度的。本书借鉴各种分类方式，根据各税收实体法的特点，将其做出如图所示分类，供读者参考。

本书以税务机关征收的税种和适用的法律制度为主要研究对象，对适用于海关征收工作的关税法律制度和船舶吨税法律制度本书不做深入分析，除非特别提及，本书有关论述分析不包括海关征收税种及其相关制度内容。

的税种制度。根据税收收入性质的不同，又可以把税收法律制度分为调整中央税的制度、调整地方税的制度和调整中央地方共享税的制度。

我国现行税法内容体系（分税种类别）：
- 货物和劳务税法律制度
  - 增值税法律制度
  - 消费税法律制度
  - 营业税法律制度
  - 车辆购置税法律制度
  - 烟叶税法律制度
  - 关税法律制度
- 所得税法律制度
  - 企业所得税法律制度
  - 个人所得税法律制度
- 财产税法律制度
  - 房产税法律制度
  - 车船税法律制度
  - 船舶吨税法律制度
- 资源税法律制度
  - 资源税法律制度
  - 耕地占用税法律制度
  - 城镇土地使用税法律制度
  - 土地增值税法律制度
- 行为税法律制度
  - 契税法律制度
  - 印花税法律制度
  - 城市维护建设税法律制度

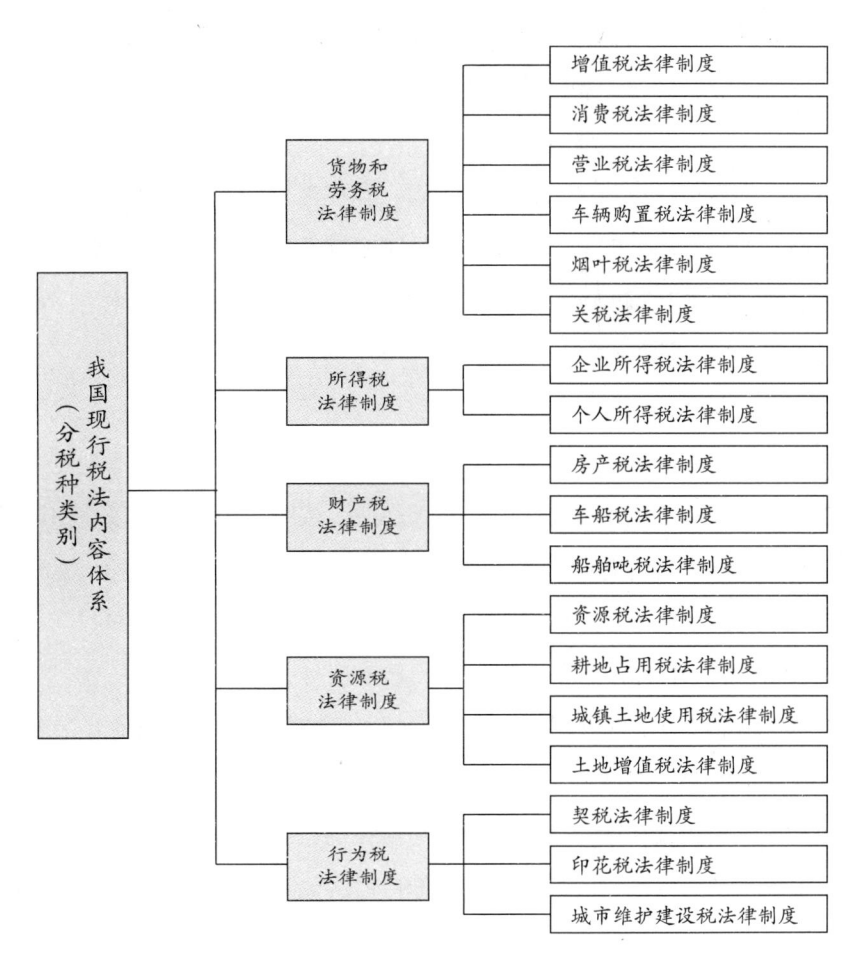

图1-2　我国现行税法内容体系图（分税种类别）

（二）我国现行税法体系的不足和完善

1. 我国现行税法体系的不足

一是宪法中有关税收的规定过于简单，只强调了部分纳税主体的依法纳税义务，对税收法律关系中的基本概念、范围、原则等缺乏规定，特别是对税收法定原则缺乏明确完整的规定，影响了我国税收法治建设的规范性和体系性。

二是我国现行税法体系中缺少对税收法律关系中基本的、共同的、普遍性的问题进行规范的税收基本法。由于缺少税收基本法的统领和协调，一些税收基本问题缺乏规范，各税收法律制度间衔接性、协调性不强,不利于税收法治建设。

三是从我国现行税法体系整体制度构成上看,存在立法层级偏低的问题。目前,我国税收专门法律只有四部,调整税收法律关系的主要立法形式是授权立法下的行政立法。大量的税收行政法规、规章和规范性文件在数量和内容上占据了我国税法体系的主体地位,削弱了税法的权威性和整体性。

四是从我国现行税法体系的制度内容上看,存在着偏重税收实体法建设,而忽视税收程序法和税收救济法建设的问题。无论是从制度的数量、层级还是从制度内容的规范性、完整性上看,目前我国税收程序法和税收救济法都落后于税收实体法,难以满足税收执法和税收争议解决的需要。

五是我国现行税法体系中的地方税法律制度发展不健全、不平衡。在我国目前分税制管理体制下,调整中央税的法律制度发展明显优于调整地方税的法律制度。地方税法律制度受地方立法权限不明确或过窄的限制,在制度层级、内容的完备性和系统性上都存在不足。同时,由于各地对税收立法的重视程度和立法水平存在差异,不同地区的地方税法律制度发展水平也不平衡。

2. 我国现行税法体系的完善

一是完善宪法中有关税收的内容。增加对税收法律关系中基本概念和范围的界定,补充税收基本原则内容,强调税收法定原则的含义和要求。

二是研究制定我国的税收基本法。对税收法律关系中基本的、共同的、普遍的问题进行规范,统领和指导各项税收法律制度,促进税法体系的协调统一,有效发挥税法制度的功能和作用。

三是规范税收立法权限和制度形式。对应当由法律规定的事项,按照立法程序制定法律规范;对人大授权立法的事项,行政机关严格按照立法授权规定的范围、时限和权限进行立法;加强对已有法律制度的系统性管理,及时进行制度修改和清理。

四是加强税收程序法和税收救济法建设。一是细化税收程序制度内容,为税收各环节提供具有较强操作性的制度规范;二是优化税收征收管理程序制度与其他法律制度的衔接,保障税收执法的顺利开展;三是完善税收救济制度,建立专门的税收行政救济制度,注重行政救济制度与司法救济制度的衔接。

五是加强地方税法律制度建设。以中共十八大提出"构建地方税体系"为契机,根据地方税特点,在完善全国性制度的同时,规范协调各地区制度。一方面提升制度层级,对能够由中央统一规范的地方税事项，由全国性制度规定，增强制度的系统性和协调性；另一方面在充分考虑地区差异，赋予地方明确、适当的立法权的同时，加大中央对地方税法律制度建设的指导和协调，促进各地税法制度平衡发展。

思考题

1. 税收和税法的概念是什么，并简要分析二者之间的区别与联系。
2. 税法的基本原则和适用原则都包含哪些内容，并简要叙述其含义。
3. 简述纳税人都享有哪些权利，应当如何加以保护。
4. 简述税法的分类方式主要有哪几种，每种分类方式下税法的具体分类情况如何。
5. 请简要分析税法与行政法的关系。
6. 请简要分析税法与民商法的关系。
7. 简述新中国税法的建立与发展分为哪几个主要阶段。

第二章　税收立法

税收立法是税法研究的重要内容，也是税收法治的首要环节。本章通过对税法渊源、税法制定、立法技术、税法解释和税法效力等问题的研究，从税收执法者的角度提出了一些与学界传统观点不尽一致的见解。本章梳理了税法正式渊源和非正式渊源，总结了税法制定的特点和规律，介绍了税收立法的权限、程序和监督机制，提出了税法体系自我完善的途径；从税收授权立法的概念特征、历史沿革、作用意义等角度，分析目前存在的突出问题，探索我国税收授权立法发展的方向；对税法解释的现状和完善、立法技术的应用和提高、税法的效力和追溯等税收理论和实践中的重要问题进行了深入的研究，希望对完善税收立法和规范税收执法有所裨益。

第一节 税法的渊源

一、税法渊源的概念

法律渊源，又称"法的渊源"或"法源"，一般是指法的效力来源。包括两个不可分离的要素：一是法的创制方式；二是法律规范的表现形式。不同国家不同的历史阶段，法律渊源有所不同。

税法渊源，即指税法的创制方式和表现形式。也就是说，税法由什么国家机关制定，通过什么方式产生，具有何种外部表现形式。不同的税法渊源具有不同的法律效力或法律地位。正确认识税法渊源是在税收执法中准确适用法律依据的前提。

二、税法的正式渊源

法的正式渊源，是指那些可以从体现为权威性法律文件中的明确条文形式中得到的渊源。我国税法的正式渊源主要是制定法，即国家机关根据一定职权和程序制定并颁布的规范性法律文件。税法的正式渊源可以作为税收执法或司法的依据。就中国而言，主要有以下几种：

（一）宪法

宪法是国家的根本大法，具有最高法律效力，一切法律、行政法规、地方性法规、自治条例和单行条例、规章都不得同宪法相抵触。

中国现行宪法是由最高权力机关全国人民代表大会1982年通过，历经1988年、1993年、1999年、2004年四次修订，《宪法》第五十六条规定："中华人民共和国公民有依照法律纳税的义务。"该规定包含两方面含义：一是公民有纳税的义务；二是公民依照法律才负有纳税义务。也就是说，税务机关应当依照法律征税。该条规定是制定税收法律的直接依据。宪法是税法最根本的渊源。

从各国税收立法的实践来看，国家征税的基本原则和范围、国家财税体制、纳税人的基本权利和义务等税收基本问题应由宪法规定。

（二）税收法律

税收法律是指由全国人民代表大会及其常务委员会制定的调整税收法律关系的规范性文件。《立法法》第七条规定："全国人民代表大会和全国人民代表大会常务委员会行使国家立法权。全国人民代表大会制定和修改刑事、民事、国家机构的和其他的基本法律。全国人民代表大会常务委员会制定和修改除应当由全国人民代表大会制定的法律以外的其他法律；在全国人民代表大会闭会期间，对全国人民代表大会制定的法律进行部分补充和修改，但是不得同该法律的基本原则相抵触。"

法律由国家主席签署主席令予以公布，其在法律体系中的地位仅次于宪法，法律的效力高于行政法规、地方性法规、规章，是税法的重要渊源。

根据《立法法》第八条第八项规定，基本经济制度以及财政、税收、海关、金融和外贸的基本制度，只能制定法律。《立法法》第九条规定，对上述事项尚未制定法律的，全国人大及其常委会有权作出决定，授权国务院可以根据实际需要，对其中的部分事项先制定行政法规，但是有关犯罪和刑罚、对公民政治权利的剥夺和限制人身自由的强制措施和处罚、司法制度等事项除外。

目前，我国税收法律只有四部：《个人所得税法》《企业所得税法》《车船税法》和《税收征收管理法》。《刑法》《海关法》等二十多部法律中有涉税法律条款。

此外，全国人大及其常委会发布的具有规范性内容的涉税决定和决议，也是税法的渊源。发布这些决定是为了对已经颁布生效的法律进行修改或补充，因此它们与被修改或补充的法律具有同等效力。如全国人大常委会先后于 1993 年 10 月、1999 年 8 月、2005 年 10 月、2007 年 6 月、2007 年 12 月和 2011 年 6 月六次发布《关于修改〈中华人民共和国个人所得税法〉的决定》，对《个人所得税法》进行修正。

（三）税收行政法规

《立法法》第五十六条规定："国务院根据宪法和法律，制定行政法规。"税收行政法规由国务院根据宪法、法律或全国人大及其常委会的授权，按照规定的程序制定。一般由总理签署国务院令公布施行，其效力仅次于宪法和法律，高于地方性法规、规章。

税收实体法中除"个人所得税""企业所得税"和"车船税"有法律规定，并以行政法规的形式出台了对应的实施条例外，其他税种的规定均是由全国人大及其常委会授权国务院制定税收行政法规，例如《增值税暂行条例》《消费税暂行条例》《营业税暂行条例》《土地增值税暂行条例》《契税暂行条例》等。税收程序法方面主要有《税收征收管理法实施细则》《国务院关于修改〈中华人民共和国发票管理办法〉的决定》等。税收行政法规数量远远多于税收法律，是目前我国最主要的税法渊源。

（四）税收地方性法规、自治条例和单行条例

中国税收立法权主要在中央，但地方可以根据本地实际情况，在不同宪法、法律和行政法规相抵触的前提下，制定一些只适用于本地区的税收征收管理规范。

《立法法》第六十三条规定："省、自治区、直辖市的人民代表大会及其常务委员会根据本行政区域的具体情况和实际需要，在不同宪法、法律、行政法规相抵触的前提下，可以制定地方性法规。较大的市的人民代表大会及其常务委员会根据本市的具体情况和实际需要，在不同宪法、法律、行政法规和本省、自治区的地方性法规相抵触的前提下，可以制定地方性法规，报省、自治区的人民代表大会常务委员会批准后施行。"第六十五条规定："经济特区所在地的省、市的人民代表大会及其常务委员会根据全国人民代表大会的授权决定，制定法规，在经济特区范围内实施。"地方性法规的效力高于本级和下级地方政府规章。如《山东省地方税收保障条例》（山东省人民代表大会常务委员会公告第44号）就属于税收地方性法规。

民族区域自治是我国的一项基本政治制度。《立法法》第六十六条规定："民族自治地方的人民代表大会有权依照当地民族的政治、经济和文化的特点，制定自治条例和单行条例。自治区的自治条例和单行条例，报全国人民代表大会常务委员会批准后生效。自治州、自治县的自治条例和单行条例，报省、自治区、直辖市的人民代表大会常务委员会批准后生效。"这些自治条例和单行条例中有关税收的法律规范也是税法渊源之一。

（五）税收规章

《立法法》第七十一条规定："国务院各部、委员会、中国人民银行、审计署和具有行政管理职能的直属机构，可以根据法律和国务院的行政法规、决定、命令，在本部门的权限范围内，制定规章。部门规章规定的事项应当属于执行法律或者国务院的行政法规、决定、命令的事项。"第七十三条规定："省、自治区、直辖市和较大的市的人民政府，可以根据法律、行政法规和本省、自治区、直辖市的地方性法规，制定规章。"

第七十六条规定:"部门规章由部门首长签署命令予以公布。地方政府规章由省长或者自治区主席或者市长签署命令予以公布。"

我国税收立法权集中在中央,税收规章中主要是部门规章,一般由财政部、国家税务总局单独或联合发布。如《中华人民共和国增值税暂行条例实施细则》(财政部、国家税务总局令第50号)、《中华人民共和国车船税暂行条例实施细则》(财政部、国家税务总局令第46号)、《税务登记管理办法》(国家税务总局令第7号)、《纳税担保试行办法》(国家税务总局令第11号)、《税收规范性文件制定管理办法》(国家税务总局令第20号)等。地方政府可以根据法律、法规的授权,制定税收地方政府规章,细化对地方税的征收管理,在其管辖范围内施行。如《北京市实施〈中华人民共和国耕地占用税暂行条例〉办法》(北京市人民政府令第210号)、《北京市人民政府关于修改〈北京市实施中华人民共和国城镇土地使用税暂行条例办法〉的决定》(北京市人民政府令第188号)等。

在实践中,税收规章承担了大量税法适用解释和填补立法空白的任务,在税收执法和司法领域起着重要作用,是我国税法的主要渊源之一。税收规章的效力低于税收法律和法规。部门规章之间、部门规章与地方政府规章之间具有同等效力,在各自的权限范围内施行。省、自治区的人民政府制定的规章的效力高于本行政区域内的较大的市的人民政府制定的规章。

(六)税法解释

税法解释是正确适用税法的必要途径,也是弥补税法漏洞的重要手段。作为税法渊源的税法解释,是指有权解释,按照解释的机关不同,分为立法解释、司法解释和行政解释。全国人大常委会、最高人民法院和最高人民检察院、国务院及财政部和国家税务总局、地方有权机关根据法定权限对税法的解释具有规范性,构成税法的正式渊源。目前,我国税法解释以行政解释为主。

《立法法》第四十七条规定:"全国人民代表大会常务委员会的法律解释同法律具有同等效力。"根据《行政法规制定程序条例》(国务院令第321号)第三十一条规定:"行政法规条文本身需要进一步明确界限或者作出补充规定的,由国务院解释。行政法规的解释与行政法规具有同等效力。"根据《规章制定程序条例》(国务院令第322号)第三十三条规定:"规章解释权属于规章制定机关。规章的解释同规章具有同等效力。"

（七）税收规范性文件

税收规范性文件属于行政规范性文件中的一种，是指国家行政机关为实施税法、执行税收政策，依照法定权限和程序制定的，规定纳税人、扣缴义务人及其他税务行政相对人权利义务，除行政法规、税收规章以外在制定机关辖区内具有普遍约束力并反复适用的文件。

税收规范性文件具有以下特征：一是制定主体的广泛性。除国务院及其所属财税主管部门财政部、国家税务总局外，县级以上（含本级）地方政府及财税机关在职权范围内均可制定税收规范性文件。二是制定权限的法定性。"职权法定"是行政机关行使权力必须遵循的基本原则，制定税收规范性文件必须依据法律、法规、规章或上级机关税收规范性文件，不能超越职权。三是内容的规范性。税收规范性文件的内容涉及税务行政相对人的权利和义务，意在对征纳双方的涉税行为进行规范。四是适用的普遍性。税收规范性文件在制定机关辖区内具有普遍约束力，其适用对象具有不特定性。它不仅适用于当时的行为或事件，而且适用于以后将要发生的同类行为或事件。五是效力的有限性。税收规范性文件可以作为税收具体行政行为的依据，但在行政复议和行政诉讼中，其有效性须经过复议机关和人民法院的合法性审查。此外，税收规范性文件只在制定机关管辖范围内有效。

税收规范性文件是否是税法的正式渊源，在理论上一直存在争议。我们认为，税收规范性文件作为税收执法依据，经司法审查也可以成为法院审判依据。至少在现阶段及以后相当长的时期内，我们应当承认其为税法的正式渊源。

首先，税收规范性文件是落实税收法律、法规和规章以及实施税制改革的必要途径。在税收立法不完善的情况下，起着重要的补充作用。

长期以来，由于我国税收立法水平不高，税收法律、法规、规章规定不够具体明确，存在社会经济发展较快而立法相对滞后等情况，税收规范性文件在税收立法和税收执法之间，起着一种连接作用。它具体明确，针对性强，时效性快，有助于落实税法，实现税收职能，解决税法与现实变化的滞后问题。它在明确细化税务行政管理相对人义务的同时，也约束着税务机关按规定行使职权和履行职责。在税收实践中，数量众多的税收规范性文件，已成为税务人员执法的直接依据和纳税人事实上遵从的税法规范，起着不可或缺的重要作用。

其次,授权立法的存在是税收规范性文件合法有效的法律基础。授权立法在税收领域大量存在,除全国人大及其常委会授权国务院制定税收有关规定外,很多税收法律法规中都有授权财政部、国家税务总局、地方政府制定具体实施办法的规定。税收规范性文件的制定以税收法律、法规、规章或上级机关税收规范性文件为依据。

如国务院根据全国人大常委会的授权,制定了《关于统一内外资企业和个人城市维护建设税和教育费附加制度的通知》(国发〔2010〕35号)。北京市人民政府根据《车船税法》第二条第二款规定:"车辆的具体适用税额由省、自治区、直辖市人民政府依照本法所附《车船税税目税额表》规定的税额幅度和国务院的规定确定",印发了《北京市实施〈中华人民共和国车船税法〉办法》(京政发〔2011〕77号)。北京市财政局、北京市地方税务局根据京政发〔2011〕77号文件第五条规定:"车船税申报纳税期限由市财政局和市地税局确定",出台了《关于车船税申报纳税期限的公告》(京财税〔2011〕2987号)。

2010年7月1日起施行的《税收规范性文件制定管理办法》(国家税务总局令第20号)对税收规范性文件的制定主体、权限、程序和规则等内容作出了明确和严格的规定。这些税收规范性文件符合法律规范的基本要素和基本特征,起着与法律规范同样的作用。

再次,税收规范性文件经司法审查可以作为法院审判依据。税收规范性文件是否具有法律效力,最终体现在它是否具有司法上的效力,即法院是否能够把它作为审理税务诉讼案件的依据。虽然《行政诉讼法》规定,人民法院审理行政案件,以法律和法规为依据,参照规章,但对规范性文件在行政诉讼中的法律效力没有作出否定规定。《最高人民法院关于执行〈中华人民共和国行政诉讼法〉若干问题的解释》(法释〔2000〕8号)第六十二条第二款规定:"人民法院审理行政案件,可以在裁判文书中引用合法有效的规章及其他规范性文件。"《最高人民法院关于印发〈关于审理行政案件适用法律规范问题的座谈会纪要〉的通知》(法〔2004〕96号)虽然未将规范性文件纳入正式的法律渊源,但是也规定,人民法院经审查认为被诉具体行政行为依据的具体应用解释和其他规范性文件合法、有效并合理、适当的,在认定被诉具体行政行为合法性时应承认其效力。根据《行政复议法》第七条规定,公民、法人或者其他组织认为行政机关的具体行政行为所依据的国务院部门、县级以上地方各级人民政府及其工作部门的规范性文件不合法,在对具体行政行为申请行政复议时,可以一并向行政复议机关提出对该规定的审查申请。可见，根据《行政复议法》和最高人民法院的司法解释，税收规范性文件是可以作为具体行政行为依据的，只是在发生行政争议时，它的效力要经过复议机关和人民法院的审查，其合法性和有效性要通过司法审查最终予以确定。

（八）税收条约和协定

条约、协定一般是指我国同外国缔结的双边和多边条约、协议和其他具有条约、协议性质的文件，其名称不限于条约或协定，还包括公约、议定书、安排书、换文或盟约等。税收条约和协定中常见的有，我国政府与其他国家政府根据平等互利的原则签订的关于对所得避免双重征税和防止偷漏税等双边税收协定。税收协定签署并生效后，对缔约国都具有法律效力。

《税收征收管理法》第九十一条规定："中华人民共和国同外国缔结的有关税收的条约、协定同本法有不同规定的，依照条约、协定的规定办理。"《企业所得税法》第五十八条规定："中华人民共和国政府同外国政府订立的有关税收的协定与本法有不同规定的，依照协定的规定办理。"中国已经加入《维也纳条约法公约》，从国际义务和国内立法来看，条约和协定在适用上优先于国内税法。

目前，中国特别行政区实行独立税收制度，自行立法规定税种、税率、税收宽免和其他税务事项。特别行政区立法机关制定的税法在特别行政区内具有最高法律效力。中央人民政府不在特别行政区征税，内地与香港、澳门两个特别行政区签署了对所得避免双重征税和防止偷漏税的税收安排。在与内地税法的效力上比照条约和协定处理。

三、税法的非正式渊源

法的非正式渊源，是指具有一定法律意义，但没有在正式的法律文献中得到明确表述和体现的资料和因素，如正义标准、理性原则、利益平衡、公共政策、公序良俗等，具有非法定性和抽象性的特点。在实践中，非正式渊源不能成为税收执法和税收司法的直接依据，但具有指导作用或参考价值。在我国，税法的非正式渊源主要有判例、批复、政策和税法原则等。

（一）判例和批复

判例是指法院可以援引并作为审理同类案件的法律依据的判决和裁定。我国不是判例法国家，判例在我国不具有法律效力，但我国不否认典型案例的参考作用。人民法院审理案件时，先前的判例具有参考价值。税收个案批复，是税务机关针对特定税务行政相对人的特定事项如何适用税收法律、法规、规章和规范性文件所作出的批复。根据《税收规范性文件制定管理办法》（国家税务总局令第20号）和《税收个案批复工作规程（试行）》（国税发〔2012〕14号）的规定，税收个案批复拟明确的事项需要普遍适用的，应当按规定制定税收规范性文件。可见，税收个案批复不具有普遍效力，不能引用为其他同类事项的执法依据。但基于法的平等性和稳定性，对于类似案件，人们趋向于相同的解决办法，涉税判例和批复在税收实践中具有一定的参考价值。

（二）税收政策

税收政策是指国家为了实现税收的职能以及相关经济社会任务和目标而制定的各类策略和措施，是经济政策的重要组成部分。税收政策要上升为法律才具有普遍约束力，由国家强制力保障实施，所以要在法治轨道上推动税收政策的落实，通过税法的制定，将税收政策的内容直接转为税法的有机组成部分。税收政策对税法的制定和实施起直接的指导作用。

（三）税法原则

税收公平原则、税收效率原则，实质课税原则、诚实信用原则、征税手续简便原则、比例原则等，在税法适用中具有非正式渊源的意义。

正确把握税法渊源是在税收工作中正确适用法律的基础。在税法的实施和适用过程中对外发生法律效力的执法文书应当按照税法效力层次由高到底的顺序予以引用，确保税收执法依据层次分明，充分准确，逻辑严密。税收执法过程，就是将抽象的税法与具体的涉税行为和事实联系起来，并做出判断和决定的过程。税收执法中援引执法依据的范围就是税法正式渊源的范围。如果内容相同或重复，应优先引用法律。如法律中没有规定，再从法规和规章中查找相关依据，对一些具体要求再引用税收规范性文件予以补充。在税收规范性文件中，也要按照制定机关的级别依次引用，先引用国务院制定的税收规范性文件，如没有，再引用财政部、国家税务总局制定的税收规范性文件，依次类推。特别要尽量避免仅引用税收规范性文件，如果发生争议，其效力需经行政复议机关或人民法院审查后确定。

第二节 税法的制定

一、税法制定概述

（一）税法制定的概念

税法制定的概念有广义和狭义之分。广义的税法制定指有权机关依照法定的职责、权限和程序，制定、解释、修改、补充和废止税收法律、法规、规章及规范性文件的全部活动。狭义的税法制定仅指最高立法机关制定税收法律的全部活动。两种解释在制定主体和制定内容上有很大的差别。从税收工作实际出发，广义的概念有助于我们对税收立法活动有一个全面的了解。税法制定有以下几方面特征：

1. 合宪性

税法制定是国家法律体系建设与完善的组成部分，必须在宪法的框架内进行。税法制定的过程和结果不得违反宪法的原则和规定，否则没有法律效力。

2. 民意性

《宪法》规定一切权力属于人民，税法制定的过程就是人民行使参与权、知情权、表达权、监督权、决定权的过程。不能充分反映民意的法律缺乏实质意义上的合法性。

3. 特定性

税法制定关系到一个政权能否在税收领域产生出适合自己所要确认和维护的社会行为规范，因此只能由特定主体进行，通常是特定的立法机关和特定的行政机关。

4. 程序性

税法制定的过程直接影响到税法制定的质量，因此，特定主体必须依据职权或者授权在法定程序和法定权限内行使其立法权力。违反法定程序制定的税法必然违背税收法定的原则，因而不具备法律效力。

5. 完整性

税法制定是一个系统工程，包括制定、解释、修改、补充、废止税法等全部活动，制定的结果体现为法律、法规、规章、规范性文件等各层级的法律渊源。税法制定的质量既受制于每一个环节的完善，更取决于该系统整体功能的提高。

（二）税法制定的原则

1. 依法制定原则

税法制定过程中有关主体的设定、权限的划分、运行的程序、民主的精神、权力的制约等应当由宪法和宪法性质的法律加以规定。《宪法》是我国的根本大法，一切法律、法规、规章和规范性文件都不得同其相抵触。严格执行体现税收法定主义精神的《宪法》，将从根本上使税法的制定过程纳入法治轨道，以维护国家整体利益和税法体系统一。

2. 民主参与原则

我国是人民主权国家，税法制定活动的根本任务就是确认和保障人民在税收利益调整中当家做主的权利。税法的制定与人民的切身利益密切相关，人民参与的过程就是了解、认同、支持税法的过程。税法是对一定时期税收实践经验的总结，而人民是税收实践的主体，调动人民参与税法制定的积极性可以更广泛地凝聚对客观规律的共识。另外，民主参与也是对税收立法权行使的有效监督和制约。

3. 符合国情原则

税法制定过程既要参照国际上的有益经验，也要区分一个国家不同的历史阶段，以及同一历史阶段的不同国情，从而使税法的制定更好地符合一国经济发展水平和社会文化习惯。鉴于我国幅员广大，地区差别明显，社会转型加速，在税法制定过程中尤其不能简单照搬国外的做法，而要从实际出发把握税制建设的整体性、稳定性、连续性、灵活性，做到目标明确、稳步推进、过程可控。

4. 注重整体原则

税法的制定、解释、修改、补充、评估、废止等环节是一个整体，不能割裂和偏废。税法制定应该与税法解读同步，以便社会更好地理解和执行。税法制定之后应该及时根据新情况加强对适用情形的解释和政策效果的评估。税法执行一段时间后更要结合搜集到的各方面的反馈意见，做好税法的修改、补充、废止工作，使税法与社会发展同步。

（三）税法制定的权限

在我国现阶段，划分税法制定权限的法律依据主要是《宪法》和《立法法》。

1. 国家立法权

国家立法权是指由国家最高权力机关行使的立法权。根据《宪法》第五十八条、第六十二条、第六十七条和《立法法》第七条的规定，全国人大及其常委会行使国家立法权，前者制定基本法律，后者可以制定除应由全国人大制定的法律之外的其他法律，在全国人大闭会期间，对全国人大制定的法律进行部分补充和修改。《立法法》第八条规定，税收基本制度应当制定法律。

2. 专属立法权

专属立法权指一定范围内只能由特定国家机关制定法律规范的权力，在此范围内，其他任何机关未经授权不得立法。按照《立法法》第八条的规定，财政、税收等基本制度只能由全国人大及其常委会行使专属立法权。

3. 委托立法权

《立法法》第九条规定，应当制定法律而未制定法律的，全国人大及其常委会有权做出决定，授权国务院可以根据实际需要，对其中部分事项先制定行政法规。在改革开放初期，全国人大常委会授权国务院制定了许多税收行政法规，这些以暂行条例、实施细则、实施办法形式出现的行政法规构成了我国主要的税法渊源。

4. 行政立法权

行政立法权是指依据《宪法》和《立法法》的规定，由行政机关在职权内行使的立法权，其效力低于国家立法权和相应的委托立法权。根据《宪法》第八十九条和《立法法》第五十六条，国务院根据宪法和法律，有权为执行法律的规定和履行行政管理职权等事项，制定行政法规，发布行政决定和命令，有权向全国人大及其常委会提出制定法律的提案。根据《立法法》第七十一条的规定，财政部、国家税务总局等具有税收管理职能的部门，可以根据法律和国务院的行政法规、决定、命令，就执行法律或者国务院的行政法规、决定、命令的事项，在本部门的权限范围内制定规章。

5. 地方立法权

地方立法权是指地方政权机关依据法律法规的规定，在本行政区域内行使的立法权。根据《宪法》第一百条和《立法法》第六十三条的规定，省、自治区、直辖市及较大的市的人大及其常委会在不违背宪法、法律、行政法规的前提下，可以根据本行政区域的具体情况和实际需要，制定地方性法规。根据《立法法》第六十六条，民族自治地方的人大有权依照当地民族的政治、经济和文化的特点，制定自治条例和单行条例。根据《立法法》第七十三条，省、自治区、直辖市和较大的市的人民政府，可以根据法律、行政法规和本省、自治区、直辖市的地方性法规制定规章。但实际上，我国税收立法权高度集中于中央，地方仅享有有限的税收立法权。从税收立法实践来看，目前地方立法权仅限于部分地方税种的困难减免和具体税收征管措施的制定等。

二、税法制定的程序

税法制定的程序，通常是指行使立法权的国家机关在立法活动中所遵循的有关提案、审议、表决、通过法案和公布税法的法定步骤和方法。《立法法》《行政法规制定程序条例》《规章制定程序条例》和《税收规范性文件制定管理办法》分别对税收法律、法规、规章和税收规范性文件的制定程序进行了规范。

（一）税收法律的制定程序

按照《立法法》的规定，税收法律与其他法律一样，要经过法律案的提出、审议、表决和公布四个法定环节才能生效。

1. 提出

全国人大主席团、全国人大常委会、国务院、中央军委、最高人民法院、最高人民检察院、全国人大各专门委员会、一个代表团或者三十名以上全国人大代表联名可以向全国人大提出法律案。全国人大常委会委员长会议、国务院、中央军委、最高人民法院、最高人民检察院、全国人大各专门委员会、常务委员会组成人员十人以上联名可以向全国人大常委会提出法律案。

2. 审议

全国人大审议的程序：一是主席团决定税收法案是否列入会议议程；二是代表团在听取提案人的说明后进行审议；三是法律委员会根据各代表团和有关的专门委员会的审议意见，对法律案进行统一审议，向主席团提出审议结果报告和法律草案修改稿；四是各代表团审议法律草案修改稿；五是法律委员会根据各代表团的审议意见进行修改，提出法律草案表决稿。

全国人大常委会审议的程序：税收法案一般应当经三次常委会会议审议。第一次审议要求在全体会议上听取提案人的说明，然后分组进行初步审议；第二次审议要求在全体会议上听取法律委员会关于法律案修改情况和主要问题的汇报，再次进行分组审议；

第三次审议要求听取法律委员会关于法律草案审议结果的报告,由分组会议对法律草案修改稿进行审议。此外,法律委员会、有关的专门委员会和常务委员会工作机构应当听取各方面的意见。经委员长会议决定,可以将重要的法律草案公布征求意见。最后,法律委员会根据常委会组成人员的审议意见进行修改,提出法律草案表决稿。

3. 表决

全国人大及其常委会表决法律实行半数通过制。对法律草案的表决可以采取举手表决、无记名投票、按表决器等方式,目前我国基本上采用按表决器的方式。

4. 公布

全国人大及其常委会通过的法律均由国家主席签署主席令予以公布。我国税收法律公布的时间一般为税收法律通过的当日或者次日。

(二)税收行政法规的制定程序

根据《立法法》和《行政法规制定程序条例》的有关规定,制定税收行政法规主要经过以下程序:

1. 报请立项

财政部和国家税务总局根据需要提出立法建议,向国务院报请立项,由国务院法制机构综合协调后编制行政法规立法年度计划报国务院审定。

2. 起草法规

行政法规由国务院组织起草。一般由财政部或者国家税务总局具体负责起草工作。起草部门应当深入调查研究,通过座谈会、论证会、听证会等形式广泛听取有关机关、组织和公民的意见。对涉及其他部门的职责或者与其他部门关系紧密的规定,应当与有关部门协商。行政法规送审稿经起草部门主要负责人签署后报国务院。

3. 法规审查

报送国务院的行政法规送审稿,由国务院法制机构负责审查。国务院法制机构应当将行政法规送审稿或者行政法规送审稿涉及的主要问题向国务院有关部门、地方人民政府、有关组织和专家征求意见。重要的行政法规送审稿,经国务院同意,向社会公开征求意见。国务院法制机构应当认真研究各方面的意见,与起草部门协商后,对行政法规送审稿进行修改,形成行政法规草案和对草案的说明,提交国务院常务会议审议或提请国务院审批。

4. 进行审议

国务院对税收行政法规草案和说明进行审议。通常由国务院常务会议进行，各方面意见一致的可以一次会议审议完成。其表决方式一般由总理在常务会议进行总结时作出通过、原则通过、下次再议、暂不通过的结论。

5. 公布施行

审议通过后，由国务院法制机构根据审议意见，对行政法规草案进行修改，形成草案修改稿，由总理签署国务院令公布施行。

（三）税收地方性法规的制定程序

地方性法规的制定程序，根据中华人民共和国地方各级人民代表大会和地方各级人民政府组织法，参照《立法法》的规定，由本级人民代表大会规定。主要经过以下程序：

1. 提出

地方人大主席团、地方人大常委会、各专门委员会、本级人民政府可向本级人大提出法规案；人大代表十人以上联名也可提出法规案。地方人大常委会主任会议、本级人民政府、本级人大各专门委员会、常委会成员五人以上联名，可向本级人大常委会提出法规案。

2. 审议

地方人大审议的程序：由提案人向地方人大全体会议作法规草案的说明，之后分别由代表团会议和分组会议进行审议。地方人大常委会审议的程序：由提案人向人大常委会作法规草案的说明，再由常委会分组进行审议。审议地方性法规案一般也实行三次审议制度。

3. 表决

地方人大会议表决地方性法规案，以全体代表过半数通过。常委会会议表决地方性法规案，以常委会组成人员过半数通过。

4. 公布

省、自治区、直辖市人大制定的地方性法规由大会主席团发布公告予以公布；其常委会制定的地方性法规由常委会发布公告予以公布。较大的市的人大及其常委会制定的地方性法规报经批准后，由其人大常委会发布公告予以公布。自治条例和单行条例报经批准后，分别由自治区、自治州、自治县的人大常委会发布公告予以公布。

（四）税收规章的制定程序

根据《立法法》和《规章制定程序条例》的有关规定，制定税收规章，主要经过立项、起草、审查、决定和公布等程序：

1. 税收部门规章的制定程序

一是国务院部门，主要是财政部、国家税务总局，其内设机构认为需要制定行政规章的，应当申请立项，由该部门法制机构汇总立法计划，报该部门批准后执行。二是组织起草规章草案。起草部门规章，涉及国务院其他部门的职责或者与国务院其他部门关系紧密的，起草单位应当充分征求国务院其他部门的意见。起草过程中可以邀请专家参与起草，应当广泛听取各方面意见，也可以举行听证会。三是部门法制机构对规章草案送审稿进行审查。该法制机构应采取各种形式听取各方面的意见，再形成部门规章草案和对草案的说明提请部门会议审议。四是部门规章由部务会议或者委员会会议审议决定后，由部门首长签署命令予以公布。

2. 地方政府规章的制定程序

一是由地方人民政府所属工作部门或者下级人民政府在其职责范围内提出立项申请，地方政府法制机构汇总制定年度规章制定工作计划，报本级人民政府批准后执行。二是组织起草地方政府规章。涉及本级人民政府其他部门的职责或者与其他部门关系紧密的，起草单位应当充分征求其他部门的意见。起草过程中可以邀请专家参与起草，广泛听取各方面意见，也可以举行听证会。三是地方政府法制机构对规章送审稿进行审查，采取各种形式听取各方面的意见，再形成规章草案和对草案的说明提请政府常务会议或者全体会议审议。四是省长或者自治区主席或市长根据会议讨论情况做出通过、否决或暂不通过、经调查研究后再讨论的决定。地方税收规章由省长或者自治区主席或市长签署命令后予以公布。

（五）税收规范性文件的制定程序

税务机关制定税收规范性文件除应符合党政机关公文处理有关规定外，还应按照国家税务总局《税收规范性文件制定管理办法》的规定执行。其制定程序主要包括起草、审核、决定和公布等环节。

1. 起草

制定机关业务主管部门负责起草税收规范性文件。在起草过程中，起草部门应当深入调查研究，总结实践经验，听取相关各方意见。起草税收规范性文件应当以公开征求意见为原则，不公开征求意见为例外。[①] 听取意见可以采取书面、网上征求意见或召开座谈会、论证会、听证会等多种形式。对内容涉及其他业务主管部门工作的，在送交审核前应一并会签相关业务主管部门。

2. 审核

制定机关法规部门对起草文本进行合法性审核。起草部门将起草文本提交审核时，应一并提供起草说明、制定依据、会签意见，以及出台文件对纳税人合法权益的影响、公开征求意见及对意见的处理结果等报告或说明。不公开征求意见的，应当说明理由。未经法规部门审核的税收规范性文件，办公厅（室）不予核稿，制定机关负责人不予签发。

3. 签发

法规部门审核同意后，按公文处理程序由制定机关负责人签发。对重要的税收规范性文件，一般经局长办公会集体审议通过后，由制定机关负责人审批签发。

4. 公布

税收规范性文件签发后以"公告"的形式对外公布，并在本级政府公报、税务部门公报、本辖区范围内公开发行的报纸或者在政府网站、税务机关网站上刊登。

5. 解读

根据国家税务总局规定[②]，税收规范性文件必须解读。解读稿与税收规范性文件同步起草、同步审批、同步发布。税收政策解读是对税收规范性文件的出台背景、目的意义及其执行口径、操作方法所作的解释性说明。做好税收政策的解读工作，对于帮助基层税务机关、纳税人和社会各界准确理解税法，提高税法遵从度，规范税收执法行为，保障纳税人合法权益有着重要作用。

需要指出的是，《税收规范性文件制定管理办法》（国家税务总局令20号）仅对税务机关的相关行为有约束力。财政部门等其他制定主体也经常制发税收规范性文件，但不受上述规定的约束，其制定规范性文件按照党政机关公文处理的有关规定办理，一

[①] 参见《国家税务总局办公厅关于严格执行税收政策和管理制度出台前征求意见规定的通知》（税总办〔2014〕34号），自2014年3月1日起施行。

[②] 参见《国家税务总局办公厅关于进一步做好税收政策解读工作的通知》（国税办发〔2012〕4号），自2012年3月1日起施行。

般以"通知"的形式制发。在税收规范性文件的名称、合法性审核、对外公布和政策解读方面没有专门规定。可见,税收规范性文件的制定程序并不统一。正是由于税收规范性文件制定程序尚不规范统一,一些学者和专家对税收规范性文件的法律效力一直存在质疑。税收规范性文件涉及纳税人、扣缴义务人等税务行政相对人的切身利益,具有普遍约束力,随着税收工作法治化进程的推进,国务院应当统一规范税收规范性文件的制定。

三、税收授权立法[①]

(一)税收授权立法的概念和特征

税收授权立法,是指拥有立法权的权力机关,依照宪法或宪法性文件的规定,将特定税收事项的立法权授予同级行政机关或下级权力机关行使的法律制度。其特征主要表现在三个方面:

1. 主体的特殊性

税收授权立法的授权主体和受权主体都是特定的。就我国政治体制和立法体制而言,全国人大及其常委会是当然的立法权享有者,作为权力让渡者享有自主决定授权事项及受权主体的权力。而权力的承受者,根据不同的授权领域和事项,可以是地方各级人大及其常委会,也可以是行政机关。

2. 内容的确定性

按照税收法定原则,税收授权立法的内容应是具体的、明确的。在尊重立法保留事项的基础上,既要对授权主体权力转移的自主性提出要求,从根本上排除"空白授权",又要对受权主体的权力行使进行严格的规范与约束,防止行政权恣意扩张。

3. 权力的从属性

受权主体在接受授权后,应严格按照授权内容进行立法活动,履行所受权力的过程应充分表现羁束性,不允许权力的滥用。

(二)我国税收授权立法的历史沿革

从 1950 年社会主义新税制建立至今,授权立法贯穿了我国税收制度从建立、发展到逐步完善的全过程,一直是我国税收立法的主要形式。

[①] 杨志强,李娜. 税收授权立法若干问题探讨[J]. 法学杂志, 2013(11).

1950 年 1 月，政务院根据当时的"临时宪法"《共同纲领》第四十条的精神，制定并发布了《全国税政实施要则》，不仅统一规定全国共开征 14 个税种，首次对税收立法权限作出明确规定，还对税收征管工作提出了要求。这是新中国成立后第一个税收法规，在当时起到了税收基本法的作用。

我国真正意义上的税收授权立法产生于 20 世纪 80 年代。1984 年 9 月，为了适应改革开放的需要，第六届全国人大常委会第七次会议做出《关于授权国务院改革工商税制发布有关税收条例草案试行的决定》。国务院根据上述授权，先后颁布了产品税、增值税、营业税、盐税、资源税和国营企业所得税等六个税收条例草案试行。该项授权已于 2009 年 6 月由第十一届全国人大常委会通过的《关于废止部分法律的决定》废止。1985 年 5 月，第六届全国人大第三次会议做出《关于授权国务院在经济体制改革和对外开放方面可以制定暂行的规定或者条例的决定》。国务院据此制定了一系列税收暂行条例。1994 年，国务院再次对工商税制进行大幅度结构调整，先后颁布了增值税、消费税、营业税和资源税等四个税种的暂行条例，同时也改革了征管制度。但这次改革没有明确的专门授权。"1985 年授权决定"至今仍然有效，被认为是 1994 年分税制改革的法律依据。

除了全国人大及其常委会对国务院的税收立法授权外，在一些单行税法或税收行政法规中，对财税主管部门以及各省级人民政府也有不同程度的授权或再授权。主要包括以下几个方面：

1. 税率、税额调整权

如《营业税暂行条例》第二条规定，娱乐业的适用税率由省、自治区、直辖市人民政府根据当地的实际情况，在条例规定的税率幅度内确定。

2. 税收减免权

如《车船税法》第五条规定，省、自治区、直辖市人民政府可以根据当地实际情况，对公共交通车船、农用摩托车、三轮汽车和低速载货汽车定期减征或者免征车船税。

3. 税收处理确定权

《企业所得税法》第二十条规定，该法第二章规定的收入、扣除的具体范围、标准和资产的税务处理的具体办法，由国务院财政、税务主管部门规定。

4. 实施办法制定权

国务院制定的车船税、城镇土地使用税、城市维护建设税、房产税等税收行政法规均规定由省、自治区、直辖市人民政府制定实施细则。

（三）我国税收授权立法的意义和作用

授权立法是当前我国税收立法的主要方式，对我国税法体系的建立和完善发挥了重要作用，在今后一段时期仍有存在的必要。

1. 税收授权立法满足了我国特定时期税收立法需求

以 1984 年和 1985 年两次授权为例，两份决定的出台时值我国从计划经济向有计划的商品经济过渡的转轨时期，社会经济活动调整变化频繁，法制需求增长迅速，各领域特别是经济领域急需改变无法可依的局面。为及时弥补立法空白，全国人大常委会授权国务院及财税部门制定行政法规和行政规章，使各种税收法律关系及时得到了调整。

2. 税收授权立法推动了税权优化配置

税收立法权是一种重要的资源配置权，配置的效益如何直接取决于立法主体对立法所需信息的掌握程度。我国地区间经济和社会发展极不平衡，如果在税收立法权配置上一味强调中央集权和税权集中，则可能严重影响地方因地制宜发展经济、管理社会事务的能力和效果。从我国税收执行的实际效果看，即便目前地方税收立法授权非常有限，也在提高相关税收征管工作的科学性和合理性、调动地方积极性方面发挥了很大作用。

3. 税收授权立法发挥了行政部门的专业优势

税法立法具有专业性、复杂性和技术性的特点。客观而言，全国人大及其常委会只是定期开会，而且会期较短、事务繁多，很难根据瞬息万变的经济社会态势便捷地调整税收法律制度。而国务院及其财税主管部门依其本身职责的优势，不论在具体信息的掌握，还是在税收专业知识的储备上，都优于立法机关。税收授权立法不仅能够更好地提高税收法律调整经济生活的效率，也能充分利用行政部门的专业优势。

4. 税收授权立法为立法机关立法积累了经验

从经济立法角度看，在某一领域的立法条件尚不成熟时，让国务院先行探索是无可厚非的合理措施，对国务院进行适当授权并不违背税收法定原则的本质要求。与立法机关的税收立法相比较，税收授权立法不仅为国家及时调整经济和社会生活争取了时间，降低了成本，同时也为立法机关今后制定、补充、修改法律奠定了基础，积累了经验。

（四）我国税收授权立法制度存在的问题

我国现行授权立法制度是在特定时期产生和发展的，由于缺乏完整、科学的制度规范，产生了一些负面影响。一是空白授权严重。立法机关在向行政机关转授立法权时，对授权立法的目标、范围和期限没有明确的约束，使超越权限立法、下位法修改上位法等现象难以避免。二是转授权力普遍。既有国务院受权后对其所属的财税主管部门、地方人民政府等下级机关的转授权，也有接受转授权的下级机关对其再下级机关的再次授权。这种做法虽在客观上满足了税收执法的需要，但也造成税收立法政出多门、法外有"法"的混乱局面。三是民意基础薄弱。我国行政立法的程序比较简单，公开性不强。座谈会、征求意见、专家论证和立法听证常常"走过场"，对公众意见的处理和回应更没有法定的责任和义务。由于公众的知情权、表达权、参与权、决定权难以保障，不仅加重税法执行的成本，而且不利于纳税人遵从度的提升。四是监督机制缺失。在监督主体方面，授权者的监督、社会的监督、司法的监督缺乏法律上的明确规定。在监督内容方面，对公告税法草案、举行公开听证、邀请利益相关人出席听证或提出书面意见缺乏程序上的约束。在监督方式方面，尚未把授权事项、授权时限、批准程序、备案制度、撤销措施、司法审查作为监督的有力手段。

（五）我国税收授权立法发展的方向

1. 逐步落实税收法定原则

我国税收授权立法制度的构建必须坚持税收法定原则。在《宪法》中明确规定税种设定、课税要素、税收程序等内容必须由法律规定。适时制定税收基本法，在这部税收领域的母法中使《宪法》中的税收法定主义精神得到进一步贯彻。修改《立法法》，对应由法律规定的税收基本制度、可以先行制定行政法规的部分事项、试行的行政法规上升为法律的成熟条件逐一给予明确。对属于法律保留的事项，立法机关不能随意授权立法。

2. 分步解决历史遗留问题

《立法法》施行后如再允许国务院依照全国人大80年代的"空白授权"继续行使税收立法权已极不合适，因此，应该尽快撤销该授权决定，在需要时施行"一事一授权"。根据《立法法》第十一条有关授权立法事项在条件成熟时应及时制定法律的规定，对已经长期实施的十几个税种的暂行条例进行重新研究，由全国人大及其常委会按照立法程序逐步将其上升为法律。相关税收法律的实施细则可由全国人大授权国务院制定。

3. 完善授权立法程序规则

依法对授权立法行为进行规范。比如，授权立法要明确理由、目的、税种、时效、程序、责任等内容。既要从法律上杜绝"空白授权"，禁止转让授权，又要明确执法监督和责任追究。要尽快建立立法公开制度。比如，除了已有的公告制度外，还应该推动立法会议公开、会议记录公开、在议或待决法案公开等制度。要完善民主立法的程序。比如，拓宽公众参与的渠道，健全利益相关人和专家参与立法的制度，规范立法听证规则，完善对各方面意见的处理机制等。

四、税收立法监督

（一）立法监督的概念

立法监督是有权主体依据法定的职权和程序对立法过程和结果的监督。在现代国家，立法监督是贯穿整个立法活动的一项控制机制，同时也是对已立之法进行不断甄别完善的一个纠错程序，其目的就是要避免因立法权行使不当或者立法环境发生变化导致恶法、劣法的出现或持续。

（二）立法监督的主体

立法监督的主体是对立法活动和立法结果实施监督的组织和个人的总称。通常这些主体分为两类：一类是国家机关，主要是拥有立法权或立法建议权的立法机关、行政机关和司法机关等，这些国家机关大都负有监督自己内部立法活动和立法结果的职责，也都有权在一定程度上监督其他立法主体的立法活动和结果；另一类是社会公众、社会团体、政党组织以及媒体舆论等。

（三）立法监督的内容

立法监督的内容主要是确保立法过程和结果的合法性、合宪性、适当性。比如，监督立法主体所进行的立法活动是否有法定依据；立法主体在立法活动中所行使的立法权是否符合法定权限和程序；立法调整的范围是否超越法定界限；立法活动的结果是否与上位法相抵触等。又如，监督重大立法事项的运作是否有宪法依据；地方性法律、法规和规章的制定是否与宪法规定相抵触。再如，监督立法活动及其结果是否符合规律、国情、民情，是否与一定的经济、文化、道德等水准相对应。此外，还要监督立法活动及其结果是否充分征求了基层执法人员、中介单位和纳税人的意见。

（四）立法监督的方式

立法监督的方式是多种多样的，可以分为内部监督和外部监督，过程监督和结果监督，事前监督和事后监督等。比如，上级立法主体对下级立法主体所实施的审查、批准、否决、备案审查、备案等就是一种内部监督。又如，社会公众对立法活动或立法结果提出的批评意见、审查建议就是一种外部监督。另如，对立法准备、立法审议、立法表决、立法公布、立法完善等各阶段立法工作的监督就是一种过程监督，而对立法结果的合宪性、合法性、合宪性和适当性的监督则是一种结果监督。再如，在法律生效之前为防止立法活动或者立法结果违宪、违法、违规、失当所进行的监督是事前监督，而监督税法的解释、修改、补充、废止、清理或者发现并纠正违宪或违反上位法的或者违宪情形等，就是一种事后监督。

（五）立法监督的处理

在立法监督的过程中，监督主体发现被监督的立法活动和结果存在违宪性、违法性、失当性及其他问题，或者有关组织和个人提出对违宪、违法或者失当的立法活动和结果的审查要求，有权部门应当在职权范围内，依照法定程序就相关事项作出必要的处理。通常包括以下方式：一是予以撤销。比如，某项法规、规章因违反上位法而被上级立法机关撤销。二是作出改变。比如，上级机关要求下级机关停止某项立法活动或者调整立法内容。三是提交裁决。比如，法律之间对同一事项出现新的一般规定与旧的特别规定不一致时，由全国人大常委会裁决。四是要求处理。比如，社会团体以及公民认为行政法规、地方性法规、自治条例和单行条例同宪法或者法律相抵触的，可以向全国人大常委会书面提出进行审查的建议。五是责令改正。比如，国务院发现所属部门制定的规章同法律、行政法规相违背抵触，可以责令制定规章的主体予以改正。六是宣布废止。比如，基层执法人员、中介单位和纳税人反映现行税收规范性文件严重失当，立法主体可以依据规定的程序废止该文件。

值得指出的是，税收立法监督机制中尚缺失一个自下而上的纠错程序。由于在税法的设立、修改、废止、评价的过程中，税务机关，特别是基层税务机关的发言权未得到制度层面的支撑，这就使税收立法脱离征管实际的现象难以提前避免，也使现行税法体系无法及时适应执法环境的变化。

提高税法质量有赖于立法者和执法者的共同参与，从而使税法的制定和税法的执行实现有效的衔接。在事前环节，起草各层级的税法均应把征求税务机关的意见作为必经程序，充分考虑征管需求、技术支撑、监管信息、政策衔接、实施成本等因素；在事中环节，要围绕加强税法执行效果的分析，明确职责、拓宽渠道、健全机制，充分听取税务机关的情况反映；在事后环节，根据税务机关在内的各方面意见，及时提出对现行税法调整、修改、废止的建议，实现税法自我完善的闭循环。

第三节 税法立法技术

一、税法立法技术的概念和特征

税法立法技术是指在制定税法活动中所遵循的用以促使税法制定臻于科学化的方法和操作技巧的总称。[①]

税法立法技术属于立法技术的范畴，具有以下特征：一是税法立法技术从本质上讲就是方法和技巧。立法技术本身不是立法，不是一种过程也不是一项活动，它是人们在立法实践和立法研究中所产生的一种智力成果，以静态形式存在。二是税法立法技术是税收立法活动中遵循的方法和技巧。税法立法技术来源于税法立法实践，与立法实践同步发展，反过来又服务于税法立法实践。税法立法技术具有一定的独立性，一经产生即为人类共同财富，可以为不同国家、不同阶级的税收立法服务。我们可以借鉴他国先进的税法立法技术为我国税收立法服务。三是税法立法技术的功能和目的就是促使税法的制定臻于科学化。制定出来的税法既要符合立法者的立法意图，又要符合立法的客观规律。国务院 2004 年发布的《全面推进依法行政实施纲要》指出，制度建设重在提高质量。法律、法规、规章和规范性文件的内容要具体、明确，具有可操作性，能够切实解决问

---

① 周旺生. 立法学 [M]. 北京：法律出版社，2009：375.

题；内在逻辑要严密，语言要规范、简洁、准确。提高税法立法技术的最终目的就是制定出高质量的税法。

税法立法技术作为立法的方法和技巧，不仅与立法关系密切，而且影响税法的实施。税法的实施主要包括纳税人依法纳税、税务机关依法征税、司法机关依法裁决涉税争议以及有权机关对税法执行的监督。税法的实施效果取决于多种因素，其中税法的质量对其有着根本性影响，而税法质量在很大程度上是由税法立法技术的高低决定的。立法技术高，立法意图明确，各税法之间相互协调、有效衔接，纳税人权利义务具体明确，税务机关职责和执法程序公开透明，也就便于税法的实施；否则，立法技术落后，法与法之间不衔接，甚至相互矛盾，计税依据不明确，税额无法确定，或者税法本身不具备可操作性，不仅税法实施很难，而且加大了纳税人违法风险和税务机关执法风险，也不便于对税法执行的监督。目前，我国税法执行中存在的许多问题，都与税法本身质量有关。重视对税法立法技术的研究和掌握，有利于提高税法质量，维护税法权威，准确适用税法。

税法立法技术总体要求应当是：备而不繁，逻辑严密，条文明确、具体，用语准确、简洁，具有可操作性。税法结构和立法语言是税收立法技术中最重要的部分。深入研究税法的结构和语言，对于我们有效开展税收立法，提高税法立法水平，规范地适用和执行税法，具有重要意义。

二、税法的结构

（一）税法的内部结构和类型

税法是由若干部分构成的统一整体。这些构成税法整体的部分就是税法结构的要件，通常包括三个方面：一是税法的名称。二是税法的内容，其中包括规范性内容和非规范性内容。规范性内容就是通常所说的行为规范，即规定税收法律关系主体权利（权力）和义务（职责）的内容。主要包括纳税人、扣缴义务人、课税对象、征税范围、税目、税率、计税依据、应纳税额的计算、计税单位、计税标准、纳税环节、纳税义务发生时间、计税期间、纳税期限、纳税地点、减免税、纳税程序（包括税务登记、账簿、凭证管理、纳税申报、缴税方式等）、税款征收和检查程序、法律责任、救济途径等内容。非规范性内容主要包括立法依据、宗旨和原则的说明，税法的适用范围，各项税收专门概念和术语的解释，授权有关机关制定变通、补充规定或制定实施细则的规定，授权有关机关对税法进行解释的规定，关于通过机关和通过时间、批准机关和批准时间、公布机关和公布时间的规定、生效或施行时间、废止有关税法的规定等。三是表现税法内容的符号单位。主要包括名称下方的括号，目录，总则、分则、附则及各部分的标题，章、节、条、款、项、目，有关人员的签署，附录和语言文字。

以上要件在一部完整的税法中所起的作用不尽相同。有些要件是每个税法必备的，有些要件则不一定必须具备。各要件均有特定的内容。按照构成要件的多少和是否全面，税法结构通常分为简单结构、一般结构和复杂结构。从目前税收立法实践来看，我国税法结构主要有简单结构和一般结构。

简单结构的税法，其要件较少，通常包括：名称、制定机关和制定时间、税收法律规范、有关说明和解释、公布机关和公布时间、生效或施行时间等。如《全国人民代表大会常务委员会关于外商投资企业和外国企业适用增值税、消费税、营业税等税收暂行条例的决定》（中华人民共和国主席令第18号）即属于简单结构。财政部、国家税务总局就税法适用过程中对具体问题的明确和处理所发布的税收规范性文件，一般都属于简单结构。简单结构的税法有的不设条文，有的虽设有条文但条文很少，并且不是使用"第×条"的形式表述，而只是简单地用"一、""二、"等序号表述。

我国税法大部分属于一般结构。其要件比简单结构多，规范性内容也较多，明确规定了税收法律关系主体的权利和义务。均设条文，并采用"第×条"的形式表述，有的还有目录，章、节及各部分标题，总则、分则和附则，附录等，但没有卷、编和序言等。我国的税收法律、法规、规章大都属于此类。如《企业所得税法》设目录，共八章六十条，除总则和附则外，各章设有标题。《个人所得税法》则内容相对简单，经六次修订，未设章，共十五条，附税率表。我国税法在结构安排上还不够规范，在税法制定中，应重点研究分税种立法应当具备哪些要件，如何运用税法的要件使税法结构更加完善。

（二）税法的形式结构

税法的形式结构，是指税法条文外在的表现形式。在税收立法实践中已形成一定的规律。主要包括税法的名称和正文的章、节、条、款、项、目。

1. 税法的名称

名称是每个税法必备的要件。税法的名称应当做到准确、精练和概括，通常应包括三部分：第一部分反映税法的效力范围或制定机关；第二部分反映主要内容；第三部分反映效力等级。如《中华人民共和国个人所得税法》这一名称，"中华人民共和国"表示在中国境内有效；"个人所得税"表明了税法的内容；"法"表示是法律。可见，税法名称规范准确，纳税人和税务人员通过名称便能了解税法的性质、内容和效力等级，从而知道该税法与自己工作和生活的关系，在守法、执法时避免盲目性，增强自觉性。

税法名称随我国法制建设的推进逐步规范统一。税收法律名称为"法"，如《中华人民共和国税收征收管理法》。税收行政法规的名称一般称"条例"，也可以称"规定""办法"等。国务院根据全国人大及其常委会的授权制定的行政法规，称"暂行条例"或者"暂行规定"。如《中华人民共和国车船税法实施条例》《中华人民共和国增值税暂行条例》《中华人民共和国发票管理办法》等。地方性法规和地方政府规章应标明"××省（市）"的字样，如《北京市征收外商投资企业土地使用费规定》。税收规章的名称一般称"规定""办法""实施细则"等，但不得称"条例"。除根据授权制定的行政法规实施细则以外，税收部门规章不用"中华人民共和国"的字样，直接表明内容，如《增值税一般纳税人资格认定管理办法》等。《税收规范性文件制定管理办法》规定，税收规范性文件以公告形式公布，可以使用"办法""规定""规程""规则"等名称，但不得称"条例""实施细则""通知"或"批复"。[①] 如《国家税务总局关于暂免征收部分小微企业增值税和营业税政策有关问题的公告》《北京市地方税务局关于进一步加强个体工商户税收征管工作的公告》等。税收规范性文件名称第一部分应当反映制定机关。

2. 税法中的结构单位

结构单位就是指税法正文中章、节、条、款、项、目的设置与排列。

章的使用频率仅次于条和款。章在内容较多而且划分层次需要时使用。在一部税法中，各章之间应有内在联系，每章都应有能概括本章内容的名称。如《税收征收管理法》第一章总则、第二章税务管理、第三章税款征收、第四章税务检查、第五章法律责任和第六章附则。

节只能在设有章的税法中出现，在章的内部划分，目的是使章的内容更加清晰，便于人们理解。如《税收征收管理法》第二章税务管理中设第一节税务登记，第二节账簿、

[①] 《税收规范性文件管理办法》（国家税务总局令第20号）适用于县以上（含本级）税务机关制定税收规范性文件，自2010年7月1日起施行。财政部等其他行政机关制定或主办制定的税收规范性文件以及2010年7月1日前税务机关制定的税收规范性文件的名称仍有部分称为"通知"。

凭证管理，第三节纳税申报。不是所有的章都要设节。

条次于章或节，是最重要、最常见的单位。与其他结构单位不同，条是税法中的必用单位。每条的内容应有相对独立性和完整性，通常一个条文只能规定一项内容。条文的长短应尽量适中，条与条之间应有内在联系。条在法中通常以"第×条"形式出现，所有条文均应按照统一序数连贯排列。

款是隶属于条的单位。当条的内容有两层以上的意思表达时，就需要用款的形式。款在条文中以自然段的形式出现，不采用序数编码的方式。在内容和篇幅等方面也有同条基本相同的规则要求。

项是包含于款中并隶属于款的单位。项通常是在款的内容有许多项目时使用，只有属于款之下的同一性质、同一层次的内容，才能以项表现。项的序号用中文数字加括号依次表述。

目是包含于项中并隶属于项的单位。目在项的内容有多个项目的情况下出现。只有属于项之下的同一性质、同一层次的内容，才能以目表现。目的序号用阿拉伯数字依次表述。是否设项和目，主要取决于条文内容的分量和复杂程度。

如《企业所得税法》第十二条下设两款，第二款下设四项，没有目。

"第十二条 在计算应纳税所得额时，企业按照规定计算的无形资产摊销费用，准予扣除。

下列无形资产不得计算摊销费用扣除：

（一）自行开发的支出已在计算应纳税所得额时扣除的无形资产；

（二）自创商誉；

（三）与经营活动无关的无形资产；

（四）其他不得计算摊销费用扣除的无形资产。"

我们在援引法律依据时，应当写明税法的名称和文号，并注明条、款、项，一般不引用章、节。要避免款项混用。当一个条文中没有分款直接分项的，不需加"第一款"，直接写"第×条第×项"。

（三）税法的内容结构

税法的内容结构是指税法的规范性内容和非规范性内容的排列顺序，一般先总后分，先粗后细。

1. 总则、分则和附则

税法的内容结构通常包括总则、分则和附则三个部分。一部完善的税法，应合理构造这三部分内容。

总则位于税法的首要部分，对整个税法具有统领性。其内容主要包括：立法目的、制定依据、适用范围、基本原则与制度、主管部门和其他事关全局的内容。不要把具体的行为规则放入总则中。在设章的税法中，"总则"一般作为第一章的名称，这是明示总则。有些税法未设章，总则性质的条文则没有"总则"的字样，这是非明示总则。但不管如何，总则的内容集中在税法的开始部分，具有高度抽象性，文字要精练。我国大部分税收实体法中总则内容不完整，如缺少制定税法的目的、制定依据条款等。

分则具体规定课税要素和税收法律关系主体权利义务内容，是税法中最主要的部分，是税收执法和守法的主要依据。分则大多以非明示方式出现，也是税法中必备的内容。由于各个税法调整不同的税收法律关系，分则的内容也各不相同。如《企业所得税法》以六章的内容，分别规定了企业所得税的应纳税所得额、应纳税额、税收优惠、源泉扣缴、特别纳税调整和征收管理。分则部分内容最多，需要运用好立法技术。目前我国税收法律分则部分规定过于原则和笼统，特别是对课税对象、纳税环节、计税依据等课税要素均需在实施细则或税收规范性文件中进一步细化和明确，削弱了税法的效力级次，不利于税法的稳定。

附则是附在税法后面、作为总则和分则辅助性内容的部分。附则与附件不同，附则是整个税法的一个组成部分，附件设于条文之外。从税收立法实践来看，附则内容一般包括名词、术语的解释，授权有关机关制定补充规定或制定实施细则的规定，授权有关机关对税法进行解释的规定，施行时间和废止其他有关税法的规定等。有时候"参照执行""比照执行"的适用条款也在附则中出现。在设章的税法中，"附则"一般作为最后一章的名称，放在税法的最后部分。在不设章的税法中，以非明示方式放在最后。

2. 目录、附录

目录是在完整的税法中将总则、分则和附则各部分标题集中放在正文之前的部分。大多设有章节的税法都需要目录。如《税收征收管理法》《企业所得税法》均设有目录。设置目录的目的在于使人们方便地从宏观上把握税法的基本内容，了解税法的结构，快捷查阅有关内容。

附录，也称为附件，是税法正文后附加的有关资料的总称。设附录的目的主要是进一步明确税法中的有关内容，便于人们理解和实施，同时避免条文中出现与其他条文不协调的引文、说明、图表、图形、数据和名单等。附录作为税法整体的组成部分，也具有法律效力。在税收实体法中，对于税率或税额比较复杂的，一般单独制作附表。如《个人所得税法》附个人所得税税率表；《车船税法》附车船税税目税额表。

（四）税收法律规范的逻辑结构

税收法律规范是由国家制定，并以国家强制力保障其实施的规定税收法律关系主体权利义务的行为规范，是税法最基本的构成单位。作为成文法国家，我国税收法律规范的表现形式就是法律条文。

税收法律规范的构成，是指一个税收法律规范由哪些要素构成，以及这些要素之间在逻辑上的相互关系等。一个完整的法律规范在结构上由三要素组成，即假定、处理和制裁。

假定是指法律规范中规定适用该规范的条件的部分。一个行为规范都是在具备一定条件或出现某种情形时才适用。如《个人所得税法》第一条第一款规定："在中国境内有住所，或者无住所而在境内居住满一年的个人，从中国境内和境外取得的所得，依照本法规定缴纳个人所得税。"在这里，"在中国境内有住所，或者无住所而在境内居住满一年的个人，从中国境内和境外取得的所得"，就是假定部分。假定部分规定的是行为规范适用的条件，在立法技术上，对假定部分最主要的要求就是具体明确，否则，该规范就得不到正确适用和执行。

处理是指法律规范中为主体规定的具体行为模式，即税务行政相对人的权利和义务以及税务机关权力和职责的部分。它指明人们可以做什么、应当做什么、禁止做什么。如上段中的"依照本法规定缴纳个人所得税"就是处理部分。

制裁是指法律规范中规定主体违法时应当承担何种法律责任或国家强制措施的部分。如《税收征收管理法》第三十二条规定："纳税人未按照规定期限缴纳税款的，扣缴义务人未按照规定期限解缴税款的，税务机关除责令限期缴纳外，从滞纳税款之日起，按日加收滞纳税款万分之五的滞纳金。"加收滞纳金的规定就属于制裁部分。

法律规范的三个要素是具有内在联系的统一整体，存在逻辑上的必然因果联系，可以表述为"如果……则……否则……"，即如果发生了"假定"部分规定的事实，则主体或主体之间就会产生"处理"部分规定的权利和义务，而如果义务主体不履行义务或者侵犯了权利主体的权利，即违反了"处理"部分的规定，就要承担"制裁"部分规定的法律后果。三要素之间在逻辑上的这种因果联系是税法能够切实得以实施，实现税收职能的重要保证。

在税收立法实践中，包含假定、处理和制裁三要素的税收法律规范通过法律规则，以法律条文的形式表现出来。一类规则是规定合法行为模式的调整性规则，其结构为假定（正常的法律事实）—处理（权利和义务）；另一类规则是规定违法行为及其法律后果的保护性规则，其结构为假定（非正常的法律事实）—制裁（法律责任）。在内容上将调整性规则和保护性规则结合起来，就可以形成一个完整的税收法律规范。

实践中，我们应当注意的是，由于调整性规则和保护性规则客观上存在不同的特点，发挥着不同的作用，立法者通常将调整性规则（假定—处理）规定在一个法律条文，而将保护性规则（假定—制裁）规定在另一个法律条文。实际上，调整性规则和保护性规则往往不是一一对应的，一个调整性规则可以和多个保护性规则相对应，即为实现国家税收职能可以采取多种措施来保护。如根据《税收征收管理法》的规定，对纳税人未按期缴纳税款的行为，税务机关可以责令限期改正、按照规定加收滞纳金，对经税务机关责令限期缴纳，逾期仍未缴纳的，税务机关除依照规定采取强制执行措施追缴其不缴或者少缴的税款外，还可以处以罚款。反之，一项保护性规则也可以作为多个调整性规则的保障措施。如根据《税收征收管理法》第六十条对未按照规定的期限申报办理税务登记、变更或者注销登记的，未按照规定设置、保管账簿或者保管记账凭证和有关资料的，未按照规定将财务、会计制度或者财务、会计处理办法和会计核算软件报送税务机关备查的，未按照规定将其全部银行账号向税务机关报告的和未按照规定安装、使用税控装置，或者损毁或者擅自改动税控装置的五种税收违法行为设置了相同的保障措施。

这两类条文有时在同一税法中出现，有时分别出现在不同的税法中。如税收实体法中大部分为调整性规则，对纳税人的权利和义务进行了明确规定，而保护性规则集中规定在《税收征收管理法》"法律责任"一章。有时以上三要素还分别在不同部门法中出现，如对于严重违反税收法律法规，构成犯罪的刑事制裁部分集中规定在《刑法》分则第三章第六节危害税收征管罪中，而税收法律规范中的假定和处理，则在税法中规定。

无论采用何种方式，立法者都应注意保持税收法律规范不同结构要素的逻辑性和完整性，防止因法律条文和法律规范在形式上的分离而遗漏某个要素，从而影响税收法律规范的效力。

三、税法的表述技术

（一）税法表述技术的概念和作用

税法的表述技术，就是在税收立法中，运用税收立法语言表述立法意图、明确税务行政相对人权利和义务，规定税务机关及税务人员执法权限和执法程序等内容，形成税法的技术。一部税法最显著的特征，就是它是由文字以及由文字构成的语言排列组合而成。语言文字是所有税法在形式上最基本的构成单位。任何税法的制定、修改或补充都必须运用立法语言。立法语言的运用在立法技术中居于重要的地位。

一部税法是否科学完善、是否切实可行，固然与立法时机、立法背景、立法者的思想水平、知识水平以及对税法所调整的利益分配关系了解的程度直接相关，但是与税法本身的语言文字水平也有密切的关系。近年来，我国开始注重对立法语言的研究和规范。全国人大常委会法制工作委员会先后两次制定并公布了立法技术规范，部分地方人大以及政府也出台了有关地方性法规和地方政府规章的立法技术规范。这些规范同样适用于税收立法。

立法语言的正确运用可以将立法主体的立法意图、立法目的和税收政策明确无误地表述出来，使制定出来的税法能够向守法者、执法者和司法者准确无误地传递国家税收政策和采取的具体措施。这样，既可以提高税收立法质量，也可以使税法得以有效实施。

（二）税法立法语言的运用规则

税收担负着组织收入和调节分配的重要职能，税法作为调整利益分配关系的法律，关系到广大社会主体的切身财产利益，所以税法立法语言应该最为准确肯定、严谨规范、通俗简洁。

准确肯定，就是要用清楚、具体、明白的语言。在税法中规定纳税人、征税对象、计税依据、税率、纳税期限等课税要素时必须准确肯定，才有利于人们正确理解税法和执行税法，否则，如果纳税义务不明确，则易产生歧义，引起涉税争议，影响税法的权威和公正。准确性是税法立法语言的灵魂和生命。

严谨规范，是税法立法语言的又一重要规则。严谨是指立法语言的使用应当逻辑严密、前后一致。规范是指立法语言要符合常规，专业术语应规范统一。同一词汇和概念表达同一含义，避免使用同义词和近义词，以免造成概念和意思的混淆。对超出常规使用的语言，应严格控制并作出说明。

通俗简洁，税法的实施需要纳税人的普遍遵守和执行，其语言文字应尽量通俗易懂，言简意赅，直接陈述，避免重复，不使用晦涩难懂的冷僻词汇和带有感情色彩的语言。运用税收专业术语和法律术语时，应作必要的说明和界定。

（三）税法中的但书

但书作为立法语言的一种特殊结构，在我国税法中被广泛使用。例如，《税收征收管理法》共九十四条，其中，运用但书的有八条。但书的合理运用和立法意图的正确表达，是衡量立法技术和立法水平的重要标志。

1. 税法中但书的概念和特征

税法中的但书是一种特殊的法律规范，一般是指法律条文中"但是"或"但"字以下的一段文字，在内容上是对法律条文的上文或法律主文的例外、限制或附加某种特定条件的规定。主要具备以下特征：

（1）但书与主文的关系是特殊与一般、个性与共性的关系。但书是对法律条文上文或法律主文的一般规定所作的特别规定。

（2）但书与法律条文上文或法律主文结合，构成一个完整的法律规范。但书针对法律条文上文或法律主文的规定做出例外、限制、附加以及其他不同的规定，它有完整的结构和具体的表现形式，具有独立适用的效力。

（3）但书作为法律条文上文和法律主文的一般规定的特别规定，离开上文或主文便失去存在的意义。

（4）但书具有特殊的文字表现形式。通常在税法中以"但"或者"但是"这一转折连词引导一定的文字来表达，也有用"除……应当""除外"等方式表述。

2. 但书在税法中的作用

税法所调整的利益分配关系十分复杂，涉及社会不同的利益主体。在制定税法时，必须考虑具体实施中可能出现的特殊情况，并做出例外规定，才能准确表达立法意图。从我国税法立法实践来看，但书在税法中的作用主要有以下几个方面：

（1）保证一般规定的实施。税法所调整的税收法律关系和确定的事项，往往是根据涉税事务一般情况做出规定。但是，由于社会经济生活的复杂性，税法的一般性规定解决不了所有调整的分配关系和征税技术上有关事项的所有问题。这就需要税法作出特别的规定。以一般规定为原则，以特别规定为例外，解决一般规定难以解决的问题或者属于行业、部门、地区等特殊的问题。这些特殊的问题不解决，一般规定就难以正确地实施和适用。在税法中运用但书这一特殊规范，把特别的或者属于行业、部门或地区等特殊的问题排除在一般规定所要解决的问题之外，以保证一般规定的实施。如《营业税暂行条例》第五条规定："纳税人的营业额为纳税人提供应税劳务、转让无形资产或者销售不动产收取的全部价款和价外费用。但是，下列情形除外：（一）纳税人将承揽的运输业务分给其他单位或者个人的，以其取得的全部价款和价外费用扣除其支付给其他单位或者个人的运输费用后的余额为营业额；（二）纳税人从事旅游业务的，以其取得的全部价款和价外费用扣除替旅游者支付给其他单位或者个人的住宿费、餐费、交通费、旅游景点门票和支付给其他接团旅游企业的旅游费后的余额为营业额；（三）纳税人将建筑工程分包给其他单位的，以其取得的全部价款和价外费用扣除其支付给其他单位的分包款后的余额为营业额；（四）外汇、有价证券、期货等金融商品买卖业务，以卖出价减去买入价后的余额为营业额；（五）国务院财政、税务主管部门规定的其他情形。"该法律条文规定了营业税计税依据的一般规定，但书部分规定了运输、旅游、建筑、金融等特殊行业营业税计税依据的减除问题。由于但书部分解决了这些特殊行业营业税计税依据的特殊问题，从而保证了主文所作一般规定的有效实施。

（2）限制一般规定的适用。在税法确定的事项中，通常需要运用但书的功能。根据税法适用的不同情况，在适用范围、程度轻重和时间效力等方面，对主文部分的实施做出限制，以保证税法的实施和适用有一个合理的限度，符合立法本意。

限制权力的行使。如《增值税暂行条例》第十五条第一款规定了七项免征增值税物品，第二款规定："除前款规定外，增值税的免税、减税项目由国务院规定。任何地区、部门均不得规定免税、减税项目。"

限制适用的时间。如《企业所得税法》第十八条规定："企业纳税年度发生的亏损，准予向以后年度结转，用以后年度的所得弥补，但结转年限最长不得超过五年。"

限制执法的程度。如《税收征收管理法》第五十二条第一款规定："因税务机关的责任，致使纳税人、扣缴义务人未缴或者少缴税款的，税务机关在三年内可以要求纳税人、扣缴义务人补缴税款,但是不得加收滞纳金。"

(3) 补充一般规定的内容。税法中就某一事项做出一般性规定在实施中显得不够全面,需要采用但书的形式进行补充,使主文内容更加周全、适当。如《税收征收管理法》第三十二条规定:"纳税人未按照规定期限缴纳税款的,扣缴义务人未按照规定期限解缴税款的,税务机关除责令限期缴纳外,从滞纳税款之日起,按日加收滞纳税款万分之五的滞纳金。"

(4) 突出特别法律规定的地位。在税收立法中有时运用但书的功能突出某一法律的地位。如《税收征收管理法》第四十五条规定:"税务机关征收税款,税收优先于无担保债权,法律另有规定的除外。"《企业所得税法》第四十九条规定:"企业所得税的征收管理除本法规定外,依照《中华人民共和国税收征收管理法》的规定执行。"

3. 但书的表现形式

(1) 排除的形式。这是但书中最为广泛、最多的形式。主要用以下语言表述:一是"但是……除外"。如《税收征收管理法实施细则》第二十九条第二款规定:"账簿、记账凭证、报表、完税凭证、发票、出口凭证以及其他有关涉税资料应当保存10年;但是,法律、行政法规另有规定的除外。"二是"但是不……"。如《增值税暂行条例》第六条第一款规定:"销售额为纳税人销售货物或者应税劳务向购买方收取的全部价款和价外费用,但是不包括收取的销项税额。"三是"……除外"。如《税收征收管理法》第四十五条中规定:"税务机关征收税款,税收优先于无担保债权,法律另有规定的除外"。

(2) 授权的形式。一是以排除的形式授权。"除……外,不得……",如《税收征收管理法》第二十九条规定:"除税务机关、税务人员以及经税务机关依照法律、行政法规委托的单位和人员外,任何单位和个人不得进行税款征收活动。"二是授权处罚。"除……外,可以……",如《税收征收管理法》第六十八条规定:"纳税人、扣缴义务人在规定期限内不缴或者少缴应纳或者应解缴的税款,经税务机关责令限期缴纳,逾期仍未缴纳的,税务机关除依照本法第四十条的规定采取强制执行措施追缴其不缴或者少缴的税款外,可以处不缴或者少缴的税款百分之五十以上五倍以下的罚款。"

(3) 要求的形式。一是对纳税人提出要求。如《税收征收管理法实施细则》第三十七条第二款规定:"纳税人、扣缴义务人因不可抗力,不能按期办理纳税申报或者报送代扣代缴、代收代缴税款报告表的,可以延期办理;但是,应当在不可抗力情形消除后立即向税务机关报告。"二是对有关机关提出要求。如《税收征收管理法》第六十七条中规定:"以暴力、威胁方法拒不缴纳税款的,是抗税,除由税务机关追缴其拒缴的税款、滞纳金外,依法追究刑事责任。"

(4)命令的形式。主要用"但是……必须……"来表述。《税收征收管理法实施细则》第八十六条规定:"税务机关行使税收征管法第五十四条第(一)项职权时,可以在纳税人、扣缴义务人的业务场所进行;必要时,经县以上税务局(分局)局长批准,可以将纳税人、扣缴义务人以前会计年度的账簿、记账凭证、报表和其他有关资料调回税务机关检查,但是税务机关必须向纳税人、扣缴义务人开付清单,并在3个月内完整退还;有特殊情况的,经设区的市、自治州以上税务局局长批准,税务机关可以将纳税人、扣缴义务人当年的账簿、记账凭证、报表和其他有关资料调回检查,但是税务机关必须在30日内退还。"

(5)禁止的形式。主要表述有:"但……不得""但是不能""除……外,不得……"等。如《个人所得税法》第七条规定:"纳税义务人从中国境外取得的所得,准予其在应纳税额中扣除已在境外缴纳的个人所得税税额。但扣除额不得超过该纳税义务人境外所得依照本法规定计算的应纳税额。"《税收征收管理法》第五十二条第一款规定:"因税务机关的责任,致使纳税人、扣缴义务人未缴或者少缴税款的,税务机关在三年内可以要求纳税人、扣缴义务人补缴税款,但是不得加收滞纳金。"《税收征收管理法》第二十九条规定:"除税务机关、税务人员以及经税务机关依照法律、行政法规委托的单位和人员外,任何单位和个人不得进行税款征收活动。"

4. 但书的运用规则

不管是立法者还是执法者,都必须注重税法中但书的研究、学习和运用,目的在于准确立法、正确执法。从立法的角度讲,应当尽可能地用文字表达法律的内容,以便人们理解和遵从。但是,由于社会经济利益分配关系的复杂性,税收立法不可避免地使用但书。凡需要对某个一般规定在适用主体、适用客体、适用范围等方面再作出特别规定的,使用但书。一是根据立法的需要,决定是否使用但书。一些社会经济生活中有着重要影响的税收实体法和程序法的立法在确定纳税人、征税范围、计税依据、减免税事项和涉及主体权利义务的增减、变更的规范,只要存在一般规定不能在法律实施后普遍适用的情况,就必须在立法时运用但书排除某些特殊情况以保证一般规定的实施。二是正确选择但书的形式。在我国税法中,用以表示限制、排除意思的,除"但是"

外，还有"除……外，应当……"等形式。在税收立法过程中，哪种形式最能体现立法本意，最便于人们理解和遵从，就选用哪种形式。三是但书的执行效力只及于它所确定的准则和标准，税务机关在作出具体行政行为援引依据和适用税法时，不直接单独引用但书规定。如对因税务机关的责任造成纳税人未缴、少缴税款的，税务机关要求纳税人补缴税款时，以《税收征收管理法》第五十二条第一款的规定作为作出具体行政行为的法律基础和准则，直接引用实体税法的有关规定，通知纳税人限期缴纳未缴、少缴的税款。

（四）常用法律用语的使用技术

1."可以"的使用

"可以"表示可能、能够或许可，一般用于授权性规定，即允许或授予主体做出或不做出某种行为的权利（职权），基本上等同于"有权"。在税法中使用较为普遍。

一是授权纳税人等税务行政相对人在规定的范围内选择适用。如《税收征收管理法实施细则》第二十三条规定："生产、经营规模小又确无建账能力的纳税人，可以聘请经批准从事会计代理记账业务的专业机构或者经税务机关认可的财会人员代为建账和办理账务；聘请上述机构或者人员有实际困难的，经县以上税务机关批准，可以按照税务机关的规定，建立收支凭证粘贴簿、进货销货登记簿或者使用税控装置。"《企业所得税法实施条例》第六十七条第三款规定："作为投资或者受让的无形资产，有关法律规定或者合同约定了使用年限的，可以按照规定或者约定的使用年限分期摊销。"

二是授权税务行政相对人以自己的行为实现某种利益，或要求税务机关或其他义务主体协助自己实现自己的利益，而且这种权利受到法律保护。如《税收征收管理法》第三十三条规定："纳税人可以依照法律、行政法规的规定书面申请减税、免税。"第四十六条规定："……抵押权人、质权人可以请求税务机关提供有关的欠税情况。"

三是授予有关机关某种职权或做出某种规定的权力。如《车船税法》第五条规定："省、自治区、直辖市人民政府根据当地实际情况，可以对公共交通车船，农村居民拥有并主要在农村地区使用的摩托车、三轮汽车和低速载货汽车定期减征或者免征车船税。"《税收征收管理法》第七十四条规定："本法规定的行政处罚，罚款额在二千元以下的，可以由税务所决定。"

四是对于某种行为规定列明两种以上的处理方案，由税务机关从中选择一种或几种适用。如《税收征收管理法实施细则》第五十五条规定:"纳税人有本细则第五十四条所列情形之一的,税务机关可以按照下列方法调整计税收入额或者所得额:(一)按照独立企业之间进行的相同或者类似业务活动的价格;(二)按照再销售给无关联关系的第三者的价格所应取得的收入和利润水平;(三)按照成本加合理的费用和利润;(四)按照其他合理的方法。"

五是概括规定某类税收法律事实的状况或法律后果的性质、种类或幅度,授权税务机关根据具体情节在法定范围内作出自由裁量。如《税收征收管理法》第六十二条规定:"纳税人未按照规定的期限办理纳税申报和报送纳税资料的,或者扣缴义务人未按照规定的期限向税务机关报送代扣代缴、代收代缴税款报告表和有关资料的,由税务机关责令限期改正,可以处二千元以下的罚款;情节严重的,可以处二千元以上一万元以下的罚款。"对上述情况,税务机关有三种选择:(1)只责令限期改正不处以罚款;(2)除责令限期改正外,再处以2000元以下罚款;(3)除责令限期改正外,再处以2000元以上1万元以下罚款。具体选择哪种方案,由税务机关根据具体情况自由裁量。

2."应当"和"必须"

在法律用语中,"应当"和"必须"的含义没有实质区别,都是义务性规定,"应当这样做"就是"必须这样做"。法律在表述义务性规范时,一般用"应当",不用"必须"。在需要特别强调时用"必须",只是在语气上有所区别。

"应当"规定的主体权利、义务或法律责任的内容明确具体,没有留下任何余地或空白,不允许义务主体或执法者进行自由裁量,一旦违反,将承担相应的法律后果。税法作为调整税收法律关系的法律规范,需要明确纳税人、扣缴义务人等税务行政相对人的义务以及税务机关及税务人员的职责,"应当"的使用频率较高。在《税收征收管理法》中使用了46次,在《税收征收管理法实施细则》中使用了102次,在《企业所得税法》中使用了21次。

一是明确规定纳税人、扣缴义务人等行政相对人在实体和程序方面的义务。如《企业所得税法》第三条第一款规定:"居民企业应当就其来源于中国境内、境外的所得缴纳企业所得税。"《税收征收管理法》第二十条第一款规定:"从事生产、经营的纳税人的财务、会计制度或者财务、会计处理办法和会计核算软件,应当报送税务机关备案。"《个人所得税法》第九条规定:"扣缴义务人每月所扣的税款,自行申报纳税人每月应纳的税款，都应当在次月十五日内缴入国库，并向税务机关报送纳税申报表。"

二是明确规定税务机关的职责和义务。如《税收征收管理法》第八条第二款规定："纳税人、扣缴义务人有权要求税务机关为纳税人、扣缴义务人的情况保密。税务机关应当依法为纳税人、扣缴义务人的情况保密。"第三十九条规定："纳税人在限期内已缴纳税款，税务机关未立即解除税收保全措施，使纳税人的合法利益遭受损失的，税务机关应当承担赔偿责任。"第四十五条第三款规定："税务机关应当对纳税人欠缴税款的情况定期予以公告。"第五十九条规定："税务机关派出的人员进行税务检查时，应当出示税务检查证和税务检查通知书，并有责任为被检查人保守秘密；未出示税务检查证和税务检查通知书的，被检查人有权拒绝检查。"

三是明确规定有关单位或个人配合税务机关开展工作的责任和义务。如《税收征收管理法》第十五条第二款规定："工商行政管理机关应当将办理登记注册、核发营业执照的情况，定期向税务机关通报。"第十七条第三款规定："税务机关依法查询从事生产、经营的纳税人开立账户的情况时，有关银行和其他金融机构应当予以协助。"

3."和""以及"和"或者"

"和"连接的并列句子成分，其前后成分无主次之分，互换位置后在语法意义上不会发生意思变化，但是在法律表述中应当根据句子成分的重要性、逻辑关系或者用语习惯排序。如《税收征收管理法》第十九条规定："纳税人、扣缴义务人按照有关法律、行政法规和国务院财政、税务主管部门的规定设置账簿，根据合法、有效凭证记账，进行核算。"有关法律、行政法规和国务院财政、税务主管部门的规定是并列关系，互换位置不会发生意思的变化，但按照惯例，按效力的高低排序。

"以及"连接的并列句子成分，其前后成分有主次之分，前者为主，后者为次，前后位置不宜互换。如《企业所得税法》第五条规定："企业每一纳税年度的收入总额，减除不征税收入、免税收入、各项扣除以及允许弥补的以前年度亏损后的余额，为应纳税所得额。"《税收征收管理法》第三条规定："税收的开征、停征以及减税、免税、退税、补税，依照法律的规定执行。"第二十九条规定："除税务机关、税务人员以及经税务机关依照法律、行政法规委托的单位和人员外，任何单位和个人不得进行税款征收活动。"

"或者"表示一种选择关系，一般只指其所连接的成分中的某一部分。当表述某种条件时，只需满足"或"连接的条件之一即可，而如果是"和"连接的条件，则需要全部满足。如《税收征收管理法》第十二条规定："税务人员征收税款和查处税收违法案件，与纳税人、扣缴义务人或者税收违法案件有利害关系的，应当回避。"税务人员只要存在以下三种情况之一就应当回避：（1）与纳税人有利害关系；（2）与扣缴义务人有利害关系；（3）与税收违法案件有利害关系。

4．"不得"和"禁止"

"不得""禁止"都用于禁止性规范的情形，义务人必须按照禁止性规定抑制自己的行为。"不得"一般用于有主语或者有明确的被规范对象的句子中。"禁止"一般用于无主语的祈使句中。在税收法律用语中，不再使用"不准""不应""不能""严禁"等与"不得"和"禁止"相近的词语。如《税收征收管理法》第四十二条规定："税务机关采取税收保全措施和强制执行措施必须依照法定权限和法定程序，不得查封、扣押纳税人个人及其所扶养家属维持生活必需的住房和用品。"第九条第三款规定，"税务人员不得索贿受贿、徇私舞弊、玩忽职守、不征或者少征应征税款；不得滥用职权多征税款或者故意刁难纳税人和扣缴义务人。"

5．"权利"和"权力"

《立法法》第六条规定："立法应当从实际出发，科学合理地规定公民、法人和其他组织的权利与义务、国家机关的权力与责任。""权利"和"权力"在汉语中读音相同，但不是同一概念，不能混用。

权利是一个法律概念，是指公民或法人依法行使的权力和享受的利益[①]，它表现为享有权利的主体有权做出一定的行为和要求他人做出相应的行为，一般可以放弃和转让。权利与义务相对应，与义务一起构成为法律关系的内容，英文为 right。权利主体为一般主体，主要是公民、法人和其他组织。当税务机关等国家机关作为民事主体参加平等主体之间的民事活动时，也是权利主体，享有相应的民事权利。《宪法》中，"权利"一词出现了 30 次。如"任何公民享有宪法和法律规定的权利，同时必须履行宪法和法律规定的义务。""中华人民共和国劳动者有休息的权利。""中华人民共和国公民有受教育的权利和义务"等。

权力是一个政治概念，英文为 power，有两层含义：一指政治上的强制力量，如国家权力；二是指职权范围内的支配力量[②]，如税务机关履行征收税款的职责，享有征税

[①][②] 现代汉语词典［M］．北京：商务印书馆，2012：1075．

权力等。权力与责任相对应，总是和服从联结在一起。权力行使的主体主要是国家机关及其工作人员。权力必须依法行使，不得转让和放弃。如《立法法》第十条规定："授权决定应当明确授权的目的、范围。被授权机关应当严格按照授权目的和范围行使该项权力。被授权机关不得将该项权力转授给其他机关。"权力多数对于国家机关而言，是权利派生出来的，即权为民所授。《宪法》第二条规定："中华人民共和国的一切权力属于人民。人民行使国家权力的机关是全国人民代表大会和地方各级人民代表大会。"人民通过立法赋予国家机关权力。

第四节　税法的解释

一、税法解释的概念

（一）税法解释的概念和特征

税法解释，是指一定主体为遵守和适用税法，根据有关法律规定、税法理论或自己的理解，对税收法律文本的内容、含义等所进行的理解和说明。税法解释属于法律解释的范畴，具有以下特征：

一是税法解释的主体不是确定的，不同的主体所作出的解释具有不同的法律效力。税法是税务机关及税务人员与纳税人共同遵守的行为准则。因此，在遵守和适用税法的工作中，国家立法机关、司法机关、行政机关、纳税人、注册税务师、律师等等都可以解释税法，但进行解释的主体不同，其效力也有所不同。有法定解释权的主体作出的解释具有法的效力，其他主体作出的税法解释没有法的效力。

二是税法解释的范围和对象主要是具有法律效力的税法，如税收宪法性规范、税收法律、税收法规、税收规章、税收规范性文件以及税收协定和安排等。同时，其他法律法规中有关税收的法律条款也属于税法的有机组成部分。除此以外，税收立法文献如立法理由、立法草案及其说明以及立法背景等对税法的解释具有辅助作用，在某些情况下也可以成为税法解释的对象。

三是税法解释的目标就是明确税法的法律意旨，以期正确遵守和适用税法。理解是解释主体对税法规范的内心把握，说明是理解的外在表达和形式。税法解释总是在解释者的法律意识的支配和影响下进行的，因而通常具有一定的价值取向。

（二）税法解释的必要性

法的实施以法的解释为前提。税法作为国家调整经济生活、实现税收职能的法律手段，在适用和实施的过程中也不可避免地面临着解释的问题。税法解释是税法得以实施的前提，也是税法发展的重要方法，其必然性是由税法调整的特性和运作规律决定的。

第一，税法具有概括性和抽象性，需要对其作出解释才能更好地指导税收实践。税法的实施就是把一般的税收法律规范适用于具体的纳税人和涉税事项，使之切实与具体情况相结合。只有对税法进行解释，税法才具有可操作性。

第二，税法具有专业性和复杂性的特征，需要对其作出解释才能维护税法的统一。税法中使用的概念、专用名词、术语和定义等包含着深刻的立法意图和丰富的税收实践工作经验，其含义有时与实际生活用语的含义不同，不易被人们理解。同时，社会主体由于社会地位、文化水平和利益关系等原因，对同一规定往往有不同的理解，这就需要权威的税法解释来保证税法实施的统一。

第三，税法与其他制定法一样，具有相对的稳定性，只有经过解释，才能适应不断变化的经济社会关系。税法一经制定，就必须保持相对稳定性，不能朝令夕改。要将相对稳定的税法适用于新情况、新问题，就需要根据经济社会的需要，按照税法的基本原则和精神，对税法作出符合实际的解释。税法就是在不断解释的过程中，与时俱进，充满活力。

第四，税法解释是弥补税法漏洞和不断完善税法的重要手段。我国经济体制经历了从计划经济向社会主义市场经济的转变，税收制度也历经变革，为适应不断变化的经济社会关系，在税收立法过程中，强调"快速立法""宜粗不宜细"，导致许多税法条文概念模糊、弹性大，甚至相互冲突矛盾，存在立法空白的情况在所难免，这就需要税法解释加以调整、填充和弥补。税法解释在我国税法创制、适用和税法的完善方面具有重要地位。

二、税法解释的种类

根据税法解释法律效力的不同，可将税法解释分为正式解释和非正式解释。

（一）正式解释

正式解释，又称有权解释，是指国家机关基于法律授予的职权，对税法作出的具有法律效力的解释。根据《立法法》和 1981 年 6 月全国人大常委会通过的《关于加强法律解释工作的决议》，正式解释按照解释主体的不同，可分为立法解释、司法解释和行政解释。

1．立法解释

立法解释是指立法机关对税法做出的解释。立法解释与所解释的税法具有同等法律效力。

《立法法》第二章"法律"中专设"法律解释"一节对严格意义上的立法解释（即全国人大常委会对全国人大及其常委会制定的法律所进行的解释）的解释权限、对象、内容、程序和效力等作出了具体规定：

法律解释权属于全国人大常委会。国务院、中央军事委员会、最高人民法院、最高人民检察院和全国人大各专门委员会以及省、自治区、直辖市的人大常委会可以向全国人大常委会提出法律解释要求。

法律解释的内容包括两个方面：一是法律的规定需要进一步明确具体含义的；二是法律制定后出现新的情况，需要明确适用法律依据的。

在法律解释程序方面规定，全国人大常委会工作机构研究拟订法律解释草案，由委员长会议决定列入常务委员会会议议程；法律解释草案经常务委员会会议审议，由法律委员会根据常务委员会组成人员的审议意见进行审议、修改，提出法律解释草案表决稿；法律解释草案表决稿由常务委员会全体组成人员的过半数通过，由常务委员会发布公告予以公布。

在法律解释效力方面规定，全国人大常委会的法律解释同法律具有同等效力。

税收法律的立法解释也应按以上规定进行。目前，税法渊源中法律很少，严格意义上的立法解释更少。

在税法解释领域，立法机关对税法的解释，主要有以下方式：一是在税收法律的某些条文中作出解释，如《企业所得税法》第二条第二款规定："本法所称居民企业，是指依法在中国境内成立，或者依照外国（地区）法律成立但实际管理机构在中国境内的企业。"第三款规定："本法所称非居民企业，是指依照外国（地区）法律成立且实际管理机构不在中国境内，但在中国境内设立机构、场所的，或者在中国境内未设立机构、场所，但有来源于中国境内所得的企业。"二是单独以解释的形式作出。如 2005 年 12 月，第十届全国人大常委会第十九次会议通过了《关于〈中华人民共和国刑法〉有关出口退税、抵扣税款的其他发票规定的解释》，明确规定：刑法规定的"出口退税、抵扣税款的其他发票"，是指除增值税专用发票以外的，具有出口退税、抵扣税款功能的收付款凭证或者完税凭证。三是以报告或文件的形式由法律起草单位向立法机关所做出的并经立法机关审议通过的该项法律草案的说明。如财政部向全国人大所作的并经全国人大审议通过的《关于〈中华人民共和国企业所得税法（草案）〉的说明》等。

此外，凡属于地方性法规条文本身需要进一步明确界限或作补充规定的，由制定法规的省、自治区、直辖市、较大的市的人大常委会进行解释或作出规定。这种解释也属于地方性立法解释，只在所管辖区域内发生效力。

2. 司法解释

司法解释是指最高人民法院、最高人民检察院在审判、检察有关税务案件过程中对如何具体应用税法所作的解释。

《全国人民代表大会常务委员会关于加强法律解释工作的决议》第二条规定："凡属于法院审判工作中具体应用法律、法令的问题，由最高人民法院进行解释。凡属于检察院检察工作中具体应用法律、法令的问题，由最高人民检察院进行解释。最高人民法院和最高人民检察院的解释如果有原则性的分歧，报请全国人民代表大会常务委员会解释或决定。"司法解释具有普遍约束力。与其他部门法相比，税法的司法解释要少很多，如果不考虑对刑法适用的有关解释，司法解释在税法领域基本没有。

3. 行政解释

行政解释是指行政机关对税法如何具体应用的问题所作的解释。

《全国人民代表大会常务委员会关于加强法律解释工作的决议》规定，不属于审判和检察工作中的其他法律、法令如何具体应用的问题，由国务院及主管部门进行解释。凡属于地方性法规如何具体应用的问题，由省、自治区、直辖市人民政府主管部门进行解释。

根据《行政法规制定程序条例》（国务院令第 321 号）第三十一条规定，行政法规条文本身需要进一步明确界限或者作出补充规定的，由国务院解释。行政法规的解释与行政法规具有同等效力。根据《规章制定程序条例》（国务院令第322号）第三十三条规定，规章解释权属于规章制定机关。规章的解释同规章具有同等效力。国家税务总局《税收规范性文件制定管理办法》第十二条规定，税收规范性文件由制定机关负责解释。制定机关不得将税收规范性文件的解释权授予本级机关的内设机构或下级税务机关。

由于授权立法和转授权在税收立法领域的大量存在，根据"谁立法谁解释"的法理，有权作出税法行政解释的行政机关主要包括国务院、财政部、国家税务总局以及县以上财税机关。在我国，行政解释在税法解释中占主导地位，是税法运行中最常见的税法解释。主要有以下表现形式：一是以实施条例、实施细则等行政法规、规章的形式做出。如国务院制定的《企业所得税法实施条例》就是对《企业所得税法》的行政解释；《增值税暂行条例实施细则》就是财政部和国家税务总局对《增值税暂行条例》所做出的行政解释。二是以"公告""通知""决定"等税收规范性文件的形式做出行政解释。三是以"批复""内部通知"等形式答复有关请示，就具体问题作出具体的行政解释。

（二）非正式解释

非正式解释，又称无权解释，即没有法律效力的解释，包括学理解释和任意解释。

学理解释是指税法方面的学术研究、著作或教科书中对税法所作的解释。这种解释对于阐明税法的含义，推动税法研究，具有积极意义。

任意解释是指人民群众、社会团体、纳税人、税务诉讼的当事人、税务师、律师以及有关人员等对税法所作的解释。税务机关、司法机关为避免适用税法中的差错，应当重视这些解释，但不受其约束。

三、税法解释的原则

税法解释应当以税法解释的原则为指导。税法解释是税法实施中的重要环节，应当遵循税法的基本原则，如税收法定原则、财政收入原则、税收公平原则和税收效率原则，同时也应遵循法律解释的一般原则，如文义解释原则、立法目的原则、合法合理原则等。此外，由于税法的特殊性，税法解释还需要遵循特有的原则。

（一）实质课税原则

实质课税原则，也称经济实质原则，是指在税法解释过程中，对于某种特定情况是否应予课税的判断，不能仅根据其表象和形式确定，而应根据实际情况，尤其要结合其经济目的和经济生活的实质，来判断是否符合课税要素，以决定是否征税。实质课税原则主要是在利益诉求多元化、经济生活多样化、交易手段复杂化的情况下，为了公平、合理和有效地征税而提出的一项税法解释原则。

为实现一项经济目的或某种交易，纳税人往往可以通过不同的法律构架来安排，在大多数情况下，纳税人为了减轻税收负担，会选择较为有利的法律构架来进行交易或安排，如一些关联企业的转让定价中往往以节税之名掩盖避税之实，这就要求进行税法解释时，深入分析特定交易或安排的经济实质，如征税对象仅在名义上归属于某一主体，而事实上归属于其他主体时，则以实质的归属人为纳税人。同时，在计税依据和标准上也不应拘泥于税法上关于所得、财产、收益等征税对象的名称或形式，而应按其实质内容解释税法。可见，实质课税原则具有反避税的实践功能，有利于弥补僵化地理解税收法定原则所造成的弊端，从而防止对税法固定的、形式上的理解而给税收造成的损害，有利于实现税收公平。

税务机关在按照实质课税原则解释税法时，应受到税收法定原则的制约，既要防止僵化地遵循税收法定主义导致税负不公，也要避免无制约地适用实质课税原则损害纳税人的合法权益，从而影响税法的稳定性和可预测性。

（二）有利于纳税人的原则

随着依法行政的深入推进，对纳税人权益的保护日益受到重视，"对市场主体而言，法无禁止即可为；对政府而言，法无授权不可为"的法治理念已成为指导税收工作的基本规则，税法解释的价值取向逐渐由国家利益至上转向注重纳税人权益保护。同时，在行政解释将在相当长的时间内保持税法解释主导地位的情况下，税收法律关系中税务机关的法律地位与格式合同提供方的法律地位在某种程度上很相似，借鉴合同法中格式条款的解释原则[①]，在税务机关和纳税人对税法条款有争议或不明确时，税法解释采取有

---

① 根据《合同法》的规定，格式条款是当事人为了重复使用而预先拟定，并在订立合同时未与对方协商的条款。对格式条款的理解发生争议的，应当按照通常理解予以解释。对格式条款有两种以上解释的，应当作出不利于提供格式条款一方的解释。

利于纳税人的原则,符合现代税法保护纳税人权益的价值取向。

四、税法解释的方法

税法解释的方法和其他法律解释的方法一样,主要有文义解释法、系统解释法、目的解释法、历史解释法等。

(一)文义解释法

文义解释法,又称语义解释法,包括字面解释和语法解释,是从法律条文所使用的字、词、句的含义出发,运用语法规则,确定税收法律规范的真实含义的方法。即在文字含义的基础上,运用语法规则,对税法条文的内容、含义和有关术语进行解释。法律条文是由语言构成的,要想确定法律规范的含义,应先了解所用的语言,确定语言的意义。法律解释必先从文义解释入手,其中文字的含义是解释的基础,语法规则如句子结构、文字排列和标点符号的运用等是文义解释的基本规则。

在税法的解释中,文义解释法要求对税法条文进行解释时,应以法律条文的文字意义为出发点,不能超出税法条文文字意义的范围。对税法条文文字意义的确定包括两个方面:一是按照文字的通常意义来解释。即在一般情况下对税法条文中文字的理解,应首先按照该文字所体现的通常意义来进行。如税法中"个人""利息""房产""车船""停业"等概念均应按照其所具有的通常含义来理解。这样有利于统一认识标准,避免产生歧义,也有利于税法的实施。二是对于税收、法律、经济、科技等专门术语应按照其特定的内涵进行解释,而不能按其通常意义解释。如"住所"和"居所",从通常意义上理解可能没有区别,但在法律上却是两个完全不同的概念。

在税法的文义解释中,还应区分是税法固有概念还是税法借用概念。税法固有概念,就是税法所独有的概念。如税法中的"所得""居民企业""非居民企业"等为税法固有的概念,对固有概念应当按照税法的直接规定为标准进行解释,无需参考其他法律。税法借用概念,是指其他部门法中使用,并已经具有明确的意义和含义,而为税法所借用的概念。如"不动产""抵押""继承"等概念均属于税法对民商法的借用。考虑到纳税义务产生于各种经济活动和经济事实,这些经济活动或事实既已先由民商法所规范,再由税法将之纳入税收要件予以规定,所以在使用这些借用概念时,除税法有明文规定作不同解释外,应当与民商法作同义解释,这样既符合税收法定原则,又符合法的安定性要求。

由于税收是对公民财产事实上的剥夺，为维护纳税人合法权益，对税法的明确性和安定性要求更为严格。因此在税法解释上，强调对税收法定原则的遵循，文义解释法应成为税法解释的首要方法，也是最基本的方法。

（二）系统解释法

系统解释法，又称体系解释法，是指分析某一税法规范与其他规范的联系，以及它在某一税法、税法体系乃至整个法律体系中的地位和作用，以便系统地理解和阐明该税法规范的内容和含义，确定税法规范的效力等级和其他规范之间的逻辑关系。一个国家的法律体系应是一个具有内在逻辑联系的有机整体，为维护法制的统一，对某一税法规范必须放在整个法律体系中去理解，对同一概念的表述不能因为其处于不同的法律或不同的条款而作出不同的解释，除非立法者对该规范以但书或解释性条款明确了不同的含义。如《个人所得税法》第二条规定了应缴纳个人所得税的11种所得，其中对工资、薪金、劳务报酬的理解涉及劳动法，财产转让和财产租赁的理解涉及民法，对特许权使用费的理解涉及知识产权法，对利息、股息、红利的理解涉及金融法等等。对《税收征收管理法》中罚款的理解涉及行政处罚法。可见，将税法的法律条文放到整个法律体系中去理解，才能保证解释的一致性，进而维护法制的统一。

（三）目的解释法

目的解释法，是指从制定某一税法规范的目的来寻求税法规范的真实含义的解释方法。目的解释法是弥补文义解释法不足的主要方法。在对一些不确定的概念进行解释时，目的解释法发挥着重要作用。如《增值税暂行条例》第七条规定："纳税人销售货物或者应税劳务的价格明显偏低并无正当理由的，由主管税务机关核定其销售额。"其中的"明显偏低""正当理由"等词均属于不确定用语，无法单独从文字本身获得其准确含义，必须结合制定《增值税暂行条例》的立法目的进行理解和解释。制定税法规范的目的通常有实现国家财政收入、调节分配和调控经济、也包括维护纳税人权益、简便征收、提高效率、降低成本等。在对具体条款进行解释时，应结合当时的社会经济、政治、文化背景，分析立法者制定税法规范试图达到的目标。在社会经济生活发生重大变动时，还需要对税法目的与当前社会经济需要之间的关系作出相应的解释。

（四）历史解释法

历史解释法，是指对税法规范制定时的历史背景材料进行研究，或将某一税法规范与历史上同类规范进行比较，以便更准确地把握立法者的原意，理解法律的情势、文化内涵以及价值取向，从而更好地确定法律文本的真实含义。如在我国立法草案提交立法机关审议时，往往附有立法草案的说明，其中包括立法草案的制定过程、立法理由、立法背景等，可以展现立法过程的基本情况。通过对历史资料的研究，有助于对文义的理解。

五、我国税法解释现状及分析

《立法法》和1981年全国人大常委会《关于加强法律解释工作的决议》基本上确立了我国法律解释的框架。税法解释作为法律解释的一种，原则上也应在这个框架内进行。但由于该解释制度设计存在的缺陷和不足，加之我国税法体系存在的问题和税法解释本身具有的特殊性，使得我国在税法解释领域，立法解释和司法解释严重滞后，行政解释处于事实上的主导地位。

1. 税法立法解释在实际中处于虚置状态，未能发挥其在税法解释中的主导作用

全国人大常委会作为法律当然的解释机关每两个月才举行一次会议，且议事程序复杂，立法工作任务繁重，难以顾及立法解释工作。再加上立法者税法专业知识和信息的欠缺，目前对仅有的四部税收法律的解释几乎还是空白，立法机关未能积极发挥其在税法解释中的主导地位。

2. 受现行法律限制，司法解释名存实亡

根据《行政诉讼法》第十二条的规定，行政法规、规章或者行政机关制定、发布的具有普遍约束力的决定、命令不属于行政诉讼的受案范围。人民法院只能对税务机关的具体行政行为进行审查。这就大大地减少了司法机关对税法进行解释的可能性。加之，税法专业性强，大多数法官不具备解释税法的知识体系和能力，在具体案件中大多尊重税务机关的解释和意见。从实际情况来看，最高人民法院仅对偷税罪等刑法的适用进行过司法解释，对税法的适用情况还没有进行过司法解释。

3. 税法行政解释数量较多，处于事实上的主导地位

其成因主要有两个方面：一是税法体系的不完善使得行政解释成为税收执法的现

实需要。二是立法解释、司法解释的缺位以及税收授权立法和转授权的广泛存在，给行政解释预留了巨大空间，迫使税务机关在税法解释中担当了主要角色。如2012年1月1日施行的《行政强制法》与《税收征收管理法》的某些规定不衔接甚至冲突，加收税款滞纳金的性质是征税行为还是强制执行、加收滞纳金是否可超过本金、纳税人对加收滞纳金不服是否可直接提起行政诉讼等问题，都亟待有权机关予以明确，但到目前为止，立法机关、司法机关以及国务院等有权解释机关均没有进行解释，导致纳税人和基层税务机关在具体执行时无所适从。税法解释的现状不是预先设计的结果，而是一种经验性的事实。随着我国法治进程的推进、税法理论研究的深入和税法实践的积累，以行政解释为依据的税收执法的合法性、合理性和公正性不断受到质疑，税法行政解释的问题也日益突出，如越权解释普遍，存在大量的扩大解释和变更解释；多部门、多层次的解释，缺乏协调性，导致执法不公、税负不均；解释性文件制定不规范，公开程度较低，容易忽视纳税人合法权益的保护；监督不到位等等。

综上所述，目前我国税法解释制度还处于初始阶段，各方面还不完善，这些问题应引起我们高度重视，在税收法治化进程中，逐步规范。立法机关要不断提高立法水平，积极行使立法解释权；司法机关应提高办理涉税案件的能力，促进行政诉讼受案范围的扩大，强化司法救济和监督；税务行政机关应遵守税收法定的要求，按照税法解释原则和方法，在税法文本框架内作出解释。

第五节 税法的效力

税法的效力是指税法的普遍约束力和适用范围，即税法的约束力所及的范围。这种约束力不以主体的意志为转移，由国家强制力予以保障。具体而言，税法的效力范围包括三个方面：税法的空间效力、主体效力和时间效力。明确税法的效力是正确遵守税法和适用税法的前提。

一、税法的空间效力

税法的空间效力，是指税法生效的地域范围。我国税法的空间效力具体表现为以下两种形式：

（一）在全国范围内有效

一是中央国家机关制定的税法在除个别特殊地区外的全国范围内有效。如全国人大及其常委会制定的宪法性税收规范和税收法律，国务院制定的行政法规，财政部、国家税务总局制定的税收规章以及具有普遍约束力的税收规范性文件等。

二是税收协定和税收安排，根据对等原则，在除个别特殊地区外的全国范围内有效。这里的"个别特殊地区"是指香港、澳门、台湾地区和保税区等。

（二）在地方范围内有效

一是地方国家机关制定的税法在其管辖范围内有效。如省、自治区、直辖市和较大的市的人大及其常委会制定的地方性税收法规，民族自治地方人大制定的自治条例和单行条例，地方人民政府制定的税收政府规章，各级地方财政、税务机关制定的税收规范性文件等。

二是中央国家机关制定的税法中，明确规定了特定适用范围的，在其规定的范围内有效。如中国（上海）自由贸易试验区、西部地区等。

此外，根据国际法，外国使馆区、领馆区等，虽在我国领域范围内，但享有税收豁免权，不适用我国税法。

二、税法的主体效力

税法的主体效力也称税法对人的效力，是指税法对哪些主体具有约束力，也就是受税法规范和约束的纳税人的范围。税法的主体适用范围取决一国的税收管辖权。税收管辖权是国家主权在税收方面的体现，大多数国家普遍地采用属地原则和属人原则来确定税收管辖权。

（一）税收管辖权的选择

1. 属地原则——地域税收管辖权

属地原则，也可称为来源地原则，是指以纳税人的收入、所得来源地、应税行为发生地和财产所在地是否在本国领域内作为是否征税的标准。在税法领域，根据属地原则确定的税收管辖权，称作地域税收管辖权。在实行地域管辖权的国家，不论纳税人是本国人还是外国人，都要就来源于本国领域内的全部收益、所得和财产缴税，但不对其来源于境外的所得或在境外的财产和经济活动征税。

2. 属人原则——居民税收管辖权

属人原则，是指以纳税人是否具有本国国籍或是否有居住在本国境内的事实为是否征税的标准。在税法领域，根据属人原则确定的税收管辖权，称作居民税收管辖权或公民税收管辖权。公民是指具有本国国籍的人，居民是指居住在本国境内享有一定权利并承担一定义务的人。居民的范围包括本国公民、外国公民以及具有双重国籍和无国籍的一切人员。在实行居民税收管辖权的国家，依据本国税法对本国公民或居民境内外的收入和所得都征税。

3. 属地属人兼用原则——双重税收管辖权

属地属人兼用原则，就是兼顾属地原则和属人原则的一种结合性原则。运用单一税收管辖权，往往不足以保证本国税收利益，如只运用地域管辖权，本国居民境外的税收就会流失；如只运用居民管辖权，则本国非居民的境内税收就会流失。因此，大多数国家都采用属地属人兼用原则，同时运用两种税收管辖权，即双重税收管辖权。对本国居民运用居民税收管辖权，对其境内外收入和所得征税；对本国非居民则运用地域税收管辖权，对其境内收入和所得征税。

（二）我国税收管辖权及避免国际重复征税

我国也采用属地属人兼用原则，实行双重税收管辖权。《个人所得税法》第一条规定："在中国境内有住所，或者无住所而在境内居住满一年的个人，从中国境内和境外取得的所得，依照本法规定缴纳个人所得税。在中国境内无住所又不居住或者无住所而在境内居住不满一年的个人，从中国境内取得的所得，依照本法规定缴纳个人所得税。"《企业所得税法》第三条规定："居民企业应当就其来源于中国境内、境外的所得缴纳企业所得税。非居民企业在中国境内设立机构、场所的，应当就其所设机构、场所取得的来源于中国境内的所得，以及发生在中国境外但与其所设机构、场所有实际联系的所得，缴纳企业所得税。非居民企业在中国境内未设立机构、场所的，或者虽设立机构、场所但取得的所得与其所设机构、场所没有实际联系的，应当就其来源于中国境内的所得缴纳企业所得税。"以上两条规定前部分体现了属人原则，后部分体现了属地原则。

在两个以上国家或地区都运用双重税收管辖权的情况下，各国税收利益就会产生冲突，国际重复征税问题不可回避。为避免国际重复征税，各国一方面通过国内法有关境外所得抵免或扣除的规定，主动对本国税收管辖权进行调整；另一方面，则通过双边或多边税收协定和税收安排，对相关国家或地区税收管辖权行使的范围进行调整。

如《个人所得税法》第七条规定："纳税义务人从中国境外取得的所得，准予其在应纳税额中扣除已在境外缴纳的个人所得税税额。但扣除额不得超过该纳税义务人境外所得依照本法规定计算的应纳税额。"《企业所得税法》第二十三条规定，居民企业来源于中国境外的应税所得和非居民企业在中国境内设立机构、场所，取得发生在中国境外但与该机构、场所有实际联系的应税所得已在境外缴纳的所得税税额，可以从其当期应纳税额中抵免。再加上我国与有关国家或地区签订的税收协定和税收安排，在很大程度上较好地解决了在双重税收管辖权下的重复征税问题。

此外，外国国家元首、政府首脑、外交代表、领事、特别使团成员以及其他相关人员，在国际法上均享有税收豁免权。一国对上述人员不享有税收管辖权。

三、税法的时间效力

税法的时间效力，是指税法的有效期，包括何时生效、何时失效和有无溯及力的问题。

（一）税法生效的时间

我国有关法律法规对税法施行的时间做了明确规定。《立法法》第五十一条规定："法律应当明确规定施行日期。"《行政法规制定程序条例》第二十九条规定："行政法规应当自公布之日起三十日后施行；但是，涉及国家安全、外汇汇率、货币政策的确定以及公布后不立即施行将有碍行政法规施行的，可以自公布之日起施行。"《规章制定程序条例》第三十二条规定："规章应当自公布之日起30日后施行；但是，涉及国家安全、外汇汇率、货币政策的确定以及公布后不立即施行将有碍规章施行的，可以自公布之日起施行。"《税收规范性文件制定管理办法》第十四条规定："税收规范性文件应当自公布之日起30日后施行。对公布后不立即施行有碍执行的税收规范性文件，可以自公布之日起施行。经授权对规章或上级税收规范性文件做出补充规定的税收规范性文件，施行时间可与规章或上级税收规范性文件的施行时间相同。"

可见，税法生效的时间通常有以下三种情况：

1. 在公布后一段时间生效

这样有利于税法的正确贯彻和有效实施，使广大纳税人和税务人员有时间学习、了解和掌握税法的具体内容，也给基层执法机关制定贯彻执行的具体措施预留时间。随着税收立法的逐步规范，大多数税法的生效采用这种方式。如《企业所得税法》于2007年3月16日公布，自2008年1月1日起施行。《车船税法》于2011年2月25日公布，自2012年1月1日起施行。重新修订的《增值税暂行条例》《营业税暂行条例》和《消费税暂行条例》均于2008年11月10日公布，自2009年1月1日起施行。《全国人民代表大会常务委员会关于修改〈中华人民共和国个人所得税法〉的决定》于2011年6月30日公布，自2011年9月1日起施行。

2. 生效时间与公布时间一致

这种方式体现了税法实施的及时性。一是较早时期颁布的税法，当时制定税法的有关规定尚不完善。如1980年9月10日第五届全国人大第三次会议通过《个人所得税法》规定，本法自公布之日起施行。二是公布后不立即施行将有碍税法施行的，可以自公布之日起施行。如《财政部、国家税务总局关于调整证券（股票）交易印花税税率的通知》等。

3. 生效时间早于公布时间

这种方式主要用于以下情况：一是为了保证国家政策和上级税收法规规章或税收规范性文件及时有效落实，经授权对规章或上级税收规范性文件作出补充规定的税收规范性文件，其施行时间可以与规章或上级税收规范性文件的施行时间相同。如为贯彻落实《国务院关于加快棚户区改造工作的意见》，《财政部、国家税务总局关于棚户区改造有关税收政策的通知》（财税〔2013〕101号）于2013年12月2日公布，自2013年7月4日起执行，并规定2013年7月4日至文到之日的已征税款，按有关规定予以退税。2013年7月4日即为《国务院关于加快棚户区改造工作的意见》的生效时间。二是由于税法的复杂性和特殊性，特别是在所得税领域的税收规范性文件中大量存在。如2013年11月28日公布的《国家税务总局关于企业维简费支出企业所得税税前扣除问题的公告》（国家税务总局公告2013年第67号）第三条规定："本公告自2013年1月1日起施行。"这是由于企业所得税申报缴纳方式是分月或分季预缴，以年度为单位，在自年度终了之日起五个月内汇算清缴。纳税年度结束以后，汇算清缴期间或汇算清缴结束后，仍可以对相关交易行为进行税务处理，这并不影响企业正常生产经营活动和实体利益。

（二）税法失效的时间

适时废止税法，明确税法失效的时间，有利于税法的优化和完善。我国税法的失效时间有以下几种情况：

1. 规定废止

即新税法中明文规定在新税法生效之日即旧税法废止之时。这是我国税法采用最多的一种废止方式。如《企业所得税法》第六十条规定："本法自2008年1月1日起施行。1991年4月9日第七届全国人民代表大会第四次会议通过的《中华人民共和国外商投资企业和外国企业所得税法》和1993年12月13日国务院发布的《中华人民共和国企业所得税暂行条例》同时废止。"

2. 代替废止

即新税法没有明文规定旧法废止，而是通过修正案的方式，重新公布新法，新法一般与旧法同名，新法公布施行后，旧法即失效。如《增值税暂行条例》1993年12月13日以中华人民共和国国务院令第134号发布，于1994年1月1日开始施行；2008年11月5日国务院第34次常务会议修订通过，并将修订后的《增值税暂行条例》重新公布，自2009年1月1日起施行。这样，修订后的《增值税暂行条例》公布后，旧的《增值税暂行条例》就自然失效。

3. 抵触废止

即新税法确认与其相抵触的税法废止。如《土地增值税暂行条例》第十五条规定："本条例自一九九四年一月一日起施行。各地区的土地增值费征收办法，与本条例相抵触的，同时停止执行。"

4. 自行失效

一是调整对象已消失，实际上已经失效。二是税法本身规定了有效期，如果期限届满又无延期规定，该税法自行失效。

5. 公布废止

以公布专门的立法性文件的方式实行废止。如2012年11月9日公布的《国务院关于修改和废止部分行政法规的决定》（国务院令第628号）废止了《中华人民共和国固定资产投资方向调节税暂行条例》（1991年4月16日中华人民共和国国务院令第82

号发布）。该暂行条例于 2000 年 1 月 1 日起暂停执行后，于 2013 年 1 月 1 日正式废止。

前两种是税法废止中经常采用的方式，失效税法的名称和时间均很明确。第三、四种废止的方式在税收法制日益健全的情况下，逐渐较少使用。第五种方式是在税法的废止长期未能正常开展的情况下采取的方式，是非经常性的废止方式。

（三）税法的溯及力

税法的溯及力问题是税法时间效力的重要组成部分，是指新税法颁布后，对以前的行为和事件是否适用的问题，即是否溯及既往的问题，如果适用，则该税法有溯及力，反之则没有溯及力。只要有税法的立、改、废，就会产生税法的溯及力问题。税法的溯及力问题直接涉及纳税人的合法权益和国家利益。在我国税法领域，以法不溯及既往为原则，但也存在例外情况。

1. 法不溯及既往原则

法不溯及既往原则，即税法对其生效前的行为和事件不适用。这是税法时间效力的一项重要原则。人们基于对现行税法的信赖而实施一定的经营活动，如果后公布的税法约束先做出的行为，就构成了对纳税人信赖利益的损害，同时，损害了税法的稳定性和可预测性。因此，税法坚持法不溯及既往原则，对保护纳税人的合法权益和落实税收法定原则都具有重要意义。实践中，大部分税法都遵循法不溯及既往的原则，如《税收征收管理法》及其实施细则、《企业所得税法》及其实施条例、《增值税暂行条例》及其实施细则等规范税收征管程序和主体税种的税法都严格遵循了该原则。

2. 法不溯及既往原则的例外情况

一是在有利于税务行政相对人的情况下，实行有利追溯。在税法领域，"有利"较多地表现为纳税人义务的减少。《立法法》第八十四条规定："法律、行政法规、地方性法规、自治条例和单行条例、规章不溯及既往，但为了更好地保护公民、法人和其他组织的权利和利益而作的特别规定除外。"《税收规范性文件制定管理办法》第十三条规定："税收规范性文件不得溯及既往，但为了更好地保护税务行政相对人权利和利益而作的特别规定除外。"如《国家税务总局关于纳税人虚开增值税专用发票征补税款问题的公告》（国家税务总局公告 2012 年第 33 号）、《国家税务总局关于动物骨粒适用增值税税率的公告》（国家税务总局公告 2013 年第 71 号）等，均因按照新规定执行更有利于纳税人，而明确规定可以追溯。

二是为落实国家政策或上级文件，或由于税法的特殊原因往往出现税收规范性文件施行时间早于公布时间，事实上出现了效力溯及既往的情况。如本节列举的生效时间早于公布时间的两种情况。这些情况具有一定的现实合理性，随着税收立法规范化进程的推进和立法技术的提高，应尽量避免。如制定税收法律、法规、规章或出台新的税收政策，应尽量给税务机关预留足够的准备时间，而税务机关应在预留的时间内出台具体的实施办法，避免出现溯及既往的情况。

根据上述原则，有学者主张，在税法适用中，税收实体法应采取从旧兼从轻原则，税收程序法应采取从新原则。这样既不会侵犯纳税人的权利，又有利于税收征管。但在税收执法中，我们应当注意，这些原则并不是直接适用的，某一税法具有溯及力，应当在税法条款中明确规定。如果该税法中没有规定其具有溯及既往的效力，即使是对纳税人有利，也不能适用。

思 考 题

1. 简述税法的正式渊源有哪些。
2. 简述制定税收规范性文件的程序要求以及税收规范性文件在税法中的地位。
3. 简述但书在税法中的作用是什么。
4. 简述文义解释法应是税法解释的首要方法的理由。
5. 简述税法的溯及力应遵循的原则。
6. 简述我国税收授权立法存在的问题以及发展方向。
7. 简述权利和权力有何区别。

第三章　税收实体法要素

税收实体法要素是税收实体法的构成要件，也是进行税法理论分析的基本工具。本章先整体介绍了税收实体法要素的概念、意义、法律特征和分类，再逐项探讨和研究了纳税人、课税对象、税目、计税依据、税率、纳税环节、税收优惠、纳税地点、计税期间和纳税期限等实体法要素的概念和特征、意义和作用、分类和确定原则等问题，并以列表形式分析归纳了我国现行十六个税种的实体法要素。本章改变以往税法教材以税种为主线，单纯介绍实体法具体规定或税法结构的写法，将税收实体法要素的理论探讨与我国现行税法的具体规定相结合，既反映了税收实体法的制定原理、各要素间的相互关系，也更加科学合理地解释了国家对什么征税、对谁征税、征多少税、何时何地征税等问题。希望这些研究和探讨有利于纳税人和税务干部更好地理解和执行税收实体法。

第一节 概 述

一、实体法要素的概念

税收实体法是规定税收法律关系主体的实体权利和义务的法律规范的总称,是税法的核心内容。在我国,税种与实体法一一对应,一税一法。要素,是指构成事物的必要因素。税收实体法要素,就是税收实体法的构成要素,简称实体法要素,一般是指各单行税收实体法具有的共同的基本构成要件。主要解决对谁征税、对什么征税、征多少税以及如何征税的问题。实体法要素是纳税义务成立并确定的必要条件。只有具备这些要件,纳税人才负有法律上的纳税义务,税务机关才能向纳税人征税,因而也称课税要素。

在一些税法著作中,提出了税法要素、税制要素、税收要素或课税要素的概念,并从不同的角度分析了以上要素的构成。如日本学者金子宏认为,所谓课税要素,是指构成纳税义务成立的必要条件。包括纳税人、课税对象、课税对象的归属、课税标准以及税率五种。[1] 张守文教授认为,课税要素是国家征税必不可少的要素,提出广义的课税要素为税法的构成要素,包括实体要素和程序要素,而狭义的课税要素仅指实体要素。[2] 刘剑文教授认为,课税要素的概念是传统税法理论关于税收法律关系主体法律地位不平等观点的间接体现,用税收要素这一概念代替传统的课税要素概念,有助于正确认识征税机关和税收债务人在税收活动中的平等地位。提出税收要素是指税收债务有效成立所必须具备的基本要素,包括税收债务人、征税对象(征税客体)、税基(计税依据)、税率和税收特别措施等五个方面。[3] 徐孟洲教授则将税法要素分为税法的定义要素、规则要素和原则性要素。[4] 也有一些学者使用税制要素的概念。[5] 以上观点和概念从不同的角度对税收和税法的构成要件进行了分析,其具体范围和含义略有不同。我

---

[1] 金子宏. 日本税法原理[M]. 刘多田,等译. 北京:中国财政经济出版社,1989:93.
[2] 张守文. 税法原理[M]. 6版. 北京:北京大学出版社,2012:46.
[3] 刘剑文. 税法学[M]. 2版. 北京:人民出版社,2003:318、321.
[4] 徐孟洲. 税法原理[M]. 北京:中国人民大学出版社,2008:59.
[5] 靳万军,周华伟. 流转税理论与实践[M]. 北京:经济科学出版社,2007:74;杨秀琴. 国家税收[M]. 北京:中国人民大学出版社,1995:139.

们认为，税法要素的外延大于课税要素、税收要素或税制要素，不仅包括税收实体法要素，还包括税收程序法要素，除上述构成外，还包括税法原则、税收法律责任和税收争议的解决等要件。课税要素的概念使用比较普遍，在不同的语境下含义略有不同，但大致相当。以上概念在税法研究领域尚未统一或达成共识。

本章采用实体法要素的概念来研究税收实体法的构成，主要基于以下原因：一是税收实体法中不仅规定了纳税义务成立的实体要素，如课税对象、纳税人和税率等，还规定了履行纳税义务所必需的程序要素，如纳税地点和纳税期限等。这些程序要素与各税种的实体内容紧密联系，将抽象的纳税义务转化为可履行的法律义务，将其纳入课税要素的研究范围，有利于纳税义务的实现。二是纳税义务的成立和履行在税收工作实践中是一个整体，放在一起研究，有利于指导税收工作，解决实际问题。其他的程序要素是税收征收管理程序的一般的、共性的程序问题，一般在税收程序法中规定。

从税收实体法要素的构成来看，有别于税法要素和实体要素，其外延小于税法要素，大于实体要素。如税务争议和税收法律责任等税法要素，不是纳税义务成立和履行的必备要素，一般也不在税收实体法中规定，因此不属于实体法要素。而实体法要素当然属于税法要素。此外，实体法要素中不仅包括纳税义务成立的实体要素，也包括实体法中规定的履行纳税义务的必要的程序要素。综上所述，我们认为实体法要素包括纳税人、课税对象、税目、计税依据、税率、纳税环节、税收优惠、纳税地点、计税期间和纳税期限。

二、研究实体法要素的意义

研究实体法要素具有重要的实践和理论意义。

从立法实践来看，实体法要素是否完备，是衡量税收实体法是否完善的标准之一，实体法要素不完整的税收立法一定存在缺陷。在税收执法过程中，实体法要素是判定纳税义务是否成立和确定，税务机关是否有权征税的标准。同时，也为执法监督、税收司法以及保护纳税人合法权益提供了准绳。

从理论研究来看，实体法要素是税法理论中的一个重要范畴，也是税法区别于其他部门法、最具特色的部分。要构建科学合理的税收实体法体系，首先应当深入研究实体法要素，将数目众多的单行税收实体法的基本构成要素进行概括总结上升为理论，再运用其来指导税收立法，这对提高税法的理论层次和树立税法独立学科的地位具有重要意义。其次，在税法中，税收债权债务的成立以是否满足法定要素为标准，这有别于民事行为以各方意思表示为基础，也不是以国家机关特别是税务机关单方意思表示为准。税收实体法要素理论，符合现代民主法治国家理念，对构建征纳双方法律地位平等的现代税法体系非常必要。

三、实体法要素的法律特征

实体法要素关系到国家与公民等相关主体的利益分配，具有法定性、确定性和稳定性的法律特征。

1. 法定性

实体法要素的法定性，是税收法定原则的必然要求、主要内涵和具体表现。实体法要素必须由法律规定，未经法定程序不得变更，具有法的约束力，征税机关和纳税人都必须严格执行，否则将承担不利的法律后果。实体法要素法定符合市场经济对税法权威性和稳定性的客观需要，对保障公民财产权益、维护社会经济稳定、促进收入分配具有不可替代的作用，是实现纳税人依法纳税、征税机关依法征税、国家依法取得税收收入的基础和前提。

2. 确定性

实体法要素的确定性，是要素法定要求的深化，即实体法要素的规定必须具体明确，避免出现歧义和漏洞，其更多的是从税收立法技术的角度保证税收分配关系的确定性。只有要素确定，纳税人才能在经济活动中准确预测税收负担，做出经济决策；执法机关才能准确执行税法，防止征税权的滥用；国家税款才能及时足额入库。

3. 稳定性

实体法要素的稳定性，是指实体法要素在税法中一经确定，不应或不能随意变动和调整。这主要是基于法的安定性、可预测性和信赖利益保护的要求。但同时我们应当看到，这种稳定性是相对的，社会经济生活不是一成不变，税收宏观调控和调节分配职能作用就是通过对实体法要素的调整实现的。实体法要素的调整和变化，仍然应当遵循税收法定原则，严格按照法定程序进行。

四、实体法要素的分类

实体法要素根据不同的标准,可以做出多种分类。分类研究实体法要素,有利于从整体上把握税收实体法的大体结构和基本框架。

1. 基本要素和其他要素

根据要素的作用和地位,实体法要素可以分为基本要素和其他要素。基本要素包括课税对象、纳税人和税率,解决了税法的三个核心问题,即对什么征税、向谁征税和征多少税。其他要素均是为明确和实现这三个基本要素服务的。如税目是对课税对象的质的具体化,计税依据是课税对象的量的细化,税收优惠是对课税对象和税率的重要补充。而规定纳税环节、纳税地点和纳税期限的目的就是保证纳税义务得到有效履行,实现基本要素的功能。

2. 实体要素和程序要素

根据要素的内容和性质,实体法要素可以分为实体要素和程序要素。实体要素是确定纳税义务是否成立的标准,是税法的核心内容,课税对象、纳税人、税目、计税依据、税率和税收优惠这些实体要素,表明了征税的范围以及征税的广度和深度。程序要素,就是纳税人履行纳税义务所必须具备的条件。在税收实体法中规定的程序要素包括纳税环节、纳税地点、计税期间和纳税期限。

3. 一般要素和特别要素[①]

根据要素的必要性和适用范围,实体法要素分为一般要素和特别要素。一般要素就是每个税种的单行实体法中都需要规定,具有普遍意义的共同要素。实体法要素大都属于一般要素。所谓特别要素,是指不需要在各类税收实体法中规定,不具有普遍意义的特别要件。也就是说,特别要素仅是个别或一些单行实体法所必备的要件或内容。如税目并不是每个单行实体法都具备的要件,但对于营业税、车船税等课税对象较为广泛和复杂的税种而言,却是很重要且必不可少的。

实体法要素非常重要,有必要深入了解各个要素的具体内容。本章将分节介绍纳税人、课税对象、税目、计税依据、税率、纳税环节、税收优惠、纳税地点、计税期间和纳税期限,并依照税收法律、行政法规,归纳整理了我国现行十六个税种的实体法要素,

---

① 张守文. 税法原理[M]. 6版. 北京:北京大学出版社,2012:46.

列表附后。

第二节 纳税人

一、纳税人的概念

（一）纳税人概念

纳税人的概念有广义和狭义之分。广义上的纳税人是全体纳税人的总称，包括国家所有税收的缴纳人和负担人。这一意义上的纳税人是个整体性的概念，具有一定的政治属性，相当于全体公民或人民。他们是征税权力的决定者，是税的权力主体。一般在"纳税人权利保护""服务纳税人"等表述中提到的纳税人是广义上的纳税人概念。狭义的纳税人是指，税法规定的直接负有纳税义务并享有相应权利的单位和个人。这一概念中的纳税人是税收法律关系的参加者，按照税法规定承担义务、享有权利。本节研究的作为税收实体法要素的纳税人，就是这一狭义概念的纳税人。

我国税收实体法中曾一度将纳税义务人与纳税人混用，《税收征收管理法》也是从纳税人义务的角度阐释纳税人概念。但如马克思所说："没有无义务的权利，也没有无权利的义务。"纳税人应是税收法律制度规定的权利和义务的集合体，不是单纯的义务履行者。

（二）与纳税人相关的概念

1. 负税人

负税人是指税收的实际负担者，即最终承受税收负担或最终实际负担税款的单位和个人。一般认为负税人更多的是经济学上的概念而非法律上的概念。纳税人与负税人既有联系又有区别，二者有时一致，有时不一致。纳税人是直接向税务机关缴纳税款的单位和个人，是税收实体法不可或缺的基本要素，具有法定性和确定性。而负税人不是税法要素，随税负的转嫁而变化，具有不确定性。纳税人的权利义务由税法明确规定，必须按照税法的规定行使权利、履行义务。负税人不是税法直接调整的对象，不必直接履行税法规定的纳税义务，也不直接享有税法仅赋予纳税人的权利。但从税收立法目的来看，许多税收法律制度都具有调节负税人经济行为的立法意图，例如消费税法律制度就具有引导负税人消费行为的目的。

纳税人与负税人是否一致，取决于税种的性质，即该税种的税负是否能够转嫁。纳税人如果能够将税负通过一定的方式转嫁出去，则纳税人与负税人不一致；反之，纳税人如果无法将税负转嫁出去，只能自己承担税负，则纳税人与负税人一致。一般而言，以纳税人的收益或财产为课税对象的所得税、财产税，纳税人与负税人一致，这类税种也被称为直接税。以货物和劳务为课税对象的货物和劳务税，由于作为纳税人的生产者或销售者可以通过价格变化将税负转嫁到购买者或消费者身上，因此纳税人与负税人往往不一致，这类税种被称为间接税。

2. 扣缴义务人

扣缴义务人是按照税法规定代扣代缴、代收代缴税款的单位和个人。《税收征收管理法》第四条规定："法律、行政法规规定负有代扣代缴、代收代缴税款义务的单位和个人为扣缴义务人。"在税收法律关系中，扣缴义务人与纳税人都属于纳税主体。但在税收实体法中，扣缴义务人不是必备要素，只在部分税收实体法中规定了扣缴制度。如《个人所得税法》第八条规定："个人所得税，以所得人为纳税义务人，以支付所得的单位或者个人为扣缴义务人。"《消费税暂行条例》第四条规定："委托加工的应税消费品，除受托方为个人外，由受托方在向委托方交货时代收代缴税款。"可见，扣缴义务人本身并不负担税款，其中代扣代缴义务人直接持有纳税人的收入，从中扣缴纳税人的应纳税款；代收代缴义务人不直接持有纳税人的收入，是在与纳税人的经济往来中收取纳税人的应纳税款并代为缴纳。

扣缴义务人的扣缴义务与纳税人的纳税义务都是税法规定的法定义务，但扣缴义务人不同于纳税人，其所扣缴的税款是以纳税人的名义缴纳的。税法规定扣缴义务人，是为了加强税源控制、防止税款流失和简化征管程序，因此，税法还规定税务机关应按照规定付给扣缴义务人代扣、代收手续费。而纳税人缴纳税款是履行自身的纳税义务，不存在税务机关给予手续费的规定。

二、纳税人的确定

（一）纳税人的作用

纳税人是税收实体法基本要素，主要解决向谁征税或由谁纳税的问题。国家无论课征什么税种，都要由一定的纳税人来承担，否则就不成其为税收。各税收实体法制度中关于纳税人的规定虽不尽相同，但都直接影响到某一税种的征税范围。在课税对象决定了税种的划分之后，某一税种的纳税人范围就成为征纳双方首先关心的问题，因此在税法制定上，纳税人一般是税收实体法制度首先加以明确的要素。在税法执行层面，每一税收实体法制度都必须通过确定纳税人，来明确纳税义务的履行者和相关权利的行使者。只有明确了纳税人，税法的规定才能得到有效执行，各项法律责任才能得以落实。

（二）影响纳税人确定的因素

1. 课税对象

影响税收实体法制度确定哪些单位和个人是某一税种纳税人的最主要因素是该税种的课税对象。课税对象不仅是税种间区分的主要标志，也是纳税人确定的基础。国家开征一种税，之所以要选择这些单位和个人作为纳税人，而不选择其他单位和个人作为纳税人，其原因是这些单位和个人拥有税法规定的课税对象，或是发生了税法规定的课税行为。纳税人同课税对象相比，课税对象是第一位的。拥有课税对象或发生了课税行为的单位和个人，才有可能成为纳税人。

2. 纳税环节

除课税对象外，税收实体法对纳税人的确定还受纳税环节设置的影响。例如，消费税的课税对象是特定消费品，由于其一般在生产和进口环节征收，所以纳税人是生产、委托加工和进口特定消费品的单位和个人；而某些特殊的应税消费品的消费税，如金银首饰，由于是在零售环节征收，所以税法规定的纳税人是销售该特定消费品的单位和个人。

3. 税收管辖权

一国的税收管辖权也是影响纳税人确定的因素。我国在税收管辖权上兼采属地原则和属人原则,同时实行所得来源地税收管辖权和居民税收管辖权。税收管辖权对纳税人确定的影响主要体现在所得税法律制度中。例如《企业所得税法》第二条规定,作为企业所得税纳税人的企业,分为居民企业和非居民企业,既包括依法在中国境内成立的企业,也包括依照外国法律成立但实际管理机构在中国境内的企业,还包括依照外国法律成立且实际管理机构不在中国境内,但在中国境内设立机构、场所,或者在中国境内未设立机构、场所,但有来源于中国境内所得的企业。居民企业和非居民企业承担不同的纳税义务。

4．其他因素

纳税人的确定还受社会经济发展水平、税收征收管理条件等其他因素的影响。例如,房产税的纳税人一般为产权所有人,但考虑到我国存在的全民所有制经济形式,以及在某些条件下,向房产实际控制人、使用人征收更便于征收管理的情况,《房产税暂行条例》第二条规定:"产权属于全民所有的,由经营管理的单位缴纳。产权出典的,由承典人缴纳。产权所有人、承典人不在房产所在地的,或者产权未确定及租典纠纷未解决的,由房产代管人或者使用人缴纳。"这些产权所有人、经营管理单位、承典人、房产代管人或者使用人,都是房产税纳税人。

三、纳税人的分类

依据不同的标准对纳税人进行分类,可以明晰不同纳税人的权利义务,并根据各类纳税人的特点采取适当的征收管理措施,同时有利于统计分析不同纳税人履行纳税义务的情况,更好地制定和执行税收法律制度。

(一)按纳税人的形式分类

根据纳税人的形式不同,可以分为单位纳税人和个人纳税人。在税收实体法中,单位一般包括企业、行政单位、事业单位、军事单位、社会团体及其他单位;个人则包括个体工商户和其他个人。其中,单位既包括本国单位,也包括外国单位;个人既包括本国公民,也包括外国人和无国籍人。整体上说,单位和个人的合集涵盖了税收实体法所有纳税人的范围。而在某一具体税收实体法中,并不是所有的单位和个人都是纳税人。例如,增值税的纳税人就只包括在我国境内销售货物、提供特定劳务以及进口货物的单位和个人;印花税的纳税人只包括在我国境内书立、领受税法规定的凭证的单位和个人;

烟叶税的纳税人只包括在我国境内收购烟叶的单位。

（二）按照纳税人在民法中的身份分类

在民法中，将法律关系主体的身份分为自然人、法人和其他组织三类。自然人是基于自然出生而成为民事法律关系主体的人。法人是具有民事权利能力和民事行为能力，依法独立享有民事权利和承担民事义务的组织。其他组织指合法成立、有一定的组织机构和财产，但又不具备法人资格的组织，也叫非法人组织。由于税法上的纳税人同时也是民事法律关系的当事人，加之民法对社会经济生活影响广泛，因此可以借鉴民法概念，将纳税人分为自然人、法人和其他组织三类。

由于这一分类方式与前述按照纳税人的形式进行分类，在分类方式和相关概念上有相似之处，因此有必要厘清两种分类方式下，不同纳税人类别之间的关系。即个人纳税人、单位纳税人与自然人、法人和其他组织间的关系。总体来说，个人纳税人主要包括自然人（含个体工商户）；单位纳税人则主要包括法人和其他组织。需要说明的是，虽然按照个人所得税法律制度有关规定，其他组织中的个人独资企业和合伙人是自然人的合伙企业的所得缴纳个人所得税，但纳税人是个人独资企业的投资者和合伙企业的合伙人，并不是个人独资企业和合伙企业本身，因此不能表明税收实体法将个人独资企业和合伙企业视为个人纳税人。

（三）按照课税对象分类

课税对象是税收实体法确定纳税人的基础，根据课税对象的不同，纳税人可以分为货物和劳务税纳税人、所得税纳税人、财产税纳税人、资源税纳税人和行为税纳税人。

货物和劳务税纳税人主要是销售货物或提供劳务的单位和个人。如《增值税暂行条例》第一条规定："在中华人民共和国境内销售货物或提供加工、修理修配劳务以及进口货物的单位和个人，为增值税的纳税人。"所得税纳税人主要是取得应税所得的单位和个人。如《企业所得税法》第一条规定："在中华人民共和国境内，企业和其他取得收入的组织为企业所得税的纳税人。"财产税纳税人一般是拥有财产所有权的单位和个人。如《房产税暂行条例》第二条规定："房产税由产权所有人缴纳。"资源税纳税人是开采、开发、使用应税资源的单位和个人。如《资源税暂行条例》第一条规定："在中华人民共和国领域及管辖海域开采本条例规定的矿产品或者生产盐的单位和个人，为资源税的纳税人。"行为税纳税人一般是实际发生应税行为的单位和个人。如《契税暂行条例》第一条规定："在中华人民共和国境内转移土地、房屋权属，承受的单位和个人为契税的纳税人。"

（四）按会计核算健全度和生产经营规模分类

在增值税法律制度中，按照会计核算健全度和生产经营规模两个标准，将增值税纳税人分为一般纳税人和小规模纳税人。其中，以纳税人年应税销售额大小来衡量生产经营规模，会计核算健全程度不仅考虑纳税人的会计核算水平，还考虑纳税人是否能提供准确的税务资料。一般纳税人是指年应征增值税销售额超过国务院财政、税务主管部门规定的小规模纳税人标准的企业和企业性单位。小规模纳税人是指年销售额在国务院财政、税务主管部门规定标准以下，并且会计核算不健全，不能按规定报送有关税务资料的增值税纳税人。

两类纳税人在适用税率或征收率、税款计算方法、缴纳程序、发票使用等方面都有所区别。将增值税纳税人划分为一般纳税人与小规模纳税人，使税务机关可以根据不同纳税人会计核算和经营规模上的区别对增值税纳税人实行差异化管理，加强对重点税源的监管，简化小型企业计算缴纳方式和程序，保障增值税专用发票的正确使用与安全管理。

（五）按承担的纳税义务范围分类

为便于国家税收管辖权的行使，维护国家税收权益，在所得税法律制度中，按照纳税人承担的纳税义务的范围不同分为居民纳税人和非居民纳税人。居民纳税人承担无限纳税义务，即就其来源于征税国境内和境外的所得缴纳所得税；非居民纳税人承担有限纳税义务，仅就其来源于征税国境内的所得缴纳所得税。

在个人所得税法律制度中，一般以住所和居住时间认定居民纳税人和非居民纳税人。例如《个人所得税法》第一条规定："在中国境内有住所，或者无住所而在境内居住满一年的个人，从中国境内和境外取得的所得，依照本法规定缴纳个人所得税。在中国境内无住所又不居住或者无住所而在境内居住不满一年的个人，从中国境内取得的所得，依照本法规定缴纳个人所得税。"其中，在中国境内有住所或者无住所而在境内居住满一年的个人，是个人所得税居民纳税人；在中国境内无住所又不居住或者无住所而在境内居住不满一年的个人，是个人所得税非居民纳税人。

在企业所得税法律制度中，居民纳税人和非居民纳税人的分类具体体现为居民企业和非居民企业的划分。在认定标准上，主要有登记注册地、总机构所在地、实际管理机构所在地三种，我国采用了登记注册地和实际管理机构所在地相结合的标准。《企业所得税法》第二条规定："本法所称居民企业，是指依法在中国境内成立、或者依照外国（地区）法律成立但实际管理机构在中国境内的企业。本法所称非居民企业，是指依照外国（地区）法律、法规成立且实际管理机构不在中国境内，但在中国境内设立机构、场所的，或者在中国境内未设立机构、场所，但有来源于中国境内所得的企业。"第三条规定："居民企业应就其来源于中国境内、境外的所得缴纳企业所得税。非居民企业在中国境内设立机构、场所的，应就其所设机构、场所取得的来源于中国境内的所得，以及发生在中国境外但与其所设机构、场所有实际联系的所得，缴纳企业所得税。非居民企业在中国境内未设立机构、场所的，或者虽设立机构、场所但取得的所得与其所设机构、场所没有实际联系的，应当就其来源于我国境内的所得缴纳企业所得税。"

（六）按照纳税义务的承担方式分类

按照纳税人承担纳税义务的方式不同分为单独纳税人和连带纳税人。纳税义务由一个纳税人承担的，该纳税人为单独纳税人。而同一纳税义务，数人同负清偿或担保责任，或数人因共有而负有同一纳税义务，或经合并而负有同一纳税义务的，该数个纳税人为连带纳税人。连带纳税人中任一纳税人依照法律法规履行纳税义务或提供纳税担保，其效力及于其他纳税人。我国税收实体法中没有关于连带纳税人的明确规定，只是在《税收征收管理法》中承认了连带纳税义务的存在。德国、日本和我国台湾地区等的税法中有关于连带纳税人和连带纳税义务的规定，如在日本国税法律制度中，连带纳税义务主要存在于共有物、共同事业或与该事业所属财产有关的税收，从同一被继承人取得的继承、或因同一被继承人遗赠而取得财产的有关继承税，共同登记等情况下的登记许可税、共同制作一项文书时的印花税等。

连带纳税人不同于承担第二次纳税义务的第二次纳税人。第二次纳税义务是指，因纳税人滞纳税款，在征收机关对其财产采取扣押等措施后，仍不能足额缴纳应纳税款时，由与纳税人具有一定关系的主体承担的代替纳税人缴纳税款的义务。例如日本税法中规定，解散的法人，在未缴纳应课税金或应纳税金情况下分配或转让其剩余财产时，清算人和剩余财产接收人对解散的法人所滞纳的税金，负有第二次纳税义务。第二次纳税义务具有从属性和补充性，第二次纳税义务人只有在税务机关对原纳税义务人及其财产进行了相关处理后，才对欠缴税款的剩余部分承担纳税义务，而税务机关可以要求某一连带纳税人独自缴纳全部或部分税款。

（七）其他分类方式

在营业税法律制度和营业税改征增值税相关政策中，为适应营业税课税对象和税目特点，按照纳税人提供的劳务行业不同分为交通运输业纳税人、建筑业纳税人、金融保险业纳税人、文化体育业纳税人等。增值税法律制度和企业所得税法律制度中，也有根据纳税人从事行业进行的分类，如将纳税人分为商业企业、工业企业等。在税收征收管理实践中，为便于数据统计分析、建立行业评估标准和预警指标等，将纳税人按照国标的行业分类标准进行分类，包括农、林、牧、渔业纳税人，采矿业纳税人，制造业纳税人，交通运输、仓储和邮政业纳税人，金融业纳税人，房地产业纳税人等。

在企业所得税法律制度中，为了有效实施税收优惠政策，按照纳税人的资产总额、年应纳税所得额和从业人数，将纳税人分为一般企业和小型微利企业。小型微利企业较一般企业享受更加优惠的税率。企业所得税法律制度中的这种分类与常见的将企业分为中型企业、小型企业、微型企业等的分类方式不同。后者是按照国家标准，根据各行业企业营业收入和从业人员数量进行的分类，不考虑企业的应纳税所得情况。在部分税收实体法律制度中，为实施特定的优惠政策，有关于小型企业、微型企业分类方式的运用。如《财政部、国家税务总局关于金融机构与小型微型企业签订借款合同免征印花税的通知》（财税〔2011〕105号）中规定，自2011年11月1日起至2014年10月31日止，对金融机构与小型、微型企业签订的借款合同免征印花税。有关小型、微型企业的认定，按照《工业和信息化部、国家统计局、国家发展和改革委员会、财政部关于印发中小企业划型标准规定的通知》（工信部联企业〔2011〕300号）的有关规定执行。

第三节 课税对象

一、课税对象的概念和分类

（一）概念

课税对象又称征税对象，是指税法规定的征税的标的物，解决国家对什么征税的问题。没有课税对象，征税就没有目标，税法就失去了存在的意义。因此制定各税种实体法首先明确的就是课税对象。课税对象体现了不同税种最基本的征税界限，决定了税种的名称和性质，是税收实体法的基本要素之一。

（二）分类

在财政学或税收学理论中，一般认为在现代社会，课税对象主要包括商品、所得和财产三大类。[①] 也有人认为课税对象是货物的销售额或增值额、劳务的营业额、所得额或其他收益。后一种说法实际上指的是课税对象的价值，是已经量化的课税对象，实为计税依据。张守文教授认为，课税对象具有"物化"的特征，征税的直接对象就是法定的物，即与一定的应税行为和事实相联系的商品、所得和财产。[②] 课税对象的物化是人类社会的重大进步。

结合税收工作实际，按照课税对象的性质，我们将课税对象分为货物和劳务、所得、财产、行为和资源等五类，税收种类也对应这五类课税对象，分为货物和劳务税、所得税、财产税、行为税和资源税。至于每个税种的课税对象，则是由各税种实体法规定的。有如下五种类型：

1. 货物和劳务

包括增值税课税对象货物和加工、修理修配劳务[③]，营业税课税对象劳务、无形资

[①] 陈共. 财政学[M]. 7版. 北京：中国人民大学出版社，2012：148.
[②] 张守文. 税法原理[M]. 6版. 北京：北京大学出版社，2012：55.
[③] 根据我国营业税改征增值税改革试点的有关规定，交通运输业、部分现代服务业、邮政业、电信业等劳务也属于增值税课税对象。

产和不动产，消费税课税对象应税消费品，车辆购置税课税对象应税车辆，烟叶税课税对象烟叶。货物和劳务是商品的两种形态，各税种的课税对象关系不一样。如增值税课税对象与营业税课税对象为互补关系，二者相互不重复。车辆购置税、消费税课税对象与增值税课税对象是包含关系，即车辆购置税、消费税课税对象一定是增值税课税对象，反之则不尽然。为发挥税收不同的调控作用，同一货物可以同时成为多个税种的课税对象。如属于消费税征税范围的小汽车，既是增值税、消费税课税对象，也是车辆购置税的课税对象。

2. 所得

包括企业所得税课税对象企业所得和个人所得税课税对象个人所得。以上所得主要包括经营所得、劳务所得、投资所得和财产所得。

3. 财产

作为课税对象的财产并不是广义上的全部财产，而是税法规定的某些特定的财产。主要包括车船税课税对象应税车辆、船舶，房产税课税对象用于生产经营的房屋。

4. 行为

作为课税对象的行为是指税法规定的特定的经济行为。主要包括印花税课税对象书立、领受凭证的行为，契税课税对象转移土地、房屋权属的行为。

5. 资源

作为课税对象的资源是指税法规定的特定的自然资源。主要包括资源税课税对象应税矿产品和盐，耕地占用税课税对象耕地，城镇土地使用税课税对象土地等。

（三）相关概念

在税收工作实践和税法理论研究中，为正确把握和认识课税对象，我们应当注意掌握和区分一些与课税对象关系密切的概念。

1. 税目和计税依据

税目是指税法规定的征税的具体项目，是课税对象在质上的具体化，反映具体的征税范围，体现了征税的广度。设置税目对于课税对象种类众多，比较复杂的税种来说十分重要。

计税依据是指税法中规定的据以计算应纳税款的依据或标准，是课税对象在量上的具体化，体现了征税的深度。课税对象解决对什么征税的问题，计税依据则是在确定了课税对象之后，解决如何计量的问题。

从一定意义上来说，课税对象是一个笼统的概念。税法中通过税目和计税依据将课税对象在质与量方面予以具体化，才能确定具体的应纳税额，使税法得以有效实施。本章将分节对税目和计税依据作详细介绍。

2. 征税范围

征税范围是税法规定的课税对象和纳税人的具体内容或范围，即税款征收的具体界限。凡是列入征税范围的，都应征税，没列入征税范围的不征税。一个税种征税范围的确定，需要通过对课税对象、税目、纳税人等课税要素进行综合分析判断。课税对象是确定征税范围的关键因素，征税范围反映了课税对象的范围，但二者不是同一概念。

3. 税源

税源是指税收的来源，即各种税收收入的最终出处，归根结底就是社会劳动者创造的国民收入。在社会产品价值中，能够成为税源的只能是国民收入分配中形成的各种收入，如利润、工资、利息等。当对这些收入或所得征税时，税源和课税对象是一致的，如企业所得税的税源和课税对象均为企业的利润。多数税种的课税对象并不是收入或所得，这种情况下，课税对象和税源并不一致。如房产税的课税对象是房产，而税源为房产的收益或房产所有人的收入。课税对象与税源关系密切，税收对经济的调节通过作用于课税对象，最终落实在税源上。每个税种都有自己的税源。税源的大小体现税种的征收规模。分析课税对象与税源的关系，有助于实现税收的职能作用。

二、课税对象的地位和作用

课税对象在税收实体法中居于十分重要的地位，是税收实体法的核心内容，也是实体法要素中最基本的要素。这是因为：

1. 课税对象体现了征税的基本界限

征税权是国家主权的重要内容。任何现代国家都通过制定税法，事前确定课税对象，明确对什么征税。而选择哪些标的物作为课税对象，受到一个国家政治、经济和社会发展等各种因素的制约。国家从现实国情和政策需要出发，将部分社会生产创造的价值如商品、财产等列为课税对象征税，以实现税收的职能。课税对象反映了基本的征税范围，是区分征税与不征税的基本界限。

2. 课税对象是区分和设置税种的主要依据

课税对象作为征税的客体，不仅表明了对什么征税，也反映了税收的主要来源和税法所需调节的对象。课税对象的性质决定了税种的性质和特点，是一个税种区别于另一个税种的主要标志。同时，课税对象也是税收分类和税法分类的重要依据，各税种或税类的名称通常也是根据课税对象确定。如以货物和劳务为课税对象的称为货物和劳务税；以所得为课税对象的称为所得税；以特定消费品为课税对象的称为消费税；以房屋为课税对象的称为房产税等。在税法中，以课税对象来区分和设置税种或税类，标的清楚明确，便于征纳双方理解、执行。

3. 课税对象决定其他实体法要素

在实体法要素中，课税对象是第一位的要素。其他实体法要素受到课税对象的影响和制约。如纳税人一般是拥有课税对象或发生课税行为的单位和个人；又如税率这一要素，也是以课税对象为基础确定的。税率表示对课税对象征税的数量关系或比例，没有课税对象，就无从确定税率。课税对象的性质决定了税率的形式。在以货物和劳务为课税对象时，一般选择比例税率。而在以个人所得为课税对象时，一般选择累进税率。是否设置税目，也是根据课税对象的具体情况而定。如货物与劳务税课税对象种类多，需要设置税目；企业所得税课税对象为企业所得，单一、明确，则不设置税目。此外，计税依据、税收优惠、纳税环节等要素，也都是以课税对象为基础确定的。

三、课税对象的特征

作为实体法基本要素的课税对象除具有实体法要素的一般特征即法定性、确定性和稳定性以外，还具备以下特征：

1. 收益性

税收是国家依据政治权力从国民收入中取得的一部分财富，是物质生产部门劳动者在一定时期所创造的价值。税收活动实际上是对社会财富的分配和再分配。只有收益存在，才存在收益的分配问题。因此课税对象的收益性，是税收的基础。这些收益包括货物的销售收入、劳务的营业收入、主体的所得、源于财产和行为的利益等。课税对象只有能给主体带来收益，主体才具有纳税的能力。收益是最好的税收源泉。

2. 可量化

税是以金钱给付为原则的[1]。即使对于实物纳税的例外情况,也是着眼于实物的金钱价值而非使用价值。课税对象能够以货币的形式量化是课税的基本要求。课税对象只有能够被量化,纳税义务才能明确,税收才能得以实现。作为课税对象具体量化的计税依据,可以是货物的销售额、提供劳务的营业额、企业利润、个人所得等,也可以是课税对象的自然量,如件数、面积、重量等。从量税也是基于课税对象内在的价值而课税。对于一些无法量化的无形利益,如闲暇、名望、舒适等,由于其度量带有强烈的主观性,不具有征税的现实可行性,因而不能成为课税对象。

3. 归属性

当纳税义务因课税对象属于某人而成立时,则由课税对象所归属的人(者)成为纳税义务者。将这一课税对象与纳税人的结合称为课税对象的归属。[2]国家无论课征什么税种,都要由一定的纳税人来承担,否则税收就无法实现。课税对象只有归属于一定的主体,才有纳税义务的履行者。正是因为课税对象及其归属不可分离,在税收实体法中,课税对象和纳税人往往在同一条款中规定。

四、课税对象的选择和确定

(一)确定课税对象的形式

我国现行税收实体法中,并不直接或单独表述课税对象,一般在实体法的第一个条款,明确纳税人的同时确定课税对象。如《增值税暂行条例》第一条规定:"在中华人民共和国境内销售货物或者提供加工、修理修配劳务以及进口货物的单位和个人,为增值税的纳税人,应当依照本条例缴纳增值税。"该规定表明增值税的课税对象为货物以及加工、修理修配劳务。《个人所得税法》第一条规定:"在中国境内有住所,或者无住所而在境内居住满一年的个人,从中国境内和境外取得的所得,依照本法规定缴纳个人所得税。在中国境内无住所又不居住或者无住所而在境内居住不满一年的个人,从中国境内取得的所得,依照本法规定缴纳个人所得税。"表明个人所得税的课税对象为个人所得。

---

[1][2] 金子宏著. 日本税法 [M]. 北京:法律出版社,2004:8,129.

（二）影响课税对象选择的因素

从社会生产的角度看，可供选择的课税对象广泛而多样。从生产销售的货物、提供的劳务、企业的所得、个人的所得、各种自然资源和财产以及各项经济行为等都可以成为课税对象。究竟选择什么为课税对象，是由税收实体法立法者决定的。各国在制定税法时，基于多种因素考虑，越来越理性地作出决定，在保证实现税收职能作用的同时，努力缓解国家征税权与公民财产权的冲突。课税对象的选择问题既包括各税种课税对象的确定，也包括主体税种课税对象的选择和各税种课税对象的协调和搭配问题，直接反映国家的税制结构。课税对象的选择主要受以下因素的影响：

1. **财政收入需求**

筹集财政收入是税收最基本、最直接的职能。为实现这一职能立法者必须选择社会财富集中、在社会生产中分布广泛、盈利能力强的客体作为主体税种的课税对象，通过主体税种的开征，保证国家财政收入。当财政收入需求增大时，除开征主体税种外，还会在社会财富分布领域广泛选择课税对象，开征不同的税种，扩大税源以保证收入的实现。市场经济较发达的现代国家普遍将货物和劳务、所得作为主要课税对象，正是基于满足财政收入需求的目的。

2. **国家政策导向**

税收是国家调控宏观经济和调节收入分配的杠杆，课税对象是实现税收调控职能的重要载体，所以国家政策导向直接影响课税对象的选择。比如对货物和劳务征税，更有利于提高效率；对所得征税，更有利于公平。如国家政策目标以效率为主，则选择货物和劳务为主要课税对象；国家政策目标如以公平为主，则选择所得为主要课税对象。一些辅助税种，更是将调控经济、调节分配的职能放在首位。如1991年我国为控制投资规模，以固定资产投资为课税对象，开征了固定资产投资方向调节税；2000年又在社会总需求不足的情况下，暂停对固定资产投资征税。又如我国在对货物普遍征收增值税的情况下，又选择部分货物作为消费税的课税对象，实行特殊调节。通过对课税对象的选择发挥税收调节产业结构的功能。总之，课税对象的选择要符合国家不同阶段的政策导向。

3. **社会经济发展水平**

课税对象与社会经济发展水平有紧密联系，其随着社会生产力的发展变化而变化。

自然经济中，社会生产处于自给自足的状态，土地和人丁成为主要的课税对象。随着社会生产和商品交换的日益发展，社会财富表现为商品的堆积，以货物和劳务为主要课税对象成为必然选择。到了现代社会，随着市场经济的发展，对商品征税干扰市场的运行并导致分配不公的问题日渐突出，一些发达国家转而将所得和财产作为主要课税对象。而以所得为课税对象，其税收收入受到企业利润水平和人均收入水平的影响和制约，发展中国家一般不选择所得作为主要课税对象。随着社会经济的发展，可供选择的课税对象越来越多，国家通过制定税法，开征和停征不同的税种，不断调整课税对象，优化税制结构，促进经济发展。

4. 征收管理能力

税务机关的征收管理水平和能力，也是立法者选择课税对象时需要考虑的因素之一。理论上可以作为课税对象的并不一定成为现实的课税对象。开征税种要与本国税收征收管理水平相适应，征收机关具有对课税对象进行监控的手段和措施，才能保证税法得以实施。如财产中选择土地、车船、房产为课税对象，正是因为这些对象实行登记管理，便于税务机关有效监控。我国增值税的课税对象由最初的货物和加工、修理修配劳务，逐步扩大到更多的行业，也是以金税工程的开发和运用、征管水平的提高为前提条件。

课税对象的选择和确定，是实体法研究中一个十分重要的课题。课税对象的选择需要考虑的因素很多，不仅要考虑保证财政收入和便于征收，更要注意这种选择是否有利于经济发展和对社会生活的调节。从目前世界各国的实践情况看，课税对象的选择应充分考虑经济、政治和社会因素，还应符合法治国家和现代民主文明国家的一般价值判断标准。

第四节 税　　目

一、税目的概念

税目是指课税对象的具体品种或项目。税目是课税对象在质的方面的具体化，反映了具体的征税范围，体现了一个税种征税的广度。如我国将消费税的课税对象应税消费品划分为十四个税目，在税目内的征收消费税，未在税目内的不征消费税。

不是每个税种都需要设置税目。有的税种课税对象比较简单、明确，没有另行细化规定税目的必要，如房产税、企业所得税。有的税种课税对象范围广、种类多、差异大，需要进一步分类细化，才能满足征管和实现税收职能的需要。增值税、消费税和营业税等货物和劳务税，其课税对象为货物和劳务，几乎涉及社会生产生活的方方面面，在税收立法时，就需要通过设置税目，将课税对象具体化，从而明确征税范围，增强税法的可操作性和实效性。税目对于明确某一税种征税与不征税的界限十分重要，对需要设置税目的税种来说，税目是实体法要素之一。

有些税种课税对象比较复杂，品种数量多，实体法按大类或行业划分税目后，还需要设置子目、细目，进一步将税目划分为若干项目，以满足不同的需要。税目注释既是对税法中规定税目的解释和说明，又是设置子目、细目的一种方式，其内容主要包括每个税目的概念及具体征税范围的解释和界定。如《国家税务总局关于印发〈营业税税目注释〉（试行稿）的通知》（国税发〔1993〕149号）[1]，规定了营业税各个税目的注释，并通过明确每个税目征税范围的形式，设置了子目和细目。部分省级地方税务局根据授权制定了《资源税税目注释》，通过设置子目、细目进一步明确了本省资源税的征税范围。税目注释作为税法的解释性文件，具有法律效力。

二、设置税目的作用

在税收实体法中设置税目，在税收立法和税收实践中，都具有重要作用。

1. 进一步明确征税范围

规定税目，首先是为了明确具体的征税范围。通过设置税目，将课税对象确定为具体的标的物，并对其合理划分和归类，从而划清征税与不征税的界限。列入税目的就是应征税的，未列入税目的就不征税。税务机关征税或纳税人纳税，有了清晰的目标和指向，从而使税法得以有效实施。如根据《个人所得税法》第二条的规定，将应纳个人所得税的所得划分为十一类，即设置了十一个税目，明确了征税范围。

2. 便于实行差别税率

将课税对象分类，根据不同类别确定不同的税率，是贯彻落实国家政策的需要。设置税目解决了课税对象的归类问题，是有效落实国家经济政策和税收政策的前提。没有

---

[1] 该文件规定的部分税目已纳入营业税改征增值税试点范围，部分条款已失效。

税目的税种一般实行统一税率，如房产税。有税目的税种，一般实行差别税率，如营业税中，建筑业、服务业、文化体育业等税目，税率为3%；服务业、销售不动产、转让无形资产等税目，税率为5%。

3. 便于实行差别化管理

通过设置税目，有利于对不同的课税对象采取不同的征管措施或者确定不同的税收政策，以实现政策目标或税收征管的要求。如按照不同的行业特点设置不同的发票种类，如货物运输业专用发票、保险业专用发票等；按照不同的税目，确定不同的计税依据，如个人所得税工资薪金所得的计税依据与其他所得的计税依据有很大不同；按照税目确定不同的税收优惠政策等。

三、设置税目的原则

设置税目，是一项技术性很强的工作，应当遵守以下原则：

1. 政策导向原则

设置税目的主要目的在于实行差别税率和采取不同的管理措施，以满足调控经济的需要。因此，设置税目必须考虑国家经济政策的要求，反映政策导向。对于一些国家需要扶持、发展的项目并且在立法技术上可以单独设置税目的，就要在设置税目时予以考虑，以便在税率上作出鼓励其发展的规定，如增值税"出口货物"税目适用零税率。相反，对于国家需要限制、控制发展的项目，也要相应地设置税目，通过制定较高的税率，实现国家政策目标，如消费税"烟"税目。

2. 界限明确原则

设置税目，首先要使征税与不征税项目的界限划分清楚，切忌模棱两可，影响税法的实施；其次，各税目之间的界限要划分清楚，不得有重叠、交叉的情况。否则，会导致在税法实施中适用税率不统一的问题。

3. 合理简并原则

设置税目，应考虑不同项目的性质、利润等因素。将性质相同、利润水平相近、国家经济政策调控方向也相近的项目归入同一税目。如营业税服务业税目中包括了代理业、旅店业、饮食业、旅游业和其他服务业等。设置税目在满足政策调节需要的前提下，越简单越便于执行。

四、设置税目的方式

(一)税目的表现形式

1. 表格式

即将税目按顺序排列,用列表的方式表现出来。一般在课税对象比较复杂,税目数量较多时使用,既避免了过多的文字叙述又便于查阅。在税收立法实践中,确定税目和确定税率是同步考虑的,并以税目税率表的形式将税目和税率统一规定出来。如消费税税目税率表、营业税税目税率表、印花税税目税率表、资源税税目税率表、车船税税目税额表等以附件的形式附在实体法后面。

2. 叙述式

即用文字叙述课税对象的各个税目。有些税种的税目数量较少,一般在税法条文中用文字表述。在税收立法实践中,采用叙述方式一般并不直接表述为"税目",而是在规定税率、征税范围时同时反映税目。如《增值税暂行条例》第二条通过分类规定适用税率,确定了增值税税目;《个人所得税法》第二条通过列举应纳个人所得税的十一类个人所得,确定了个人所得税的税目。《营业税税目注释》中通过规定每个税目的征税范围,设定子目和细目。

(二)设置税目的方法

税目清楚明晰,界限分明,是税法得以有效执行的前提。设置税目的方法通常有列举法和概括法。

1. 列举法

即将每一种货物、劳务或经营项目采取一一列举的方法,分别规定税目,必要时还可以在一个税目下设置若干子目、细目。按照这种方法,一种货物或经营项目就是一个税目。如印花税税目税率表中明确列举了购销合同、加工承揽合同等十三项税目。消费税列举了烟、酒及酒精、化妆品等十四个税目,其中的"成品油"税目下,列举了汽油、柴油、航空煤油、石脑油、溶剂油、润滑油和燃料油等七个子目,"汽油"这个子目下,又包括有铅汽油和无铅汽油两个细目。

列举法一般适用于各税目之间界限清楚的税种,优点是清楚明确,便于理解和掌握;

缺点是税目（子目、细目）过多，不便于查找。在实施税法时，仅对列举的项目征税，没有在列举范围内的就不征税。

2. 概括法

按照课税对象的性质、特征、行业或类别设计税目。一大类货物或一个行业就是一个税目。如我国营业税按照行业设置税目。相对于列举法，采用概括法设置税目具有一定的弹性空间。对内容品种众多、无法逐一列举的项目，将具有该税种特征的其他应税项目单独设置一个税目，避免遗漏，保证该税种征税范围的周延。如个人所得税税目在详细列举十种个人所得后，设第十一个税目"其他所得"。资源税中的"其他非金属矿原矿"税目等。税目下无法列举的子目、细目设置也可采用概括法，如营业税服务业税目下设子目"其他服务业"；建筑业税目下设子目"其他工程作业"；子目金融业下设细目"其他金融业"等。消费税酒及酒精税目下设子目"其他酒"。如果经济社会发展出现新项目，也可以采取概括法将新项目列入税目。

概括法适用于对课税对象的具体项目种类或品种太多，相互之间界限不易划分的税种。采用概括法设置的税目较少，查找方便；缺点是税目过粗，内容较笼统，易引起争议，不利于征管和体现国家政策。因此，对概括性税目的设置应尽量将其特征条件表述完整，或设定一定的确定权限，不能由执法机关随意解释。

这两种方法在具体运用上各有优、缺点，在税收立法实践中，应将这两种方法结合起来，分层次灵活运用，使税目设置既能限制税务机关征税权，又有利于贯彻落实国家政策。

第五节　计税依据

一、计税依据概述

（一）概念

计税依据又称税基，是计算应纳或应征税款所依据的标准，是根据税法规定所确定的，用以计算应纳税额的基数。应纳税款是依照计税依据乘以适用的税率计算得出的。没有计税依据，则无法计算应纳税款，就无法确定纳税义务的内容。因此，计税依据是税收实体法要素之一。在税法中严密、准确地规定计税依据，对于税务机关正确地实施税法和纳税人切实地履行纳税义务，具有重要的意义。

计税依据与课税对象关系密切，是课税对象在量上的表现，体现了征税的深度。课税对象解决对什么征税的问题，计税依据则是在确定了课税对象之后，解决如何对课税对象计量的问题。不同的税种计税依据不同。一般来说，计税依据与课税对象是相对应的，如增值税、营业税等货物和劳务税的课税对象是货物和劳务，其计税依据是货物和劳务的增值额或营业额；消费税的课税对象是应税消费品，其计税依据则是应税消费品的销售收入；所得税的课税对象是所得，其计税依据是应纳税所得额；车辆购置税的课税对象是应税车辆，其计税依据是应税车辆的计税价格；房产税的课税对象是房产，其计税依据是房产的计税余值或租金收入等等。

（二）相关概念

正确掌握计税依据，应当注意计税依据与计税单位、计税标准和计税价格等相关概念的区别和联系。

1. 计税单位

计税单位也称课税单位，是指课税对象的计量单位。国家在制定税法的过程中，根据已确定的课税对象，相应地规定课税对象的计税依据应以什么样的单位来计量。按照课税对象的不同性质，计税单位有两种表示方式：一种是按照课税对象的自然单位来计算。如土地按亩、车按辆、电按度等。涉及课税对象的面积、容积、重量和体积等，应当使用法定计量单位。这种方式适用于从量计征的税种，如资源税中一些税目以"吨"或"立方米"为计税单位，车船税以"辆"或"吨"为计税单位等。另一种是按照课税对象的货币单位来计量，我国税法规定以"人民币元"为计税单位，如所得额、销售额等。如为外币，应按规定折算为"人民币元"作为计税单位。适用于从价计征的税种，如增值税、营业税和各种所得税等。计税单位是计税依据的组成部分之一。

2. 计税标准

计税标准也称课税标准，是计税依据的特定计量标准，也可以说是课税对象的计算征收标准。根据税收立法的目的和要求，课税对象一般需要划分为若干税目，有些税目还要划分为若干子目。有些税目、子目间的具体界限，要通过确定计税标准来划分，从而分别规定不同的税率。如对小汽车征收的消费税以小汽车的排气量作为计税标准,规定适用不同的税率。工资薪金个人所得税实行累进税率的各个级距,为适用不同税率的标准。车船税中乘用车以排气量、游艇以艇身长度为计税标准,从小到大递增适用税额。计税标准与计税依据是两个不同的概念,二者有时一致,有时不一致。如营业税的计税依据和计税标准都是营业额,体现了二者的一致性。但对小汽车征收的消费税以小汽车的排气量作为计税标准,而计税依据则是小汽车的销售价格。

3. 计税价格

计税价格是税法规定的课税对象在计算应征税额时使用的价格。如消费税以出售产品的销售价格为计税价格,车辆购置税中纳税人购买自用车辆的计税价格,为纳税人支付给销售者的全部价款和价外费用(不包括增值税税款)。计税价格是实行从价计征的货物和劳务税和财产税的计税基础,对于这些税种来说,计税价格与计税依据关系密切,甚至就是计税依据。如《车船购置税暂行条例》第四条规定:"车辆购置税实行从价定率的办法计算应纳税额。应纳税额的计算公式为:应纳税额=计税价格×税率。"

在有些情况下,商品交易的价格并不符合计税价格的要求,因而需将不符合税法规定的价格转化为符合税法规定的计税价格。这种按照税法规定组成的专门为计算应纳税额而确定的价格就是组成计税价格。如税法规定要以不含税价格计税,当商品价格为含税价格时,就应按规定换算成不含税价格。组成计税价格主要适用于以下情形:一是含税价格与不含税价格之间的转化;二是没有实际销售价格,如增值税中视同销售货物行为而无销售额;三是纳税人未分别核算应税或非应税货物和劳务的销售额或营业额;四是纳税人销售货物或者应税劳务的价格明显偏低并无正当理由的情形。不同税种不同的情形,组成计税价格的计算方法不同。

计税价格按照是否包含税款区分,可以分为含税价格和不含税价格;按照价格确定的方式区分,可以分为实际交易价格、组成计税价格和由税务机关确定的计税价格。

(三)计税依据在税法中的作用

1. 具体量化课税对象

在税收实体法中课税对象往往是一个抽象的概念,必须对其量化,才能实现征税的目的。在税法中规定计税依据就是为了将课税对象具体量化,明确计算应纳税额的标准和基础，使纳税义务的内容更加明确和清晰，确保征纳双方正确计算应征或应纳税额。如企业所得税的课税对象为所得，但并不是对企业所有的所得都计征税款，而是以应纳税所得额为计税依据。

2. 直接影响或决定应纳税额

一个税种在税率一定的情况下，计税依据是影响税额数量的关键因素。计税依据越大，应纳税额就越多；计税依据越小，应纳税额就越少。因此，在税法中对计税依据的计算和确定作出明确规定，就为征纳双方计算应征或应纳税款提供了法定标准。计税依据直接影响或决定应纳税额的数额，客观反映纳税人税收负担。

3. 有利于税收调控作用的发挥

在税率不变的情况下，扩大或缩小计税依据，对一个税种课税对象的更大部分进行征税，或者对某些纳税人在计算应纳税额方面给予特定的扣除以减轻这些纳税人的税负，是税收调控经济的重要手段。通过调整税基可以有效、灵活地解决某些行业和部门的特殊情况，实现平衡税收负担、调控经济或增加税收的目的。计税依据在税收调控经济方面比税率具有更大的灵活性，可避免为解决一些行业或部门的具体问题不断地调整税率给社会经济生活造成的不利影响，是税率调节的辅助手段，在税法中起着重要的作用。如《企业所得税法》中规定了新产品、新技术、新工艺研究开发费用加计扣除政策，通过扩大扣除项目，减少税基，从而达到鼓励企业加大研发投入的目的。

二、确定计税依据的原则

合理、明确地确定计税依据，是税收实体法研究的主要内容，也是正确实施税法的前提。确定计税依据应遵循以下原则：

1. 保障税收收入原则

计税依据是确定应纳税额的基数，直接关系到税收收入的多少。确定计税依据时，应尽量保护税基，堵塞征管漏洞，保障国家税收收入。如对从价计征的货物和劳务税、资源税等，明确规定无论财务如何核算，应将向对方收取的全部价款和价外费用计入营业额或销售额。所得税的扣除项目如业务招待费、广告费和业务宣传费等，都明确规定了扣除标准和扣除期限。对纳税人申报的计税依据明显偏低并无正当理由的，明确规定税务机关有权核定其计税依据或应纳税额。组成计税价格和最低计税价格的规定也起到了有效保护税基的作用。

2. 便于监控原则

税收征管的核心是对税基的管理和控制。计税依据的确定，除受课税对象的性质和经济发展水平的影响外，主要取决于税收征管能力和水平。理论上优良的税种，如果计税依据难以监控，征管成本过高，不具可操作性，则没有现实意义。税基确定简便，易于监控，不仅可以降低征纳成本，也便于税务干部和纳税人理解和掌握，确保税法得以落实。如耕地占用税、城镇土地使用税选择从量计征；印花税大部分税目以合同金额为计税依据；增值税应纳税额的计算方法；房产税以房产余值为计税依据；计税依据以会计核算收入为基础；个人所得税实行分类计征等规定都有利于对计税依据的监控。

3. 税收量能负担原则

税收量能负担原则是税收公平原则的具体体现。它要求充分考虑纳税人的税前经济负担水平，根据纳税人的纳税能力来分摊税负，从而实现真正意义上的税收公平。在计税依据的确定中，纳税人的最低生活费用均不计入计税依据。如增值税、营业税中对个人起征点的规定；个人所得税计税依据中免征额的设计；对统一规定发给的补贴、津贴、福利费、抚恤金、救济金，保险赔款，军人的转业费、复员费等个人所得均不计入个人所得税计税依据的规定，都体现了量能负担原则。

4. 有利于实现国家政策原则

税法可以通过扩大或缩小计税依据，影响应纳税额，调节纳税人税收负担，从而体现国家政策。如烟草广告收入不得从应纳税所得额中扣除的规定，体现了国家对烟草行业的限制。企业开发新技术、新产品、新工艺发生的研究开发费用加计扣除的规定，鼓励企业技术创新。应纳税所得额中允许扣除一定比例的公益捐赠款，有利于推动公益事业的发展。

三、计税依据的类型

按照计量单位的性质，计税依据可以分为从价计税、从量计税和复合计税三种类型。

（一）从价计税

从价计税，就是以课税对象一定的价值量作为计税依据。这种类型的计税依据表现为一定量的货币资金的数额，通常称为计税金额。采用从价计税的税种，称为从价税。

根据课税对象的不同，课税对象的价值量可以是销售额、营业额、应纳税所得额、房产价值或租金、实际缴纳的税额等。在商品经济的条件下，除了性质特殊的税种外，绝大多数的税种都采取从价计税。从价计税把不同品种、规格、质量的商品或财产按统一的货币单位确定计税依据，有利于平衡税收负担，简化征管手续。同时，从价计征的应纳税额与价格会发生联动，在通货膨胀的情况下，计税依据会随价格的上涨而增加，有利于保证国家税收收入。

（二）从量计税

从量计税，就是以课税对象的自然实物量为计税依据。这种类型的计税依据表现为税法规定的计税标准的数量，通常称为计税数量。采取从量计税的税种，称为从量税。

根据课税对象的不同特点，按照税法的规定，课税对象的自然实物量的计税标准主要有课税对象的数量、重量、件数、体积、面积、长度、净吨位等，作为计税依据的计税数量就是这些计税标准的数量。在实行从量税的税种中，由于征税对象不同，其计税依据的计量标准或计量单位也不尽相同。如城镇土地使用税的计税标准为纳税人实际占用的土地面积，计税单位为"平方米"。车船税乘用车、摩托车计税标准为数量，计税单位为"辆"；游艇的计税标准为艇身长度，计税单位为"米"。消费税中的黄酒、啤酒以吨数为计税依据，成品油以升数为计税依据等等。我国税种中采用从量计税的有消费税的部分税目、资源税的部分税目、车船税、耕地占用税、城镇土地使用税和印花税的部分税目。

计税数量作为计税依据的特点在于，纳税人的应纳税额和国家税收收入决定于课税对象实物量的大小或多少，不受课税对象价格的影响。价格上涨时，纳税人收入增加，税额不变，则税负减轻；价格下降时，纳税人收入减少，税额不变，则税负增加。从量计税的不足在于，税收收入与国民收入不同步，税负水平与纳税能力相脱节。从量计税主要适用于外部特征和价格都比较稳定的课税对象。

（三）复合计税

复合计税，就是指一个税种或一个税种的某个税目的计税依据同时采用从价计税和从量计税的方式，计税依据既有计税金额又有计税数量。如我国消费税的白酒税目按照20%的比例税率和每斤0.50元的定额税率计征税款，其计税依据既包含白酒的销售额也包括白酒的重量。计算应纳税额的公式为：应纳税额＝销售额×比例税率＋销售数量×定额税率。消费税中的卷烟税目也实行复合计税。

采用从价计税、从量计税还是复合计税，除和课税对象的特性有关联外，更重要的是取决于商品经济的发达程度。在自然经济条件下，一般采用从量计征；而在市场经济条件下，除了一些特殊性质的税种外，绝大多数的税种都采取从价计征。近年来，由于资源价格不断攀升，资源税从量计征的方式使收入不能随资源产品价格和资源企业收益的变化而变化，税负水平过低，难以反映资源的稀缺程度，造成资源浪费。我国继2011年11月1日起，将石油、天然气资源税由"从量定额"征税调整为"从价定率"征税后，正积极推进煤炭等重要矿产品资源税从价计征改革。目前，我国大部分税种的计税依据采用从价计税，少部分税种或一些税种的部分税目采用从量计税，只有个别税目采用复合计税。

四、规定计税依据的方式

计税依据作为实体法要素之一，直接关系到应纳税额的多少，在实体法中的规定应当明确具体。根据各税种课税对象、税目和税率的不同特点，各税种实体法中对计税依据的表述方式不尽相同，主要有：

1. 在税法中直接明确规定计税依据

如《城镇土地使用税暂行条例》第三条中规定："土地使用税以纳税人实际占用的土地面积为计税依据。"《耕地占用税暂行条例》第四条中规定："耕地占用税以纳税人实际占用的耕地面积为计税依据。"契税、房产税、城市维护建设税等实体法中都直接规定了计税依据。

2. 在规定应纳税款的计算方法时确定计税依据

部分税种实体法中没有直接规定计税依据，而是通过规定应纳税额的计算方法或计算公式来明确计税依据。我国大多数税种采用这种方式。如《营业税暂行条例》第四条规定："纳税人提供应税劳务、转让无形资产或者销售不动产，按照营业额和规定的税率计算应纳税额。应纳税额计算公式：应纳税额＝营业额×税率"，明确了营业税的计税依据为营业额。《消费税暂行条例》第五条中规定，实行从价定率办法计算的应纳税额＝销售额×比例税率；实行从量定额办法计算的应纳税额＝销售数量×定额税率；实行复合计税办法计算的应纳税额＝销售额×比例税率＋销售数量×定额税率。可见，消费税的计税依据为销售额或销售数量。《资源税暂行条例》第四条规定："资源税的应纳税额，按照从价定率或者从量定额的办法，分别以应税产品的销售额乘以纳税人具体适用的比例税率或者以应税产品的销售数量乘以纳税人具体适用的定额税率计算"，明确了资源税的计税依据为应税产品的销售额或销售数量。所得税、增值税、土地增值税、车辆购置税、烟叶税等税种都采用这种方式。但对于计算方法复杂的税种，税法中反映的计税依据更为间接。如增值税的计税依据理论上为增值额，在计算应纳税额时采用当期销项税额减去当期进项税额的间接计算方式，并不直接表现为增值额。

3. 在规定税目或税率的同时明确计税依据

有些税种课税对象种类较多，分为多个税目，各税目的计税依据有所不同，则在规定每个税目适用税率的同时确定计税依据。如《印花税税目税率表》中规定，购销合同的税率为"按购销金额万分之三贴花"、加工承揽合同"按加工承揽收入万分之五贴花"、权利许可证照"按件贴花五元"等等，明确了合同或具有合同性质的凭证的印花税，以凭证所载金额（如购销金额、加工承揽收入等）作为计税依据；权利许可证照则按件数纳税等等。车船税从量计征，在《车船税税目税额表》中通过明确各税目的计税单位和税率，确定了车船税各税目的计税依据分别为车辆数量、整备质量、净吨位、艇身长度等。

4. 授权地方确定计税依据

对于税收收入归属地方政府所有的财产税等税种，国家在规定计税依据时，通过列明一定的幅度，并授权省级地方政府予以确定，以此作为计算计税依据的标准。如《房产税暂行条例》第三条规定，房产税以房产原值为计税依据的，以一次减除10%~30%后的余值为计税依据。具体减除幅度，由省、自治区、直辖市人民政府规定。

五、确定计税依据的方法

各税种由于课税对象的不同，在征收管理方面的需求也不同，因而计税依据的范围和计算方法也不同。在税法中，计税依据的确定通常采取以下三种方法：

（一）直接计算确定计税依据

很多实体法中规定的计税依据简单明了，纳税人发生纳税义务后，不需要经过复杂的计算，根据其生产经营结果或财务核算结果就能直接计算出计税依据和应纳税额。如纳税人收购烟叶的收购金额为烟叶税的计税依据；纳税人实际缴纳的增值税、消费税和营业税的税额为城市维护建设税的计税依据；纳税人实际占用的耕地面积为耕地占用税的计税依据；个人所得税中利息、股息、红利所得、偶然所得和其他所得等税目的收入，不涉及必要费用的支付，以每次收入额直接作为计税依据。以上计税依据直接乘以税率或税额就计算出应纳税额。按次计征、从量计征的税种或税目大多采用这种计算方法。

（二）根据税法规定的计算方法确定计税依据

有些税种计税依据的计算过程比较复杂，税法中详细规定了计算标准和计算公式。主要有以下几种情况：

1. 销售额、营业额的计算

营业税以提供应税劳务的营业额、转让无形资产和销售不动产的销售额为计税依据；消费税中从价计征的税目以应税消费品的销售额为计税依据；增值税以增值额为计税依据，但其销售额与增值额直接关联。根据增值税的计税原理，增值税计税依据为销售货物或应税劳务的增值额，即纳税人从事生产经营活动在购入货物或取得劳务的价值基础上新增加的价值额，相当于纳税人的产出与投入的差额。在现实生活中，具体销售货物或提供劳务的增值额难以准确计算，一般都采用间接计算方法，即税款抵扣法。纳税人根据当期销售额与规定的税率计算销项税额，再扣除上一环节已纳的增值税款（进项税额），其余额为当期的应纳税款。可见，在增值税应纳税额的计算中并不直接反映其计税依据，而是将销售额的确定作为计算增值税应纳税额的首要环节和关键因素。

（1）一般规定。销售额、营业额原则上以财务核算的经营收入为基础，但从保护税基、堵塞征管漏洞的角度出发，税法中明确规定销售额、营业额不仅包括全部价款，而且包括价外费用[①]，这样有利于保证国家税收收入和实现税负公平。我国增值税为价外税，所以销售额、营业额中不包括增值税税款。如《增值税暂行条例》第六条规定："销售额为纳税人销售货物或者应税劳务向购买方收取的全部价款和价外费用，但是不包括收取的销项税额。"《消费税暂行条例》第六条规定："销售额为纳税人销售应税消费品向购买方收取的全部价款和价外费用。"营业税、消费税、资源税和车辆购置税实体法中均有类似的规定。

---

① 价外费用，包括价外向购买方收取的手续费、补贴、基金、集资费、返还利润、奖励费、违约金、滞纳金、延期付款利息、赔偿金、代收款项、代垫款项、包装费、包装物租金、储备费、优质费、运输装卸费以及其他各种性质的价外收费。

（2）差额计征。为避免重复征税、平衡税负，税法规定营业税部分税目的计税依据实行差额计征。主要适用于以下情形：纳税人从事旅游业务的，以其取得的全部价款和价外费用扣除替旅游者支付给其他单位或者个人的住宿费、餐费、交通费、旅游景点门票和支付给其他接团旅游企业的旅游费后的余额为营业额；纳税人将建筑工程分包给其他单位的，以其取得的全部价款和价外费用扣除其支付给其他单位的分包款后的余额为营业额；外汇、有价证券、期货等金融商品买卖业务，以卖出价减去买入价后的余额为营业额等情形。

（3）特殊情况。增值税、资源税纳税人发生视同销售行为[①]而无销售额的、营业税纳税人发生视同应税劳务行为[②]而无营业额的，纳税人自产自用的应税消费品非用于连续生产的，按下列顺序确定其销售额或营业额：

① 按纳税人最近时期发生同类货物或产品的平均销售价格或同类应税行为的平均价格确定；

② 按其他纳税人最近时期发生同类货物或产品的平均销售价格或同类应税行为的平均价格确定；

③ 按照组成计税价格或公式确定。由于各税种计税价格的组成不同，计算公式也有差异，各实体法中均有规定。

（4）起征点。起征点是指税法规定对征税对象开始征税的起点数额。纳税人销售额或营业额未达到规定的起征点的，免征增值税或营业税；达到起征点的，依照税法规定全额计算缴纳增值税或营业税。

2. 应纳税所得额的计算

应纳税所得额是所得税的计税依据。所得税的最大特点，就是对纯所得征税，而不是对收入征税。企业所得税的应纳税所得额为企业每一纳税年度的收入总额，减除不征

[①] 《增值税暂行条例实施细则》第四条规定："单位或者个体工商户的下列行为，视同销售货物：（一）将货物交付其他单位或者个人代销；（二）销售代销货物；（三）设有两个以上机构并实行统一核算的纳税人，将货物从一个机构移送其他机构用于销售，但相关机构设在同一县（市）的除外；（四）将自产或者委托加工的货物用于非增值税应税项目；（五）将自产、委托加工的货物用于集体福利或者个人消费；（六）将自产、委托加工或者购进的货物作为投资，提供给其他单位或者个体工商户；（七）将自产、委托加工或者购进的货物分配给股东或者投资者；（八）将自产、委托加工或者购进的货物无偿赠送其他单位或者个人。"《资源税暂行条例》第六条规定："纳税人开采或者生产应税产品，自用于连续生产应税产品的，不缴纳资源税；自用于其他方面的，视同销售，依照本条例缴纳资源税。"

[②] 《营业税暂行条例实施细则》第五条规定："纳税人有下列情形之一的，视同发生应税行为：（一）单位或者个人将不动产或者土地使用权无偿赠送其他单位或者个人；（二）单位或者个人自己新建（以下简称自建）建筑物后销售，其所发生的自建行为；（三）财政部、国家税务总局规定的其他情形。"

税收入、免税收入、各项扣除以及允许弥补的以前年度亏损后的余额。个人所得税的应纳税所得额为个人取得的各项收入减去税法规定的扣除项目或扣除金额之后的余额。应纳税所得额的正确计算，直接关系到纳税人的税收负担和国家税收收入，与成本费用核算关系密切，是依法征收所得税的基础和前提。

（1）企业所得税应纳税所得额的计算。我国《企业所得税法》中设专章，明确规定了应纳税所得额的计算标准和方法。实践中，企业所得税应纳税所得额按年度计算，年终进行汇算后确定。具体方法如下：

第一，计算收入总额。收入总额是指企业以货币形式和非货币形式从各种来源取得的收入。包括：销售货物收入，提供劳务收入，转让财产收入，股息、红利等权益性投资收益，利息收入，租金收入，特许权使用费收入，接受捐赠收入和其他收入。

第二，从收入总额中减除不征税收入、免税收入。如《企业所得税法》第七条规定，收入总额中的下列收入为不征税收入：财政拨款，依法收取并纳入财政管理的行政事业性收费、政府性基金，国务院规定的其他不征税收入。该法第四章税收优惠中规定了各类免税收入。

第三，规定允许扣除的项目和标准。根据相关性原则，企业实际发生的与取得收入有关的、合理的支出，包括成本、费用、税金、损失和其他支出，准予在计算应纳税所得额时扣除。扣除项目主要有工资薪金支出、职工福利费、工会经费、职工教育经费、社会保险费、利息费用、借款费用、汇兑损失、业务招待费、广告费和业务宣传费、环境保护专项基金、公益性捐赠支出、资产损失以及税法规定准予扣除的其他项目。税法中，为保护税基，根据合理性原则，明确规定了各项目扣除的标准。如企业发生的公益性捐赠支出，在年度利润总额12%以内的部分，准予在计算应纳税所得额时扣除。企业发生的职工福利费支出，不超过工资薪金总额14%的部分，准予扣除等。

第四，明确规定不得扣除的项目。为避免重复扣除，税法规定向投资者支付的股息、红利等权益性投资收益款项和企业所得税税款不得扣除；根据合法性原则，非法收入，即便是按照会计制度已作费用列支，也不允许扣除，如税收滞纳金、罚金、罚款和被没收财物的损失等。根据合理性、相关性原则，超过规定标准的费用和支出、赞助支出、不符合规定的捐赠支出和与收入无关的其他支出等在计算应纳税所得额时不得扣除。

第五，弥补以前年度亏损。《企业所得税法》第十八条规定，企业纳税年度发生的亏损，准予向以后年度结转，用以后年度的所得弥补，但结转年限最长不得超过五年。这主要是因为，企业在终止前，其生产经营活动是一个持续循环的过程，只是根据税法规定，将其划分为一年一段进行核算，对于它的整个经营期来说，这样的核算是不完整的，所以税法规定以前年度的亏损可以用以后年度的所得予以弥补。

此外，在计算应纳税所得额时，还应注意根据权责发生制原则，即属于当期的收入和费用，不论款项是否收付，均作为当期的收入和费用；不属于当期的收入和费用，即使款项已经在当期收付，均不作为当期的收入和费用。国务院财政、税务主管部门另有规定的除外。

根据以上规定，企业所得税应纳税所得额＝收入总额－不征税收入－免税收入－各项扣除－以前年度亏损。在计算应纳税所得额时，企业财务、会计处理办法与税收法律、行政法规的规定不一致的，应当依照税收法律、行政法规的规定计算。

（2）个人所得税应纳税所得额的计算。我国个人所得税以个人为单位实行分类征收，各项所得的应纳税所得额分类计算。除利息、股息、红利所得、偶然所得和其他所得不需扣除费用外，其他项目个人收入的扣除范围和扣除标准不尽相同。根据所得的不同情况，分别实行定额、定率和会计核算三种扣除办法。

一是对工资、薪金所得采取定额扣除按月计征，扣除必要的生活费用的余额为计税依据。我国工资、薪金所得以每月收入额减除费用3500元后的余额，为应纳税所得额。

二是对实行查账征收的个体工商户、个人独资企业和合伙企业的生产、经营所得实行按年汇算确定，采取会计核算的方法计算应纳税所得额，其计算方法与企业所得税应纳税所得额的计算方法类似，以每一纳税年度的收入总额减除成本、费用以及损失后的余额，为应纳税所得额。对企事业单位的承包经营、承租经营所得也采用这种方法，以每一纳税年度的收入总额，减除必要费用后的余额，为应纳税所得额。财产转让所得，以转让财产的收入额减除财产原值和合理费用后的余额，为应纳税所得额。

三是对劳务报酬所得、稿酬所得、特许权使用费所得、财产租赁所得实行按次计征，既要扣除基本的费用，又要保证税负公平，故采取定额和定率两种扣除办法，每次收入不超过4000元的，减除费用800元；4000元以上的，减除20%的费用，其余额为应纳税所得额。

此外，个人将其所得对教育事业和其他公益事业捐赠的部分，按照国务院有关规定从应纳税所得中扣除。

3. 土地增值额的计算

土地增值税的计税依据是转让房地产取得的增值额，是纳税人转让房地产所取得的收入减除税法规定的扣除项目金额后的余额。

纳税人转让房地产所取得的各项收入，包括货币收入、实物收入和其他收入在内的全部价款以及有关的经济利益。计算增值额的扣除项目包括：取得土地使用权所支付的金额；开发土地的成本、费用；新建房及配套设施的成本、费用，或者旧房及建筑物的评估价格；与转让房地产有关的税金和财政部规定的其他扣除项目。税法中对各项目的扣除标准作了详细规定。土地增值税以房地产开发项目为单位来归集成本费用，计算增值额。实践中，土地增值税项目清算时间跨度长，计算复杂，征管难度大。

（三）税务机关核定计税依据

1. 税务机关有权核定计税依据或应纳税额的主要情形

为保证国家税收收入及时足额入库，根据《税收征收管理法》和各税种实体法的规定，在税收征管过程中，税务机关对于纳税人不能正确提供和准确申报其生产经营情况，难以准确计算其应纳税款计税依据的，税务机关有权核定其计税依据或应纳税额，主要有以下几种情形：

（1）纳税人申报的计税依据明显偏低并无正当理由的，由税务机关核定其计税依据或应纳税额；如《营业税暂行条例》第七条规定："纳税人提供应税劳务、转让无形资产或者销售不动产的价格明显偏低并无正当理由的，由主管税务机关核定其营业额。"

（2）纳税人存在提供建筑业劳务的同时销售自产货物的混合销售行为，未分别核算的，由主管税务机关核定其应税劳务的营业额或货物的销售额。

（3）纳税人兼营营业税项目和增值税项目，应当分别核算而未分别核算的，由主管税务机关核定其营业额或销售额。

（4）企业不提供与其关联方之间业务往来资料，或者提供虚假、不完整资料，未能真实反映其关联业务往来情况的，税务机关有权依法核定其应纳税所得额。

（5）从事生产、经营的个人所得税纳税人未提供完整、准确的纳税资料，不能正确计算应纳税所得额的，由主管税务机关核定其应纳税所得额。

（6）依照法律、行政法规的规定可以不设置账簿的；依照法律、行政法规的规定应当设置账簿但未设置的；擅自销毁账簿或者拒不提供纳税资料的；虽设置账簿，但账目混乱或者成本资料、收入凭证、费用凭证残缺不全，难以查账的。

（7）发生纳税义务，未按照规定的期限办理纳税申报，经税务机关责令限期申报，逾期仍不申报的。

2. 核定方法

课税对象不同，税务机关核定计税依据或应纳税额的方法也有不同。主要有以下方法：

（1）参照市场价格核定。如《契税暂行条例》第四条中规定，成交价格明显低于市场价格并且无正当理由的，或者所交换土地使用权、房屋的价格的差额明显不合理并且无正当理由的，由征收机关参照市场价格核定。《个人所得税法实施条例》第十条中规定，所得为实物的，应当按照取得的凭证上所注明的价格计算应纳税所得额；无凭证的实物或者凭证上所注明的价格明显偏低的，参照市场价格核定应纳税所得额。所得为有价证券的，根据票面价格和市场价格核定应纳税所得额。所得为其他形式的经济利益的，参照市场价格核定应纳税所得额。

（2）按照最低计税价格核定。如《车辆购置税暂行条例》第七条中规定，纳税人购买自用或者进口自用应税车辆，申报的计税价格低于同类型应税车辆的最低计税价格，又无正当理由的，按照最低计税价格征收车辆购置税。消费税中卷烟、白酒也实行最低计税价格核定办法。

（3）参照房地产评估价格核定。如《土地增值税暂行条例实施细则》规定，隐瞒、虚报房地产成交价格，应由评估机构参照同类房地产的市场交易价格进行评估。税务机关根据评估价格确定转让房地产的收入。转让房地产的成交价格低于房地产评估价格，又无正当理由的，由税务机关参照房地产评估价格确定转让房地产的收入。

（4）按同类货物或产品的销售价格核定。如《消费税暂行条例》规定，纳税人自产自用的应税消费品，按照纳税人生产的同类消费品的销售价格计算纳税；没有同类消费品销售价格的，按照组成计税价格计算纳税。

（5）按照组成计税价格核定。

（6）其他合理方法。如《企业所得税法实施条例》第一百一十五条规定，税务机关核定企业的应纳税所得额时，可以采用下列方法：（一）参照同类或者类似企业的利润率水平核定；（二）按照企业成本加合理的费用和利润的方法核定；（三）按照关联企业集团整体利润的合理比例核定；（四）按照其他合理方法核定。

对增值税、营业税、消费税、资源税纳税人提供的价格明显偏低并无正当理由的，税务机关对其销售额或营业额的核定方法与对视同销售行为或视同应税行为的确定方法相同。

第六节 税 率

税率是税收实体法基本要素之一，和计税依据共同确定应纳税额。在税收实体法中，税率形式复杂多样，税率水平各不相同。此外，在税收实体法和税法研究领域中还有很多与税率相关的概念。因此，税率是税法学界的一个研究重点。

一、税率概述

税率是应纳税额与计税依据的数量关系或比例，用公式表示是：

税率 = 应纳税额 ÷ 计税依据

税率是税制发展到一定阶段的产物。随着社会政治经济的发展，当需要通过计算来确定应纳税额时，"税率"概念应运而生。税率解决的问题，是在计税依据一定的情况下，如何计算确定应纳税额。其公式为：

应纳税额 = 计税依据 × 税率

从上式可以看出，税率是计算应纳税额的两个因数之一。从微观上看，计税依据一定时，税率的高低决定税收收入的多少，决定纳税人负担的轻重。因此，税率体现课税的深度，确定了国家在社会财富中分配的份额。

现代国家的税率是法定的。税率由有权机关审议并决定，以税法条款的形式固定下来，非经法定程序不得变更。税率一经制定便具有法的强制力，征纳双方都必须执行，否则将承担相应的法律后果。税率的适用具有刚性，税务机关没有行政裁量权。

除了具有税收实体法要素的一般特征外，税率还具有数值确定性特征。税率的数值确定性是指税率是明确的、相对稳定的数量关系或比例，对于某一具体的课税对象来说，其适用的税率是唯一的。税率的数值确定性有以下几层含义：一是税率用明确的数值表示。这是税率有别于其他税收实体法要素的特征。二是税率的数值在一个时期内相对稳定。即使在需要减免税收时，立法机关通常也不轻易变动税率，而是倾向于采取税基式减免、税额式减免等方式。三是税率的适用具有唯一性。即使是实行差别税率的税种，由于税法中税率与税目对应，在具体适用时，对于某一具体的课税对象只能适用唯一确定的一个税率。

从纳税人的角度来看，税率的数值确定性有利于形成稳定的、可预期的经济环境，保护纳税人的合法权益；从国家的角度看，税率的数值确定性有利于筹集财政收入、编制政府预算。

二、税率的形式

税率的形式可分为两大类：一类是用相对数来表示的比例税率和累进税率；另一类是用绝对数表示的定额税率，又称为固定税率。比例税率、累进税率和定额税率是税收实体法中最为常见的三种税率形式。

（一）比例税率

1. 比例税率的定义和适用范围

比例税率是指对同一课税对象都按照相同比例征税的税率。采用这种税率时，税额随着课税对象数量的增加成比例增加，主要适用于对货物、劳务和所得课税。

2. 比例税率的特点

比例税率是税收实体法中运用十分广泛的税率形式，其特点如下：一是计算简便，税负一目了然，透明度高；二是纳税人名义税率相等，有助于税收负担的横向公平；三是纳税人所得增加时，税负的增加比较平缓，易于为纳税人所接受；四是税率不随课税对象的数额变动而变动，具有鼓励投资和劳动的优势；五是对不同收入水平的纳税人都按照同一比率征税，在实质上具有累退性，不利于税收负担的纵向公平。

3. 比例税率的形式

比例税率在税收实体法中有统一比例税率和差别比例税率两种形式。统一比例税率又叫单一比例税率，是指在一个税种中仅规定一个比例税率的税率形式。例如，我国现行车辆购置税实行 10% 的单一比例税率，烟叶税实行 20% 的单一比例税率。差别比例税率是指根据纳税人或课税对象的不同情况，分别规定不同比例税率的税率形式。例如，我国现行增值税的税率分为 17%、13% 和零税率三档。

实行差别比例税率有利于更好地公平税负，也有利于贯彻国家的宏观经济政策，使税收成为调节经济的有力杠杆。差别比例税率有以下几种形式：

（1）产品比例税率。它是指对不同产品分别规定不同比例税率。一般体现为同种或同类产品同一税率，不同产品不同税率。例如我国现行关税、消费税等，针对不同产品规定不同的比例税率。

（2）行业比例税率。它是指对不同生产经营行业分别规定不同比例税率。一般体现为同一行业同一税率，不同行业不同税率，例如我国现行营业税，对文化体育业、建筑安装业、金融保险业和服务业分别规定了3%～5%的行业比例税率。

（3）地区差别比例税率。它是指对不同地区的同一课税对象分别规定高低不等的比例税率。例如，我国现行城市维护建设税根据市区、县城、建制镇和其他地区的经济条件差别，对富裕地区规定较高的7%的比例税率，对贫困地区实行较低的5%或1%的比例税率。

（4）幅度比例税率。它是指对同一课税对象规定一个比例税率幅度，由各地在此幅度范围内，具体确定本地适用的比例税率。例如，我国现行营业税对娱乐业实行5%～20%的幅度比例税率，具体适用税率由省级人民政府根据本地实际确定。

此外，比例税率在实际运用中，还有产品分级比例税率、产品分类比例税率、产品分档比例税率、有起征点的比例税率、有免征额的比例税率、与定额税率组合适用的比例税率、减征的比例税率和加成征收的比例税率等其他形式。税收实体法中也有将几种比例税率形式组合运用的情形。

（二）累进税率

1. 累进税率的定义和适用范围

累进税率是指对同一课税对象，随着其数额增大，征税比例也随之提高的税率。累进税率预先将课税对象按数额的大小分为若干级距，并相应规定每一级距的税率。累进税率一般在收益或财产课税中使用，是由一组比例税率组合而成。

2. 累进税率的特点

累进税率有以下几个特点：一是应纳税额的计算比其他税率形式都更为复杂，其中，超额、超率或超倍累进税率计算最为复杂；二是超额、超率或超倍累进税率的名义税率和实际税率不一致，税负透明性差；三是具有累进性，收入或财产价值越高的纳税人适用的税率越高，能够更好地调节收入或财富水平，有利于税收负担的纵向公平；四是税收弹性大，税率累进使边际税率递增，使税收收入的增长快于经济的增长；五是对投资和劳动具有一定的抑制效应；六是由于税率随着计税依据变化而变化，不同级距适用税率差异明显，扩大了税收筹划空间。

3. 累进税率的形式

累进税率可以按绝对额累进，也可按相对额累进。前者的表现形式有全额累进税率和超额累进税率，后者的表现形式有全率累进税率、超率累进税率、全倍累进税率和超倍累进税率。全额、全率或全倍累进税率与超额、超率或超倍累进税率相比较，前者累进程度急剧，计算简便，但在累进级距的交界处，存在税额增加超过计税依据增加的不合理现象；后者累进程度较缓和，不会出现累进级距交界处的不合理现象，因此各国采用后者的较多，但在不同累进级距的交界处，税率变化巨大，存在一定的税负不公。

（1）全额累进税率，是指将计税依据全额按照其所适用的最高一级征税比例计税的累进税率。在这种累进税率形式下，一个纳税人的计税依据全额仅适用一个征税比例，当计税依据提高到一个较高级距时，计税依据全额都按照高一级的税率征税。从这个意义上说，全额累进税率类似差别比例税率。

全额累进税率具有计算简便、累进幅度大、调节收入效果明显的优点，但在两个税率级距的交界处会出现税负跳跃式增加的不合理现象。我国 1963 年对个体经济征收的所得税曾采用过全额累进税率的形式，但我国现行税收实体法已经不再采用全额累进税率。

（2）超额累进税率，是指将课税对象按照计税依据大小分为若干个级距，并分别规定每一个级距的税率，当计税依据增加到需要提高一级税率时，仅就其超过的部分，按高一级税率征税。也就是说，同一课税对象，可能同时适用几个级距的税率，使得该课税对象的全部应纳税额为多个级距应纳税额的合计数。

超额累进税率与全额累进税率相比，有以下三点优势：一是在名义税率相同的情况下，超额累进税率的税负大大低于全额累进税率的税负；二是在累进级距的交叉点附近，超额累进税率克服了全额累进税率税负跳跃式增加的不合理现象；三是在累进程度上，超额累进税率比全额累进税率要平缓得多。随着收入额增加，超额累进税率下计算的应纳税额累进程度远远小于全额累进税率的。

但超额累进税率分段计税的方法比全额累进税率计税要复杂很多，存在计算不便的问题。为了解决这一问题，实践中通常采取简化计算的方法，即速算扣除数法。速算扣除数法是将课税对象先按照全额累进税率计算出一个数额，然后再从这个较高的数额中减去相应的速算扣除数，即可以得到按照超额累进税率计算的应纳税额。其计算公式为：

应纳税额 = 计税依据 × 对应的最高税率 − 速算扣除数

上式中的速算扣除数，是为了简化超额累进税率计算方法而设计的计算参数。通过计算发现，在税率相同的级距，同一计税依据按照全额累进税率计算的税额和按照超额累进税率计算的税额之差是一个固定的数，这个数就是该级距的速算扣除数。其计算公式为：

本级速算扣除数 = 按全额累进税率计算的税额 − 按超额累进税率计算的税额

推算速算扣除数还有一种简单方法，公式为：

本级速算扣除数 =（本级税率 − 上级税率）× 上级课税对象最高数额 +
　　　　　　　上级速算扣除数

我国现行个人所得税法为了调节收入分配，对"工资、薪金所得"和"个体工商户生产、经营所得和对企事业单位的承包经营、承租经营所得"两个税目分别规定了七级和五级两组不同的超额累进税率。前者从3%累进到45%，后者从5%累进到35%。

（3）超率累进税率，是指把计税依据按相对比率划分为若干级距，分别规定相应的税率，相对比率超过一个级距的，对超过的部分按照高一级税率计算应纳税额的税率。它与超额累进税率在原理上是相同的，只是税率累进的依据不是绝对数，而是相对数。例如，为了抑制房地产的投机、炒卖活动，限制滥占耕地的行为，调节纳税人的收入，我国现行土地增值税制度将土地增值额与扣除项目金额的相对比率划分为四个级距，采用30%~60%的四级超率累进税率。

由于超率累进税率计税也比较复杂，同样可以通过速算的方法来简化，方法是引进"速算扣除率"作为计算参数。速算扣除率可以用计算公式推算：

本级速算扣除率 = 上一级课税对象的最高相对额 ×（本级税率 − 上一级税率）+
　　　　　　　上一级速算扣除率

已知本级速算扣除率后，应纳税额的计算公式为：

应纳税额 = 计税依据 × 本级税率 − 比率计算基数 × 速算扣除率

除了全额累进税率、超额累进税率和超率累进税率外，累进税率还有全率累进税率（与超率累进税率相对应）、全倍累进税率和超倍累进税率三种形式。这三种累进税率形式在现阶段各国实践中运用较少,因此不再详细介绍。

（三）定额税率

1. 定额税率的定义和适用范围

定额税率是指按照课税对象的计量单位直接规定固定征税数额的税率。课税对象的计量单位可以是重量、数量、面积、体积等自然单位,也可以是专门规定的复合单位。例如,我国现行土地使用税、耕地占用税分别以"平方米"和"亩"这些自然单位为计量单位；资源税中的天然气则以"千立方米"这一复合单位为计量单位。定额税率适用于从量计征的税种,尤其适合对质量等级和品种规格较为单一的课税对象。

2. 定额税率的特点

定额税率的特点如下：一是计税简便,例如北京市根据《车船税法》及其实施条例规定,发动机气缸容量1升（含）以下的乘用车,每年每车应纳车船税300元,计税时只需直接用车的数量乘以300元,就计算出每年的应纳税额；二是不考虑课税对象的价值,计算出的应纳税额与课税对象价值无关,只与课税对象的数量有关,因此缺乏税收弹性；三是不考虑纳税人的负担能力,不具有调节收入的效果；四是在课税对象价值上升或下降时,税收收入仍然保持不变。

3. 定额税率的形式

定额税率有单一定额税率和差别定额税率两种形式。在同一税种中只规定一档定额税率的,为单一定额税率,例如我国过去的产品税曾对大型电力发电规定单一定额税率10元/千度；在同一税种中同时规定好几档定额税率的,为差别定额税率。差别定额税率有以下几种形式：

（1）地区差别定额税率。地区差别定额税率是指对同一课税对象按照不同地区分布规定不同的定额税率。例如,我国北方海盐的资源税税率为每吨15元,南方海盐的资源税税率为每吨12元。

（2）分级分类定额税率。分级分类定额税率是指按照课税对象的不同种类和不同等级,分别规定不同的定额税率。例如我国消费税对"酒及酒精"税目下的"啤酒""黄酒"子目和"成品油"税目,分别规定了220~250元/吨和0.8~1.4元/升的分级分类定额税率。

（3）幅度定额税率。幅度定额税率是指对同一课税对象统一规定定额税率幅度,各地区在此幅度内自行确定本地区适用税率的定额税率。例如,我国的城镇土地使用税,区别大、中、小城市和县城、建制镇、工矿区，分别规定了幅度定额税率，由各地区根据实际自行确定具体的适用税率。

税收实体法中也有将几种差别定额税率形式组合运用，或者与比例税率组合运用的情形。

三、税率的设计

税收职能作用的实现有赖于税种的开征、停征、税目设置，以及税率的确定。因此，税率应当服务于税收职能作用，符合税收理性。税法学界高度关注如何通过科学、合理、有效的税率设计促进税制优化、推动税收职能作用的实现。税率的设计包括税率形式的选择和税率水平的确定。税率设计应考虑以下几个方面：

1. 税收总量

税收是国家财政收入最主要的来源，税率设计首先应考虑税率与税收总量之间的关系。在政府职能既定的前提下，宏观税负水平应以维持政府正常行使职能的经费支出及提供公共产品最基本供给的资金需要为准。因此，首先应根据公共职能需要确定税收总量，并以此为依据确定税率。

2. 效率和公平

税收的效率原则要求税收保持中性，税收实体法应采用比例税率，甚至是弹性反比税率。税收的公平原则追求各纳税人之间的税收负担均衡，包括横向公平和纵向公平。比例税率和弹性反比税率具有"累退"性质，有违税收公平原则。追求社会福利，促进社会公平，应适用累进税率而不是比例税率，对需求弹性低的生活必需品应设计低税率来增进低收入群体的福利，而不是适用弹性反比税率。然而，完全按照税收公平原则来设计税率也是行不通的，因为首先不存在绝对公平，其次过度追求公平就会使经济活动产生逆向激励效应，造成奖懒罚勤，挫伤个人的积极性，影响经济发展，导致税基缩小，最终影响整个社会的福利和公平。因此，税率的设计应兼顾效率和公平。在实践中，税率的设计受不同历史时期和政治经济环境的影响，在兼顾公平和效率的同时各有侧重。我国作为发展中国家，在税率设计上实行"效率型"，即"效率优先，兼顾公平"。

3. 税收竞争

在经济全球化的今天，税率设计还要考虑其他国家的税率水平，以便应对国际税收竞争。当今世界减税成为一种潮流，各国纷纷降低边际税率，不断简并税率档次，以便在全球范围内吸引人力资源和经济资源。

此外，税率设计应考虑的因素还包括：税率与纳税人的纳税策略密切相关，名义税率越高，税收实体法的实际执行越差；税率与税收征管水平密切相关，税收征管水平越低，为筹集足够的财政收入，名义税率就要制定得越高；税率还要考虑执行成本和执行效率，税率越是复杂，执行的成本越高，执行的效率越低；税率也会显著影响经济主体的经济决策，因此可以使用税率工具来促进产业发展，调整经济结构，鼓励和加快技术进步和创新。

四、相关概念

除了作为税收实体法要素的税率外，在税收理论研究、实证分析和税法中，还有一些广泛运用，与税率有密切联系的概念。

（一）名义税率与有效税率

名义税率与有效税率是衡量税收负担的指标。名义税率也叫法定税率，是指税收实体法所规定的税率。有效税率又叫实际税率，分为边际有效税率和平均有效税率。边际有效税率是指每增加一个单位的投资实际要负担的税收，通常用来衡量一个新的投资所将要面临的税负水平。平均有效税率是指实征税款与计税依据的比例，是对已经发生的税负进行研究的指标，体现了纳税人的真实税负水平。

（二）边际税率与平均税率

边际税率是指在计税依据的增量中，税额所占的比例（超额累进税率表中的每一级税率实际上都是相应级距计税依据的边际税率）。计算公式是：

边际税率 ＝ 应纳税款增加额 ÷ 计税依据增加额

平均税率是指全部税额与全部计税依据的比例。计算公式是：

平均税率 ＝ 应纳税额 ÷ 计税依据

边际税率与平均税率存在内在的联系。一般来说，在累进税制下，平均税率随边际税率提高而提高，但平均税率低于边际税率；在累退税制下，平均税率随边际税率下降而下降，但平均税率高于边际税率；只有在比例税制下，边际税率等于平均税率。

(三) 累退税率

累退税率与累进税率相反，其税率随着课税对象规模的增大而降低。累退税率显然是不公平的，因而几乎没有名义累退税率存在。累退税率一般用来分析某些税种的税收负担和纳税人收入之间的关系。在税收实践中，某些税种的税收负担在高收入纳税人收入额中所占的比例低于低收入纳税人，这样的税种实际上具有累退性。例如我国的增值税、消费税和营业税等税种，虽然名义税率都是比例税率，并不具有累进或累退效果，但实际上由于低收入群体用于日常生活消费的支出占全部收入的比例较大，因此，随着收入的提高，纳税人的税收负担反而是累退的，收入高的群体税负相对较轻，收入低的群体税负反而较重。分析税种的累退性对于研究税率的设计和税收对经济的影响具有重要意义。

(四) 零税率、免税与不征税

零税率是以零表示的税率，表明纳税人负有纳税义务，但不需要缴纳税款。零税率通常适用于以下几个税种：一是所得税，对所得的免税部分规定税率为零，目的是保证低收入者的生活和生产需要。二是货物和劳务税，对出口货物或服务规定税率为零，即出口货物或服务在出口时不缴税，并退还出口货物或服务在前期流转环节已缴纳的税款，使货物或服务以完全不含税的价格进入国际市场。出口零税率一方面避免双重征税（进口国通常要对进口货物征税），另一方面增强产品或服务国际市场竞争力。三是进口税，对本国鼓励进口的部分货物给予零税率。

零税率与免税、不征税都不需要缴税，但是三者有以下几点区别：首先，从纳税义务看，不征税是指不负有纳税义务；免税是指有纳税义务，但对纳税义务进行了免除，是税收优惠的一种；零税率则是对纳税义务规定的一档实实在在的税率。其次，从适用程序看，零税率和不征税只要符合条件就可以直接适用，无须履行享受免税优惠的相关程序，而依法需经审批或备案的免税项目必须履行相应程序方可适用。再次，从税负看，零税率是对课税对象免除"从头到尾"的税负，除了适用零税率的环节免税外，之前该课税对象已经缴纳的税款也予以退还，而免税和不征税仅在特定环节不予课税，但不予退还该课税对象之前已缴纳的税款。因此对课税对象来说，零税率比免税和不征税税负更低。最后，从企业所得税计算来看，根据我国现行税收实体法，减免的增值税属于财政性资金，在符合专项使用、单独核算等相关条件的情形下，不需计入企业所得税应纳税所得额；纳税人因适用零税率而产生的出口退税收益不属于财政性资金，不需缴纳企业所得税；对纳税人取得的不属于征税范围的财政拨款、政府性基金、行政事业性收费等不征税收入也不计入企业所得税应纳税所得额。

（五）应税所得率

应税所得率是对采取核定征收方式征收企业所得税的居民纳税人（核定征收非居民纳税人企业所得税使用的是"利润率"），或征收个人所得税的个人独资企业和合伙企业投资者，所核定的计算应纳税所得额的比例，是纳税人应纳税所得额与其应税收入总额或成本费用支出额的百分比。应税所得率用于计算应纳税所得额，应纳税所得额再与税率相乘才能得出应纳税款。

实行核定应税所得率征收方式的纳税人，应纳所得税额的计算公式如下：

应纳所得税额 = 应纳税所得额 × 适用税率

应纳税所得额 = 收入总额 × 应税所得率

或　　　　 = 成本费用支出额 ÷（1 - 应税所得率）× 应税所得率

应税所得率不是税率，二者的区别有以下几点：一是设置目的不同。税率用于计算应纳税额，应税所得率用于计算应纳税所得额。二是适用范围不同。税率适用于所有的纳税人，应税所得率只适用于采取核定应税所得率征收方式征收企业所得税和个人所得税的纳税人。三是依据不同。税率的依据是各税种税收实体法，应税所得率的依据是国家税务总局制定的规范性文件。国家税务总局根据各个行业、各个地区的利润水平，结合宏观经济数据和税收征管实际进行测算后，将应税所得率的幅度标准以规范性文件的形式固定下来。四是适用程序不同。税率直接根据税收实体法规定适用，不需履行任何程序，应税所得率的适用要由主管税务机关根据纳税人的生产经营行业特点，综合考虑纳税人的地理位置、经营规模、收入水平、利润水平等因素，在国家税务总局规定的幅度范围内，分类逐户核定适用。五是稳定性不同。税率法定，非经法定程序不得变更，因此纳税人的适用税率是相对稳定的，企业所得税的应税所得率则每年都要由主管税务机关重新进行核定，国家税务总局也会根据我国经济发展和税收征收管理实际情况，相应地调整应税所得率的幅度标准。

（六）征收率

征收率是指由税收实体法直接规定或授权税务机关核定，对于财务会计核算不健全，不能准确核算计税依据的纳税人，按照与计税依据相关的其他数据计算应纳税额的比例。与计税依据相关的其他数据包括销售额、营业额、收入额等。

征收率计税办法是一种简化计税方法，旨在解决部分纳税人不能准确核算计税依据，无法通过计税依据与适用税率相乘准确计算应纳税额的问题。例如，我国《增值税暂行条例》规定，对会计核算不健全，不能提供准确税务资料的小规模纳税人按销售额和3%的征收率征收增值税，同时不再扣减进项税额。其计算公式如下：

应纳税额＝销售额 × 征收率

再如，《国家税务总局关于个人住房转让所得征收个人所得税有关问题的通知》（国税发〔2006〕108号）规定，对于纳税人未提供完整、准确的房屋原值凭证，不能正确计算房屋原值和应纳税额的，税务机关可在1%～3%的幅度范围内确定征收率，按照住房转让收入计算征收个人所得税。计算公式如下：

应纳税额＝住房转让收入 × 征收率

征收率与税率都是计算应纳税额的因数，但二者有以下区别：一是征收率只在简化计税方法中使用，税率在正常计税方法中使用。二是征收率有法定的，也有税务机关依法核定的，税率只能由税法规定。三是与征收率相乘计算应纳税额的因数不是计税依据，而是与计税依据密切相关的销售额、收入额等其他数据，与税率相乘计算应纳税额的只能是计税依据。四是使用征收率计税时不扣减进项税额或相关费用，使用税率计税时应依法扣减进项税额或相关费用。五是征收率与税率相比稳定性较低，即使是法定征收率，通常也授权相关部门可根据情况调整；税率则更为稳定，非经法定程序不得变更。六是与税率相比，税务机关核定的征收率不具有数值确定性，税务机关拥有相应的行政裁量权。七是征收率可以在多税种合并计算时使用，例如一些地方税务局对个人住房出租应纳营业税、城市维护建设税、房产税、城镇土地使用税、印花税、个人所得税确定综合征收率，合并计算多税种的应纳税总额；而税率与税种相对应，只能适用于某一特定税种的应纳税额计算。

税法提倡纳税人健全会计核算，提供准确税务资料，依法按照税率准确计算和缴纳应纳税额。例如《增值税暂行条例》规定，小规模纳税人会计核算健全，能够提供准确税务资料的，可以向主管税务机关申请一般纳税人资格认定，依照法定税率计算应纳税额。

第七节 纳税环节

一、纳税环节的概述

（一）纳税环节的概念

纳税环节是税收实体法要素之一。在现有税法著作中，对于纳税环节的理解并不统一，主要有广义和狭义两种观点。广义的纳税环节是指全部征税对象在再生产中的分布。狭义的纳税环节是指税法规定的在商品流转过程中和劳务活动中应缴纳税款的环节。上述定义存在一定局限性，一是以环节来定义环节，有同义反复之嫌；二是广义纳税环节的范围比较笼统，而狭义纳税环节只局限在生产流通领域，未涵盖所有税种的纳税环节。

我们认为，纳税环节是指税法针对不同课税对象而规定的缴纳税款的法定节点。纳税环节与课税对象密切相关，主要解决纳税人的纳税义务在哪个节点履行的问题。

（二）纳税环节的特征

1. 节点的明确性

税法针对不同税种的课税对象确定相应的纳税环节，如货物和劳务税主要在货物流转、劳务提供环节课税，所得税主要在所得确定环节课税，财产税主要在财产保有环节课税，资源税主要在资源开采环节课税，行为税主要在行为发生环节课税。即使是同一税种，也因课税对象的不同而在纳税环节上有不同的规定。如《个人所得税法》规定，纳税人的工资薪金、劳务报酬等应税所得的纳税环节在支付环节或领取环节。而个体工商户生产、经营所得和企事业单位承包经营、承租经营所得的纳税环节为预缴环节或汇算清缴环节。

2. 要素的关联性

纳税环节与其他税法要素相互影响和制约。一是纳税环节与纳税义务发生时间相关联。作为不同课税对象应纳税款的节点，纳税环节是确定纳税义务发生时间的前提，纳税义务发生时间又是纳税环节的具体化。比如，《增值税暂行条例》第一条规定了增值税应在销售货物或者应税劳务、进口货物等环节纳税，而在第十九条中则具体规定了增值税纳税义务发生时间，即"销售货物或者应税劳务，为收讫销售款项或者取得索取销售款项凭据的当天；先开具发票的，为开具发票的当天"。二是纳税环节与纳税地点相关联。部分税种的纳税环节影响纳税地点的确定，比如，消费税实行单环节课税，纳税人生产的应税消费品（除金银首饰外），在出厂销售环节纳税，消费税的纳税地点就是消费品生产企业机构所在地。如果应税消费品调整为零售环节课税，消费税的纳税地点就是消费品零售企业的机构所在地。

3. 计税的简便性

在课税对象从生产到消费的过程中，能够被税法确定为纳税环节的主要因素应该是节点便于确认、税款便于计算。比如，货物和劳务税选择在流转环节课税，就是因为以流转额作为计税依据比较方便；财产税选择在保有环节课税，不仅可以财产的原始价值作为计税依据，而且可以参考财产评估的因素进行调整。即使实行"道道环节课征"的增值税，也是可以采取当期销项税额减去进项税额的"扣税法"计算当期应纳税额，这样既避免了重复征税，又保证了税款计算的简便性。

4. 征管的便利性

纳税环节虽然是实体法的要素之一，但是要考虑到与程序法的衔接，即在时间和空间等方面便于日常的征管，以有效提高征管的效率。比如，对纳税人的工资薪金等项目征收个人所得税涉及纳税人数量多、征管难度大，而将纳税环节设置在支付环节，并以支付所得的单位或者个人为扣缴义务人则大大提高了征管效率。又如消费税将纳税环节确定在生产企业出厂销售环节，既能够控制纳税人的数量，又有利于税务机关加强管理，降低征收成本。

二、确定纳税环节的意义和作用

1. 合理确定纳税环节有利于保证税收稳定入库

对不同课税对象合理确定纳税的节点，需要综合考虑各税种的特点以及相关税法要素的关联性，更需要统筹兼顾征纳双方计税和征管的成本，从而确保税收收入及时稳定地入库。如从货物和劳务税看，无论是货物生产流通，还是劳务提供，都要经历诸多流转环节，各个环节都存在销售额或营业额，理论上都可能成为纳税环节。现行税法中，增值税、营业税选择在流转的每个环节征收；而消费税大部分税目选择在生产环节征收，既考虑了税源的分布情况，又考虑了征纳便利，有利于税收稳定入库。

2. 合理确定纳税环节有利于发挥税收调控作用

税收涉及生产、流通、消费等各个领域，通过对不同领域的具体环节课税或不予课税，影响社会成员的经济利益，能够引导纳税人的经济行为。如资源税的纳税环节为应税资源的出厂销售环节，有利于加强稀缺资源管理，促进企业合理开发；耕地占用税的纳税环节为获准占用耕地环节，有利于限制非农业建设占用耕地，保护农用土地。

3. 合理确定纳税环节有利于地区间财政收入分配

由于税法规定的纳税环节的不同，影响纳税地点的确定，进而影响不同地区间的财政收入分配。如现行消费税大多数情况下在出厂销售环节课征，纳税地点为生产企业机构所在地。如果调整为零售环节课税，消费税的纳税地点就是消费品零售企业的机构所在地。

三、纳税环节的确定方法

税法中纳税环节的确定通常采取以下方法：

1. 在明确纳税人的同时确定纳税环节

这主要体现在货物和劳务税方面，比如《营业税暂行条例》第一条在规定纳税人具体纳税义务的同时，也规定了营业税的纳税环节为劳务提供环节、土地使用权转让环节、不动产销售环节。又如《消费税暂行条例》第一条在规定了纳税人的同时，明确了企业在生产、委托加工、进口环节缴纳消费税。

2. 在明确纳税义务发生时间的同时确定纳税环节

这主要体现在行为税方面，尤其是计税期间为按次计征的税种，比如《契税暂行条例》第八条规定：契税的纳税义务发生时间为纳税人签订土地、房屋权属转移合同的当天，这也表明契税的纳税环节为土地、房屋权属转移环节。《印花税暂行条例施行细则》第十四条规定："条例第七条所说的书立或者领受时贴花，是指在合同的签订时、书据的立据时、账簿的启用时和证照的领受时贴花。"明确了印花税的纳税环节为合同签订环节、书据立据环节、账簿启用环节、证照领受环节。

3. 在明确纳税地点的同时确定纳税环节

这种形式一般作为相关税种主要纳税环节规定的补充，如《增值税暂行条例》第二十二条规定："进口货物，应当向报关地海关申报纳税"，其纳税环节为货物进口环节。

4. 在明确计税期间和纳税期限的同时确定纳税环节

这主要体现在所得税和财产税方面，如在《企业所得税法》中关于计税期间和纳税期限的规定，为按年计算税款，分月或季度预缴，年度终了后汇算清缴，这也表明其纳税环节为预缴环节或汇算清缴环节。《房产税暂行条例》规定，房产税按年征收、分期缴纳，表明其纳税环节为房产保有环节。

5. 税法直接规定纳税环节

税法中直接规定纳税环节的情况较少，比较典型的是消费税的相关政策，如《财政部、国家税务总局关于调整金银首饰消费税纳税环节有关问题的通知》（财税字〔1994〕95号）规定："经国务院批准，金银首饰消费税由生产销售环节征收改为零售环节征收。"

第八节　税收优惠

一、税收优惠概述

（一）税收优惠的概念

税收优惠是国家在普遍课税的基础上，为实现特定目标而采取的减轻或免除纳税人税收负担的特别措施。从国家债权角度来看，这些特别措施是国家主动放弃所有权的法律行为。由于税收具有无偿征收性，税款缴纳后所有权即转归国有。国家为实现特定目标，更好地发挥税收职能作用，可以通过立法制定税收优惠，依法放弃一部分税款的所有权。

税收优惠是税收实体法要素中极为特殊的一个要素，突出表现在以下两个方面：一是税收优惠在微观上以减少税收为直接效果。税收优惠通过对特定纳税人或课税范围作出特别规定，调整普遍适用的计税依据、税率等税收实体法要素，减轻特定纳税人的税收负担，减少税收收入。二是税收优惠是唯一不以实现税收的财政功能为直接目的的税收实体法要素，旨在更好地实现税收调控经济运行、调节收入分配的职能作用。税收实体法的其他要素也具有相应的调节和调控功能，但其他要素的调节和调控功能通过确定如何征税来实现，而税收优惠的调节和调控功能通过采取鼓励或照顾措施、减轻特定纳税人的税收负担来实现。

在西方国家的理论和实践中，税收优惠一般用"tax incentives"来表达，直译即"税收激励"，体现了税收优惠具有明确的目标导向性。随着西方国家税收优惠理论和实践的发展，"tax expenditure"①，直译即"税式支出"，已经成为西方国家税收优惠的另一种重要表达。其意义在于将税收优惠看成财政支出的一种特殊方式②，并对其进行严格、有效的预算规划和监控。③ 税收优惠是财政支出的特殊方式与税收优惠是国家主动放弃税款所有权的法律行为，从不同的角度揭示了税收优惠的性质。目前，很多西方国家将税式支出预算作为财政预算正式科目，例如美国④、德国、法国、加拿大、澳大利亚、荷兰、英国、比利时、西班牙等。运用税式支出理念管理和规范税收优惠，能够对税收优惠所造成的财政收入减少进行数量分析，对实际效果进行缜密评估，强化管理，提高对财政资金总量和支出方向的宏观控制。

（二）税收优惠的特征

1. 税收优惠以纳税义务为前提

税收优惠是对税收实体法一般规定的特别调整，建立在税收实体法一般规定的基础之上。税收优惠对纳税人纳税义务的减轻或免除，建立在有纳税义务的前提之上。没有纳税义务，就谈不上税收优惠。由此可知，不征税并非税收优惠。不征税是指相关财产、所得等客体不属于课税对象，相关单位和个人也不负有纳税义务。既然没有相应的税收负担，也就谈不上享受税收优惠减轻或免除税收负担。

2. 税收优惠是在税收实体法一般规定之外的特别措施

税收优惠通常体现为对税收实体法的计税依据、税率等要素的调整，是税收实体法中针对特定纳税人或课税范围的特别措施。税收实体法中的一般性规定不属于税收优惠。

---

① 1973年美国财政部长助理、哈佛大学教授S.Surry在其所著《税收改革之途径》中正式使用"tax expenditure"一词。
② 税收优惠使国家财政收入减少，与增加财政支出对财政平衡的影响是一样的，因此是一种特殊形式的财政支出。
③ 王霞. 税收优惠法律制度研究［M］. 北京：法律出版社，2012：7.
④ 美国国会在《1974年预算改革法案》中以法律形式把税式支出纳入预算程序，要求总统在提出每年直接预算时，必须包括税式支出预算。

因此，税收实体法一般规定本身存在的差别化内容不属于税收优惠，例如在实行差别税率的税种中，较低的税率档次并非税收优惠。税收实体法中的一般规定和税收优惠使普遍性与特殊性相互结合，更好地适应不同情况，一方面保证税法有效实施；另一方面体现税收效率原则和税收公平原则。由于税收优惠是针对特定纳税人或课税对象的特别措施，一般来说，纳税人申请享受税收优惠，应当按照规定提供有关资料，对其特殊性进行举证；享受税收优惠的纳税人，因条件发生变化不再符合享受税收优惠条件的，应当依照税收实体法一般规定履行纳税义务；纳税人兼营免税、减税项目的，应当分别核算免税、减税项目的销售额，未分别核算的，按照一般规定纳税，不得享受税收优惠。

3. **税收优惠具有目标导向性**

税收优惠是为实现一定政治、经济、社会等目标而设置的。每项税收优惠都有其明确的目标导向。税收优惠通过变动税收实体法的一般规定，使得均衡税负、调控宏观经济和调节收入分配的目标更加集中而灵活地得以实现。如果说税收实体法的其他要素体现了"形式正义"，那么税收优惠则以追求"实质正义"为目的。我国现行税收优惠的目标包括促进经济发展、促进社会发展和促进政治、军事、外交等其他领域的发展。

4. **税收优惠具有纳税人受益性**

税收优惠也被称为"税式支出"，是财政支出的一种特殊方式。税收优惠减轻或免除纳税人的税收负担，给予纳税人鼓励或者照顾，实际上是国家对税款所有权的主动放弃，使纳税人获得了一种特殊形式的财政补贴。因此，税收优惠具有纳税人受益性的特征。这一特征与税收实体法其他要素截然相反。特定纳税人因国家主动放弃税款所有权而获得相应的财产所有权，享有对财产占用、使用、收益和处分的权利，国家无权加以限制。但税收优惠带来的权益只能由特定纳税人享有，不具有可转让性。

5. **税收优惠具有时效性**

税收优惠服务于相应的经济、社会等目标，由于市场经济运行过程中经济形势、社会状况等客观条件处于不断的发展和变化之中，税收优惠也需要适时进行调整。因此，相对于其他税收实体法要素来说，税收优惠的稳定性和确定性较低，具有明显的时效性。一旦经济社会形势发生了较大的变化，税收优惠也应及时进行相应调整。时效性特征在规定了有效期限的税收优惠中表现得尤为突出。需指出的是，税收优惠虽然应当根据实际适时调整，但其变动不宜过于频繁。税收优惠从实施到效果显现需要一定的时间周期，完全丧失稳定性和确定性会影响到税收优惠效果的显现,因此在注重其时效性的基础上,维持税收优惠相对的稳定性和确定性仍然是必要的。

(三)税收优惠与税收公平原则的关系

税收优惠的实施表面上违背了税收公平原则,但实质上,税收优惠有利于解决税收公平原则之下一般正义和个案正义的冲突,更好地均衡税负。税收公平原则能够作为一项原则,其适用就具有相当的普遍性,所以税收实体法中税收优惠以外的其他规定往往是类型化、普适性的一般规定,体现形式公平。但是税法所主张的公平不仅仅指形式公平,还包含着合理负担、量能课税,因此需要借助一种机制,来矫正税法对个别正义和公平的忽略。税收优惠即具有这样的功能。例如,当发生风、火、水、震等严重自然灾害使纳税人遭受严重损失,确定纳税人一般纳税义务时所依据的基础发生重大变化。如果要求纳税人按照原来的数量纳税,显然有悖于量能课税原则,造成国家和纳税人之间的利益失衡。因此,当满足税收情事变更的构成要件时,纳税人就可以主张情事变更从而变更税收法律关系,减轻或免除自己的纳税义务。

二、税收优惠的功能和目标

税收优惠的功能在于借助税收上的鼓励或照顾措施,调控宏观经济和调节收入分配。税收优惠通过调整税收实体法的一般规定,从实质正义的角度均衡税负、调节收入分配。此外,税收优惠以减轻纳税人税收负担的方式,实质上实现了税收从收到支的转化,高效地实现了国家利用税收杠杆调控经济运行的职能,有助于弥补市场失灵。从财政学的角度看,与其他财政政策相比,税收优惠具有更大的透明度和稳定性,可以持续地增加特定纳税人的财力,便于纳税人从长远地规划、安排自己的投资、生产、消费和储蓄,使微观经济计划与宏观经济调控更好地协调。

税收优惠的功能是通过具体目标来实现的。税收优惠的具体目标包括经济目标、社会目标和其他目标。

(一)经济目标

1. 调节经济结构、提高经济效率

以此为目标的税收优惠包括:一是调节产业结构的税收优惠,例如我国对纳税人从

事农、林、牧、渔业的所得免征、减征企业所得税。二是调节区域经济结构的税收优惠，例如，我国自 2011 年起至 2020 年，对设在西部地区以《西部地区鼓励类产业目录》中规定的产业项目为主营业务，且其当年度主营业务收入占企业收入总额 70% 以上的企业实行企业所得税税率优惠。三是促进基础设施建设的税收优惠，例如我国对从事国家重点扶持的公共基础设施项目投资经营所得实行企业所得税免税或减税。

2. 调节经济总量、促进经济增长

以此为目标的税收优惠包括：一是鼓励出口的税收优惠，例如我国对出口货物的增值税纳税人实行的增值税退（免）税。二是鼓励投资的税收优惠，例如我国对创业投资企业从事国家需要重点扶持和鼓励的创业投资，可以按照投资额的一定比例抵扣企业所得税应纳税所得额。三是鼓励利用外资的税收优惠，例如我国对外国政府和国际金融组织贷款项目进口的企业自用设备，免征进口环节增值税。四是鼓励技术进步税收优惠，例如我国对需要重点扶持的高新技术企业实行企业所得税税率优惠。五是鼓励新办企业的税收优惠，例如我国对符合条件的新办企业实行企业所得税定期减税或免税。

3. 保护环境，实现可持续发展

以此为目标的税收优惠包括：一是鼓励减少污染的税收优惠，例如我国对达到低污染排放限值的小轿车、越野车和小客车减征 30% 的消费税。二是鼓励综合利用的税收优惠，例如对生产原料中掺兑废渣比例不低于 30% 的特定建材产品免征增值税。

（二）社会目标

为实现社会目标而制定的税收优惠包括：一是鼓励计划生育的税收优惠，例如我国对避孕药品和器具免征增值税。二是促进生活必需品生产和消费的税收优惠，例如我国对农业生产者销售的自产农产品免征增值税。三是促进文化、教育、卫生、体育事业的税收优惠，例如对纪念馆、博物馆、文化馆、文物保护单位管理机构等举办文化活动的门票收入免征营业税。四是促进社会福利事业的税收优惠，例如我国对企业安置残疾人就业的实行企业所得税应纳税所得额加计扣除。五是扶助农村发展的税收优惠，例如我国从 2009 年至 2011 年期间，对农村信用社、村镇银行、农村资金互助社、由银行业机构全资发起设立的贷款公司、法人机构所在地在县（含县级市、区、旗）及县以下地区的农村合作银行和农村商业银行的金融保险业收入减按 3% 的税率征收营业税。

(三) 其他目标

税收优惠的其他目标包括政治、军事、外交等目标，例如对党和政府及社会团体、民主党派的税收优惠，对军品、军队系统企业、安置随军家属就业、烈属、残疾军人的税收优惠，对使领馆用品和使领馆人员的税收优惠等。

三、税收优惠的制定原则

科学的税收优惠能够推动经济和社会的发展，不良的税收优惠扭曲市场竞争，破坏税收公平和税法的严肃性，扩大税收筹划空间，侵蚀税基，加剧经济发展不平衡，反而阻碍经济和社会的进步。因此，制定税收优惠应遵循实质正义、法定主义、整体和协调等原则。

1. 实质正义原则

税收公平原则要求对纳税人同等对待。每个纳税人对国家并无特别牺牲的义务，具有同等税收负担能力的纳税人应当承担均衡的纳税义务，平等纳税。从形式上看，赋予特定纳税人税收优惠，是国家对部分税收收入的放弃，让利于部分纳税人破坏了纳税人之间的公平，有违税收公平原则。因此，制定税收优惠必须以实现公共利益为目的，兼顾税收财政职能和税收调控调节职能、经济效率和社会公平、整体利益与个别利益，在实质上符合公平正义的法律精神。

2. 法定主义原则

税收优惠是税收实体法要素之一，涉及对纳税人部分或全部纳税义务的免除，应当符合课税要素法定原则。我国现行税收优惠除了体现在《企业所得税法》《个人所得税法》《营业税暂行条例》等法律、法规中，还有很多是以财政部、国家税务总局规范性文件、批复、公函的形式体现的，甚至许多地方政府机关也出台名目繁多的区域性税收优惠政策。税收优惠立法结构散乱，层次繁多，缺乏统一规划，这些现象的存在不但导致税收优惠完全丧失稳定性和确定性，而且这些随意性过大的税收优惠政策很难实现实质上的公平正义。因此中国共产党第十八届中央委员会第三次全体会议通过的《中央关于全面深化改革若干重大问题的决定》特别指出，应着重清理规范现有税收优惠政策，逐步实现税收优惠政策统一由专门税收法律法规规定，严格落实税收法定原则。

3. 整体和协调原则

税收优惠形式多样、内容丰富，相互之间应实现协调统一，形成合力，避免相互矛盾或脱节。一是税收优惠应具有整体性。制定税收优惠应按照统一税制、公平税负、促进公平竞争的原则，根据预设的社会、经济等目标，统一规范，注重整体。加强对税收优惠特别是区域性税收优惠的管理，逐步清理和理顺区域性税收优惠，体现整体公平的政策待遇。二是不同税种和不同时期的税收优惠要相互协调。国家鼓励特定产业或事项发展，需要综合运用相关税种的税收优惠，调节方向相同，执行标准一致，形成税收调控的合力，例如我国支持文化产业发展的税收优惠、扶持孵化器的税收优惠，采取了多税种协调并用的方式推动产业发展。此外，鉴于税收优惠的时效性特征，要高度关注社会和经济形势的发展变化，对到期的税收优惠及时评估，根据客观需要进行延续、调整或取消，做到前后协调。

此外，制定税收优惠时还应考虑世界贸易组织规则（以下简称 WTO）中的反补贴措施规定，避免引发国际贸易争端。WTO 规则禁止或不鼓励政府使用对其他成员方贸易造成不利影响的补贴，包括禁止性补贴和可诉性补贴。禁止性补贴是绝对禁止的，分为出口补贴和进口替代补贴。其中，出口补贴指法律上或者事实上以出口实绩为唯一或其中一个条件而给予的补贴；进口替代补贴指以使用国产货物替代进口货物为唯一或为其中一个条件而给予的补贴。可诉性补贴是 WTO 规则不鼓励的，指在一定范围内允许实施，但如果在实施过程中对其他成员方的经济贸易利益会产生或者已产生不利影响，受到影响的成员方也可以提出反对意见和提起申诉的补贴。实践中，WTO 框架下的反补贴调查及征收反补贴税常涉及可诉性补贴。因此在制定税收优惠时，我国应特别关注反补贴措施规定，注意不以出口实绩或使用国产货物替代进口作为纳税人享受税收优惠的法定或实际条件，不对出口企业给予个案税收优惠。

四、税收优惠的分类

税收优惠形式多样，可以从不同角度进行分类。

（一）按照表现形式分类

按照表现形式，税收优惠可以分为法定优惠和特定优惠。

1. 法定优惠

法定优惠是指各税种的税收实体法中列举的税收优惠。法定优惠由有权机关在制定税收实体法时,列入相应的税收法律、条例和实施细则之中。我国绝大部分税种在其税收实体法中都列有税收优惠条款,既有明确列举税收优惠项目的,也有只规定税收优惠原则和范围的。在《企业所得税法》中还专章规定了税收优惠。法定优惠的优惠期限一般较长或无期限,相比其他形式的税收优惠稳定性更强,主要从国民经济宏观发展及产业规划的大局出发,对一些需要鼓励发展的项目或关系社会稳定的行业领域,给予税收鼓励或照顾。

2. 特定优惠

特定优惠是指根据经济社会情况发展变化和贯彻税收政策的需要,由获得授权的部门专项规定的税收优惠。特定优惠通常有三种情形:一是在税种的基本立法确定以后,随着经济社会情况的发展变化所作的新的税收优惠规定。例如《企业所得税法》第三十六条授权国务院根据国民经济和社会发展的需要,制定企业所得税专项优惠政策,报全国人民代表大会常务委员会备案。据此,《国务院关于印发进一步鼓励软件产业和集成电路产业发展若干政策的通知》(国发〔2011〕4号)规定,为进一步优化软件产业和集成电路产业发展环境,对符合条件的企业给予企业所得税"两免三减半"或"五免五减半"优惠政策。二是在税种的基本立法中,难以或不宜全部正列举而授权相关部门制定规范性文件作出规定的税收优惠。例如《车船税法》第五条授权省、自治区、直辖市人民政府根据当地实际情况,对公共交通车船,农村居民拥有并主要在农村地区使用的摩托车、三轮汽车和低速载货汽车定期减征或者免征车船税。据此,《上海市关于公共交通车船免征车船税有关问题的通知》(沪地税地〔2007〕45号)规定对用于上海市范围内公共交通线路营运的车辆、渡船免征车船税。三是针对遭受特殊困难而暂时性无力履行纳税义务的纳税人临时给予的税收优惠。临时税收优惠通常为定期减免或一次性减免,具有不确定性和不可预见性。例如《财政部、海关总署、国家税务总局关于支持汶川地震灾后恢复重建有关税收政策问题的通知》(财税〔2008〕104号),对受灾严重地区损失严重的企业,免征2008年度企业所得税;对政府为受灾居民组织建设的安居房建设用地免征城镇土地使用税,转让时免征土地增值税等。

特定优惠有以下几个特征:一是通常由国务院及其财政、税务主管部门制发规范性文件予以明确;二是特定优惠适用范围较小;三是有较强的时效性,大部分有优惠期限;

四是优惠对象具体明确，多数是针对具体的特定纳税人或课税对象；五是具有更大的灵活性。

（二）按照税收优惠要素分类

按照照顾或鼓励措施直接指向的要素，税收优惠可以分为税基优惠、税率优惠和税额优惠。

1. 税基优惠

税基优惠是指通过减少收入或扩大扣除数额的方式缩小计税依据，从而实现应纳税额减少的税收优惠方式。由于所得税的计税依据是通过收入减除扣除项目得出的应纳税所得额，因此税基优惠在我国企业所得税实体法中最为常见。税基优惠的主要形式有：一是减计收入，例如我国对企业综合利用资源，生产符合国家产业政策规定的产品所取得的收入，减按90%计入企业所得税应纳税所得额。二是加计扣除，例如我国对从事房地产开发的纳税人实行土地增值税加计20%的费用扣除。三是项目所得扣除，例如我国对企业从事符合条件的环境保护、节能节水项目的所得可以免征、减征企业所得税。四是免税收入，例如我国对企业的国债利息收入免征企业所得税。五是递延纳税，例如企业对符合条件的固定资产可以采取缩短折旧年限或者加速折旧的方法计算企业所得税应纳税所得额。六是投资抵扣，例如我国的创业投资企业采取股权投资方式投资于未上市的中小高新技术企业2年以上的，可以按照其投资额的70%在股权持有满2年的当年抵扣该企业的企业所得税应纳税所得额。七是起征点。起征点指税法规定的对课税对象开始征税的最低界限。[①] 计税依据达不到起征点的不征税，达到或超过后全额征税。例如，我国对营业税个人纳税人的起征点规定为月营业额5000~20000元，或次（日）营业额300~500元。[②] 八是免征额。免征额是指计税依据中免予征税的数额。计税依据中属于免征额的部分免征税款，纳税人仅就超过免征额的部分纳税。例如，我国对取得工资薪金的个人所得税纳税人实行3500元的免征额。

起征点与免征额同为征税与免税的界限，对纳税人来说，在其收入没有达到起征点或没有超过免征额的情况下，都无需缴纳税款，税收负担一致。但在以下两种情形时，纳税人的税收负担存在区别：一是纳税人收入达到或超过起征点时，应就其收入全额征

---

① 宋凤轩，等. 税收理论与制度 [M]. 北京：人民邮电出版社，2011：78.
② 各地区具体适用的起征点由省级财政、税务部门确定。

税；纳税人收入超过免征额时，只就超过的部分征税。二是当纳税人的收入刚好达到起征点时，应按其收入全额纳税，而纳税人的收入刚好等于免征额时，免于纳税。因此，免征额比起征点更为优惠。

2. 税率优惠

税率优惠是指通过直接降低税率的方式实施的税收优惠。例如，我国对符合条件的小型微利企业减按 20% 的税率征收企业所得税，对国家需要重点扶持的高新技术企业减按 15% 征收企业所得税。再如，我国对个人首次购买 90 平方米及以下普通用房的契税纳税人，适用 1% 的优惠税率。

3. 税额优惠

税额优惠是指直接减少或免除应纳税额的税收优惠。税额优惠包括两种形式：一是直接减免。例如，我国民族自治地方对本地企业应缴纳的企业所得税中归属地方的部分，可以减征或免征。二是抵免税额。例如，我国对企业购置用于环境保护、节能节水、安全生产等专用设备的投资额可以按一定比例实行企业所得税税额抵免。

（三）按照税收优惠范围分类

按照优惠范围，税收优惠可以分为产业型税收优惠、区域性税收优惠和其他税收优惠。

1. 产业型税收优惠

产业型税收优惠是指对需要政策倾斜的特殊产业给予的税收优惠。根据本国经济发展的实际需要，有选择、有重点地引进外资发展本国的特定产业和项目，是国际上的通行做法。尤其在发达国家，对加快科技进步、加大科技投入的产业型税收优惠广泛运用。我国的产业型税收优惠包括对农、林、牧、渔业的免税减税，对金属矿产品、非金属矿产品的免税减税，对石油、煤炭、电力、柴油、汽油的免税减税，对建筑材料的免税减税等。相对于区域性税收优惠，我国产业型税收优惠运用较少，不利于产业进步和经济结构调整。根据税制改革的总体思路，将来应逐步形成以产业性优惠为主，区域性优惠为辅的税收优惠体系。

2. 区域性税收优惠

区域性税收优惠是指规定特定地区相对于一般地区在税收上享有的优惠待遇。区域性税收优惠不但被发展中国家广泛用于吸引外资发展地区经济，也被发达国家作为发展地区经济的有效措施。但发达国家实施区域性税收优惠较少，发展中国家实施较多。我国区域性税收优惠很多，包括对经济特区、沿海经济开发区、经济技术开发区、高新技术产业开发区的免税减税；对沿海开放城市、沿江开放城市、内陆开放城市、边境对外开放城市的免税减税；对中西部地区的免税减税；对民族地区的免税减税；对贫困地区的免税减税。但过去十几年我国的区域性税收优惠侧重于东部沿海，不但加大了东西部区域间经济发展的差距，也弱化了税收优惠的调控力度。此外，一些地方政府从本地利益出发，单独制定了一些区域性税收优惠政策，违背了税收公平原则和税收法定原则。因此，有必要全面清理区域性税收优惠，体现整体公平的政策待遇，加强对区域性税收优惠的管理，突出促进落后地区经济发展和满足区域经济整体均衡发展的需要。

（四）按照调控方式分类

按照调控方式，税收优惠可以分为直接优惠和间接优惠。

1. 直接优惠

照顾或鼓励措施直接指向税率或税额的税收优惠属于直接优惠。直接优惠的具体表现形式主要是免税、减税、退税和优惠税率等，优点是简单明了、易于操作。但直接优惠是一种事后的利益让渡，优惠针对的是企业的经营结果，因此受益者是盈利纳税人，其运用容易导致投资向经营周期短、见效快的简单加工业和劳动密集型行业集中。对于投资规模大、经营周期长、获利慢的基础设施、基础产业、交通能源建设、农业开发等项目，直接优惠的激励作用不大，难以起到预期的目标导向作用。此外，直接优惠对纳税人骗取税收优惠的吸引力很大，纳税人容易通过推迟获利年度等方法进行税收筹划。因此，直接优惠的调控效果不如间接优惠。

2. 间接优惠

照顾或鼓励措施直接指向税基的税收优惠属于间接优惠。间接优惠的具体方式主要是加计扣除、加速折旧、投资抵免等。间接优惠的优点是具有较好的税收弹性，对纳税人调整生产经营活动的激励作用大，可以更有效地引导长期的投资和经营行为，促进新技术开发，优化产业结构，促进经济的发展。间接优惠对于财政收入、税收公平的损害也相对较少。但间接优惠的操作相对复杂，需要以健全的财务核算为基础。无论从理论还是实践角度看，间接税收优惠均优于直接优惠。因此在选择税收优惠方式时，应当主要运用间接优惠，尽可能少用直接优惠。一些税收优惠制度比较健全的国家，也都是以间接优惠为主、直接优惠为辅。我国现行的税收优惠以直接优惠为主体,间接优惠比重很低。将来应着力加大间接优惠在税收优惠中所占的比重,提升税收优惠的激励效果,减少直接优惠的运用。

五、享受税收优惠的程序

目前,根据税收优惠的不同特点,纳税人享受税收优惠的程序有三种情形:一是依法直接享受税收优惠;二是经税务机关审批同意后享受税收优惠;三是在享受税收优惠之前或享受税收优惠之后向税务机关提交备案材料,又分为事先备案和事后备案。纳税人享受事先备案税收优惠项目的,应在享受税收优惠前向税务机关报送相关资料提请备案,经税务机关登记备案后享受,未经登记备案的纳税人不得享受;经税务机关审核不符合税收优惠条件的,税务机关应书面通知纳税人不得享受税收优惠。从上述程序设置可以看出,事先备案实际上是变相的行政审批。纳税人享受事后备案税收优惠项目的,应在享受税收优惠后、办理纳税申报时附报相关资料。主管税务机关审核后如发现其不符合享受税收优惠政策的条件,应取消其自行享受的税收优惠,并相应追缴税款和滞纳金。

近年来,为了进一步转变社会管理方式和政府职能,激发市场活力和增强发展动力,我国不断深化行政审批制度改革,逐步清理行政审批事项,尤其是面向公民、法人或其他组织的行政审批事项。随着社会主义市场经济体制的逐步完善,对非行政许可的行政审批事项,都要逐步取消或作必要调整。根据《国务院关于清理国务院部门非行政许可审批事项的通知》(国发〔2014〕16号),对行政审批事项要分类处理,分步实施,该取消的一律取消,该调整的坚决调整。在通知印发后一年内,将面向公民、法人或其他组织的非行政许可审批事项取消或依《行政许可法》调整为行政许可,不再保留"非行政许可审批"这一审批类别。由此可见,纳税人享受税收优惠的程序面临变化,税务机关将转变管理方式,从过去侧重于事前审批和控制转变为侧重于事中管理和事后监督,大部分税收优惠项目或由纳税人直接享受并在享受后通过纳税申报、报送资料等方式接受税务机关的监督管理,或按照设定和实施行政许可的相关法律规定转变为行政许可事项,经税务机关许可后享受。纳税人享受税收优惠的条件、程序、过程和结果将更为公开、明晰,税务机关对税收优惠的管理也将更为高效、便民。

第九节　纳税地点

一、纳税地点的概述

（一）概念

纳税地点是指税法规定的纳税人履行纳税义务的地方。它解决纳税人应在哪里申报缴纳税款以及由哪里的税务机关管辖的问题，直接关系到税务机关的征管权限和地方政府财政收入。

纳税地点是实体法要素之一，具有法定性和确定性的特征，由各税种实体法明确规定。纳税地点的确定受课税对象、纳税人、纳税环节和征收方式等因素的影响。不同税种的纳税地点不完全相同，相同税种不同纳税人的纳税地点也有不同。

（二）纳税地点与税务登记地的关系

纳税地点属于税收实体法的概念，税务登记地是税收程序法上的概念。理解二者之间的关系，既要注意二者的区别，又要注意二者的联系。

1. 区别

（1）性质不同。纳税地点是税收实体法要素之一，是履行纳税义务的必要条件。没有纳税地点，纳税人就无法履行纳税义务。税务登记是税收程序法规定的一项程序性义务，是税务机关实施税务管理的一种方法和管理措施。在一些情况下，履行纳税义务不以办理税务登记为必要条件。如个人和国家机关发生应税行为或取得应税收入，应当在税收实体法规定的纳税地点缴纳税款，但不必办理税务登记。

（2）内容不同。根据纳税地点确定的税收征管权限的内容，主要是税款征收权；根据税务登记地确定的税收征管权限，强调对纳税人的全面管理。管理内容除税款征收外，还包括税务登记事项、账簿凭证管理、发票管理、纳税评估、纳税服务和税法宣传等。如耕地占用税的纳税地点为耕地所在地，如果纳税人未在耕地所在地税务机关办理税务登记，耕地所在地税务机关对其的管理一般仅限于耕地占用税的征收。

（3）前提不同。税务登记属于普遍登记，从事生产经营的纳税人只要领取工商营业执照或依法设立后，就应当办理税务登记，不以纳税义务发生为前提。而纳税地点的确定以纳税义务发生为前提。在纳税义务发生后，根据税收实体法的规定才能确定具体的纳税地点。

2. 联系

（1）二者都关系到税收征管权限和地方财政收入。税务登记地是确定税收征管权限的首要环节，一般来说，纳税人在哪里的税务机关办理税务登记，就由哪里的税务机关进行税务管理，对其行使征税权。纳税地点从税收实体法的角度反映税收征管权限，纳税地点在哪里，就由哪里的税务机关征收税款。在目前财政分配制度和税收管辖制度不完善的情况下，纳税地点和税务登记地对税务机关税收收入任务的完成和政府财政收入的实现显得尤为重要。

（2）在多数情况下，纳税地点与税务登记地一致。税务登记的目的之一就是为了便于税务机关对纳税人进行税务管理，实现税源监控。税务登记地为生产经营地或纳税义务发生地。由于跨地区经营的存在，一个纳税人可能在不同的地区分别办理税务登记。税务登记地与纳税地点虽不是完全一一对应，但关系密切，对于主体税种和大多数纳税人来说，税务登记地反映了纳税地点。

（3）纳税地点的变更常常以税务登记地的变更为前提。对于以企业登记注册地、机构所在地或经营地为纳税地点的税种来说，纳税人登记注册地、税务登记地和纳税地点通常是一致的。纳税人因住所、经营地点变动，涉及改变税务登记机关的，应当在向工商行政管理机关或者其他机关申请办理变更、注销登记前，或者住所、经营地点变动前，先向原税务登记机关申报办理注销税务登记，再在规定时间内到迁达地税务机关申报办理税务登记。可见，税务登记地的变更往往涉及纳税地点的变更，直接关系到税务机关的税收征管权限、地方财政收入和纳税人权利保护。税收实践中，由于税收征收程序的制约，对主体税种来说，变更纳税地点之前应先办理税务登记地的变更。

二、明确纳税地点的意义

1. 确定纳税义务履行地

确定纳税地点是纳税人履行纳税义务的必要条件。只有纳税地点明确，纳税人才知道到哪里去纳税，才能在发生纳税义务后，及时向纳税地主管税务机关申报缴纳税款。科学合理地确定纳税地点，有助于纳税人更好地履行纳税义务，保障税收收入及时入库。

2. 明确区域间税务机关的税收征管权限

纳税地点是对税收征管权限的具体化，表现为税务机关对纳税人或纳税事项进行管理的分工和权限。出于方便征管的需要，税务机关对纳税人一般实行属地管理，即纳税地点所在地的税务机关同时就是负责税收征收管理的税务机关。纳税地点的规定确定了不同区域间税务机关的管辖范围，使税务机关的征收管理有了明确的对象，避免了不同税务机关对同一纳税人或纳税事项的重复管辖。

3. 确立税源分配的地域范围

根据分税制财政管理体制，对于共享税和地方税来说，税法规定了纳税人的纳税地点，就确立了税源分配的地域范围。纳税人在税法规定的纳税地点缴纳税款，该地政府就能参与税收的分配，使地方政府财政收入有了固定的来源。

三、确定纳税地点的原则

纳税地点的确定既关系到税法能否得以有效实施，也关系到地区之间税收利益分配。如何科学、合理、明确地规定纳税地点，是税法研究的重要内容。确定纳税地点应遵循以下原则：

（一）便利纳税原则

纳税人在发生纳税义务后应当在纳税期限内及时履行纳税义务。因此，确定纳税地点时应当充分考虑纳税人的便利，确保纳税人能够以最小的成本，及时、方便地履行纳税义务，从而降低纳税人遵从成本。如增值税、消费税、营业税除特殊情况外，以机构所在地作为纳税地点，企业所得税居民企业以企业登记注册地为纳税地点，非居民企业以机构、场所所在地为纳税地点。上述纳税地点都是纳税人日常活动或经营的场所，便于纳税人履行纳税义务。

（二）便利征管原则

为提高征管质效，保障税法有效实施，确定纳税地点应当便于税务机关征收管理，实现税源监控。如对于流动性强、不易控制的税种,纳税地点规定为纳税人机构所在地。对于税源固定、涉及不动产的税种,纳税地点规定为不动产所在地。对于进口货物涉及的税收,纳税地点为报关地。对于实行源泉扣缴的所得税,纳税地点为扣缴义务人机构所在地等。

(三)税收与税源一致原则

经济决定税源,税源产生税收。税源是税收最终的经济来源。税收与税源一致原则是指税收收入归属地应当与税收来源地相一致。税源地为生产经营者提供了公共资源和公共服务,其产生的税收收入也应当由税源地享有。税收与税源一致体现了税收公平,提高了税源地政府加强税收管理的积极性,有利于税收效率的提高。税收征收环节的区域间税收收入归属体现为纳税地点的确定。在这种情况下,纳税地点可以是生产地、经营地、纳税义务发生地、销售地、应税劳务发生地、不动产所在地等等。2008年以来,随着新《企业所得税法》的实施,我国在税收征收环节贯彻税收与税源一致原则有了实质性的突破。如2008年1月1日起实行的《财政部、国家税务总局、中国人民银行关于印发〈跨省市总分机构企业所得税分配及预算管理暂行办法〉的通知》(财预〔2008〕10号)[①]中明确规定,属于中央与地方共享范围的跨省市总分机构企业缴纳的企业所得税,按照统一规范、兼顾总机构和分支机构所在地利益的原则,实行"统一计算、分级管理、就地预缴、汇总清算、财政调库"的处理办法。《国家税务总局、中国人民银行、财政部关于跨省合资铁路企业跨地区税收分享入库有关问题的通知》(国税发〔2012〕116号)规定,跨省合资铁路企业缴纳的营业税和企业所得税税款(欠税、查补税款和罚款),应按中央财政核定的分配比例在相关省进行分配,由相关省负责缴库的主管税务机关分别办理征缴。

(四)兼顾利益原则

由于纳税地点的设置直接关系政府的收入,所以在设置时还要兼顾各地的利益分配。在设置纳税地点时,对跨省市、区域经营的企业按区域税源贡献大小,合理分配税收收入,有助于各地政府为企业提供更好的公共产品和服务。如跨地区经营企业总分机

[①] 该文件现已废止,由《财政部、国家税务总局、中国人民银行关于印发〈跨省市总分机构企业所得税分配及预算管理办法〉的通知》(财预〔2012〕40号)代替,其中规定的原则和处理方法与财预〔2008〕10号文件一致。

构分别就地预缴和汇算清缴企业所得税的规定；京津城际铁路、京沪高速铁路等跨省合资铁路企业缴纳的营业税、城市维护建设税分配的规定，就体现了这一原则。

在税制设计和税收立法中，纳税地点的选择和确定，应当根据税收征管水平和经济发展情况，综合考虑便于征纳原则和税收与税源一致原则，兼顾各方利益。如果税制的设计，超出了税收征收管理能力和水平，税法就失去可操作性，不利于税法的落实，甚至影响税收收入的实现。随着政府间信息共享和税收现代化的推进，以及公民纳税意识的提高，信息技术的广泛应用，税收与税源一致原则应当得到更多的重视和关注，以构建科学合理的财税制度。

四、纳税地点有关规定

（一）确定纳税地点的方式

我国现行税收实体法中对纳税地点的表述方式不尽相同，根据课税对象、纳税人和征税方法的不同特点，主要有机构所在地、销售地、劳务发生地、不动产所在地、房产所在地、登记注册地、实际经营机构所在地、扣缴义务人所在地、户籍所在地等。

1. 在税法中直接明确规定纳税地点

如《车船税法》第七条规定："车船税的纳税地点为车船的登记地或者车船税扣缴义务人所在地。依法不需要办理登记的车船，车船税的纳税地点为车船的所有人或者管理人所在地。"增值税、营业税实体法中也有明确规定。

2. 通过确定征收机关明确纳税地点

部分税种实体法没有直接规定纳税地点，而是以明确征收机关的形式确定了纳税地点。如《房产税暂行条例》第九条规定："房产税由房产所在地的税务机关征收。"

3. 通过规定申报纳税义务明确纳税地点

如《车辆购置税暂行条例》第十二条规定："纳税人购置应税车辆，应当向车辆登记注册地的主管税务机关申报纳税；购置不需要办理车辆登记注册手续的应税车辆，应当向纳税人所在地的主管税务机关申报纳税。"

4. 通过确定征收方式明确纳税地点

如个人所得税的代扣代缴制度、企业所得税的源泉扣缴制度中，纳税地点为扣缴义务人所在地。

(二) 有关纳税地点的具体规定

1. 货物和劳务税的纳税地点

货物和劳务税课税对象具有持续性、流动性的特点。为便于纳税人缴纳税款和税务机关征收管理，我国货物和劳务税的纳税地点以纳税人机构所在地为主，以销售地、劳务发生地和不动产所在地、扣缴义务人所在地为补充。

机构所在地在现行税法中没有明确解释，在征管实践中，一般是指企业法人在工商行政管理部门进行登记注册的主要办事机构所在地；也包括其他经营单位或个人的经营场所所在地。增值税、消费税和营业税（除建筑业劳务）固定业户的纳税地点一般为机构所在地。

非固定业户或者固定业户到外县（市）销售货物或者增值税应税劳务未开具外出经营活动税收管理证明的，应当向销售地或者劳务发生地的主管税务机关申报缴纳增值税。未向销售地或者劳务发生地的主管税务机关申报纳税的，由其机构所在地或者居住地的主管税务机关补征税款。

纳税人提供建筑业劳务以及国务院财政、税务主管部门规定的其他营业税应税劳务，应当向应税劳务发生地的主管税务机关申报缴纳营业税。纳税人转让、出租土地使用权，销售、出租不动产应当向土地所在地或不动产所在地的主管税务机关申报缴纳营业税。实行代扣代缴的，以扣缴义务人所在地为纳税地点。

货物和劳务税是可转嫁税，税款作为商品或劳务价格的一部分而最终由消费者负担。当商品的生产与消费发生在不同的区域、纳税人机构所在地与劳务发生地在不同的区域时，就引发了区域间税收与税源的背离。如西气东输工程，新疆的天然气输送到上海，其管道运输的营业税由运营公司在其机构所在地上海缴纳，除新疆从上海获得部分制度性补偿外，沿途十几个省承担了运输成本、征地成本，并提供了很多公共服务，却没有得到税收收入。这种税制的设计没有兼顾各地利益，导致税收与税源背离，加大了地区间税收收入的差距。

2. 所得税的纳税地点

企业所得税的课税对象核算较为复杂，涉及面广。根据便于征纳的原则，一般以企业登记注册地或实际管理机构所在地、机构场所所在地等为纳税地点；实行源泉扣缴的，以扣缴义务人所在地为纳税地点。

居民企业以企业登记注册地为纳税地点；但登记注册地在境外的，以实际管理机构所在地为纳税地点。实际管理机构是指对企业的生产经营、人员、账务、财产等实施实质性全面管理和控制的机构。

非居民企业在中国境内设立机构、场所的，以机构、场所所在地为纳税地点。非居民企业在中国境内未设立机构、场所的，或者虽设立机构、场所但取得的所得与其所设机构、场所没有实际联系的，实行源泉扣缴，以扣缴义务人所在地为纳税地点。在中国境内设立两个或者两个以上机构、场所的，经税务机关审核批准，可以选择由其主要机构、场所为纳税地点。

我国企业所得税实行法人所得税模式，居民企业在中国境内设立不具有法人资格的营业机构的，应当汇总计算并缴纳企业所得税。汇总缴纳可能导致分支机构纳税地点发生变化。

个人所得税实行代扣代缴制度，以所得人为纳税人，以支付所得的单位或者个人为扣缴义务人。扣缴义务人在向纳税人支付各项应纳税所得时，必须履行代扣代缴税款的义务，并向其所在地税务机关解缴入库，纳税地点为扣缴义务人所在地。个体工商户的纳税地点为实际经营所在地。

人的流动性决定了个人所得税来源的多样性和所得来源地的不确定性，实行源泉扣缴方式，有利于简化手续，降低征纳成本，提高征管效率。但个人居住地或户籍地与扣缴义务人所在地不在同一区域时，则会产生税收与税源的背离，居民所在地政府承担了大量人口管理的职责，提供了公共服务，却得不到服务对象产生的税收收入，加大了地区间税收收入的差距。

3. 资源税的纳税地点

资源税的纳税地点与资源所在地密切相关，为应税产品的开采或者生产所在地。在资源所在地纳税既体现了税收与税源一致的原则，也便于征纳双方进行管理和核算。跨省开采资源税应税产品的单位，其下属生产单位与核算单位不在同一省、自治区、直辖市的，对其开采的矿产品，一律在开采地纳税，其应纳税款由独立核算、自负盈亏的单位，按照开采地的实际销售量（或者自用量）及适用的单位税额计算划拨。纳税人在本省、自治区、直辖市范围内开采或者生产应税产品，其纳税地点需要调整的，由省、自治区、直辖市税务机关决定。

4. 其他税种的纳税地点

涉及土地、房屋等不动产的税种，纳税地点一般为不动产所在地，既便于税务机关源泉控制，又体现了税收与税源一致的原则。如房产税的纳税地点为房产所在地。契税的纳税地点为土地房屋所在地。耕地占用税的纳税地点为耕地或其他农用地所在地。城镇土地使用税的纳税地点为土地所在地。土地增值税的纳税地点为房地产所在地。如果涉及的房地产项目不在同一地区的纳税人，应按该房地产项目的坐落地点分别申报纳税。

有关车辆的税种，通常以车辆登记地为纳税地点。车辆购置税的纳税地点一般为车辆登记地，购置不需要办理车辆登记手续的应税车辆，纳税地点为纳税人所在地。车船税的纳税地点为车船的登记地或者车船税扣缴义务人所在地。

5. 纳税地点的特殊规定

（1）总部企业集中纳税的地点。为了保证中央财政收入，部分国有企业的税收实行总部集中纳税，纳税地点为总机构所在地。实行集中纳税的企业名单经国务院批准，财政部、国家税务总局以联合发文的形式给予明确。如国有邮政企业（包括中国邮政集团公司及其控股公司和直属单位）、中国工商银行股份有限公司、中国农业银行股份有限公司、中国银行股份有限公司、中国石油天然气股份有限公司、中国石油化工股份有限公司、中国长江电力股份有限公司等国有企业的企业所得税收入全额归属中央，其税款由总机构统一汇总计算后向总机构所在地主管税务机关缴纳。这种方式的优点在于确保中央财政收入，但存在税源地税收的转移，相应带来地方财政收入的减少。

（2）跨地区总分机构企业所得税的纳税地点。为了加强跨地区经营汇总纳税企业所得税的征收管理，按照统一规范，兼顾总机构和分机构所在地税收利益的原则，合理分配税收收入，跨省市总分机构企业所得税按照一定比例在各地间进行分配，在总机构和各个分支机构所在地分别缴纳入库。根据《企业所得税法》及有关规定[①]，居民企业在中国境内设立不具有法人资格的营业机构的，应当汇总计算并缴纳企业所得税。汇总纳税企业实行"统一计算、分级管理、就地预缴、汇总清算、财政调库"的征收管理办法。即由总机构统一计算总机构和各个分支机构应纳税额，再由总机构和分支机构分别

---

① 详见《财政部、国家税务总局、中国人民银行关于印发〈跨省市总分机构企业所得税分配及预算管理办法〉的通知》（财预〔2012〕40号）；《财政部、国家税务总局、中国人民银行关于〈跨省市总分机构企业所得税分配及预算管理办法〉的补充通知》（财预〔2012〕453号）。

按照一定的比例就地预缴和汇算清缴①。跨地区经营汇总纳税是国家为了鼓励企业规模经营、提高整体竞争力采取的措施。这种方式的优点在于合理安排纳税地点,分配应纳税额,一定程度上避免由于总机构汇总纳税带来的部分地区税收转移问题;弊端在于政策复杂,程序烦琐,税务机关征管成本较高,也增加了纳税人的负担。

(3)跨省合资铁路企业的纳税地点。为规范对跨省铁路运输行业税收的征收管理,妥善处理地区间利益分配关系,按照兼顾铁路沿线各地区税收利益的原则,税法规定对此类企业的税收按照一定比例分享,采取分段纳税的形式进行管理,纳税地点分别为企业注册所在地和铁路沿线非注册所在地。如根据财政部、国家税务总局和中国人民银行的有关规定②,跨省(自治区、直辖市)合资铁路企业缴纳的营业税、城市维护建设税、教育费附加为地方收入。企业所得税由中央与地方按照60:40的比例分享。跨省合资铁路企业缴纳的营业税和地方分享的所得税收入,按照相关省份铁路客、货运周转量和运营里程等因素所占比例在相关地区分配③,分配比例每两年根据上述因素变化情况进行调整。跨省合资铁路企业在计算完应缴纳的营业税和企业所得税后,根据注册地主管税务机关按分配比例计算确定的注册地和非注册地应缴库金额,分别就地办理缴库。京津城际铁路、京沪高速铁路等跨省合资铁路的运营企业均按照以上方法分别在注册地和沿线非注册地缴纳有关税款。这种方式通过合理安排纳税地点,分配应纳税额,保证了铁路沿线所在地的税收利益,一定程度上解决了区域间税收转移问题,比较公平。但这种方法程序烦琐,需要注册地和非注册地的税务机关合作配合,对纳税人的核算能力要求也较高,加大了税收成本。

五、纳税地点与税收收入归属

税收制度是财政制度的一个重要组成部分。纳税地点的选择和确定,直接关系到区域间政府的财政利益。对纳税地点的研究,必须结合财政分配制度的有关规定。我国财政体制改革是沿着财政分权思路不断推进的,1994年分税制改革取得了历史性的成就,

---

① 汇总纳税企业的企业所得税,包括预缴税款和汇算清缴应缴应退税款。50%在各分支机构间分摊,各分支机构就地办理缴库或退库。50%由总机构分摊缴纳,其中25%就地办理缴库或退库;25%就地全额缴入中央国库或退库,由财政部按照地方分享的比例定期向各省市分配。

② 详见《财政部、国家税务总局、中国人民银行关于调整铁路运输企业税收收入划分办法的通知》(财预〔2012〕383号)和《国家税务总局、中国人民银行、财政部关于跨省合资铁路企业跨地区税收分享入库有关问题的通知》(国税发〔2012〕116号)。

③ 2012年相关因素权重为:客运周转量占28%,货运周转量占42%,运营里程占30%。

中央的集权和财力进一步加强，但随着我国市场经济体制改革的不断深入，分税制本身及其改革不彻底带来的矛盾日益明显，尤其是税制的缺陷和地方政府之间税收管辖和税收归属权配置的缺失引发了区域性税收利益冲突。

税收收入是财政收入的主要来源。除消费税、中央企业所得税、车辆购置税、各银行总行、各保险总公司等集中缴纳的收入属于中央税外，在税收收入中所占比重较大的税种，如增值税、资源税、企业所得税、个人所得税等主体税种均为中央和地方共享税。所以不同地区之间不论是国税机关还是地税机关的税收征管权都直接影响地方财政收入。同时因为税收管辖规定不完善、财政转移支付不规范不透明效率低，导致税收收入分配不科学。现行税制下，能够最终决定税收利益的纳税地点的设置就成为地方政府税收收入分配的决定性因素，并成为诸多矛盾的集中点。当前我国的经济社会中，区域税收与税源的背离、区域之间税收分配扭曲、地方政府争抢税源等现象都与纳税地点紧密相关。

（一）区域性税收优惠政策引导纳税人变更纳税地点

当前，我国税收优惠政策尤其是区域优惠政策过多。据统计，已经出台实施的区域税收优惠政策共有 30 项。[①] 这些区域性税收优惠政策在协调区域经济发展，缩小区域经济差距方面起到了一定作用。但客观上造成了地区之间税负差异，引起税收不规范地横向流动。目前根据现行税法规定，增值税、部分税目的营业税、企业所得税的纳税地点主要为机构所在地或企业注册登记地，与税务登记地一致。部分企业为享受优惠政策，将工商注册地和税务登记地变更到优惠区域，但实际生产经营地并不在优惠区域。区域之间税负不公平，不利于市场统一和公平竞争。

（二）地区间税收竞争对纳税地点的影响

一些地方政府为追求地方财政利益，变相出台税收或财政优惠政策，制造"税收洼地"。如有的地方政府实行"先征后返、财政返还"，将属于地方政府部分的税收收入返还给纳税人，从而降低纳税人税负。例如，某市出台鼓励个人在该市辖区证券机构转让上市公司限售股的奖励办法，将个人所得税属于地方收入的部分，按一定的比例以奖

---

① 消除机制体制弊端 建立现代财政制度——财政部部长楼继伟详解深化财税体制改革思路 [EB/OL]．http：//news.xinhuanet.com/2013-11/20/c_118226239_2.htm.

励的形式返还纳税人，财政收入增幅明显，引起各地纷纷仿效。个别地方甚至将个人所得税中的40%全部退给限售股股东，其条件便是将部分返还收入捐助给当地支持当地发展。这些有害的税收竞争引导纳税人刻意改变纳税地点，导致税收收入在地区间不规范转移，虚增财政收入，严重影响了国家经济秩序和市场公平竞争。

（三）限制纳税人正常迁移对纳税地点产生影响

企业作为市场主体，有权根据区域功能定位和自身发展情况，自主选择经营地址。但部分地区税务机关在当地政府的要求下，为维护当地税收利益，以种种理由限制纳税人的正常迁移，特别是对一些税收贡献较大的纳税人限制其变更税务登记，或拖延办理注销税务登记。纳税人实际经营地址虽已发生变化，但由于税收征管程序的限制，无法变更纳税地点，仍只能回原地址办理涉税事项，形成异地纳税，加重了纳税成本，严重损害纳税人合法权益。

（四）税法规定不完善导致纳税地点的不确定

我国税收实体法中，对纳税地点的规定不完善、表述不统一、用语不严谨，如印花税、个人所得税自行申报缴纳的纳税地点规定不明确。再如作为增值税、消费税和营业税纳税地点的"机构所在地"，是指注册地，管理中心地，还是经营地？与作为企业所得税纳税地点的"企业登记注册地"内涵是否一致？税法中没有作出明确规定。此外，对纳税人和税务机关不按照规定的纳税地点缴纳或征收税款应承担的法律责任还存在立法空白。纳税人出于税收筹划的角度或者地方政府出于增加收入或提高政绩的角度都有着违反纳税地点规定的动因。在征管实践中，纳税地点的选择和争议扭曲了经济活动的激励机制，引发了一系列税收问题和经济问题。

税收的增长应该与经济的增长是密不可分的，经济增长了，税收才能够增长。但以上不规范的情形导致异地纳税，税收与税源背离，使不同地区之间的税收收入差距并不反映地区间经济发展的差距，不仅降低了税法的权威，破坏正常税收征管秩序，不利于纳税人权益的保护，也严重影响了市场在资源配置中的作用，不利于市场公平竞争。

科学的财税体制是优化资源配置、维护市场统一、促进社会公平、实现国家长治久安的制度保障。深化财税体制改革已成为共识。考虑税种属性，进一步理顺中央和地方收入划分；尽快建立和完善地区间税收收入分配办法。按照统一税制、公平税负、促进公平竞争的原则，加强对税收优惠特别是区域税收优惠政策的规范管理，区域发展规划应与税收优惠政策脱钩，税收优惠政策统一由专门税收法律法规规定。同时，严格禁止各种越权变相税收减免。随着我国财税体制改革的深化和税收法治建设的推进，与纳税地点有关的种种乱象定能得到有效遏制。

第十节　计税期间和纳税期限

一、与纳税义务相关的时间概念

纳税人的涉税事实或行为满足实体要素后，还应当满足相应的程序要素，才能成为法律上可履行的纳税义务。在现有的众多税收学和税法学教材中，将程序要素中规定时间的要素表述为纳税期限。

纳税期限作为实体法要素之一，应当法定、具体、明确。但现行税法中纳税期限的含义不清，学者的理解差异较大。一些学者认为，纳税期限，又称纳税时间，是指纳税义务确定后，纳税单位及个人依法缴纳税款的期限。纳税期限可分为纳税计算期和税款缴库期两类。[①] 有的学者认为，纳税期限是指税法规定的税收债务人向征税机关缴纳税款的具体时间与期间。一般分为按次征收和按期征收两种。缴库期限和申报期限是与纳税期限相关的概念。[②] 有的学者认为，纳税期限是纳税人向国家缴纳税款的法定期限。有三种形式：按期纳税、按次纳税和按年计征，分期缴纳。[③] 有的学者认为，纳税期限这一概念在税法上不同的场合的使用至少包括三层含义：一是指纳税义务发生的时间；二是指计税期间；三是指税款缴纳的期限。税法上宜将纳税期限的含义明确为税款的缴纳期限，以避免现行税法在这一概念上的模糊。[④]

概念和概念体系的科学性和完备性是一门学科成熟程度的标志之一。税收实体法上，有关纳税义务成立和确定的时间概念应当具体明确，不同含义的时间概念应当使用

[①] 徐孟州. 税法原理 [M]. 北京：中国人民大学出版社，2008：67；张守文. 税法原理 [M]. 6版. 北京：北京大学出版社，2012：51.
[②] 刘剑文. 税法学 [M]. 北京：人民出版社，2003：360.
[③] 杨秀琴. 国家税收 [M]. 北京：中国人民大学出版社，1995：153.
[④] 魏俊著. 税权效力论 [M]. 北京：法律出版社，2012：37.

不同的词语表述，避免一词多义或多词一义。这不仅是要素法定的要求，也是税法得以有效实施的前提和保证。通过对纳税义务相关时间概念的分析，结合税收工作实践，我们认为，有必要厘清纳税义务发生时间、计税期间和纳税期限的概念。

（一）纳税义务发生时间

纳税义务发生时间，亦称纳税义务成立的时间，指税法规定的纳税人发生应税行为应当承担纳税义务的时间。根据税收构成要件理论，纳税义务在税收实体法要素满足时成立。在税法中明确规定纳税义务发生时间，一方面有利于明确产生纳税义务的具体时间，统一税法的执行标准；另一方面有利于税务机关实施税务管理，合理确定计税期间和纳税期限。

纳税义务发生时间表现为一个时间点，不同税种课税对象的性质不同，纳税义务发生时间也不尽相同。货物和劳务税对销售收入或劳务收入课税，按照权责发生制原则，其纳税义务发生时间为确认收入的时间。如根据《增值税暂行条例》规定，销售货物或者提供应税劳务，增值税的纳税义务发生时间为收讫销售款或者取得索取销售款凭据的当天；进口货物，增值税的纳税义务发生时间为报关进口的当天。根据《营业税暂行条例》规定："营业税纳税义务发生时间为纳税人提供应税劳务、转让无形资产或者销售不动产并收讫营业收入款项或者取得索取营业收入款项凭据的当天。国务院财政、税务主管部门另有规定的，从其规定。"所得税对所得或收入征税，其纳税义务发生时间一般为取得所得或收入的时间。如企业所得税中，应纳税收入的确认遵循权责发生制原则，以应当收到所得或收入的时间为纳税义务时间。在分类个人所得税制中，为便于征税，一般以实际支付的时间为纳税义务时间。行为税对应税行为课税，其纳税义务时间一般为应税行为发生的时间。如印花税纳税义务发生时间为书立或领受应税凭证时。财产税一般以取得应税财产所有权或使用权的时间作为纳税义务发生时间。如《车船税法》第八条规定："车船税纳税义务发生时间为取得车船所有权或者管理权的当月。"《契税暂行条例》第八条规定："契税的纳税义务发生时间，为纳税人签订土地、房屋权属转移合同的当天，或者纳税人取得其他具有土地、房屋权属转移合同性质凭证的当天。"

纳税义务发生时间并不是一个单独的实体法要素，而是对税收实体法要素的补充，也是满足税收实体法要素的结果。如前面关于纳税义务发生时间的规定，实际上是从时间的角度确认纳税环节或计税依据。

（二）计税期间和纳税期限

计税期间是指纳税人据以计算应纳税额的期间。计税期间说明纳税人应多长时间计缴一次税款，反映了计税的频率。纳税义务发生后，纳税人并不是马上缴税。特别是对于货物和劳务税，纳税人几乎每天都在发生纳税义务，不可能每天都去申报缴纳税款。为了节约税收成本，尽量减轻征纳负担，税法中规定了计税期间。在计税期间届满后，纳税人归集汇总计税期间内若干纳税义务产生的税款，计算应纳税额，在纳税期限内，将税款缴纳入库。

纳税期限是指纳税人将应纳税款缴入国库的时间限制。它强调缴纳税款的最后时限，是税法强制性和确定性在时间上的体现。一般为计税期间届满后的一段合理时间。任何纳税人都必须按期纳税，否则将承担滞纳金、罚款等法律责任。

计税期间和纳税期限解决纳税人多长时间计算一次应纳税款，在什么时间缴纳入库的问题。这是纳税义务得以明确和履行的必要条件。计税期间和纳税期限，表现为一个固定的时间段，不同税种不同纳税人，计税期间和纳税期限也不尽相同，一般在单行的税收实体法中规定，所以我们认为，计税期间和纳税期限均属于税收实体法要素。

现行税法中对以上概念并没有规范统一的解释和界定。"纳税期限"在不同的地方含义不同。如《增值税暂行条例》第二十三条第一款规定："增值税的纳税期限分别为1日、3日、5日、10日、15日、1个月或者1个季度。纳税人的具体纳税期限，由主管税务机关根据纳税人应纳税额的大小分别核定；不能按照固定期限纳税的，可以按次纳税。"这里"纳税期限"实际上是计税期间。同条第二款规定："纳税人以1个月或者1个季度为1个纳税期的，自期满之日起15日内申报纳税；以1日、3日、5日、10日或者15日为1个纳税期的，自期满之日起5日内预缴税款，于次月1日起15日内申报纳税并结清上月应纳税款。"该款是关于税款缴纳期限的规定，其中的"纳税期"实际上也是计税期间。《房产税暂行条例》第七条规定："房产税按年征收、分期缴纳。纳税期限由省、自治区、直辖市人民政府规定。"《北京市施行〈中华人民共和国房产税暂行条例〉的细则》（北京市人民政府1998年第6号令）第七条规定："本市房产税全年税额分两次缴纳，纳税期限为4月1日至4月15日和10月1日至10月15日。"这里的"纳税期限"的含义就是税款缴纳期限。

我们认为，税法应分别规定计税期间和纳税期限的概念和含义，并将纳税期限的含义明确为缴纳税款入库的期限。"计"是计算的意思，"纳"是缴纳的意思，将计税期间和纳税期限分别规定，符合词语的通常含义，有利于纳税人和税务人员理解和掌握，保证税法得以正确实施。

在掌握纳税期限的概念时，应当注意与申报期限相区别。

1. 性质不同

纳税期限是税收实体法要素。申报期限是履行程序性义务的时间限制。纳税申报是纳税人、扣缴义务人向税务机关申报应纳税款或应解缴税款的程序性义务，属于税务管理的范畴。申报期限是指纳税人或扣缴义务人办理纳税申报的时间限制，不影响纳税人或扣缴义务人的实体性权利和义务，不是税收实体法要素。

2. 期限不尽一致

税法根据不同税种和不同纳税人的特点，将计税期间届满后的一段合理时间规定为申报期限。在大多数情况下，申报期限和纳税期限一致。但在一些税种或某些情况下二者明显不同，如计税期间为以 1 日、3 日、5 日、10 日或者 15 日的增值税纳税人，应先预缴后申报。在个人所得税中，年所得 12 万元以上个人自行纳税申报和个人所得税全员全额扣缴申报都单独规定了纳税申报期限。

3. 法律后果不同

逾期申报，纳税人可能被处以罚款，但不会产生滞纳金；而逾期缴纳税款，除被加收滞纳金外，可能被强制执行或罚款。

4. 办理延期的条件和程序不同

根据《税收征收管理法》及其实施细则的规定，办理延期申报和延期缴纳税款的条件和程序不同，延期缴纳的条件及程序更为严格。

二、规定计税期间和纳税期限的意义

在税收实体法中具体明确地规定计税期间和纳税期限，是纳税人正确履行纳税义务和税务机关依法征收税款的必要条件，对维护纳税人合法权益和实现税收的职能作用均具有重要意义。

1. 明确履行纳税义务的时限

计税期间和纳税期限是税法解决如何计算税款和何时缴纳税款的关键。税法明确规定计税期间和纳税期限，有利于降低纳税成本，有助于纳税人合理安排财务计划，及时准确地履行纳税义务。同时，也是对税务机关征税权的制约，税务机关不得违反税法规定提前征收、延缓征收或者摊派税款。

2. 保证税款及时均衡足额入库

计税期间和纳税期限是衡量征纳双方行使征税权力和履行纳税义务的时间尺度。在纳税义务发生后，纳税人应当按照计税依据和税率，准确计算计税期间的应纳税款，在纳税期限届满前缴纳入库。如纳税人在纳税期限届满后拖延缴税，将承担滞纳的法律责任。通过税法合理设计计税期间和纳税期限，能够确保税收征管活动按规律有序开展，有利于提高税收征管效率，保证税款及时、均衡和足额入库。

3. 有利于税收调控职能的实现

由于纳税人的生产经营活动具有一定的持续性，税法规定的计税期间实质上将纳税人持续的经营活动划分为若干连续的期间。通过计税期间和纳税期限的合理划分使税款产生了当期与前后期间的差别。对不同期间的税收收入进行对比分析，能够及时反映经济发展变化趋势和经济政策落实情况，有助于国家及时调整政策，引导经济行为，实现宏观调控目标。

三、计税期间的确定和形式

（一）计税期间的确定

不同的税种不同情况的纳税人，其计税期间的长短和形式也不相同。主要由以下因素决定：

1. 课税对象的性质和特点

货物和劳务税据以征税的是经常持续发生的销货收入或营业收入，故计税期间比较短。企业所得税的课税对象主要是企业的利润，而企业利润要通过年终决算才能确定，所以企业所得税计税期间比较长。个人所得税不同税目特点不同，计税期间也不同，如工资、薪金所得按月支付，其计税期间一般为一个月；个体工商户的生产、经营所得需要年终决算才能确定，则按年计税；特许权使用费所得、财产租赁所得、财产转让所得和偶然所得等具有不确定性和非经常性，则按次计税。行为税是基于国家特定目的征收，应税行为具有偶然性的、临时性或一次性的特点，实行按次征收，如契税、耕地占用税等。财产税对纳税人拥有的财产征税，具有稳定性，按年计税，如房产税、车船税等。

2．应纳税额的多少

对经常性、持续性的经营收入征税，根据应纳税款额的多少确定计税期间的长短。同一税种，纳税人生产经营规模大，应纳税额多的，计税期间较短；反之，计税期间较长。如根据单行税收实体法的规定，增值税和消费税计税期间分别为1日、3日、5日、10日、15日、1个月或者1个季度。营业税的计税期间分别为5日、10日、15日、1个月或者1个季度。资源税的计税期间分别为1日、3日、5日、10日、15日或者1个月。纳税人的计税期间具体是多少，由主管税务机关根据纳税人应纳税额的大小和实际情况分别核定。

3．纳税人的实际情况

为方便纳税人或便于征管，税务机关可根据实际情况在法定范围内来确定计税期间。如对交通不便的地区，计税期间可长一些，交通方便的，计税期间则短。对零散税源，如临时经营者、临时开采者，不能按固定期限计算纳税的，可以按次计算纳税。

（二）计税期间的形式

根据现行税法，计税期间有两种形式，即按期计税和按次计税。

1．按期计税

按期计税是指确定一定的间隔期，对该期间若干纳税义务发生的税款按期汇总计算应纳税额。对具有持续性、稳定性的课税对象征税，如货物和劳务税和资源税，以会计核算期间为基础按期计税。计税期间最短为一日，较长的为一年。为便于管理和核算，按月、按季和按年一般是指公历的月度、季度和年度。按年计税中的"年"指自公历1月1日起至12月31日止。如果首次纳税义务发生时间在当年中间，则计算到当年的最后一天即12月31日。按月和按季也是如此，计算到当月或当季最后一天。计税期间的计算应按照单行税收实体法中的具体规定执行。《企业所得税法》第五十三条规定："企业所得税按纳税年度计算。纳税年度自公历1月1日起至12月31日止。企业在一个纳税年度中间开业，或者终止经营活动，使该纳税年度的实际经营期不足十二个月的，应当以其实际经营期为一个纳税年度。企业依法清算时，应当以清算期间作为一个纳税年度。"《个人所得税法》第六条规定："个体工商户的生产、经营所得，以每一纳税年度的收入总额，减除成本、费用以及损失后的余额，为应纳税所得额。对企事业单位的承包经营、承租经营所得，以每一纳税年度的收入总额，减除必要费用后的余额，为应纳税所得额。"《个人所得税法实施条例》第四十六条规定："税法和本条例所说的纳税年度，自公历1月1日起至12月31日止。"保有环节的财产具有稳定性，为提高征管效率，财产税一般从纳税义务发生时开始按年计税。《车船税法实施条例》第二十三条规定："车船税按年申报，分月计算，一次性缴纳。纳税年度为公历1月1日至12月31日。"如某人于当年11月10日购买一辆应税汽车，则先将年应纳税额除以12，算出月应纳税额，再乘以当年实际拥有月数2，结果即为当年应纳车船税税额。即纳税义务发生在一个纳税年度中间，则按月计算到年底，而不是计算到次年11月。由于是分月计算，故11月份按整月计税，不再扣除11月1—9日税款。

2．按次计税

按次计税是根据纳税行为的发生次数确定计税期间的形式。按次计税实质上体现了纳税义务发生时间和计税期间的重合，纳税人发生一次纳税义务计税一次。对具有临时性、一次性或偶然性的课税对象，适用按次计税，能够有效地降低税收成本，提高征纳效率。契税、车辆购置税、耕地占用税以及稿酬所得、特许权使用费所得、财产租赁所得、财产转让所得和偶然所得个人所得税等都是按次计税。此外，根据纳税人的特点，对临时经营者，无法按期计税的，按次计税。

四、纳税期限的确定和形式

纳税期限以计税期间为基础确定。合理确定纳税期限，对明确纳税人履行纳税义务时间，保证税款及时均衡入库具有重要意义。税法在规定纳税期限时，主要考虑不同税种的特点、计税期间的长短、应纳税额的多少、办理申报缴纳手续的繁简和是否便于征管等因素，不同税种不同纳税人，纳税期限有所不同。主要有以下四种形式：

1．在计税期间届满后规定一段合理时间为纳税期限

如货物和劳务税纳税人以一个月或者一个季度为计税期间的，自期满之日起十五日内申报纳税。即纳税期限为次月1—15日或下个季度第一个月的1—15日。按次计税的也是如此，税法规定在纳税义务发生后的一段时间为纳税期限。如《车辆购置税暂行条例》第十三条规定："纳税人购买自用应税车辆的，应当自购买之日起60日内申报纳税；进口自用应税车辆的，应当自进口之日起60日内申报纳税；自产、受赠、获奖或者以

其他方式取得并自用应税车辆的，应当自取得之日起 60 日内申报纳税。车辆购置税税款应当一次缴清。"《耕地占用税暂行条例》第十二条中规定，获准占用耕地的单位或者个人应当在收到土地管理部门的通知之日起 30 日内缴纳耕地占用税。在这种情况下，纳税人按照计税依据和税率已经计算出确定的应纳税款，通过一次缴纳就能完成当期纳税义务。大部分税种和纳税人采用这种形式。

2．先预缴再申报结算，纳税期限表现为预缴期限和申报结算期限

如增值税纳税人以 1 日、3 日、5 日、10 日或者 15 日为计税期的，自期满之日起 5 日内预缴税款，于次月 1 日起 15 日内申报纳税并结清上月应纳税款。消费税和营业税也有同样的规定。根据《资源税暂行条例》的规定，资源税纳税人以 1 日、3 日、5 日、10 日或者 15 日为一期纳税的，自期满之日起 5 日内预缴税款，于次月 1 日起 10 日内申报纳税并结清上月税款。这种情况主要适用于应纳税额较大，计税期间较短的货物和劳务税以及资源税的纳税人。主要是为了与会计核算期一致，在方便纳税人的同时保证税款及时入库。

3．按年计税，分期缴纳

即在一个纳税年度中规定一段或几段时间，集中或分期缴纳当年税款。如北京市城镇土地使用税和房产税全年税额分两次申报缴纳，申报纳税期限为每年 4 月 1 日至 4 月 15 日和 10 月 1 日至 10 月 15 日。这种情况纳税期限设在计税期间内，主要适用于税源稳定、计算简单、应纳税额不大，按年计税的税种。

4．按年计税，分期预缴，年度汇算清缴

即在纳税年度内分期预缴税款，年度终了后汇算清缴，多退少补。纳税期限表现为预缴期限和汇算清缴期限。如《企业所得税法》第五十四条规定："企业所得税分月或者分季预缴。企业应当自月份或者季度终了之日起十五日内，向税务机关报送预缴企业所得税纳税申报表，预缴税款。企业应当自年度终了之日起五个月内，向税务机关报送年度企业所得税纳税申报表，并汇算清缴，结清应缴应退税款。"查账征收个人独资企业和合伙企业投资者或查账征收个体工商户个人所得税的纳税期限也采用这种形式。这种形式适用于所得税纳税人。因为所得税的计税依据较为复杂，应纳税所得额的确定需要较长的时间，国家财政收入又必须及时均衡入库，采用这种形式既符合企业经营管理需要，又能保证国家财政收入及时均衡入库。

纳税人可以选择在纳税期限内的任意一天缴纳或预缴税款。但不能逾期，否则将承

担滞纳的法律责任。如果纳税人由于自身原因在纳税期限之前缴纳税款，则视为纳税人对自身利益的放弃。税务机关不能提前征收或延缓征收。纳税期限大多数情况下与申报期限一致。

思 考 题

1. 简述税收实体法要素，哪些要素为基本要素。
2. 简述纳税人与负税人的关系。
3. 简述课税对象的地位和作用。
4. 简述设置税目的作用。
5. 举例说明计税依据的类型。
6. 简述零税率与免税、不征税的区别。
7. 简述纳税环节的概念和与其他税法要素的联系。
8. 简述税基优惠的主要形式。
9. 简述纳税地点和税务登记地的区别与联系。
10. 简述计税期间和纳税期限概念。

第四章　税收程序法基本制度

税收程序是税法主体对税法的具体实践,是税法的实施方式与步骤,也是税收法律关系中征纳主体双方权利与义务的实现过程。[①] 本章按照税收程序的主要内容,分别介绍了税务登记、账簿凭证和发票管理、纳税申报、税款征收等税收征收管理的基本程序,重点介绍了税务检查、税收保全和强制执行制度,以及税收管理中需要重点关注的欠税管理制度等纳税义务监督程序。通过系统介绍各项制度的法律意义、主要内容、在税收征管中的作用、存在问题以及完善和改进思路,力求使读者更准确地理解税收程序各环节的核心要点,促进和规范税收管理。

---

① 黄振钢.税法学[M].北京:复旦大学出版社,1991:413.

第一节　税收程序概述

一、税收程序的概念和特征

税收程序是指税收法律关系主体实施税收法律行为所应遵循的方式、步骤、时限和顺序，是法律程序在税收领域的具体体现。税收程序有广义和狭义之分。广义的税收程序包括立法程序、执法程序、监督程序和保障程序，狭义的税收程序仅指具体的税收法律关系主体履行税法义务和职责的程序。广义的税收程序在本书其他各章分别介绍，本章内容仅论述狭义的税收程序。税收程序具有如下特征：

1. 税收程序体现国家主导性

税收程序由国家权力机关制定，税收行政机关在实施中根据授权予以补充完善，由征纳双方共同遵照执行，并非双方平等协商的产物。在现代税收体系中，制定法律程序应当符合程序关系主体的意愿，赋予纳税人相应的程序参与权及程序选择权。但是，基于税收本身具有的国家主体性，税收程序设计必须首先保障国家税收，与此相适应，保障国家征税权力的运行程序在税收程序中居主导地位。

2. 税收程序运行的结果体现为具体行政行为

在司法程序中，最终的审判结果是作出裁判。而税收程序运行的结果是征税机关作出的具体行政行为，包括税务机关依纳税人的申请或依职权处理的某种涉税事项，如有关税款的核定、更正、退还等决定，以及与税收征收有关的一般纳税人认定、发票等凭证效力的确认、税务检查决定、税收保全措施和强制执行措施决定等行政行为。

3. 税收程序具有相对稳定性

税收程序的这一特征应当从两个方面理解：一是税务机关和纳税人之间形成的税收法律关系相对稳定。税收管辖权确定之后一般不会改变，这有利于税务机关熟悉特定纳税人的生产经营状况，进而保证税收监督管理对象的稳定性和连续性。二是程序本身要求在一定时期具有稳定性，以保证税收法律关系主体能够按照既定的环节和时限实施税收法律行为。如果税收程序经常发生变动，会造成税收法律关系主体无所适从，产生不必要的法律纠纷。

4. 税收程序是征纳行为空间和时间表现形式的有机结合

税收程序的构成要素除了主体（征税机关、纳税人等）和结果（征收税款）要素外，还包括方式、步骤、时限和顺序等时间、空间要素。其中方式指完成某一税收法律行为的方法及行为结果的表现形式；步骤指完成某一征纳行为所要经历的阶段（税收程序一般由程序的启动、进行和终结三个阶段组成）；时限指完成某一征纳行为的期限；顺序指完成某一征纳行为所必经步骤的先后次序。行为的方式、步骤构成了征纳行为的空间表现形式，行为的时限、顺序构成了征纳行为的时间表现形式。空间表现形式和时间表现形式结合就组成了税收程序。

二、税收程序的作用

1. 保障税收实体法正确实施

税收实体法确定了税收法律关系主体的权利义务，但这些权利义务不会自动实现，必须通过规定的程序才能成为现实，因此，税收实体法的有效实施有赖于税收程序的正确设计。同时，征纳主体要在经济活动中对税收程序积极"遵从"，即征税机关严格按照税法的规定行使征税权，依法定程序调查课税事实，正确运用证据规则，准确确定应纳税额，将纳税人的应纳税款足额及时地征缴入库，履行"征税遵从"的义务；纳税主体在享有权利的同时，依法纳税，按照实际发生的纳税事宜，遵照法律程序据实申报缴纳应纳税款，履行"纳税遵从"的义务。[①]

2. 提高征管效率，节约征纳成本

税收程序以科学地反映税收征纳活动客观规律为基础进行设计，有助于减少征税机关的税收征收费用和纳税人的纳税成本，提高税收征管效率。例如，税务登记制度中的统一纳税人识别号的规定，有利于推行税收征管的信息化；纳税人权利救济制度有助于准确发现和认定事实，有利于减少税法执行中的错误；税款征收中的追征期限制度有利于督促税务机关在征收过程中及时行使权力。

3. 促进公平，保障纳税人合法权益

税收程序的目的不仅在于保证税收实体法的实施，还要在征税权运行的程序活动中，保护纳税人作为程序当事人的主体地位、基本权利，使征纳过程成为法治、理性的

---

① 施正文. 论税收程序 [J]. 安徽大学法律评论，2001（12）.

一项法律活动。纳税人权益可能因为税务机关的行政行为而受到影响时，必须有行使陈述权和知情权的机会。例如，税收征纳和税收行政处罚程序中的告知、听证、回避以及当事人参与的制度设计等。

4．规范税收权力行使，监督征税机关依法征税

税法具有一定的专业性和技术性，在税收实体法实施的过程中，征纳双方因对税法理解的不同，同一涉税行为会出现不同的处理方式，导致不同的纳税结果，而税务机关的征税决定往往占据主导地位。因此，需要规范的税收程序有效地约束征税权力，保证征税行为的公平与合理，使税务机关只能依据法律规定和客观事实征税，有利于税收法定主义和税收公平原则的落实。

三、税收程序的原则

1．依法制定

税收程序必须依据一定的法律程序制定。税收程序的主要内容，如主体确认、权限划分、适用范围、办理时限、运行程序、结果实现、权力制约、救济渠道等，都应当由法律加以明确规定，体现了税收法定原则，有利于维护税法体系的统一。

2．规范统一

程序的规范性是法的本质属性所决定的，没有规范性便无所谓程序。税收程序虽然是多种多样的，但在客观上又具有基本相同的制度内容，一般包括三个阶段：程序的开始（申请、告知、受理）、程序的发展（调查、陈述、申辩、听证）、程序的终结（作出决定、说明理由）。各类事项的基本程序制度包括证据（提交资料）制度、期限制度、保密制度、文书送达制度、争议救济制度等。此外，税收程序的语言表述也有自身的规范要求，如授权性规定一般用"可以"表述，限制性规定一般用"但书"表述。税收程序的统一性体现在各实体法之间相同的程序应当互相协调一致，如《个人所得税法》将纳税期限由"七日内"修订为"十五日内"[①]，与货物和劳务税保持一致，就是体现了税收程序的统一性。

3 公开透明

程序公开是依法行政的基本要求之一。程序的公开性越高，法律制度具备的民主

[①] 《全国人民代表大会常务委员会关于修改〈中华人民共和国个人所得税法〉的决定》（中华人民共和国主席令第48号）。

化程度也越高。税收程序的公开性也是税收程序公正价值的重要标准,"没有公开则无所谓正义"[①]。税收程序公开使纳税人在明晰自身义务的同时能切实地监督税法的实施,这就要求税务机关、税务人员在进行征税行为过程中,应当将法律依据、采纳的证据及决定的内容向纳税人公开,以便于纳税人维护其合法权益和行使权利。同时,税务机关的征收税款等行政管理过程,应当向社会公众公开,保证公众对征税活动的监督。

4. 便捷高效

"正义的第二种含义——也许是最普通的含义——是效率"[②]。税收程序不仅应当成为实现税收目标的手段,也要努力成为保障纳税人权利的重要形式,不科学、不合理的税收程序会降低税收征管的效率,损害纳税人的合法权益,也是对税法公正的背离。因此,税收程序应当促使管理的高效化,以适应社会高速发展和税收现代化的要求。

四、税收程序的分类

税收程序在性质、范围、内容、表现形式上呈现出多样性和分散性的特点,需要进行分类比较:

1. 征税程序与纳税程序

这是依据税收程序主体的主导作用及其所进行的行为来分类。如税款征收、税务检查属于征税程序,税务登记、纳税申报属于纳税程序。这种划分方法有助于我们重视纳税程序在现代税收程序中的作用,一般来说,征税程序与纳税程序是相互衔接、交叉并存的,但从总体上看,征税程序仍居支配和主导地位。

2. 统一性程序与选择性程序

这是依据征纳主体遵守税收程序是否具有一定的自由选择权为标准进行的分类。统一性程序是征纳主体实施征纳行为时没有自主选择余地,必须严格遵守的程序,如税收征管中税务登记时限、纳税申报时限等各种时限的规定均属于统一性程序。选择性程序是征纳主体在实施征纳行为时,可以自由裁量决定或选择采取的程序,例如《税收征收管理法》第五十八条规定:"税务机关调查税务违法案件时,对与案件有关的情况和资料,可以记录、录音、录像、照相和复制。"这里的记录、录音、录像、照相和复制程

---

① 伯尔曼. 法律和宗教 [M]. 梁治平,译. 北京:三联书店,1991:48.
② 理查德·波斯纳. 法律的经济分析 [M]. 蒋兆康,译. 北京:中国大百科全书出版社,1997:31.

序就是选择性程序。

3. 通用税收程序和专门税收程序

这是依据税收程序的范围和适用对象而进行的分类。通用税收程序是指各税种共同适用的税收征纳程序，如纳税申报方式的选择。专门税收程序是指某一税种征纳活动中特别适用的程序，例如源泉征收程序一般适用于个人所得税的征收。在日本，课赋纳税方式（类似于我国的核定征收）只适用于特殊场合的关税、消费税、交易税、地方税等少数税种的征收。[①]

4. 义务约束性税收程序和权力约束性税收程序

这是依据税收程序的性质和功能所作的分类。义务约束性税收程序是税收征纳活动的操作规程和时间顺序，是进行税收管理的一种方法，例如税务登记、账簿、发票等税收征纳基础管理程序和纳税人申报纳税等活动所遵循的程序。权力约束性税收程序是规范、制约课税权力运行的程序，例如告知、听证、回避、说明理由、行政救济等程序制度，其目的是监督和控制行政权力的滥用，使国家征税权力能够公平、正当地行使，保护纳税人的合法权益。

第二节 税务登记

一、税务登记的概念和特征

（一）税务登记的概念

税务登记，又称纳税登记，是税务机关对从事生产经营活动的纳税人进行登记并据此实施税务管理的一项制度。税务登记是通过《税收征收管理法》以法律形式固定下来的税收管理制度，主要目的是使征纳双方建立明确而稳定的行政管理与服务关系，同时使税务机关掌握基本税源状况。就税务机关与纳税人关系而言，税务登记是征纳双方建立行政管理关系的依据，是税收征管的首要环节和基础，是税收管理程序的起点。从国际上看，各个国家和地区的税务登记制度各有侧重，如美国税务登记重点是将社会保障

[①] 金子宏. 日本税法原理 [M]. 刘多田, 译. 北京: 中国财政经济出版社, 1989: 317—318.

号码作为统一的纳税人识别号码,据此进行数据管理并与相关部门开展信息共享;我国台湾地区根据所得税及营业税等实体法的有关规定进行营业登记[①]。

(二)税务登记的特征

1. 税务登记具有法定性

首先,税务登记属于法定义务。依法申请办理税务登记是纳税人的义务,依法为纳税人办理税务登记是税务机关的职责。纳税人和税务机关在法定情形出现时申请和办理设立、变更、注销登记是对税收管理关系产生、变更、终止的确认。由此可见,纳税人不申请或者税务机关不办理税务登记的行为,对纳税人和税务机关来说都是违法行为,必须承担相应的法律责任。其次,税务登记的程序法定。申请和办理税务登记的情形、资料、时限、结果均有法律明确规定,税务机关和纳税人必须严格遵照执行。

2. 税务登记具有普遍性

税务登记的标准和要求对全部纳税人适用。税收征收管理中实行对发生纳税义务或预期将要发生纳税义务的纳税人、扣缴义务人进行普遍税务登记的制度。从事生产经营的纳税人无论是否办理工商营业执照或经有关部门批准设立,均应按规定时限申请办理税务登记,确保税务机关在日常税收管理中及时掌握税源、受理纳税申报、征收税款和进行税源监控。与此同时,考虑到现实征管力量状况,在普遍登记原则下,法律法规作了例外规定,即国家机关、个人和无固定生产、经营场所的流动性农村小商贩发生纳税义务的,可以不办理税务登记。

3. 从权属角度的法律意义上看,登记可分为确权登记和非确权登记

确权登记是指对权利归属的确认。[②] 就税务登记而言,申请办理税务登记是纳税人以书面形式表示申请接受税务管理,依法履行纳税义务的法律行为;税务机关受理并发放税务登记证则是确认自身与纳税人之间税收征纳关系的法律行为,其中涉税权利与义务的产生、变更、终止不因是否登记而发生变化,税务登记显然不具有确认权属的法律意义。

[①] 国家税务总局征管和科技发展司. 税收征管若干问题探讨[M]. 北京:中国税务出版社,2013:242—243.

[②] 如不动产登记属于典型的确权登记。《物权法》第九条规定:"不动产物权的设立、变更、转让和消灭,经依法登记,发生效力;未经登记,不发生效力,但法律另有规定的除外。"

二、税务登记的作用和原则

（一）税务登记的作用

1. 对纳税人的作用

纳税人办理税务登记具有以下几方面作用：一是办理税务登记是纳税人依法开展生产经营、办理涉税事项的基础。税务机关发放的税务登记证件是纳税人据以办理开立银行账户和领购发票等业务的法律权利证明。纳税人办理申请减免税、退税、延期缴纳税款等其他有关税务事项时，应当出示税务登记证件，经税务机关核对相关信息后办理。二是办理税务登记有助于增强纳税人的税收法治观念，提高税法遵从度。通过税务登记使纳税人接受税务机关的监督管理，自觉履行纳税义务，依法维护自身合法权益。

2. 对税务机关的作用

税务机关为纳税人办理税务登记具有以下几方面作用：一是通过税务登记可以初步掌握税源状况和涉税信息。纳税人办理税务登记后，税务机关对辖区内纳税人的基本情况、税源分布状况有所掌握，便于有针对性地加强税源监控，防止税收流失。纳税人在办理税务登记时提供的经营范围、国家标准行业、注册资金、注册地址、股权结构等情况是重要的涉税资料。税务机关可以根据这些信息，在日常管理中进一步分析税源、合理调配征管力量和制定征管措施。二是税务机关可以根据税务登记情况合理设置税收管理机构。税收管理机构是税收征管体制的重要组成部分，对税收执法的质量与税务行政的效率有重要影响。多年来，我国税收管辖实行"条块"结合的方式，即按区域划分的属地主管税务机关与按规模、行业划分的专业主管税务机关并存。纳税人的税务登记情况对科学、合理地设置税收管辖方式起到主要作用。三是税务登记是税务机关为纳税人服务的基础。税务机关在办理税务登记的同时也明确了纳税人的主管税务机关，有利于为纳税人依法提供税收政策的解答、指导与服务。四是通过税务登记信息可以与其他部门进行配合管理。纳税人在办理税务登记时，需要填写与其他部门相关的数据信息，如工商营业执照号码、组织机构代码、银行账号等等。通过这些共有信息项，税务机关与其他部门可以建立数据共享平台，从多角度、多方位加强对纳税人的监督与管理。

（二）税务登记的原则

1. 统一代码

所谓统一代码，是指在全国范围内统一赋予每个纳税人一个识别号码，亦称税务登记证号。其基本规则是：法人和其他组织纳税人识别号由15位码组成，前6位是纳税人或其主管税务机关所在地行政区域码，后9位是纳税人的组织机构代码；个体工商户以居民身份证号为纳税人识别号；国家税务局、地方税务局对同一纳税人的税务登记采用同一代码。统一代码原则保证了纳税人识别号成为纳税人税务登记信息中的"身份证号"，具有唯一性或排他性，为税务机关建立税务信息档案、实行联办登记、推进信息共享起到了基础作用。从国际上看，加拿大、日本等国家都是使用全国性的纳税人代码，美国使用社会保险号码作为税务代码，也是全国性的[①]。

2. 属地管理

根据税法规定，县以上国家税务局（分局）、地方税务局（分局）是税务登记的主管税务机关。国家税务局（分局）、地方税务局（分局）按照国务院规定的税收征收管理范围，实施属地管理。按照此规定，税务登记的属地，即以纳税人所在的县（市、区）。在具体登记地点上，从事生产、经营的纳税人应当向生产、经营地或者纳税义务发生地的主管税务机关办理税务登记。其他纳税人向所在地的主管税务机关办理税务登记。随着市场经济体系的逐步完善和经济社会的快速发展，企业集团化、经营集中化情况日益增多，税务机关按照规模、行业划分税源，进行专业化分工管理的必要性日益增强。在县以上行政区划内设置按规模、行业等分类管理的主管税务机关将成为属地登记管理的有益补充。

3. 及时登记

为保证税务登记信息的准确、有效，使税务机关及时了解、掌握税源变动情况，有必要及时进行税务登记。纳税人应在规定的时限内向税务机关申请办理税务登记，发生变更事项或符合注销条件的，应在规定的时限向税务机关申请办理。对税务机关而言，发现纳税人未按照规定期限办理申报的，应当及时采取责令限期改正、实地检查、转为非正常户、宣布税务登记证件失效等管理措施，体现了及时登记的法律要求。

---

① 国家税务总局税收科学研究所. 西方税收理论 [M]. 北京：中国财政经济出版社，1997：262.

4. 固定管辖

税务机关是税务登记的主管行政机关,依法行使税务登记管理权。纳税人向其主管税务机关申请办理税务登记后,即建立了相对固定的行政管理关系,除税收实体法有特殊规定的情形外,一般而言纳税人仅有一个税务登记主管机关。

三、税务登记的基本要求

(一)需要进行税务登记的主体

根据税法规定,需要办理税务登记的主体包括三类:

1. 从事生产、经营的纳税人

从税务登记管理角度看,从事生产、经营的纳税人包括以下三类:一是从事生产、经营的纳税人已领取工商营业执照的。二是从事生产、经营的纳税人未办理工商营业执照但经有关部门批准设立的。三是从事生产、经营的纳税人不需办理工商营业执照也不需经有关部门批准设立,但发生纳税义务的。此外,按照税法规定,对于无照经营的纳税人发生纳税义务的,也应当办理税务登记。对从事生产、经营纳税人办理税务登记的规定,充分体现了普遍登记的法律特征,无论纳税人是否经批准成立,只要从事生产、经营即应办理税务登记。

2. 扣缴义务人

扣缴义务人登记及管理事项包括以下两类:一是已经办理税务登记的扣缴义务人,税务机关在其税务登记证件上登记扣缴税款事项,不再发给扣缴税款登记证件。二是根据税收法律、行政法规的规定可不办理税务登记的扣缴义务人,税务机关核发扣缴税款登记证件。

3. 自然人

与从事生产、经营的纳税人相同,自然人在社会生活中同样会取得应税收入、发生纳税义务。按照税务登记的普遍登记原则,自然人也应当办理税务登记。但是,受现行征管能力制约,我国对自然人的税款征收主要采用代扣代缴的方式,进行广泛登记的条件和手段还不成熟。因此,《税收征收管理法实施细则》规定,个人所得税的纳税人办理税务登记的办法由国务院另行规定。截至目前,国务院尚未颁布有关自然人登记的法规。按照我国税制改革的总体安排,房地产税、个人所得税等直接税的比例将逐步扩大,对自然人的税务登记和后续管理应当尽快提到议事日程上，并在修订《税收征收管理法》及其实施细则时加以规定。

（二）税务登记的具体事项

1. 设立登记

即开业登记，是税务登记管理的初始环节，也是税务机关对纳税人有序管理的起点。设立登记是纳税人首次向税务机关申报行业、规模、位置、经营范围等基本信息，这些信息是税务机关明确国家标准行业、确定主管税务机关和企业所得税管辖机关等涉税事项的主要依据。按照税法规定，纳税人在申报办理税务登记时，应当如实填写《税务登记表》，申报有关信息。主要内容包括：单位名称、法定代表人或者负责人身份信息、住所或经营地点、经济类型、核算方式、生产经营方式和范围、注册资金或投资总额等重要的基本涉税信息项目。纳税人提交的证件和资料齐全且税务登记表的填写内容符合规定的，税务机关应即时发放税务登记证件，作为确立登记行为的法律凭证。

2. 变更登记

纳税人办理税务登记后，随着生产经营活动的开展，税务登记内容经常会发生变化。为保证信息的准确性，使税务机关及时掌握纳税人生产经营变化情况，纳税人应当及时申报办理变更税务登记。变更税务登记是税务登记制度中的一项重要内容，是确保纳税人基本信息得到准确、及时更新维护，实现税务机关与纳税人良性互动，使税收征收与缴纳正常进行的重要保障制度。特别是对于纳税人银行账号、经营地址等重要信息的及时变更和准确登记，既是税务机关与纳税人联系、送达法律文书、加强管理的需要，也是纳税人办理退税、缓缴税款等涉税事项的需要。

3. 注销登记

纳税人注销税务登记一般有主动和被动两种情形。主动情形主要包括：经营期满自动解散，与其他纳税人发生合并等重组事项，经董事会、股东大会或合伙人决定不再经营自动解散等。被动情形主要包括：被有关机关予以撤销、资不抵债履行破产程序、被工商机关吊销营业执照等。从法律角度看，注销税务登记既是税务登记的终止环节，也是纳税人履行纳税义务的终止环节。因此，纳税人办理注销税务登记前，应当向税务机关提交相关证明文件和资料，结清应纳税款、多退（免）税款、滞纳金和罚款，缴销发票、税务登记证件和其他税务证件，经税务机关核准后，办理注销税务登记手续。

需要特别说明的是，纳税人因住所、经营地点变动，涉及改变税务登记机关的，也应当在原主管税务机关办理注销登记。此类注销登记行为是基于税务管辖范围调整进行的税务登记事项，并不是纳税人履行纳税义务的终止环节，纳税人办理注销手续后应按时限向迁达地税务机关申报办理税务登记。

4. 停复业登记

停业登记和复业登记是对税务登记管理的有益补充。我国现阶段多种所有制形式并存，在税务登记上体现为按不同的经济类型登记，其中存在数量众多的个体工商户。个体工商户以经济组织的名义进行独立的生产经营等民事活动，享受民事权利和负担民事义务，具有规模小、变动频繁、经营方式灵活等特点，对他们既要进行普遍管理，也要制定单独的管理制度。因此，税务登记管理中制定了停复业登记的制度。实行定期定额征收方式的个体工商户根据自身经营情况需要临时停业的，可以向税务机关申请，停业期满后应当办理复业手续。为保证管理的连续性，纳税人的停业期限不得超过一年，在停业期间发生纳税义务的，应当按照税法的规定申报缴纳税款。

5. 外出经营报验登记

在实际经济活动中，纳税人可能到外市县进行临时性的生产经营活动。为保证税收管理的连续性和掌握纳税人外出经营情况，税务登记管理中明确了外出经营报验登记管理的制度。具体程序是，纳税人到外市县临时从事生产经营活动的，应当向主管税务机关申请开具《外出经营活动税收管理证明》，持该证明向临时经营地税务机关办理报验登记，期限最长为180天。外出经营报验登记是在税务信息系统不发达情况下制定的管理制度，其实质是由纳税人通过纸质证明资料将涉税信息在税务登记地和临时经营地主管税务机关之间进行传递。这一制度虽然有利于加强管理，但也带来了手续烦琐、资料重复、纳税地点存在争议等一系列问题。在当前税务管理信息化程度日益提高的背景下，应当考虑设计更为简便、合理的管理制度，减少税务机关管理风险和纳税人不必要的负担。

6. 非正常户管理

非正常户是指办理税务登记后由于未按照规定的期限履行纳税申报义务，经税务机关按照规定程序转为特殊管理序列的纳税人。非正常户的大量产生与当今经济社会迅速发展密切相关，由于竞争激烈，企业破产、兼并、分立活动大量增加。部分私营企业规模小，竞争力不强，容易被市场淘汰，经营人员考虑到成本问题，不愿办理税务登记注销手续，往往在经营失败时"一走了之"。税务机关通过电话、实地走访等方式无法找到这类纳税人，只能采取变通方式，将其另行管理。非正常户认定实质上是税务机关对管理范围的自我界定。转为非正常户后的纳税人脱离了税务管理范畴，税务机关仅保留名义上的税款追征权。虽然后续管理中仍有进行公告、限制法人新办登记、宣布其税务登记证件失效、可以单方注销其税务登记证件等措施，但缺少实质管理的手段。大量非正常户的存在，严重影响税收征管质量。表面危害是纳税人逃避纳税义务、不按规定使用发票，深层次危害则是损害国家税收利益、破坏市场经济运行秩序。在国家大力整顿和规范市场经济的背景下，税务机关尤其要加大清理非正常户的力度，防范大量非正常户的产生。

四、税务登记与其他行政登记的关系

按照普遍登记的原则，凡是发生纳税义务的企业、事业单位、社会团体、组织、个人都要进行税务登记。在实际税收管理中，进行税务登记时必须按照纳税主体的组织形式，即经批准成立的实体机构形式进行登记，因此，税务登记需要与批准纳税主体成立的其他部门行政登记发生关联。由于我国特殊的行政管理体制和历史原因，目前具有批准机构主体成立的行政部门众多且管理范围不一，现行主要有工商行政管理部门、国家机构编制部门、民政部门、司法行政部门等。工商行政管理部门负责从事生产经营活动等商业行为主体的登记，包括各类企业和个体工商户登记。国家机构编制部门负责批准党政机关、司法机关、民主党派、人民团体、事业单位的机构设置。民政部门负责对社会团体、民办非企业单位、基金会进行登记。司法行政部门负责律师事务所设立许可、司法鉴定、仲裁机构的登记。此外，质量技术监督部门还要给所有机构主体办理组织机构代码证书。

在上述登记事项中，工商登记与税务登记最为密切。根据《税收征收管理法》第十五条规定："企业、企业在外地设立的分支机构和从事生产、经营的场所，个体工商户和从事生产、经营的事业单位自领取营业执照之日起三十日内，持有关证件，向税务机关申报办理税务登记。"《税收征收管理法实施细则》第十二条规定："前款规定以外的纳税人，除国家机关和个人外，应当自纳税义务发生之日起30日内，持有关证件向所在地的主管税务机关申报办理税务登记。"此外，税务登记管理的法律法规对于变更、注销的规定也同工商部门登记管理密切相关。因此，除特殊情况和特殊类型的纳税

人以外，税务登记从时间、内容等方面基本从属于工商登记，亦即通常而言的"从照原则"。从照原则对于税务机关及时了解企业工商登记状况，明确税务登记条件标准和时间标准，加强税源监控具有一定的积极意义，在税收征管实践中发挥了重要作用。但是，办理营业执照的主体和纳税主体之间存在着一定差异，国家机构编制部门、民政部门、司法行政部门办理的机构并不领取营业执照。同时大量企业分支机构虽然领取营业执照，但并不开展实质的生产经营行为，全部办理税务登记会造成税务部门管户虚增，影响后续的纳税申报和税款征收管理。特别是随着我国市场经济体系的逐步完善，市场主体类型的多样化发展，商事登记法律的日趋健全，税务登记应当在"从照原则"的基础上有所改革。

五、税务登记制度的改革探索

（一）当前税务登记管理中存在的问题

1. 税务登记的目的和地位缺乏明确的法律定位

《税收征收管理法》及其实施细则中没有就税务登记的目的和法律地位作出清晰、明确的定位，不利于明晰征纳双方在登记事项中的权利义务关系。

2. 税务登记与工商登记衔接的法律规定存在问题

按照《税收征收管理法》的规定，部分纳税人办理税务登记以领取工商营业执照为前提条件。但是，工商登记机关与税务登记机关履行不同的管理职能，二者在登记目的、登记内容、管理事项方面均有差异，将工商登记作为税务登记的前提不具有合理性。

3. 税务登记地点的规定存在问题

根据税法规定，税务登记地点为生产、经营地或者纳税义务发生地，按照税务登记统一代码和固定管辖原则，纳税人的税务登记具有唯一性（包括税务登记证件、号码、主管税务机关都是唯一的）。在实际征管中，如果实体法规定的纳税地点与税务登记地点不一致，纳税人需要在纳税地点办理临时税务登记或报验登记，造成了对同一纳税人税务登记信息的分散和多部门管理，不利于税收管控。

（二）税务登记制度的改革方向

在加快转变政府职能、深化行政体制改革的大背景下，税务部门作为国家重要的行政执法部门，直接面对广大纳税人，推进职能转变的任务繁重而紧迫。税务登记是纳税人与税务机关接触的初始环节，也是体现职能转变、激发市场活力的首要环节，应当进行积极的改革探索。

1. 实行联合办理税务登记

联合办理税务登记是指国家税务局、地方税务局对同一纳税人核发一份加盖国家税务局、地方税务局印章的税务登记证，并共同进行税务登记的管理。纳税人只向任一税务机关申报办理税务登记，由受理税务机关核发一份代表国税局和地税局共同进行税务登记管理的税务登记证件。联合办证的工作范围包括国税、地税共同管辖的纳税人设立登记、变更登记、注销登记、税务登记违法处理及其他税务登记管理工作。

联合办理税务登记的前提是统一税务登记证号的编码规则，统一规定纳税人需提交的涉税资料、统一税务登记证件样式、统一建立税务登记信息共享数据库。联合办理税务登记的主要作用是降低征纳双方的成本，提高税务登记的工作效率。目前，我国部分地区已经进行了联合税务登记探索，取得了良好的效果。

2. 实现税务登记与其他行政登记的有效衔接

为进一步提高税务登记效率，同时为纳税人提供更多的便利，应尽快实现各项行政登记的有效衔接。具体设想是，借助政府网络资源，建立政府行政登记网络系统平台，实现政府各职能部门行政登记资源共享。纳税人可在办理开业注册登记时把组织机构代码登记、工商登记、税务登记等各项登记手续全部一次性办理完毕。我国香港特别行政区实行的商业登记制度，是在香港税务局设立商业登记署，把工商登记、税务登记合二为一，这种做法也值得我们学习和借鉴。[1]

3. 探索独立办理税务登记的可行性

所谓独立办理税务登记，是指税务登记逐渐脱离与工商登记的"捆绑"，取消工商登记后必须在规定时限内办理税务登记的规定，回归"纳税登记"本质。将纳税主体已发生或将发生纳税义务作为"触发"税务登记的法定前置条件，而纳税主体的批准成立文书和组织机构代码只作为税务登记的资料要件。

探索独立办理税务登记还要充分考虑几方面的因素：一是法律规定问题。由于《税收征收管理法》对税务登记的程序有明确、细致和具体的规定，实施独立登记必须对法

---

[1] 全胜奇. 试论我国税务登记制度的完善 [J]. 河南财政税务高等专科学校学报，2005 (1).

律法规进行修改或制定授权性规定。二是办理税务登记的条件和标准问题。独立登记仅对稳定的税源进行纳税登记,何种主体、符合何种条件、何时需要办理税务登记必须有明确的规定,便于税务机关和纳税人进行准确判断和操作,避免不必要的法律纠纷和漏征漏管户的产生。三是税务登记地点问题。税务登记地点涉及税收管理权限,目前实行以行政登记的企业注册地为主、实体法规定的纳税地点为辅的原则进行税务登记。实行独立税务登记时必须对地点问题进行规定,明确机构所在地、生产经营地、劳务发生地等纳税地点之间的关系和判定标准,避免产生"招商引资"等行为对正常税收秩序的干预和影响。

第三节 账簿和凭证管理

账簿、凭证管理是税收征收管理的一项基础性工作,在税收征管中占有重要地位,是《税收征收管理法》赋予税务机关的重要权力。合法规范的账簿和真实完整的凭证能够清晰地反映纳税人是否依法履行了纳税义务。税务机关对账簿、凭证的管理主要涉及账簿的设置,财务会计制度和财务会计处理办法与税收规定的关系,发票管理,账簿、凭证的使用和保存等,因发票管理在税收征管中地位特殊,制度规定较为复杂,因此设专节介绍。

一、账簿、凭证概述

(一)账簿、凭证的概念及发展

账簿,即会计账簿,是由具有一定格式、互有联系的若干账页所组成,以会计凭证为依据,用以全面、系统、序时、分类记录各项经济业务的簿籍。现代会计账簿有书面和电子两种形式。凭证是记录经济业务、明确经济责任、按一定格式编制的据以登记会计账簿的书面证明。税法中的账簿、凭证管理对象包括账簿、财务会计报告、会计凭证、税收票证、完税证明和其他相关资料。账簿、凭证是记录纳税人生产经营情况,反映经济活动过程的重要载体,是据以计算应纳税款的重要依据。

在账簿、凭证的形成与发展中,埃及被认为是"散页账簿记的故乡"。复式记账从萌芽到比较完备，大致经历了 300 年。最早流行于佛罗伦萨的账簿形式仅限于记录债权、债务。比较完备的复式账簿形成于威尼斯，除了记录债权、债务、商品和现金之外，还设立了损益和资本账户。1494 年，意大利会计学家卢卡·帕乔利所著《簿记论》是系统研究簿记学的历史起点，目前世界各国普遍认为卢卡·帕乔利是"现代会计之父"。在我国，从宋代开始行政管理钱粮等就要求编造"四柱清册"。1905 年，蔡锡勇的《连环账谱》于湖北官书局刊行，开创了中国会计理论和账簿专著之先河。复式账簿理论逐步发展形成了现代会计体系。[①]

（二）账簿、凭证的特征

1. 编制主体法定

根据《会计法》的规定，编制账簿的主体包括：国家机关、社会团体、公司、企业、事业单位和其他组织。国家以法律的形式，要求账簿编制主体设置账簿，账簿的内容和繁简程度，均以其经营性质和经营规模的大小状况而依法律规定确定。如《税收征收管理法实施细则》明确规定了扣缴义务人和从事生产经营的纳税人两类主体编制账簿的义务。

2. 管理制度规范

《会计法》《税收征收管理法》《会计准则》《会计档案管理办法》等法律法规，系统地提出了编制会计账簿的种类、方式、原则和设置要求，明确了会计凭证的制作、审核、更正等一系列操作标准，建立了对会计账簿、会计凭证、会计报告和其他会计资料的确认、计量、编制、审核、报告、管理、销毁等完整的法律规范体系。

3. 法律责任明确

账簿、凭证管理制度主要体现于《会计法》《审计法》和《税收征收管理法》等法律、法规中，具有鲜明的行政管理性质[②]。相关法律明确了编制账簿的法律责任，如《会计法》第四十二条规定了对不依法设置账簿或私设会计账簿等情形的处罚标准。《税收征收管理法》明确了对纳税人未按照规定设置、保管账簿和记账凭证，扣缴义务人未按照规定设置、保管代扣代缴和代收代缴税款账簿等情形的法律责任。

---

① 卢卡·帕乔利. 簿记论 [M]. 林志军, 等, 译. 上海：立信会计出版社, 2009：3.
② 王明锁. 论商事账簿及其法律关系的性质——兼论《商事通则》的不可行 [J]. 法学杂志, 2011（3）.

二、账簿、凭证的作用

(一)账簿的作用

1. 为经济核算、编制会计报表和税务管理提供资料

账簿可以全面、系统地反映单位经济业务的发生和完成情况。通过账簿的序时、分类核算,将企业经营活动情况,财物的购置、使用、保管情况,收入的构成和支出情况,税款计算和缴纳情况以及扣缴税款情况全面、系统地反映出来,为企业及与企业有利害关系的各方提供有用的会计信息。账簿系统地记录资产、负债、所有者权益、收入、费用、利润等数据资料,是编制会计报表和税务管理的主要依据。

2. 为检查分析经济活动提供信息

通过对账簿资料的检查、分析,可以了解企业贯彻有关税收法律、法规的情况,考核资金、成本、利润计划的执行情况,从而评价企业经营成果和财务成果,挖掘潜力,促使企业加强经营管理和经济核算。

3. 为行政、司法部门提供管理依据

通过账簿可以了解掌握经济主体的经营状况,实现对其经营活动的检验,以确保其他经济主体和社会公众利益的安全。账簿是税务部门依法征税的重要信息来源,是税务稽查的主要内容,也是纳税人依法维护自身合法权益的有效凭据。账簿还是法律诉讼的重要材料,在破产法和公司法等法律制度中都将账簿作为重要证据。

(二)凭证的作用

1. 证明经济业务

经济业务的发生需要填制会计凭证或取得会计凭证,将经济业务如实记录下来,经过严格的审核,用于登记账簿,这样就能把日常发生的各种各样的经济业务通过会计凭证正确、及时地反映出来,成为经济业务真实性与合法性的重要依据。凭证也是税务机关确认纳税义务发生时间、缴纳税种、计税金额、税前列支等要素的重要依据。

2. 监督经济运行

会计凭证审核就是对经济业务的监督检查。通过审核凭证可以检查该项业务是否符合有关法律、法规的规定，有无违法行为，及时发现和解决经济管理中存在的问题，发现偷逃税款，避免贪污盗窃等行为，保障财产的有效使用。税务检查中，会计凭证是主要的检查内容之一，也是重要的证据来源。

3. 明确经济责任

各项经济业务都要由经办部门的有关人员办理凭证手续并在凭证上签名、盖章，经办人员对经济业务的真实性和合法性负完全责任。根据凭证可以明确哪些人应该对哪项业务负责，各负什么责任。这样就可以促使经办业务的部门和人员增强责任感，严格按规定办事，一旦发现了问题，能根据凭证查清责任。通过凭证审核可以及时发现经营管理上的薄弱环节，采取措施，改进工作。严格执行凭证管理制度还可以有效防止弄虚作假，保证会计核算的正确性和税务处理的合法性。

三、账簿、凭证管理的范围

（一）账簿

账簿包括总账、明细账、日记账和其他辅助性账簿。每一项会计事项，一方面要记入有关的总账，另一方面要记入该总账所属的明细账。总账应采用订本账。明细账可以有多种形式，如订本式、活页式、多栏式等。日记账是一种特殊的明细账，如现金日记账和银行存款日记账，现金日记账和银行存款日记账必须采用订本式账簿。实行会计电算化的单位，用计算机打印的会计账簿必须连续编号，经审核无误后装订成册，并由记账人员和会计机构负责人、会计主管人员签字或者盖章，以防止账页的散失及被抽换，保证会计资料的完整。核算单位应当定期将会计账簿记录与实物、款项及有关资料相互核对，保证会计账簿记录与实物及款项的实有数额相符、会计账簿记录与会计凭证的有关内容相符、会计账簿之间相对应的记录相符、会计账簿记录与会计报表的有关内容相符。采用的会计处理方法，前后各期应当一致，不得随意变更；确有必要变更的，应当按照国家统一的会计制度的规定变更，并将变更的原因、情况及影响在财务会计报告中说明。任何单位和个人不得伪造、变造会计凭证、会计账簿及其他会计资料。《税收征收管理法》明确规定对于纳税人不设置或不按规定设置账簿等情况，税务机关有权核定纳税人的应纳税额。

(二) 凭证

1. 会计凭证

会计凭证是税收管理的微观基础，是税务机关确认凭证记载经济业务税务处理正确与否的关键资料。会计凭证包括原始凭证和记账凭证。原始凭证按其取得的来源不同，分为自制原始凭证和外来原始凭证两类。自制原始凭证是指在经济业务发生、执行或完成时，由本单位的经办人员自行填制的原始凭证，如产品出库、入库单等。外来原始凭证是指在同外单位发生经济往来关系时，从外单位取得的凭证。如企业购买原材料时，从供货单位取得的发票，就是外来原始凭证。原始凭证记载的各项内容均不得涂改。原始凭证有错误的，应当由出具单位重开或者更正，更正处应当加盖出具单位印章。原始凭证金额有错误的，应当由出具单位重开，不得在原始凭证上更正。记账凭证是会计人员根据审核无误的原始凭证，用来确定经济业务应借、应贷的会计科目和金额而编制的，作为登记账簿直接依据的会计凭证。

2. 税收票证和其他有关资料

税收票证是指税务机关、纳税人、扣缴义务人依照法律法规，代征代售人按照委托协议，在征收或缴纳税款、基金、费、滞纳金、罚没款等各项收入的过程中，使用的收款、退款和缴库凭证，是纳税人实际缴纳税款或者收取退还税款的法定证明。税收票证包括纸质形式和数据电文形式。其中数据电文税收票证是指通过横向联网电子缴税系统办理税款的征收缴库、退库时，向银行、国库发送的电子缴款、退款信息。税收票证的基本要素包括税收票证号码、征收单位名称、开具日期、纳税人名称等。纸质税收票证的基本联次包括收据联、存根联、报查联。收据联交纳税人作完税凭证；存根联由税务机关、扣缴义务人、代征代售人留存；报查联由税务机关做会计凭证或备查。

税收票证包括税收缴款书、税收收入退还书、税收完税证明、出口货物劳务专用税收票证、印花税专用税收票证以及国家税务总局规定的其他税收票证。税收缴款书是纳税人据以缴纳税款，税务机关、扣缴义务人以及代征代售人据以征收、汇总税款的税收票证。税收收入退还书是税务机关依法为纳税人从国库办理退税时使用的税收票证。出口货物劳务专用税收票证是由税务机关开具，专门用于纳税人缴纳出口货物劳务增值税、消费税或者证明该纳税人再销售给其他出口企业的货物已缴纳增值税、消费税的纸质税收票证。印花税专用税收票证是税务机关或印花税票代售人在征收印花税时向纳税人交付、开具的纸质税收票证。税收完税证明是税务机关为证明纳税人已经缴纳税款或者已经退还纳税人税款而开具的纸质税收票证,是税务机关征收税款的法定标示和纳税人依法履行纳税义务的法定证明。其中《税收缴款书(税务收现专用)》《税收缴款书(代扣代收专用)》《税收缴款书(出口货物劳务专用)》《出口货物完税分割单》、印花税票和税收完税证明应当视同现金进行严格管理。

其他有关资料是指与财务收支、会计核算及计税有关的资料。纳税人、扣缴义务人能否按照国家的规定保管账簿、记账凭证、税收票证,不仅关系其自身的经营管理,更重要的是关系到国家对纳税人和扣缴义务人应纳税和应代扣代缴、代收代缴税款义务能否实施有效的监督和管理,从而保障国家税收收入。长期以来,加强对账簿、凭证的管理,始终是我国税收征管工作和税收征管法律制度的重要组成部分。

(三)财务会计报告

财务会计报告又称财务报告,是指企业对外提供的反映企业某一特定日期的财务状况和某一会计期间的经营成果、现金流量等会计信息的文件,由财务报表和其他应当在财务报告中披露的相关信息资料组成。[①] 财务报表是对企业财务状况、经营成果和现金流量的结构性表述。财务报表至少应当包括资产负债表、利润表、现金流量表、所有者权益(或股东权益)变动表、附注等内容。[②] 就实际而言,财务报表仍是财务报告最基本、最主要的内容,财务报表的作用是财务报告中其他内容所不能取代的。[③] 财务会计报告的使用者包括投资者、债权人、政府及其有关部门和社会公众等。财务会计报告应当根据经过审核的会计账簿记录和有关资料编制,并符合会计法规关于财务会计报告的编制要求、提供对象和提供期限的规定。向不同的会计资料使用者提供的财务会计报告,其编制依据应当一致。单位负责人应当保证财务会计报告真实、完整。纳税人无论有无应税收入、所得和其他应税项目,或者在减免税期间,均应按其所适用的会计制度编制财务报表,并依照《税收征收管理法》的规定向主管税务机关报送;其所适用的会计制度规定需要编报相关附表以及会计报表附注、财务情况说明书、审

[①] 全国注册税务师执业资格考试教材编写组. 财务与会计 [M]. 北京:中国税务出版社,2014:118.
[②] 《企业会计准则第30号——财务报表列报》。
[③] 吴中春. 财务报告的概念及其与财务报表的关系 [J]. 对外经贸财会,1999(2).

计报告的,应当随同财务会计报表一并报送。纳税人财务会计报表报送期间原则上按季度和年度报送。确需按月报送的,由省、自治区、直辖市和计划单列市国家税务局和地方税务局联合确定。

四、账簿、凭证管理的要求

(一)设置账簿的范围

纳税人、扣缴义务人按照有关法律、行政法规和国务院财政、税务主管部门的规定设置账簿,根据合法、有效凭证记账,进行核算。生产经营规模小又确无建账能力的纳税人,可以聘请经批准从事会计代理记账业务的专业机构或者财会人员代为建账和办理账务。纳税人、扣缴义务人采用计算机记账的,对于会计制度健全,能够通过计算机正确、完整计算其收入、所得的,其计算机储存和输出的会计记录,可视同会计账簿,但应按期打印成书面记录并完整保存;对于会计制度不健全,不能通过计算机正确、完整反映其收入、所得的,应当建立总账和与纳税或者代扣代缴、代收代缴税款有关的其他账簿。

(二)设置账簿的时间和使用的语言文字

从事生产、经营的纳税人应当自领取营业执照或者发生纳税义务之日起15日内,按照国家有关规定设置账簿。扣缴义务人应当自税收法律、行政法规规定的扣缴义务发生之日起10日内,按照所代扣、代收的税种,分别设置代扣代缴、代收代缴税款账簿。

账簿、会计凭证和报表应当使用中文。民族自治地方可以同时使用当地通用的一种民族文字。外商投资企业和外国企业可以同时使用一种外国文字。

(三)账簿、凭证的保存及备案管理

根据税法规定,账簿、记账凭证、报表、完税凭证、发票、出口凭证以及其他有关涉税资料应当合法、真实、完整,上述涉税资料应当保存10年。保管期限从会计年度终了后的第1天开始起算。保存期满需要销毁时,应编制销毁清册,经单位负责人批准,由资料保管部门和会计部门共同销毁。销毁前,监销人员应在销毁清册上签名盖章。①

---

① 国家税务总局征收管理司. 新税收征收管理法及其实施细则释义 [M]. 北京:中国税务出版社,2002:83.

从事生产、经营的纳税人应当自领取税务登记证件之日起 15 日内，将其财务、会计制度或者财务、会计处理办法报送主管税务机关备案。纳税人、扣缴义务人采用计算机记账的，应当在使用前将其记账软件、程序和使用说明书及有关资料报送主管税务机关备案。其中，财务制度是指财务活动的规范，它具体规定财务管理的原则、任务和方法。财务处理办法是对各项资金的取得、使用、耗费、分配等财务活动的具体处理方法。会计制度是组织管理会计核算与会计监督的规范，包括会计核算与会计监督的基本原则、会计凭证管理、会计科目与会计账簿设置等。会计处理办法是处理各项会计事务时运用的具体会计核算方法。如编制合并会计报表方法、外币折算方法、收入确认方法、折旧提取方法、应税所得会计处理方法等。记账软件、程序是实行会计电算化管理的单位，利用计算机语言编制的专门用于会计核算的计算机程序。

（四）会计制度和税法的差异

会计制度和税法的差异又称"税会差异"，由于会计制度与税法的目标、原则、服务对象不同，二者的规定存在不一致或相抵触的情况，形成税会差异。《税收征收管理法》规定，纳税人、扣缴义务人的财务、会计制度或者财务、会计处理办法与国务院或者国务院财政、税务主管部门有关税收的规定抵触的，依照国务院或者国务院财政、税务主管部门有关税收的规定计算应纳税款、代扣代缴和代收代缴税款。

（五）违反账簿、凭证管理规定的处理

纳税人未按规定设置、保管账簿或者保管记账凭证和有关资料或未按规定将财务、会计制度或者财务会计处理办法报送税务机关备查的，经主管税务机关责令限期改正，逾期不改正的，处以 2000 元以下的罚款；情节严重的，处以 2000 元以上 1 万元以下的罚款。扣缴义务人未按照规定设置、保管代扣代缴、代收代缴税款账簿或者保管代扣代缴、代收代缴税款记账凭证及有关资料的，经税务机关责令限期改正，逾期不改正的，由税务机关处以 2000 元以下的罚款；情节严重的，处以 2000 元以上 5000 元以下的罚款。

第四节 发票管理

一、发票的概念和历史沿革

(一)发票的概念

发票是指在购销商品、提供或者接受服务以及从事其他经营活动中,开具、收取的收付款凭证。狭义发票一般包括普通发票和增值税专用发票。增值税专用发票在具有普通发票功能的同时还是法定的增值税抵扣税款凭据,对增值税的计算和管理具有决定性作用。广义发票还包括国际贸易中的商业发票,它是出口方向进口方开具的载有交易货物名称、数量、价格等内容的清单,是装运货物的说明。商业发票是进出口双方办理结算、报关和计算缴纳税款的依据。由于普通发票和增值税专用发票与税收征收管理联系紧密,是发票管理的主要对象,本节对其重点讨论。

(二)发票的历史沿革

发票是一个历史范畴。剩余产品和文字的出现是发票产生的两个基本前提。它随着人类"核算"行为的产生而产生,为满足核算的需要而发展。据《周易·系辞下》"上古结绳而治,后世圣人,易之以书契"的记载,书契即发票的雏形。[1] 当时的契约和发票在内容和形式上并没有本质的区别。只有将契约逐步简化成格式化的人工填写的印刷品,才能成为现代意义上的发票。从年代上推断,我国契约与发票的分离始于明清数百年间。晚清时期的发票特点明显,首先它完全是民间经济交往或商品交易的凭证和商用文书,具有较强的自发性和随意性。官方并未涉足其间,没有政府管理行为的存在。[2] 在内容上,晚清发票主要包括商品名称、数量、金额等,并已经普遍使用了印章,这些印章的作用在于强调发票中一些内容的重要性,如金额、数量等,以防止涂改。

北洋政府颁行的"普通官厅簿记"中,确认了原始凭证在会计方法体系中的地位与作用,明确提出凡账面记录必须以合法凭证作为依据的原则。这些规定对发票的发展起

---

[1][2] 高献洲. 中国发票史——发票源流探考记[M]. 北京:中国税务出版社,2010:2、16.

到了一定的作用。

1934年民国政府颁布《印花税法》，首次明确了发货票的范围。1947年民国政府修订颁布《营业税法》《特种营业税法》，规定商户营业行为必须开具发票，载明货品名称、数量、金额，明确了保管要求，并规定了罚则。[①] 这是政府管理发票的重大历史突破。

新中国成立初期发票变迁之路的基本轨迹是：最初始于地方经验，而后各大行政区分别制定专门的发票典章，最终形成各具地方特色的发票管理程序和制度。在各地实施过程中，财政部、国家税务总局给予了一定的关注和指导。从最初的管理区域和对象看，各地经历了由城市为主而后向镇、乡延伸的过程。新中国成立以后的发票从一开始就具有明显的行政管制色彩[②]，从1950年在全国实施《坐商销货证明》到1986年颁布《发票管理办法》，1993年、2010年国务院两次修订《发票管理办法》，2011年2月国家税务总局发布实施《发票管理办法实施细则》。经过几十年的发展演变，我国逐步建立起了包括法律、法规、规章以及税收规范性文件等构成的庞大、复杂的发票制度体系，发票也从一种近乎纯粹的民间商事文书发展成为重要的治税工具。特别是1994年增值税税制改革后，金税工程的实施，第一次使发票具备了"准税票"和"准货币"的功能；它也使发票第一次染上了鲜血并一发而不可收——1994至2010年间全国因增值税发票犯罪被判处死刑或死缓的已有200多人。[③] 可以说，在中国的历史上甚至是在世界的历史上，恐怕还没有哪一个时期像今天这样，发票以一种从未有过的深度、广度深刻改变着我国各类经济主体的行为轨迹。

二、发票管理的概念和作用

（一）发票管理的概念和原则

1. 发票管理的概念

发票管理是税务机关依法对发票的印制、领取、开具、取得、保管、检查以及违法处理的全过程进行筹划、组织、监督和控制所开展的各项活动的总称，是税收征收管理

---

① 中华民国工商税收史料编写组. 中华民国工商税收史料选编：第五辑上册[M]. 南京：南京大学出版社，1999：463.
② 李胜良. 发票撷趣[M]. 北京：经济科学出版社，2004：143.
③ 高献洲. 中国发票始——发票源流探考记[M]. 北京：中国税务出版社，2010：6.

的重要组成部分[①]。发票管理的过程既是税收征收管理的过程，也是经济监督的过程，涉及面广，政策性强。严格发票管理对加强财务监督，保障国家税收收入，维护经济秩序具有重大意义。

2. 发票管理的原则

依法管理原则。发票管理要以法律、法规为依据。税务机关要严格履行法律、法规规定的职责，落实发票管理的各项制度；用票单位和个人要遵守发票管理法律、法规规定，依法履行义务。

统一领导和分级管理原则。发票管理由国家税务总局统一领导，各级国家、地方税务机关各负其责，依法管理。

专业化管理与社会化管理相结合原则。税务机关是发票管理的法定主体，负责发票的印制、领取、开具、保管和检查等管理工作。单位和个人应当依法领取、开具和保管发票，抵制不符合规定的发票，配合税务机关依法打击假发票。另外，由于发票涉及面广、情况复杂，落实好发票管理的各项制度还需要财政、审计、工商、公安等有关部门和社会各界的支持和协助。

（二）发票管理的作用

1. 促使企业正确进行会计核算，加强财务收支监督

纳税人的经济活动和财务收支业务，必须开具或取得合法的发票。通过对发票合法性、真实性、正确性的检查监督，可以发现弄虚作假、乱摊成本、隐瞒收入行为，促使企事业单位加强财务收支监督，严肃财经纪律和财务制度，保证经济活动正确健康地开展。同时，通过发票管理，税务机关可以及时发现并纠正发票印制、领取、开具、取得、保管和缴销方面存在的问题，防止弄虚作假，查处违法行为，促使纳税人依法如实核算经营成果，依法缴纳税款。

2. 监控税源变化，强化税收征收管理

发票是税收征管的重要依据，它记载经济活动的内容，反映纳税人的财务收支情况，是纳税人正确进行会计核算和计算缴纳税款的原始依据，增值税发票还是纳税人抵扣税款的法定依据。纳税人填开或取得的发票是否合法、真实、正确，对于国家税收能否及时足额征收入库至关重要。税收征管实践表明，大多数纳税人的偷税、漏税行为与发票

---

① 全国税收"六五"普法丛书编委会. 发票管理知识读本[M]. 北京：中国税务出版社，2001：15.

有关。发票检查能及时发现纳税人偷逃税款的疑点，打击偷税、逃税、骗税行为，堵塞税收管理漏洞，减少税收流失。

3. 保护合法经营，维护经济秩序

发票是经济交往中最常用的法定原始凭证，涉及经济领域的各个方面。任何单位和个人都要依法开展生产经营活动，发票作为反映经济业务的书面凭证，其真实性关系到国家相关法律、法规的执行效果。实践中，行贿索贿、偷逃税款、铺张浪费等很多违法行为都会在发票上有所体现。加强对发票的管理，能够有效打击各种经济违法活动，保护合法经营者的利益，保证经济交往活动的正常进行。

三、发票管理的主要内容

（一）发票的基本内容

发票的票面内容主要记载和反映商品交易以及劳务服务的成交状况及其相关内容，通过发票票面内容可以基本了解相关经济活动的主要情况。税法规定，发票的基本内容包括发票的名称、字轨号码、联次及用途、客户名称，开户银行及账号，商品名称或经营项目，计量单位、数量、单价、大小写金额，开票人，开票日期，开票单位（个人）名称（印章）等。有代扣、代收、委托代征税款的，其发票内容应当包括代扣、代收、委托代征税种的税率和代扣、代收、委托代征税额。增值税专用发票还应当包括：购货人地址及其税务登记号、增值税税率、税额、供货方名称、地址及其税务登记号。发票的基本联次为三联，第一联为存根联，由开票方留存备查；第二联为发票联，由收执方作为付款或者收款的原始凭证；第三联为记账联，由开票方作为记账的原始凭证。增值税专用发票由基本联次或者基本联次附加其他联次构成，基本联次为三联：发票联、抵扣联和记账联。

（二）发票的印制

发票的种类主要有增值税专用发票和普通发票。增值税专用发票由国家税务总局监制、设计和印制，是增值税一般纳税人销售货物或者提供应税劳务开具的发票，也是购买方支付增值税额并可按照增值税有关规定据以抵扣增值税进项税额的凭证。增值税专用发票的领取、开具、缴销、认证纸质专用发票及其相应数据电文的管理按照《国家税务总局关于修订〈增值税专用发票使用规定〉的通知》（国税发〔2006〕156号）的规定执行。

发票的印制实行集中统一管理，其中增值税专用发票由国务院税务主管部门指定的企业印制；其他发票，按照国务院税务主管部门的规定，由省、自治区、直辖市税务机关确定的企业印制。印制发票应当使用国务院税务主管部门确定的全国统一的发票防伪专用品。省级税务机关可以根据需要增加本地区的发票防伪措施，并向国家税务总局备案。发票应当套印全国统一发票监制章，它是税务机关管理发票的法定标志。全国统一发票监制章的式样和发票版面印刷的要求，由国务院税务主管部门规定，省、自治区、直辖市税务机关制作。发票实行不定期换版制度，全国范围内发票换版由国家税务总局确定，省、自治区、直辖市范围内发票换版由省级税务机关确定，发票换版时应当进行公告。印制发票的企业按照税务机关的统一规定，建立发票印制管理制度和保管措施。监制发票的税务机关根据需要下发印制发票通知书，印制发票的企业必须按照税务机关批准的式样和数量印制发票。发票应当使用中文印制。民族自治地方的发票，可以加印当地一种通用的民族文字。

（三）发票的领取

1. 领取发票的资格和一般程序

办理了税务登记的纳税人即具有了普通发票领取资格，可根据需要向税务机关申请领取普通发票。领取发票的单位和个人持税务登记证件、经办人身份证明、发票专用章印模向主管税务机关办理发票领取手续。领取增值税专用发票的一般纳税人还应携带发票领购簿和税控IC卡。增值税专用发票还实行最高开票限额审批管理。主管税务机关根据领购单位和个人的经营范围和规模，确认领取发票的种类、数量以及领取方式，发给发票领取簿。单位和个人领取发票时，应当按照税务机关的规定报告发票领、用、存情况及相关开票数据等发票使用情况，税务机关应当按照规定进行查验。根据《财政部、国家发展改革委关于公布取消和免征部分行政事业性收费的通知》（财综〔2012〕97号），自2013年1月1日起，取消税务发票工本费。

2. 领取发票的方式

税务机关在发放发票时，按照税法的规定和征管实际，区别不同情况，确定纳税人的领取发票方式。（1）批量供应。主要是针对印制有本单位名称发票的纳税人采取的领取发票方式,又称为冠名发票。(2)交旧领新。指用票单位和个人交回已填开发票的存根联,经税务机关当场审验无误后领取新发票。主要适用于个体工商户和外出经营的纳税人。(3)验旧领新。指用票单位和个人先交验已填开发票的存根联,经税务机关审验无误后,领取新发票。(4)代开发票。需要临时使用发票的单位和个人,可以凭购销商品、提供或者接受服务以及从事其他经营活动的有关业务合同、协议等书面证明,经办人身份证明,直接向经营地税务机关申请代开发票。申请代开票人依照税收法律、行政法规规定应当缴纳税款的,税务机关应当先征收税款,再开具发票。(5)提供保证人(金)领票。临时到本省、自治区、直辖市以外从事经营活动的单位或者个人,应当凭所在地税务机关的证明,向经营地税务机关领取经营地的发票。临时在本省、自治区、直辖市以内跨市、县从事经营活动领取发票的办法,由省、自治区、直辖市税务机关规定。税务机关对外省、自治区、直辖市来本辖区从事临时经营活动的单位和个人领取发票的,可以要求其提供保证人或者根据所领取发票的票面限额以及数量交纳不超过1万元的保证金,并限期缴销发票。税务机关收取保证金应当开具资金往来结算票据。

(四)发票的开具、取得和保管

1. 发票的开具和取得

销售商品、提供服务以及从事其他经营活动的单位和个人,对外发生经营业务收取款项,收款方应当向付款方开具发票;收购单位和扣缴义务人支付个人款项时,由付款方向收款方开具发票。所有单位和从事生产、经营活动的个人在购买商品、接受服务以及从事其他经营活动支付款项,应当向收款方取得发票。取得发票时,不得要求变更品名和金额。不符合规定的发票,不得作为财务报销凭证,任何单位和个人有权拒收。开具发票应当按照规定的时限、顺序、栏目,全部联次一次性如实开具,做到按照号码顺序填开,填写项目齐全,内容真实,字迹清楚,全部联次一次打印,内容完全一致,并在发票联和抵扣联加盖财务专用章或发票专用章。任何单位和个人不得虚开发票。税法还明确规定,填开发票的单位和个人必须在发生经营业务确认营业收入时开具发票。

2. 开具发票的方式

实践中开具发票的方式有多种,主要包括税控装置、非税控电子器具开具、网络发票管理系统开具、手工开具和定额发票。安装税控装置的单位和个人,应当按照规定使用税控装置开具发票,并按期向主管税务机关报送开具发票的数据。使用非税控电子器具开具发票的，应当将非税控电子器具使用的软件程序说明资料报主管税务机关备案，并按照规定保存、报送开具发票的数据。网络发票是指符合国家税务总局统一标准并通过国家税务总局及省、自治区、直辖市国家税务局、地方税务局公布的网络发票管理系统开具的发票。使用网络发票管理系统开具发票的单位和个人，应当按照《网络发票管理办法》的要求办理网络发票管理系统的开户登记、网上领取发票手续、在线开具、传输、查验和缴销等事项。手工开具发票分为千元版和百元版两种，属于国家严格控制的开票方式，将逐步被取消。定额发票的使用对象限定在税控收款机和网络开具发票使用范围外，开票量和金额较小，又不适合使用机具开票的纳税人。增值税一般纳税人必须通过增值税防伪税控系统使用专用发票。

3．发票开具的其他规定

《发票管理办法》规定，任何单位和个人应当按照发票管理规定使用发票，不得有下列行为：（1）转借、转让、介绍他人转让发票、发票监制章和发票防伪专用品；（2）知道或者应当知道是私自印制、伪造、变造、非法取得或者废止的发票而受让、开具、存放、携带、邮寄、运输；（3）拆本使用发票；（4）扩大发票使用范围；（5）以其他凭证代替发票使用。除国务院税务主管部门规定的特殊情形外，发票限于领取单位和个人在本省、自治区、直辖市内开具。省、自治区、直辖市税务机关可以规定跨市、县开具发票的办法。任何单位和个人不得跨规定的使用区域携带、邮寄、运输空白发票。禁止携带、邮寄或者运输空白发票出入境。开具发票的单位和个人应当建立发票使用登记制度，设置发票登记簿，并定期向主管税务机关报告发票使用情况。税务机关应当提供查询发票真伪的便捷渠道。

4．发票的保管

发票的保管是指对未使用的发票以及已经填用发票的存根联和专用发票抵扣联的保存管理。单位和个人应当在办理变更或者注销税务登记的同时，办理发票和发票领购簿的变更、缴销手续。开具发票的单位和个人应当按照税务机关的规定存放和保管发票，不得擅自损毁。已经开具的发票存根联和发票登记簿，应当保存5年。开具发票后，如发生销货退回需开红字发票的，必须收回原发票并注明"作废"字样或取得对方有效证明。开具发票后，如发生销售折让的，必须在收回原发票并注明"作废"字样后重新开具销售发票或取得对方有效证明后开具红字发票。使用发票的单位和个人应当妥善保管发票。发生发票丢失情形时，应当于发现丢失当日书面报告税务机关，并登报声明作废。

增值税一般纳税人应当设专人保管专用发票和专用设备。

（五）发票的检查

发票检查是税务机关贯彻落实发票管理制度、实施发票管理的重要手段，也是税务检查的重要组成部分。发票检查对于及时发现和纠正发票各环节存在的问题，保障国家税收收入和国家经济政策及税收法律的正确实施，维护市场经济秩序具有重要意义。

《发票管理办法》规定，印制、使用发票的单位和个人，必须接受税务机关依法检查，如实反映情况，提供有关资料，不得拒绝、隐瞒。税务机关在发票管理中有权进行下列检查：检查印制、领取、开具、取得、保管和缴销发票的情况；调出发票查验；查阅、复制与发票有关的凭证、资料；向当事各方询问与发票有关的问题和情况；在查处发票案件时，对与案件有关的情况和资料，可以记录、录音、录像、照相和复制。

税务机关需要将已开具的发票调出查验时，应当向被查验的单位和个人开具发票换票证。发票换票证与所调出查验的发票有同等的效力。被调出查验发票的单位和个人不得拒绝接受。税务机关需要将空白发票调出查验时，应当开具收据；经查无问题的，应当及时返还。单位和个人从中国境外取得的与纳税有关的发票或者凭证，税务机关在纳税审查时有疑义的，可以要求其提供境外公证机构或者注册会计师的确认证明，经税务机关审核认可后，方可作为记账核算的凭证。税务机关在发票检查中需要核对发票存根联与发票联填写情况时，可以向持有发票或者发票存根联的单位发出发票填写情况核对卡，有关单位应当如实填写，按期报回。

四、我国发票管理制度的反思

发票管理在我国经济社会发展历程中发挥了重大作用，但随着形势的发展变化，发票制度出现了诸多问题，亟待进行调整完善。

当前，我国发票管理的环节复杂、成本巨大。主要表现在：一是生产成本大。对发票实施统一印刷、监制、格式、纸质和信息技术手段，以数据加密取代印刷防伪技术等一系列措施，需要投入巨大的人力和物力。二是遵从成本大。发票的领取、开具、保管和数据报送等制度规定的程序复杂，多数企业需要配置专人和专用设备负责相关工作。三是行政成本大。为保证发票管理制度的落实，税务机关需要设置专业机构和人员。

我国发票管理制度缺陷的根源在于对发票职能的定位。大多数国家的税务管理当局都没有将发票作为监控税源的主要方式，而只是作为补充手段。我国则是将发票作为税源监控的基本手段，特别是在增值税的管理中，专用发票成为日常监管增值税的主要方式。另外，由于我国的税收征管程序中，没有"应纳税额确认"环节，纳税人在纳税申报后，直接按照自身申报的税额缴纳税款。发票事实上承担了"应纳税额事后确认"的功能。通过发票单一途径监管税源的方式具有多种缺陷，主要表现在以下方面：

一是背离经济规律。资金的周转是反映企业运营情况的最关键因素。能够直接反映企业资金周转情况的是银行结算信息和现金结算信息，二者基本可以构成一个监控企业运营情况的关键链条。发达国家已经基本形成了较为完备的银行结算和现金结算管理制度体系，并成为政府部门实施行政管理的重要依据。发票作为一种民间的交易凭证，开具和取得发票原本并不是所有资金周转过程中交易双方必须和必要的行为，不具有全面反映经营活动的能力。政府为了监控税源，通过制定法律、法规单方面强制市场经济主体开具或取得发票，并试图通过它建立又一个监控企业运营的完整链条，这种行为增加了市场交易成本，背离了经济规律。另外，我们在税源监控过程中，过分地强调了发票的真伪，对发票所代表经济业务与企业运营的相关性关注不够，在民间基本形成了只要是真发票就可以用于登记账簿的习惯。税源监控的主要责任未能有效落实。

二是违反税收的经济效率原则。税收的经济效率原则是指税收应当有利于资源的有效配置和经济的有效运行。检验税收经济效率原则的标准是税收额外负担最小化和额外收益最大化，即国家税收不应对经济行为产生干扰。[①] 我国发票制度的建立和发展，虽然有银行结算和现金结算体系不完备、纳税人遵从意识淡薄等多种历史原因，但不可否认，其处处都体现着政府对经济行为的干预，并造成了巨额的社会负担和行政成本。

三是不适应税制改革需要。当前的税制改革对我国发票管理产生重大影响。随着"营改增"的不断推进，各级国家税务局监管发票的种类、范围逐步扩大，各级地方税务局监管发票的种类急剧减少，发票发放数量随之大幅降低，税控收款机数量逐年减少。在此背景下，地方税务机关的发票管理职能将逐步消失，因此必须创新税收征管制度，完善管理方式，提升地方税务机关的税源监控能力，适应税制改革需要。

四是不符合国际通行做法，不利于国际交往和对外开放。对于普通发票的管理，多数国家都没有建立专门法律制度。以美国和加拿大为例，税务当局在纳税人的收银机上

---

① 人力资源社会保障部人事考试中心. 财政税收专业知识与实务［M］. 北京：中国劳动社会保障出版社，2013：53.

安装税控设备，企业用超市打印的购物小票（我们称为"白条"）记账。税务当局主要通过纳税人的银行结算、现金收付和账簿、凭证等多方信息来确定纳税人的收入、成本、费用，进而核实纳税人的申报信息。欧洲国家是增值税的发源地，也采用扣税法来计算纳税义务，但并未推行官方监制的发票，他们只要求纳税人在开出的发票上列示各项交易的适用税率，不含税净单价、总价和增值税税额三项。① 阿根廷通过向纳税人提供发票许可号码，由纳税人到指定印刷厂印制发票。日本的增值税抵扣依据不是增值税专用发票而是会计簿记的记录，税务部门根据账簿确定销项、进项和纳税义务并通过涉税资料的交叉审核来控制偷漏税行为。② 可见，多数国家在发票管理中坚持了介入市场主体经济活动最小化的原则。

世界上没有任何一个国家像我们一样，建立如此严厉的发票监管制度。在对外交往日益频繁的今天，作为一个经济大国，应该慎重选择发票管理的发展路径，以便更好地适应经济全球化的趋势。

第五节　纳税申报

一、纳税申报概述

（一）纳税申报的概念

纳税申报是纳税人按照税法规定的期限和内容向税务机关提交有关纳税事项报告的法律行为，是纳税人履行纳税义务、界定纳税人法律责任的主要依据，是税务机关税收管理信息的主要来源和税务管理的重要制度。③ 按照税法规定，纳税人和扣缴义务人都应当依法办理纳税申报。

纳税申报制度是税务管理的重要组成部分，大部分国家在税法中都明确规定纳税人要依法申报有关税务事项，并建立了较为完善的管理制度。我国1950年统一税制后，

---

① 国家税务总局政策研究处. 各国增值税：上册［M］. 北京：中国财政经济出版社，1987：174.
② 曹雪琴. 税收制度的国际比较［M］. 北京：学林出版社，1998：125.
③ 国家税务总局. 新征管法学习读本［M］. 北京：中国税务出版社，2001：132.

在工商业税、货物税条例和实施细则中，对纳税申报作了零星、分散的规定。1986年发布的《税收征收管理暂行条例》，以法规的形式确定了纳税申报制度。1992年颁布的《税收征收管理法》对建立纳税申报制度作出了明确规定，标志着纳税申报在我国正式成为一项税收法律制度。

现行《税收征收管理法》在"第二章税务管理"中单设"第三节纳税申报"对纳税申报的主体、内容、延期申报等进行了规范。《税收征收管理法实施细则》中单设"第四章纳税申报"，明确规定税务机关应当建立、健全纳税人自行申报制度，同时细化了纳税申报有关规定。纳税人自行申报制度要求纳税人在法定的纳税申报期内，自行计算应缴税款，如实填写申报表，持有关资料向税务机关办理纳税申报，突出强调了纳税人自主申报的义务。各税种实体法中也都有关于纳税申报的条款，明确规定了各税种的纳税申报地点、期限等事项。税收规章、税收规范性文件又进一步细化了纳税申报的内容和要求，制定并公布了各税种纳税申报表。以上规定构成了我国的纳税申报制度。

（二）纳税申报制度的作用和意义

1. 明晰征纳双方权利义务

纳税申报制度准确界定了征纳双方的法律责任，是征纳双方应当共同遵守的行为规范。纳税人必须依照税收法律、法规的规定办理纳税申报，并对财务核算和申报内容的真实性负责。税务机关依法做好纳税服务，帮助纳税人准确地履行纳税申报义务，通过对纳税人的申报纳税情况进行事后审核，对不依法如实履行纳税申报义务的纳税人进行处理，强化了纳税人依法纳税的责任。

2. 培养纳税人主动申报纳税意识

由于种种原因，我国纳税人主动申报纳税的意识较为淡薄。纳税申报制度规定由纳税人自行核算、自行申报纳税，能够发挥纳税人在税务管理中的能动作用，促使其提高依法申报纳税意识，形成主动履行纳税义务的观念，促进税法遵从。

3. 反映税源状况

纳税申报信息能够直观地反映纳税人生产、经营活动的情况，反映特定区域内税源的分布、特征及变动趋势。通过对纳税申报资料的比较分析，一方面能够发现涉税违法行为的线索，加强税收管理，防止税款流失；另一方面能够把握经济运行的趋势，积极运用税收杠杆调节经济，促进经济和社会发展。

4．提高征管效率

纳税人对自身的生产经营活动和资金运动情况最为清楚，依法由纳税人自行核算、自行申报纳税，与税务机关核定征收税款相比，成本更低、效率更高。随着信息技术的发展，电子申报方式逐步推广，一方面纳税人自行申报更加方便、快捷，节约了办税成本；另一方面缓解了税务机关受理申报的压力，能够集中力量处理纳税申报信息，促进了征管效率的提高。

二、纳税申报的特征

纳税申报既是纳税人的一项法定义务，也是确定应纳税款的方式之一。主要具有以下特征：

1．纳税申报是税法规定的一项程序性义务

纳税申报是纳税人、扣缴义务人向税务机关申报有关纳税事项的程序性义务，属于税务管理的范畴。虽然纳税申报的内容反映实体性权利和义务，但纳税申报并不影响纳税人的实体性权利和义务。所以，在纳税申报期限内，无论纳税人在实体上是否有应纳税款，在程序上均应履行纳税申报的义务。《税收征收管理法实施细则》第三十二条规定："纳税人在纳税期内没有应纳税款的，也应当按照规定办理纳税申报。纳税人享受减税、免税待遇的，在减税、免税期间应当按照规定办理纳税申报。"

2．纳税申报属于要式法律行为

纳税申报的法律性质决定了它必然是一种要式行为。纳税申报只有符合税法规定的形式才具有法律效力。纳税申报应当使用税法规定的纳税申报表或申报书，并且采用法定的方式进行。如《税收征收管理法实施细则》规定，纳税人采取邮寄方式办理纳税申报的，应当使用统一的纳税申报专用信封。

3．纳税申报分税种办理

各税种的课税对象、税目、计税依据、税率、纳税环节、计税期间等要素均有不同，税务机关对各税种的征管措施也不同。分税种管理的征税模式决定了纳税人应当分税种办理纳税申报。各税种具体的申报内容、申报期限等一般在税收实体法中规定，各有不同。如增值税、消费税、营业税的申报期限为每月1—15日，资源税的申报期限为每月1—10日，企业所得税的申报分为预缴申报和年度申报。纳税申报表也按照税种分别设计，如《增值税申报表》分为一般纳税人适用和小规模纳税人适用两种。消费税不同税目使用的纳税申报表也有不同。

4. 纳税人对纳税申报的真实性负责

纳税申报是界定纳税人法律责任的主要依据。如实申报是对纳税人的基本要求。《税收征收管理法实施细则》中规定，纳税人办理纳税申报时，应当如实填写纳税申报表。扣缴义务人办理代扣代缴、代收代缴税款报告时，应当如实填写代扣代缴、代收代缴税款报告表。虽然纳税申报表的内容各有不同，但都需由纳税人签字声明纳税申报表是依据税法的规定填报并对其真实性、可靠性、完整性负责。纳税人如果虚假申报或申报不实，不缴或者少缴应纳税款的，将面临处罚等不利的法律后果。

三、纳税申报制度的主要内容

（一）纳税申报的主体

根据《税收征收管理法》第二十五条的规定，我国纳税申报的主体是纳税人和扣缴义务人，其他税务行政相对人不负有纳税申报的义务。纳税人和扣缴义务人都可以委托税务代理人办理纳税申报，但必须以自己名义进行，以第三人名义办理的纳税申报无效。

（二）纳税申报的内容及申报资料

根据《税收征收管理法实施细则》第三十三条的规定，纳税人、扣缴义务人纳税申报的主要内容包括：税种，税目，应纳税项目或应代扣、代收税款项目，计税依据，扣除项目及标准，适用税率或单位税额，应退税项目及税额，应减免税项目及税额，应纳税额或者应代扣代缴、代收代缴税额，税款所属期，延期缴纳税款、预缴税额、抵交税款额、应补（退）税额等。

纳税申报的内容主要体现在各税种的纳税申报表和代扣代缴、代收代缴税款报告表中，随纳税申报表附报的财务会计报表和有关纳税资料也是验证纳税申报内容的重要资料。按照税法规定，具体纳税申报资料有：

1. 纳税申报表

这是纳税人依照税法规定，计算应纳税款时填制的税务文书，也是税务机关审核计算应征税款、开具完税凭证的重要依据。[①] 纳税申报表一般分税种设置，不同税种的申报表在具体项目上有所区别。如企业所得税纳税人需要申报收入、成本、费用、利润、应纳税所得额和纳税调整项目等。增值税小规模纳税人需要申报商品与劳务的不含税销售额、免税销售额、应纳税额等。

2. 代扣代缴、代收代缴税款报告表

这是扣缴义务人依照税法规定，计算代扣、代收税款时填制的税收文书。如个人所得税全员全额扣缴申报，需要扣缴义务人申报其支付所得个人的基本信息、所得数额、扣缴税款的具体数额以及其他相关涉税信息。

3. 财务会计报表

这是纳税人根据会计账簿的记录及其他反映生产、经营情况的资料，按照规定的指标体系、格式和序列编制，用以反映一定的时期内经营活动情况或预算执行情况结果的报告文件。不同纳税人由于其生产经营内容的差异，使用的财务会计报表不一样，向税务机关报送的报表种类也不相同。

4. 其他纳税资料

主要指税法授权税务机关规定应当报送的其他有关证件、资料。这一规定对于税务机关通过申报资料掌握税源情况具有重要意义。如纳税人办理出租房产应缴营业税的纳税申报时，税务机关可以要求一并申报承租方信息，掌握承租人基本情况，加强区域内税源管理。

（三）纳税申报期限

纳税申报期限是指纳税人或扣缴义务人办理纳税申报的时间限制。纳税人应当在税法规定的纳税申报期间内办理纳税申报，否则将承担不利的法律后果，如由税务机关核定征收税款、处罚等。各税种纳税申报期限有所不同。根据税种和纳税人的不同特点，申报期限一般确定为计税期间届满后的一段合理时间，大多数情况下与纳税期限一致，在税收实体法中与纳税期限同时规定。纳税人负有在法定期限内申报的义务，但考虑到经济社会活动的复杂程度和不同纳税人的特殊情况，税法对纳税申报期限的特别情况作了规定：

一是纳税申报期限的顺延。《税收征收管理法实施细则》规定，申报期限最后一日

[①] 国家税务总局. 新征管法学习读本 [M]. 北京：中国税务出版社，2001：141.

是法定休假日的，以休假日期满的次日为期限的最后一日；在期限内有连续三日以上法定休假日的，按休假日天数顺延。

二是延期纳税申报。纳税人、扣缴义务人按照规定的期限办理纳税申报或者报送代扣代缴、代收代缴税款报告表确有困难，需要延期的，应当在规定的申报期限内向税务机关提出书面延期申请，经税务机关核准，在核准的期限内办理。为保证国家税款入库，经核准延期办理申报的，纳税人应当在申报期内按照上期实际缴纳的税额或者税务机关核定的税额预缴税款，并在核准的延期内办理税款结算。纳税人、扣缴义务人因不可抗力情形，不能按期办理纳税申报或者报送代扣代缴、代收代缴税款的，可以延期办理。但是，应当在不可抗力情形消除后立即向税务机关报告。

（四）纳税申报的方式

纳税申报方式是指纳税人在申报期限内，按照税法规定向税务机关进行申报的具体形式，主要有：

1. 直接申报

也称上门申报，是指纳税人在规定的申报期限内，自行到主管税务机关报送纳税申报资料。

2. 邮寄申报

是指纳税人将纳税申报表及有关纳税资料以邮寄的方式送达税务机关，以邮政部门收据作为申报凭据，以寄出的邮戳日期为实际申报日期。

3. 数据电文申报

也称电子申报，是指纳税人通过电话语音、电子数据交换和网络传输等形式办理的纳税申报，是目前主要发达国家普遍采用的纳税申报方式，具有方便、快捷等特点。电子申报以税务机关收到申报数据的时间为实际申报日期，申报的电子数据应当与书面材料保持一致。

4. 其他方式

是指纳税人采用直接申报、邮寄申报、数据电文申报以外的方式向税务机关报送纳税申报资料。如纳税人委托他人向税务机关办理纳税申报或者报送代扣代缴、代收代缴报告表等。

此外，为便于征管、减轻纳税人负担，《税收征收管理法实施细则》规定，实行定期定额缴纳税款的纳税人，可以实行简易申报、简并征期等申报纳税方式。税收工作实践中，对定期定额缴纳税款的纳税人，通常采取以缴纳税款代替申报的方式实行简易申报。

2013年，根据国务院行政审批改革的文件规定①，税务机关对申报方式的核准被取消，纳税人可以根据实际情况自行选择纳税申报方式，不再需要税务机关审核批准，申报方式选择权依法回归纳税人。

四、我国纳税申报制度的完善

（一）我国纳税申报制度存在的问题

1. 法律规定尚显粗陋

我国税法关于纳税申报的具体规定，尤其是程序性规定整体不足，对纳税人权益保护明显偏弱。《税收征收管理法》及其实施细则仅有11个法条对纳税申报进行了原则性规定，具体要求和程序不够明确，可操作性差。

2. 配套制度不够健全

《税收征收管理法》第十五条关于"从事生产、经营的纳税人"以外的其他纳税人办理税务登记的规定至今缺乏配套法规，大部分自然人纳税者未纳入税务登记管理范畴，不受登记制度控管，自然人征管基础薄弱，自行申报缺乏制约机制。此外，个人信息体系、储蓄实名制、第三方信息获取等自行申报监管需要的配套制度也未能有效建立，社会化管理体系还不够完善。

3. 申报服务有待完善

税收的专业性和复杂性使得自行申报对多数纳税人而言都是不小的挑战，但税务机关针对申报环节的咨询、辅导相对较少，申报表格和申报系统的设计不尽完善，电子申报的科学性、便利性有待提高。纳税申报修正制度②尚未有效建立，纳税人缺少自我更正申报的机会。

4. 申报信息利用率低

纳税申报的信息化建设滞后，税务机关实时、批量处理申报数据的能力有待提高。

---

① 《国务院关于取消和下放一批行政审批项目等事项的决定》（国发〔2013〕19号）附表1第46项。
② 纳税申报修正制度是指纳税申报后，如果纳税人发现申报中存在瑕疵，在税务机关尚未作出更正处分或处理决定前，允许其自行修正的制度。

第三方信息获取不足,申报核查难度大,申报审核浮于表面,日常管理流于形式,尤其是对无税申报、减免税申报等特殊申报情形的后续监管较为缺失。

5. 代理业务发展滞后

我国税务代理市场需求旺盛,但税务代理业自身发展相对滞后,行业自律性差,人员素质良莠不齐,服务质量普遍不高,纳税人对其缺乏信任,通过税务代理进行申报的比例还较低。

(二) 发达国家纳税申报制度借鉴

发达国家实行纳税申报的时间较长,有着相对完善的纳税申报法律制度。总体来看,发达国家的纳税申报制度有以下特点:一是法律规定完备。在日本的《国税通则法》和美国税法规定的税收征收程序中,纳税申报都占据基础和中心地位,纳税申报的内容、方式、程序都有非常详细的规定。各国纳税申报制度设计在兼顾公平、鼓励遵从方面也各具特色,如美、日等国普遍实行的纳税申报修正制度,日本实行的"蓝色申报"制度[①],都是非常人性化的制度设计。二是配套措施完备。以美国为例,该国推行了完善的社会保障号制度,为税务机关控管个人收入提供了有效途径;建立完善的信誉评级制度,纳税申报记录被作为衡量纳税人信誉水平的重要标准;严格限制现金交易,税务机关可以通过银行监控纳税人各项收支。[②] 严密的社会化监控体系为提升纳税申报管理水平提供了有力支撑。三是重视申报服务。发达国家税务部门普遍重视纳税服务,强调"征税即是服务",各国均以多种方式为纳税人提供纳税申报咨询服务,积极探索个性化申报服务方式。加拿大还建立了一套完整的居民报税自我评估和审核系统,为纳税人提供申报咨询和自我评估等服务。四是申报处理及时有效。发达国家主要以计算机网络为手段实施纳税申报管理,各国税务机关都建立了现代化的电子申报系统,对海量申报数据进行实时、批量处理,并通过强大的信息网络共享系统,掌握纳税人的大量信息,对申报内容及时进行评估分析,强化后续监管力度。五是税务代理广泛。日本、美国、德国、法国等国家都实行税务代理制度,税务代理行业发达。早在 20 世纪末,美国就有 50%

[①] 蓝色申报制度是第二次世界大战后,日本为了完善纳税申报制度,提高税收征管效率而采用的一项特殊的纳税申报方式。它是指纳税义务人经税务机关许可后,依据税收法规的相关规定,采用蓝色申报表缴纳税款的一项制度。采用蓝色申报表的纳税义务人可以享受到比普通纳税人更多的税收优待。根据日本法律,《个人所得税法》《企业所得税法》及《租税特别措施法》中的大多数优惠规定,只适用于蓝色申报者。蓝色申报制度对于鼓励和引导纳税人建立健全会计账簿、依法申报纳税发挥了积极的作用。

[②] 刘华,涂敏杰,鲁威. 中美个人所得税自行纳税申报制度对比 [J]. 涉外税务,2008(6):37.

的工商企业和将近100%的个人所得税纳税人，通过代理机构申报纳税。日本1/3的个人所得税纳税人和85%以上的企业，都是通过税务代理机构代理纳税申报，税务代理机构的从业人数是国家税务机关工作人员的两倍以上。①

（三）完善我国纳税申报制度的设想

1. 完善法律规定

进一步充实、细化《税收征收管理法》及其实施细则中有关纳税申报制度的规定，使其更具规范性、可操作性。可以考虑制定与《税务登记管理办法》并行配套的《纳税申报管理办法》，明确征纳双方在纳税申报中的权利义务、申报程序、申报方式、法律责任等，规范纳税申报管理行为，完善纳税申报管理制度。应当建立纳税申报修正制度，规定纳税人在一定期限内可以修正申报瑕疵，鼓励自我遵从，保护纳税人权益。

2. 健全配套机制

结合《税收征收管理法》的修订，完善自然人税务登记法律规定，为加强自然人纳税申报监督管理奠定法律基础。加快我国纳税人识别号的全面覆盖，完善涉税信息保障机制，尽快实现税务机关与工商、金融等部门的信息交流与共享，通过建立完善的信用制度与监管机制促使纳税人依法自觉纳税。

3. 加强信息利用

加强申报数据的规范化管理，优化申报数据表间逻辑，提高申报信息准确性。加强纳税申报信息和第三方信息的分析、比对，提高纳税评估能力，强化监督管理，对存在重大疑点的要到户检查核实，对高风险纳税人应加大稽查力度。

4. 优化申报服务

积极探索申报咨询服务和申报方式改进，以提供丰富、便捷、个性的纳税申报服务为重点改进纳税服务，通过优化服务硬件，改进服务方式，为纳税人提供及时、有效、优质服务，以服务促遵从。

5. 推行税务代理

完善税务代理法律制度，规范代理人资格考核与认定，提升代理人业务素质，健全税务代理职业规范。加强行业监督，引导税务代理行业健康发展，使之保持独立、公正的立场，忠实严格执行税法规范，帮助纳税人正确、适当、依法履行纳税义务。

---

① 田中治. 各国（地区）的税务代理制度［M］. 姜莉，刘曙野，译. 北京：中国税务出版社，1997：155—156.

第六节 税款征收

一、税款征收概述

（一）税款征收的概念

税款征收是税务机关依据税法确定的范围和标准，通过法定程序和方式实现应纳税款及时足额征收、缴入国库的活动。税款征收制度是税收征收管理的中心环节和目的归属，直接关系到国家税收能否及时、足额入库。税务机关和纳税人在税款征收和税收缴纳方面的权利与义务关系是税收法律关系的重要内容。从税务机关角度看，税款征收是征税主体依法行使征税权的过程。从纳税人角度看，税款征收是纳税主体依法履行纳税义务的过程。税款征收的概念有广义、狭义之分。广义的税款征收包括税款征收保障、欠税管理、滞纳金管理等活动；狭义的税款征收仅指将确定的应纳税额征收入库及进行后续管理的活动。本节使用狭义的税款征收概念。

（二）税款征收的特征

1. 税款征收主体法定

税务机关是税款征收的法定主体，《税收征收管理法》以法律的形式明确了税收管理权，确立了税务机关征税主体的法律地位。国家税务总局主管全国税收征收管理工作，各地国家税务局和地方税务局按照国务院规定的管理范围分别进行征收管理。除税务机关、税务人员以及税务机关依照法律、行政法规委托的单位和人员外，任何单位和个人不得进行税款征收活动，也不得采取税收保全和强制执行措施。

2. 税款征收权力法定

按照税收法定原则，税务机关只能依照税法的规定征收税款，不得违法作出税收的开征、停征或者减税、免税、退税等决定，不得提前征收、延缓征收或者摊派税款。

3. 税款征收程序法定

税收的征收程序由法律明确规定，征纳双方必须遵照执行。税务机关征收税款，扣押、查封商品、货物或其他财产时,必须向纳税人开具完税凭证或开付扣押、查封的收据、清单。

4. 税收债权受偿优先

根据税法规定,纳税人支付各种款项和偿还债务时,税款优先于无担保债权,纳税人发生欠税在前的,税款优先于抵押权、质押权或留置权,税款优先于罚款、没收违法所得。此外,《破产法》规定,破产财产在优先清偿破产费用和共益债务后,清偿顺序为职工基本工资、补偿金和社会保险费用,破产人所欠税款,普通破产债权。将欠缴税款设置在普通债权之前,体现了税款优先的特征。

(三)税款征收的意义

1. 税款征收是实现税收职能的主要方式

税务机关通过税款征收活动将应征税款缴入国库,依法取得财政收入,从而实现税收筹集财政收入的职能。同时,国家运用提高或降低税负的手段制定税收调控政策时,也是以税收的增加或减少为政策实现的标志,体现了税收调控经济的职能。

2. 税款征收体现征纳双方的权利义务

征收税款是国家授予税务机关的权力,缴纳税款是纳税人应尽的义务。完成税款征收事项之后,税务机关通过税收收入的取得实施了征税权力,纳税人通过货币的单向转移履行了纳税义务,使得征纳双方权利和义务得以最终实现。

3. 税款征收是税收征管的核心

税收征管由一系列环节组成,包括税务登记、账簿凭证管理、发票管理、纳税申报、税务检查等。这些环节都是围绕税款征收设计的,其最终目的是为了保障税款征收。税款征收是联系征管各环节的主线,是税收征管的核心。

二、税款征收的方式

税款征收方式是指税务机关依照税法规定和纳税人生产经营、财务管理情况,按照便于征收和保证国家税款及时足额入库的原则,采取的具体组织税款入库的方法。由于纳税人的情况各异,税款征收方式也相应有所区别。现行的《税收征收管理法》及其实施细则仅强调了税款征收方式的原则,没有对税款征收方式作出具体规定。税务机关在确定税款征收方式时,应先确定应纳税额。根据应纳税额确定方式的不同,采用不同的税款征收方式。

（一）应纳税额的确定

1. 依据纳税申报确定

这是纳税申报制度与税款征收制度有效衔接的制度安排。一般情况下，纳税人依据申报自行确定应纳税额并缴纳税款，只有在纳税人未申报或申报不适当的情况下，税务机关才有权核定、调整其应纳税额。对于扣缴义务人而言，确定应纳税额的义务既包括自身生产经营行为产生的纳税义务，也包括代扣代缴、代收代缴的纳税义务，对扣缴收入同样要进行申报并缴纳税款。从1997年开始，我国逐步形成了"以申报纳税和优化服务为基础，以计算机网络为依托，集中征收，重点稽查，强化管理"的征管模式，申报纳税被作为确定应纳税额的基本方式。

2. 税务机关核定[①]

在纳税人不能或未自行准确核算税款并进行纳税申报的情况下，为保证国家税款及时、足额征收，《税收征收管理法》赋予了税务机关核定应纳税额的权力。主要情形有：依照法律、行政法规的规定可以不设置账簿的；依照法律、行政法规的规定应当设置但未设置账簿的；擅自销毁账簿或者拒不提供纳税资料的；虽设置账簿，但账目混乱或者成本资料、收入凭证、费用凭证残缺不全，难以查账的；发生纳税义务，未按照规定的期限办理纳税申报，经税务机关责令限期申报，逾期仍不申报的；纳税人申报的计税依据明显偏低，又无正当理由的。通过税务机关核定确定应纳税额是实质课税原则在税收征管中的具体体现。在法定条件下进行核定有助于减少税务机关和纳税人的争议，提高税收征管效率。

3. 税务机关调整

税收法律法规在规定税务机关核定权的同时，还规定了某些特殊情况下对应纳税额的调整权，这也是税务机关税款征收权力的具体形式之一。目前，税收调整权主要应用于关联企业转移定价造成的税基减少情形，以避免纳税人不实行独立交易原则造成的应纳税额减少。尽管纳税人转移定价的动机不限于规避税收，但主要目的是为了减轻或不

[①] 税务机关核定是相对于纳税人自我核算而言的概念，有的学者也称为"推定课税"，实质是税务机关在税款确定过程中自由裁量权的行使。由于现行法律法规没有推定课税的概念，所以本书中仍然使用税务机关核定的表述。参见郭维真. 我国推定课税制度的法理研究［J］. 税务研究，2014（2）.

承担税负,此种情形在企业所得税领域尤为突出。① 因此,我国在《税收征收管理法》及有关所得税的法律法规中都规定了税务机关的调整权。

(二)税款征收的方式

1. 自行缴纳

是指由纳税人自行根据经营情况和税法规定,依照适用税率计算,将税款缴纳入库的方式,这是与纳税人自行申报确定应纳税额的方式相对应的税款征收方式。自行缴纳的前提是纳税人账簿、凭证、会计等核算制度比较健全,能够据以如实核算生产经营情况,正确计算应纳税款。在目前征管模式下,纳税人的自行缴纳是最为普遍的税款征收方式。

2. 代扣代缴

是指支付纳税人收入的单位和个人从所支付的纳税人收入中扣缴其应纳税款并向税务机关解缴的行为,适用于税源零星分散、不易控管的纳税人。代扣代缴方式是目前除自行缴纳以外最主要的税款征收方式。例如,我国个人所得税中的工资薪金所得征税基本采用代扣代缴方式。

3. 委托代征

是指税务机关按照税法的规定,根据加强税款征收,保障国家税收收入实际需要,依法将零星、分散和不易管控的税收委托给其他部门、单位或个人,代为征收税款的方式。代征人一般与纳税人有管理关系、经济业务往来、地缘关系或有利于税收控管和方便纳税人的其他关系,能够利用自身的优势,协助税务机关将分散税源形成税收缴入国库。

4. 代收代缴

是指与纳税人有经济往来关系或其他管理关系的单位和个人借助经济往来或管理关系向纳税人收取其应纳税款并向税务机关解缴的行为。这种方式一般是适用于税源分散、税收管理不便的领域,如消费税中的委托加工由受托方代收加工产品的税款。

5. 核定征收

是指税务机关对不能完整、准确提供纳税资料的纳税人,采用特定方法确定其应税收入或应纳税额,纳税人据以缴纳税款的一种征收方式。目前应用最为普遍的核定征收

---

① 张守文. 税法原理[M]. 北京:北京大学出版社,2012:175.

是对个体工商户的定期定额征收。

三、税款征收的特殊情形

税款征收的特殊情形,是为了解决税收征纳活动中发生的特殊问题而进行的制度安排。

(一)税款的追征

税款追征是指因纳税人、扣缴义务人未缴或者少缴依法应缴纳的税款,由税务机关在一定期限内予以追缴的制度。如果超过追征期,税务机关就丧失向纳税人、扣缴义务人追征税款的权力,不能再进行追缴。纳税人申报之后未缴纳而形成的欠缴税款,以及税务机关已经检查处理但未执行入库的税款不在追征制度的规定范围内。

税款追征是由纳税人的法定义务和税务机关的法定职责所决定的。法律之所以设定追征期限,主要基于以下考虑:一是确保税收法律关系的稳定性。对纳税人未缴或者少缴的税款,如果不规定税务机关的追征期,就会使得纳税人的纳税义务长期处于不确定和不稳定状态,从而影响正常的法律秩序。二是保证证据的时效性。税务机关在追征税款时必须调查取证,运用证据证明纳税人的纳税义务成立以及应缴纳税款的确切数额。由于纳税人的账簿资料都有规定的保管期限,其他证据也不会永久存在,如果不在法律上规定追征期,纳税人任何时期未缴纳的税款税务机关都要追征,就会遇到取证的困难。三是督促税务机关及时履行职责。税务机关在追征期限内应积极采取措施调查取证、征收税款。这也是节约税收成本、提高行政效率、确保履行职责的需要,多数国家和地区的税法都明确规定了税款的追征期。

《税收征收管理法》及其实施细则对税款追征期的规定主要有三种情形:一是因税务机关的责任,致使纳税人、扣缴义务人未缴或者少缴税款的,追征期为3年。因税务机关的责任具体是指税务机关适用税收法律、行政法规不当或者执法行为违法。二是因纳税人、扣缴义务人计算错误等失误,未缴或者少缴税款的,追征期为3年,有特殊情况的,追征期可以延长到5年。有特殊情况的是指纳税人或者扣缴义务人因计算错误等失误,未缴或者少缴、未扣或者少扣、未收或者少收税款,累计数额在10万元以上的情形。三是纳税人偷税、抗税、骗税的,追征期是无限期。

（二）税款退还

税款退还即退税，是纳税人的税收退还请求权在征收程序中的具体体现。所谓退还请求权，又称还付请求权或返还请求权，它是在纳税人履行纳税义务的过程中，由于征税主体对纳税人缴付的全部或部分款项的税收没有法律依据，因而纳税人可以请求予以退还的权利。纳税人的退还请求权以及征税主体的退还义务，构成了退税制度的基础[①]。退税在狭义上是对非主观故意或非政策因素造成的多缴税款的退还，是指税务机关将不应征收但已征收的税款，或将纳税人超过应纳税额而缴纳的税款退还给纳税人。在广义上还包括实施鼓励政策、正常税款汇算政策、出口退税政策产生的收入退还。在税款征收中，仅讨论狭义上的税收退还制度。

《税收征收管理法》规定纳税人超过应纳税额缴纳的税款，税务机关发现后应当立即退还；纳税人自结算缴纳税款之日起三年内发现的，可以向税务机关要求退还多缴的税款并加算银行同期存款利息，税务机关及时查实后应当立即退还。退税权是对纳税人权益的保护，属于税法规定的纳税人权利事项。退税制度的存在的根据是不当得利的法理，即如果税务机关不退税，法律不赋予纳税人退税权，就会存在征税主体不当得利的问题。基于此，《税收征收管理法》还规定纳税人发现多缴税款的，申请退税的同时还可以加算银行同期存款利息。

（三）延期缴纳税款

纳税人、扣缴义务人按期足额缴纳税款或者解缴税款，对于保证国家税收收入具有重要意义。但是，考虑到纳税人在履行纳税义务过程中可能遇到特殊困难的客观情况，为保护纳税人的合法权益，《税收征收管理法》及其实施细则规定了延期缴纳制度，这是税法帮助纳税人渡过难关的重要措施，也是纳税人享有的一项重要权利。《税收征收管理法》第三十一条第二款规定："纳税人因有特殊困难，不能按期缴纳税款的，经省、自治区、直辖市国家税务局、地方税务局批准，可以延期缴纳税款，但是最长不得超过三个月。"特殊困难分为两种情况：一是受不可抗力影响，纳税人发生较大损失，正常生产经营活动受到较大影响；二是当期货币资金在扣除应付职工工资、法定劳动社会保险费用后，不足以缴纳税款。

---

① 张守文. 税法原理[M]. 北京：北京大学出版社，2012：182.

四、税款征收必须坚持依法征税

依法治税是依法治国基本方略在税收工作中的具体体现，也是税收工作要始终坚持的根本原则。依法治税落实到税收征管实际工作中，就是要始终坚持依法征税，严格按照税收法律、法规执行税收的开征、停征以及减税、免税、退税、补税的有关规定，将纳税人应缴税款及时、足额地征收入库。只有依法征税，才能保证税收征管各项制度的正常运行，促进税收工作的健康发展。

在当前税收征收管理实际中，受多种因素影响，税款征收仍然存在一定问题，主要有：

1．提前征收

即通常所说的"寅吃卯粮"，是指税务机关为了完成税收任务在纳税人纳税期限前将税款征收入库的做法。

2．多征税款

即通常所说的收"过头税"，是指税务机关为完成税收任务违反税法规定多征税款的行为。

3．延压税款

即通常所说的"有税不收"，是指税务机关在已经完成税收任务的情况下，采取措施阻止纳税人正常申报缴税的行为。

4．占压税款

即通常所说的"应退不退"，是指税务机关在未完成税收任务的情况下，把依法应当退还纳税人的款项不按照规定期限退还的行为。

5．承包税款

即通常所说的"包税"，是指税务机关违反税法规定，不根据企业实际生产经营情况征收，而是提前给纳税人确定固定缴纳税款额度的行为。

违法征税是税务机关受税收任务的影响人为调节收入的行为，究其原因主要是部分地方政府为满足财政支出的需要随意增加税收收入计划，导致税收指标脱离实际税源。收入形势不好的时期，如果不"寅吃卯粮"、不收"过头税"就完不成任务；而收入形势好的时期又会为下年度税收指标的安排控制收入进度、延压税款。解决这些问题除税务机关应坚持依法征收以外，各级政府应当按照科学发展观要求，量入为出，涵养税源，体现法治政府的责任，支持税务机关依法管理，为经济社会发展提供良好环境。

税收征收管理中的违法征税行为会影响税收收入质量，不利于经济长期稳定和持续健康发展。税务部门表面上完成了税收任务，实际上却存在较大的税收管理风险。因此，税务机关必须牢固树立法治观念，坚持依法征收，积极广泛地开展税法普及教育，不断提高税务部门依法征税的意识，推进税收法治化进程。

第七节 税务检查

一、税务检查的概念和原则

（一）税务检查的概念

税务检查是指税务机关依照税收法律、行政法规和财务会计制度的规定，对纳税人履行纳税义务，扣缴义务人履行扣缴税款义务的情况进行监督检查和处理工作的总称。税务检查是《税收征收管理法》赋予税务机关的一项行政职权，也是税收征收管理的一个重要环节和组成部分，其执法主体是税务机关。

税务检查的主要内容包括三个方面：一是对纳税人、扣缴义务人遵从税收程序法情况的检查，如纳税人、扣缴义务人是否按规定办理税务登记、申报、备案，是否按照《发票管理办法》的要求领取、开具、取得、保管、缴销发票等；二是对纳税人、扣缴义务人遵从税收实体法方面的检查，如纳税人是否正确计算缴纳税款，是否及时足额入库等；三是对有关单位和个人的涉税调查。

国外税务当局一般称税务检查为税务审计（tax audit），外文词典中解释为"专业人员核实账簿或文档"。[①] 一些国家将涉税犯罪调查单独设立机构管理，与税务审计机构分离，例如美国国内收入局就设有涉税刑事案件调查局，日本国家税务局设有涉税犯罪调查局。

税收征管实践中，税务检查和税务稽查的概念被混用。我们认为，税务检查是对纳

---

① 靳东升，付树林. 外国税收管理的理论与实践［M］. 北京：经济科学出版社，2009：238.

税人、扣缴义务人的事后监督，包括税务检查的计划、组织、实施、管理、考核、监督、统计、分析、反馈和报告等一系列活动。税务稽查是税务机关对特定被检查对象实施检查的过程，是税务检查的组成部分。《税收征收管理法》在规范税务机关税务检查的权力、责任、程序等基本问题时，没有明确税务稽查的概念，使得税务稽查的内涵、职能不清，缺乏法律支撑，其合法性和正当性受到质疑。实际工作中，各级税务机关普遍设立了稽查局，形成了稽查局使用税务检查证、行使税务检查权的情况，割裂了税务检查的工作体系。

（二）实施税务检查的原则

1. 依法检查原则

税法明确了税务检查的一系列限制性规定，税务检查活动应当严格依据税收法律、法规、规章的规定进行，做到主体合法、权限合法、程序合法、依据合法。税务机关或税务人员必须依法实施税务检查，否则就属于无效或违法行为。

2. 公正效率原则

一是法律面前人人平等，税务机关应依法合理行使行政裁量权，统筹安排税务检查工作，避免人为随意确定检查对象。2013年，美国国税局对主张小政府的"茶党"和反对奥巴马医疗改革方案的部分政治团体有选择性地实施特别税务审计。不当审计丑闻曝光后，奥巴马政府陷入舆论漩涡，遭到各界的口诛笔伐，为平息事件，美国财政部被迫解除了国税局代局长米勒的职位。这是一起税务检查背离公正效率原则的典型案例。二是税务机关必须实事求是，以客观事实为根据，依法查明涉税真相，客观公正地处理税收违法行为，作出符合法律事实的检查结论，准确评价纳税人、扣缴义务人履行法定义务的情况。三是税务机关应按照规定程序和时限实施税务检查。税务检查必须在法定的时限内完成，不能长期处于不确定的状态，以减少对被查对象的影响。

3. 分工协作原则

税法规定稽查局专司偷税、逃避追缴欠税、骗税、抗税案件的查处，应当明确划分税务局与稽查局的职责，避免职责交叉。选案、实施、审理和执行四个环节是税务稽查内部的执法程序，各岗位之间既要顺畅衔接、协同推进，又要合理分工、相互配合。

(三)税务检查的职能及作用

1. 规范纳税行为

税务机关对纳税人履行纳税义务、扣缴义务人履行扣缴义务情况的检查,是一种行政监督手段,是税务机关履行职责、行使权力的过程。其规范纳税行为的作用主要体现在以下几个方面:一是实施检查,发现税收违法行为;二是宣传税法,教育违法纳税人、扣缴义务人,促进税法遵从;三是纠正税收违法行为,引导纳税人、扣缴义务人正确适用税收法律,保障税法的实施。

2. 完善税收征管

税务机关实施税务检查作出处理决定后,应当对税务检查情况进行综合统计、分析,研究违法行为的频度和分布,特别是对造成纳税人违法行为的原因进行剖析,提出对策。其完善税收征管的作用体现在:一是检验征管质量,发现存在问题。税收违法行为客观上反映税务管理等方面存在的漏洞和问题。二是建立反馈制度,逐级系统反映。税务机关应当建立税务检查反馈制度,对税务检查发现的问题按照类别进行系统整理、逐级反映。三是分析具体原因,制定有力措施。税收征管、税政等业务部门要根据税务检查反映的问题,深入分析原因,在规定权限内制定加强管理的措施。四是加强内部衔接,发挥整体效能。税源管理部门要根据纳税人的问题,加强后续管理,使税务检查和税收征管各环节实现有机衔接,发挥综合效能。

3. 增强法制威慑

税务机关依法处理税务检查中发现的纳税人、扣缴义务人的税收违法行为,强制税收违法主体改正错误,对行政相对人的纳税心理、守法意识有着基于法律制度上的威慑。其法制威慑作用主要体现在:一是严格的执法制度。查处违法行为,依法征收税款、加收滞纳金和实施行政处罚,保证税务处理决定全面执行,充分体现税法的刚性。二是充分的司法保障。对涉及触犯刑法的税务检查案件,依法移送司法机关处理,司法机关依法打击涉税犯罪行为,是法制威慑的重要方面。三是强大的社会舆论。通过公开涉税违法行为,使违法者受到社会公众的声讨和谴责而产生负疚心理,使违法纳税人心有余悸,同时对其他纳税人也具有一定的警示作用。强大公正的社会舆论对法制威慑的形成具有积极的意义。

4. 增加税收收入

查补税款是税务检查的直接成果，也是税务检查的基本作用。税务检查把少缴的税款追补回来，能够增加税收收入，减少税收流失。通过税务检查手段增加税收收入是必要的，但把增加税收收入作为税务检查的唯一职能是片面的，不符合现代税收管理的要求。

二、税务检查的分类

税务检查作为税收征收管理的重要组成部分，受到世界各国的普遍重视，多数国家引入风险管理机制，实施分类检查、专业检查，提高税务检查的针对性和效率。在我国，税务检查划分为日常检查和税务稽查。

（一）日常检查

日常检查是指税务机关清理漏管户、核查发票、催报催缴、推送任务的核实处理和了解纳税人生产经营、财务状况等不涉及立案检查与系统审计的日常管理行为。日常检查是税务机关的基本工作职能和管理手段，做好日常检查工作有利于加强税源管理。日常检查的主体是各级税务局、税务分局和税务所。[①]

（二）税务稽查

税务稽查是税务机关的专业机构和人员依照税务稽查工作规程的规定，对纳税人、扣缴义务人和其他涉税当事人履行税法规定义务等情况进行检查，以及围绕检查处理开展的其他相关工作，是税务检查的重要组成部分。其基本任务是依法查处税收违法行为，保障税收收入，维护税收秩序，促进依法纳税。

1997年，国务院办公厅转发国家税务总局《关于深化税收征管改革的方案》，提出了建立"以申报纳税和优化服务为基础，以计算机网络为依托，集中征收、重点稽查"的征管模式，现行的税务稽查机构就是根据这一征管模式的要求逐步发展而来的。2002年《税收征收管理法实施细则》发布前，由于相关法律、法规中没有使用税务稽查的概念，也没有明确赋予稽查局的执法主体资格，各地在实践中遇到了一些问题。《税收征收管理法实施细则》就有关问题进行了明确，实现了《税收征收管理法》与税收征管实

---

① 《国家税务总局关于进一步加强税收征收管理基础工作若干问题的意见》（国税发〔2003〕124号）

践的衔接。

（三）日常检查与税务稽查的区别

日常检查和税务稽查同属税务检查，是税务机关的主动管理行为，对纳税人产生制约作用。二者以纠正纳税人、扣缴义务人在履行税法规定义务过程中的错误为主要目标。日常检查是稽查选案的重要信息来源，能够为税务稽查提供高质量案源和有价值的情报或信息。二者的主要区别如下：

1. 概念和内涵不同

日常检查是不涉及立案检查与系统审计的日常管理行为，一般只针对特定环节或特定的内容；税务稽查是税务稽查机构的专业检查，具有系统审计功能，是全面、综合的税务检查。

2. 职能作用不同

日常检查侧重于日常管理，重点在于强化管理和对纳税人的宣传辅导，以引导纳税人遵从税法；税务稽查的重点在于查处偷逃抗骗等严重税收违法行为及需要立案查处的案件，体现税收法制威慑。

3. 案件来源和实施主体不同

税务稽查案件的主要来源有自选案、举报、协查、内部转办、外部门转办、上级交办等。日常检查案件的主要来源是税务机关根据税法规定就涉税业务、环节进行核查的事项和上级机关推送的风险事项等。税务稽查的主体是各级税务稽查局，日常检查的主体是各级税务局、税务分局和税务所。

4. 实施的程序不同

税务稽查程序包括选案、检查、审理、执行四个环节，有严格的专业分工。日常检查方式灵活，可以不按照选案、检查、审理、执行四个环节进行，但需要符合税法规定的必经程序。

5. 检查期间不同

日常检查与税务机关的日常管理情况紧密结合，以纳税人、扣缴义务人当期的管理情况为主，特殊情况才延伸到往期或以前年度，期限较为宽泛；税务稽查的检查所属期一般为以前年度，主要为事后监督。

三、税务检查的程序

税务检查分为日常检查和税务稽查,日常检查程序简单,税务稽查要按照选案、检查、审理、执行四个环节进行,各环节要相互分离、合理分工、相互配合。本书重点介绍税务稽查的程序。

(一)综述

税务稽查由各级稽查局依法实施,稽查局在所属税务局领导下开展税务稽查工作。上级稽查局对下级稽查局的税务稽查业务进行管理、指导、考核和监督,对执法办案进行指挥和协调。各级稽查局之间应当加强联系和协作,及时进行信息交流与共享。

(二)案件管辖

稽查局应当在所属税务局的征收管理范围内实施税务稽查。税务稽查管辖有争议的,由争议各方本着有利于案件查处的原则逐级协商解决;不能协商一致的,报请共同的上级税务机关协调或者决定。

稽查局应当充分利用税源管理和税收违法情况分析成果,按照生产经营规模、纳税规模、税负水平、税收违法行为发生频度及轻重程度等标准在管辖区域范围内实施分级分类稽查。上级稽查局可以根据税收违法案件的性质、复杂程度、查处难度以及社会影响等情况,组织查处或者直接查处管辖区域内发生的税收违法案件。下级稽查局查处有困难的重大税收违法案件,可以报请上级稽查局查处。

(三)选案

税务机关在实施税务稽查过程中,如何确定稽查对象是正确运用税务检查权的一个重要方面。按照规定,稽查对象根据税务稽查的不同形式,按照不同的方法确定,体现随机、公平、规范的原则。稽查局应通过多种渠道获取案源信息,合理、准确地选择和确定稽查对象,有计划地实施稽查,严格控制对纳税人、扣缴义务人的税务检查次数。

选案部门负责稽查对象的选取,对税收违法案件查处情况进行跟踪管理,并建立案源信息档案,对所获取的案源信息实行分类管理。选案部门对案源信息采取计算机分析、人工分析、人机结合分析等方法进行筛选，发现有税收违法嫌疑的，应当确定为待查对象，经批准后立案稽查。

税收违法案件举报中心应当对检举信息进行分析筛选，区分不同情形，列入案源信息、暂存待办、转交相关部门处理或将检举材料转送有处理权的单位。

（四）检查

实施检查前，稽查人员应当查阅被查对象纳税档案，了解被查对象的生产经营情况、所属行业特点、财务会计制度、财务会计处理办法和会计核算软件，熟悉相关税收政策，确定相应的检查方法。检查应当自实施检查之日起60日内完成；确需延长检查时间的，应当经稽查局局长批准。

检查过程中要依法行使税务检查权，不得超越法定权限采取税收保全措施。查处重大税收违法案件中，需要延长税收保全期限的，应当逐级报请国家税务总局批准。检查结束时，应当根据《税务稽查工作底稿》及有关资料，制作《税务稽查报告》。

对于当事人被有关机关依法限制人身自由以及账簿、记账凭证及有关资料被其他国家机关依法调取且尚未归还等情况，致使检查暂时无法进行的，可以依法中止检查，但中止检查的情形消失后，应当依规定程序恢复检查。对被查对象死亡或者被依法宣告死亡或者依法注销，且无财产可抵缴税款或者无法定税收义务承担主体等情况，致使稽查确实无法进行的，可以依程序终结检查。

（五）审理

审理人员应当依法对《税务稽查报告》及相关材料进行逐项审核，提出书面审理意见。案情复杂的，稽查局应当集体审理；案情重大的，依照有关规定报请所属税务局集体审理。审理的重点包括以下内容：被查对象是否准确；税收违法事实是否清楚、证据是否充分、数据是否准确、资料是否齐全；适用法律、行政法规、规章及其他规范性文件是否适当，定性是否正确；是否符合法定程序；是否超越或者滥用职权；税务处理、处罚建议是否适当等。

审理完毕，审理人员应当制作《税务稽查审理报告》，区分情形分别作出处理：认为有税收违法行为，应当进行税务处理的，拟制《税务处理决定书》；认为有税收违法行为，应当进行税务行政处罚的，拟制《税务行政处罚决定书》；认为税收违法行为轻微，依法可以不予税务行政处罚的，拟制《不予税务行政处罚决定书》；认为没有税收违法行为的，拟制《税务稽查结论》。税收违法行为涉嫌犯罪的，填制《涉嫌犯罪案件移送书》，依法移送公安机关。

（六）执行

执行部门接到《税务处理决定书》等税务文书后，应当及时送达被执行人。对被执行人未按照规定的期限缴纳或者解缴税款等情形，税务机关可以依法采取强制执行措施。被执行人在限期内缴清税款、滞纳金、罚款或者依法采取强制执行措施追缴税款、滞纳金、罚款后，执行部门应当制作《税务稽查执行报告》，记明执行过程、结果、采取的执行措施以及使用的税务文书等内容。

执行过程中发现涉嫌犯罪的，执行部门应当及时将执行情况通知审理部门，并提出向公安机关移送的建议。执行过程中发现被执行人死亡或者被依法宣告死亡等情形的，可按规定程序中止执行。中止执行情形消失后，经稽查局局长批准，恢复执行。被执行人确实没有财产抵缴税款或者依照破产清算程序确实无法清缴税款，或者有其他法定终结执行情形的，依照规定的权限和程序，经批准后终结执行。

（七）案卷管理

执行完毕、终结检查或终结执行的，审理部门应当收集稽查各环节与案件有关的全部资料，整理成税务稽查案卷，归档保管。税务稽查案卷应当按照被查对象分别立卷，统一编号，做到一案一卷、目录清晰、资料齐全、分类规范、装订整齐。

四、税务检查权的内容与合法应用

税务检查是税务机关运用税务检查权的行政执法行为，直接影响纳税人、扣缴义务人，并产生一定的法律后果。因此，税法对税务检查权的范围和内容进行了特别的列举，对税务机关行使税务检查权提出了严格的限制性规定。

（一）税务检查权的概念和特征

税务检查权也称税务检查的职权，是指税务机关、税务人员依法对纳税人、扣缴义务人遵从税法的情况进行了解的资格和权能，是法律、法规赋予税务机关行政执法权的重要组成部分。税务检查权是税务机关实施税务检查行为、监督纳税人、扣缴义务人履行纳税义务、代扣代缴义务的基本条件,也是查处偷逃抗骗税以及其他日常涉税违法行为的基本前提和保证,对税务机关开展税务检查具有重要意义。各国税务当局对税务检查权都有明确的规定,除了一般的询问、检查等权限以外,很多国家还规定税务检查人员在调查案件时拥有如搜查住宅、扣押物证等刑事侦查权。美国、德国、新加坡、日本的税务检查部门在调查税务犯罪案件时,都在不同程度上拥有刑事侦查权。[①]

税务检查权具有以下特征:一是主动性。税务检查是实现税收管理职能的一种活动,税务机关应当依法主动地进行。二是独立性。税务机关有权根据检查对象的不同和检查工作的需要,独立地行使税务检查权,不受其他单位和部门的干涉。三是广泛性。纳税人生产经营活动情况复杂,涉及面广,关联性强,税务机关检查纳税人履行纳税义务的情况需要广泛和确定的权力。四是限制性。税务检查属于具体行政行为,对于具体的税务检查案件而言,税务检查权力的行使直接影响纳税人的实际利益,因此税法对税务检查权的应用在适用条件、范围和程序等方面作出了严格的规定。五是强制性。税务检查由法定的国家机关实施,是贯彻、执行税收法律的手段,具有国家意志的强制力和法律规范的执行力。税务行政管理相对人违反税收法律规范或不履行税法规定的义务,就会受到行政处罚或行政强制。税务检查权的行使受法律保护,纳税人应当配合税务机关进行检查,不得阻挠、拒绝检查,否则构成行政违法行为,将受到法律追究。

(二)税务检查权的内容与合法运用

税务机关必须合法运用检查权,对税务检查权的限制主要表现在实体法和程序法两方面。税务检查行为基于税务检查权而发生,且范围和内容必须经税法特别的列举规定。超出税法规定检查权范围的税务检查行为,属于违法行政行为,不具有法律约束力,纳税人有权拒绝。

1. 查账权

税务机关有权检查纳税人的账簿、记账凭证、报表和有关资料,检查扣缴义务人代扣代缴、代收代缴税款账簿、记账凭证和有关资料。

税务机关行使查账权应当在纳税人、扣缴义务人的业务场所内进行。必要时经县以

---

① 李青. 税收管理[M]. 大连:东北财经大学出版社,2006:126.

上税务局（分局）局长批准，可以将纳税人、扣缴义务人以前会计年度的账簿、记账凭证、报表以及其他有关资料调回税务机关检查，但必须向纳税人、扣缴义务人开付清单，并在规定期限内完整退还；有特殊情况的，经税法规定的审批程序，税务机关也可以将纳税人、扣缴义务人当年的账簿、记账凭证、报表和其他有关资料调回检查。税务机关依法行使检查职权遇到阻挠、妨碍或对税务违法案件检查需临时中断时，可以对纳税人、扣缴义务人的账簿、发票、凭证、报表以及其他有关资料予以封存。

2．场地检查权

税务机关有权到纳税人的生产、经营场所和货物存放地检查纳税人应纳税的商品、货物或者其他财产，检查扣缴义务人与代扣代缴、代收代缴税款有关的经营情况。税务人员通过场地检查可以核对账簿、凭证等资料所记录的情况是否真实、准确，有无账外经营，经济活动是否合法等，是查账权的延续和补充。

在生产经营场所和货物存放地与纳税人的生活住宅同在一处的情况下，税务机关无权对非生产经营场所和货物存放地的生活住宅进行检查。

3．责成提供资料权

税务机关有权责成纳税人和扣缴义务人提供与纳税或者代扣代缴、代收代缴税款有关的文件、证明材料和有关资料。如从事生产经营的批准文件、合同、章程、协议书等，是税务机关掌握被查对象生产经营情况的直接依据。

税务检查中，责成提供资料权一般是结合其他检查权如查账权、场地检查权等行使的。行使责成提供资料权时，要求纳税人或扣缴义务人提供的文件、证明材料等必须与纳税或代扣代缴、代收代缴税款有关。

4．询问、调查和取证权

税务机关有权询问纳税人、扣缴义务人与纳税或者代扣代缴、代收代缴税款有关的问题和情况；有权向有关单位和个人调查纳税人、扣缴义务人和其他当事人与纳税或者代扣代缴、代收代缴税款有关的情况；对与案件有关的情况和资料进行记录、录音、录像、照相和复制。询问、调查和取证权，包括询问权、调查权和取证权三项权力。

税务检查中，税务机关从账簿资料中了解到的情况或者群众举报、揭发材料反映的情况，需要通过调查、访问才能查证落实。合理应用询问权有利于从多方面验证事件的真伪，对税务检查案件作出客观、公正的处理。税法对税务机关行使询问权有严格的限制，税务机关只能向纳税人、扣缴义务人询问与纳税或者代扣代缴、代收代缴税款有关的问题和情况，不能询问与此无关的问题，并不得对当事人和证人引供、诱供和逼供。

以法律形式明确税务机关的调查权是世界各国的通行做法。税务检查不仅仅是税务机关和被查对象之间的关系，有许多凭证、文件、证明等涉及有关的单位和人员，税务机关必须主动取得支持和配合，如企业主管部门、金融机构、司法机关等。有关单位和人员有义务向税务机关提供有关的资料和证明，如与被查对象有业务关系的单位和人员，有义务向税务机关提供向被查人提供或接受劳务、货物或服务的证明和资料，税务机关据此可以了解和确定被查对象是否发生了应税业务、是否存在隐瞒收入、多记成本的行为等，为明确法律责任、确定应纳税额和纳税义务发生的时间等发挥关键作用。

取证是税务检查最重要的一个环节，它直接影响到税收违法案件处理的结果，在税务行政争议中，相关证据将成为复议和诉讼的依据，因此税务机关要重视证据的有效性、真实性、完整性和相关性。调查取证时，要正确运用法定取证方式，如在记录时要注意记录的有效性和完整性，规范制作《询问笔录》。《询问笔录》要按照制作要求进行，注明询问人、被询问人，采用问答式记录，并与被询问人进行核对，被询问人对询问笔录的内容进行更改时要在更改处加盖戳记等。无论采用何种方式进行调查取证，都应当注明时间、地点、调查人、被调查人等有关内容，只有按照规定的要求、程序进行调查，取得的证据才能有效，否则所取得的证据就不能作为案件处理的依据。税务检查取证还应当注意以下几点：一是手段合法，取证只能使用《税收征收管理法》规定的记录、录音、照相、录像、复制的手段；二是注意做好证据保存；三是规范执法，保护纳税人的合法权益。

5. 查证权

税务机关有权到车站、码头、机场、邮政企业及其分支机构检查纳税人托运、邮寄应纳税商品、货物或者其他财产的有关单据、凭证和有关资料。

税务检查的内容只能是纳税人托运、邮寄应纳税商品、货物或者其他财产的有关单据、凭证和有关资料。即检查内容只限于有关单据、凭证及有关资料。不得超越权限，打开邮寄、托运的包裹进行检查。检查时要按照规定出示税务检查证件。负责托运、邮寄的单位应当积极配合税务机关的检查。

6. 检查存款账户权

经县以上税务局（分局）局长批准，凭全国统一格式的检查存款账户许可证明，有权查询从事生产、经营的纳税人、扣缴义务人在银行或其他金融机构的存款账户。在调查税收违法案件时，经设区的市、自治州以上税务局（分局）局长批准，可以查询案件涉嫌人员的储蓄存款。

存款账户检查权对于税务机关调查税收违法案件意义重大。行使存款账户检查权需注意四方面的要求：一是审批程序合法；二是要填制全国统一格式的检查存款账户许可证明；三是查询案件涉嫌人员的储蓄存款必须由专人负责；四是承担为被查对象保密的责任，查询所获得的资料，不得用于税收以外的用途。

第八节 税收保全

一、税收保全的概念和特征

（一）税收保全的概念

税收保全是税务机关为防范因纳税人的行为或者其他可能原因，造成的应征税款不能及时足额入库情况的发生，所采取的限制纳税人特定财产权的一种行政强制措施。主要目的是预防纳税人逃避税款缴纳义务。税收保全是税收优先权在税法中的体现，反映的是多种不同的权利或利益与国家税收利益发生冲突时，法律作出的选择。税收是国家维护公共利益、提供公共服务的重要财政基础，由于征收管理受时间、地点、程序等多种因素限制，为保证税款及时足额入库，《税收征收管理法》规定了税收保全措施。主要包括：书面通知纳税人开户银行或者其他金融机构暂停支付纳税人的金额相当于应纳税款的存款；扣押、查封纳税人的价值相当于应纳税款的商品、货物或者其他财产。广义的税收保全除了对财产的查封、扣押和冻结外，还包括纳税担保、税收代位权和撤销权等。[①] 本节仅对财产的查封、扣押和冻结进行讨论。

---

① 刘剑文，熊伟. 税法基础理论[M]. 北京：北京大学出版社，2004：420.

（二）税收保全的特征

1．保障性

税收保全的目的是保障应征税款的及时足额入库，维护国家税收利益，预防、制止或控制危害国家税收利益行为的发生。税收征管实践中，经常会出现纳税人转移财产，逃避纳税义务的现象，如果在税务机关征收税款之前，纳税人转移财产的行为已经发生，即便采取税收强制执行措施，也不可能达到保障税收利益的目的。

2．强制性

税收保全是国家征税权的强制力在税收征收管理中的具体化。税务机关依法扣押、查封纳税人的商品、货物和其他财产以及冻结存款行为属于行政强制，是对公民、法人的财产权实施暂时性控制的措施。税收保全一经实施，当事人就不得再对查封、扣押和冻结的财产再做处置。

3．临时性

税收保全的时效限制在税务机关责令限期缴纳应纳税款的期限内。纳税人在规定的期限内缴纳税款的，税务机关应当立即解除税收保全措施；期限届满仍未缴纳的，税务机关依法从冻结的存款中扣缴税款或者拍卖、变卖所保全的财物抵缴税款。

4．适当性

适当性包括两层含意：一是额度适当，《税收征收管理法》明确规定税收保全的财产价值不应超过应纳税款的数额。二是财产权处置适当，税收保全在法律上只形成对纳税人财产权处分的限制，不改变所有权的归属。税务机关及其工作人员违法实施税收保全致使相对人遭受损害的，税务机关应当依法予以赔偿。

二、税收保全的程序性规定及特殊情形

根据《税收征收管理法》的规定，税收保全措施可分成前置程序、实施程序和解除程序等主要步骤，且各阶段环环相扣，不可随意增减或调整环节顺序。

（一）税收保全的前置程序

1．限期缴纳税款

税务机关有根据认为从事生产、经营的纳税人有逃避纳税义务行为的，可以在规定

的纳税期之前，向纳税人发出《税务事项通知书》，责令限期缴纳应纳税款。

2．提供纳税担保

在限期内税务机关发现纳税人有明显的转移、隐匿其应纳税商品、货物以及其他财产或者应纳税收入的迹象的，可以向纳税人发出《责成提供纳税担保通知书》，责成纳税人提供纳税担保。

纳税担保是指经税务机关同意或确认，纳税人或其他自然人、法人、经济组织以保证、抵押、质押的方式，为纳税人应当缴纳的税款及滞纳金提供担保的行为。纳税担保人包括以保证方式为纳税人提供纳税担保的纳税保证人和其他以未设置或者未全部设置担保物权的财产为纳税人提供纳税担保的第三人。纳税担保有三种方式：一是纳税保证，指纳税保证人向税务机关保证，当纳税人未按照税收法律、行政法规规定或者税务机关确定的期限缴清税款、滞纳金时，由纳税保证人按照约定履行缴纳税款及滞纳金义务的行为；二是纳税抵押，指纳税人或纳税担保人不转移对相关财产的占有，将该财产作为税款及滞纳金的担保；三是纳税质押，是指经税务机关同意，纳税人或纳税担保人将其动产或权利凭证移交税务机关占有，将该动产或权利凭证作为税款及滞纳金的担保。

（二）税收保全的实施程序

纳税人不能提供纳税担保的，经县以上税务局（分局）局长批准，税务机关可以采取税收保全措施。

对于冻结存款的，向纳税人发出"税收保全措施决定书"，同时向纳税人的开户银行或金融机构发出"冻结存款通知书"，银行和金融机构应当依法协助执行。

对于查封、扣押财物的，向纳税人发出"税收保全措施决定书"，实施查封、扣押，并填制"查封商品、货物、财产清单"或"扣押商品、货物、财产专用收据"。税务机关执行扣押、查封商品、货物或者其他财产时，应当由两名以上税务人员执行，并通知被执行人。被执行人是自然人的，应当通知被执行人本人或者其成年家属到场；被执行人是法人或者其他组织的，应当通知其法定代表人或者主要负责人到场；拒不到场的，不影响执行。

(三）税收保全的解除程序

纳税人在规定的期限内缴纳税款的，税务机关应当自收到税款或者银行转回的完税凭证之日起1日内解除税收保全措施。对于冻结存款的，由税务机关向纳税人发出"解除税收保全措施决定书"，同时向纳税人的开户银行或金融机构发出"解除冻结存款通知书"，银行或金融机构应当依法予以解除；对于查封、扣押财物的，税务机关向纳税人发出"解除税收保全措施决定书"，解除查封措施，返还扣押财物。

（四）税收保全的特殊情形

《税收征收管理法》在明确税收保全一般程序性规定的同时，还规定了税务机关可以采取税收保全措施的两种特殊情形。

1. 对未办理税务登记或临时从事生产、经营纳税人的税收保全

《税收征收管理法》第三十七条规定了税务机关对未按照规定办理税务登记的从事生产、经营的纳税人以及临时从事经营的纳税人税收保全的特殊情形。这种情况的税收保全与《税收征收管理法》第三十八条规定的一般税收保全情形相比有以下特征：一是按照核定征收方式，核定应纳税额；二是责令缴纳，而不是限期缴纳；三是纳税人不缴纳税款的，税务机关可以扣押其价值相当于应纳税款的商品、货物，即税收保全措施所执行的对象限于纳税人的商品、货物；四是可以不经纳税担保程序，也不需要经过县以上税务局（分局）局长批准程序。

2. 税务检查中的税收保全

《税收征收管理法》第五十五条规定了税务机关可以采取税收保全措施的另一种特殊情形。税务机关在税务检查时，发现纳税人有逃避纳税义务的行为，并有明显的转移、隐匿其应纳税的商品、货物以及其他财产或者应纳税收入的，可以按照法定权限和程序采取税收保全措施。这种情况的税收保全与一般税收保全情形的主要区别有：一是可以不履行责令限期缴纳应纳税款程序；二是无须经过责成纳税人提供纳税担保程序。

三、税收保全的其他规定

税务机关扣押、查封价值相当于应纳税款的商品、货物或者其他财产时，参照同类商品的市场价、出厂价或者评估价估算。确定应扣押、查封的商品、货物或者其他财产的价值时,还应当包括滞纳金和拍卖、变卖所发生的费用。对价值超过应纳税额且不可分割的商品、货物或者其他财产,税务机关在纳税人、扣缴义务人或者纳税担保人无其他可供强制执行财产的情况下,可以整体扣押、查封、拍卖。

个人及其所扶养家属维持生活必需的住房和用品,不在税收保全措施的范围之内。机动车辆、金银饰品、古玩字画、豪华住宅或者一处以外的住房不属于《税收征收管理法》所称个人及其所扶养家属维持生活必需的住房和用品。税务机关对单价5000元以下的其他生活用品,不采取税收保全措施和强制执行措施。税收保全中的其他财产,包括纳税人的房地产、现金、有价证券等不动产和动产。

实施扣押、查封时,对有产权证件的动产或者不动产,税务机关可以责令当事人将产权证件交税务机关保管,同时可以向有关机关发出协助执行通知书,有关机关在扣押、查封期间不再办理该动产或者不动产的过户手续。

税务机关按照《税收征收管理法》第五十五条规定采取扣押、查封措施时,对已采取税收保全措施的财物有下列情形之一的,可以书面通知纳税人协助处理:一是鲜活、易腐烂变质或者易失效的商品、货物;二是商品保质期临近届满的商品、货物;三是季节性的商品、货物;四是价格有急速下降可能的商品、货物;五是保管困难或者需要保管费用过大的商品、货物;六是其他不宜长期保存,需要及时处理的商品、货物。[①] 对于纳税人未按规定期限协助处理的,税务机关可依规定程序和方式拍卖、变卖。对于拍卖、变卖所得,由税务机关保存价款,继续实施税收保全措施。税务机关依法作出税务处理决定后,应及时办理税款、滞纳金或者罚款的入库手续。拍卖或者变卖所得抵缴税款、滞纳金、罚款后有余额的,税务机关应限期退还纳税人。

四、税收保全与《行政强制法》的衔接

为了保障纳税人的合法权益,法律在赋予税务机关采取税收保全措施权力的同时,也从适用对象、范围、条件、程序等方面进行了严格的限制,以防止税收执法权力的滥用。《行政强制法》实施后,由于《税收征收管理法》及其实施细则和《行政强制法》在扣押、查封和冻结财产方面的规定存在不一致问题,税收保全制度需要在多个方面加以完善,实现两法的有效衔接。

---

① 《国家税务总局关于税务机关实施税收保全措施有关问题的通知》(国税发〔2007〕24号)。

(一)税收保全的程序

根据《行政强制法》的规定,行政机关实施查封、扣押的程序包括取得授权、两人执法、表明身份、当面执法、告知义务、陈述申辩、现场笔录、旁人见证等八个环节。《行政强制法》还规定了冻结存款、汇款的程序,包括:取得授权、两人执法、表明身份、现场笔录(无需被执行人签字)等环节。《税收征收管理法》及其实施细则对查封、扣押程序的规定,仅就"两人执法"和"当面执法"等进行了明确,未对冻结存款程序作具体规定。在《税收征收管理法》及其实施细则修订过程中,应参照《行政强制法》的规定进一步完善税收保全程序。

(二)查封、扣押、冻结的期限

税务机关依据《税收征收管理法》第三十七条、第三十八条和第四十条的有关规定,实施查封、扣押和冻结等税收保全措施的期限应当按照《行政强制法》的规定执行,即最长不得超过60日。税务机关实施冻结存款措施后,应在法定期限内及时查清违法事实,作出行政决定。否则,金融机构可以依据《行政强制法》的规定在冻结期限届满时自动解除冻结。

根据税法规定,税务机关对从事生产、经营的纳税人以前年度纳税情况依法进行税务检查时,发现纳税人有逃避纳税义务行为,并有明显的转移、隐匿财物或应税收入迹象的,可以采取保全措施或强制执行,期限一般不得超过6个月;重大案件需要延长的,应当报国家税务总局批准。《行政强制法》第二十五条在规定查封、扣押的期限时明确"法律、行政法规另有规定的除外。"因此,税务机关在税务检查期间实施查封、扣押的期限应执行《税收征收管理法实施细则》第八十八条的规定。

《行政强制法》第三十二条规定冻结存款、汇款期限时,明确"法律另有规定的除外。"但《税收征收管理法实施细则》属于行政法规,而非法律,法律级次不符合《行政强制法》的规定,因此,税务机关在税务检查期间采取冻结存款措施时,应按照《行政强制法》规定的30日及经批准可以延长30日的期限执行,即最长期限不得超过60日。因《税收征收管理法实施细则》对延长冻结期限批准权限的规定比《行政强制法》更加明确、严格,因此延长冻结期限应由国家税务总局批准。

(三) 查封、扣押财物的范围

《税收征收管理法》对查封、扣押财物的范围并没有严格限制,仅规定查封、扣押财物的价值应当与涉案金额相当,不得查封、扣押纳税人个人及其所扶养家属维持生活必需的住房和用品。但《行政强制法》对查封、扣押财物的范围有着更加严格的限制,《行政强制法》第二十三条规定,查封、扣押限于涉案的场所、设施或财物,不得查封、扣押与违法行为无关的场所、设施或财物。这是行政强制适当性原则的具体体现。因此,税务机关在实施查封、扣押等行政强制措施时,应该首先确认查封、扣押的场所、设施和财物是否与税收违法行为有关,如果相关场所、设施和财物与税收违法行为无关,则不得随意查封、扣押。如何判断和掌握查封、扣押场所、设施和财物是否与税收违法行为有关,既是对税务机关执法能力的考验,也是对传统执法范围的重大调整。

(四) 查封财产的保管和使用

《税收征收管理法实施细则》第六十七条第一款规定,对查封的商品、货物或者其他财产,税务机关可以指令被执行人负责保管,保管责任由被执行人承担。《税收征收管理法实施细则》第六十七条第二款规定,继续使用被查封的财产不会减少其价值的,税务机关可以允许被执行人继续使用;因被执行人保管或者使用的过错造成的损失,由被执行人承担。

《行政强制法》规定,对查封、扣押的场所、设施或者财物,行政机关应当妥善保管,不得使用或者损毁;造成损失的,应当承担赔偿责任。可见《税收征收管理法实施细则》对查封、扣押财产的保管人以及能否使用的规定与《行政强制法》不一致,我们认为税务机关应当执行《行政强制法》的规定。

第九节　税收强制执行

一、税收强制执行的概念和特征

（一）税收强制执行的概念

根据《行政强制法》的规定，行政强制执行是指行政机关或者行政机关申请人民法院，对不履行行政决定的公民、法人或者其他组织，依法强制履行义务的行为。税收强制执行属于行政强制执行，是指纳税人在规定的纳税期限届满仍不履行税务机关根据法律、法规所作出的已经生效的具体行政行为所确定的义务时，税务机关或税务机关申请人民法院依法强制其履行义务的行为。税收强制执行是税务机关依法行使税收征收管理权的有力保障，也是税务机关维护国家权益，促进税法遵从的有效方法。

（二）税收强制执行的特征

一是执行主体的特定性。根据《税收征收管理法》的规定，税收强制执行的法定主体为税务机关或人民法院，其中人民法院只能依据《税收征收管理法》的相关规定经税务机关申请实施对税务行政处罚决定的强制执行。以英国、美国为代表的普通法系国家把行政强制执行权看作是司法权的一部分，行政机关无权实施行政强制执行，以德国、法国为代表的很多大陆法系国家则将行政强制执行权看作是行政权的一部分，由行政机关自行实施。[①]

二是执行内容的确定性。税收强制执行应当以已生效的税务具体行政行为所确定的义务为执行内容。根据《行政强制法》的规定，行政强制执行的先决条件是行政机关必须首先通过依法为相对人设定具体的、具有可执行性的行政义务，并且该行政相对人逾期不履行该义务，这是行政强制执行与即时强制[②] 最明显的区别。

[①] 应松年，刘莘. 行政强制法条文释义与案例适用［M］. 北京：中国市场出版社，2011：33.

[②] 田中二郎. 行政法：上卷. 即时强制，是指为排除目前紧迫障碍的需要，而不是为了强制履行义务，在没有命令义务的余暇时，或者其性质上通过命令义务难以实现其目的的情况下，直接对人民的身体或财产施加实际力量，以实现行政上必要状态的作用。我国的《消防法》《道路交通法》等都有关于即时强制的规定。

三是执行过程的强制性。税收强制执行是对纳税人财产权利的剥夺，是税务机关的单方面行为，其目的在于强制行政相对人履行纳税义务。在税务行政强制过程中，即使违背当事人的意志，当事人也必须服从，没有选择余地，从而保证税法的有效实施。

二、税收强制执行的方式

行政强制执行包括以下方式：加处罚款或者滞纳金；划拨存款、汇款；拍卖或者依法处理查封、扣押的场所、设施或者财物；排除妨碍、恢复原状；代履行；其他强制执行方式。按照《行政强制法》的规定，税收征收管理的下列行为应当属于税收强制执行方式：

1. 加收滞纳金

《税收征收管理法》规定纳税人未按照规定期限缴纳税款的，扣缴义务人未按规定期限解缴税款的，税务机关除责令限期缴纳外，从滞纳税款之日起，按日加收滞纳税款万分之五的滞纳金。

2. 加处罚款

《行政处罚法》第五十一条规定，当事人逾期不履行行政处罚决定的（到期不缴纳罚款），作出行政处罚决定的行政机关可以每日按罚款数额的3%加处罚款。《税收征收管理法》涉及罚款规定的共有十四条。如果纳税人、扣缴义务人未按照规定期限缴纳税务机关所处的罚款，税务机关则可依照《行政处罚法》对其加处罚款。

3. 划拨存款

《税收征收管理法》规定，从事生产、经营的纳税人、扣缴义务人未按照规定的期限缴纳或者解缴税款，纳税担保人未按照规定的期限缴纳所担保的税款，由税务机关责令限期缴纳，逾期仍未缴纳的，经县以上税务局（分局）局长批准，税务机关可以书面通知其开户银行或者其他金融机构从其存款中扣缴税款。

4. 拍卖或变卖商品、货物或者其他财产

《税收征收管理法》规定，税务机关可以依法拍卖或变卖其价值相当于应纳税款的商品、货物或者其他财产，以拍卖或者变卖所得抵缴税款。

三、税收强制执行的程序

按照税法规定，纳税人拒不履行纳税义务，税务机关可以强制其履行，也可以申请

人民法院强制执行。由于税收强制执行是对财产权的深度干预，我国税法一再强调税收强制执行必须依照法定的权限和程序。国家税务总局虽然制发了《抵税财物拍卖、变卖试行办法》（国家税务总局令〔2005〕12 号），明确了拍卖、变卖的程序性规定，但完整意义上"法定"的税收强制执行程序一直未见明确。[①]《行政强制法》对行政机关强制执行程序做出了具体规定，应当尽快修订《税收征收管理法》或建立配套法规，实现《税收征收管理法》和《行政强制法》在强制执行上的衔接。鉴于法定的税收强制执行程序规定相对缺乏，并考虑《行政强制法》在规范行政强制方面的一般法地位，我们根据《行政强制法》中强制执行的一般程序规定和金钱给付义务的特殊程序规定，就税收强制执行的程序进行了简要归纳：

1. **催告**

税务机关作出强制执行决定前，应当事先书面催告当事人履行义务。告知当事人履行义务的期限、方式和依法享有的陈述权、申辩权等事项。涉及金钱给付的，应当告知明确的金额、给付方式和加处罚款、滞纳金的标准。加处罚款或滞纳金的数额不得超出金钱给付义务的数额。

2. **当事人陈述和申辩**

税务机关应当充分听取当事人的意见，对当事人提出的事实、理由和证据，应当进行记录、复核。当事人提出的事实、理由或者证据成立的，税务机关应当采纳。

3. **作出强制执行决定并送达当事人**

强制执行决定书应载明当事人的姓名或者名称、地址，强制执行的理由和依据，强制执行的方式和时间，申请行政复议或者提起行政诉讼的途径和期限，税务机关的名称、印章和日期。催告书、行政强制执行决定书应当直接送达当事人。当事人拒绝接收或者无法直接送达当事人的，应当依照《中华人民共和国民事诉讼法》的有关规定送达。

4. **实施强制执行**

在实施强制执行环节，对已经采取查封、扣押措施的税务机关，可以将查封、扣押的财物依法拍卖抵缴罚款。依法拍卖财物，由税务机关委托拍卖机构依照《拍卖法》的规定办理。当事人对税务机关的处罚决定，在法定期限内不申请行政复议或者提起行政诉讼，又不履行的，税务机关可以依法申请人民法院强制执行。税务机关向人民法院申请强制执行，应当提供的材料包括：强制执行申请书、行政决定书及作出决定的事实、

---

① 刘剑文，熊伟. 税法基础理论［M］. 北京：北京大学出版社，2004：452.

理由和依据、当事人的意见及行政机关催告情况、申请强制执行标的情况和法律、行政法规规定的其他材料。为保障当事人的权利，除紧急情况外，税务机关不得在夜间或者法定节假日实施行政强制执行。

5. 中止执行

中止执行的情形包括：当事人履行行政决定确有困难或者暂无履行能力的；第三人对执行标的主张权利，确有理由的；执行可能造成难以弥补的损失，且中止执行不损害公共利益的；税务机关认为需要中止执行的其他情形。上述情形消失后，税务机关应当恢复执行。对没有明显社会危害，当事人确无能力履行，中止执行满三年未恢复执行的，税务机关不再执行。

6. 终结执行

终结执行的情形包括：公民死亡，无遗产可供执行，又无义务承受人的；法人或者其他组织终止，无财产可供执行，又无义务承受人的；执行标的灭失的；据以执行的行政决定被撤销的；税务机关认为需要终结执行的其他情形。

7. 执行回转

在执行中或者执行完毕后，据以执行的行政决定被撤销、变更，或者执行错误的，应当恢复原状或者退还财物；不能恢复原状或者退还财物的，依法给予赔偿。

8. 协议执行

实施行政强制执行，税务机关可以在不损害公共利益和他人合法权益的情况下，与当事人达成执行协议。执行协议可以约定分阶段履行；当事人采取补救措施的，可以减免加处的罚款或者滞纳金。对于当事人不履行执行协议的，税务机关应当恢复强制执行。

四、税收强制执行与《行政强制法》的衔接

《行政强制法》和《税收征收管理法》属于同一位阶的法律。就税收征管而言，前者是"一般法"和"新法"，后者是"特别法"。由于我国立法实践中通常存在"特别法"立法在先，"一般法"立法滞后的特点。因此"一般法"往往是在总结"特别法"经验的基础上形成的，具有更强的实践性。我们认为在税收行政强制上，应坚持《立法法》规定的"新法优于旧法"和"特别法优于一般法"的法律适用原则。《税收征收管理法》中没有规定的，应当适用《行政强制法》规定；规定不够齐全的，应根据《行政强制法》规定补齐程序；规定不一致的，除《税收征收管理法》规定对税务机关要求更

高外，应适用《行政强制法》规定；法律以外的法规、规章和规范性文件与《行政强制法》不一致的，应当按照《行政强制法》的规定执行。但对于《行政强制法》中未作出明确规定，且《税收征收管理法》规定与《行政强制法》相关规定不抵触的事项，税务机关在实施行政强制措施和强制执行时应当按照《税收征收管理法》的规定执行。

（一）执行程序

根据行政强制执行的概念，对行政管理相对人采取行政强制执行需要符合两个基本前提：一是行政机关先要作出一个对行政管理相对人的行政决定；二是管理相对人逾期不履行该决定。税务机关加处罚款、划拨存款、拍卖或者依法处理查封、扣押的场所、设施或者财物的税务强制执行方式符合上述两个基本前提，应当按照《行政强制法》规定的程序实施。由于加收税收滞纳金不完全符合上述两个基本前提，因此这一税务行政强制执行方式实施程序的适用问题，需要进一步研究明确。

（二）阻止出境

为了保证欠缴的税款入库，避免国家税款损失，《税收征收管理法》规定了阻止出境措施，事实上限制了欠税人的人身自由。因此，在采取阻止出境措施时，应遵守《行政强制法》关于行政强制措施的程序规定。

根据《国家税务总局、公安部关于印发〈阻止欠税人出境实施办法〉的通知》（国税发〔1996〕215号）和《国家税务总局关于认真贯彻执行阻止欠税人出境实施办法的通知》（国税发〔1996〕216号）的相关规定，阻止欠税人出境由县级以上（含县级）税务机关申请，报省、自治区、直辖市税务机关审核批准，由审批机关填写《边控对象通知书》，函请同级公安厅、局办理边控手续。阻止欠税人出境的期限一般为一个月。对控制期限逾期的，边防检查站可自动撤控。需要延长控制期限的，税务机关应按照有关规定办理续控手续。被阻止出境的欠税人结清所欠税款或提供纳税担保后，税务机关应立即依照布控程序撤控。公安机关接到税务机关阻止出境的通知后一般不进行审查，直接执行，并且需要税务机关派员到场告知当事人相关事项。因此，税务机关应对阻止出境行为的合法性承担法律责任。

《税收征收管理法》与《行政强制法》的衔接适用是法律层面的问题，具体处理时既要考虑合法性，也要兼顾合理性，平衡好公共利益和个人合法权益。对于两法规定不一致，不能确定如何适用时，按照《立法法》的规定："法律之间对同一事项的新的一般规定与旧的特别规定不一致，不能确定如何适用时，由全国人民代表大会常务委员会裁决。"

第十节 欠缴税款管理

欠缴税款（以下简称欠税）管理是指税务机关为降低由欠税行为导致的税收损失和税收流失风险，依据税法规定，对征管职责范围内纳税人的欠税行为及所欠税款开展的税收征管工作。欠税管理是税收风险管理的重要组成部分，对于提高税法遵从度和税收征管质量，维护税收征管秩序和国家税收利益具有重要意义。

一、欠税的概念及发生原因

《税收征收管理法》没有对欠税概念作出明确规定。理论界对欠税概念有三种比较有代表性的观点。第一种观点认为，欠税是指纳税人超过税务机关核定的纳税期限，拖欠税款的行为，是一种有合理理由并经税务机关的允许暂时不缴纳税款的行为。第二种观点认为，欠税是指纳税人通过实施不法行为，致使国家税款超过法律规定的期限或税务机关许可的期限仍没有完全缴纳的一种状态。第三种观点认为，欠税是指纳税人、扣缴义务人等纳税主体在法定的纳税期限内，未缴或者少缴应纳或应解缴的税款。[1] 可以看出，上述观点在欠税的语义和构成要件方面均有所不同。我们认为：

第一，欠税一词具有多重语义，其实际所指应视具体语境和不同用法而定。总体来看，无论金额大小或时间长短，欠税均有其发生的起点、持续的期间和结束的终点，是完整的动态变化的过程。以原因论之，欠税是欠税行为发生、持续、终结的过程。以结果论之，欠税是欠税状态产生、延续、结束的过程。无论是欠税行为还是欠税状态，其衍变过程均以欠缴税款的变化为标志。上述理论界的定义从不同角度对欠税语义作出的诠释，均有其合理性，反映了欠税作为完整的动态变化过程的不同方面。

第二，欠税应包含以下构成要件：一是主体要件，即欠税具有明确的法律责任主体，包括逾期应缴纳未缴纳或少缴纳税款的纳税人、纳税担保人以及已代扣税款但逾期应解

---

[1] 张松. 税法学概论[M]. 北京：中国税务出版社，1998：197.

缴未解缴或少解缴税款的扣缴义务人。二是行为要件，即欠税责任主体存在超过法定期限或税务机关依法确定的期限应缴未缴或少缴税款，且在税款得到清缴或核销之前持续拖欠税款的行为。三是确认要件，即对于欠税主体逾期应缴未缴或少缴税款的行为事实，税务机关已在征管过程中发现并向欠税主体核实确认。在实际工作中，只有同时具备以上要件才能够纳入欠税管理。

基于以上分析，欠税是指纳税人、纳税担保人或扣缴义务人超过税法规定的期限或税务机关依法确定的期限应缴未缴或少缴税款，在税务机关发现、核实、确认之后，直至税款得到清缴或核销之前，持续拖欠税款的行为或状态。

根据税法规定，纳入税务机关欠税管理的欠税情形包括：办理纳税申报后，纳税人未在税款缴纳期限内缴纳的税款；经批准延期缴纳的税款期限已满，纳税人未在税款缴纳期限内缴纳的税款；税务检查已查定纳税人的应补税额，纳税人未在税款缴纳期限内缴纳的税款；税务机关根据《税收征收管理法》的规定[①] 核定纳税人的应纳税额，纳税人未在税款缴纳期限内缴纳的税款；纳税人其他未在税款缴纳期限内缴纳的税款。从统计核算口径来看，欠税包括本年关停企业欠税、空壳企业欠税、缓缴税款、本年新发生的欠税、往年陈欠税款等。

实践中，欠税行为的发生原因主要有：

从宏观上看，欠税情形的发生及欠税总体规模受经济景气度、相关法律制度完善程度、纳税人税法遵从度以及税务机关征管能力等多方面因素影响。

从微观上看，欠税的发生主要在于欠税主体缺乏按期缴税的能力或意愿，具体包括以下方面：一是因欠税主体受到外部影响导致欠税。包括欠税主体受政策因素影响无力缴纳税款；欠税主体在与其他企业、个人的经济往来中，受对方拖欠款项、债务违约等行为影响，无力缴纳税款；欠税主体受自然灾害等不可抗力影响，生产经营遭受严重损失等。二是因欠税主体自身缺乏按期缴税的能力导致欠税。包括因资金周转困难、经营不善、陷入破产等。三是因欠税主体缺乏按期缴税的意愿导致欠税。包括将资金优先用于扩大生产或对外投资、将资金优先偿还贷款或其他债务等。

欠税的影响是多方面的。首先，欠税导致政府未能及时取得相应的财政收入，损害

---

① 《税收征收管理法》第二十七条 纳税人、扣缴义务人不能按期办理纳税申报或者报送代扣代缴、代收代缴税款报告表的，经税务机关核准，可以延期申报。经核准延期办理前款规定的申报、报送事项的，应当在纳税期内按照上期实际缴纳的税额或者税务机关核定的税额预缴税款，并在核准的延期内办理税款结算。

了公共利益。如果欠税最终没有得到清缴，将形成难以挽回的税收流失。其次，欠税违反《税收征收管理法》关于纳税期限的程序性规定，导致税款未能及时入库，在一定程度上破坏了税收征管秩序，降低了税收征管质量。再次，如欠税主体为获取不正当利益恶意占用税款，将在一定程度上破坏公平竞争的市场经济秩序，若不能有效遏制，将产生严重的负面效应。

二、欠税的管理

基于欠税行为的特殊性及其对公共利益、征管秩序的危害性，欠税管理在税收征管工作中占有特殊而重要的位置。《税收征收管理法》及其实施细则和国家税务总局的规范性文件规定了欠缴税款管理的基本制度。主要包括：

1. 欠税催缴

申报期结束后，税务机关应根据逾期未纳税情况，及时书面告知纳税人缴纳税款。告知内容应包括本期未缴税款的税种、金额、累计欠税余额和加收滞纳金的规定。

2. 加收滞纳金

为有效控制纳税人故意拖延缴纳税款，税务机关对纳税人超过规定期限缴纳税款的，都要按日计算加收滞纳金。对滞纳金的追缴可以实施强制执行措施。

3. 欠税公告

为督促纳税人依法缴纳欠税，税务机关应当按期在办税场所或者通过广播、电视、报纸、期刊、网络等新闻媒体公告纳税人的欠缴税款情况。企业或单位欠税的，应公告企业或单位的名称、纳税人识别号、法定代表人或负责人姓名、居民身份证或其他有效身份证件号码、经营地点、欠税税种、欠税余额和当期新发生的欠税金额；个体工商户欠税的，应公告业户名称、业主姓名、纳税人识别号、居民身份证或其他有效身份证件号码、经营地点、欠税税种、欠税余额和当期新发生的欠税金额；个人（不含个体工商户）欠税的，应公告其姓名、居民身份证或其他有效身份证件号码、欠税税种、欠税余额和当期新发生的欠税金额。在实施欠税公告前，税务机关应事先告知欠税人，督促欠税人主动清缴欠税。

4. 阻止出境

欠缴税款的纳税人或者其法定代表人需要出境的，应当在出境前结清应纳税款、滞纳金或者提供担保。未结清税款、滞纳金，又不提供担保的，税务机关可以通知出入境管理机关阻止其出境。

5. 重要事项报告

欠缴税款数额较大的纳税人在处理其不动产或者大额资产之前，应当向税务机关报告。按照《税收征收管理法实施细则》的规定，数额较大指欠缴税款 5 万元以上。凡纳税人没有缴清欠税的，应定期向主管税务机关报告其生产经营、资金往来、债权债务、投资和欠税原因、清欠计划等情况，报告间隔期依据欠税程度确定，但最长不得超过三个月。欠税人有合并、分立、撤销、破产和处置大额资产行为的，应随时向主管税务机关报告。

6. 强制执行

税务机关对于欠缴税款的纳税人、扣缴义务人可以采取强制执行措施：一是书面通知其开户银行或者其他金融机构从其存款中扣缴税款；二是扣押、查封、依法拍卖或者变卖其价值相当于应纳税款的商品、货物或者其他财产，以拍卖或者变卖所得抵缴税款。

7. 税务机关追缴欠税享有优先权、代位权和撤销权

税务机关征收税款，税收优先于无担保债权，纳税人欠缴的税款发生在纳税人以其财产设定抵押、质押或者纳税人的财产被留置之前的，税收应当先于抵押权、质权、留置权执行；纳税人欠缴税款，同时又被行政机关决定处以罚款、没收违法所得的，税收优先于罚款、没收违法所得。

欠缴税款的纳税人因怠于行使到期债权，或者放弃到期债权，或者无偿转让财产，或者以明显不合理的低价转让财产而受让人知道该情形，对国家税收造成损害的，税务机关可以依照《合同法》第七十三条、第七十四条的规定行使代位权、撤销权。税务机关依照规定行使代位权、撤销权的，不免除欠缴税款的纳税人尚未履行的纳税义务和应承担的法律责任。

8. 欠税抵顶退税

按照国家税务总局的规定，纳税人既有应退税款又有欠税的，一律先将欠税和滞纳金抵顶应退税款和应退利息，抵顶后还有余额的，才予以办理退税。

9. 行政处罚或追究刑事责任

纳税人欠缴应纳税款，采取转移或者隐匿财产的手段，妨碍税务机关追缴欠缴税款的，由税务机关追缴欠缴的税款、滞纳金，并处欠缴税款百分之五十以上五倍以下的罚款。纳税人采取转移或者隐匿财产的手段致使税务机关无法追缴欠税的，应移送司法机关追究其刑事责任。

三、欠税的解除

欠税的解除包括以下三种情况：

1. 正常解缴

纳税人在规定的期限内清缴了应缴未缴的税款和滞纳金，欠税情形自动解除。税务机关采取的与欠税相关的税收保全、停售发票、阻止出境等措施应及时解除。

2. 欠税豁免

欠税豁免即免除欠税人缴纳欠税的义务。豁免一般针对难以追回的"历史陈欠"。对于一些由于历史原因欠税数额较大，清缴欠税可能会对企业发展造成严重影响的，豁免其欠税有利于企业甩掉历史包袱。2006年，财政部和国家税务总局联合下发了《关于豁免东北老工业基地企业历史欠税有关问题的通知》（财税〔2006〕167号），豁免了东北老工业基地企业1997年12月31日以前形成的欠税。

3. 欠税核销

对于欠税人确已破产、撤销或解散，经过法定清算程序，被国家主管机关依法注销或吊销其法人资格，纳税人已消亡而形成的欠缴税金和滞纳金，税务机关依照法律法规规定，根据法院判决书或法定清算报告予以核销。

四、当前欠税管理制度存在的问题和改进思路

（一）现行欠税管理制度存在的缺陷

当前，欠税管理相关法律制度不完善，对欠税管理工作的深入开展产生了不利影响。

第一，欠税管理核心法律规定存在缺失。尽管《税收征收管理法》针对欠税问题规定了税收优先权、代位权、撤销权、欠税公告、阻止出境等一系列制度，延期纳税、滞纳金、强制执行等制度也与欠税问题密切相关，但对欠税的概念、性质以及欠税管理的概念、范畴却未作规定，导致不同税务机关对欠税问题的认识存在分歧与偏差，欠税管理工作定位不够清晰，在整体上缺乏系统性和规范性。

第二，延期缴纳税款制度不尽合理。一是延期纳税申请不分额度一律由省级税务机关审批，审批权限过于集中，影响了审批效率。二是延期纳税期限过短，对于相当部分存在特殊困难的纳税人，在3个月内缴清税款的难度较大。三是延期纳税制度仅限于形

成欠税之前，对受第三方行为、不可抗力事件影响遭受严重损失的欠税主体没有延期缴税及滞纳金减免规定，在制度安排上没有充分考虑纳税人权益。

第三，阻止欠税人出境制度亟待完善。《税收征收管理法》赋予税务机关可以选择是否阻止出境的行政裁量权，对税务机关和出境管理机关在实施阻止出境过程中应尽的职责和应遵守的程序均无明确规定，对被阻止出境对象应享有的知情权也无规定，缺乏可操作性。

第四，对税收优先权、代位权、撤销权缺少程序性规定和法律责任规定。对于欠税主体将资金优先用于偿还贷款或将资产设定抵押、质押、留置，无偿、低价转让资产，怠于行使或放弃到期债权等情形，税务机关既缺乏判断其是否属于妨碍追缴欠税的法律依据，也没有不行使税收优先权、代位权、撤销权的法律责任，且由于涉及第三方权益使问题趋于复杂，导致税收优先权、代位权、撤销权难以有效执行，加大了税收流失风险。

第五，对税务机关获取欠税主体存款账户信息的制度规定不够完善。一是在掌握账户开立信息方面，处罚标准偏低。二是在掌握账户变更信息方面，《税收征收管理法实施细则》作出了原则性规定但没有规定法律责任。三是在查询账户资金信息方面，《税收征收管理法》规定，税务机关在进行税务检查时可以查询从事生产、经营的纳税人、扣缴义务人的存款账户信息。根据这一规定，税务机关要查询欠税主体存款账户信息，就必须对其实施税务检查，不利于欠税管理工作的深入开展。

（二）改进思路

针对欠税管理制度存在的问题，应以《税收征收管理法》修订为契机，以法律法规或者规章的形式明确欠税的定位，规范欠缴税款管理。

第一，制定欠税管理办法，明确欠税概念及性质，欠税管理的概念、原则及工作定位。

第二，对缺失的欠税管理制度进行必要补充。明确对因第三方行为、不可抗力事件影响遭受严重损失，短期无力缴纳税款的欠税主体，准许其延期缴纳欠税，并明确审批权限和法定程序。明确税务机关行使税收优先权、代位权、撤销权的法定程序以及征纳双方和相关利益方的法律责任。明确对欠税主体在未经或未完成法定纳税清算程序的情况下擅自撤销、解散的，应移送司法机关处理。

第三，对现有的欠税管理制度进行必要修改。

一是修改延期纳税制度。应合理分解延期纳税的行政审批权限，对金额特别巨大的，审批权限上收国家税务总局；一定金额以下的，审批权限下放市级税务机关；省级税务机关保留一定审批权限。同时适当提高延期纳税期限。

二是修改阻止欠税人出境制度。税务机关应根据欠税原因、规模确定阻止出境对象范围并定期向出境管理机关提供有关信息。对阻止出境的对象，税务机关应预先告知其被阻止出境的原因及其权利、义务。对被阻止出境对象未结清税款、滞纳金又不提供担保的，出境管理机关应协助税务机关阻止其出境。

三是修改税务机关获取欠税主体存款账户信息制度。提高纳税人未向税务机关报告其全部账号信息以及银行和其他金融机构未登记纳税人全部账号信息的处罚标准。授予省级以上税务机关通过人民银行查询欠税主体全部账户开立信息的权限，并规定相关程序和法律责任。明确纳税人未向税务机关报告全部账户变更信息的法律责任。明确税务机关在提供欠税主体逾期应缴未缴或少缴税款的证据后，可以向银行、其他金融机构查询欠税主体的账户资金信息。

四是修改税收保全制度。明确税务机关取得欠税主体逾期应缴未缴或少缴税款的证据并有充分理由认为欠税主体主观故意拖欠税款后，有权对其采取冻结存款、查封、扣押等税收保全措施。

思 考 题

1. 简要阐述税收程序的特征。
2. 简述在当前"简政放权"的背景下，如何开展税务登记的改革。
3. 简述《税收征收管理法》对设置账簿时限的规定。
4. 简述现行税收征管模式下纳税申报的作用。
5. 简要介绍税款征收中的违法违规行为及其危害。
6. 简述税收保全的一般程序是如何规定的。
7. 简述税收强制执行的主要方式。
8. 简述税务稽查与日常检查的区别。
9. 简述如何加强欠税管理。
10. 简述领取发票的主要方式。

第五章　国际税法

国际税法伴随跨国课税对象的出现和国家税收管辖权的扩大而产生。随着经济全球化的深入发展，对国际税法研究的不断加深，国际税法作为一国税法体系中充分体现开放型经济特征的重要组成部分，日益受到税收征纳双方、国际组织和国内外专家学者的广泛关注。本章以当前国际税法理论研究成果为基础，结合国际税收工作实践，重点阐述税收管辖权、国际重复征税及其避免、国际税收协定等问题，并根据中国"一国两制"特点，介绍内地与香港、澳门特别行政区的税收安排。

第一节　国际税法概述

一、国际税法的概念和渊源

国际税法是调整国家之间税收分配关系以及国家与跨国纳税人之间税收征纳关系的法律规范的总称。这包括两方面含义：一方面，国际税法同时对国际税收分配关系和国际税收征纳关系进行调整；另一方面，国际税收分配关系建立在国际税收征纳关系基础之上。

国际税法作为国际经济法的分支，是一个由有关国内法和国际法规范共同组成的综合性的法律体系。因此，其法律渊源包括国内法渊源和国际法渊源两个方面。

国际税法的国内法渊源包括一国单方面制定的可适用于对纳税人的跨国所得和跨国财产等征税的所得税法和一般财产税法，其在调整国际税收关系中的主要功能和作用在于确定国家对跨国课税对象的税收管辖权、征税范围和程度以及课税的方式和程序。

国际税法的国际法渊源主要指各国相互间为协调对跨国课税对象的课税关系而签订的双边或多边的国际税收条约以及国际税收惯例，其主要作用在于协调各国税收管辖权之间的冲突、避免国际重复征税和确立国际税收征管协作机制。中国对外签订的税收协定是国际税法的重要表现形式，也是国际税收管理活动的重要法律依据。

国际税法的国内法渊源和国际法渊源在国际税收实践中相互配合、互为补充，共同实现对国际税收关系的调整。

二、国际税法的宗旨和原则

国际税法的宗旨即国际税法所要实现的最终目标，是指建立公平合理的国际税收征纳关系和国际税收分配关系，促进国际经济健康有序发展。拥有税收主权是一个国家对跨国纳税人征税的前提，保障跨国纳税人合法税收权益是文明社会中维护国家税收主权的本质要求和重要考量。因此，在国际税法遵从实践中，如果有效维护了国家税收主权和跨国纳税人合法税收权益，就能实现国际税收征纳关系和国际税收分配关系的公平合理，进而促进国际经济健康有序发展。从这个意义上讲，是否有利于促进国际经济健康有序发展，也是衡量国际税收分配是否公平合理的价值标准。在实现公平合理的国际税收征纳关系和国际税收分配关系方面，包含相互联系的两方面内容：一是对跨国纳税人征税的公平合理；二是有关国家间在跨国课税对象上的税收权益分配的公平合理。

国际税法在实践中形成和确立了几项基本原则，主要是税收管辖权独立自主原则、避免国际重复征税原则、消除税收歧视原则（无差别待遇原则）、防止国际逃避税原则等。国际税法的原则体现在众多双边和多边国际税收条约及各国国内税法之中，并在各国国际税收实务中得到普遍认同和遵循。

三、国际税收法律关系的特征

国际税法的调整对象是国际税收关系。国际税收关系是指两个或两个以上的主权国家与纳税人之间在跨国课税对象上产生的经济权益分配关系，是有关国家之间税收分配关系和它们各自与纳税人之间的税收征纳关系的统一体。国际税法在确认和调整国际税收征纳行为和国际税收分配行为的过程中，形成了特殊的权利和义务关系，这就构成了国际税收法律关系。与国内税收法律关系相比，国际税收法律关系的特征主要体现在其所调整的税收关系具有特殊性，具体包括以下三个方面：

1. 国际税收关系的主体

国际税收关系的主体包括征税主体和纳税主体两类。但与纯粹的国内税收关系相比，国际税收关系中的征税主体往往有两个或两个以上国家，而国内税收关系的征税主体仅限于一个国家。

2. 国际税收关系的客体

国际税收关系的客体即国际税收的课税对象，是纳税人的跨国所得或跨国财产。虽然与纯粹的国内税收关系中的课税对象一样，都体现为一定的货币或财产形态，但区别在于国内税收关系中的课税对象完全处于一国的税收管辖权效力范围内，并不与其他国家的征税权存在任何联系，而国际税收关系中的跨国课税对象并非仅受一国税收管辖权支配，而是两个以上的国家都有可能对其课税。

3. 国际税收关系的内容

国际税收关系的内容是指国际税收关系主体间的权利和义务。国内税收关系中主体之间的权利义务总体上讲是不对等和非互惠的。而国际税收关系由于是国家与纳税人之间税收征纳关系与国家间税收分配关系的融合体,为主体之间的权利义务增加了对等互惠的内容。这种对等互惠主要体现在两个征税主体之间的权利义务关系上。也就是说,征税主体与纳税人之间的权利义务在一定程度上体现为两个征税主体之间意志协调的结果。因此,国际税收关系中某个征税主体与纳税人权利义务的争议,在某些情况下可能上升为两个征税主体之间的争议,需要由两国政府的税务主管当局相互协商解决。

第二节 税收管辖权

一、税收管辖权概述

税收管辖权,就是一国政府行使的征税权力,包括决定对哪些人征税,征何种税,征多少税及如何征税。税收管辖权与税收同时产生,但在国家间经济往来增多、国际税收形成以后,其行使范围延伸到跨国税源。

(一)税收主权

国际法上的国家主权包括独立权、平等权、自卫权和管辖权。管辖权是国家权力的一种体现,是指国家对其领域内的一切人(享受豁免者除外)、物和所发生的事件,以及对在其领域外的本国人行使管辖的权力。税收管辖权是国家管辖权的一部分,也就构成了国家主权的一部分,成为国家主权在税收方面的体现。因此,国际税收实践中常常提及的"税收主权",与税收管辖权概念内涵近似,强调了税收管辖权固有的国家主权属性。

(二)税收管辖权原则

主权国家根据其法律拥有和行使征税权,这是国际法公认的国家基本权利。但税收管辖权的确立和行使必须遵循一定的原则。

1. 独立自主原则

税收管辖权作为国家管辖权的一部分,具有国家主权的固有属性,即独立性和排他性。这意味着一国在税收事务方面行使权力完全自主，可以根据本国的政治、经济和社会制度，按照自己的意志确立税制，规定纳税人、课税对象及应征税额，不受任何外来的干涉与控制。

2. 约束性原则

现代国际法中最重要、最基本的原则是国家主权平等原则。国家不是一个孤立存在的政治实体，而是置身于由各个主权彼此平等的国家组成的国际社会中的一员，各国的税收管辖权也是平等的，这决定了国家在行使税收管辖权方面要受到一定的限制和约束。也就是说，独立自主原则是在国与国相互尊重主权平等的基础上实现的。

3. 属地原则

税收管辖权作为国家管辖权的一部分，其确立必须在国家管辖权的范围内进行。属地原则也称地域原则，是指主权国家对其所属领土内所发生的人、财、物和行为，都有权按本国法律实行管辖。各国在确立税收管辖权时，属地原则是一项重要的原则，即国家根据课税对象与本国领土主权存在的连结因素行使税收管辖权。属地原则体现为来源地税收管辖权，一国以来源于本国的所得，与本国具有实质联系的商品、财产和行为等作为课税对象，实施税收管辖。

4. 属人原则

属人原则是指国家依据纳税人与该国之间存在某种人身隶属关系性质的法律事实行使税收管辖权。属人性质的管辖权包括国籍税收管辖权和居民税收管辖权。国籍是指个人具有的属于某个国家的身份，也包括飞机、船舶等属于某个国家的隶属关系。以国籍作为连结因素确立的税收管辖权就是国籍税收管辖权，或称公民税收管辖权。随着国际经济交往和人员跨国流动增多，单纯以国籍为根据的公民管辖权又发展成为以居民身份关系为根据的居民管辖权，即一国对本国税收居民（包括个人和企业）的境内、境外收入和所得拥有征税权。

目前，大多数国家同时采用属地原则和属人原则，实行所得来源地税收管辖权和居民税收管辖权。两种税收管辖权的实施前提是确定来源地和居民身份。

二、所得来源地税收管辖权

所得来源地税收管辖权是征税国基于纳税人所得来源于本国境内的事实而主张的税收管辖权。在各类税制中，所得税具有较好的共通性。我国税制结构是所得税与流转税双主体并重，事实上流转税占据更大的税收规模。而发达国家的税制均是以所得税为主体，流转税在国家总体税收收入中所占比例不大。因此，在国家间税收分配当中，比较适宜以所得税为基点进行对话协商，讨论所得税的管辖权问题。中国对外签订的税收协定都以所得税为主。

（一）所得来源地

所得来源地是指根据属地原则，某项所得与之存在经济利益联系的国家或地区。来源地确定以后，该项所得即被视为源自该国或该地区。所得的类型多种多样，大体包括营业利润、投资所得、劳务所得和财产所得四大类。事实上，所得来源地主要对一个国家的非居民发生作用，因为居民的境内外所得均处于居民税收管辖权的控制之下。对于非居民，一国只能对其来源于本国的所得予以征税。

（二）所得来源地的确定

国家通常会根据自己认为合理的理解，从维护本国税收利益出发，以法律形式规定所得来源地的确定标准。

依据我国《企业所得税法》，所得来源地根据所得类型有不同的确定原则。第一，销售货物所得按照交易活动发生地确定。第二，提供劳务所得按照劳务发生地确定。第三，转让财产所得中，不动产转让所得按照不动产所在地确定；动产转让所得按照转让动产的企业或者机构、场所所在地确定；权益性投资资产转让所得按照被投资企业所在地确定。第四，股息、红利等权益性投资所得按照分配所得的企业所在地确定。第五，利息所得、租金所得、特许权使用费所得，按照负担、支付所得的企业或者机构、场所所在地确定，或者按照负担、支付所得的个人的住所地确定。第六，其他所得，由国务院财政、税务主管部门确定。例如，非居民企业从中国境内被投资企业取得派发的股息，属于来源于中国境内的所得。

依据我国《个人所得税法》，所得来源地与所得的支付地是不完全相同的概念，其确定原则是：第一，因任职、受雇、履约等在中国境内提供劳务取得的所得。第二，将财产出租给承租人在中国境内使用而取得的所得。第三，转让中国境内的建筑物、土地使用权等财产或者在中国境内转让其他财产取得的所得。第四，许可各种特许权在中国境内使用而取得的所得。第五，从中国境内的公司、企业以及其他经济组织或者个人取得的利息、股息、红利所得。例如,外籍个人在中国境内的企业、事业单位、机关团体、学校等单位和经济组织中任职、受雇而取得的工资、薪金所得,属于来源于中国境内的所得。

三、居民税收管辖权

居民税收管辖权是征税国根据纳税人与征税国之间存在居民身份关系的法律事实主张的税收管辖权。税收居民身份判定是一国行使居民税收管辖权的基础。各国一般通过法律形式规定税收居民的判定标准。

(一)税收居民

纳税人满足征税国法律规定的居民(包括自然人和法人)条件,即构成居民身份关系的法律事实。征税国可据此主张税收管辖权,要求居民纳税人就其取得的全球所得在征税国承担纳税义务。

(二)居民身份的判定

税收居民身份的判定标准在各国并未得到统一。一般而言,对自然人居民身份的判定主要有住所标准、居所标准、居住时间标准、意愿标准,对法人居民身份的判定常见的标准有注册成立地标准、实际管理与控制中心所在地标准、总机构所在地标准、控股权标准、主要经营活动所在地标准等。[①] 依据我国企业所得税法规定,居民企业的判定采用了注册地标准和实际管理机构标准并用的方式,即:依法在中国境内成立,或者依照外国(地区)法律成立但实际管理机构在中国境内的企业是中国居民企业。在我国《个人所得税法》中尚无明确的税收居民概念,在中国境内有住所,或者无住所而在境内居住满一年的个人,实质上构成中国居民个人。其中,在中国境内有住所的个人,是指因户籍、家庭、经济利益关系而在中国境内习惯性居住的个人;在境内居住满一年,是指在一个纳税年度中在中国境内居住365日,在一个纳税年度中一次不超过30日或者多次累计不超过90日的离境,即临时离境的,不扣减日数。

目前并不是所有国家都有各自统一的税收居民证明标准格式,国家税务总局曾整理下发已收到的具有标准格式国家的居民身份证明样式(42个国家或地区),便于各地

[①] 刘隆亨. 国际税法[M]. 北京:法律出版社,2007:29—34.

税务机关认定。中国也制定了居民证明标准格式。依据国家税务总局文件,各地、市、州(含直辖市下辖区)国家税务局、地方税务局国际税收业务部门负责向本局所辖企业所得税和个人所得税的相关企业和个人开具税收居民证明。对于缔约国对方税务主管当局对居民证明式样有特殊要求或其自行设计表格要给予签字盖章以证明纳税人是我国税收居民的,也可以按程序办理。中国居民公司境内、外分公司要求开具中国居民身份证明的,由其总公司所在地税务机关开具。

第三节　国际重复征税及其避免

一、国际重复征税

国际重复征税是指两个或两个以上国家对同一纳税人或者不同纳税人的同一课税对象或税源,在相同期间内课征相同或类似性质的税收。从法律角度看,国际重复征税使从事跨国投资和其他各种经济活动的纳税人相对于从事国内投资和其他各种经济活动的纳税人,承受沉重的税收负担,违背了税收公平原则和税收中性原则。从经济角度看,国际重复征税使跨国纳税人处于不利的竞争地位,影响其从事跨国经济活动的积极性,必然阻碍国际间资金、技术和人员的正常流动和交往,最终不利于增进国家的经济利益。国际重复征税除在某些情形下可能表现为多重性以外,在一般情形下往往是双重性的,故亦可统称为国际双重征税。[①]

有关国际重复征税问题的讨论早已有之,并随着跨国经济活动的产生和增多越来越受到关注。1963 年,经济合作与发展组织在《关于对所得和财产征税的协定范本草案的报告》中对法律意义的国际重复征税作了定义,即两个或两个以上的国家对同一纳税人就同一课税对象、在同一时期内课征相同或类似的税收。对于跨国经济行为,不同的国家基于不同税收制度,同时认为享有征税权。尽管重复征税现象在一国国内同样存在,但在跨国情形下,涉及国家间税收分配和纳税人税收负担问题,因此格外引人关注。

---

① 廖益新. 国际税法学 [M]. 北京:高等教育出版社,2008:49.

（一）产生原因

国际重复征税产生的前提条件，一是纳税人拥有跨国所得，即在其居民国以外的国家取得收入或占有财产；二是两国对同一纳税人都行使税收管辖权。在税收征管实践中，导致国际重复征税的原因是多方面的，根本原因是相关国家税收管辖权之间的冲突。国际重复征税是有关国家各自主张的税收管辖权在纳税人的跨国所得或财产上发生重叠冲突的结果。具体表现在：

1. 居民税收管辖权与来源地税收管辖权之间的冲突

目前绝大多数国家既按属人原则行使居民税收管辖权，又根据属地原则行使来源地税收管辖权。因此，在判定一国居民所取得的来源于居民国境外的所得时，势必会发生一国的居民税收管辖权与另一国的所得来源地税收管辖权之间的冲突。在纳税人收入和财产国际化现象普遍存在的今天，这种冲突是最常见的导致国际重复征税的原因。

2. 两个国家的居民税收管辖权之间的冲突

国际重复征税也可能因两个国家主张的居民税收管辖权之间的冲突而产生。引起这类居民税收管辖权之间冲突的原因，在于各国税法采用的确认纳税人居民身份标准的差异。例如，一个在采用住所标准的国家拥有住所的自然人，如果前往一个采用居住时间标准的国家境内工作，并且停留的时间达到了该国税法上规定的构成居民身份的时间界限，这个自然人将被两个国家同时认定为它们各自的居民纳税人，对这个自然人来自全球范围内的所得，两个国家都要主张行使居民税收管辖权征税，从而造成国际重复征税现象。

3. 两个国家的来源地税收管辖权之间的冲突

由于各国税法对同一种类所得的来源地认定标准可能不一致，也会引起有关国家的来源地税收管辖权之间的冲突，导致对同一笔所得的国际重复征税。这类税收管辖权冲突表现为纳税人的同一笔所得分别被两个国家认定为来源于其境内，从而纳税人应分别向这两个国家就该笔所得承担纳税义务。例如，对转让公司股份财产所得，有些国家以转让人居住地为其所得来源地，有些国家则以被转让股份财产的公司所在地为来源地，还有些国家主张转让行为发生地为其所得来源地。

（二）类型

国际重复征税一般包括法律意义的国际重复征税和经济意义的国际重复征税两种

类型。

1. 法律意义的国际重复征税

是指两个或两个以上国家就同一课税对象向同一纳税主体征税。它是两个或者两个以上国家就同一纳税事项在同一时期对同一个纳税主体进行的平行征税。这种性质的国际重复征税，表现为对同一个纳税人的重复征税，是标准意义上的重复征税，也是目前各国通过国内法和税收协定要努力消除和避免的。

【示例1】 作为甲国居民纳税人的 P 公司在乙国设有一分公司 B，B 公司构成乙国的常设机构，为非居民纳税人。B 公司的营业利润要在乙国缴纳所得税，而 P 公司在甲国缴纳所得税时要将 B 公司的营业利润计算在内，这样 B 公司的营业利润就在甲国和乙国被征收了两次税。

本例中，由于分公司不具有独立的法律地位，其税收负担由总公司最终承担，国际间的纳税主体为同一纳税人。这就构成法律意义的国际重复征税。

2. 经济意义的国际重复征税

是指对两个不同的纳税人就同一项所得或财产的重复课税，即征税客体同一而纳税主体不同一。经济意义的国际重复征税属于广义的国际重复征税。

【示例2】 作为甲国居民纳税人的 P 公司在乙国设有一子公司 S，S 公司构成乙国的居民纳税人。S 公司的所得要在乙国缴纳所得税，之后 P 公司可从 S 公司的税后利润中分配到股息。P 公司收取的股息在甲国也要纳税。因此，S 公司的这笔所得在甲国和乙国被征了两次税。

本例中，由于子公司具有独立的法律地位，构成其所在国的居民纳税人，尽管子公司的同一笔所得纳税后在分配股息时母公司也要纳税，但承担税负的纳税主体是母公司、子公司两家公司。这就构成经济意义的国际重复征税。

二、国际重复征税问题的处理

（一）国际税收协调合作

为避免重复征税，客观上需要对各国的税收管辖权进行适当的限制，在各国之间建立一种公平合理的税收分配关系。但从世界各国的税收实践看，由于税收的主权性质，征税权的行使又掌握在国家的手中。因此，国际税收协调合作是解决重复征税的必由之路，其方式主要是签订并执行国际税收协定，以及加强区域性、世界性国际组织的协作。

（二）国际税收协定

1920年布鲁塞尔国际税收大会要求采取行动避免国际双重征税问题，出现了初级的国际税收协定。经过90多年的发展演变，迄今各国相互之间的税收协定已经形成交叉网络，覆盖世界上绝大多数国家。[①] 在北欧国家之间还订立了就所得和资本避免双重征税的多边协定。2013年8月，中国加入《多边税收征管互助公约》，这是中国签署的第一个多边税收协议。

（三）消除国际重复征税的方法

各国税法和国际税收协定中通常采用的减轻或消除国际重复征税的方法有扣除法、低税法、免税法和抵免法四种，但真正意义上的消除国际重复征税方法是免税法和抵免法，低税法和扣除法只是减轻国际重复征税的方法。从当前情况看，解决国际重复征税的思路是实行居民管辖权的国家承认所得来源国的优先征税权，并在行使本国征税权的过程中采取一定方法减轻或消除国际重复征税。

免税法和抵免法在经济合作与发展组织税收协定范本和联合国税收协定范本中都有规定。所谓免税法，是指居民国对本国居民来源于境外的所得或财产免于征税。其最大的特点在于居民国放弃行使居民税收管辖权，只有所得来源国一个税收管辖权，因此具有彻底消除国际重复征税的作用。但是，由于免税法的运用会减少居民国应征收的一部分税收收入，所以国际上采用此法的国家和地区不多，巴拿马、阿根廷、中国香港地区等采用免税法。抵免法是指纳税人居民国允许本国居民在本国税法规定的限度内，用已在国外缴纳的所得税税额抵免应汇总缴纳给本国政府的应纳税额的方法，从而实际征收的税款只是该居民应纳本国税款与已纳国外税款的差额。抵免法的特点是同时承认居民税收管辖权和来源地税收管辖权，但以所得来源国优先而非独占征税为前提，它兼顾了来源国、居民国和跨国纳税人三方面的利益，保证了境内所得与境外所得的税负公平，是一种比较合理的解决重复征税方法。世界上最早实行抵免法的国家是美国，在1918年制定的税法中规定了税收抵免的方法。目前大多数国家采用抵免法消除国际重复征税，我国亦在此列。

---

① 刘剑文. 国际税法学 [M]. 北京：北京大学出版社，2004：312.

三、国际税收抵免

不论所得是在本国或外国取得，抵免法较好地体现了税收中性原则。根据允许纳税人抵免的已缴来源国税额是否有一定限额限制，国际税收抵免分为全额抵免法和限额抵免法。全额抵免法，是指居民国允许纳税人已缴的来源国税额可以全部用来冲抵其居民国应纳税额，没有限额的限制。限额抵免法则是居民国对纳税人可以从居民国应纳税额中抵扣的已缴来源国税额，有一定限额的限制，即不得超过纳税人的境外来源所得按居民国税法规定税率计算出的应纳税额，此即抵免限额。大部分国家采用限额抵免法。限额抵免法又分为分国抵免法、综合抵免法和分项抵免法等。国际税收抵免根据抵免层级以及解决法律意义或经济意义的国际重复征税，又分为直接抵免、间接抵免和饶让抵免。依据《企业所得税法》和《个人所得税法》，我国对居民企业采用分国不分项限额抵免制，对居民个人采用分国分项限额抵免制。

（一）直接抵免

直接抵免是用来解决法律意义的国际重复征税的方法，是指居民国对同一个居民纳税人在来源国缴纳的税额，允许用来直接抵扣该居民纳税人所应汇总缴纳居民国的相应税额的方法。

抵免限额是指企业来源于中国境外的所得，依照企业所得税法及其实施条例的规定计算的应纳税额。除国务院财政、税务主管部门另有规定外，该抵免限额应当分国（地区）不分项计算，公式如下：

抵免限额＝中国境内、境外所得依照企业所得税法及其实施条例的规定计算的应纳税总额 × 来源于某国（地区）的应纳税所得额 ÷ 中国境内、境外应纳税所得总额

在没有境外盈亏相抵情况下，上述公式可简化为：

抵免限额＝来源于某外国的所得额 × 中国税法规定的税率

（二）间接抵免

间接抵免旨在解决经济意义的国际重复征税问题，是指母公司的居民国允许母公司以间接通过其外国子公司缴纳的相应于股息所得的那部分外国公司所得税，来抵扣母公司应缴其居民国企业所得税的一部分。间接抵免在直接抵免基础上发展起来，其意义在

于允许抵免的外国税收可以是跨国纳税人非直接向国外缴纳的税收，专门适用于跨国母公司与子公司之间的抵免。

2008年以前，我国仅有外商投资企业可以依法享受间接抵免。现行企业所得税法则对间接抵免方式作了全面规定，内外资企业均可以适用间接抵免。母公司分得的股息在子公司所在国如果需要缴纳预提税，则不属于间接抵免范围而适用直接抵免，只有股息在子公司所在国负担的企业所得税才能适用间接抵免。

【示例3】 甲国P公司在乙国设立了一家子公司S公司，S公司在乙国缴纳企业所得税后向P公司分配股息。假设P公司未取得其他任何境外所得，则间接抵免计算公式为：

（1）P公司境外所得＝取得的S公司净股息÷（1－乙国企业所得税税率）

（2）应由P公司承担的S公司已纳乙国企业所得税＝S公司已纳乙国企业所得税总额×（取得的S公司净股息÷S公司企业所得税后所得）

（3）抵免限额（甲国实行比例税率）＝P公司境外所得×甲国税法规定的税率

（4）P公司允许抵免额＝min（P公司境外所得已纳乙国税额，抵免限额）

（5）P公司应纳甲国企业所得税税额＝（P公司所得＋P公司境外所得）×甲国企业所得税适用税率－P公司允许抵免额

如果S公司支付股息时还需扣缴预提税，则预提税部分可以适用直接抵免，但P公司所承担的预提税与间接承担的S公司所得税之和不得超过P公司来自S公司的所得按甲国企业所得税税率计算出的抵免限额。

（三）饶让抵免

饶让抵免也称税收饶让，是指居民国对本国纳税人在所得来源国享受的所得税减免税款，视同在国外实际缴纳而给予抵免待遇的一种税收优惠措施，即在计征其居民纳税人境内外所得应纳居民国所得税税额时，对其在国外因得到税收优惠而减免的那部分应纳而未纳的税额，视同已纳国外税额，准予抵免。通常，允许饶让的税收优惠适用境外分公司的利润和取得境外的股息、利息、特许权使用费等所得。税收饶让不是基于实际已纳税款，而是基于境外的减免税额。如果居民国实行免税法，则税收饶让就没有存在的必要。

根据荷兰国际财政文献局《国际税收术语汇编》描述，税收饶让主要指与发展中国家签订的税收协定中所规定的特殊形式的双重税收抵免。其意义在于使投资目的国吸引外资的鼓励政策能够真正落实到投资于该国并帮助它们国家经济发展的纳税人身上，防止被投资者母国"浸沾"。我国对外签订的税收协定（安排）中约三分之一有饶让抵免规定。

第四节　国际税收协定

一、税收协定概述

协定是国家间达成的并受国际法约束的国际协议。国际税收协定，就是国家间协调处理对跨国纳税人征税事务的一种协议或条约[①]，目的是避免重复征税和防止偷漏税，通过消除税收障碍来促进跨国投资、贸易、劳务等方面的经济往来。

国际税收协定可以划分为不同类型。[②] 按参与签订国家的多少，可以分为双边税收协定和多边税收协定，由两个国家参加缔约的为双边税收协定，是目前国际税收协定的基本形式；由两个以上国家参加缔约的为多边税收协定，是国际税收协定的发展方向。按协调的内容和范围，可以分为一般税收协定和特定税收协定，一般税收协定通常指对所得和财产避免双重征税和防止偷漏税的协定，用于广泛协调缔约国之间各种所得税和财产税的权益分配关系和有关税务合作事项，本节介绍的避免双重征税协定即属此类；特定税收协定通常指国际海运和空运、税收情报交换以及除所得税之外其他税种方面的协定，用于协调处理缔约国之间某一特定项目的税收分配关系或税务事项，本节介绍的情报交换专项协议即属此类。

税收协定属于国际法的范畴，当国内税法与税收协定发生冲突时，应根据国际法中"条约必须信守"的原则，在税收协定的适用范围内，以税收协定的条款规定为准。虽然国际法的效力高于国内法，但这并不表明税收协定可以干预缔约国制定、补充和修改国内税法，即签订税收协定的缔约国仍有制定和修改国内税法的自主权。税收协定也不能限制缔约国提供比税收协定更为优惠的税收待遇，应按照孰优原则执行更有利于纳税

[①] 程永昌. 国际税收学 [M]. 北京：中国税务出版社，2006：201.
[②] 杨志清. 国际税收 [M]. 北京：北京大学出版社，2010：235.

人的规定。

二、税收协定的发展演变

世界上最早的国际双边税收协定是 1843 年比利时与法国签订的，主要是为了解决两国间在税务问题上的相互合作和情报交换等问题。1899 年，德国和奥地利签订第一个防止双重征税的协定，提出不动产所得、抵押贷款利息所得、常驻代表机构所得以及个人劳务所得可以由收入的来源国征税，其他类型所得由居民国征税。1923 年，国际联盟委托税务专家研究发表首个关于国际双重征税问题的报告，涉及双重税收对资本国际流动的影响、国家的税收管辖权、国家间按照经济利益原则划分征税权等问题。1928 年，国际联盟扩大专家委员会在日内瓦会议上提交 4 个双边协定范本，即《关于防止对所得和财产双重征收直接税的双边协定》《关于防止对遗产税双重征收的双边协定》《关于税务管理协助的双边协定》和《关于在征税方面进行司法协助的双边协定》，此后 10 年间签署或修订的双边协定大多遵循这些范本的原则。

1940 年和 1943 年，国际联盟财政委员会前后两次在墨西哥举行区域性会议，通过对所得防止双重征税双边协定及其议定书范本，这份被称作"墨西哥文本"的税收协定范本的突出特点是强调所得来源地国家的优先征税权。1946 年，财政委员会在伦敦召开第十次会议，重新起草税收协定的"伦敦文本"，对经营所得以及股息、利息、特许使用费所得强调居民国具有优先的征税权。这两个文本推动了欧美国家相互缔结双边税收协定。1958 年，欧洲经济合作与发展组织开始起草关于避免所得税和财产税双重征税的协定草案，并以"消除双重征税"为题相继出版报告。1963 年，由 24 个成员国组成的新的经济合作与发展组织，以"伦敦文本"为参考，首次公布《关于对所得和财产避免双重征税的协定范本》草案，该草案有两个基本前提，即居民国应通过抵免法或免税法消除双重征税，所得来源国应缩减所得来源地管辖权的征税范围并降低税率。1963~1977 年，经济合作与发展组织成员国之间签订 179 个全面性的税收双边协定。在实践基础上，1977 年经济合作与发展组织修改并正式通过上述税收协定范本。20 世纪 60 年代以来，大批发展中国家加入联合国。1979 年，为全面反映发展中国家的要求，联合国通过《关于发达国家与发展中国家避免双重征税的协定范本》并于 1980 年正式对外公布。

第二次世界大战以后，经济发展带来了资本的增加，国际投资活动在世界范围内迅速发展，并带动了人员和技术的跨境往来。此间，世界上一些主要发达国家相继建立了以直接税为主体的税收制度，并采取居民税收管辖权和所得来源地税收管辖权相结合的制度设计。两种管辖权被两个及两个以上国家同时行使，必然会导致双重征税。为鼓励跨国投资和贸易，促进本国经济发展，各国相继开始了税收协定的谈签，目前世界各国之间的双边税收协定已经超过 3000 个。

三、中国对外谈签税收协定情况

中国对外签订税收协定工作是从 1981 年开始的。30 多年来，对外谈签税收协定工作坚持遵守规则、平等互利、友好协商的原则，适应不同时期中国经济社会发展的形势和需求，维护了中国的税收主权和经济利益。主要有以下几个阶段和特点[1]：

20 世纪 80 年代初至 90 年代中期签订的税收协定，旨在服务改革开放大局，着力维护所得来源国的税收权益。党的十一届三中全会以后，中国加快经济建设步伐，扩大对外开放，迫切需要引进外资和技术。这一时期，中国主要是资本输入国，谈签的对象国主要是日本、美国和欧洲发达国家，这些国家的企业来源于中国的利润远多于中国公司来源于这些国家的利润。为了吸引外资、引进技术，同时尽可能维护中国的税收权益，对外缔结的税收协定重点有两个方面：一是坚持所得来源国优先征税权和来源国与居民国共享征税权的原则；二是要求缔约国在税收协定中承诺饶让抵免的内容，以确保外国投资者能够切实享有我国国内税法规定的税收优惠，促进外国资本的输入。

20 世纪 90 年代初至 21 世纪初签订的税收协定，旨在服务"走出去"战略，着力维护居民国的税收权益。随着对外开放的深化和中国经济实力的增强，中国在吸引外资的同时也逐步开展和扩大对外投资。这一时期，中国既是资本输入国又是资本输出国，在中亚、非洲和拉美等一些国家进行投资、承包工程和提供劳务，谈签税收协定的对象主要转为发展中国家。为了鼓励中国企业和个人"走出去"，发挥税收协定的服务作用，与投资目的国缔结的税收协定开始站在居民国的立场，维护本国企业的利益和国家的税收权益。

21 世纪初开始修订完善税收协定，共同防范跨境逃避税行为。随着经济全球化进程的推进，跨国公司迅速发展，利用其在生产、投资、贸易、金融、技术开发等方面调

---

[1] 国家税务总局国际税务司. 中国避免双重征税协定执行指南 [M]. 北京：中国税务出版社，2013.

配全球资源的优势进行税收筹划，恶意逃避税行为日益猖獗，世界各国加紧研究应对措施。这一时期，中国一方面进一步加大与"走出去"目的国的税收协定谈签，以适应中国企业和个人全球化跨国经营的需要，另一方面对 20 世纪 80 年代签订的税收协定进行修订，补充调整相关条款，完善制度约定，与缔约国合作共同防范国际逃避税。

截至 2013 年 12 月 31 日，我国同 99 个国家正式签署了税收协定，其中 96 个已经生效执行。近两年新修订的税收协定，包括 2013 年签订的中荷新税收协定、中瑞（士）新税收协定、中法新税收协定和 2014 年中德新税收协定，有两个明显变化，即增加更低档股息、特许权使用费等所得的限制税率，增加有关防范滥用税收协定进行避税的规定。这一变化的作用主要有：一是降低跨境投资者的税收负担，促进缔约国双方居民相互投资和商贸、科技交流；二是配合国家"走出去"战略，使之更有利于中国作为居民国的税收权益；三是携手应对税基侵蚀和利润转移，打击跨境逃避税，加强税收国际治理，共建良好的国际税收秩序。

四、避免双重征税协定的内容

由于国家判定所得来源地或居民身份的标准相互冲突，造成税收管辖权交叉重叠，从而引起国际重复征税，国与国之间缔结税收协定目的之一就是要避免双重征税问题。税收协定的国际规范主要体现在两个范本上，即《关于对所得和财产避免双重征税的协定范本》（经合组织范本，OECD 范本）和《关于发达国家与发展中国家避免双重征税的协定范本》（联合国范本，UN 范本），它们是指导各国签订国际税收协定最有影响力的税收协定范本。两者的结构框架和条款基本一致。

（一）基本内容

1. 适用范围

纳税人范围。协定的适用对象是"人"，这些人必须是居民，身为居民的人必须属于缔约国一方或双方，协定一般不适用于任何第三方居民。"居民"是税法上的概念，即指"税收居民"，判定一个纳税人是否具有一国的税收居民身份，是对其实施税收管辖权和给予其享受税收协定待遇的前提。公司和其他团体的居民身份判定通常遵循管理机构标准，如果同时被缔约国双方认定为税收居民，应按其"实际管理机构所在地"判定其属于缔约国哪一方的居民。自然人的居民身份判定通常遵循住所标准和居所标准，如果同时被缔约国双方认定为税收居民，则按以下规则判定（降序排列）：一是永久性住所，包括自有或租用的房屋、公寓、房间等任何形式的住所，必须具有永久性；二是重要利益中心，应综合考虑包括家庭和社会关系、职业、政治、文化和其他活动、从事营业的地点、管理财产所在地等事实，并应特别注意个人的自身行为；三是习惯性居所，如果在缔约国双方均有永久性住所且无法确定重要经济利益中心所在国，则应注意其在双方永久性住所的停留时间；如果永久性住所不在缔约国任何一方，则应对在一个国家所有的停留时间加总考虑；四是国籍，如果该个人在缔约国双方都有或都没有习惯性居所，应以其国籍作为判定居民身份的标准。

税种范围。双重征税问题存在于同一纳税主体的同一课税对象。由于各国税收制度不同，开征的税种也不尽相同，但大多数国家都开征了对所得和财产征收的直接税性质的税种，因此，协定一般只适用于以所得和财产为课税对象的税种。关税、增值税、销售税、营业税等间接税性质的税种不在协定适用的范围内。缔约双方通常明确列举本国适用的现行税种，并规定协定签订后缔约国任何一方增加或替代的与现行税种相同或实质相似的税种也适用。原则上，协定仅适用于协定税种范围条款所规定的税种，但有些协定的国际运输条款、情报交换条款或非歧视待遇条款规定的内容，也适用协定税种范围条款规定之外的其他税种。

时间效力范围。协定生效和终止需履行缔约国双方国内的法律程序，有相应的时间规定。一般缔约国双方完成各自宪法规定的法律程序后，通过外交途径相互书面通知缔约国对方，协定自后一份通知发出之日起生效。目前中国由国家税务总局承担具体的协定谈判磋商工作，国务院授权代表与缔约国对方授权代表签署协定后报国务院备案，再通过外交途径通知对方。协定的实体条款通常规定为协定生效后的下一个纳税年度起适用。税收协定的平均寿命大约为15年[①]，在此期间无论所得来源地国家的税法发生任何变化，协定对其征税权的基本限制将保持不变。中国签订的税收协定有10个已重新签订，新旧协定相隔均超过20年。协定规定应长期有效，但可以在协定生效后若干年（一般为5年）单方面通知缔约国对方终止协定。

2. 征税权的划分

围绕跨国所得和财产的征税权的划分是避免双重征税协定的核心内容。居民税收管

[①] 阿诺德，麦金太尔. 国际税收基础 [M]. 国家税务总局国际税务司，译. 北京：中国税务出版社，2005：173.

辖权和来源地税收管辖权的冲突引起国际重复征税，协定就是对不同性质的跨国所得规定相应的协调规则，以明确不同类型的所得应由来源国或居民国一方独占征税权、由双方分享征税权还是一方优先行使征税权。[①]

一般而言，对于营业所得，应仅在企业的居民国征税，但该企业通过设在对方的常设机构营业，则来源国优先征税；对于投资所得，可以在居民国征税，但在受益所得人是居民的条件下，来源国可以分享征税权；对于劳务所得，应在来源国征税，但如果在劳务发生地国家停留时间、所得的支付方或负担方不满足相应的条件，则仅在居民国征税；对于财产收益，转让不动产、股权由来源国优先征税，转让动产由转让者的居民国征税；对于海运或空运所得，由居民国独占征税权，或者由总机构或实际管理机构所在地国家独占征税权。具体规则在本节税收协定对所得课税的协调部分详细阐述。

3．消除双重征税

各国将国内法关于境外所得抵免或免税的规定在税收协定中做出说明和承诺，有时也存在超出国内法规定的情形。当所得或财产可以在来源国或居民国无限或有限征税时，居民国有义务消除双重征税。此外，对关联企业之间的交易所做的重新调整，可能引发双重征税，缔约国一方企业调增的利润额已由其关联企业在缔约国另一方纳过税，缔约国另一方应做出适当调整。消除双重征税的方法主要有免税法、抵免法等，在本章国际重复征税及其避免一节已做介绍，在此不再赘述。

4．相互协商与征收协助

相互协商程序条款旨在通过缔约国双方税务当局的行政协助解决执行税收协定中出现的纠纷，其适用情形主要包括不符合税收协定的征税、解释或实施税收协定时发生的困难或疑义、税收协定未规定的消除双重征税问题等。情报交换条款旨在加强国家之间税务管理合作，共同应对跨国纳税人逃避税行为。税收征收协助条款规定缔约国相互之间应在税款征收方面提供协助。此外，还有旨在实行税收无差别待遇、避免纳税人受到歧视的非歧视待遇条款（包括国籍非歧视、常设机构非歧视、支付非歧视和资本非歧视等方面内容），以及旨在保障外交代表和领事官员在驻在国的税收特权的相关条款等。

---

① 廖益新．国际税法学[M]．北京：高等教育出版社，2008：71．

(二) OECD 范本和 UN 范本的主要差异

OECD 范本和 UN 范本在指导思想上存在一定差异。OECD 范本虽然承认收入来源国的优先征税权，但更强调居民国管辖权的原则，目的是促进经合组织成员国之间签订双边税收协定；UN 范本则强调收入来源国的税收管辖权，目的是促进发达国家和发展中国家之间签订双边税收协定。通常认为，OECD 范本更有利于资本输出国，UN 范本更有利于资本输入国。两个范本的不同倾向主要体现在以下几个方面[①]：

1. 常设机构的认定

如果一国企业在另一国家拥有非独立代理人，有权并经常代表企业签订合同，OECD 范本将据此认定该企业在该国有常设机构；UN 范本也有此规定，并将认定常设机构的范围延伸至代理人为企业储存并代表其交付商品的行为。OECD 范本规定，建筑工地、钻井作业或其他临时性工程的施工期持续达到 12 个月将构成常设机构；UN 范本则规定工期持续达到 6 个月即构成常设机构，并把适用范围扩展到包括装配工地和与建筑、装配工地相关的监理活动和咨询劳务。UN 范本还规定，如果一国企业在另一国通过雇员或其他人员提供个人劳务且在任何 12 个月中达到 6 个月的，则企业在该国构成常设机构，而 OECD 范本没有类似规定。

2. 经营所得的征税

在确定常设机构的利润时，OECD 范本主张实行"归属原则"，如果一国企业在另一国设有常设机构，则仅就通过常设机构进行经营活动取得的应归属于常设机构的所得纳税，企业从该国取得的其他所得无需在该国纳税。UN 范本则主张实行"引力原则"，如果企业在另一国设有常设机构，则不仅就通过常设机构进行经营活动取得的所得应该纳税，而且企业在该国销售的商品与通过常设机构销售的商品相似或者从事的经营活动与通过常设机构从事的经营活动相似的，企业从此项销售或经营活动取得的所得也应在该国纳税。

3. 预提所得税率的限制

OECD 范本和 UN 范本都主张由股息、利息的来源国和受益人的居民国分享征税权，但 OECD 范本规定的来源国征收预提税的税率很低，UN 范本则没有提出特定的限制预提税率，要求由缔约国双方协商解决。如 OECD 范本规定，股息受益人是一家公司且直

[①] 朱青. 国际税收 [M]. 北京：中国人民大学出版社，2009：318—324.

接持有股息支付公司25%及以上股权时，股息来源国征收的预提税率不能超过5%，UN范本则将持股比例规定为10%及以上。对于特许权使用费，OECD范本规定特许权使用费所得仅在居民国征税，UN范本则规定来源国可以征税。

4. 劳务所得的征税

OECD范本将独立劳务并入了常设机构的营业利润条款，而UN范本有关于独立劳务的条款。OECD范本和UN范本2000年以前版本规定，如果某个人通过设在另一国的固定基地从事"专业性劳务"或其他独立性质的活动，该国可以对归属于该固定基地的所得征税。OECD范本2000年修订本取消了此规定，改为在另一国提供劳务的个人和公司，只有在该国构成常设机构且其所得归属于该常设机构时该国才能征税。UN范本规定，提供独立个人劳务的专业人员和其他人员在另一国有关会计年度停留累计等于或超过183天，或其报酬是由该国居民支付或由设在该国的常设机构或固定基地负担，则该国有征税权。

5. 海运或空运的征税

OECD范本将对海运或空运活动所得的征税权赋予了国际运输企业的管理机构所在国。UN范本的规定与此相同，但在可选择的另一条中，则提出对海运业务所得既可以由企业实际管理机构所在国征税，也可由所得来源国征税且来源国有优先权。

OECD范本及注释自1977年正式发布后于1992年进行第一次更新，之后平均每隔两三年更新一次；UN范本1980年正式发布，1999年首次修订，更新频率远不及OECD范本且大幅引用OECD范本注释。OECD范本体现了各国的官方立场，除成员国外，许多非成员国或地区也在范本及注释中表明对一些条款的保留意见或评论；UN范本由发达国家和发展中国家代表组成的特别专家小组拟定，不代表各自国家官方立场。[1] OECD范本和UN范本虽然体现了税收协定的国际规范，但对各国并不具有法律约束力。

（三）相关解释文件

税收协定的有效执行有赖于协定的正确解释和适用。税收协定的解释受国际法惯例的制约，这些惯例包含在《维也纳条约法公约》的内容中。税收协定缔约国双方通常采用以下方式对协定在具体执行中可能或已经产生的疑义进行解释：一是在协定中专设解释条款，规范协定中容易产生歧义的用语；二是缔结协定的同时，双方另行签

---

[1] 冯立增. 税收协定系列讲座之一：税收协定简介 [J]. 国际税收，2013（7）.

订《议定书》，对在协定中难以明确的概念进行解释或说明；三是缔结协定之后，双方另行签订《谅解备忘录》，对协定未明确的范围作出规定；四是缔结协定之后，双方税务主管当局根据协定中相互协商条款的规定，进行协商并达成协议，对税收协定在解释和实施时发生的困难和疑义进行阐释说明；五是在实施协定时，对于未经协定明确定义的用语（上下文另有解释的除外），缔约国国内法对该用语有解释权，有关用语的定义应适用案件发生时该国有关法律的规定，且税法对相关用语的解释优先于其他法律的解释。

作为专业性和技术性很强的国际法，税收协定对一些术语或概念的定义或说明十分有限，更多概念的理解或解释需要依托国内法的规定，才能在缔约国国内得到实施。自1983年中国与日本签署第一个税收协定以来，国家税务总局陆续制定了一些专门文件，对税收协定进行具体解释，这些文件对理解和执行税收协定有着重要的指导意义。2009年，国家税务总局集中公布了27个税收协定相关解释文件。2010年，国家税务总局制发《〈中华人民共和国政府和新加坡共和国政府关于对所得避免双重征税和防止偷漏税的协定〉及议定书条文解释》（国税发〔2010〕75号），此文充分吸收了OECD关于税收协定范本注释的精髓，并在实践的基础上充分考虑了中国的现实状况。文中特别强调，该协定条文解释不仅适用于中新协定的执行，而且适用于其他税收协定的同等条款的解释及执行。

五、税收协定对所得课税的协调

（一）对跨国经营所得课税的协调

缔约国一方企业在缔约国另一方从事经营活动，其居民国通常会行使居民国税收管辖权就其全球范围取得的所得征税，而其从事经营活动的国家会行使来源国税收管辖权就其在该国境内取得的所得征税，由此引起双重征税问题。协定对营业所得课税协调的基本规则是常设机构和利润归属，即缔约国一方对缔约国另一方企业的营业利润征税，必须以其设有常设机构且利润归属于该常设机构为前提。

1. 常设机构的判定

常设机构是指企业进行全部或部分营业的固定营业场所。判定常设机构应把握三个要素：一是固定场所，有固定的中心、有明确的边界、有商业或地理上的一致性，营业活动在一个特定的地理位置上进行；二是对该固定场所有权长期使用，企业必须对该场所拥有支配权，设立营业场所的目的是长期使用，或其实际存续期超过一定时间；三是该固定场所服务于经营活动，只有经营性的营业场所才可能构成常设机构。

构成常设机构的形式通常有以下几种：一是机构、场所，包括管理场所，分支机构，办事处，工厂，作业场所，矿场、油井或气井、采石场或者其他开采自然资源的场所；二是承包工程，包括建筑工地、建筑或安装工程，但仅以该工地或工程连续12个月以上的为限（OECD范本）；建筑工地、建筑、装配或安装工程或与之有关的监督管理活动，但仅以该工地或工程连续6个月以上为限（UN范本）；三是提供劳务，缔约国一方企业通过雇员或者雇佣的其他人员，在另一方为同一个项目或相关联的项目提供的劳务，包括咨询劳务，但仅以在任何12个月中连续或累计为期6个月以上的为限；四是代理人，包括独立代理人和非独立代理人。非独立代理人（个人、公司或其他形式的组织）有权以被代理人的名义从事谈判或签订合同等具有营业性质的活动，且经常行使这种权力，则该代理人行为应构成被代理人在收入来源国的常设机构。独立代理人专门从事代理业务而取得佣金收入，能够自由地从事商务活动、具备专门知识或技术、接受代理业务的对象众多、承担商务活动的风险等，不应判定为常设机构。

母公司通过投资设立子公司、拥有子公司的股权等形成的控制或被控制关系，不会使子公司构成母公司的常设机构。但如果子公司有权并经常以母公司的名义签订合同，且不满足构成"独立代理人"的条件，则子公司仍会构成母公司的常设机构；如果母公司对派到子公司的员工有指挥权、承担其工作责任风险、负担其工资、因其活动而获取利润，则子公司也可能构成母公司的常设机构。

2. 非常设机构的甄别

常设机构不包括专门为本企业进行准备性或辅助性活动的目的所设的固定营业场所。准备性或辅助性活动可从三方面理解：一是固定基地或场所仅为总机构提供服务，与其他企业或个人没有业务往来；二是固定基地或场所的业务性质与总机构的业务性质不一致；三是固定基地或场所不独立从事经营活动，且其活动不构成总机构业务的重要组成部分。

协定对不构成常设机构的场所、设施或活动做了列举：一是专为储存、陈列或者交付本企业货物或者商品的目的而使用的设施；二是专为储存、陈列或者交付的目的而保存本企业货物或者商品的库存；三是专为另一企业加工的目的而保存本企业货物或者商品的库存；四是专为本企业采购货物或者商品，或者搜集情报的目的所设的固定营业场所；五是专为本企业进行其他准备性或辅助性活动的目的所设的固定营业场所；六是专为上述各项活动的结合所设的固定营业场所。

3. 营业利润的确定

一是归属原则，即缔约国一方对缔约国另一方企业在其境内设立或构成的常设机构进行征税时，应仅以归属于该常设机构的利润为限；二是独立企业原则，即将常设机构视作独立的实体，并按承担的功能和风险确定其分得的利润，该常设机构与总机构及关联企业之间的业务往来，也应遵循独立交易的原则。经营活动中的费用处理：经营活动中发生的各项费用，包括总机构向常设机构分摊的行政和一般管理费用等允许扣除，但这些分摊的费用必须因该常设机构发生且分摊比例在合理范围以内。

（二）对跨国投资所得课税的协调

缔约国一方居民支付给缔约国另一方居民的股息、利息、特许权使用费[①]、租金可以在另一方（居民国）征税。在受益所有人[②]是缔约国另一方居民的条件下，也可以在支付方或发生方（来源国）征税，但设定限制税率[③]，使双方分享征税权。由于投资所得的支付人相对固定，受益所有人比较分散，来源国普遍采用源泉扣缴方式征收预提税。

缔约国一方居民取得股息、利息、特许权使用费并具有受益所有人身份，在缔约国另一方设有常设机构进行营业，或通过在缔约国另一方的固定基地从事独立个人劳务，且据以取得以上所得构成常设机构或固定基地资产的一部分，或与常设机构或固定基地有其他方面的实际联系，则缔约国另一方可按照营业利润条款或独立劳务条款的规定进行征税，而不适用股息、利息、特许权使用费条款。

[①] 特许权使用费，包括因使用或有权使用专利、版权类知识产权而支付的报酬；因使用或有权使用工业、商业、科学设备而支付的报酬（设备租金）；因获取工业、商业、科学经验的信息而支付的报酬。

[②] 受益所有人是指，对所得和所得据以产生的权利或财产具有所有权和支配权的人。增加受益所有人的限定条件，是为了防止没有资格享受税收协定待遇的第三国居民，通过在缔约国一方设立作为转移交付工具的导管公司等方式，套取有关税收协定的优惠待遇。

[③] 根据OECD范本，对股息，如果受益所有人是直接持有支付股息公司至少25%资本的公司（非合伙企业），则所征税款不应超过股息总额的5%，其他情形下不应超过股息总额的15%。对利息，所征税款不应超过利息总额的10%；为鼓励缔约双方资金流动及政府贷款等援助项目的实施，一些协定规定了缔约国另一方中央银行、政府拥有的金融机构或其他组织从缔约国一方取得的利息在一方（来源国）免予征税。OECD范本对跨国特许权使用费规定应仅由居民国一方独占征税权。

(三) 对跨国劳务所得课税的协调

1. 独立个人劳务所得

个人以独立身份从事专业性劳务[①]或其他独立性活动取得所得，一般情况下仅由其居民国征税。但如果符合以下两个条件之一，则来源国有优先征税权：一是提供独立劳务者在其取得所得的来源国设有为从事专业性劳务而经常使用的固定基地，且所得归属于该固定基地；二是提供独立劳务者一个公历年度内或任何 12 个月内在取得所得的来源国停留连续或累计超过 183 天（含），且所得是在这一停留期间内取得的。OECD 范本已将此条款按常设机构和营业利润条款规定处理，UN 范本仍保留此条款。

2. 受雇所得（非独立个人劳务所得）

个人以受雇身份从事劳务取得所得，一般情况下由来源国，即其提供受雇劳务活动的发生地国家征税。但如果同时满足以下三个条件，则应仅由居民国征税：一是在受雇劳务活动发生地国家，即来源国停留连续或累计不超过 183 天；二是工资、薪金不是由来源国境内居民雇主或代表雇主支付的；三是工资、薪金不是由雇主设在来源国的常设机构或固定基地负担的。

3. 特定人员劳务所得

董事会成员取得的董事费和其他类似款项[②]，其所任职公司所在地国家（来源国）行使优先征税权。税收协定中的董事费条款如果明确包括高层管理人员，则其适用该条款，否则适用非独立个人劳务条款。

演艺人员和运动员从事个人活动[③]，不论其以独立或非独立的方式从事活动，也不论其在从事活动的国家停留多长时间，其取得的报酬所得由其从事活动的所在地国家（来源国）征税。

跨境工作人员取得退休金和其他类似报酬[④]，一般情况下由其居民国征税。但是政

[①] 专业性劳务是指独立的科学、文学、艺术、教育或教学活动，以及从事医师、律师、工程师、建筑师、牙医、会计师等的独立活动。

[②] 董事会成员取得的其他类似款项，包括个人以董事会成员身份取得的实物利益，如股票期权、住宅或汽车的使用权、健康或人寿保险以及俱乐部会员资格。

[③] 演艺人员和运动员活动，不仅包括舞台、影视、音乐等艺术形式的活动和传统体育项目，还包括具有娱乐性质的涉及政治、社会、宗教或慈善性的活动和高尔夫球、赛马、赛车等。演艺人员和运动员按照政府间协议从事的文化交流活动或由政府公共基金资助的表演活动取得的所得，来源国免予征税。

[④] 与退休金相关的其他类似报酬，包括与退休金类似的非定期支付的款项，如在雇佣关系终止时或终止以后一次性支付的退休金。

府或其地方当局从其建立的社会保险基金中支付的退休金,无论支付时取得退休金的个人在何处居住,应仅由退休金支付国(来源国)征税。

个人向政府提供受雇服务取得的工资、薪金和其他类似报酬,应仅由支付方所在地国家征税。但如果此项服务发生在缔约国另一方,并且该个人是该缔约国的国民,或者不是仅由于提供此项服务而成为该缔约国居民的,则其从缔约国一方取得的报酬应在缔约国另一方征税。政府服务条款可视为非独立个人劳务的特殊条款,而其涉及政府支付退休金的内容又构成退休金条款的特殊规定。

来源国为吸引人才,鼓励高科技和教育人才的流动,对教师和研究人员取得的所得给予一定条件的免税优惠。缔约国一方居民个人到缔约国另一方的大学、学院或其他公认的教育机构或科研机构[①]从事教学、讲学或研究取得的报酬,该缔约国另一方应给予一定期限的免税待遇(一至五年不等)。

学生或企业学徒到另一国接受教育或培训,其为维持生活、教育或培训取得的所得如满足以下三个条件,则在其接受教育或培训所在国可享受免税待遇:一是该学生或企业学徒在到达缔约国另一方之前是缔约国一方的居民;二是免予征税的所得,通常限制在其为了维持生存、接受教育或培训的目的而收到的款项;三是其取得的所得是从教育或培训所在国境外收到的款项。

(四)对跨国财产收益课税的协调

财产收益,是指因财产所有权发生转移而取得的所得。转让不动产取得财产所得,由不动产坐落地国家(来源国)行使优先征税权。转让常设机构的财产或从事独立个人劳务的固定基地的财产取得所得,由常设机构或固定基地的所在地国家(来源国)行使优先征税权。转让从事国际运输的船舶或飞机,或转让经营船舶或飞机的动产取得所得,仅由转让者的居民国征税。转让公司股份所得,该公司股份价值50%以上(不含)直接或间接由不动产构成,由不动产坐落地国家(来源国)行使优先征税权。转让所持有的缔约国另一方居民公司股份所得,且转让行为发生前的12个月内曾直接或间接持有该公司至少25%的资本,由该公司所在地国家(来源国)行使优先征税权。

---

① 中国签订的协定中,该条款仅适用于与中国境内的学校或研究机构有聘用关系的教师和研究人员,所提及的大学、学院或有关教育机构也有限定。

（五）协定执行有关程序的规定

现行有关税收协定执行程序的规定主要有《国家税务总局关于印发〈非居民享受税收协定待遇管理办法（试行）〉的通知》（国税发〔2009〕124号）。税收协定待遇是指按照税收协定可以减轻或者免除按照国内税收法律规定应该履行的纳税义务。非居民需要享受股息、利息、特许权使用费、财产收益条款等规定的税收协定待遇的，应向主管税务机关或者有权审批的税务机关提出申请，并提交税收居民身份证明、与取得相关所得有关的相关证明和税务机关要求提供的其他相关资料。非居民需要享受常设机构以及营业利润、独立个人劳务、非独立个人劳务条款等规定的税收协定待遇的，应向主管税务机关备案报告，并提交税收居民身份证明和税务机关要求提供的其他相关资料。非居民可享受但未曾享受税收协定待遇，且因未享受本可享受的税收协定待遇而多缴税款的，可在规定期限内提出追补享受税收协定待遇的申请，按规定补办备案或审批手续，并经主管税务机关核准后追补享受税收协定待遇，退还多缴的税款。

税务机关在审批非居民享受税收协定有关条款待遇的申请时，应处理"受益所有人"的身份认定问题，必要时可通过情报交换机制确认相关资料。根据《国家税务总局关于如何理解和认定税收协定中"受益所有人"的通知》（国税函〔2009〕601号）和《国家税务总局关于认定税收协定中"受益所有人"的公告》（国家税务总局公告2012年第30号），应从避免双重征税和防止偷漏税的目的出发，按照"实质重于形式"的原则，结合具体案例的实际情况，综合分析相关因素判定"受益所有人"。

六、税收征管互助公约

在经济全球化背景下，建立国际税收征管合作机制，对于拓宽执法覆盖范围、加强跨境税源管理具有十分重要的作用。国际税收征管合作以国家间的互惠互助为基础展开，其依据主要是国际条约，包括避免双重征税协定中的情报交换条款和税收征收协助条款、税收情报交换协定和税收征管互助公约等。

（一）基本情况和主要内容

《多边税收征管互助公约》是一项旨在通过开展国际税收征管协作，打击跨境逃避税行为，维护公平税收秩序的多边条约。这一公约由OECD和拥有47个成员国的欧洲委员会于 1988 年 1 月共同发起，向两组织的成员开放，于 1995 年 4 月生效。2010 年 5 月，OECD 与欧洲委员会响应 20 国集团号召，按照税收情报交换的国际标准，通过议定书形式对《多边税收征管互助公约》进行修订，并向全球所有国家开放，修订后的《多边税收征管互助公约》于 2011 年 6 月生效。中国于 2011 年 11 月签署《参加〈多边税收征管互助公约〉意向书》，于 2013 年 8 月 27 日正式签署《多边税收征管互助公约》，成为该公约第 56 个签约方，20 国集团成员至此全部加入这一公约。截至 2013 年 8 月，全球约有 60 多个国家已经或承诺签署公约。①

根据税收征管互助公约规定，税收征管协助主要有三种形式：一是税收情报交换，包括专项情报交换、自动情报交换、自发情报交换、同期税务检查、境外税务检查等；二是税款追缴，包括税收主张追索、保全措施；三是税务文书送达。公约对实施协助的特定条件及征管过程中请求方与被请求方各自所享受的权利和应履行的义务等作出规定，包括申请协助的文书资料、时间限制、优先权、延期支付，特别强调了协助义务的保留、保密、诉讼等对纳税人权利的保护。公约还规定了执行公约时的矛盾解决机制、协助成本、保留特定情形下不提供征管协助的权利、谴责、公约保存机构及职能等。② 公约需要履行国内法律程序，才能正式生效。

（二）公约适用及对中国的影响

1. 税种范围

公约适用的税种范围包括除关税以外的几乎所有税种。根据目前中国签订的双边税收协定，开展情报交换基本是在所得税的范围内，加入公约后，中国参与情报交换活动时涉及的税种范围将会扩大。

2. 税收情报交换

同期税务检查规定，缔约国独立地在各自有效行使税收管辖权的区域内，对有共同或相关利益的纳税人的涉税事项同时进行检查。境外税务检查规定，被请求方可以允许请求方代表在被请求方所进行的税务检查中在场。情报交换条款覆盖的范围包括同期税务检查与境外税务检查，只要签订协定即应有此两项义务，加入公约后该义务将得到进一步明确。同期税务检查这一执法行为并未超越中国行政机关的执法权限，

---

① 《中国政府正式签署〈多边税收征管互助公约〉》［EB/OL］，中央政府门户网站，http：//www.gov.cn/jrzg/2013-08/27/content_2475152.htm

② 张伦伦. 全面解读《多边税收征管互助公约》［J］. 国际税收，2014（2）.

而且缔约方有完全独立的权力决定是否接受对方提出的开展同期税务检查的请求[①]。境外税务检查对中国现行的征管制度和税务人员的执法水平都极富挑战性。

3. 税款追缴

税收主张是指应缴且尚未支付的任何税款本金及利息，以及相关的征管罚款和为追偿税款而发生的费用。缔约国有义务协助其他缔约方追索其税收主张，即在一国境内替缔约国对方实施征税行为。目前中国国内法并未规定税务机关可协助国外税务机关追征欠税，签署的税收协定与情报交换协定没有此类明确的条款。

4. 文书送达

请求方申请追缴协助时，被请求方应接收请求方送达的文书，包括司法裁决及来自于请求方的有关税收追缴的其他文书。中国签订的税收协定与情报交换协定中不包含文书送达的条款，加入公约后，这将成为税务机关新的权利与义务。

中国加入公约可以彰显负责任的大国形象，有利于拓展国际税收合作的广度与深度，保护国家税收利益不受侵蚀。但由于目前国内立法还不能完全适应公约的要求，承担的义务与得到的权利不成比例，完全履行公约可能给中国税务机关带来难以预料的执法风险，因此现阶段可以对某些条款做出保留。与此同时，中国也应抓紧完善执行公约涉及的国内实体性和程序性规定，充分发挥公约作为国际征管协作有效机制的作用，推进中国国际税收管理现代化进程。

七、情报交换专项协议

税收情报交换，是指协定缔约国双方税务主管当局交换的为实施税收协定、情报交换专项协议所涉及税种相应的国内法律所必需的情报。通过税收情报交换可以发现纳税人的隐匿收入，核实纳税人成本、费用及享受优惠主体的真实性与合法性，提供到境外对纳税人检查的途径。税收情报交换是国际税收征管合作的形式之一，也是遏制国际税收有害竞争、打击利用避税地进行非法活动的重要手段之一。

（一）情报交换专项协议的产生和订立实践

2002年，为防止有害税收竞争，加强被视为避税地的国家（地区）与其他国家之间的合作，OECD推出了《税收情报交换协定范本》。税收情报交换协定的目的和要求

---

① 汤贡亮. 2012中国税收发展报告——中国国际税收发展战略研究[M]. 北京：中国税务出版社，2013.

与 OECD 税收协定范本情报条款基本一致，但与税收协定相比，情报交换协定规定更为细致，可执行性也更强。OECD 财经事务委员会对税收协定范本的情报交换条款全面审查，吸收了《税收情报交换协定范本》和《为税收目的改善获取银行信息》研究报告的内容，于 2005 年对税收协定范本和注释的该条款作出修订。由于 20 国集团不断施压，避税地国家（地区）也逐步加快签订税收情报交换协定的进程。[①]

中国在扩大税收协定网络的同时，积极开展税收情报交换协定的谈签工作，签订的情报交换协定的内容与 OECD 税收情报交换协定范本基本一致，力求情报交换的标准符合国际社会的要求。截至 2014 年 3 月 31 日，中国与相关国家或地区共签订情报交换协定 10 个、生效 9 个。[②] 为提高税收情报交换工作的规范性和可执行性，国家税务总局先后制定《税收情报交换管理规程（试行）》《税收情报交换工作保密规则》，并在 2006 年整合了这两份文件的规定，制发了《国家税务总局关于印发〈国际税收情报交换工作规程〉的通知》（国税发〔2006〕70 号）。

（二）税收情报交换的范围和形式

根据 OECD 税收协定范本注释，《为税收目的执行情报交换条款手册》和国家税务总局制发的《国际税收情报交换工作规程》的有关规定，税收情报交换的范围是：国家范围，应仅限于正式签订含有情报交换条款的税收协定并生效执行的国家；税种范围，应仅限于税收协定规定的税种，主要为具有所得和财产性质的税种[③]；人的范围，应仅限于税收协定缔约国一方或双方的居民；地域范围，应仅限于缔约国双方有效行使税收管辖权的区域。

情报交换主要有以下六种形式：

1. 专项情报交换

专项情报交换是指缔约国一方主管当局就国内某一税务案件提出具体问题，并依据税收协定请求缔约国另一方主管当局提供相关情报协助查证的行为。包括获取、查证或

[①] 汤贡亮. 2012中国税收发展报告——中国国际税收发展战略研究[M]. 北京：中国税务出版社，2013. 根据全球税收论坛网站各国同行审议报告，世界主要经济体签订的税收协定与情报交换协定数量（签订税收协定数/签订情报交换协定总数）对比情况为：美国60/30、中国99/9、日本63/6、德国100/22、法国114/29、英国119/23、加拿大96/17、澳大利亚44/34、意大利96/3、韩国84/5、印度89/10、俄罗斯88/0、巴西33/1。

[②] 与中国签订情报交换协定的国家或地区包括巴哈马、英属维尔京、马恩岛、根西、泽西、百慕大、阿根廷、开曼群岛、圣马力诺和列支敦士登，其中离岸金融中心9个、主权国家1个。

[③] 中国已经加入《多边税收征管互助公约》，该公约正式生效后，中国参与情报交换涉及的税种范围将会扩大。

核实公司或个人居民身份，收取或支付价款、费用，转让财产或提供财产的使用等与纳税有关的情况、资料、凭证等。

2．自动情报交换

自动情报交换是指缔约国双方主管当局之间根据约定，以批量形式自动提供有关纳税人取得专项收入的税收情报的行为。专项收入主要包括利息、股息、特许权使用费收入，工资薪金，各类津贴、奖金、退休金收入，佣金、劳务报酬收入，财产收益和经营收入等。

3．自发情报交换

自发情报交换是指缔约国一方主管当局将在税收执法过程中获取的其认为有助于缔约国另一方主管当局执行税收协定及其所涉及税种的国内法的信息，主动提供给缔约国另一方主管当局的行为。包括公司或个人收取或支付价款、费用，转让财产或提供财产使用等与纳税有关的情况、资料等。

4．同期税务检查

同期税务检查是指缔约国主管当局之间根据同期检查协议，独立地在各自有效行使税收管辖权的区域内，对有共同或相关利益的纳税人的涉税事项同时进行检查，并相互交流或交换检查中获取税收情报的行为。

5．授权代表访问

授权代表访问是指缔约国双方主管当局根据授权代表的访问协议，经双方主管当局同意，相互间到对方有效行使税收管辖权的区域进行实地访问，以获取、查证税收情报的行为。

6．行业范围情报交换

行业范围情报交换是指缔约国双方主管当局共同对某一行业的运营方式、资金运作模式、价格决定方式及偷税方法等进行调查、研究和分析，并相互交换有关税收情报的行为。

（三）情报交换专项协议的主要内容

中国签订的情报交换专项协议均依照《税收情报交换协定范本》，但情报交换的形式可根据实际情况有所选择。一般而言，税收情报交换协议主要涵盖以下内容：

1. 适用范围

协议的范围，缔约双方通过交换情报相互提供协助，该情报[①]应包括与税收的确定、核定、查证与征收，税收主张的追索与执行，税务调查或起诉，具有可预见相关性的信息。管辖权，只要所需情报存在于被请求方领土内，或者为被请求方管辖的人掌握或控制，被请求方就应提供情报。税种范围，协议适用的税种是对所得和财产征收的税种，缔约双方通常明确列举本国适用的税种。

2. 专项情报交换

缔约双方主管当局不应进行撒网捕鱼式请求或要求提供与既定纳税人的纳税事项可能没有关系的情报。所调查的行为如果发生在被请求方，不管按照被请求方法律是否构成犯罪，被请求方均应交换情报。被请求方应启动所有相关的情报收集程序[②]向请求方提供所请求的情报。缔约方有权获取并提供银行等金融机构掌握的情报，信托、基金等的受益所有权的情报，以及委托人、受托人、受益人、董事、高级管理人员等的情报等。

3. 境外税务检查或调查

应请求方的请求，被请求方可以根据其国内法，允许请求方主管当局代表进入被请求方领土，在获得当事人书面同意的前提下，出现在被请求方境内税务检查的现场、会见当事人和检查有关记录。有关实施税务检查的决定应由实施税务检查的被请求方根据其国内法作出。

4. 拒绝情形及特别规定

对于请求与协议不相符、请求方未穷尽其领土内获取情报的一切方法、情报披露将违背被请求方的公共政策或公共秩序、可能导致泄漏商业秘密、信息会构成对被请求方国民相对于请求方国民在相同条件下的歧视等情况，被请求方可以拒绝。用于刑事目的的情报不受法律特权的限制；所有情报应做密件处理；协议不影响被请求方法律或行政惯例赋予人的权利和保护措施，但不得妨碍或延缓有效情报交换；缔约任一方不得针对缔约另一方的居民或国民使用任何限制性措施等。

5. 相互协商

缔约双方可就协议执行或解释遇到的困难或疑问以及专项情报交换、境外税务检查的执行程序等进行相互协商。

---

① 情报是指任何形式的事实、说明、文件或记录。
② 情报收集程序是指使缔约一方能够获取并提供所请求情报的司法、监管或行政法律和程序。

（四）税收透明度与情报交换全球论坛

情报交换是判断避税地与有害税收优惠制度的重要手段。2000年，为有效执行情报交换，保证各国在合法的商业目的下开展公平竞争，在OECD框架下成立了税收透明度与情报交换全球论坛。全球税收论坛更新《税收情报交换协定范本》，修订全球范围内的税收情报标准，促进了国际税收征管合作。2009年4月，20国集团领导人在伦敦峰会提出"改革和扩大全球税收论坛，建立一个有效的审议机制，监督有关税收情报交换高标准的执行"的要求。2009年9月，OECD在墨西哥举行全球税收论坛全体会议，重组扩建全球论坛，成立论坛指导委员会及同行审议小组，建立同行审议机制。指导委员会是全球税收论坛最核心的机构，目前设立一名主席和三名副主席，主席由澳大利亚担任，副主席分别由中国、德国和百慕大担任。[1] 截至2013年底，全球税收论坛共有120个国家或地区成员和12个国际组织作为观察员。[2]

税收透明度与情报交换的标准有：具有应请求进行情报交换的机制；在刑事和民事领域均开展税收情报交换；不因适用双重犯罪原则或者国内税收利益要求而对情报交换有所限制；尊重情报使用的保障和限制；对交换的情报予以严格保密；有权获得并提供可靠信息，特别是银行、所有权、身份以及账户信息。其核心就是情报是可获取的并有相应的机制可以交换这些情报。2004年，20国集团发表声明认可税收透明度与情报交换的系列标准，联合国也于2008年对这一标准表示肯定。按照2009年墨西哥确立的同行审议机制，全球税收论坛将对所有的成员国与地区展开同行审议并发布审议报告，审议标准分为三类共10个要素指标，中国于2011年正式接受同行审议并于2012年5月通过审议。[3]

---

[1] 中国顺利通过全球税收论坛税收透明度和情报交换同行审议 [EB/OL]，http://www.chinatax.gov.cn/n8136506/n8136608/n9947993/n9948014/11984166.html.

[2] Tax Transparency 2013: Report on Progress [EB/OL]，http://www.oecd.org/tax/transparency/.

[3] 汤贡亮. 2012中国税收发展报告——中国国际税收发展战略研究 [M]. 北京：中国税务出版社，2013.

第五节 国际税务争议的解决

一、国际税务争议概述

国际税务争议是指不同国家之间或者一国政府与跨国纳税人之间在国际税收关系中产生的争议。

(一) 国际税务争议的产生

国际税务争议是在国际经济活动中与税收问题相伴相生的。一国政府与跨国纳税人在税收征纳关系中对是否征税、如何征税可能有不同主张和要求，国家与国家之间在国际税收利益分配上或者在国际税收协调与合作中也可能有不同主张和要求，这就导致了国际税务争议的产生。由此可见，国际税务争议的主体包括国家和跨国纳税人，客体是税收利益关系。有国际税收征纳，就有可能产生国际税务争议。

(二) 国际税务争议的表现形式及特点

国际税务争议根据国际税收法律关系的特殊性表现为国家间的争议和国家与跨国纳税人之间的争议两种形式。与国内税法上的征纳双方权利义务产生的争议相比，这种争议是基于纳税人的国际经济活动而发生的，具有跨国因素。

1. 国家间的国际税务争议

目前主权国家之间通常都是通过签订国际税收协定的方式来协调彼此之间的国际税收利益分配关系，因此，国家间的国际税务争议主要表现为有关国家之间就相互签订的税收协定条款的解释、执行、适用范围等问题所产生的争议。这类争议的特点是争议主体双方法律地位对等、主体间的权利义务关系有对等互惠的性质。

2. 国家与跨国纳税人之间的国际税务争议

这种争议常常发生在税务机关与纳税人之间对所得性质或金额认定、税款征收、税收优惠、税务处罚以及特别纳税调整等方面有不同的看法或主张。征税机关与居民纳税人和非居民纳税人都有可能产生税务争议。这类争议的特点是争议主体双方法律地位不对等、主体间的权利义务关系具有强制性。

二、国际税务争议解决方法

上述两类国际税务争议的主体法律地位不同，因此解决争议的方法也不同。国家间的国际税务争议，主要通过国家间税收合作机制加以协调，实现国与国税收利益的合理分配。国家与跨国纳税人之间的国际税务争议既可以适用国内法律制度，又可以适用特有的争议解决机制——相互协商程序。近年来国际上发展出补充性争议解决方式，作为相互协商程序的延伸和新探索。

（一）适用国内法律制度

非居民纳税人适用国内法争议解决程序。在我国，与居民纳税人一样，非居民纳税人如果产生国际税务争议，有权依据《行政处罚法》《行政复议法》《行政诉讼法》《国家赔偿法》及《税收征收管理法》，要求举行听证、申请行政复议、提起行政诉讼或取得国家赔偿。这些国内法上的救济程序具有一整套健全的法律制度规定，能够较为公正地保护跨国纳税人的合法权益。1999～2001年间，某美国卫星系统企业因对北京国税部门缴纳外国企业所得税的税务处理决定不服，依法申请行政复议，后又提起行政诉讼直至二审终结，就是运用国内法程序解决国际税务争议的一个典型例证。

（二）适用相互协商程序的一般规则

相互协商程序是指税收协定缔约国主管当局在税收协定相互协商程序条款框架内，通过协商共同协调涉税事项和解决国际税务争端的机制。税收协定缔约国一方居民（国民）认为，缔约对方所采取的措施已经或将会导致不符合税收协定所规定的征税行为，可向本国税务主管当局申请启动相互协商程序，由双方税务主管当局通过会谈或者换文形式协商解决有关争议。建立相互协商程序的目的，是为了解决最广义上的适用税收协定过程中出现的问题，保证税收协定公正、准确执行。因此，相互协商程序是缔约双方协商各类税收事项的基本程序和总体框架。

1. 相互协商程序的基本内容

在各国双边税收协定中，通常都制定了相互协商程序条款，对相互协商程序的一般规则加以规定。对此，OECD范本和UN范本都有规定。目前大多数税收协定的相互协商程序条款内容基本相同，具体包括：

（1）当一个人认为，缔约国一方或者双方的措施，导致或将导致对其不符合税收协定规定的征税时，可以不考虑各缔约国国内法律的补救办法，将案情提交本人为其居民的缔约国主管当局；或者如果其案情涉及无差别待遇争议，可以提交本人为其国民的缔约国主管当局。该项案情必须在不符合税收协定规定的征税措施第一次通知之日起3年内提出。

（2）主管当局如果认为所提意见合理，又不能单方面圆满解决时，应设法同缔约国另一方主管当局相互协商解决，以避免不符合税收协定规定的征税。达成的协议应予执行，不受缔约国国内法律的时间限制。

（3）缔约国双方主管当局应通过协议设法解决在解释或实施税收协定时发生的困难或疑义，也可以对税收协定未作规定的消除双重征税问题进行协商。

（4）缔约国双方主管当局为达成相互协商协议，可以相互直接联系；为有助于达成协议，双方主管当局可以进行会谈，口头交换意见。

税收协定中的相互协商程序除通常以上述专门条款形式存在外，在居民、股息、利息、关联企业等条款中也提及相互协商的内容。[①] 这些内容的意义主要是解释实施协定特定条款时存在的困难和疑义，也就是国家与国家之间涉及国际税收利益分配方面的协调。

2．相互协商程序的适用情形

（1）不符合税收协定的征税。一般情况下，当一个人认为缔约国一方或双方的措施导致或将导致对其不符合税收协定的征税时，可以向其居民国的主管当局请求救助。居民国主管当局应努力通过相互协商解决纳税人受到不符合协定规定的征税问题。

（2）解释或实施税收协定时发生的困难或疑义。税收协定一般明确授权缔约国双方主管当局尽力通过相互协商解决在解释或实施税收协定时发生的困难或疑义。主管当局可以通过相互协商缔结关于某一条款定义的协定，或者赋予减免的程序。

（3）税收协定未规定的消除双重征税问题。税收协定一般明确授权缔约国双方主管当局，对税收协定未作规定的消除双重征税问题进行协商。

3．相互协商的方式

缔约国双方主管当局可以直接联系，不必通过外交途径。联系的方式可以尽量简便

---

① 国家税务总局国际税务司．中国避免双重征税协定执行指南［M］．北京：中国税务出版社，2013：273．

灵活，如通过信函、传真、电话、直接会谈，或其他方便的方式进行协商。

4. 相互协商程序的两个阶段

（1）申请启动阶段。通常情况下，相互协商程序以纳税人提交异议开始，该阶段仅在纳税人与其居民国主管当局之间进行。在启动相互协商程序前，纳税人必须确认缔约国一方或双方的措施将会导致不符合协定规定的税收，并且该税收不只是有会发生的风险，而且是十分可能的。原则上，异议应当提交纳税人居民国税务主管当局，同时必须在不符合税收协定规定的征税措施第一次通知起3年内提出。主管当局收到纳税人提交的案情后，要对案情进行初步审查。

（2）协商阶段。经初步审查，主管当局认为纳税人的异议是合理的，但是不能单方作出满意的处理决定，应当启动相互协商程序，及时通知缔约国另一方主管当局。之后，缔约国双方主管当局开始谈判，并在请求受理之日起的两年内达成协商结果。纳税人可以接受相互协商的结果，也可以拒绝。但一旦接受，相互协商结果的执行就不受其本国国内法的时间限制。

（三）国内法对适用相互协商程序的具体规定

在税收实践中为增强相互协商程序的可操作性，有效解决国际税务争议，特别是维护我国境外投资企业和个人的合法税收权益，2005年国家税务总局制定了《中国居民（国民）申请启动税务相互协商程序暂行办法》（国税发〔2005〕115号），对相互协商的申请、受理、适用情形等作出了基本规定。随着税收协定执行形势发展变化，该办法已被2013年11月施行的《税收协定相互协商程序实施办法》（国家税务总局公告2013年第56号）取代。《税收协定相互协商程序实施办法》的主要内容是：

1. 定义及适用范围

《税收协定相互协商程序实施办法》对相互协商程序、中国居民、国民等作出了定义，并明确其适用于除特别纳税调整以外的所有相互协商案件，包括：中国居民（国民）申请启动的相互协商程序、缔约对方主管当局请求启动的相互协商程序、国家税务总局主动向缔约对方请求启动的相互协商程序。

2. 可协商事项

相互协商的事项限于税收协定适用范围内的事项，但超出税收协定适用范围，且会造成双重征税后果或对缔约一方或双方利益产生重大影响的事项，经我国主管当局和缔约对方主管当局同意,也可以进行相互协商。这些事项主要包括"对居民身份的认定存有异议,特别是相关税收协定规定双重居民身份情况下需要通过相互协商程序进行最终确认的""对常设机构的判定,或者常设机构的利润归属和费用扣除存有异议的"等七项。

3. 职责权限

我国负责相互协商工作的主管当局为国家税务总局,国家税务总局授权代表负责具体处理相互协商程序事务。省、自治区、直辖市和计划单列市国家税务局或地方税务局及以下各级税务机关负责协助国家税务总局处理相互协商程序涉及的本辖区内事务。

4. 方式和期限

申请人应在有关税收协定规定的期限内,以书面形式向省级税务机关提出启动相互协商程序的申请。其中"税收协定规定的期限"通常为3年,也有一些协定少于3年,如我国与意大利、罗马尼亚的税收协定规定为2年,与土耳其的税收协定规定为1年。

5. 管辖机关

(1)负责对申请人个人所得税或企业所得税征管的省级税务机关为受理申请的税务机关。

(2)申请人就缔约对方征收的非所得税类税收提出相互协商申请的,负责与该税收相同或相似的国内税收征收的省级税务机关为受理申请的税务机关。

(3)国内没有征收相同或相似税收的,省国家税务局为受理申请的税务机关。

(4)申请人就非歧视待遇(无差别待遇)条款提出相互协商申请,且未构成我国税收居民的,个人户籍所在地、法人或其他组织设立地的省级税务机关为受理申请的税务机关。

6. 异议申请

(1)因申请人提交的信息不全等原因导致申请不具备启动相互协商程序条件的,省级税务机关可以要求申请人补充材料。申请人补充材料后仍不具备启动相互协商程序条件的,省级税务机关可以拒绝受理,并以书面形式告知申请人。

(2)申请人对省级税务机关拒绝受理的决定不服的,可在收到书面告知之日起15个工作日内向省级税务机关或国家税务总局提出异议申请。

(3)如申请人向省级税务机关提出异议申请,省级税务机关收到异议后,应在5个工作日内将申请人的材料,连同省级税务机关的意见和依据上报国家税务总局。

（4）国家税务总局收到省级税务机关上报的申请后，视情况在规定期限内分别做出补充材料、启动或者不予启动相互协商程序的处理。

7. 程序的终止

发生下列情形之一的，国家税务总局可以决定终止相互协商程序，并以书面形式告知省级税务机关，省级税务机关应告知申请人：（1）申请人故意隐瞒重要事实，或在提交的资料中弄虚作假的；（2）申请人拒绝提供税务机关要求的、与案件有关的必要资料的；（3）因各种原因，申请人与税务机关均无法取得必要的证据，导致相关事实或申请人立场无法被证明，相互协商程序无法继续进行的；（4）缔约对方主管当局单方拒绝或终止相互协商程序的；（5）其他导致相互协商程序无法进行，或相互协商程序无法达到预期目标的。

8. 申请撤回

在两国主管当局达成一致意见之前，申请人可以以书面方式撤回相互协商申请。

9. 协商结果通知

对于相互协商结果，国家税务总局应以书面形式告知受理申请的省级税务机关，省级税务机关应告知申请人。

申请人撤回申请或者拒绝接受缔约双方主管当局达成一致的相互协商结果的，税务机关不再受理基于同一事实和理由的申请。

10. 核查对方当局请求

（1）国家税务总局在收到缔约对方启动相互协商程序的函后，查清事实，决定是否同意启动相互协商程序，并书面回复对方。在作出是否同意启动相互协商程序决定前，认为需要征求相关省级税务机关意见的，可以将相关情况和要求告知省级税务机关，省级税务机关应在国家税务总局要求的时间内予以回复。

（2）国家税务总局决定启动相互协商程序后，如有必要，可将缔约对方主管当局提交的相互协商请求所涉及的案件基本情况、主要证据等以书面形式下达给相关省级税务机关，限定期限完成核查。

（3）接受任务的省级税务机关应组织专人对案件进行核查，并在国家税务总局要求的期限内将核查结果以公文形式上报国家税务总局。对复杂或重大的案件，不能在期限内完成核查的，应在核查期限截止日期前5个工作日内向国家税务总局提出延期申请，经国家税务总局同意后，上报核查结果的时间可适当延长，但延长时间不超过1个月。

（4）核查中需要补充材料或就某一事项作出进一步说明的，应及时向国家税务总局提出。国家税务总局同意向缔约对方主管当局提出补充要求的，等待对方回复的时间不计入核查时间。缔约对方主管当局在回复中改变立场，或提出新的请求的，核查时间重新计算。

11．税务机关主动向对方当局请求启动协商

（1）国家税务总局在发现过去相互协商达成一致的案件或事项存在错误，或有新情况需要变更处理等情况下，可以主动向缔约对方主管当局提出相互协商请求。

（2）省级以下税务机关认为有必要向缔约对方主管当局提起相互协商请求的，应层报国家税务总局。

12．达成协议的通知和执行

双方主管当局经过相互协商达成一致意见，需要涉案税务机关执行的，国家税务总局将结果以书面形式通知相关税务机关。相关税务机关的执行期限为自收到通知之日起3个月内，执行情况需报告国家税务总局。

根据税收协定，双方主管当局协商达成一致的协议应予执行，不受各缔约国国内法律的时间限制，且一般不规定执行的具体时限。但个别协定也规定了执行时限，如我国与土耳其的税收协定，规定协议应在1年内执行；与墨西哥的税收协定，规定协议应自应纳税之日或纳税申报之日起不超过10年内予以实施。如果该缔约国另一方国内法允许，时限可以延长。由此可见我国《税收协定相互协商程序实施办法》注重执行效率、维护我国国际税收公信力的立法意图。

13．其他重要事宜

（1）保密义务。各级税务机关应对缔约对方主管当局与相关纳税人、扣缴义务人、代理人等在相互协商程序中提供的资料保密。

（2）文本用语。申请人向省级税务机关提起相互协商程序申请的，填报或提交的资料应采用中文文本。相关资料原件为外文文本且税务机关根据有关规定要求翻译成中文文本的，申请人应按照税务机关的要求翻译成中文文本。

关于相互协商程序与国内法争议解决机制的关系问题，办法并未直接涉及，实质上将两者分离开来看待，不互为条件。也就是说，是否启动相互协商不以是否存在国内法救济手段为条件，国内法救济手段也并不倚赖于相互协商程序。同时，我国的税务机关也是不负责协助申请人启动缔约对方的国内法救济程序的。对此，我国对外所签税收协

定通常都规定申请相互协商程序可以不考虑各缔约国国内法律的补救办法，但与意大利的税收协定规定"相互协商程序不能取代国内诉讼程序，在任何情况下，应首先按国内诉讼程序提出诉讼"[①]。可理解为，中国和意大利各自国内诉讼程序可以对抗缔约对方提出的相互协商请求，成为两国税务主管当局间相互协商的前置程序。

我国《税收协定相互协商程序实施办法》为规范税务机关的相互协商工作、有效解决国际税务争议构建了比较完整的制度体系，对于税收协定执行工作是一个历史性的进步。从税收实务角度看，随着国际税务争议案件的积累，今后可在《税收协定相互协商程序实施办法》的基础上健全文书、完善流程，并建立相互协商案件统计评析制度。这一制度旨在发挥相互协商程序对税收协定和国内税法执行的影射作用，通过规范全国相关案件的统计，实施分类评析，发现我国国际税收管理领域相对集中的政策和征管问题，并定期在税务系统内发布或向有关部门反馈，促进国内法制定和执行工作水平的提高。

（四）补充性争议解决方式

相互协商程序并不要求缔约国一定要达成最终协议，缔约国只是有义务要尽量达成一致，所以经常会留有一些未解决的问题，这些问题会阻碍相互协商程序的有效运行。此外，由于相互协商程序是国家税务主管当局之间的对话，纳税人不一定能对协商发表陈述意见，协商的结果一般也不公开，且协商时双方税务当局除考虑具体案件外还要权衡个案结论对协定某些条款的先例性解释效应，因此协商常常不能完全达成一致意见。于是近年来又发展出一种补充性争议解决方式，作为相互协商未果时的补充机制。

补充性争议解决方式包括调解、咨询意见和仲裁，其中仲裁的运用相对广泛。仲裁程序旨在通过把相互协商不能解决的案件提交仲裁庭、法院或有关国家选任的独立仲裁员等，寻求争议的最终解决。仲裁又包括强制仲裁和自愿仲裁。大多数税收协定中规定的都是自愿仲裁，这种仲裁模式需要在争议发生后，由主管当局和纳税人达成将特定案件提交仲裁的协议。但也有的税收协定中规定了强制仲裁。欧盟的仲裁公约第七条规定，转让定价争议不能通过相互协商程序解决时必须提交仲裁。但是关于仲裁程序的具体方式和法律效力等问题目前各国仍在探讨中。

[①] 参见《中华人民共和国政府和意大利共和国政府关于对所得避免双重征税和防止偷漏税的协定议定书》第七条。

2007年，经合组织财政事务委员会批准了《改进税收协定争议解决方法》的报告，该报告最重要的特点是对相互协商程序条款引入了仲裁解决方法，确立了详细的国际税收仲裁适用规则，包括申请仲裁的条件及时间、国内救济与税收仲裁程序的关系、仲裁员的选择、情报的交流与保密、程序和证据规则、申请仲裁者的参与、后勤安排、费用承担、法律的适用、仲裁裁决的作出及执行等方面。

OECD范本（2010）的相互协商程序条款规定，在主管当局不能在两年内达成一项协议的情况下，根据提交该案的人的请求，未能解决的问题可以通过仲裁程序来解决。这种程序并不取决于主管当局事先的同意，一旦必需的程序性要求已经得到满足，阻碍达成相互协商决议的未获解决的问题必须提交仲裁。

OECD范本的仲裁程序不是一种选择性的或者附加性的救济程序。在主管当局已经达成一项协议且没有遗留任何关于协定适用的未决问题的情况下，就不存在可以提交仲裁的尚待解决的问题，即使提出相互协商程序请求的人不认为主管当局达成的协议恰当地解决了该案。因此，这种仲裁机制是相互协商程序的延伸，通过确保在主管当局不能就阻碍案件得到解决的一个或更多的问题达成决议的情况下，该案仍有可能通过仲裁的方式得以解决，以提高相互协商程序的效力。在通过仲裁程序处理阻碍协议达成的特定问题的同时，该案的解决可以继续通过相互协商程序完成。在这一点上，这种仲裁机制不同于其他形式的商事或政府与私人之间的仲裁，只是相互协商程序的一个组成部分，不构成解决协定适用争议的替代性办法。

UN范本（2011）第二十五条设计了两种可选择模式。第二种选择模式相比第一种，增加了关于强制仲裁的内容，规定当按照相互协商程序而使争议不能解决时，采取强制仲裁方式。可见，无论是2010年OECD范本还是2011年UN范本，都吸收了国际税收协调合作的最新成果，对仲裁机制作了表述，作为相互协商程序的有益补充。具体来看，联合国虽然已经开始引入仲裁机制，但其引入的方式相对和缓，仅仅是给世界各国、特别是发展中国家提供一个可选择的争议解决渠道。

我国目前所签税收协定中还没有仲裁程序的规定。从长远来看，随着世界经济深度融合，我国作为发展中国家第一大经济体，应充分考虑引入仲裁。但是，也不得不关注其可操作性问题，主要是我国国内税收法律法规尚不健全、可以担当国际税收争议仲裁的人才储备不足、争议处理成本高昂且在解决我国税收争议上的有效性不确定等。综合考虑我国税法现状及在世界经济领域话语权等因素，我国可以在时机成熟时，先从与发展中国家所签税收协定开始尝试引入仲裁机制,一方面有利于缔约国双方涉及国际税收争议的协调解决,另一方面也有助于积累实践经验。在此基础上再逐步与发达国家签订仲裁条款。

第六节 内地与香港、澳门间税收安排

一、税收安排签订的背景

按照"一国两制"的基本国策,香港、澳门两个特别行政区实行独立的税收制度,具有独特的税收地位。由于内地与香港、澳门税制存在较大差异,三地在行使各自税收管辖权的过程中会出现重复征税的问题,同时也会发生纳税人利用这种差异偷逃税的情况。

(一)港澳税制的相关规定及特点

香港、澳门的税收制度体现了"一国两制"的方针,税务上的一切事项均由特别行政区自行立法规定。根据《香港特别行政区基本法》第一百零六条和第一百零八条和《澳门特别行政区基本法》第一百零四条和第一百零六条,香港、澳门特别行政区保持财政独立,财政收入全部用于自身需要或自行支配,不上缴中央人民政府,中央人民政府不在香港、澳门特别行政区征税。香港、澳门特别行政区实行独立的税收制度,参照原来实行的低税政策,自行立法规定税种、税率、税收宽免和其他税务事项。

香港的经济发展主要凭借其优越的地理位置,依赖于进出口贸易、转口贸易以及为之提供的金融、商业方面的服务。与此相适应,香港的税制简单、征税面窄,投资者在香港进行投资经营将承担比其他国家和地区低的税收负担,这样的税制设计有利于吸引更多的投资者到香港进行投资或经营。香港行使单一来源地税收管辖权,即各种税收的征收仅限于来自香港地区的财产和收入。香港税务条例规定征收三种直接税,即利得税、薪俸税和物业税。[①] 其中,利得税税率在15%~17.5%之间浮动,课税对象为在港经营任何行业、专业或业务从而取得来源于香港的所有利润,纳税人不区分香港居民或

[①] 税务局所课征的税项指南2013~2014 [EB/OL]. http://www.ird.gov.hk/chs/ati/cai.htm.

非居民；薪俸税税率在2%～17%之间浮动，课税对象为在香港任职受雇、提供服务取得的收入及退休金。

澳门是亚洲国家和地区中税率最低的地区之一。澳门博彩业发达，各种税收中以专利税为财政收入的主要来源，其中博彩业专营税收入占专利税收入的比重很大，使得澳门能以低税自由港的模式运作。澳门也实行来源地税收管辖权原则，即仅对在其地区境内取得的所得和拥有的财产征税。澳门现行税制简单、税率低，以直接税为主，包括职业税、所得补充税、专利税（博彩专利税、跑狗专利税、回力球专利税、赛马车专利税、白鸽票专利税、电讯专利税、自来水专利税）、房屋税、营业税、军火税、遗产与赠与税、物业转移税。①

（二）税收安排的必要性及特点

由于内地与香港、澳门实行不同的税收管辖权，三地居民的税收待遇存在差异。香港、澳门实行单一的来源地税收管辖权，对在境内（地区内）产生或来源于境内（地区内）的所得均要征税，来源于境外（地区外）的所得则豁免征税，即香港、澳门居民从内地取得的所得只需按照内地税法纳税，一般不存在重复征税的问题。而内地实行来源地和居民双重税收管辖权，对其居民来源于境内和境外的所得都要征税，即内地居民从香港、澳门取得的所得既要在香港、澳门纳税，又要在内地纳税，存在重复征税的问题。

又由于内地与香港、澳门频繁的资金、劳务等经贸往来，某些业务活动的范围跨越内地和香港、澳门，所产生的整体利润并不容易清楚界定是来源于内地还是来源于香港、澳门，由此可能发生重复征税和偷漏税的情况。

香港、澳门回归后，中国对香港、澳门恢复行使主权，这种重复征税就不属于国际重复征税而应属于国内重复征税的性质。在"一国两制"的背景下，为维护纳税人的税收权益，促进香港、澳门与内地的经贸往来，1998年2月，内地与香港地区签订了《内地和香港特别行政区关于对所得避免双重征税和防止偷漏税的安排》，2006年8月对该安排进行了修订。2003年12月，内地与澳门地区签订了《内地和澳门特别行政区关于对所得避免双重征税和防止偷漏税的安排》。事实上，两个税收安排是运用国际税收

---

① 澳门特别行政区政府财政局网站，http://www.dsf.gov.mo；刘隆亨．中国内地及香港、澳门地区经贸关系的新发展及其税收协调［EB/OL］，http://article.chinalawinfo.com/article_print.asp?articleid=29785．

协定的规则,解决了同一国家不同地区重复征税和偷漏税的问题。

二、税收安排的主要内容

两个税收安排基本上依照税收协定范本的框架(内地和香港的安排主要参考 OECD 范本,内地和澳门的安排主要参考 UN 范本),同时结合内地和港澳的税制及其特别关系,对各自居民在对方开展经济活动涉及的所得征税问题进行了全面约定。两个安排与税收协定的框架和内容基本一致,本节不再赘述。

(一)两个税收安排涉及的税收权益

1. 消除双重征税和防止偷漏税

与税收协定一样,安排有两个重要目的,即消除纳税人在内地和港澳跨界活动可能出现的重复征税和可能发生的偷漏税。签订安排后,通过划分内地与港澳地区之间税收管辖权和运用税收抵免等消除所得双重征税的方法,为避免双重征税提供了制度保障,保护了纳税人的税收权益。同时,通过情报交换制度,防止利用港澳地区的低税率进行不具有合理商业目的的安排,保障跨境资本和劳务的合法、合理流动,维护了国家的税收权益。

2. 提供所得优惠待遇

与税收协定相同,安排也具有较国内法的优先适用地位,这些优惠待遇能够减轻内地和港澳地区居民经营活动的成本,提高国际竞争力。根据内地和香港的安排,如果香港居民的经营活动未在内地构成常设机构,则不负有在内地的纳税义务;香港居民企业或个人转让内地公司股份取得的收益,符合一定条件的,无须在内地缴税,如果有关收益不属营业收入或不是源自香港,在香港无须缴税;支付股息的公司是内地居民企业,则内地也有征税权,但税率仅为 10% 或 5%;香港居民个人在内地受雇,符合一定条件的,无须在内地履行纳税义务;香港居民企业在内地从事跨境海运、空运和陆运取得的收入和利润,在内地无须缴纳所得税和营业税。①

3. 建立涉税磋商机制

安排规定了内地与港澳主管当局的协商程序,为解决内地与港澳居民的涉税争议提

---

① 付瑶. 内地与香港避免双重征税安排的内容、成果与展望[J]. 国际税收:2013(2).

供了沟通渠道。内地签订与香港、澳门对所得避免双重征税的安排后，双方居民发生税务异议时，可以依据国家税务总局发布《税收协定相互协商程序实施办法》（国家税务总局公告2013年第56号）[①] 提出协商申请，以维护自身的合法利益。

（二）两个税收安排的主要差异

1. 居民的定义

内地和香港的安排对双方"居民"分别作了规定。在内地，是指按照内地法律，由于住所、居所、总机构所在地、实际管理机构所在地或者其他类似的标准，在内地负有纳税义务的人。在香港，是指通常居在香港特别行政区的个人；在某课税年度内逗留超过180天或在连续两个课税年度逗留超过300天的个人；在香港成立为法团的公司，或在香港特别行政区以外地区成立为法团而通常是在香港特别行政区进行管理或控制的公司；根据香港法律组成的其他人，或在香港以外组成而通常是在香港特别行政区进行管理或控制的其他人。

内地和澳门的安排对"居民"则作了统一规定，即"一方居民"是指按照该一方法律，由于住所、居所、总机构或实际管理机构所在地，或者其他类似的标准，在该一方负有纳税义务的人。

2. 适用的税种

内地和香港的安排规定，在内地，现行税种为个人所得税和企业所得税；在香港，现行税种为利得税、薪俸税、物业税。内地和澳门的安排规定，在内地，现行税种是个人所得税和企业所得税；在澳门，现行税种是职业税、所得补充税、凭单印花税和房屋税。

3. 预提税税率

内地和香港的安排规定，受益所有人直接拥有支付股息公司至少25%股份的，税率为股息总额的5%，其他情况为10%；利息的限制税率为7%；特许权使用费的限制税率为7%。内地和澳门的安排规定，股息的限制税率为10%；利息的限制税率银行或金融机构为7%，其他情况为10%；特许权使用费的限制税率为10%。

[①] 根据《国家税务总局关于印发〈中国居民（国民）申请启动税务相互协商程序暂行办法〉的通知》（国税发〔2005〕115号），中国居民（国民）在外国（地区）被重复征税、遭受歧视待遇或者对个别征税及税率存在异议，可以提出申请由中国主管当局与缔约对方主管当局协商解决。2013年，国家税务总局发布《税收协定相互协商程序实施办法》（国家税务总局公告2013年第56号），原仅适用于中国居民（国民）申请启动相互协商程序的案件扩大适用到缔约对方提请的相互协商案件和中国税务机关主动提请的相互协商案件。协商程序的适用范围限于和中国有税收协定或者税收安排的国家和地区，国税发〔2005〕115号同时废止。

三、税收安排的作用及适用

(一) 税收安排的作用

在实行独立的税收制度的前提下,香港、澳门可根据自身特点设计完善相关的税收制度,以保持特别行政区经济社会的繁荣和稳定。香港、澳门与内地地域紧密相连,三地经济联系密不可分,税收安排签订时充分考虑了内地与香港、澳门税收制度的差异,通过合理划分与协调税收管辖权,规范三地经贸合作,发挥三地经贸优势,促进三地经贸关系,使三地在经济社会发展中实现共赢。与目前中国和其他国家签订的避免双重征税的税收协定相比,内地与港澳安排规定的适用税率是亚太区中最低的,可以鼓励更多国际投资者通过港澳进入内地市场,有利于内地与港澳有关跨境融资安排、专用技术及专利权的转移等活动,提高区域的竞争力。特别是内地与香港的安排,其对双方的经贸促进作用突出体现在三个方面:

一是鼓励外来投资。香港居民企业和个人因投资内地企业取得的股息,被征收的预提税最高税率为10%,一定条件下可减至5%,这将鼓励更多香港居民及外来资金经由香港投资内地。

二是巩固国际金融中心地位。香港居民企业和个人取得来源于内地的利息收入,被征收的预提税最高税率仅为7%,这不但使香港投资者受惠,更有助于巩固香港作为国际金融中心的地位。

三是促进科技和文化交流与发展。香港居民企业和个人取得来源于内地的特许权使用费收入,被征收的预提税税率仅为7%,这有助于促进香港和内地在工商业、文化、艺术等各方面的创意发展。①

(二) 利用税收安排解决的特殊税收问题

内地与港澳在地理和行政等方面存在特殊关系,由此也产生了一些经贸活动引发的特殊问题,而安排的签订为解决这些问题提供了有效的法律依据。

一是受雇所得涉及的个人所得税问题。内地对工作期间采取任职期间原则(即在内地任职工作的期间包括所含的各种公休假日,无论该公休假日在何处度过),而香

---

① 周绍基. 香港内地避免双重征税港获税率80地区中最低 [EB/OL]. http://www.p5w.net/news/gatxw/200608/t480393.htm.

港对工作期间采取的是实际停留时间原则，两种处理原则的差异导致对部分人员的重复计税，对频繁往来于两地工作的香港居民来说问题尤为突出。《国家税务总局关于执行内地与港澳间税收安排涉及个人受雇所得有关问题的公告》（国家税务总局公告2012年第16号）对此作出了明确规定，即对在一地的"工作期间"双方采用相同的计算标准——实际停留期间的标准，改变了原规定中按任职期间为准的作法，解决了重复计税的问题。

二是居民受益所有人身份判定问题。国家税务总局关于认定税收协定中"受益所有人"的通知和公告，列出了不符合受益所有人身份的参考因素，但在具体执行中仍存在争议。而《国家税务总局关于湖北等省市国家税务局执行内地与香港税收安排股息条款涉及受益所有人案例的处理意见》（税总函〔2013〕165号）则对内地与香港居民纳税人的"受益所有人"身份判定给出了具体指导意见，使双方居民享受安排的优惠待遇的政策更便于执行和落实。

三是居民身份认定问题。符合香港居民身份是享受内地和香港安排的税收待遇的前提。根据安排的相关条款规定以及内地与香港税务主管当局间达成的共识，内地发布了《国家税务总局关于执行〈内地和香港特别行政区关于对所得避免双重征税和防止偷漏税的安排〉有关居民身份认定问题的公告》（国家税务总局公告2013年第53号），对香港居民身份的认定程序、香港税务局开具居民身份证明的程序、香港居民身份证明书的认定等作出具体规定，明确了香港居民申请享受安排待遇涉及的居民身份认定问题。

思 考 题

1. 简述国际税收法律关系的特征。
2. 简述税收管辖权的类型。
3. 简述消除国际重复征税的方法。
4. 简述避免双重征税协定的主要内容及对所得课税的协调。
5. 简述税收征管互助公约的主要内容及对中国的影响。
6. 简述国际税务争议解决机制的特殊性。
7. 简述内地与香港、澳门间税收安排解决的特殊税收问题。
8. 简述国际税法对国际税收工作的指导意义。

第六章　税收法律救济

税收法律救济是为受到税务机关侵害的合法权益提供的法律上的恢复和补救，是税收法律制度必不可少的重要组成部分。本章分税务行政调解、税务行政复议、税务行政诉讼和税务行政赔偿四个部分介绍税收法律救济。其中，税务行政调解和税务行政复议属于行政救济，税务行政诉讼属于司法救济。税务行政赔偿既表现在行政救济和司法救济中，但又相对独立，因此单列一节。本章注重法制理论和税收实践的结合，介绍了税务行政调解的理论和现状，提出了制度设计的思路；介绍了税务行政复议、税务行政诉讼和税务行政赔偿的概念、特征、原则和作用，分析了相互间的区别和联系，梳理和归纳了相关法律规定。

第一节 税务行政调解

税务行政调解具有灵活性、便捷性和及时性等突出优势，是一种以当事人自愿为基础的税收法律救济方式。税务行政调解在救济当事人合法权益方面发挥着日常性和基础性作用。

一、税务行政调解概述

（一）行政调解制度的社会背景

调解是一种自愿、灵活、便利地平息社会纷争的有效方式，它根植于中国的文化基础和社会土壤，是"和为贵"的价值理念的世代传承，具有成本低、效率高的优势，是中国社会争议解决体系的重要组成部分。

当前中国改革发展进入了关键时期，社会矛盾多发是这一时期的显著特点。如何及时有效化解社会矛盾，是各级政府高度关注的重要问题。由于调解在处理日常争议过程中具有很大的灵活性和高效性，最初被广泛应用于私法领域。随着人们法律意识不断增强，民主、平等、服务理念对公法领域的不断渗透，不少国家和地区将调解制度逐渐引入公法领域。目前，在中国调解制度主要有：司法调解、人民调解、行政调解。行政调解作为一种由行政机关主持或主导，以法律、法规和政策规定为依据，采取说服、劝导等方法，促使民事争议和行政争议各方当事人平等协商、互谅互让、达成协议、消除矛盾的争议解决机制，以其独有的"柔性之治"特点，在国内外行政实践中都备受青睐，被日益广泛地应用于刑事自诉、行政赔偿、劳动争议等各个领域。

（二）行政调解的行政法基础

行政调解依靠其坚实的理论和现实基础，独特的价值取向和职能优势，决定了其在争议解决领域的特殊地位。[1]

1. 行政调解符合现代行政法的精神

现代行政法的发展证明，行政权的作用不是万能的，它会因对方有形或无形的抵制

---

[1] 郭德泽. 行政调解制度研究[D]. 合肥：安徽大学，2011.

而大大降低功效。在一些行政领域应尽量避免强制性手段的应用,审慎运用行政命令、行政制裁、行政强制等手段,淡化权力色彩。行政调解对争议的处理采用调解而不是行政强制的方式,这充分尊重了争议当事人的权利主体地位,符合平等、民主、宽容等现代行政法的精神。①

2. 行政调解是创新社会管理方式的需要

现代社会单一的行政手段已不能满足行政职能的多样性,而行政手段的多样化必然要求创新社会管理方式。行政调解专业性、灵活性、便捷性的特点,为争议的顺利解决创造了条件,是创新社会管理方式的重要内容。

3. 行政调解是公民契约意识的体现

契约意识是法治社会中公民必备的最基本法律意识,契约意识反映了公民的自治精神,即公民有权选择解决争议的处理方式,行政调解强调当事人自愿达成协议,正是这种契约精神的体现。

(三)税务行政调解的现状

传统的税务争议解决途径主要包括税务行政复议、税务行政诉讼等,这些途径在实践中发挥了重大的作用。但随着现代法治理念的发展,由于税务行政复议、税务行政诉讼本身的复杂性、前置条件、办案时长等因素,纳税人还需要更加灵活的方式来方便、及时地维护自己的合法权益。而且,随着行政争议案件逐年增多,其利益化特点日益显著,缠诉现象比较突出,纳税人往往针对同一问题先后通过举报、投诉、复议、诉讼等多种途径主张权益。针对这些现状,行政调解以其灵活性、便捷性、专业性优势,在税务争议的解决机制中日益发挥着重要的作用。②

二、税务行政调解的概念及特征

(一)税务行政调解的概念

税务行政调解是指由税务调解机关主持或主导的,以法律、法规和政策规定为依据,以税务行政争议为对象,通过宣传、解释、说服和劝导等方法,促使各方当事人平等协

---

① 罗豪才,甘雱.行政法的"平衡"及"平衡"[J].中国法学,1996(4).
② 陈少英,许峰.税务争议替代性解决机制探析[J].北方法学,2008(5).

商、互谅互让、达成协议、消除矛盾的一种争议解决机制。税务行政调解不同于税务行政复议调解。税务行政调解主要由纳税人通过信访、投诉、举报等多种途径发起，它的程序更为灵活、简单，最终结果也不具有强制执行力；而税务行政复议调解是进入行政复议程序之后的调解，具有严格的办案程序，其最终决定具有强制执行力。

（二）税务行政调解的特征

1. 税务行政调解由税务机关主持

由税务机关主持是税务行政调解的主要特征，税法具有专业性和复杂性，纳税人往往以己方的利益为出发点对税法进行理解和判断，在双方经过协商均不能接受对方的观点时，中立部门的介入能够给争议双方带来一种相对中立的观点。居中主持调解的可以是上一级税务机关，也可以是本级税务机关，但应由争议部门之外的其他部门来具体开展调解工作。

2. 税务行政调解以争议当事人的自愿为前提

当事人合意解决争议是所有调解的基础。自愿的原则贯穿于整个税务行政调解的过程中，包括程序启动、规则适用、协议的达成、调解结果履行都应体现争议当事人的共同意愿。税务机关不得强制当事人进入调解程序，也不得强制当事人接受调解结果。

3. 税务行政调解不具备严格的程序性

行政调解是一种行政行为，是政府管理市场和社会的一种行政手段。税务行政调解更强调实体正义，不具备严格的程序性。这一点不同于其他的税收法律救济方式。税务行政调解的地点、方式、程序都无须遵循固定模式，当事人有自由选择的余地。这种程序上的灵活性使得调解与其他税收法律救济渠道相比更加及时、便捷、灵活，更有助于当事人达成一致的解决方案。[1]

4. 税务行政调解在效力上具有非强制性

税务调解之后达成双方合意大部分是口头的，重大案件也可以签订书面调解协议。无论是口头或书面调解协议均不具有法律上的强制执行力。调解协议达成后，主要靠当事人的承诺、信用和社会舆论等道德力量执行，一方或双方当事人反悔，则调解协议自动失效。[2] 一方当事人不履行调解协议时，对方也不能申请强制执行。同时，对调解结

---

[1] 滕双春. 行政调解制度研究[J]. 科教文汇，2007：179.
[2] 湛中乐等. 行政调解、和解制度研究[M]. 北京：法律出版社，2009：38.

果不服的还可以再申请仲裁或另行起诉。这与税务行政复议的调解有明显区别,进入复议程序后经调解而达成协议的,行政复议调解书经双方当事人签字后,即具有法律效力,可以强制执行。

三、税务行政调解的适用范围

税务行政调解的范围主要是涉税争议。涉税争议包括税务机关与公民、法人或者其他组织之间产生的各类行政争议。具体包括以下方面:

1. 不服税务抽象行政行为的争议

不服抽象行政行为是当事人对税务机关制定和颁布的有关税收征收和管理方面的具有普遍约束力的规范性文件存有争议。例如,随着社会经济的不断发展,滞后的税收规范性文件得不到及时调整,纳税人因是否征税、征多少税等问题产生涉税争议;由于税收实体法要素的不确定、不明确,造成征税、纳税、税务中介等各方的不同意见而引发涉税争议等情况。

2. 不服涉税具体行政行为的争议

不服涉税具体行政行为的争议是指当事人不服税务机关做出的针对特定人和事的具体行政行为所引起的争议。具体包括征税行为,行政许可、行政审批行为,发票管理行为,税收保全措施、强制执行措施,行政处罚行为,以及其他涉税具体行政行为。争议中有很大部分是因为税收行政裁量权使用不当产生的。

3. 不良税收行政行为产生的争议

主要是当事人对税务机关的服务态度、服务方式的不满,比如纳税人认为税务机关的行为拖延、粗暴等。当事人这种不满主要是为了发泄心中怒气,这种的情绪上的不满也应当设计有相应的解决机制。只有这样才能将争议全部纳入税收法律救济的渠道,用法律机制保证征纳双方关系和谐,避免当事人因无处投诉而采取极端措施。

四、税务行政调解的基本原则

1. 自愿原则

自愿原则是税务行政调解最基本的原则,税务机关、税务行政管理相对人和其他税务行政调解当事人,在税务行政调解中都应当尊重各方意愿,不得强迫当事人接受调解方式和调解结果。主持调解的税务机关在调解中只是以组织者的身份出现，是中间人，其意愿和行为不具有强制性，不能在当事人拒绝接受调解时强制进行，这是行政调解行为与其他绝大部分行政行为的区别之一。

2. 合法原则

合法性原则是税务争议调解的核心和灵魂。税务行政调解必须在法律、法规和规章的框架下进行；调解必须遵循法律、法规、规章和规范性文件，不得损害国家利益、公共利益和他人合法权益；税务行政调解不得以税务机关处分或放弃税务行政管理权为前提，更不能超越税务机关的法定职权。

3. 公平公正原则

平等和正义是行政调解的核心价值，调解的最终目的是平息争议，实现社会正义。税务行政调解应当兼顾各方当事人的合法权益，体现公平正义，争议双方的地位是平等的，双方应平等协商处理利益争议；在调解过程中，双方的机会也是平等的，争议双方的主张和请求都应得到平等的对待。

4. 注重效果原则

注重效果原则要求调解不但要注重效率，更注重涉税争议的彻底解决和社会效果。一方面，税务机关对于职权范围内发生的争议，应当依法及时予以化解，避免矛盾激化。另一方面，税务机关在调解过程中应当注意调解的方法、方式，灵活应对，努力使矛盾及早解决，实现定纷止争、案结事了的社会效果和法律价值。

五、税务行政调解的程序

当前税务行政调解并没有可以普遍遵循的程序规则，影响了调解的公信力和效果。所以，制定具有普遍指导意义的程序规则来指导税务行政调解，具有重要的现实意义。我们认为，税务行政调解的程序应当包括以下方面：

（一）税务行政调解的启动

税务行政调解以当事人自愿为基础，税务行政调解是否启动主要由当事人自主决定。[1] 税务行政调解因发生涉税争议的纳税人、扣缴义务人等涉税当事人申请而启动。

---

[1] 金艳. 行政调解的制度设计[J]. 行政法学研究，2005（2）.

税务行政调解的申请程序应当具有两个特点：一是申请程序应当相对简单，方便当事人提出；二是申请程序设置应兼顾严肃性和灵活性，充分发挥税务行政调解的优势。按照这两项标准，税务行政调解的启动可以分为简易模式和一般模式。对于普通事项，适用简易模式，由当事人口头申请即可。对于重大、复杂的事项，例如关系重大权益，或具有较大社会影响的争议，适用一般模式，由当事人递交调解申请启动税务行政调解。

（二）税务行政调解的实施

税务行政调解主要包括以下环节：

1. 调查

税务机关受理争议后，除情节简单、事实清楚，可以即时进行调解外，一般均应作周详的调查工作，查明争议的起因过程，收集必要的证据，分清是非、划清责任。

2. 拟定调解方案

税务机关在调查清楚后，要拟定调解的方案，包括确定调解的主持人员，调解的方法和重点、难点，解决问题的基本意见等，然后将这些内容通知当事人，让当事人知晓。与争议的双方有利害关系的人员，应当回避。

3. 实施调解

在调查的基础上，依据调解方案进行的，税务机关通过说服、教育、劝导的方式、方法，使双方当事人认识一致或接近一致。实施调解是整个调解活动中最关键的一环，它关系到调解是否进入最终程序。如果调解不成，调解程序就此终结，只能谋求其他税收法律救济途径解决问题。

（三）税务行政调解的结案

税务行政调解的结案可以分为简易模式和一般模式。对于简单事项，由当事人口头达成一致即可结案。对于重大、复杂的事项，当事人达成一致的，税务行政调解机关应当制作调解协议并经各方当事人共同签字后执行。在签字生效前调解机关负有告知义务，应明确告知当事人签字的效力。调解书应当载明请求、实施、理由和调解结果。调解未达成协议的，调解机关应当制作调解终结书送交各方当事人。行政调解应遵循及时的原则，防止出现久调不决、拖而不调等妨害当事人权利的情形。对于确实达不成调解协议的，行政调解机关应及时终结调解。

六、税务行政调解的发展

（一）税务行政调解的价值

税务行政调解以其特有的优势，在解决税务争议方面，发挥着日益重要的作用。首先，税务行政调解有助于转变政府职能。调解强化了协调，弱化了管理，体现了政府的服务理念，有助于税务机关进一步建立与人民群众之间的融洽、协调、信赖的关系。同时，调解的过程也是纳税人对税务机关的监督过程，进一步促进税务机关依法行政。其次，税务行政调解有利于实现征纳之间的和谐。税务行政调解尊重当事人，以当事人参与为其必要条件，既有利于当事人了解法律，也有利于减少以后的执法成本。而且，通过双方平等参与而达成的调解协议，当事人会更易于遵守，税款缴纳会得到更有效的保障。再次，税务行政调解有助于提高当事人的权利意识。税务行政调解建立在当事人自愿和意思自治的基础上，税务机关始终是合意的促进者而不是决定者。[①] 调解体现的这种意思自治，对当事人的保护和尊重，是现代法治社会公民意识的主要内容。

（二）现阶段税务行政调解的主要问题

税务行政调解在解决税务争议方面有着很强的优势，但在实践中，一些问题制约着税务行政调解的开展。其中，税务行政调解工作的法律体系不健全，是调解工作面临的首要难题。目前，中国还没有一部专门的行政调解法，行政调解的相关规定散见于多个领域的单行法律法规中，较为分散。这容易导致不同部门颁布的规定之间存在不统一，甚至出现相互冲突抵触的现象。税务行政调解的现状同样如此，目前对于税务机关开展行政调解，尚没有明确的法律依据。基于对纳税人和其他涉税当事人合法利益保护的需要，也是对调解机关工作效率的考虑，税务行政调解工作急需进一步规范和细化。

（三）税务行政调解的发展趋势

近年来，各级行政机关一直对行政调解进行着积极的探索与实践。2007 年《行政

[①] 许玉镇，李洪明．在调解中寻求平衡——试论当代中国的行政调解［J］．政府与法治，2003（1）.

复议法实施条例》首次明确规定复议调解制度，使调解在行政复议中的运用得以合法化。国家税务总局出台《税务行政复议规则》（国家税务总局令第 21 号）对税务行政复议调解的范围、规则、程序等做出了规定，这些都为税务行政调解提供了很好的借鉴。2007 年，北京市海淀区政府法制办成立了全国首家行政争议调处中心，开创了中国运用调解方式解决行政争议的先河。2010 年 11 月国务院发布的《国务院关于加强法治政府建设的意见》指出："要把行政调解作为地方各级人民政府和有关部门的重要职责，建立由地方各级人民政府负总责、政府法制机构牵头、各职能部门为主体的行政调解工作体制，充分发挥行政机关在化解行政争议和民事争议中的作用。"以北京市地方税务系统为例，2013 年成功调解 48 起案件，开展调解超过百起，相比同期行政复议案件 15 起，行政应诉 38 起，税务行政调解数量优势明显。与税务行政复议和应诉这样的税收法律救济方式相比，税务行政调解在适用范围上的广泛性、解决争议的灵活性和便捷性方面体现了明显的优势。可以预见，随着社会经济发展和民主法制的不断加强，运用调解方式解决涉税争议将成为日常性的税收法律救济方式。

第二节 税务行政复议

税务行政复议具有便民、及时和专业性强等突出优势，是重要的税收法律救济手段，也是解决涉税争议的主渠道。

一、税务行政复议概述

（一）税务行政复议的概念

税务行政复议是公民、法人和其他组织认为税务机关的具体行政行为侵犯其合法权益而依法提出审查申请，由税务机关的上一级税务机关对该具体行政行为的合法性和适当性进行审查并作出判定的行政活动。[1]

---

[1] 按照《行政复议法》的规定，对税务机关的具体行政行为不服，可以向上一级税务机关提出复议申请，也可以向人民政府提出复议申请，但本节所称税务行政复议专指由上一级税务机关依申请开展的行政复议。

（二）税务行政复议的作用

税务行政复议有以下作用：一是保护公民、法人和其他组织的合法权益，实现对当事人的法律救济。"无救济则无权利"，当事人的合法权益如果没有配套的救济制度，权益将难以实现。税务机关作为重要的执法主体，在行使职权和履行职责过程中，有可能因违法、不当行政而侵害当事人合法权益。税务行政复议作为税收法律救济的重要手段，旨在及时、便捷地救济当事人的合法权益。二是防止和纠正税务机关违法或不当的行政行为，监督和保障税务机关依法行使职权。税务行政复议通过在税务机关内部再次审查具体行政行为，以较小的行政成本最大限度地在系统内部纠正错误，弥补漏洞，推动税务机关依法行政。三是解决涉税行政争议，化解社会矛盾，维护良好的税收秩序。社会转型期各种矛盾多发，税务行政复议一方面依法厘清当事人的权利义务关系，定分止争，另一方面通过和解、调解等方式化解矛盾，调节双方关系，促进社会和谐稳定。

（三）税务行政复议的法律特征

1. 税务行政复议以涉税争议为前提

具体包含以下几层含义：一是税务行政复议所解决的争议发生在税务机关行使职权、履行职责过程中。二是税务行政复议是依申请的活动，而不是由税务机关依职权启动的。没有当事人申请，就没有税务行政复议。三是税务行政复议的申请人是认为税务机关的具体行政行为侵犯其合法权益的公民、法人或其他组织。税务行政复议的申请人与具体行政行为之间应该具有法律上的利害关系，因此，申请人既包括与税务机关的行政执法直接指向的税务行政相对人（纳税人、扣缴义务人、纳税担保人、税务代理人等），也包括不属于税务行政相对人，但与具体行政行为之间存在利害关系的其他公民、法人和组织，例如政府信息公开申请人、税收违法案件举报人等。近年来，随着社会法治意识的提升，不属于税务行政相对人的公民、法人和其他组织在税务行政复议申请人中所占比例不断提高。

2. 税务行政复议是一种准司法的税务行政活动

税务行政复议的准司法性质表现为：首先，税务行政复议因涉税行政争议而发生，解决争议的税务行政复议机关通常是作出具体行政行为的税务机关的上一级税务机关，相对于当事人双方具有独立性，其地位类似于人民法院在审判活动中的独立地位。其次，税务行政复议是一种审查和认定活动，税务行政复议机关在中立立场上，对双方的争议进行依法判定。再次，税务行政复议程序类似于司法程序，其提起条件、复议管辖、受理程序、审理期限、办案流程等均有严格规范的法律规定。但是，税务行政复议本质上仍然是一种行政活动，是税务机关开展层级监督和履行权益救济职责的一部分，这是税务行政复议与税务行政诉讼最根本的区别。

3. 税务行政复议以税务机关的具体行政行为为客体

具体行政行为是指行政机关或法律法规授权的组织、行政机关依法委托的组织行使行政职权，针对特定的公民、法人或者其他组织，就特定的具体事项，作出的有关该公民、法人或者其他组织权利义务的单方行为。与具体行政行为相对应的概念是抽象行政行为，指行政机关或法律法规授权的组织、行政机关依法委托的组织行使行政职权，针对不特定对象，所作出的有关不特定对象权利义务并能反复适用的单方行为。作为具体行政行为依据的抽象行政行为只有在该具体行政行为被提起行政复议审查时，才能被提起合法性审查。具体到税务行政复议，只有税务机关的具体行政行为可以成为税务行政复议的客体，例如征税行为、发票管理行为等。但并非只有税务行政执法行为才是税务行政复议的客体，税务机关履行其他法定职责所作出的具体行政行为，例如政府信息公开行为等，也是税务行政复议的客体。税务行政复议对具体行政行为的合法性和适当性进行审查并作出判定。

（四）税务行政复议的原则

《行政复议法》第四条规定："行政复议机关履行行政复议职责，应当遵循合法、公正、公开、及时、便民的原则。"以上法定原则也是税务行政复议应当遵循的。

1. 合法原则

合法原则是指税务行政复议机关必须严格按照法律规定开展行政复议活动。合法原则是行政复议的首要原则，有以下三层含义：

一是主体合法，税务行政复议机关应是依法成立具有法定行政复议权限，并对案件依法享有管辖权的税务机关。二是依据合法，税务行政复议机关审理行政复议案件应依据法律规定。三是程序合法，税务行政复议机关严格按照法律规定的时限、条件、流程等开展行政复议。目前规范税务行政复议程序的法律依据包括《行政复议法》及其实施条例、《税收征收管理法》及其实施细则、《税务行政复议规则》。

2. 公正原则

公正原则是指税务行政复议机关在办案时应当合理不偏袒。公正原则有以下几层含义：一是税务行政复议机关应当公正地对待双方当事人，不能偏袒任何一方。二是税务行政复议机关应当保障申请人充分表达其意见。三是税务行政复议机关在办案中应尽可能查明涉案事实，准确判定案件性质。四是税务行政复议机关不但要对具体行政行为的合法性进行审查，也要对其适当性进行审查。五是税务行政复议机关应当正当、合理地行使其行政复议裁量权。

3. 公开原则

公开原则是指税务行政复议机关在行政复议过程中，除涉及国家秘密、商业秘密和个人隐私外，应将整个行政复议过程、信息和结果向当事人公开。具体表现为：行政复议程序公开，调查取证公开，作出具体行政行为的证据、依据和其他有关材料公开，被申请人答复公开，听证公开等。

4. 及时原则

及时原则是指税务行政复议机关应在法定期限内尽可能提高办案效率，缩短办案时间。及时原则是行政复议相比其他法律救济方式的优势所在。从分时限来看，受理、转送、办案、答复、决定等各环节都有严格的时限要求；从总时限来看，税务行政复议机关应在案件受理之日起60日内作出行政复议决定，与税务行政诉讼相比，审理期限缩短了三分之一。

5. 便民原则

便民原则是指税务行政复议机关在办案中应尽量方便申请人，减少申请人的负担，最大限度节约其成本，更好地体现法律救济效益。便民原则同样是税务行政复议相比税务行政诉讼的突出优势所在，主要表现为申请人可以口头方式申请行政复议。

二、税务行政复议的参加人

税务行政复议的参加人是指依法参加税务行政复议过程，享有相应权利，承担相应义务的公民、法人或其他组织，包括申请人、被申请人、第三人和代理人。

(一)税务行政复议申请人

税务行政复议申请人是指认为税务机关的具体行政行为侵害其合法权益而提请审查该行为的当事人,包括公民、法人和其他组织三种类型。同一行政复议案件申请人超过5人的,应当推选1~5名代表参加行政复议。关于税务行政复议申请人的具体规定如下:

1. 公民

有权申请行政复议的公民死亡的,其近亲属可以申请行政复议;有权申请行政复议的公民为无行为能力人或者限制行为能力人的,其法定代理人可以代理申请行政复议。

2. 法人

股份制企业的股东大会、股东代表大会、董事会认为税务具体行政行为侵犯企业合法权益的,可以以企业的名义申请行政复议。有权申请行政复议的法人或者其他组织发生合并、分立或终止的,承受其权利义务的法人或者其他组织可以申请行政复议。

3. 其他组织

合伙企业申请行政复议的,应当以工商行政管理机关核准登记的企业为申请人,由执行合伙事务的合伙人代表该企业参加行政复议;其他合伙组织申请行政复议的,由合伙人共同申请行政复议。不具备法人资格的其他组织申请行政复议的,由该组织的主要负责人代表该组织参加行政复议;没有主要负责人的,由共同推选的其他成员代表该组织参加行政复议。

(二)税务行政复议被申请人

税务行政复议被申请人是指作出的具体行政行为被提请复议审查的税务机关,包括各级税务局、税务分局、稽查局和税务所。

在特殊情形下按照以下规定具体确定税务行政复议被申请人:一是申请人对扣缴义务人的扣缴税款行为不服的,主管该扣缴义务人的税务机关为被申请人。二是对税务机关委托的单位和个人的代征行为不服的,委托税务机关为被申请人。三是税务机关与法律、法规授权的组织以共同名义作出具体行政行为的,税务机关和法律、法规授权的组织为共同被申请人。四是税务机关与其他组织以共同名义作出具体行政行为的,税务机关为被申请人。五是税务机关依照法律、法规和规章规定,经上级税务机关批准作出具体行政行为的,批准机关为被申请人。六是申请人对经重大税务案件审理程序作出的决定不服的,审理委员会所在税务机关为被申请人。七是税务机关设立的派出机构、内设机构或者其他组织,未经法律、法规授权,以自己名义对外作出具体行政行为的,税务机关为被申请人。

(三)税务行政复议第三人

税务行政复议第三人是指行政复议期间,与被审查的具体行政行为有利害关系,主动提出申请或被通知参加行政复议的公民、法人或其他组织。行政复议期间,行政复议机关认为申请人以外的公民、法人或者其他组织与被审查的具体行政行为有利害关系的,可以通知其作为第三人参加行政复议。第三人不参加行政复议,不影响行政复议案件的审理。与被审查的具体行政行为有利害关系的公民、法人或其他组织也可以主动向行政复议机关申请作为第三人参加行政复议。

(四)税务行政复议代理人

税务行政复议代理人,是指受申请人、被申请人或第三人委托,代为参加税务行政复议的人。申请人、第三人可以委托1~2名代理人参加行政复议。被申请人不得委托本机关以外人员参加行政复议。

三、税务行政复议的程序

(一)税务行政复议的受案范围

行政复议机关受理申请人对税务机关下列具体行政行为不服提出的行政复议申请:征税行为、税务行政许可和审批、税收行政强制、税务行政处罚、其他税收管理行为(包括发票管理、资格认定、纳税信用等级评定、通知出入境管理机关阻止出境)、税务行政不作为(包括不颁发税务登记证、不开具或出具完税凭证和外出经营活动税收管理证明、不予行政赔偿、不予行政奖励、不予确认纳税担保和其他不依法履行职责的行为)、政府信息公开工作中的具体行政行为和其他涉税具体行政行为。

此外,申请人认为税务机关的具体行政行为所依据的规定不合法,对具体行政行为申请行政复议时,可以一并向行政复议机关提出对有关规定的审查申请,也可在行政复议机关作出行政复议决定以前提出对该规定的审查申请。

从上述规定可知，现行税务行政复议制度不允许申请人对抽象行政行为单独提起行政复议申请。因此，税务行政复议难以直接纠正违法、不当的税收规范性文件，不利于更为积极和全面地救济当事人的合法权益。我们认为，将抽象行政行为普遍地纳入税务行政复议的审查范围应是法治进步的方向。

（二）税务行政复议的管辖

税务行政复议的管辖遵循便于申请人申请行政复议、便于税务行政复议机关审理案件和合理分工的原则来确定。

1. 一般规定

对各级国家税务局的具体行政行为不服的，向其上一级国家税务局申请行政复议。对各级地方税务局的具体行政行为不服的，可以选择向其上一级地方税务局或者该税务局的本级人民政府申请行政复议。省、自治区、直辖市人民代表大会及其常务委员会、人民政府对地方税务局的行政复议管辖另有规定的，从其规定。对国家税务总局的具体行政行为不服的，向国家税务总局申请行政复议。

2. 特殊情形下的补充规定

一是对计划单列市税务局的具体行政行为不服的，向省税务局申请行政复议。二是对税务所（分局）、各级税务局的稽查局的具体行政行为不服的，向其所属税务局或该税务局的本级人民政府申请行政复议。三是对两个以上税务机关共同作出的具体行政行为不服的，向共同上一级税务机关申请行政复议。四是对税务机关与其他行政机关共同作出的具体行政行为不服的，向其共同上一级行政机关申请行政复议。五是对被撤销的税务机关在撤销以前所作出的具体行政行为不服的，向继续行使其职权的税务机关的上一级税务机关申请行政复议。六是对税务机关作出逾期不缴纳罚款加处罚款的决定不服的，向作出行政处罚决定的税务机关申请行政复议，但是对已处罚款和加处罚款都不服的，一并向作出行政处罚决定的税务机关的上一级税务机关申请行政复议。

有上述二、三、四、五、六所述情形之一的，申请人也可以向具体行政行为发生地的县级人民政府提交行政复议申请，由其依法进行转送，以方便申请人在具体行政行为发生地直接提交行政复议申请。

（三）税务行政复议的申请

1. 申请期限

申请人可以在知道税务机关作出具体行政行为之日起60日内提出行政复议申请。因不可抗力或者被申请人设置障碍等原因耽误法定申请期限的，申请期限的计算应当扣除被耽误时间。行政复议申请期限的计算，依照下列规定办理：

（1）当场作出具体行政行为的，自具体行政行为作出之日起计算。

（2）载明具体行政行为的法律文书直接送达的，自受送达人签收之日起计算。

（3）载明具体行政行为的法律文书邮寄送达的，自受送达人在邮件签收单上签收之日起计算；没有邮件签收单的，自受送达人在送达回执上签名之日起计算。

（4）具体行政行为依法通过公告形式告知受送达人的，自公告规定的期限届满之日起计算。

（5）税务机关作出具体行政行为时未告知申请人，事后补充告知的，自该申请人收到税务机关补充告知的通知之日起计算。

（6）被申请人能够证明申请人知道具体行政行为的，自证据材料证明其知道具体行政行为之日起计算。

（7）申请人依法申请税务机关履行法定职责，税务机关未履行的，行政复议申请期限自履行期限届满之日起计算，没有履行期限规定的，自税务机关收到申请满60日起计算。

2. 特别申请条件

申请人对税务机关的征税行为不服申请行政复议的，必须依照税务机关根据法律、法规确定的税额、期限，先行缴纳或者解缴税款和滞纳金，或者提供相应的担保，才可以在缴清税款和滞纳金以后或者担保得到税务机关确认之日起60日内提出行政复议申请。征税行为包括：确认纳税主体、征税对象、征税范围、减税、免税、退税、抵扣税款、适用税率、计税依据、纳税环节、纳税期限、纳税地点和税款征收方式等具体行政行为，征收税款、加收滞纳金，扣缴义务人、受税务机关委托的单位和个人作出的代扣代缴、代收代缴、代征行为等。

申请人对税务机关作出逾期不缴纳罚款加处罚款的决定不服的，应当先缴纳罚款和加处罚款，再申请行政复议。

从上述规定可知，特别申请条件限制了不能缴纳税款、罚款、加处罚款或提供相应担保的当事人获得税收法律救济的权利，不利于当事人合法权益的保护。我们认为，在下一步改革进程中，应当减少乃至取消税务行政复议的特别申请条件。

3. 申请方式

申请人可以采取口头和书面两种方式申请行政复议。申请人口头申请行政复议的，行政复议机关应当当场记录申请人的基本情况、行政复议请求、申请行政复议的主要事实、理由和时间。申请人书面申请行政复议可以采取当面递交、邮寄或者传真等方式提出。有条件的行政复议机关可以接受以电子邮件形式提出的行政复议申请。

4. 申请材料

在税务行政复议中，举证责任归于被申请人。只有在下列情形中，申请人应当提供证明材料：认为被申请人不履行法定职责的，提供要求被申请人履行法定职责而被申请人未履行的证明材料；申请行政复议时一并提出行政赔偿请求的，提供受具体行政行为侵害而造成损害的证明材料；法律、法规规定需要申请人提供证据材料的其他情形。

（四）税务行政复议的受理审查

税务行政复议机关收到复议申请以后，应当在5日内审查，根据情况作出如下处理：

1. 受理

复议申请符合受理条件的，自税务行政复议机关收到申请之日起即为受理。行政复议的受理条件如下：属于行政复议受案范围；在法定申请期限内提出；有明确的申请人和符合规定的被申请人；申请人与具体行政行为有利害关系；有具体的行政复议请求和理由；符合对征税行为和加处罚款行为不服提起申请的特别申请条件；属于收到行政复议申请的税务机关的职责范围；其他行政复议机关尚未受理同一行政复议申请，人民法院尚未受理同一主体就同一事实提起的行政诉讼。

受理复议申请应书面告知申请人，并于受理之日起7日内，将行政复议申请书副本或者行政复议申请笔录复印件发送被申请人。

2. 不予受理

对不符合上述受理条件的复议申请，决定不予受理，并书面告知申请人。其中，对不属于本机关受理的复议申请，应当告知申请人有管辖权的行政复议机关。

3. 通知补正

复议申请材料不齐全、表述不清楚的，行政复议机构[①]应当自收到该行政复议申请之日起 5 日内书面通知申请人补正。补正通知应当载明需要补正的事项和合理的补正期限。无正当理由逾期不补正的，视为申请人放弃行政复议申请。补正申请材料所用时间不计入行政复议审理期限。

（五）税务行政复议申请的答复

被申请人应当自收到申请书副本或者申请笔录复印件之日起 10 日内提出书面答复，并提交当初作出具体行政行为的证据、依据和其他有关材料。对国家税务总局的具体行政行为不服申请行政复议的案件，由原承办具体行政行为的相关机构向行政复议机构提出书面答复，并提交当初作出具体行政行为的证据、依据和其他有关材料。

（六）税务行政复议的审查

行政复议机关应当全面审查被申请人的具体行政行为所依据的事实证据、法律程序、法律依据和设定的权利义务内容的合法性、适当性。

1. 审查方式

行政复议原则上采用书面审查的办法，但是申请人提出要求或者行政复议机构认为有必要时，应当听取申请人、被申请人和第三人的意见，并可以向有关组织和人员调查了解情况。对重大、复杂的案件，申请人提出要求或者行政复议机构认为必要时，可以采取听证的方式审理。

2. 承办人员

行政复议机构审理行政复议案件，应当由 2 名以上行政复议工作人员参加。

3. 对抽象行政行为的审查

申请人在申请行政复议时一并提出对有关规定的审查申请的，行政复议机关对该规定有权处理的，应当在 30 日内依法处理；无权处理的，应当在 7 日内按照法定程序逐级转送有权处理的行政机关依法处理，有权处理的行政机关应当在 60 日内依法处理。申请人未提出对规定的审查申请，但行政复议机关认为具体行政行为依据不合法，本机

[①] 行政复议机构，是指有行政复议权的行政机关内部设立的一种专门负责行政复议案件的受理、审查和裁决工作的办事机构。

关有权处理的，应当在 30 日内依法处理；无权处理的，应当在 7 日内按照法定程序逐级转送有权处理的行政机关依法处理。

（七）税务行政复议的中止和终止

1. 税务行政复议中止

税务行政复议中止是指因法定事由，税务行政复议程序依法暂时停止，待法定事由消除后再继续复议程序的情形。税务行政复议中止的法定事由包括：作为申请人的公民死亡，其近亲属尚未确定是否参加行政复议的；作为申请人的公民丧失参加行政复议的能力，尚未确定法定代理人是否参加行政复议的；作为申请人的法人或者其他组织终止，尚未确定权利义务承受人的；作为申请人的公民下落不明或者被宣告失踪的；申请人、被申请人因不可抗力，不能参加行政复议的；行政复议机关因不可抗力原因暂时不能履行工作职责的；案件涉及法律适用问题，需要有权机关作出解释或者确认的；案件审理需要以其他案件的审理结果为依据，而其他案件尚未审结的；抽象行政行为进入审查的；其他需要中止行政复议的事由。

2. 税务行政复议终止

税务行政复议终止是指因法定事由，税务行政复议程序依法终结的情形。税务行政复议终止的法定事由包括：申请人要求撤回行政复议申请，行政复议机构准予撤回的；作为申请人的公民死亡，没有近亲属，或者其近亲属放弃行政复议权利的；作为申请人的法人或者其他组织终止，其权利义务的承受人放弃行政复议权利的；申请人与被申请人经行政复议机构准许达成和解的；行政复议申请受理以后，发现其他行政复议机关已经先于本机关受理，或者人民法院已经受理起诉的；因公民死亡或法人、其他组织终止，以及公民丧失参加行政复议能力而中止行政复议满 60 日，行政复议中止的原因未消除的。

（八）税务行政复议的和解与调解

税务行政复议的和解与调解只适用于对存在合理性问题的具体行政行为进行审查的行政复议案件，例如，税务机关行使行政裁量权作出的行政赔偿、行政奖励等。按照自愿、合法的原则，申请人和被申请人在行政复议机关作出行政复议决定以前可以自行达成和解，行政复议机关也可以居中进行调解。

申请人和被申请人自行达成和解的，应当向行政复议机构提交书面和解协议。和解内容不损害社会公共利益和他人合法权益的，行政复议机构应当准许。经行政复议机构准许和解终止行政复议的，申请人不得以同一事实和理由再次申请行政复议。

行政复议机关居中进行调解的，应当遵循客观、公正和合理原则，在查明案件事实和不损害社会公共利益和他人合法权益的基础上，尊重申请人和被申请人的意愿进行调解。行政复议机关进行调解，要征得申请人和被申请人同意，认真听取申请人和被申请人的意见，提出调解方案，帮助双方达成调解协议，制作税务行政复议调解书。税务行政复议调解书应当载明税务行政复议请求、事实、理由和调解结果。税务行政复议调解书经双方当事人签字，即具有法律效力。调解未达成协议，或者税务行政复议调解书不生效的，行政复议机关应当及时作出税务行政复议决定。申请人不履行税务行政复议调解书的，由被申请人依法强制执行。

（九）税务行政复议的决定

税务行政复议机关应当自受理申请之日起60日内作出税务行政复议决定，情况复杂的可以延期，延期最长不超过30日。行政复议机构应当对被申请人的具体行政行为提出审查意见，经行政复议机关负责人批准，按照下列规定作出税务行政复议决定：

（1）具体行政行为认定事实清楚，证据确凿，适用依据正确，程序合法，内容适当的，决定维持。

（2）被申请人不履行法定职责的，决定其在一定期限内履行。

（3）具体行政行为有下列情形之一的，决定撤销或者确认该具体行政行为违法，可以责令被申请人在一定期限内重新作出具体行政行为：一是主要事实不清、证据不足的；二是适用依据错误的；三是违反法定程序的；四是超越职权或者滥用职权的；五是被申请人未依法提出书面答复，或未提交当初作出具体行政行为的证据、依据和其他有关材料的。

（4）具体行政行为有下列情形之一的，可以决定变更：一是认定事实清楚，证据确凿，程序合法，但是明显不当或者适用依据错误的。二是认定事实不清，证据不足，但是经行政复议机关审理查明事实清楚，证据确凿的。

（5）具体行政行为有下列情形之一的，决定驳回行政复议申请：一是申请人认为税务机关不履行法定职责申请行政复议，行政复议机关受理以后发现该税务机关没有相应法定职责或者在受理以前已经履行法定职责的。二是受理行政复议申请后,发现该行政复议申请不符合受理条件的。

(十)税务行政复议决定的履行

税务行政复议决定送达双方当事人后,申请人对决定不服的,可以在15日内向人民法院提起行政诉讼。对国家税务总局的具体行政行为不服向其申请行政复议,对行政复议决定仍然不服的,申请人可以向人民法院提起行政诉讼,也可以向国务院申请最终裁决。

申请人逾期不提起行政诉讼或最终裁决的,税务行政复议决定生效并具有强制执行力,申请人和被申请人都必须依法履行。

申请人、第三人逾期不起诉又不履行行政复议决定的,按照下列规定分别处理:一是维持具体行政行为的税务行政复议决定,由作出具体行政行为的税务机关依法强制执行。二是变更具体行政行为的税务行政复议决定,由行政复议机关依法强制执行。

被申请人不履行、无正当理由拖延履行行政复议决定的,行政复议机关或者有关上级税务机关应当责令其限期履行。行政复议机关责令被申请人重新作出具体行政行为的,被申请人应当在60日内重新作出具体行政行为;情况复杂,不能在规定期限内重新作出具体行政行为的,经行政复议机关批准,可以适当延期,但是延期不得超过30日。被申请人不得以同一事实和理由作出与原具体行政行为相同或者基本相同的具体行政行为;但是行政复议机关以原具体行政行为违反法定程序决定撤销的,被申请人重新作出具体行政行为的除外。被申请人也不得作出对申请人更为不利的决定;但是行政复议机关以原具体行政行为主要事实不清、证据不足或适用依据错误决定撤销的,被申请人重新作出具体行政行为的除外。

第三节 税务行政诉讼

税务行政诉讼由人民法院对涉税具体行政行为进行司法审查,因此,相对税务行政复议而言,救济力度更大,纠错能力更强,监督效果更明显,是税收法律救济的终极手段。

一、税务行政诉讼概述

（一）税务行政诉讼的概念

税务行政诉讼是公民、法人和其他组织认为税务机关的具体行政行为侵犯其合法权益而依法提出审查申请，由人民法院对具体行政行为进行审查并作出裁决的司法活动。与税务行政复议类似，税务行政诉讼的作用旨在救济纳税人、扣缴义务人和其他涉税当事人的合法权益，防止和纠正税务机关的违法行为，化解社会矛盾，维护税收秩序。

税务行政诉讼的主要法律依据是 1989 年制定的《行政诉讼法》，该法施行至今已有二十余年。为了更好地发挥行政诉讼在救济当事人合法权益、保障和监督行政机关依法行政、妥善化解社会矛盾方面的积极作用，我国即将对这部法律进行修订。2013 年 12 月，十二届全国人大常委会第六次会议初次审议了《中华人民共和国行政诉讼法修正案（草案）》，并向社会公开征集意见。新法拟克服现行规定中的不足，将抽象行政行为纳入行政诉讼的审查范围，扩大对具体行政行为适当性的审查，进一步畅通行政诉讼起诉渠道。因新法尚未修订完成，本节相关内容，仍依据现行《行政诉讼法》。

（二）税务行政诉讼的法律特征

1. 税务行政诉讼以涉税争议为前提

包含以下四层含义：一是税务行政诉讼所解决的争议发生在税务机关行使职权、履行职责过程中。二是税务行政诉讼是依申请的活动，由与税务机关发生涉税争议的当事人提起。三是税务机关是涉税争议的另一方当事人，是税务行政诉讼中的被告。四是涉税争议包括纳税争议和其他涉税争议，其中纳税争议必须先经过税务行政复议后，才可以提起税务行政诉讼（复议前置）。

2. 税务行政诉讼以人民法院为审查主体

包含以下三层含义：一是税务行政诉讼是一种司法活动，是司法权监督行政权的方式；二是税务行政诉讼是由人民法院主持的诉讼活动，遵循诉讼活动的一般原则，也遵循行政诉讼特有的原则和规定；三是税务行政诉讼是税收法律救济的终极手段，人民法院的最终判决或裁定具有终局裁决的法律效力。

3. 税务行政诉讼以税务机关的具体行政行为为客体

这是税务行政诉讼与民事诉讼、刑事诉讼和其他行政诉讼的重要区别。税务行政诉讼中，人民法院根据公民、法人或其他组织的申请，对税务机关作出的具体行政行为的合法性进行审查并作出裁决。具体行政行为包括税务机关的征税行为、税务行政处罚、税务行政许可、税收保全措施和税收强制执行措施等。

（三）税务行政诉讼的原则

税务行政诉讼应当遵循诉讼活动的一般原则，包括审判权独立原则、公开原则、公平原则、两审终审原则等。此外，税务行政诉讼作为行政诉讼中的一种类型，还应遵循行政诉讼的特有原则。

1. 依法审查原则

税务行政诉讼对涉税具体行政行为的审查只限于合法性，包括是否符合法定权限和程序，适用法律是否正确等，原则上不审查其适当性。

2. 有限变更原则

税务行政权和司法权是两种性质不同、相对独立的公权力，因此人民法院在税务行政诉讼中可以撤销或部分撤销涉税具体行政行为，也可以确认该行为违法，但一般不直接变更涉税具体行政行为内容。法律规定，人民法院只可直接变更显失公正的税务行政处罚。

3. 被告举证原则

在税务行政诉讼中，由被告税务机关负责举证涉税具体行政行为合法。税务机关不能举证的，视为该行为不合法。涉税具体行政行为通常是税务机关依职权作出的单方行为，应有事实根据和法律依据，因此由税务机关承担举证责任更为合法、合理，符合依法行政的要求。其次，相对于掌握公权力的税务机关一方，公民、法人和其他组织处于弱势，被告举证原则能够平衡双方的权利义务关系，更好地实现税收法律救济。

4. 诉讼不停止执行原则

涉税具体行政行为一经作出即具有公定力，未经依法撤销、变更或确认违法、无效，均具有执行力。因此，除特殊情形外，诉讼期间不停止具体行政行为的执行。特殊情形包括：被告认为需要停止执行的；原告申请停止执行，人民法院认为该具体行政行为的执行会造成难以弥补的损失，并且停止执行不损害社会公共利益，可裁定停止执行的；

法律、法规规定停止执行的。

（四）税务行政诉讼与税务行政复议的关系

税务行政诉讼和税务行政复议具有很多共同点，它们都是税收法律救济的主要方式，都依申请启动，都有明确的法定程序，都对具体行政行为进行审查并作出决定。但税务行政诉讼作为一种司法救济，与作为行政救济的税务行政复议有以下明显区别：一是税收行政诉讼的审查主体是人民法院，其独立性更强，税务行政复议的审查主体是上一级税务机关，其专业性更强。二是税务行政诉讼依法收取诉讼费，税务行政复议不收取任何费用。三是税务行政诉讼的审查对象是具体行政行为，不审查抽象行政行为，税务行政复议主要审查具体行政行为，也可依申请附带审查抽象行政行为，因此税务行政复议的审查范围更广。四是税务行政诉讼只审查具体行政行为的合法性，一般不审查其适当性，税务行政复议既审查其合法性又审查其适当性，因此税务行政复议的审查标准更全面。五是税务行政诉讼程序更加复杂、严格，税务行政复议程序相对简单、灵活。六是税务行政诉讼决定一般仅对具体行政行为合法性作出判断，不直接变更具体行政行为，税务行政复议可以直接变更具体行政行为。七是税务行政诉讼一般不适用调解、和解，税务行政复议可依法调解、和解。八是税务行政诉讼实行二审终审制，税务行政复议实行一级复议制。九是税务行政诉讼的决定是终局裁决，税务行政复议决定作出后，申请人还可再提起税务行政诉讼。

税务行政诉讼与税务行政复议各有优势和特点，如何让二者相互协调、互相配合，更好地发挥作用，是税收法律救济的重要问题。根据法律规定，当事人与税务机关之间发生纳税争议的，当事人可以提起行政复议，对行政复议决定不服的，可以再提起行政诉讼解决；当事人与税务机关之间发生纳税争议以外的其他争议的，当事人可以选择提起行政复议，也可以选择直接提起行政诉讼，选择提起行政复议的当事人对行政复议决定不服的，还可以再提起行政诉讼。

设计纳税争议的复议前置制度是为了更好地发挥税务行政复议的专业性优势，尽可能在税务机关体系内部解决争议，节约司法成本。

二、税务行政诉讼的参加人

税务行政诉讼的参加人是指在人民法院审理税务行政案件过程中，依法参加诉讼活动,享有诉讼权利,承担诉讼义务的人,包括原告、被告、第三人和诉讼代理人。

（一）原告

原告是提起税务行政诉讼的公民、法人或者其他组织,包括纳税人、扣缴义务人、纳税担保人、税务代理人、政府信息公开申请人或税收违法案件检举人等。

（二）被告

在税务行政诉讼中,被告是因其具体行政行为被公民、法人或其他组织提起诉讼而参与诉讼活动的各级税务机关,包括各级税务局、税务分局、稽查局和税务所。一般而言,作出具体行政行为的税务机关是被告。

在特殊情形下按照以下规定确定被告：两个以上税务机关共同作出同一具体行政行为的,共同作出具体行政行为的税务机关是共同被告；税务机关被撤销的,继续行使其职权的税务机关是被告；经上级税务机关批准的具体行政行为被提起诉讼的,在法律文书上署名的税务机关是被告；税务机关组建并赋予税务管理职能但不具有独立承担法律责任能力的机构,以自己的名义作出具体行政行为,当事人不服提起诉讼的,应当以组建该机构的税务机关为被告；税务机关的内设机构或者派出机构,在没有法律、法规或者规章授权的情况下,以自己的名义作出具体行政行为,当事人不服提起诉讼的,以该税务机关为被告；税务机关在没有法律、法规或者规章规定的情况下,授权其内设机构、派出机构或者其他组织行使税务行政职权的,应当视为委托,当事人不服提起诉讼的,应当以该行政机关为被告；由行政机关委托的组织所作的具体行政行为,委托的行政机关是被告；经复议的案件,复议机关决定维持原具体行政行为的,作出原具体行政行为的行政机关是被告；复议机关改变原具体行政行为的,复议机关是被告；复议机关在法定期间内不作复议决定,当事人对原具体行政行为不服提起诉讼的,应当以作出原具体行政行为的行政机关为被告；当事人对复议机关不作为不服提起诉讼的,应当以复议机关为被告。

（三）第三人

原告之外,与被诉涉税具体行政行为有利害关系的公民、法人或者其他组织,可以作为第三人申请参加诉讼,或者由人民法院通知参加诉讼。例如,在涉税政府信息公开案件中，涉案政府信息与某纳税人相关，信息公开与否与该纳税人有直接利害关系，则该纳税人可以作为第三人参加税务行政诉讼。

（四）诉讼代理人

诉讼代理人包括法定代理人和委托代理人。没有诉讼行为能力的公民，由其法定代理人代为诉讼。当事人、法定代理人可以委托一至二人代为诉讼，受委托人为委托代理人。律师、社会团体、提起诉讼的公民的近亲属或者所在单位推荐的人，以及经人民法院许可的其他公民，可以受委托为诉讼代理人。

三、税务行政诉讼的程序

（一）税务行政诉讼的受案范围

税务行政诉讼受案范围与税务行政复议一致。人民法院受理当事人对税务机关的下列具体行政行为不服提起的诉讼：征税行为、税务行政许可和审批、税务行政强制、税务行政处罚、其他税收管理行为、税务行政不作为、政府信息公开工作中的具体行政行为，以及其他涉税具体行政行为。

人民法院不受理公民、法人或者其他组织对税务机关的下列事项提起的诉讼：（1）税务抽象行政行为，包括税收部门规章和其他税收规范性文件。（2）税务内部行政行为，包括税务机关对税务人员的奖惩、任免等决定。（3）税务行政调解行为，例如上级税务机关对下级税务机关与纳税人之间的涉税争议进行调解的行为。（4）不具有强制力的税务行政指导行为，例如税务机关对纳税人咨询税收业务问题的答复。（5）其他对公民、法人或者其他组织权利义务不产生实际影响的税务行政行为，例如税务机关就税收违法案件查处情况据实答复案件检举人的行为。

（二）税务行政诉讼的管辖

税务行政诉讼的管辖是指人民法院受理第一审税务行政诉讼案件的职责分工和权限划分，分为法定管辖和裁定管辖。

1. 法定管辖

法定管辖是指由法律直接规定税务行政诉讼的管辖法院，包括级别管辖和地域管辖。

（1）级别管辖。基层人民法院管辖第一审税务行政案件。中级人民法院管辖本辖区内重大、复杂的税务行政案件。[①] 高级人民法院管辖本辖区内重大、复杂的第一审税务行政案件。最高人民法院管辖全国范围内重大、复杂的第一审税务行政案件。

（2）地域管辖。地域管辖按照"原告就被告"的原则分为以下几种情形：一是普通管辖。一般税务行政案件由最初作出具体行政行为的税务机关所在地人民法院管辖，经复议的案件，复议机关改变原具体行政行为的，也可以由复议机关所在地人民法院管辖。二是专属管辖。因不动产提起的税务行政诉讼，由不动产所在地人民法院管辖。三是选择管辖。两个以上人民法院都有管辖权的案件，原告可以选择其中一个人民法院提起诉讼，原告向两个以上有管辖权的人民法院提起诉讼的，由最先收到起诉状的人民法院管辖。

2. 裁定管辖

裁定管辖是指人民法院依法自行决定案件的管辖权，分为移送管辖、指定管辖和移转管辖。但在实践中税务行政诉讼案件裁定管辖的情形相对较少。

（1）移送管辖是指人民法院发现受理的案件不属于自己管辖时，应当移送有管辖权的人民法院。受移送的人民法院不得再行移送。

（2）指定管辖是指上级人民法院以裁定的方式，就某一具体案件指定某一下级人民法院管辖。

（3）移转管辖是指人民法院将自己有管辖权的税务行政案件在上下级法院之间变更管辖权，分为上移管辖和下移管辖。

（三）一审程序

1. 起诉和受理

起诉应当符合下列条件：一是原告是认为涉税具体行政行为侵犯其合法权益的公民、法人或者其他组织；二是有明确的被告；三是有具体的诉讼请求和事实根据；四是属于人民法院受案范围和受诉人民法院管辖；五是纳税争议案件已经过行政复议程序（但复议机关不受理复议申请或在法定期限内不作出复议决定的不在此限）；六是原告在诉讼时效内提起税务行政诉讼。

---

① 其中，中级人民法院管辖的本辖区内重大、复杂的税务行政案件，是指社会影响重大的共同诉讼和集团诉讼案件、重大涉外或者涉及港、澳、台地区的案件，以及其他重大复杂的案件。

税务行政诉讼时效分为以下两类情形：一是未经复议直接诉讼的案件，其诉讼时效为知道具体行政行为之日起 3 个月。税务机关未告知公民、法人或者其他组织诉权和诉讼时效的，诉讼时效从公民、法人或者其他组织知道或者应当知道诉权或者诉讼时效之日起计算，但从知道或者应当知道具体行政行为内容之日起最长不得超过 2 年。公民、法人或者其他组织不知道行政机关作出的具体行政行为内容的，诉讼时效从知道或者应当知道该具体行政行为内容之日起计算。但涉及不动产的具体行政行为诉讼时效从作出之日起最长不超过 20 年，其他具体行政行为最长不超过 5 年。二是经复议后又起诉的案件，分为两种情形：（1）公民、法人或者其他组织不服税务行政复议决定起诉的，诉讼时效为收到复议决定书之日起 15 日；（2）复议机关逾期不作决定的，诉讼时效为复议期满之日起 15 日。税务行政复议决定未告知公民、法人或者其他组织诉权或者诉讼时效的，诉讼时效从公民、法人或者其他组织知道或者应当知道诉权或者诉讼时效之日起计算，但从知道或者应当知道具体行政行为内容之日起最长不得超过 2 年。

人民法院接到起诉状后应对案件是否符合受理条件进行审查，并在 7 日内立案或者作出不予受理的裁定。原告对裁定不服的，可以提起上诉。

2. 审理

人民法院审理税务行政诉讼案件，由审判员组成合议庭，或者由审判员、陪审员组成合议庭。合议庭的成员，应当是 3 人以上的单数。除涉及国家秘密、个人隐私和法律另有规定的原因外，税务行政案件应公开审理。

人民法院应在立案之日起 5 日内，将起诉状副本发送被告。被告应当在收到起诉状副本之日起 10 日内，提供据以作出被诉涉税具体行政行为的全部证据和所依据的规范性文件，并提出答辩状。被告不提供或者无正当理由逾期提供的，视为该具体行政行为没有证据和依据。人民法院应当在收到答辩状之日起 5 日内，将答辩状副本发送原告。在诉讼过程中，税务机关及其诉讼代理人不得自行向原告和证人收集证据。

人民法院审理税务行政案件，以法律和行政法规、地方性法规为依据，参照部门规章以及地方政府规章。人民法院认为地方政府规章与部门规章不一致的，以及部门规章之间不一致的，由最高人民法院送请国务院作出解释或者裁决。

3. 判决或裁定

人民法院应当在立案之日起 3 个月内经过审理作出第一审判决或裁定：（1）起诉

不符合法定要件的，裁定驳回起诉。（2）证据确凿，适用法律、法规正确，符合法定程序的，判决维持。（3）具体行政行为合法，但不宜判决维持或驳回诉讼请求的，可以判决确认合法或者有效。（4）主要证据不足、适用法律法规错误、违反法定程序、超越职权，或者滥用职权的，判决撤销或者部分撤销，并可以判决被告重新作出具体行政行为。（5）具体行政行为违法，但不具有可撤销内容的，或具体行政行为依法不成立或者无效的，判决确认违法或无效。（6）被诉税务机关不履行或者拖延履行法定职责的，判决其在一定期限内履行。（7）被诉税务机关不履行法定职责，但责令其履行已无实际意义的，判决确认违法。（8）税务行政处罚显失公正的，可以判决变更。（9）起诉被告不作为的理由不成立的、被诉具体行政行为合法但存在合理性问题的、或被诉具体行政行为合法但因法律和政策变化需要变更或废止的，判决驳回原告的诉讼请求。（10）涉税具体行政行为违法，但撤销会带来国家利益或公共利益的重大损失的，判决确认违法，并责令税务机关采取补救措施，承担赔偿责任。

（四）二审程序

当事人不服人民法院第一审判决的，有权在判决书送达之日起15日内向上一级人民法院提起上诉。当事人不服人民法院第一审裁定的，有权在裁定书送达之日起10日内向上一级人民法院提起上诉。

当事人提出上诉，应当按照其他当事人或者诉讼代表人的人数提出上诉状副本。原审人民法院收到上诉状，应当在5日内将上诉状副本送达其他当事人，对方当事人应当在收到上诉状副本之日起10日内提出答辩状。原审人民法院应当在收到答辩状之日起5日内将副本送达当事人。原审人民法院收到上诉状、答辩状，应当在5日内连同全部案卷和证据，报送第二审人民法院。

人民法院对上诉案件，认为事实清楚的，可以实行书面审理。人民法院应当对原审人民法院的裁判和被诉具体行政行为是否合法进行全面审查，并在收到上诉状之日起两个月内作出终审判决：（1）原判决认定事实清楚，适用法律、法规正确的，判决驳回上诉，维持原判。（2）原判决认定事实清楚，但适用法律、法规错误的，依法改判。（3）原判决认定事实不清，证据不足，或者由于违反法定程序可能影响案件正确判决的，裁定撤销原判，发回原审人民法院重审，也可以查清事实后改判。

(五)再审程序

再审程序又称审判监督程序,是指人民法院发现已经发生法律效力的判决、裁定违反法律、法规的规定,依法对其进行重新审查的程序。

当事人对已经发生法律效力的判决、裁定,认为确有错误的,可以在判决、裁定发生法律效力后2年内向原审人民法院或者上一级人民法院提出申诉,但判决、裁定不停止执行。人民法院院长对本院已经发生法律效力的判决、裁定,发现违反法律、法规规定认为需要再审的,应当提交审判委员会决定是否再审。上级人民法院对下级人民法院已经发生法律效力的判决、裁定,发现违反法律、法规规定的,有权提审或者指令下级人民法院再审。人民检察院对人民法院已经发生法律效力的判决、裁定,发现违反法律、法规规定的,有权按照审判监督程序提出抗诉。

(六)执行程序

当事人必须履行人民法院发生法律效力的判决、裁定。公民、法人或者其他组织拒绝履行判决、裁定的,税务机关可以向第一审人民法院申请强制执行,或者依法强制执行。税务机关拒绝履行判决、裁定的,第一审人民法院可以采取以下措施:对应当归还的罚款或者应当给付的赔偿金,通知银行从该税务机关的账户内划拨;在规定期限内不履行的,从期满之日起,对该税务机关按日处50~100元的罚款;向该税务机关的上一级行政机关或者监察、人事机关提出司法建议,接受司法建议的机关,根据有关规定进行处理,并将处理情况告知人民法院;拒不履行判决、裁定,情节严重构成犯罪的,依法追究税务主管人员和直接责任人员的刑事责任。此外,人民法院判决税务机关重新作出具体行政行为的,税务机关不得以同一的事实和理由作出与原具体行政行为基本相同的具体行政行为。

第四节 税务行政赔偿

税务行政赔偿是税收法律救济的重要组成部分。税务行政赔偿为受到违法行政行为侵害的受害人提供赔偿,弥补受害人的实际损失,使税收法律救济落到实处。

同时，税务行政赔偿惩戒致害税务机关及其税务人员，促进其规范行政行为，推动依法行政。

一、税务行政赔偿概述

（一）税务行政赔偿的概念和特征

税务行政赔偿是指因税务机关及其税务人员违法行使职权，侵犯公民、法人和其他组织合法权益并造成实际损害，由致害的税务机关代表国家履行赔偿义务的活动。税务行政赔偿是国家赔偿中行政赔偿的一种，有以下几个法律特征：

1. 税务行政赔偿的前提是税务机关及其税务人员的职务侵权行为

这一特征包括以下几层含义：一是侵权行为的主体是税务机关及其税务人员；二是侵权行为发生在行使职权过程中，而不是税务机关及其税务人员从事与职权无关的活动中；三是税务机关及其税务人员的职务行为具有违法性；四是违法的职务行为导致公民、法人或其他组织合法权益受到损害。

2. 税务行政赔偿的赔偿义务机关是税务机关

税务行政赔偿是国家赔偿的一种，所有的国家赔偿责任主体都是国家。税务机关及其税务人员代表国家行使税收征收管理等法定职权，其法律后果归于国家，但侵权的实施者是税务机关及其税务人员，因此以税务机关为赔偿义务机关。

3. 税务行政赔偿的请求人是合法权益受到损害的公民、法人和其他组织

这里的合法权益包括人身权和财产权。人身权与财产权是两类基本民事权利。人身权是指与公民人身相联系或不可分离的没有直接财产内容的权利，包括人格权和身份权。财产权是指以财产利益为内容、以金钱计算价值的民事权利，包括物权、债权、继承权等。税务行政赔偿制度是税收法律救济制度的一部分，主要是为了弥补受害人的损失。因此，只有合法权益受到损害的公民、法人和其他组织才能成为税务行政赔偿的请求人。

（二）税务行政赔偿的原则

1. 不告不理原则

税务机关及其税务人员违法行使职权导致公民、法人和其他组织合法权益损害，当事人要求获得赔偿的必须提出申请。当事人不依法提出申请的,赔偿义务机关不主动赔偿。

2. 及时简便原则

税务行政赔偿的时限应当尽量缩短,赔偿程序应当尽量简便。税务机关应当自收到赔偿申请之日起两个月内依法给予赔偿。赔偿请求人可以向共同赔偿义务机关中的任何一个赔偿义务机关要求赔偿,该赔偿义务机关应当先予赔偿。赔偿请求人根据受到的不同损害,可以同时提出数项赔偿要求。赔偿请求人书写申请书确有困难的,可以委托他人代书,也可以口头申请。赔偿请求人要求国家赔偿的,赔偿义务机关、复议机关和人民法院不得向赔偿请求人收取任何费用。

3. 合理赔偿原则

税务行政赔偿的范围、条件和损害计算标准及方法等都应当合理确定,应给予受害人充分、足额的赔偿。虽然税务行政赔偿以支付赔偿金为主要方式,但对能够返还财产或者恢复原状的,予以返还财产或者恢复原状,对造成受害人名誉权、荣誉权损害的,应当在侵权行为影响的范围内,为受害人消除影响,恢复名誉,赔礼道歉。

4. 调解原则

税务行政赔偿案件与其他涉税争议案件相比的显著区别就是税务行政赔偿案件可以适用调解。受害人可以在调解中放弃、变更赔偿请求,税务机关可以根据受害人的请求与受害人协商决定赔偿方式和数额。人民法院可以在案件审理中开展调解,帮助双方相互谅解和达成赔偿协议。

5. 财政支持原则

为了充分救济受害人的合法权益,使其不致因税务机关经费有限而无法获得全部赔偿,同时保证税务机关依法履行税务行政赔偿义务,税务行政赔偿费用由各级财政列支。

(三)税务行政赔偿责任的构成要件

税务行政赔偿责任的构成应同时具备如下要件:

1. 侵权主体要件

实施职务侵权行为的主体应当是税务机关及其税务人员,包括受税务机关委托行使税务行政职权的法人和其他组织,以及税务机关临时聘用和特别委托行使税务行政职权的人员。

2. 违法性要件

该职务行为应当具有违法性，包括两层含义：一是行为的性质是职务行为，不包括与行使职权无关的行为。二是行为具有违法性。只有超越法定权限、违反法定程序、适用法律错误等的职务行为才构成税务行政赔偿责任。合法行使职权的行为即使导致当事人合法权益损害，税务机关也无须承担税务行政赔偿责任，仅在特定情形下对当事人予以适当补偿。

3. 损害结果要件

公民、法人和其他组织的合法权益必须确已受到实际损害。税务行政赔偿是对当事人合法权益损害的补救，以损害存在为前提。这包括以下几层含义：一是被损害的权益应当是受到法律保护的合法权益，不包括不受法律承认和保护的利益；二是损害应当是已经发生的现实损害，不包括将来可能发生的损害；三是损害是对特定受害人的损害，不包括未具体确定受害人的损害。

4. 因果关系要件

违法行为与损害结果之间应当存在法律上的因果关系。虽有违法行为和损害结果存在，但二者之间没有法律上的因果关系，也不能构成税务行政赔偿责任。

二、税务行政赔偿的范围

1. 侵犯人身权的赔偿范围

税务机关及其税务人员在行使职权时有下列情形之一的，受害人有取得赔偿的权利：一是违法采取限制公民人身自由的行政强制措施的；二是非法拘禁或者以其他方法非法剥夺公民人身自由的；三是以殴打等暴力行为或者唆使他人以殴打等暴力行为造成公民身体伤害或者死亡的；四是造成公民身体伤害或者死亡的其他违法行为。

2. 侵犯财产权的赔偿范围

税务机关及其工作人员在行使职权时有下列情形之一的，受害人有取得赔偿的权利：一是违法实施罚款等税务行政处罚的；二是违法实施税务行政强制措施的；三是违法征税的；四是造成财产损害的其他违法行为。

3. 不予赔偿的情形

属于下列情形之一的，国家不承担赔偿责任：一是税务人员与行使职权无关的个人行为；二是因公民、法人和其他组织自己的行为致使损害发生的；三是法律规定的其他情形。

三、税务行政赔偿的请求人和赔偿义务机关

（一）税务行政赔偿的请求人

受害的公民、法人和其他组织有权要求赔偿。受害的公民死亡，其继承人和其他有扶养关系的亲属有权要求赔偿。受害的法人或者其他组织终止，承受其权利的法人或者其他组织有权要求赔偿。

（二）税务行政赔偿的赔偿义务机关

税务机关及其税务人员行使行政职权侵犯公民、法人和其他组织的合法权益造成损害的，该税务机关为赔偿义务机关。特殊情形下按如下规定确定赔偿义务机关：两个以上税务机关共同行使行政职权时侵犯公民、法人和其他组织的合法权益造成损害的，共同行使职权的税务机关为共同赔偿义务机关。受税务机关委托的组织或者个人在行使受委托的行政权力时侵犯公民、法人和其他组织的合法权益造成损害的，委托的税务机关为赔偿义务机关。赔偿义务机关被撤销的，继续行使其职权的税务机关为赔偿义务机关；没有继续行使其职权的税务机关的，撤销该赔偿义务机关的税务机关为赔偿义务机关。经复议机关复议的，最初造成侵权行为的税务机关为赔偿义务机关，但复议机关的复议决定加重损害的，复议机关对加重的部分履行赔偿义务。

四、税务行政赔偿的程序

（一）税务行政赔偿的提起方式

税务行政赔偿的提起有附带提起和单独提起两种方式。附带提起税务行政赔偿是指赔偿请求人在申请税务行政复议或者提起税务行政诉讼时附带提出税务行政赔偿申请。税务行政复议机关或人民法院在案件裁决时同时作出税务行政赔偿决定。赔偿请求人也可以单独向税务机关提出税务行政赔偿申请。

（二）税务行政赔偿的请求时效

赔偿请求人请求国家赔偿的时效为两年，自税务机关及其税务人员行使职权时的行为被依法确认为违法之日起计算，但被羁押期间不计算在内。赔偿请求人在赔偿请求时效的最后 6 个月内，因不可抗力或者其他障碍不能行使请求权的，时效中止。从中止时效的原因消除之日起，赔偿请求时效期间继续计算。

（三）税务行政赔偿先行处理程序

赔偿请求人单独提出税务行政赔偿申请的，应当向作为赔偿义务机关的税务机关提出。税务机关收到申请后应在 2 个月内依法决定是否给予赔偿。赔偿请求人对税务机关不予赔偿、逾期不予答复或者赔偿数额有异议的，可以自期间届满之日起 3 个月内向人民法院提起诉讼。

（四）税务行政赔偿复议程序

赔偿请求人可以在申请税务行政复议时一并提出税务行政赔偿请求，税务行政复议机关对于依法应当予以赔偿的，在决定撤销、变更具体行政行为或者确认具体行政行为违法时，应当同时决定被申请人依法予以赔偿。

申请人在申请行政复议时没有提出行政赔偿请求的，行政复议机关在依法决定撤销或者变更罚款，撤销违法集资、没收财物、征收财物、摊派费用以及对财产的查封、扣押、冻结等具体行政行为时，应当同时责令被申请人返还财产，解除对财产的查封、扣押、冻结措施，或者赔偿相应的价款。

（五）税务行政赔偿诉讼程序

进入税务行政赔偿诉讼程序的税务行政赔偿案件分为两种，一种是赔偿请求人向税务机关单独提出税务行政赔偿请求后，对税务机关的处理结果不服的，另一种是赔偿请求人在提起税务行政诉讼同时提出附带的税务行政赔偿请求的。税务行政赔偿诉讼是特殊的税务行政诉讼，表现在以下两点：一是税务行政赔偿诉讼可以适用调解，人民法院可以在当事人之间居中调解，促使双方达成谅解和赔偿协议。二是税务行政赔偿诉讼中不完全遵循由被告承担举证责任的原则，由原告方对损害结果以及损害结果与行政行为之间的因果关系承担举证责任。

（六）税务行政赔偿追偿程序

广义的税务行政赔偿程序还应当包括税务行政赔偿追偿程序。对赔偿请求人的赔偿是国家与受害人之间的外部关系，追偿则是国家与代表国家直接实施职务侵权行为的税务人员之间的内部关系。税务行政赔偿追偿程序是在赔偿义务机关赔偿损失后，对税务人员在违法行使职权时的故意或者重大过失予以惩戒的程序，包括：一是责令有故意或者重大过失的税务人员、或者受委托的组织及个人承担部分或者全部赔偿费用。二是对有故意或者重大过失的责任人员，税务机关应当依法给予行政处分。三是对构成犯罪的责任人员，依法追究刑事责任。

五、税务行政赔偿方式与赔偿标准

（一）税务行政赔偿方式

1. 支付赔偿金

这是税务行政赔偿的主要方式，具有适用性强、简便易行等优势。

2. 返还财产

在原物仍然存在的情况下，返还原物是对受害人最直接的救济方式。如原物有损坏，还应以赔偿金作为补充。若财产是金钱的，返还财产即为退回金钱。

3. 恢复原状

理论上说，恢复原状是对权利人最充分的救济方式。但实际操作较为复杂，需要一定的客观条件。

4. 消除影响，恢复名誉，赔礼道歉

税务机关对违法采取限制公民人身自由的行政强制措施或以其他方法非法剥夺公民人身自由，并造成受害人名誉权、荣誉权损害的，应当在侵权行为影响的范围内，为受害人消除影响，恢复名誉，赔礼道歉。

（二）税务行政赔偿标准

1. 侵犯公民人身自由的

每日的赔偿金按照国家上年度职工日平均工资计算。

2. 侵犯公民生命健康权的

赔偿金按照下列规定计算：造成身体伤害的，应当支付医疗费，赔偿因误工减少的收入。减少的收入按照国家上年度职工日平均工资计算，最高额为国家上年度职工年平均工资的5倍。造成部分或者全部丧失劳动能力的，应当支付医疗费和残疾赔偿金。残疾赔偿金根据丧失劳动能力的程度确定，部分丧失劳动能力的最高额为国家上年度职工年平均工资的10倍，全部丧失劳动能力的为国家上年度职工年平均工资的20倍。造成全部丧失劳动能力的，对其扶养的无劳动能力的人，还应当支付生活费。造成死亡的，应当支付死亡赔偿金、丧葬费，总额为国家上年度职工年平均工资的20倍。对死者生前扶养的无劳动能力的人，还应当支付生活费。其中，生活费的发放标准参照当地民政部门有关生活救济的规定办理。被扶养的人是未成年人的，生活费给付至18周岁止；其他无劳动能力的人，生活费给付至死亡时止。

3. 侵犯公民、法人和其他组织的财产权造成损害的

按照下列规定处理：处罚款、罚金、追缴、没收财产或者违反国家规定征收财物、摊派费用的，返还财产。查封、扣押、冻结财产的，解除对财产的查封、扣押、冻结。造成财产损坏，能够恢复原状的恢复原状，不能恢复原状的，按照损害程度给付相应的赔偿金。造成财产灭失的，给付相应的赔偿金。应当返还的财产损坏的，能够恢复原状的恢复原状，不能恢复原状的，按照损害程度给付相应的赔偿金。应当返还的财产灭失的，给付相应的赔偿金。财产已经拍卖的，给付拍卖所得的价款。吊销许可证和执照、责令停产停业的，赔偿停产停业期间必要的经常性费用开支。对财产权造成其他损害的，按照直接损失给予赔偿。

思 考 题

1. 简述税收法律救济的方式。
2. 简述税务行政调解遵循的原则。
3. 简述税务行政复议的受理条件。
4. 简述税务行政诉讼由被告承担举证责任的原因。
5. 简述税务行政赔偿责任的构成要件。

第七章　税收法律责任

在现代税收法律制度中，责任制度占有突出地位，它是税收法治不可或缺的重要组成部分。明晰税收法律责任，有助于震慑税收违法行为，保障国家税收利益，同时也有助于规范税务机关及税务人员的公权力行为，维护税务行政相对人的合法权益。本章首先对税收法律责任的概念、构成、分类以及行刑衔接等基本问题作简要探讨，在此基础上，分别对纳税主体、征税主体以及其他主体的税收违法行为及相应的税收法律责任进行具体阐述。

第一节　税收法律责任概述

一、税收法律责任的概念

税收法律责任，是指税收法律关系主体及其他行为主体因实施税收违法行为而应承担的法定不利后果，是法律责任在税收领域的具体体现。这主要包含以下三层含义：

（一）税收法律责任主体具有多样性

税收法律责任主体可能是征税主体，也可能是纳税主体，还可能是其他行为主体。其中，征税主体包括税务机关和税务人员，纳税主体主要包括纳税人、扣缴义务人。税收法律责任主体以税收法律关系主体为主，但并不限于此。在一些情况下，税收法律关系之外的其他行为主体，如非法印制完税凭证的单位或个人，拒绝执行税务机关冻结存款、扣缴税款决定的银行或其他金融机构，拒绝配合税务机关进行税务检查的车站、码头、机场、邮政企业等，因实施了特定的违法行为而致使税收秩序遭到破坏，国家税收利益受到损失，同样应当承担相应的税收法律责任。

（二）税收法律责任具有法定性

税收法律责任的法定性是全方位的。首先，责任的产生具有法定性。税收法律责任以税收法律义务的违反为前提。与民法意义上的义务不同，税收法律义务来源于税法的规定，而非征税主体和纳税主体以及其他主体之间的约定。其次，责任的内容具有法定性。税收法律责任的种类、程度、范围等都必须由法律来设定，这是依法行政、税收法定、罪刑法定等原则的必然要求，任何单位和个人，包括税务机关在内，均不得将法律规定之外的税收责任强加于人。最后，责任的追究程序具有法定性。无论是行政处罚、行政处分，还是刑事处罚，以及其他责任承担方式，其追究程序都是由法律规定的。责任的追究必须由法定机关依照法定程序来进行，违反法定程序作出的责任追究行为是无效的。

(三)税收法律责任具有强制性

税收法律责任的强制性主要有两方面含义:一方面,这种强制性与税收法律责任的法定性紧密相连。税法的公法性质决定了税收法律义务的刚性,违反税收法律义务的行为必须要受到追究。除非有法定免责事由,税收法律责任一般不能被免除。另一方面,税收法律责任追究的强制性与责任本身的不利性相关。出于自身利益的考虑,税收违法主体一般不会去主动承担不利的、具有否定性的税收法律责任。因此,税收法律责任的追究必须以国家强制力为后盾,要靠法定机关代表国家强制违法者承担不利后果。

二、税收法律责任的构成要件

税收法律责任的构成要件是指税收法律关系主体或其他行为主体承担税收法律责任应当具备的各种必要条件。它是在税收违法行为发生的前提下,有权机关对违法行为的性质进行判定的标准,用以解决是否追究责任、追究何种责任的问题。

(一)税收违法行为发生并导致损害后果

税收法律责任源于税收违法行为的发生。税收违法行为可能是一般违法行为,也可能是税收犯罪行为;可能是违反税收实体法的行为,也可能是违反税收程序法的行为;可能是当为而不为、违反义务性规定的违法行为,也可能是不当为而为之、违反禁止性规定的违法行为。法律意义上的损害后果一般指对公私财产造成损失,或对他人的人身、精神等造成伤害。在税收领域,最常见的损害后果是国家税收利益受到损失或纳税人的利益受到侵害。在一些特殊税收违法行为(如抗税行为)中,损害结果还可能表现为他人人身遭受伤害或精神遭受威胁。损害后果与违法行为之间应当存在直接或间接的因果关系。

(二)税收违法主体应具备责任能力

作为税收法律责任的承担者,税收违法主体应当具有责任能力。具有法人资格的税务机关、纳税人或扣缴义务人通常是具有责任能力的,责任能力要件主要针对自然人而言。自然人只有在达到法定年龄之后,并且拥有正常的智力水平,才具有责任能力。对此,《行政处罚法》和《刑法》均有明确规定。例如,《行政处罚法》第二十五条规定:

"不满十四周岁的人有违法行为的,不予行政处罚。"

(三)税收违法主体有应受责难的心理状态

对于违法行为及其损害后果,税收违法主体应有一种应受责难的主观心理状态,这种状态既可能是故意,也可能是过失。有的税收违法行为只能是故意实施,如纳税人逃税、抗税、逃避追缴欠税,税务人员徇私舞弊致使少征税款等。有的税收违法行为则只能是过失所致,如税务人员玩忽职守导致少征税款等。既非故意、又无过失的税收违法行为,不应当追究税收法律责任,这在判定是否追究刑事责任时显得尤为重要。实践中,在追究税收行政法律责任时,较为普遍地实行过错推定原则,即在能证明违法行为与损害事实之间因果关系的情况下,如果违法行为主体不能证明自己无过错,就应推定其具有应受责难的心理状态,从而承担法律责任。我们认为,过错推定原则不利于纳税人权益的保护。目前,已有少数税务机关以构建和谐税收征纳关系为出发点,探索推行纳税人"无过错推定"执法。[①]

三、税收法律责任的种类

在理论研究中,可以从责任的内容、性质、主体、承担方式等不同的角度出发,对税收法律责任作多种分类。各种分类之间互为补充,共同构成一个较为完备的税收法律责任体系。其中,以责任主体和责任性质为标准划分税收法律责任,是最为常见的分类方式。

按照责任主体的不同,税收法律责任可分为征税主体的税收法律责任、纳税主体的税收法律责任和其他主体的税收法律责任。按照责任性质的不同,税收法律责任可分为税收行政责任和税收刑事责任。税收行政责任来源于一般税收违法行为,税收刑事责任则来源于严重的税收违法行为,即税收犯罪行为。

在理论研究中,有学者提出了税收民事责任的概念,但同时又承认,"税法在性质上属于公法,所以税法上一般没有传统意义上的民事责任。"[②] 尽管有的税收法律责任(如补缴税款)具有民事责任的补偿性特点,但二者又有质的不同。根据民法的自愿

---

① 吴在平,徐于平,等. 厦门地税把现代法制精神引入税务管理领域——"无过错推定"执法,构建和谐税收环境[N]. 福建日报,2010-06.

② 刘剑文. 财税法学[M]. 北京:高等教育出版社,2004:663.

原则，民事责任往往可以因权利人的自愿放弃而免除，[①] 而税收法律责任显然不具备这一特点。还有学者将补缴税款及滞纳金等税收法律责任称之为税收经济责任。我们认为，经济责任之"经济"是就责任标的而言，而行政责任、刑事责任之"行政""刑事"则意在表明责任的性质，它们并不是一个层次上的概念。所谓税收经济责任，不过是指以金钱为责任标的的税收行政责任，是一种财产性的行政责任。

四、税收法律责任中的行刑衔接问题

如前文所述，违法主体实施一般税收违法行为仅需负行政责任，实施严重税收违法行为，构成犯罪的，才应负刑事责任。很多情况下，违法主体实施同一种税收违法行为，会因违法程度不同而承担不同性质的法律责任。《税收征收管理法》和《发票管理办法》中许多有关法律责任的条款都以"构成犯罪的，依法追究刑事责任"结尾，作为行政性法律法规与刑法的衔接，实现了行政责任向刑事责任即刑罚的过渡。刑罚作为对犯罪分子施以的处罚，是用来规范社会共同生活秩序的最后手段。[②] 行政责任与刑事责任的衔接问题，实际上就是区分罪与非罪的问题。

根据《刑法》第十三条的规定，一种违法行为构成犯罪，须具备两大属性：一是具有严重社会危害；二是依法应受刑罚处罚。前者表明了犯罪的社会影响，是犯罪的社会属性；后者则体现了罪刑法定的原则，是犯罪的法律属性。[③] 实践中，犯罪的法律属性易于理解和把握。依法应受刑罚处罚，是刑法对严重社会危害的确认，直观地表明了一种违法行为的社会危害已经达到了犯罪的程度。相反，如果刑法未对某种违法行为作出规定，那么无论这种违法行为情节如何严重，均不会被视为犯罪。例如，在税收领域，纳税人未按规定期限办理税务登记，纳税人未按规定报告全部银行账号，税务人员未按规定回避等，虽然这些行为都是税收违法行为，但却不会构成犯罪。

区分罪与非罪，难点在于对犯罪社会属性的把握。凡是违法行为，均会产生社会危害，但只有社会危害严重到一定的"度"，违法行为才会发生质变成为犯罪。在《刑法》中，关于"度"的常见表述有"造成严重后果的""致使国家利益遭受重大损失的""数额较大的"等等。对于不同类型的违法行为，区分罪与非罪的标准也不同。概括而言，

---

① 魏振瀛. 民法 [M]. 4版. 北京：高等教育出版社，2010：44—45.
② 陈兴良. 罪刑法定的当代命运 [J]. 法学研究，1996（2）.
③ 何秉松. 刑法教科书 [M]. 北京：中国法制出版社，1997：142.

一种违法行为"危害程度如何，主要应结合情节是否恶劣、数额是否巨大、后果是否严重等情况，综合考虑加以确定。"[1]而对于包括税收犯罪在内的经济犯罪而言，数额是最为重要的标准。因为，数额不仅影响着经济违法行为的性质，从而影响着犯罪的构成，而且反映了行为人主观恶性大小、经济犯罪的规模及其社会危害程度。[2]

对于绝大多数的税收犯罪罪名，定罪时都须考虑犯罪数额。例如，《刑法》第二百零四条规定："以假报出口或者其他欺骗手段，骗取国家出口退税款，数额较大的，处五年以下有期徒刑或者拘役，并处骗取税款一倍以上五倍以下罚金。"如果骗取国家出口退税款数额未达到较大标准的，则只能按照《税收征收管理法》对行为人给予行政处罚。值得注意的是，对于多数危害发票管理类犯罪，《刑法》均未直接作犯罪数额限定，但《最高人民检察院、公安部关于公安机关管辖的刑事案件立案追诉标准的规定（二）》（以下简称立案追诉标准（二））详细规定了发票刑事案件立案追诉的最低数额标准。"立案追诉标准是犯罪行为之刑法评价标准的具体化、数额化，是犯罪行为之社会危害性的量化界定。"[3]因此，达不到立案追诉标准的发票违法行为同样只是一般税收违法行为而非犯罪，仅需承担行政法律责任。

第二节 纳税主体的税收法律责任

纳税主体的税收法律责任是指纳税人、扣缴义务人等因实施税收违法行为而应承担的否定性法律后果。明确纳税主体的税收法律责任，有助于确保纳税主体依法履行纳税义务，保障国家的税收利益。税法历来将纳税主体作为重点规范对象，与之相应，纳税主体的法律责任则是税收法律责任领域中的重要内容。

一、纳税主体税收法律责任概述

纳税主体作为税收法律关系中依法履行纳税义务的一方当事人，是国家税收的直接承担者。《宪法》规定："中华人民共和国公民有依照法律纳税的义务。"然而，税收

---

[1] 马克昌. 经济犯罪的罪与非罪界限 [J]. 法学，1994（4）.
[2] 高铭暄. 新型经济犯罪研究 [M]. 北京：中国方正出版社，2000：54.
[3] 杨书文. 经济犯罪立案追诉标准的理解与适用 [J]. 江西警察学院学报，2013（2）.

具有的"侵益性"往往会使纳税主体产生消极对抗心理,而这种对抗心理又往往是促使其违反税收法定义务的原始冲动。① 如果税法不对纳税主体的法律责任作出明确规定,则不足以对其形成有效威慑,国家的税收利益也就难以得到保障。

《刑法》《税收征收管理法》《发票管理办法》等法律法规对纳税主体的各种税收违法行为及相应的法律责任作了明确规定。根据纳税主体违反税收制度的不同,其税收违法行为可分为违反税收日常管理制度的行为、违反税款征收制度的行为以及违反发票管理制度的行为。根据行为违法程度的不同,纳税主体将承担不同的税收行政法律责任或刑事法律责任。

二、纳税主体的税收违法行为

(一)纳税主体违反税收日常管理制度的行为

1. 违反税务登记管理制度的行为

包括:从事生产、经营的纳税人不办理税务登记,或者未按照规定的期限,持相关证件向税务机关申报办理、变更或注销税务登记;纳税人未按照规定使用税务登记证件,或者转借、涂改、损毁、买卖、伪造税务登记证件;纳税人通过提供虚假的证明资料等手段,骗取税务登记证;纳税人未按照规定办理税务登记证验证和换证手续;纳税人未按照规定在银行或者其他金融机构开立基本存款账户和其他存款账户,并将全部账号报告给税务机关;扣缴义务人未按照规定办理扣缴税款登记。

2. 违反账簿、凭证管理制度的行为

包括:纳税人、扣缴义务人未按照规定设置账簿,未根据合法、有效凭证记账,进行核算;纳税人、扣缴义务人未按照规定的保管期限保管账簿、记账凭证、完税凭证及其他有关资料,或伪造、变造、擅自损毁上述资料;纳税人未按照规定将其财务、会计制度或者财务、会计处理办法和会计核算软件报送税务机关备案;纳税人未按照规定安装、使用税控装置,或损毁、擅自改动税控装置。

3. 违反纳税申报管理制度的行为

包括:纳税人未按照规定的期限办理纳税申报和报送纳税资料;扣缴义务人未按照

---

① 刘剑文. 纳税主体法理研究[M]. 北京:经济管理出版社,2006:186.

规定的期限向税务机关报送代扣代缴、代收代缴税款报告表和有关资料。

4. 违反税务检查制度的行为

包括：纳税人、扣缴义务人拒绝接受税务机关依法进行的税务检查，隐瞒有关情况，拒绝提供有关资料。

（二）纳税主体违反税款征收制度的行为

1. 欠税行为

欠税行为是指纳税主体超过法律规定的期限或税务机关依法确定的期限应缴未缴或少缴税款的行为。

2. 逃税行为[①]

逃税行为是指纳税人采取欺骗、隐瞒手段进行虚假纳税申报或者不申报，逃避缴纳税款的行为。扣缴义务人采取前述相同手段，不缴或者少缴已扣、已收税款的，同样属于逃税行为。采取欺骗、隐瞒手段进行虚假纳税申报的行为包括：设立虚假的账簿、记账凭证，对账簿、记账凭证进行涂改，未经批准擅自将正在使用中或尚未过期的账簿、记账凭证销毁，在账簿上多列支出或者不列、少列收入等。不申报的行为则主要表现为：从事生产、经营活动的纳税人不到税务机关办理税务登记，已经办理税务登记的纳税人有经营活动却不向税务机关申报，以及经税务机关通知申报而拒不申报等。

3. 逃避追缴欠税行为

逃避追缴欠税行为是指纳税人在欠缴应纳税款的情况下，采取转移或者隐匿财产的方式，妨碍税务机关追缴欠缴税款的行为。逃避追缴欠税行为以欠缴应纳税款为前提，但又与欠税行为有着明显不同，二者的关键区别在于，欠税主体是否采取了转移或者隐匿财产的手段来达到其非法获利的目的。

4. 骗取出口退税行为

骗取出口退税行为是指纳税人以假报出口或者其他欺骗手段，骗取国家出口退税款的行为。与逃税行为相比，骗取出口退税行为具有明显的公开欺骗性。行为人以公开欺骗的手段，骗取税务机关信任，把已缴至国库的税款骗归己有，损害国家利益。

[①] 2009年，《刑法修正案（七）》第三条对刑法第二百零一条进行了修改，并将原刑法第二百零一条规定的偷税罪修改为逃税罪。但是，《税收征收管理法》并未作相应修改，依然沿用"偷税"的说法。为了行文方便，我们不对"偷税行为"和"逃避追缴税款行为"作区分，统一表述为"逃税行为"。

5. 抗税行为

抗税行为是指以暴力、威胁方法拒不缴纳税款的行为。以暴力方法抗税致人重伤或者死亡的，按照转化犯[①]处理，以故意伤害罪或故意杀人罪来定罪量刑。《税收征收管理法》和《刑法》均未明确抗税行为的行为主体。在"单位不会实施暴力、威胁行为"这一传统刑法理论的影响下，《刑法》第二百一十一条排除了单位的抗税罪主体资格。由此可知，抗税行为主体可以是自然人纳税人和自然人扣缴义务人，也可以是单位纳税人和单位扣缴义务人的直接责任人员，但不能是单位本身。

6. 应扣未扣、应收不收的行为

纳税主体的此类违法行为是指扣缴义务人未按税法的规定对纳税人应扣、应收的税款不扣、少扣或不收、少收的行为。

（三）纳税主体违反发票管理制度的行为

发票管理是税收管理的重要内容，违反发票管理制度的行为属于违反凭证管理制度行为的范畴。但是，与一般凭证不同，发票作为记录纳税主体经济业务的原始凭证，在税收征管中发挥着特殊作用。"发票违法历来是税收违法中最普遍、最猖獗的行为"[②]。我国不仅在《税收征收管理法》中对发票管理进行了规定，国务院还制定了专门的《发票管理办法》，对纳税主体的发票开具、使用等行为作出详细规范。在《刑法》"危害税收征管罪"的16个罪名中，有14个都与发票有直接的关系。因此，我们认为有必要对违反发票管理制度的行为单独进行研究。

纳税主体违反发票管理制度的情况主要有：单位、个人在购销商品、提供或者接受经营服务以及从事其他经营活动时，未按照规定开具、使用、取得发票；开具发票的单位和个人未按规定建立发票使用登记制度，设置发票登记簿，并定期向主管税务机关报告发票使用情况；开具发票的单位和个人未在办理变更或者注销税务登记的同时，办理发票和发票领购簿的变更、缴销手续；开具发票的单位和个人未按照税务机关的规定存放和保管发票，或擅自损毁发票；纳税人非法为他人代开发票；纳税人转借、转让发票；纳税人知道或者应当知道是私自印制、伪造、变造、非法取得或者废止的发票而受让、

---

① 转化犯是指在非法行为（含违法行为与犯罪行为）的实施过程中或者非法状态的持续过程中，由于出现了法律规定的行为、方法或者后果等转化条件，而使违法行为转化为犯罪或者是轻罪行为转化为重罪，并以转化后的犯罪或重罪进行定罪处罚的犯罪形态。

② 李小波. 税收违法与犯罪的认定与追究实务 [M]. 北京：中国税务出版社，2011：144.

开具、存放、携带、邮寄、运输等。除上述情况之外，纳税主体的发票违法行为还可能有虚开发票，伪造、非法制造或者出售伪造、非法制造的发票，非法出售发票，非法购买、购买伪造的发票，持有伪造的发票，盗窃、诈骗发票等。虽然这些行为的主体可以是任何单位和个人，但不可否认的是，纳税主体作为发票的使用者，极有可能是这些发票违法行为的行为人。

三、纳税主体违法应承担的法律责任

（一）行政责任

纳税主体的税收行政责任是指纳税主体因实施一般税收违法行为而承担的法律责任，与实施税收犯罪行为而应承担的税收刑事责任相对。纳税主体的税收行政责任包括补救性责任和惩罚性责任两种。

1. 补救性税收行政责任

补救性税收行政责任意在恢复遭受破坏的税收法律秩序，不以惩罚为目的，具有事后救济性。在《税收征收管理法》《发票管理办法》等税收法律法规中，责令改正、补缴税款是典型的补救性行政责任。

责令改正是指税务机关依职权责令税务行政相对人停止、纠正其违法行为，是行政命令的一种形式，不具惩罚性，主要适用于纠正纳税主体违反税收日常管理制度和发票管理制度的行为，目的在于恢复原状，维持法定的税收秩序或者状态。在纳税主体违法行为情节轻微没有必要给予惩罚时，可以单独适用责令改正。例如，《税收征收管理法》第六十一条规定，扣缴义务人未按照规定设置、保管代扣代缴、代收代缴税款账簿或者保管代扣代缴、代收代缴税款记账凭证及有关资料的，由税务机关责令限期改正。《发票管理办法》第三十六条规定，跨规定的使用区域携带、邮寄、运输空白发票，以及携带、邮寄或者运输空白发票出入境的，由税务机关责令改正。根据《行政处罚法》的规定，如果纳税主体的违法行为较为严重，需要给予行政处罚时，应当同时适用责令改正。例如，《税收征收管理法》第六十四条规定："纳税人、扣缴义务人编造虚假计税依据的，由税务机关责令限期改正，并处五万元以下的罚款。"

补缴税款是指纳税主体在发生欠税、逃税、逃避追缴欠税、抗税、骗税等违法行为后，按照税务机关的要求补缴其少缴、未缴或骗取的税款，主要适用于纠正纳税主体违反税款征收制度的行为，目的在于保全国家的税收利益。与责令改正不同的是，补缴税款一般不单独适用，而是与加收滞纳金、行政处罚乃至刑事处罚同时适用。虽然补缴税款本身并不具惩罚性，但却与惩罚性法律责任紧密相连。例如，《税收征收管理法》第六十五条规定："纳税人欠缴应纳税款，采取转移或者隐匿财产的手段，妨碍税务机关追缴欠缴的税款的，由税务机关追缴欠缴的税款、滞纳金，并处欠缴税款百分之五十以上五倍以下的罚款；构成犯罪的，依法追究刑事责任。"

2. 惩罚性税收行政责任

（1）行政处罚。按照《行政处罚法》《行政许可法》《税收征收管理法》《发票管理办法》《税务行政复议规则》等法律法规和行政规章规定，纳税主体承担的行政处罚种类有警告、罚款、没收违法所得、没收非法财物、停止出口退税权。

警告是典型的申诫罚，是最轻微、对违法行为人损害最小的一种处罚，它"既不针对行为人的人身自由，也不影响行为人的财产权利，而仅仅针对名誉权。"[1] 在《税收征收管理法》《发票管理办法》等税收法律法规中，并未设定警告这种行政处罚方式。但《行政许可法》第七十八条规定："行政许可申请人隐瞒有关情况或者提供虚假材料申请行政许可的，行政机关不予受理或者不予行政许可，并给予警告。"例如，如果"对增值税防伪税控系统最高开票限额的审批"项目的行政许可申请人隐瞒情况或者提供虚假材料申请该项行政许可，按照《行政许可法》的规定，税务机关有权给予警告。

罚款是指税务机关强制违法纳税主体在一定期限内缴纳一定数量货币的处罚方式，属于财产罚。罚款是违法纳税主体承担行政处罚的最普遍形式。《税收征收管理法》和《发票管理办法》中，绝大多数有关纳税人、扣缴义务人法律责任的条款中都有关于罚款的规定。例如，《税收征收管理法》第六十九条规定："扣缴义务人应扣未扣、应收而不收税款的，由税务机关向纳税人追缴税款，对扣缴义务人处应扣未扣、应收未收税款百分之五十以上三倍以下的罚款。"《发票管理办法》第三十六条规定："跨规定的使用区域携带、邮寄、运输空白发票，以及携带、邮寄或者运输空白发票出入境的，由税务机关责令改正，可以处 1 万元以下的罚款；情节严重的，处 1 万元以上 3 万元以下的罚款。"有学者指出，与其他国家相比，我国的税收罚款较为严厉，而且行政裁量权较大，"违背了税法比例原则，不利于公正执法。"[2]

---

[1] 谢祥为，张哲. 行政处罚法定种类评析 [J]. 江西社会科学，2003（2）.
[2] 刘剑文. 财税法学 [M]. 北京：高等教育出版社，2004：679.

没收违法所得是指税务机关对纳税主体取得的违法所得财物的所有权进行强制性剥夺的处罚方式，也属于财产罚。这种方式主要用于对纳税主体的发票违法行为进行处罚，且多数情况下可与罚款并用。例如，《发票管理办法》第三十七条规定："违反本办法第二十二条第二款的规定虚开发票的，由税务机关没收违法所得；虚开金额在1万元以下的，可以并处5万元以下的罚款；虚开金额超过1万元的，并处5万元以上50万元以下的罚款"。之所以作出这样的规定，是因为纳税人实施的很多发票违法行为都能够为其带来经济收益，如果仅仅只对其处以罚款而不没收违法所得，则难以对其形成有力打击，行政处罚就难以起到应有的制裁和震慑作用。没收非法财物是指税务机关对纳税主体用于非法活动的财物进行无偿收缴的处罚方式，也属于财产罚。这种行政处罚方式主要适用于纳税主体非法制造发票、发票防伪专用品，伪造发票监制章等行为，与罚款、没收违法所得并用。《税收征收管理法》第七十一条规定："非法印制发票的，由税务机关销毁非法印制的发票，没收违法所得和作案工具，并处一万元以上五万元以下的罚款。"《发票管理办法》也有与之类似的规定。

停止出口退税权是针对纳税主体骗税行为的行政处罚方式，属于行为罚。《税收征收管理法》第六十六条规定："对骗取国家出口退税款的，税务机关可以在规定期间内停止为其办理出口退税。"国家税务总局《出口货物劳务增值税和消费税管理办法》（国家税务总局公告2012年第24号）对此作了详细规定。根据出口企业或其他单位骗取国家出口退税款数额的大小及其他情形的不同，主管税务机关可对其处以停止半年以上、3年以下期间出口退税资格的处罚。

（2）惩罚性行政管理措施。按照《税收征收管理法》《发票管理办法》等法律法规规定，除行政处罚外，税务机关还有权对纳税主体的一般违法行为采取一些具有惩罚意味的行政管理措施，主要有加收滞纳金、违法行为公告、收缴发票或停止发售发票等。

加收滞纳金是一种兼具经济赔偿、执行罚、经济制裁等多重性质的行政管理措施。首先，滞纳金被用来补偿纳税人因占用国家税款而给国家造成的损失。其次，加收滞纳金是税务机关给纳税人设定的新的金钱给付义务，用来督促其履行纳税责任，具有一定的执行罚性质。再次，加收滞纳金还具有一定的经济制裁性质。按照《税收征收管理法》的规定，税收滞纳金年加收率18.25%，远高于银行同期贷款利率，带有明显的惩罚意味。

违法行为公告是指税务机关根据税法规定，将纳税主体违反税法的情况公示于社会，其目的在于发挥社会监督作用，督促违法纳税主体停止、纠正违法行为。违法行为公告本质上是税务机关的一种行政事实行为，它只是把纳税主体的违法事实公诸于世，本身并不具惩罚性，也不改变纳税主体的权利义务。但是，公告一经作出，客观上便会对纳税人的声誉造成严重的负面影响，不利于其进行正常融资和从事生产经营活动[①]。可见，公告在事实上具有一定的惩罚性。《发票管理办法》第四十条规定："对违反发票管理规定 2 次以上或者情节严重的单位和个人，税务机关可以向社会公告。"《发票管理办法实施细则》对此进行了细化解释，即：税务机关应当在办税场所或者新闻媒体上公告纳税人发票违法的情况，公告内容包括纳税人名称、纳税人识别号、经营地点以及具体违法情况。与之相似的是，《税收征收管理法》第四十五条规定："税务机关应当对纳税人欠缴税款的情况定期予以公告。"

收缴发票或停止发售发票是指税务机关停止违法纳税主体的发票使用资格。《税收征收管理法》第七十二条规定："从事生产、经营的纳税人、扣缴义务人有本法规定的税收违法行为，拒不接受税务机关处理的，税务机关可以收缴其发票或者停止向其发售发票。"发票使用资格被剥夺，必然会影响纳税主体正常生产、经营活动的开展。有学者认为，收缴发票或停止发售发票是行政处罚的一种。[②] 我们之所以不将其列入行政处罚，是因为《行政处罚法》未对其作明文规定。虽然《行政处罚法》第八条中有"法律、行政法规规定的其他行政处罚"这一兜底条款，但国家税务总局并未将收缴发票或停止发售发票认定为行政处罚。[③]

（二）刑事责任

1. 危害税款征收类犯罪

危害税款征收类犯罪包括逃税罪、抗税罪、逃避追缴欠税罪、骗取出口退税罪四个罪名，《刑法》对其定罪量刑分别作了规定。

逃税罪是指纳税人采取欺骗、隐瞒手段进行虚假纳税申报或者不申报，逃避缴纳税款达到一定数额的行为。扣缴义务人采取相同手段，不缴或者少缴已扣、已收税款数额较大的，同样构成逃税罪。纳税人构成本罪，须满足两个条件：一是逃税数额较大；二

---

① 刘承智. 欠税公告的法律性质、行为原则与正当程序 [J]. 财会月刊，2007（24）.
② 刘剑文. 纳税主体法理研究 [M]. 北京：经济管理出版社，2006：199.
③ 《税务行政复议规则》（国家税务总局令第21号）第十四条第五款规定："行政处罚行为：1. 罚款；2. 没收财物和违法所得；3. 停止出口退税权。"以列举的形式明确了税务行政处罚的范围。

是逃税数额占应纳税额的 10% 以上。而扣缴义务人构成本罪，仅需满足数额较大一个条件即可。根据《立案追诉标准（二）》，数额较大是指逃避缴纳税款 5 万元以上。纳税人或者扣缴义务人有未经处理的多次逃税行为的，逃税金额应按照累计数额计算。纳税人有逃税行为，经税务机关依法下达追缴通知后，补缴应纳税款和滞纳金，已受行政处罚的，即使逃税达到前述数额标准，也不予追究刑事责任，但 5 年内因逃税受过刑事处罚或者被税务机关给予二次以上行政处罚的除外。按照《立案追诉标准（二）》，纳税人在公安机关立案后再补缴税款、缴纳滞纳金或者接受行政处罚的，不影响刑事责任的追究。逃税罪的法定最高刑为 7 年有期徒刑，并处罚金。

抗税罪是指纳税人、扣缴义务人以暴力、威胁方法拒不缴纳应缴税款的行为。根据《立案追诉标准（二）》第五十八条的规定，抗税罪的立案追诉标准是：（1）造成税务工作人员轻微伤以上的；（2）以给税务工作人员及其亲友的生命、健康、财产等造成损害为威胁，抗拒缴纳税款的；（3）聚众抗拒缴纳税款的；（4）以其他暴力、威胁方法拒不缴纳税款的。四者满足其一即可。抗税罪的法定最高刑是 7 年有期徒刑，并处罚金。

逃避追缴欠税罪是指纳税人欠缴应纳税款，采取转移或者隐匿财产的手段，致使税务机关无法追缴欠缴税款达到一定数额的行为。逃避追缴欠税数额，是指纳税人存在欠税的情况下，通过转移、隐匿财产致使税务机关无法追缴的税款数额。根据《刑法》和《立案追诉标准（二）》的规定，纳税人逃避追缴欠税数额达到 1 万元以上的，构成本罪。逃避追缴欠税罪的法定最高刑是 7 年有期徒刑，并处罚金。

骗取出口退税罪是指纳税人以假报出口或者其他欺骗手段，骗取出口退税款数额较大的行为。根据《立案追诉标准（二）》第六十条的规定，骗取出口退税款数额较大是指 5 万元以上。骗取出口退税罪的法定最高刑为无期徒刑，并处罚金或没收财产。

2. 危害发票管理类犯罪

危害发票管理类犯罪包括虚开增值税专用发票、用于骗取出口退税、抵扣税款发票罪，虚开普通发票罪，伪造、出售伪造的增值税专用发票罪，非法出售增值税专用发票罪，非法购买增值税专用发票、购买伪造的增值税专用发票罪，非法制造、出售非法制造的用于骗取出口退税、抵扣税款发票罪，非法出售用于骗取出口退税、抵扣税款发票罪，非法制造、出售非法制造的发票罪，非法出售发票罪，盗窃罪、诈骗罪和持有伪造的发票罪。此处的盗窃罪、诈骗罪仅指纳税主体或其他主体盗窃、诈骗增值税专用发票或用于骗取出口退税、抵扣税款的其他发票的犯罪行为。

对于虚开增值税专用发票或者虚开用于骗取出口退税、抵扣税款的其他发票的行为，虚开的税款数额在1万元以上或者致使国家税款被骗数额在5000元以上的，应予立案追诉。

对于虚开普通发票的行为，虚开发票100份以上或者虚开金额累计在40万元以上的，或者虽未达到上述数额标准，但五年内因虚开发票行为受过行政处罚二次以上又虚开发票的，应予立案追诉。

对于伪造、出售伪造的增值税专用发票的行为，非法出售增值税专用发票的行为，非法购买增值税专用发票、购买伪造的增值税专用发票的行为，涉案增值税专用发票达到25份以上或者票面额累计达到10万元以上的，应予立案追诉。

对于非法制造、出售非法制造的用于骗取出口退税、抵扣税款的其他发票的行为以及非法出售用于骗取出口退税、抵扣税款的其他发票的行为，伪造、擅自制造或者出售伪造、擅自制造的发票，或者非法出售的发票在50份以上或者票面额累计在20万元以上的，应予立案追诉。

对于非法制造、出售非法制造普通发票的行为以及非法出售普通发票的行为，伪造、擅自制造或者出售伪造、擅自制造的发票，或者非法出售的发票在100份以上或者票面额累计在40万元以上的，应予立案追诉。

对于明知是伪造的发票而持有的行为，数量较大的，即构成持有伪造的发票罪。此处的发票包括增值税专用发票、用于骗取出口退税、抵扣税款的其他发票以及普通发票。根据《立案追诉标准（二）的补充规定》，持有伪造的增值税专用发票50份以上或者票面额累计20万元以上的，持有伪造的可以用于骗取出口退税、抵扣税款的其他发票100份以上或者票面额累计40万元以上的，持有伪造的普通发票200份以上或者票面额累计80万元以上的，应予立案追诉。

对于盗窃增值税专用发票或者可以用于骗取出口退税、抵扣税款的其他发票的，应当依照盗窃罪的规定定罪处罚。根据《最高人民法院关于审理盗窃案件具体应用法律若干问题的解释》，盗窃增值税专用发票或者可以用于骗取出口退税、抵扣税款的其他发票25份以上的，属数额较大，构成盗窃罪。即使盗窃此类发票份数不足25份，但若具有多次盗窃、入户盗窃、携带凶器盗窃、扒窃等情节的，同样也应构成盗窃罪。

对于诈骗增值税专用发票或者可以用于骗取出口退税、抵扣税款的其他发票的，依照诈骗罪的规定定罪处罚。《刑法》第二百六十六条规定:"诈骗公私财物,数额较大的,处三年以下有期徒刑、拘役或者管制,并处或者单处罚金。"根据《最高人民法院关于适用〈全国人民代表大会常务委员会关于惩治虚开、伪造和非法出售增值税专用发票犯罪的决定〉的若干问题的解释》(法发〔1996〕30号),"数额较大"是指诈骗增值税专用发票或者可以用于骗取出口退税、抵扣税款的其他发票50份以上。

第三节 征税主体的税收法律责任

征税主体的税收法律责任是指税务机关和税务人员由于实施税收违法行为而应依法承担的否定性法律后果。明确征税主体的税收法律责任有利于确保税务机关和税务人员法定职责得以履行。为了规范税务机关和税务人员的执法行为,《税收征收管理法》和《刑法》等法律法规对税务机关和税务人员的法律责任作了明确规定。2012年,监察部、人力资源和社会保障部、国家税务总局联合发布了《税收违法违纪行为处分规定》,进一步完善了税收违法违纪行为的惩处制度。

一、征税主体的税收法律责任概述

根据《税收征收管理法》第五条第一款和第五款规定,国务院税务主管部门主管全国税收征收管理工作,税务机关依法执行职务,任何单位和个人不得阻挠。税务机关应依照法定权限,履行税务行政管理的职责。这包括两方面含义:一方面,税务机关有开展税务管理的权力;另一方面,税务机关也有维护国家税收利益和保障纳税人合法权益的职责。税务机关如果有任何滥用权力或者懈怠职责的行为,都将依法承担法律责任。

征税主体包括作为组织的税务机关和作为自然人的税务人员,他们在税收法律关系中的地位和作用既有联系又有区别,承担法律责任的能力和方式也有所区别。有的税收违法行为的主体只能是税务机关,如擅自改变征管范围和税款入库预算级次的行为;有的税收违法行为的主体既可以是税务机关,也可以是税务人员,如违法提前征收、延缓征收或者摊派税款的行为;有的税收违法行为的主体只能是税务人员,如徇私舞弊、玩忽职守不征或者少征税款的行为。

根据征税主体违法行为违反的法律性质的不同，可以将其分为两类，一类是违反实体法的行为，主要体现为违反法定的征税义务；另一类是违反程序法的行为，主要体现为违反依法告知、保守秘密等程序义务。按照征税主体违法行为侵害对象的不同，也可将其分为两类，一类是侵害国家税收利益、破坏税收征管秩序的行为；另一类是侵害纳税人合法权益的行为。

二、税务机关违法行政行为

根据法律规定，税务机关在履行职责过程中，应当被追究法律责任的违法行政行为主要包括：

（一）侵害国家税收利益、破坏税收征管秩序的行为

1. 擅自改变征管范围和税款入库预算级次

为了保证各级收入及时足额入库，确保国家和地方政府财政收入保持稳定，各级税务机关应严格按照国务院规定的征管范围和税款入库预算级次分别征收管理。对于违反规定擅自改变税收征收管理范围和税款入库预算级次的，应追究直接负责的主管人员和其他责任人员的法律责任。

2. 违法提前征收、延缓征收或者摊派税款

包括三种情况：一是提前征收。即在法定纳税期限之前要求纳税人、扣缴义务人提前缴税。二是延缓征收。即违反法律法规规定，准许纳税人、扣缴义务人延缓缴税。三是摊派税款。即不按法定计税依据、计税标准征收税款。该行为的主体既包括税务机关和税务人员，同时也包括其他有权决定或者影响税务机关履行职责的国家机关或者个人。

3. 违法作出税收的开征、停征或者减税、免税、退税、补税等决定

包括三种情况：一是擅自开征或者停征税种。按照我国法律规定，税收立法权高度集中在中央。地方政府未经上级同意擅自开征或者停征税种，即使是以规章、文件的形式进行，该行政行为也是违法的。二是擅自作出减税、免税、退税、补税的决定。擅自扩大减免税范围，放宽减免税期限，损害税法的统一性和严肃性，破坏公平竞争的市场经济秩序，必须坚决纠正并追究相关人员的责任。三是擅自作出其他同税收法律、行政法规相抵触的规定。按照法律规定，地方政府、有关部门只能对法律法规加以细化，作出程序性规定，不得作出任何与税收法律法规相抵触的规定。该行为的主体既包括

税务机关和税务人员，也包括其他有权决定或者影响税务机关履行职责的国家机关或者个人。

4. 私分、挪用、截留、非法占有税款、滞纳金、罚款或者查封、扣押的财物以及纳税担保财物

私分，是指违反规定对有关款项或者财物私自处分，分配给单位或者个人。挪用，是指违反规定改变有关款项或者财物的用途。截留，是指以欺骗、隐瞒或者拒不执行法律规定等手段，非法扣留应当上缴的款项或者财物的全部或者部分。非法占有，是指以非法的手段实现对有关款项或者财物的占有。例如，违法使用查封、扣押的纳税人车辆，不依法处置抵缴税款；违法使用或者非法占有纳税人作为纳税担保物向税务机关质押的财物。

5. 其他损害国家税收利益的行为

主要是指税务机关或者税务人员对管辖范围内的税收违法行为，发现后不予处理或者故意拖延查处，致使国家税收遭受损失的行为。例如，税务机关或者税务人员发现有纳税人未按规定办理税务登记、没有申报纳税，不依法责令限期办理税务登记并补缴税款。再如，税务机关应当进行税务检查，但未按规定进行检查；对于经检查发现的税收违法犯罪案件，不移交司法机关，以行政处罚代替刑罚等。

（二）侵害纳税人合法权益的行为

1. 违反规定要求纳税人购买、使用指定的税控装置

根据《国家税务总局关于印发〈税控收款机推广应用实施意见〉的通知》（国税发〔2004〕110号）的规定，取得税控收款机生产许可证的企业销售税控产品的方式，由生产企业自行确定。税务机关不得以任何方式为生产企业推荐、指定代理商，或者为税控收款机用户指定品牌和机型，强制用户选购某种产品。

2. 违法采取税收保全和强制执行措施

《税收征收管理法》规定，税务机关有权对有明显的逃税迹象，又不能提供纳税担保的纳税人，采取税收保全措施。但是为了防止税务机关滥用权力，《税收征收管理法》也明确提出，纳税人在规定的限期内缴纳税款的，税务机关必须立即解除税收保全措施。税务机关也不得将纳税人个人及其所扶养家属维持生活必需的住房和用品列入税收保全措施的范围。

3. 违法实施税务行政处罚

主要包括：税务机关、税务人员没有法定依据或者不遵守法定程序实施行政处罚；擅自改变行政处罚种类和幅度；违反法定的行政处罚程序，处罚、没收财物不使用法定单据；违反规定自行收缴罚款；截留、私分罚款、没收的违法所得；使用或者毁损扣押的财物；违法实施检查措施或者执行措施等。

三、税务人员违法行为

（一）侵害国家税收利益、破坏税收征管秩序的行为

1. 与纳税人、扣缴义务人勾结，唆使或者协助纳税人、扣缴义务人逃税、逃避追缴欠税、骗税

勾结是指与征管对象共谋、策划，或与征管对象有共谋前提下，利用职务之便为征管对象逃税、逃避追缴欠税、骗税提供方便。唆使是指指导、教唆征管对象逃税、逃避追缴欠税、骗税。协助是指根据征管对象的不法要求为其逃税、逃避追缴欠税、骗税提供机会和条件。本行为可能构成逃税罪、逃避追缴欠税罪、骗取出口退税罪的共犯。税务人员勾结、教唆或者协助纳税人、扣缴义务人犯罪的，应当就其在共同犯罪中所起的作用处罚。

2. 徇私舞弊、玩忽职守不征或者少征税款

徇私舞弊，是指国家工作人员利用职务上的便利和权力，为徇私情、私利，故意实施违反法律、行政法规，弄虚作假的行为。玩忽职守，是指不认真、不负责地对待本职工作。不征或者少征应征税款的行为表现在税收征管的各个环节中，如税务登记、账簿凭证管理、纳税申报、税款征收以及税务检查等。税务工作人员只要在上述各个环节中违背事实和法律、法规、滥用征管职权，做虚假税务登记，涂改账簿，伪造纳税凭证，擅自减少应纳税额等，都是徇私舞弊行为。

3. 徇私舞弊发售发票、抵扣税款、出口退税

指税务人员在发售发票、抵扣税款、出口退税的工作中，弄虚作假、营私舞弊，致使国家利益遭受重大损失。发票包括增值税专用发票，用于骗取出口退税、抵扣税款的其他发票以及普通发票。抵扣税款，是指税务机关对购货方在购进商品时将供货方收取的增值税税款抵扣掉，只征收购货方作为生产者、经营者在销售其产品或者商品环节增

值部分的税款。出口退税，是指税务机关依法在出口环节向出口商品的生产者、经营者退还该商品在生产环节、流通环节已征收的增值税和消费税。

（二）侵害纳税人合法权益的行为

1．滥用职权，故意刁难纳税人、扣缴义务人

滥用职权，是指违反法定权限、程序、内容和要求行使职权的行为。刁难，是指违反规定人为设置障碍，故意拖延不予办理以及其他人为给涉税事项的办理增添困难的行为。本行为不以是否给纳税人造成损害后果为要件。

2．对控告人、检举人打击报复

税务人员直接或者指使他人对控告人、检举人进行威胁、恐吓、陷害以及伤害，或者非法利用职权和职务影响，给控告人、检举人的人身或者财产权利造成伤害或者损害。

3．在履行职务过程中侵害公民、法人或者其他组织合法权益

法律法规对公民、法人或者其他组织作为纳税人或者其他税务行政管理相对人的权益作了明确规定。国家税务总局以公告的形式进一步明确了纳税人权利。如果税务人员在履职过程中侵害了纳税人这些合法权益，则应追究法律责任。

4．未按规定回避

税务人员在核定应纳税额、调整税收定额、进行税务检查、实施税务行政处罚、办理税务行政复议时，凡是与纳税人、扣缴义务人或者法定代表人、直接责任人有夫妻关系、直系血亲关系、三代以内旁系血亲关系、近姻亲关系以及其他可能影响公正执法的利害关系的，应当遵守回避规定。

5．未按规定为纳税人、扣缴义务人、检举人保密

税务机关查询纳税人、扣缴义务人存款账户，以及税收案件涉案人员的账户时，不得将查询所获资料，用于税收以外的用途。税务人员必须为检举人保守秘密，保密责任包括：只能将了解的检举人情况用于查处税收违法违纪行为，只能让参与查处举报案件的税务人员知悉举报人的相关情况；不得私自摘抄、复制、扣压、销毁检举材料；严禁泄露检举人的姓名、单位、地址、联系方式等情况；严禁将检举情况透露给被检举人及与案件查处无关的人员；调查核实情况时不得出示检举信原件或者复印件；对匿名的检举书信及材料，除了特殊情况外，不得鉴定笔迹；公开表彰宣传应当事先征得检举人的

书面同意。

6. 受贿

税务人员受贿，包括收受一切物质和非物质利益。《税收征收管理法》第八十一条规定："税务人员利用职务上的便利，收受或者索取纳税人、扣缴义务人财物或者谋取其他不正当利益，构成犯罪的，依法追究刑事责任；尚不构成犯罪的，依法给予行政处分。"利用职务上的便利，是指利用职权或者与职务有关的便利条件，比如税务人员依法行使的审批权、检查权、处罚权等。需要注意的是，利用本人职位的影响，通过其他税务人员职务上的行为，为请托人谋取利益，而本人向请托人索取或者接受财物的，以受贿论处。本行为包括以下两种情况：（1）收受财物或者索取纳税人、扣缴义务人财物。《税收违法违纪行为处分规定》进一步明确以借用为名占用纳税人、扣缴义务人财物也属于受贿行为。（2）谋取其他不正当利益。包括除有形钱物外的可以用金钱计量的物质性利益，如"吃拿卡要报"、免费旅游、权色交易等。以明显低于市场的价格向管辖范围内纳税人购买物品；以明显高于市场的价格向管辖范围内纳税人出售物品；利用职权向纳税人介绍经营业务，谋取不正当利益等行为也应追究行政纪律责任。

四、征税主体违法应承担的法律责任

税务机关和税务人员作为执法主体实施税收违法行为不仅对纳税人经济、经营行为、信誉等方面会产生负面影响，也会直接损害国家的税收利益和政府的公信力，具有严重的危害性，法律法规规定了两个层面的法律责任。

（一）行政责任

1. 撤销税务行政行为

即税务具体行政行为存在违法或不当，在具备可撤销的情形下，由有权撤销机关予以撤销而使之失去法律效力。

2. 确认税务行政行为违法或者无效

根据《行政处罚法》规定，行政机关及其执法人员在作出行政处罚决定之前，不向当事人告知给予行政处罚的事实、理由和依据或者拒绝听取当事人的陈述、申辩，行政处罚决定不能成立；没有法定依据或者不遵守法定程序的，行政处罚无效。

3. 重新作出税务行政行为

适用于具体行政行为被撤销、确认违法或者无效的情形。

4. 变更税务行政行为

复议机关和人民法院对于税务机关具体行政行为明显不当或者适用依据错误的；认定事实不清，证据不足的；行政处罚显失公正的，可以决定或者判决变更。

5. 责令在一定期限内履行

税务机关不履行或者拖延履行法定职责的，上级机关可以责令及时履行；行政复议机关或者法院可以决定或者判决其在一定期限内履行。

6. 责令改正

对于违反法律、法规规定提前征收、延缓征收或者摊派税款的；税务机关在检举管理工作中不履行职责、推诿、敷衍、拖延的；行政处罚不当的，上级机关有权责令下级行政机关改正。

7. 对直接负责的主管人员和其他直接责任人员给予行政处分

直接负责的主管人员是指对违法行为起决定、批准、授意、指挥作用的人员。其他直接负责人员是在具体实施违法行为中起较大作用的人员。按照《公务员法》的规定，行政处分包括：警告、记过、记大过、降级、撤职、开除。《税收违法违纪行为处分规定》对不同违法行为应给予的处分类型作了明确的规定，对于直接负责人员和其他责任人员，应根据其在违法行为中的地位、作用和情节，分别给予相应的行政处分。

8. 税务行政赔偿

行政赔偿包括侵害人身权的赔偿和侵犯财产权的赔偿，税务行政赔偿主要是侵犯财产权导致的直接损失的赔偿，是一种财产上的补救性行政法律责任。

（二）刑事责任

税务人员严重违反国家法律规定，给国家利益或者纳税人的合法权益造成重大损失，构成犯罪的，应承担刑事责任。而税务机关作为组织体，负有多种职能，在具体的责任追究方面，必须考虑其工作的连续性和有效性，从而保障国家职能的持续实现和多数社会公众的利益，因此税务机关的法律责任一般体现为行政责任，不能作为单位犯罪的主体。税务机关作为违法主体的严重违法行为，一般追究税务机关直接负责的主管人员和其他直接责任人员的刑事责任。

1. 税务人员一般性职务犯罪

税务人员作为国家工作人员，可能构成以国家工作人员为主体的一般性职务犯罪，如贪污罪、受贿罪、挪用公款罪、玩忽职守罪、滥用职权罪、报复陷害罪等。这些罪名与税务人员的职务活动密切相关，影响税收征收管理秩序，侵害国家公共管理秩序，属于广义的税务职务犯罪。《税收征收管理法》对税务人员受贿罪、玩忽职守罪和税务人员与纳税人、扣缴义务人勾结，协助或唆使其逃税、逃避追缴欠税、骗取出口退税按共同犯罪处罚作了明确规定。

2. 税收领域特殊职务犯罪

主要包括：一是徇私舞弊不征、少征税款罪。税务人员徇私舞弊，不征或者少征应征税款，致使国家税收遭受重大损失的，构成徇私舞弊不征、少征税款罪。按照《最高人民检察院关于渎职侵权犯罪案件立案标准的规定》，徇私舞弊不征、少征税款致使国家损失累计达10万元以上的，上级主管部门工作人员指使税务机关工作人员徇私舞弊不征、少征税款致使国家税收损失累计达10万元以上的，应予立案。即使造成国家税收损失不满10万元，但如果具有索取或者收受贿赂或者其他恶劣情节的，或者具有其他致使国家税收遭受重大损失的情形的，均应予以立案。二是徇私舞弊发售发票、抵扣发票、出口退税罪。税务人员在办理发售发票、抵扣税款、出口退税工作中徇私舞弊，致使国家利益遭受重大损失的，构成徇私舞弊发售发票、抵扣发票、出口退税罪。按照有关规定，致使国家税收损失累计达10万元以上的即属重大损失，应予立案。即使致使国家税收损失累计不满10万元，但发售增值税专用发票25份以上或者其他发票50份以上或者增值税专用发票与其他发票合计50份以上，或者具有索取、收受贿赂或者其他恶劣情节的，同样应予立案。

值得注意的是，税务人员有徇私舞弊不征、少征税款或徇私舞弊发售发票、抵扣税款、出口退税两种行为，在严重的情况下，同样满足徇私舞弊罪的构成要件，按照法条竞合"特别规定优于一般规定"的原则，应以徇私舞弊不征、少征税款罪或徇私舞弊发售发票、抵扣税款、出口退税罪定罪处罚。在量刑上，徇私舞弊不征、少征税款罪和徇私舞弊发售发票、抵扣税款、出口退税罪的法定最高刑均为15年有期徒刑，而一般的徇私舞弊罪的法定最高刑仅为10年有期徒刑。可见，《刑法》对税务人员的特殊徇私舞弊犯罪的处罚要比一般的徇私舞弊罪更严厉，这也凸显法律对国家税收利益、税收秩序的格外重视和保护。

第四节 其他主体的税收法律责任

维护正常税收秩序，保障国家税收利益，不仅需要征税主体依法征税，纳税主体依法纳税，同时也有赖于其他相关主体严格按照税法规定开展各项税收活动。这些主体包括征税委托主体、征税协助主体、纳税帮助主体以及非特定主体。[①] 征纳双方之外的这些行为主体作出税收违法行为，同样要负相应的法律责任。

一、征税委托主体的税收法律责任

征税委托主体即代征人，是指自愿接受税务机关依法委托，行使代征税款权力并承担委托代征协议规定义务的单位和个人。按照《委托代征管理办法》的规定，代征人可以是行政、事业、企业单位及其他社会组织和个人。但在实践中，个人作为代征人的情况较为少见。

代征人可能发生的税收违法行为主要有：未按照有关法律、行政法规征收税款；因自身责任未征、少征税款；代征人违规多征税款；造成印有固定金额的税收票证损失；未按规定领取、保管、开具、结报缴销税收票证；未按规定期限解缴税款等。

代征人未征、少征税款的，由税务机关向纳税人追缴税款，代征人要承担未征少征税款万分之五的违约金，但代征人将纳税人拒绝缴纳等情况自纳税人拒绝之时起24小时内报告税务机关的除外。代征人违规多征税款的，税务机关责令代征人立即退还，税款已入库的，由税务机关按规定办理退库手续；造成纳税人合法权益受到损失的，由税务机关赔偿，事后向代征人追偿；代征人多取得代征手续费的，应当及时退回。代征人造成印有固定金额的税收票证损失的，应当按照票面金额补缴税款。未按规定领取、保管、开具、结报缴销税收票证的，税务机关应当根据情节轻重，适当扣减代征手续费。代征人未按规定期限解缴税款的，由税务机关责令限期解缴，并可从税款滞纳之日起按日加收未解缴税款万分之五的违约金。

未按照有关法律、行政法规代征税款的人员属于国家工作人员的，根据情节轻重还可给予警告、记过、记大过、降级、撤职等行政处分。

[①] 征税委托主体、征税协助主体、纳税帮助主体等称谓参考：施正文. 论税法主体［J］. 税务研究. 2002（11）.

二、征税协助主体的税收法律责任

征税协助主体是指根据法律规定，必须为征税机关履行征税职责提供支持、帮助的组织和个人。在实践中，征税协助主体主要指银行或其他金融机构，以及负有配合税务机关进行税务检查的义务的其他单位。征税协助主体发生税收违法行为主要有以下三种情况：

一是金融机构未尽税款征收协助义务。纳税人、扣缴义务人的开户银行或者其他金融机构拒绝接受税务机关依法检查纳税人、扣缴义务人存款账户，或者拒绝执行税务机关作出的冻结存款或者扣缴税款的决定，或者在接到税务机关的书面通知后帮助纳税人、扣缴义务人转移存款，造成税款流失。

二是金融机构未尽税务登记协助义务。银行和其他金融机构未依照《税收征收管理法》的规定在从事生产、经营的纳税人的账户中登录税务登记证件号码，或者未按规定在税务登记证件中登录从事生产、经营的纳税人的账户账号。

三是其他单位未尽税务检查协助义务。按照《税收征收管理法》的规定，税务机关有权到车站、码头、机场、邮政企业及其分支机构检查纳税人托运、邮寄应纳税商品、货物或者其他财产的有关单据、凭证和有关资料。有关单位如果拒绝配合，则违反了其协助税务机关进行税务检查的法定义务。

《税收征收管理法》规定了征税协助主体在发生前述违法行为时所应承担的法律责任。金融机构未尽税款征收协助义务的，由税务机关处10万元以上50万元以下的罚款，对直接负责的主管人员和其他直接责任人员处1000元以上1万元以下的罚款。金融机构未尽税务登记协助义务的，由税务机关责令其限期改正，处2000元以上2万元以下的罚款；情节严重的，处2万元以上5万元以下的罚款。车站、码头、机场、邮政企业及其分支机构等未尽税务检查协助义务的，由税务机关责令改正，可以处1万元以下的罚款；情节严重的，处1万元以上5万元以下的罚款。

三、纳税帮助主体的税收法律责任

纳税帮助主体主要是指税务代理人，即接受纳税人或扣缴义务人的委托，在法定的代理范围内以纳税人或扣缴义务人的名义依法代其办理相关税务事宜的专门人员及其工作机构,最常见的是税务师事务所和注册税务师。[①]《税收征收管理法》第八十九条规定:"纳税人、扣缴义务人可以委托税务代理人代为办理税务事宜。"税务代理人未按照委托协议书的规定进行代理,或违反税收法律、行政法规的规定进行代理活动的,应承担相应的法律责任。

罚款是纳税帮助主体承担税收行政责任的主要形式。例如,《税收征收管理法实施细则》规定:"税务代理人违反税收法律、行政法规,造成纳税人未缴或者少缴税款的,对税务代理人处纳税人未缴或者少缴税款50%以上3倍以下的罚款。"《注册税务师管理暂行办法》罚则也对税务师事务所和注册税务师的各种违法行为作出了罚款的规定。警告也适用于税务代理人。按照《注册税务师管理暂行办法》的规定,对于税务师事务所或注册税务师的多数税收违法行为,省级税务局均可单处或并处警告。在很多情况下,税务机关在对违法税务代理人进行行政处罚或者采取其他惩罚性措施的同时,还要将其违法行为进行社会公告,从而对其形象、信誉产生不利影响。

在违法情节较为严重的情况下,税务代理人则会被税务机关剥夺税务代理资格。《注册税务师管理暂行办法》第四十五条规定,注册税务师和税务师事务所违反税收法律、行政法规,造成委托人未缴或者少缴税款的,如果情节严重,由省级税务局撤销注册税务师执业备案或者收回执业证,并提请工商行政管理部门吊销税务师事务所的营业执照。

税务代理人违法进行代理活动,情节特别严重的,可构成刑事犯罪。《注册税务师资格制度暂行规定》(人发〔1996〕116号)第三十一条规定:"注册税务师从事税务代理活动,触犯刑律、构成犯罪的,由司法机关依法惩处。"事实上,税务代理人犯罪,一般都是纳税主体所犯"危害税收征管罪"的共犯,应当按照《刑法》中有关共犯的规定进行定罪量刑。

四、非特定主体的税收法律责任

有些税收违法行为对行为主体没有特定的身份或资格要求,任何单位和个人都可能发生这些行为并负相应的法律责任,这样的行为主体即为非特定主体。非特定主体的税收违法行为主要包括:未经税务机关依法委托征收税款的行为;非法制造或倒卖完税凭证的行为;为纳税人、扣缴义务人非法提供银行账户、发票、证明或者其他方便的行为

[①] 在实践中,会计师事务所和注册会计师,律师事务所和律师等中介机构和人员也可以接受纳税人或扣缴义务人的委托为其办理涉税业务,但此种委托代理关系属于一般意义上的民事委托代理,目前尚无专门的法律法规对其进行约束。

以及违反发票管理制度的行为。

(一)未经税务机关依法委托征收税款行为的法律责任

只有税务机关和依法受税务机关委托的单位和个人才能行使征税职能,其他任何单位或个人均不得私自征收税款。《税收征收管理法》第七十八条规定:"未经税务机关依法委托征收税款的,责令退还收取的财物,依法给予行政处分或者行政处罚;致使他人合法权益受到损失的,依法承担赔偿责任;构成犯罪的,依法追究刑事责任。"

(二)非法制造或倒卖完税凭证行为的法律责任

完税凭证的式样由国家税务总局制定,未经税务机关指定,任何单位和个人不得非法制造、转借、倒卖完税凭证。《税收征收管理法实施细则》第九十一条规定:"非法印制、转借、倒卖、变造或者伪造完税凭证的,由税务机关责令改正,处 2000 元以上 1 万元以下的罚款;情节严重的,处 1 万元以上 5 万元以下的罚款;构成犯罪的,依法追究刑事责任。"

(三)为纳税人、扣缴义务人非法提供银行账户、发票、证明或者其他方便行为的法律责任

纳税人、扣缴义务人的银行账户、发票、证明应当按照规定从正规渠道获得,非法为其提供此类方便极易导致国家税收利益受到损失。《税收征收管理法实施细则》第九十三条规定:"为纳税人、扣缴义务人非法提供银行账户、发票、证明或者其他方便,导致未缴、少缴税款或者骗取国家出口退税款的,税务机关除没收其违法所得外,可以处未缴、少缴或者骗取的税款 1 倍以下的罚款。"

(四)违反发票管理制度行为的法律责任

此类违法行为包括:私自印制发票,非法制造发票防伪专用品,伪造发票监制章;介绍他人转让发票、发票监制章和发票防伪专用品;跨规定的使用区域携带、邮寄、运输空白发票;介绍他人开具与实际经营业务情况不符的发票;伪造、非法制造或者出售伪造、非法制造的发票;非法出售发票;非法购买、购买伪造的发票;持有伪造的发票;盗窃、诈骗发票等等。

根据《发票管理办法》的规定，非特定主体因发票违法行为而承担的行政法律责任主要有罚款、没收违法所得、没收非法财物。构成犯罪的，按照《刑法》规定定罪量刑。非特定主体发票犯罪应负的刑事责任，与本章第二节中纳税主体危害发票管理类犯罪应负的责任相同，在此不作重复介绍。

思 考 题

1. 简述税收法律责任的构成要件。
2. 简述纳税主体的税收行政法律责任。
3. 简述税务机关的税收违法行为。
4. 简述税务人员的税收违法行为。
5. 简述征税协助主体的税收违法行为及法律责任。

第八章　税收法治专题研究

本章是继税法基础理论、实体法要素、程序法制度、税收法律责任等内容后，集中探讨与税收工作密切联系的若干重要问题的一个专题章节。重点介绍了纳税服务、税收风险管理和纳税评估的基本理论、工作方式和主要内容，分析了税收优先权、滞纳金征收权及税务行政裁量权等重要税收执法权的性质、特点以及权力行使过程中应当关注的问题，对税务行政处罚、行政审批、行政许可等法律制度内容进行了全面梳理，就纳税人利用法律之间的差异、缺陷和漏洞实施的避税行为及税务机关采取的反制措施进行了介绍，并汇总了散见于各项税收法律法规中的期间制度规定。同时，为深入贯彻落实依法治国基本方略、加快建设法治政府的工作要求，着眼于服务经济社会发展大局，着眼于树立和提高税务干部依法行政观念和能力，着眼于构建有利于税收事业科学发展的法治环境，本章特地用三节内容对税收法治问题进行了专题研究，深入分析了税收法定原则的本质内涵以及该原则在中国的实践情况，论述了法治国家建设的任务和税收法治的深刻含义，并介绍了依法行政的相关理论知识，力求使读者更准确地理解税收法治和依法行政，深刻认识加快推进税务机关依法行政工作的重要性和紧迫性，积极推动税收事业健康发展。

第一节 法治国家建设与税收法治

中共十五大确立了依法治国的战略方针，在其后修订的宪法中，明确提出建设社会主义法治国家的治国目标。在不断推进法治国家建设过程中，我国社会生活各方面的法治化水平不断提高。而税收法治作为法治国家的重要方面，既体现了法治的一般价值和目标追求，又具有特殊的反映税收领域特点的目标内容。

一、法治与法治国家

（一）法治的含义

1. 法治的概念

法治这一概念历史悠久，在不同的历史时期和社会经济条件下，其含义和内容也有所不同。公元前4世纪，古希腊思想家亚里士多德将法治阐释为："法治应包含两重意义：已成立的法律获得普遍的服从，而大家所服从的法律又应该本身是制定的良好的法律。"[①] 这一时期的法治是建立在古希腊城邦政治基础上的，强调法律至上的权威性和法律自身的科学性，认为法治是优于人治的治理方式。而现代意义上的法治，是西方资产阶级在与封建专制统治斗争的过程中建立起来的。现代法治吸收了古典法治思想的精髓，它确立的背景不是古希腊狭小的城邦，而是疆域广阔的现代民族国家，它不仅仅是一种治国的工具，更是建立在现代市场经济基础上的一种基本信仰和社会组织形式。[②]

法治是一个包含了多层内容的概念，它既是一种治国的方略、社会调控的方式，又是一种依法办事而形成的法律秩序，还是一种法律价值、法律精神和社会理想。就治理主体而言，法治是多数人之治；就治理对象而言，法治是管制公权之治；就治理基础而言，法治是良法之治；就治理手段而言，法治是规则之治；就治理形式而言，法治是客观之治；就治理目标而言，法治是保障自由之治。法治是一种共治、自治。[③]

[①] 亚里士多德. 政治学[M]. 吴寿彭，译. 北京：商务印书馆，1965：199.
[②] 樊丽明，张斌，等. 税收法治研究[M]. 北京：经济科学出版社，2004：23.
[③] 高其才. 法理学[M]. 北京：清华大学出版社，2011：253—254.

2. 法治的内涵

法治的基本内涵主要包括，法律至上、良法之治、人权保障、司法公正和依法行政。[①] 其中，法律至上是指在所有社会规范中，法律对人的外部行为具有最终的强制性，法律面前人人平等，不允许超越法律的特权存在。法律至上是法治的首要内容和基本特征。良法之治是法治的基本前提，体现法治的实体价值。它是指法治所依据的"法"应当是体系完备、系统规范、协调一致、适应社会和人民需要并且符合社会一般公平正义观念的。人权保障指法治是建立在充分尊重和保障个人人权基础上的。法治通过限制国家的权力来保障公民的自由，使公民的权利免受国家权力的非法侵害。因此"限制权力"和"保障自由"也被视作法治的核心内容。司法公正是指法治意味着法律经由公正的司法活动来贯彻实施，包括实体公正和程序公正。依法行政是指法治要求政府权力的行使必须要有法律的授权、遵循法定的程序、受到法律的制约，法无明文规定即为禁止。

3. 法治与法制

法制的概念有狭义和广义之分。狭义的法制是指一国法律制度的总和，即是"法律制度"或"法律和制度"的简称。广义上的法制除了包含法律制度本身，还包括法律制度在社会生活中的实施。它是立法、执法、司法、守法、法律监督各环节的统一，核心是依法办事。我国社会主义法制的基本要求是"有法可依、有法必依、执法必严、违法必究"。以下就广义上的法制概念与法治的关系进行分析。

法制与法治在强调法律在社会生活中的作用，要求社会成员遵法、守法方面有相似之处，二者既有联系又有区别。法治包含法制，但又不限于法制。法制更偏重于法律的形式化方面，强调"依法治国"的制度、程序及其运行机制本身，它所关注的焦点是法律的有效性和社会秩序的稳定。法制是法治的前提条件和基础，没有法制也就谈不上法治。[②]

但在内涵上，法治强调法律在社会生活中的最高权威和法律介入社会生活的广泛性。法制主要强调法律制度及其实施，而法治则要求全部社会生活都纳入法治化轨道。在价值取向上，法治强调"良法之治"，它蕴含了人民主权、权利本位、正当性等要求，反对"工具论"的法律观，而法制没有这种价值内涵，其所包含的法律制度，不一定是建立在正当性基础上的"良法"。在与人治的关系上，法治明确地表现出与人治根本对

[①] 王利明. 中国为什么要建设法治国家[J]. 中国人民大学学报, 2011 (6): 60—61.
[②] 高其才. 法理学[M]. 北京: 清华大学出版社, 2011: 254.

立的立场，这种对立是法治概念具有的鲜明的本质特征；而法制本身不具有这种对立，可以出现"人治下的法制"。在与市场经济、民主政治的关系上，法治以市场经济和民主政治为基础，是市场经济基础上、民主政治体制之中的治国方略；法制则既可以建立在各类经济基础（包括自然经济、计划经济）之上，又可以与各种政治体制为伴。[①]

（二）法治国家的含义和目标

1. 法治国家的含义

法治国家的概念起源于德国，德国哲学家康德提出的"国家是许多人以法律为根据的联合"被认为是法治国家概念的起源。这一概念发展到现代，法治国家是指国家法治化的状态或者法治化的国家，是法治在国家领域内和国家意义上的现实化。[②]

在我国，建设社会主义法治国家是中国共产党领导人民治国的战略目标。1997年中共十五大提出，要健全社会主义法制，依法治国，建设社会主义法治国家。1999年，"中华人民共和国实行依法治国，建设社会主义法治国家"被写入宪法。2012年中共十八大进一步指出，法治是治国理政的基本方式。2013年中共十八届三中全会将法治国家的概念具体化为法治中国，提出建设法治中国，坚持依法治国、依法执政、依法行政共同推进，坚持法治国家、法治政府、法治社会一体建设。

2. 法治国家的目标

法治国家作为一种理想的国家状态，需要通过一系列具体明确的标准和条件，勾勒出其所要实现的目标。我国建设社会主义法治国家的目标主要体现在以下几个方面：

一是建立起完备的社会主义法律体系。所谓完备的法律体系，不仅要求法律部门齐备，能将社会生活的各个领域都纳入法律规范范畴，还要求法律内部结构科学，部门法划分合理，法律等级清晰，立法技术成熟。更重要的是法律制度适应社会经济发展状况，与中国特色社会主义发展阶段和目标相协调。

二是法律具有最高权威，法律面前人人平等。在法治国家中，法律是一切权力的根源，具有至上的地位和最高的权威。全体公民、法人、国家机关和其他单位、个人都平等地遵守法律，任何单位和个人都没有超越法律的特权。

三是具有健全的民主制度，人权得到保障。法治国家的法律应体现人民的意志和利

---

① 张斌，樊丽明. 税收法治的内涵与目标[J]. 税务研究，2002（4）：67—68.
② 卓泽渊. 论法治国家[J]. 现代法学，2002（5）：16.

益，民主程序和方法科学可行，公民的民主权利得到切实保障。人权得到尊重和认可，并通过法律得以全面充分地实现和保障。

四是国家权力得到制约，政府依法行政。以法律制约国家权力，通过合理的权力配置模式和健全的权力监督机制，防止和消除越权、权力滥用和权力腐败现象。政府行使国家行政管理职能，依法行政是法治国家的重要标志，其要求一切抽象和具体的行政行为必须在法律规定的范围内按照法定的程序实施。

五是司法公正独立。公正的司法制度是对受到侵害的公民权利给予补救的关键一环，也是维护社会公正、保障法律得以正确实施的最后一关。[1] 司法独立是现代法治国家普遍采用的法治原则，其作用在于保证司法机关客观、公正、高效地作出裁决，并对立法权、行政权等其他国家权力进行监督和制衡。

六是广泛树立法治意识。在法治国家，法律至上、依法治国等法治观念得到人们广泛的认同，法律成为人们行为的准则，法律的规定得到自觉地遵守。法治意识不仅包括国家机关及其工作人员依法行政的意识，也包括全社会学法遵法守法用法的意识。

二、税收法治的含义和目标

（一）税收法治的含义

1. 税收法治的概念

税收法治是法治方式、秩序和价值在税收领域的运用和表现。它是在税法为"值得遵从的良法"的前提下，依据税收法定原则，构建完备科学的税法体系，将税收立法、执法、司法和法律监督都纳入法治轨道，从而实现税收法律关系主体都遵法守法，国家税收权力得到规范和制约，公民税收权利得到保护和救济的税收秩序状态。

税收法治是法治国家的重要组成部分，是法治国家目标在税收领域的具体体现。法治国家建设是税收法治建设的前提，税收法治建设必须在法治国家建设整体框架的范围内进行。同时，法治国家建设离不开税收法治的发展。税收是社会活动的重要组成部分，对国家运行具有重要意义，对公民权利产生重要影响，税收法治建设必然是法治国家建设不可或缺的一部分。

---

[1] 舒国滢. 法理学 [M]. 2版. 北京：中国人民大学出版社，2008：268.

2. 税收法治的实体价值与形式价值

税收法治具有特定的实体价值和形式价值。税收法治的实体价值体现其独立于法律制度之外的价值判断和理念，即要求税法是"值得尊重的良法"。良法之治是税收法治的前提，其要求税法符合宪法和上位法规定，内部体系完备、统一协调，适应社会经济发展状况和规律，具有合理性和可操作性。要实现税收法治的实体价值，必须切实保障公民参与立法的政治权利，并通过一套运行良好的立法原则、立法程序、执法程序和救济程序来实现，这是税收法治的形式价值。[1] 税收法治既包含了对"良好税法"的价值判断，又包含了对制定实施"良好税法"的具体要求。因此，税收法治是实体价值和形式价值的统一，二者缺一不可。没有形式价值，实体价值无法实现；离开实体价值，形式价值将失去目标。

（二）税收法治的目标

税收法治作为法治国家的组成部分，其目标追求在整体上与法治国家的目标是一致的。同时，税收法治作为法治秩序和价值在税收领域的具体运用和表现，其目标需要体现税收领域的特点。总体而言，税收法治的目标是税收法律科学完备并得到严格遵守，税收整个过程都纳入法治轨道，国家税收权力得到有效的制约，公民的合法权利得到切实的保障。具体来说，税收法治的目标主要包括以下几个方面：

一是建立完备科学的税收法律体系。税收法律体系的建立要符合社会经济发展状况，税法的制定要体现民意。落实税收法定原则，科学划分公民权利与国家权力的界限。税法体系内部内容完备、结构科学、协调统一，与其他法律体系衔接顺畅。税收法律具有连续性和稳定性，能够为税收法律关系主体提供明确的预期和行为规范。

二是税法得到严格遵守。税收法律关系主体都自觉严格地执行税法的规定，即税法遵从，是税收法治的重要目标。根据税收法律关系主体的不同，税法遵从分为征税遵从、纳税遵从和其他主体遵从。征税遵从是指征税主体严格按照税法规定的范围和程序行使征税权。纳税遵从是税法遵从的核心内容，狭义的税法遵从就是指纳税遵从，即纳税主体依照税法的规定履行纳税义务、行使相应权利。OECD 国家普遍认为纳税遵从应当包括四个方面的内容：在系统注册登记，及时申报和储存必要的税收信息，完全报告准确

---

[1] 樊丽明，张斌，等. 税收法治研究 [M]. 北京：经济科学出版社，2004：29.

信息和及时履行纳税义务。[①] 纳税主体不按税法规定期限申报、缴纳税款，不按税法规定使用发票，骗取出口退税等行为都是纳税不遵从的表现。税收法治要求不断提高纳税主体的税法遵从度，防止和减少纳税不遵从现象。其他主体遵从是指除征税主体与纳税主体之外的其他税收法律关系主体，主要是受托主体，按照税法的规定进行税收活动，依法履行义务、行使权利。

三是限制征税权力，保障公民权利。税收法治的核心目标就是限制和规范国家征税权力，通过合理配置、规范行使、严格监督征税权，确保征税权在税收法律的框架内行使。国家征税权的行使，直接影响公民的财产权利，税收法治要求合理界定国家征税权与公民财产权的界限，防止非法行使征税权对公民权利的侵害，为公民权利提供完备的保障和救济机制。

四是税收司法客观公正。税收司法是国家司法权在税收领域的具体应用，是保障税收法治秩序的重要手段。它是指国家司法机关在宪法和法律规定的职权范围内，按照法律规定的程序，处理有关税收民事案件、税收行政案件、税收刑事案件的活动。税收司法的内容包括：使税收争议案件得以顺畅进入司法渠道并加以解决的司法引入机制；确保司法独立与效率的税收司法组织机制；防止税务机关滥用职权，保护纳税人合法权益的税收司法监督机制；排除税法健康运行中的种种障碍，疏通被阻滞的税法运行渠道，恢复被破坏的税收法律秩序的税收司法保障机制。[②]

税收司法对税收法律关系主体权利义务的裁决具有最终性，因此，税收司法的客观公正对保障税收法律关系主体，特别是纳税主体的合法权益至关重要。税收法治要求税收司法充分发挥中立裁决和监督制约的作用，一方面依法惩戒纳税主体的纳税不遵从行为，教育引导社会成员自觉依法纳税；另一方面，依法对征税主体行为的合法性进行审查，监督制约征税主体依法行使权力。

税收法治的目标不是一成不变的，而是随着经济社会的发展而不断完善。中共十八大提出，建设中国特色社会主义的总任务是实现社会主义现代化和中华民族的伟大复兴。在这一总任务的要求下，税收法治建设也应当体现现代化的要求。国家税务总局提出了到2020年基本实现税收现代化的目标，即建立完备规范的税法体系，成熟定型的税制体系，优质便捷的服务体系，科学严密的征管体系，稳固强大的信息体系，高效廉洁的

[①] 韩晓琴. 我国纳税遵从的制度框架及纳税遵从现状 [J]. 哈尔滨商业大学学报，2012（5）：97.
[②] 彭倩，王亚琴. 我国税收司法体制的构建及完善 [J]. 特区经济，2005（7）：302.

组织体系。这六个方面也体现了目前税收法治建设的方向和重点。

（三）税收法治目标的实现途径

税收法治目标的实现需要立足我国税收法治建设的现状，既要肯定多年来我国在完善税收法律制度体系、规范征税权力行使、保障纳税人合法权益、培养社会税收法治意识等方面取得的成果，又要看到我国税收法治建设在税收权力分配与制约，税收立法、执法、司法实践以及税收法治环境治理等方面存在的与社会经济发展需求不相适应，与税收法治目标要求存在差距等问题。税收法治建设是一项系统工程，税收法治目标的实现需要长期的努力，应将税收法治建设放在国民经济社会发展的全局中统筹考虑，在建设社会主义法治国家的总体要求下，科学规划、抓住重点、积极推进。目前，实现税收法治目标应重点加强以下几方面建设：

一是进一步完善税收法律体系。税收法定原则是税收法治的基本原则，落实税收法定原则的要求是实现税收法治目标的前提和基础。目前，我国应在宪法中进一步明确税收法定原则，抓紧研究制定税收基本法，提高税收法律制度的立法层级，规范税收领域的授权立法行为，提高税收法律制度对社会经济发展要求的适应性，加快税收相关领域立法，加大纳税主体在税收立法过程中的参与度，加强立法论证。

二是不断提高税法遵从度。税法遵从包括征税遵从、纳税遵从和其他主体遵从。在一定意义上，征税遵从与税务依法行政在主体、内容、目标等方面有相似之处。由于本书有专节对税务依法行政进行介绍，在此不再赘述。影响纳税遵从的因素主要包括税制是否公平、完善并易于理解和执行，税收征收管理是否规范高效，纳税主体履行义务的条件是否便利，纳税主体纳税遵从成本大小以及纳税主体的税收知识多少和纳税意识强弱等。因此，提高纳税遵从度，首先应当完善税制，建立更加公平、合理的税制体系，减少税制缺陷和漏洞。其次要在强化征收管理的同时优化纳税服务，一方面通过规范税收执法行为、加强税收检查力度、提高税收征管效率来减少纳税人纳税不遵从的机会和侥幸心理；另一方面通过为纳税主体提供便捷的纳税条件和良好的纳税服务，降低纳税人的纳税遵从成本。再次需要加大税法的宣传力度，培育纳税遵从的社会环境和氛围。其他主体的税法遵从主要是各类税务受托主体的税法遵从，其中最主要的是税务代理主体的税法遵从。应重视税务代理制度建设，完善执业资格管理制度，健全税务代理责任制度，规范税务代理执业行为，促进代理人执业素质和代理行业自律管理能力的提高。

三是科学配置和监督税收权力，保护公民权利。税收权力的科学合理配置，是有效发挥税收作用的前提，应合理划分税收立法权限，既要维护国家税收法制的统一和稳定，又要尊重地区差异、适应社会发展变化。合理划分国家税务机关和地方税务机关的征税权限，保障税法执行畅通有力。有效制约和监督税收权力行使，重点加强对税收执法权的内外部监督，完善和落实执法责任追究制度。切实保护纳税主体的财产权、人身权等合法权利，完善权利救济机制。

四是加强税收司法建设。充分发挥税收司法在税收法治中的作用，需要完备的税收司法制度、合理的税收司法权力配置、科学的税收司法机构设置以及高素质的税收司法专业人员。为强化税收司法的作用，部分国家成立了专门的税收司法机构，例如，意大利、俄罗斯的税务警察机构，德国、荷兰的税务违法案件调查局，美国、加拿大的税务法院等，这些专门的税收司法机构在提高税收案件查办质量和效率，强化税收司法作用等方面起到了一定作用，为我国建设税收法治、完善税收司法提供了可借鉴的经验。

五是持续优化税收法治环境。优化税收法治环境一方面是要不断培育社会税收法治意识，包括征税主体的依法行政意识、纳税主体和其他主体的依法办事意识以及全社会对税收法治的认同感和了解度。另一方面是要在全社会营造共同推进税收法治建设的合力和氛围，包括社会各界在涉税信息的获取和共享、税收执法的配合和监督、纳税服务的沟通和合作等方面的共同支持和努力。

当前，在实现税收法治目标的过程中，要注重厘清税收改革与税收法治的关系。改革是推动发展的不竭动力，法治是改革的原则底线。没有法治，改革就不具有合法性，正如习近平同志指出的，凡属重大改革都要于法有据；在整个改革过程中，都要高度重视运用法治思维和法治方式，发挥法治的引领和推动作用，加强对相关工作的协调，确保在法治轨道上推进改革。税收法治既是税收改革的目标，也是税收改革的方式。税收改革的过程，实际上就是税收法治的理念根植、方式确立的过程。一方面要通过税收改革实现税收制度的与时俱进，实现税收制度的良法化。另一方面要以税收法治保证税收改革的正确方向，树立"定好规则再抓牌"的法治思维，坚决遏制税收改革"边抓牌边定规则"的随意做法，改革试点必须有法律的规定或授权，否则不得进行试点，不能以"改革"作为突破法律规定的借口。

第二节 税收法定原则的中国实践

税收法定原则,又称为税收法定主义、税收法律主义、税捐法定主义和税收法定主义原则等,是在近代资产阶级革命中伴随着民主法治国家的建立和发展而逐步确立与完善的。该原则已被世界各国所公认,成为各国通行的税法基本原则,其基本精神在各国宪法或税法中都有体现。税收法定原则被视为税法领域的最高准则。我国税法学界的专家学者将其视为税收法治建设中的基石性原则。近年来,随着我国法治建设不断深化,全社会民主法治意识日益提升,许多有识之士强烈呼吁在国家财税体制改革过程中要重视和落实税收法定原则。2013 年 11 月,《中共中央关于全面深化改革若干重大问题的决定》积极回应了社会关注,在"推动人民代表大会制度与时俱进"部分正式写入"落实税收法定原则"。这是税收法定原则第一次写入党的重要纲领性文件,凸显了该原则在法治国家建设中的重要地位,诏示了税收法治化的光明前景。如何抓住这一历史性机遇,落实税收法定原则,推动税收法治建设,是时代赋予我们的重要使命。完成这一使命需要我们深刻认识和准确把握该原则的精神实质,正视实践中存在的问题,根据税收法定原则的内在要求采取相应的解决措施。

一、税收法定原则概述

(一)税收法定原则的产生及其发展

在近现代历史上,许多国家民主政治建设的历程都与税收制度的变革紧密相联,对税收法定的追求成为这些国家民主政治建设的主旋律。

税收法定原则起源于欧洲中世纪时期的英国。在奴隶社会和封建社会,奴隶主阶级、封建领主以及国王君主为了满足其奢侈生活或筹集战争费用的需要,巧立名目,肆意课税,盘剥人民。1215 年,英王约翰为了筹集军费,横征暴敛,引起了英国贵族、教士以及城市市民的广泛不满。他们联合发动了武装反叛,最终迫使国王签署了限制国王权力的《大宪章》。《大宪章》对国王征税问题作出了明确限制,规定"一切盾金或援助金,如不基于朕之王国的一般评议会的决定,则在朕之王国内不允许课税。"其后,在不断蓬勃发展的市民阶级抵抗运动中,英国又分别制定了《无承诺不课税法》和《权利请愿书》,进一步限制了国王的征税权,"无代表则无税"(No taxation without representation)的思想逐渐形成。1689 年"光荣革命"胜利后,英国国王按照国会的要求制定了《权利法案》,再次强调了"国王不经国会同意而任意征税,即为非法",至此税收法定原则在英国正式确立。

18 世纪后半叶,英国政府在北美殖民地开征印花税、砂糖税和进口茶叶税,引起殖民地人民激烈反抗,美国独立战争爆发。战争过程中,殖民地人民以英国《权利请愿书》和《权利法案》为蓝本,在 1776 年颁布的《弗吉利亚权利法案》第六条中正式确立了"无代表则无课税"的原则,并在 1787 年颁布的《美利坚合众国宪法》第一条规定,征税的法律必须由众议院提出,只有众议院提出并通过之后,政府才能向国民征税。第一次以成文宪法的形式确定了税收法定原则。

1789 年法国大革命也是由法国国王路易十六课征新税而引起的。1774 年路易十六继位时,法国经济已经是危机四伏。为解决政府财政危机,路易十六开征新税,从而引发与三级国民议会的冲突。以法国第三等级为主的巴黎各阶层市民为了保存国民会而与国王展开斗争,由此揭开了 1789 年法国大革命的序幕。大革命胜利后,法国制宪会议颁布了《人权和公民权宣言》,其中第十三条规定:"为了武装力量的维持和行政管理的支出,公共赋税就成为必不可少的,赋税应在全体公民之间按其能力作平等的分摊。"第十四条规定:"所有公民都有权亲身或由其代表来确定赋税的必要性,自由地加以认可,注意其用途,决定税额、税率、客体、征收方式和时期。"这些规定不仅将赋税的权利交还给人民及其代表,而且在"无代表则无课税"的基础上,将公平负担和合理使用作为对税收的根本要求,这对现代税法的发展具有重要意义。① 此后,法国宪法第三十四条规定,有关各税种的征税基础、税率和征收方式由法律规定。

英国、美国、法国等国取得税收法定的成功后,随着资本主义在全球的发展和兴起,其他西方国家也都或早或晚地将税收法定原则作为宪法原则加以确认,在宪法有关财税制度的部分,或在有关国家机构、权力分配、公民权利和义务的规定中,对税收法定原则予以明确规定。日本早期的明治宪法规定:"课征新税及变更税率须依法律之规定";日本国宪法第八十四条规定:"课征新税或变更现行的税收,必须有法律或法律规定的

---

① 刘剑文,熊伟. 税法基础理论[M]. 北京:北京大学出版社,2004:100—103.

条件为依据。"意大利宪法第二十三条规定:"不根据法律,不得征收任何个人税或财产税。"比利时宪法第一百一十条规定:"国家税必须通过立法才能规定。省、城市、市镇联合体和市镇的地方税,非经各自议会做出决议,不得征收。"第一百一十二条规定:"在税收方面,不得规定特权。免税或减税,只能由法律规定。"芬兰宪法第六十一条规定:"税收,包括关税在内,不论是否规定期限,均应根据法律规定。取消或变更原有税制或纳税义务也应根据法律规定。"希腊宪法第七十八条规定:"非经议会制定法律,对征税对象和收入、财产类型、支出以及按何种税类处理等事宜作出规定,不得征收任何税。""有关征税对象、税率、减免税和给予补贴,均须立法权力机关规定,不得委托授权。"马来西亚、新加坡、斯里兰卡、印度尼西亚、约旦等国的宪法也强调"非经法律规定,不得征税。"[①]

从近代到现代,税收法定原则经历了从形式法定主义到实质法定主义的升华,即从"规范立法"保障国民财产权、生存权,到"规范立法、执法和司法全过程",运用平等原则、比例原则等宪法性原则关注税收正义。在当代,税收法定原则继续从"规范征税"向"规范用税"的更高阶段跨越,即通过"法治财税"全面保障纳税人基本权利。[②] 税收法定原则的历史发展表明,"税收法定主义的确立与发展过程,也就是国家从封建走向民主、从专制走向自由、从人治走向法治的过程。"[③] 税收法定原则始终都是以对征税权力的限制、对纳税人私有财产权的保护为核心的。可以说税收法定原则是现代法治主义的发端与源泉之一,对法治主义的确立起到了先导和核心作用。

(二)税收法定原则的内涵

税收法定原则的基本含义可以概括为,国家征收的各个税种及其基本要素应当由国家最高权力机关制定法律明确规定。征税主体和纳税主体都必须且仅依照法律的规定行使征税权力、履行纳税义务。没有法律依据,国家不能征收税收,国民也不得被要求缴纳税款。"有税必有法""未经立法不得征税",被认为是税收法定原则的经典表达。

税收法定原则产生至今的 200 多年间,其基本内涵已经从传统的仅强调以法定的形式规定税收的"形式法定",逐步发展到对税收立法、执法、司法全过程进行规范和约

[①] 李炜光. 李炜光说财税 [M]. 保定:河北大学出版社,2010:49.
[②] 刘剑文. 税收法定原则:法治财税与国家治理现代化的基础 [J]. 国际税收,2014(5);丁一. 税收法定主义发展之三阶段 [J]. 国际税收,2014(5).
[③] 刘剑文. 如何准确理解税收法定原则 [N]. 经济参考报,2013-12-03.

束，进而强调维护纳税人基本权利，要求税收的征收与使用相统一的"实质法定"。

目前，法学界对税收法定原则具体内容的概括还没有形成统一的认识。日本学者金子宏认为，税收法定原则包括税收要件法定主义、课税要件明确主义、合法性原则、程序保障原则四个方面。① 北野弘久则认为税收法定原则包括两方面内容，一是税收要件法定主义，主要体现为税收立法方面的要求；二是税务合法性原则，认为这是税收执法的准则。② 我国台湾税法专家葛克昌认为，税收法定原则包括类推禁止原则、溯及禁止原则、法律优位原则和法律保留原则四项。我国学者张守文则将税收法定原则归结为课税要素法定原则、课税要素明确原则和依法稽征原则三方面。③

我们认为税收法定原则的主要内容体现为对税收实体和程序两方面的基本要求，可以概括为税收实体法定和税收程序合法两个方面。

税收实体法定，一是要求税种法定，也就是说国家开征的任何税种必须由立法机关制定的法律予以规定，否则征税主体没有征税权力，纳税主体不负缴纳义务。这是税收法定原则的首要内容，是发生税收法律关系的前提。二是要求税收要素法定，主要指各税种的征税主体、纳税主体、征税对象、税率、纳税环节、纳税期限、纳税地点、减免税等税收要素必须由法律明确规定。这是税收法定原则的核心内容，是税收关系得以具体化的客观标准和法律依据。为了保证税法有效实施，税收要素法定还要求法律规定的税制要素必须尽量明确、不出现歧义和矛盾，以保证执法机关能够准确执行税法，纳税人可以合理预测税收负担，这也被学者们概括为"课税要素明确原则"。课税要素明确原则要求税收立法授权的范围、目的必须明确、具体，严格禁止在税收立法领域进行一般性、空白性授权立法，要求尽量避免行政机关自由裁量权过大而对税收法律文本造成的侵蚀，保证税收法律的权威性。税收实体法定的意义在于使经济生活具有法的稳定性和可预见性，从而保证国家财政收入持续、稳定，公民的财产权益获得保障。

税收程序合法主要包含两方面内容，一是要求各个税种及其税收要素均须经法定程序以法律形式予以确定、变更或废止。这主要是指税收立法的程序必须合法，是对税收立法权的程序性限制。二是要求税收关系中的实体权利义务必须依据法律规定的程序要

---

① 金子宏. 日本税法 [M]. 刘多田，杨建津，郑林根，译. 北京：中国财政经济出版社，1989：47.
② 北野弘久. 税法学原论 [M]. 陈刚，杨建广，译. 北京：中国检察出版社，2001：64.
③ 张守文. 税法原理 [M]. 北京：北京大学出版社，2012：35.

素加以实现。也就是说，从登记、申报、计算、缴纳到检查，以至处罚、救济等税收管理的各环节都应有严格、系统、明确的程序保障，征纳主体各方均须按照法定程序履行职责、承担义务，无权擅自对征收程序进行变动、更改。尤其强调税务机关必须严格按照税法的规定进行税款的核定与征收，对于满足构成要件的税收债权必须严格、公平地执法，禁止选择性执法、税收协议及行政裁量。①

准确理解税收法定原则需要注意，税收法定原则中的"法"仅指狭义的法律，即由最高立法机关通过立法程序制定的法律，在我国是指全国人大及其常委会制定的法律，不包括行政法规、规章及其他规范性文件。这一方面是由于税收法定原则的核心之一是强调财政民主，强调纳税人有权决定是否同意将其私有财产无偿转让给国家。现代民主法治国家大多实行以代议制为基本模式的间接民主。在此模式下，纳税人的同意权只能由人民通过其代表组成的议会才能够行使。另一方面是由于政府作为执行机关，既是税收利益的实际获得者，又是公共服务的实际提供者。如果仅依照其自行制定的行政法规来规范自身行为，可能会导致其征税权力的不合理扩大和公共服务义务的不合理缩小，极易造成征纳双方的权利义务不对等，从而侵害纳税人权益。只有以法律这种最严格的规则形式对征税权力进行限制，才能有效排除政府侵犯人民利益的可能性。因此，有学者认为税收法定原则本质上属于"法律保留原则"在税法中的体现。②

但也要注意，税收法定并不是要求一切税收问题都必须制定法律，而是强调税收的开征、停征、课税对象、税率等基本要素必须由立法机关制定法律。在税收法定原则的具体落实中，由于社会经济生活的复杂多变、立法机关立法能力有限等原因，各国立法机关在特定条件下都授予行政机关一定的税收立法权和税法解释权。在我国，国务院可以根据授权为了执行法律而制定税收行政法规，财税主管部门也可以出台具体解释与执行细则。不过，这些行政法规、部门规章与规范性文件只能在符合法律的精神和原则的前提下，对上位法进行补足和解释，不能超越上位法来创制规则，并仅在其效力范围内发挥作用。

---

① 丁一. 税收法定主义发展之三阶段［J］. 国际税收，2014（5）：15.
② 法律保留原则是一项宪法性原则，是指宪法规定人民基本权利、义务等专属立法事项必须由立法机关通过法律规定，行政机关不得代为规定；要求行政机关的行政行为只能在法律规定的情况下作出，法律没规定的就不得作出。该项原则的实质在于要求行政权的行使必须在代议机关的监控之下，没有代议机关的同意行政权就不得行使。它既体现了立法权对行政权的制约，也体现了行政权的民意基础。

二、当代中国税收法定的实践

（一）税收法定原则的引入

一般认为，税收法定原则最早是在 1989 年，由我国当代民商法泰斗谢怀栻先生通过《西方税法的几个基本原则》一文介绍到我国的。谢怀栻先生在文中详细论述了税收法定原则、税收公平原则、社会政策原则和社会效率原则，税收法定原则被列为西方国家税法四大基本原则之首，其中蕴含的税收法定精神被重点强调和倡导。自此，理论界和实务界关于税收法定原则在我国如何确立、如何落实、如何实现的讨论再未停止。20 世纪末 21 世纪初，在我国《税收基本法》起草、讨论的十余年间，各界就税收法定原则应该作为我国税法基本原则在《税收基本法》中明确规定基本形成共识。2011 年初，上海、重庆两地政府发布房产税改革试点办法，引发社会各界对于房产税改革试点合法性问题的讨论和质疑，税收法定原则问题再度升温。2013 年两会期间，全国人大代表赵冬苓联合 31 位代表向大会提交 2013 年全国人大"第一议案"——《关于终止授权国务院制定税收暂行规定或者条例的议案》，[1] 使得税收授权立法问题和税收法定原则受到社会各界广泛关注和热烈讨论。学者们认为，"坚持税收法定，也就是要对国家征税权的行使施加合理的限制，以严格的立法程序来确保民主性和代表性在税收领域获得最大程度的实现，保障纳税人的合法财产权益不受国家征税权的过度侵犯。"[2]

（二）税收法定原则的法律依据

我国《宪法》第五十六条规定："中华人民共和国公民有依照法律纳税的义务。"有学者将此条规定视为我国税收法定原则的宪法根据，但多数学者认为宪法中的上述规定仅能说明公民的纳税义务要依据法律产生和履行，并未说明更重要的方面，即征税主体应依照法律的规定征税，该规定并未完整、准确地体现税收法定原则的精神。我们赞同后一观点，认为税收法定原则在我国还未能上升到宪法原则的高度。

但不可否认，税收法定原则在我国现行立法实践中早已被接受和确认。"税收法定原则作为税法的重要和核心原则，早在 2000 年颁布实施的《立法法》中就得到确认，

---

[1] 赵冬苓昨提交联署议案. http://news.sina.com.cn/c/2013-03-10/041926483431.shtml.
[2] 刘剑文. 如何准确理解税收法定原则[N]. 经济参考报，2013-12-03.

税收法定在我国有现实的法律依据。"①《立法法》第八条将财政、税收的基本制度作为法律保留事项，明确规定只能通过法律予以规定。《税收征收管理法》第三条规定："税收的开征、停征以及减税、免税、退税、补税，依照法律的规定执行；法律授权国务院规定的，依照国务院制定的行政法规的规定执行。任何机关、单位和个人不得违反法律、行政法规的规定，擅自作出税收开征、停征以及减税、免税、退税、补税和其他同税收法律、行政法规相抵触的决定。"这一规定较为全面地反映了税收法定原则的要求，使税收法定原则得到进一步确立和完善。

十八届三中全会《中共中央关于全面深化改革若干重大问题的决定》明确提出"落实税收法定原则"，将税收法定原则提到了一个前所未有的高度，"是我国二十多年来税制改革的一个阶段性成果"②。

（三）税收法定原则的立法实践

虽然税收法定原则在我国法律层面得到了正式确立，但我国税收法律体系建设的现实距离税收法定原则的要求差距还很大。对照税收法定原则关于税收立法的基本要求，我国税收立法在落实税收法定原则方面主要存在以下问题：一是授权立法严重失范。税收授权立法在特定历史时期，在弥补立法不足、完善税法体系、提高调控效率、积累立法经验等方面发挥了积极作用，但随着近年来行政机关扩权立法、任意转授权、立法民意基础薄弱等问题集中出现，我国税收授权立法实践中存在的空白授权、批发授权、监督制约缺失等问题饱受各界诟病。税收授权立法失范，使得我国税收立法权被分割、虚置，行政权严重扩张、膨胀，税收行政立法在我国税收法律体系中居于主导地位。据统计，我国现行的18个税种中，只有《个人所得税法》《企业所得税法》和《车船税法》3部税收法律，其余税种的征收依据都是国务院制定的暂行条例。加上《税收征收管理法》，我国税收法律共有4部，而税收行政法规大约有30部，税收部门规章约有50部，部门规章以下的规范性文件约有5500部。③ 立法授权的随意和失范还导致我国税收立法随意性大、政策稳定性差、税法级次整体偏低、纳税人权利义务失衡等问题较为突出。二是立法技术简陋。课税要素明确是税收法定原则的基本要求之一。长期以来，由于受

---

① 李万甫. 落实税收法定原则推动税改成果法制化[N]. 中国税务报，2014-04.
② 财税法学研究会. "落实税收法定原则"论坛综述[EB/OL]. http://www.chinalaw.org.cn/html/zzyj/xshd/hyzs/7957.html.
③ 安晨希. 论我国税收法定的缺失及其实现[J]. 行政与法，2013（3）：97.

立法"宜粗不宜细"等思想的影响，且行政立法权缺少约束，行使便捷，我国税收立法普遍较为粗糙，多数税收法律法规往往只是规定一些原则性的框架，实际执行中税务机关不得不发布大量规范性文件对法律进行解释。如《个人所得税法》自1980年制定至今，总共经历了六次修正，但具体规定仍然只有十五条，仅二千五百多字，而《个人所得税法实施条例》则有四十八条五千二百多字，国家税务总局发布的个人所得税规章、文件等各项规定多达一千多条。立法技术的简陋直接导致行政机关税法解释权过度扩张，越权解释、违法解释等问题大量存在。有时行政机关甚至借"解释"之名行"立法"之实，创设规则进行补充性立法。三是立法民主性有待提高。税收立法的民主性是税收法定原则的核心要素之一。该原则对税收基本事项作出严格的"法律保留"，也是出于立法民主方面的考虑。我国历来对立法程序缺乏足够认识，专家立法、立法公开、立法听证、立法公告等一些税收立法程序中普遍适用的制度和准则，在我国仍处于初创阶段，尤其是公众参与立法和立法程序公开方面实践很少、经验不足。这些问题的存在使得税收法定原则在税收立法领域被虚化和弱化，导致我国税收立法民意基础薄弱，国家征税的合法性和正当性容易受到质疑，纳税人对政府的征税行为容易产生抵触心理和逆反心理，全社会税法遵从度整体偏低。

（四）税收法定原则的执法实践

"依法稽征"是税收法定原则对税收执法的基本要求。自国务院颁布《全面推进依法行政实施纲要》（国发〔2004〕10号）以来，全国税务系统深入推进依法行政，在税收执法的事前、事中、事后采取了一系列措施，提升执法能力，规范执法行为，执法水平和执法质量得到了明显提高。但由于税收立法不完善、管理体制不科学、执法人员法治意识淡薄等方面原因，我国税收执法现状与税收法定原则的要求还有较大差距，突出表现在以下几个方面：一是税收工作目标导向不科学。各级政府财政预算编制不科学、不严谨，"以支定收"现象普遍，税收收入任务指标只增不减，不仅严重背离经济发展规律和实际，引发社会各界对于税收收入连续多年超高速增长产生质疑，还导致实践中"包税""过头税""压库"等明显违反"依法稽征"要求的问题屡禁不止，严重损害了税法权威性、严肃性和纳税人合法权益。二是税收优惠过多过滥。由于法律对税收优惠设定权缺乏严格控制，我国各级政府在税收减免权方面拥有非常宽松的权力空间。税收优惠政策出台随意性强，税种优惠、区域优惠、产业优惠和人群优惠相互重叠、交叉，导致优惠政策乱、多、碎，政策执行口径模糊不清、相互矛盾，给征纳双方执行税法造成严重困扰。一些地方政府受地方利益影响，任意修改征税办法，甚至为了吸引税源，以"先征后返"等形式变相减免地方税收，一定程度上破坏了税法的统一性和税制本身的公平性。三是执法质量有待提升。实践中，由于部分税收执法人员法治观念淡薄、"重实体，轻程序"，超越法定权限、违反法定期限、任意简化执法步骤、调整执法环节、增设纳税人义务等现象时有发生，"程序合法"的要求未能得到有效落实。

（五）税收法定原则的司法实践

税收司法是指公安机关、检察机关、人民法院等国家机关，为维护税收秩序，依照法定的职权和程序，对税收案件进行侦查、检察、审判，依法作出判决、裁定并加以执行的一系列专门活动。税收司法涉及的案件既可能是税收执法活动引起的税收行政案件，也可能是涉嫌犯罪的税收刑事案件。税收司法活动对税收案件作出的判决、裁定具有终局性。

我国税收司法存在的问题主要表现在：一是税收司法人员的专业能力不足。税收司法权的行使除了具有独立性、公正性等一般特征外，还具有司法权在税收领域行使特有的专业性、复杂性等特征。税收案件的专业性和复杂性在司法界早有共识。许多国家都建立了专门的税收司法保障体系。如美国、加拿大、德国等国设立了税务警察机构，专门负责税务案件的侦查，德国、美国、日本等国设立了独立的税务法院，专门负责税务案件的审判。由于多方面的原因，在我国，司法界对税收案件的专业性缺乏足够认识，司法人员普遍缺乏足够的税收专业知识和素养，对税收征收管理的一般情况不了解、不熟悉，办理税收案件手法生疏，"重程序，轻实体"，审查片面、肤浅。司法机关对税收刑事案件中行为人的定罪证据往往也依赖于税务机关。二是税收司法权行使力度不均衡。在税收刑事案件办理方面，过分强调严厉打击与增值税专用发票相关的犯罪，而对其他普通税收违法行为打击力度相对较弱。打击犯罪的"法网"疏密有别，漏洞明显，弱化了税法在打击偷税、漏税等违法行为方面的威慑力。我国对抽象行政行为实施有限司法审查，法院只对规章以下规范性文件进行审查，而且只有不予适用的权力而没有撤销的权力。由于税收专业素养不足，法院对抽象行政行为的司法审查往往流于形式，法院在税法解释中的地位也相对弱化。从国际经验来看，欧洲法院之所以能在税收建设中发挥很大作用,一个非常重要的原因是其具有解释法律和监督法律统一实施的职权。英国、美国等实行判例法制度的国家,法院不仅享有司法审查权,还享有部分立法权。三是行刑衔接[①]不够顺畅。目前我国税法与刑法在制度层面还存在衔接不严密、不科学的问题,在违法行为查办、定性、处理等方面的许多规定不系统、不统一,税务机关和司法机关对于税收案件取证尺度的把握、刑事案件立案标准的运用、行政处理与司法处理的竞合等问题存在诸多分歧。2001年国务院公布施行的《行政执法机关移送涉嫌犯罪案件的规定》为税务机关与公安机关在处理税收刑事案件上加强合作提供了刚性约束,但是行刑衔接机制未能有效建立和运行。由于公安机关承担着大量繁重的治安、安全等任务,也负责刑侦、移送和其他"准司法"工作,难以集中力量专注处理税收刑事案件,检察机关在税收司法监督方面作为有限,税务机关与公安机关、检察机关之间的沟通协调不顺畅、衔接配合不理想的问题较为突出。实践中案件移送困难、移送后久拖不决等问题时有发生,一定程度上弱化了国家对税收犯罪行为的打击力度,影响了税法执行的严肃性。

三、税收法定原则的实现路径

《中共中央关于全面深化改革若干重大问题的决定》从国家治理能力和治理体系现代化的高度指出:"财政是国家治理的基础和重要支柱,科学的财税体制是优化资源配置、维护市场统一、促进社会公平、实现国家长治久安的制度保证。"税收法定原则也要置于这个大背景下才能更深刻地理解、更有效地落实。从《中共中央关于全面深化改革若干重大问题的决定》的布局安排看,"落实税收法定原则"被定位为民主建设中的大事,它牵涉到政治、经济、文化等多个方面的体制改革,与法治国家建设紧密相关,是一个系统性工程,具有长期性和持续性,不可能一蹴而就,需要从意识与理念、体制建设与机制创新等方面着手,税收立法、执法、司法等多个环节协同并举,全国人大、国务院、税务机关、司法机关等多个部门合作联动,需要理性把握、稳步推进。

---

① "行刑衔接",又叫"两法衔接",是"行政执法和刑事司法相衔接"的简称,指的是检察机关会同行政执法机关、公安机关、行政监察机关实行的旨在防止以罚代刑、有罪不究、降格处理现象发生,及时将行政执法中查办的涉嫌犯罪的案件移送司法机关处理的工作机制。

（一）培养民主观念，树立法治理念

"税收法定就是民主法治观念在税收领域的具体映射。……它根植于现代国家的民主、法治理念，彰显着对纳税人基本权利的尊重与保障。"[①] 税收法定原则与刑法上的罪刑法定原则共同构成了对公民财产权、人身权的完整保护框架。罪刑法定原则在我国早已深入人心，但税收法定原则在我国没有得到必要的重视和宣传，社会公众对这一原则普遍缺乏认识。在税收法定原则落实过程中，首先要解决的是理念问题。要广泛宣传，积极引导，帮助公众正确理解税收法定原则的精神内涵与实质。要认识到税收法定原则的核心理念是民主法治，税收法定原则之"法"既要求税收实体要素和基本的税收程序要素通过法律来规定，又要求税务机关严格地实施和执行税法。落实税收法定原则最根本的问题是借由纳税人的同意，通过代表纳税人的立法机关的民主立法，以及人民在立法过程中的有序参与，来实现对国家课税权的规范、控制和约束，借由法律的规范性、安定性、可预测性，来实现对纳税人的财产权、经营自由、人身自由的切实保障。同时，也要认识到落实税收法定原则需要有本土意识，不能超越我国实际生搬硬套国外的理论和制度，要结合我国的国情、社情和税情，制定具体的时间表和路线图，循序渐进地加以推动。

（二）完善立法体制，提升立法质量

税收立法是落实税收法定原则的首要环节。首先，要规范授权立法，严格执行《立法法》相关规定，坚持一事一授权，授权决定要有明确的授权目的和范围，且不得转授权。择机废止全国人大1985年的空白授权，逐步将设税权回归全国人大，重要的课税要素严格地由狭义的法律进行规定。推动人民代表大会制度与时俱进，优化全国人大及其常委会的知识结构和年龄结构，增强立法人员的立法能力，发挥立法机关在税收立法中的主导作用，逐步将现存的诸多税收行政条例上升为法律，提升税法级次。通过税收立法的法律化、体系化和规范化，优化税收立法体制。其次，要改进立法技术，强调税收要素明确的要求，摒弃立法"宜粗不宜细"的传统做法。税收法律关于课税要素的规定尽量明确、易懂、可实施，减少行政机关在确定纳税人实体权利义务方面的自由裁量空间，严格控制税法解释权。通过法律制度的设计来保证法律制度的科学性、系统性和

---

① 刘剑文. 如何准确理解税收法定原则[N]. 经济参考报，2013-12-03.

适应性，确认和体现税收法定原则。再次，要完善立法程序，实行税收立法公示和听证制度，畅通公众参与立法渠道，夯实税收立法的民意基础。条件成熟时积极推动税收法定原则入宪，完善宪法涉税条款，充实"政府必须依照法律征税"和"纳税人合法权益受到法律保护"等内容，在宪法中全面确立税收法定原则，为我国的税收法律制度提供坚实的宪法基础。

（三）规范执法行为，提高执法水平

"徒法不足以自行"，落实税收法定原则不仅需要制定完善的税收法律规则，以实现"有法可依"，也需要严格执行法律，做到"有法必依，执法必严"。一要坚持依法征税，应收尽收。要改革财政预算体制，科学编制税收收入计划，转变按照计划或任务征税的思路，以税收法律作为征税的唯一依据，把依法征收作为税收工作的根本目标。二要规范税收优惠。"税收优惠政策制度法治化是成熟市场经济的重要标志。"[①] 要有效落实《中共中央关于全面深化改革若干重大问题的决定》提出的税收优惠政策统一由专门税收法律法规规定的要求，清理税收优惠政策，加强对税收优惠特别是区域性税收优惠政策的规范管理，根本上解决税收优惠特别是区域税收优惠过多过滥问题，以落实税收法定原则关于"依法稽征"的要求，形成公平竞争的良好市场环境，维护市场统一，真正发挥市场在资源配置中的决定性作用。三要规范执法行为，完善执法规则。"实体合法，程序正当"是税收法定原则对于税收执法的基本要求。税收执法不仅要关注实体正义，更应该充分考虑程序正义，要切实树立程序意识，自觉规范执法行为，努力做到税收执法"实体合法，程序正当"。要结合《税收征收管理法》的修订，进一步细化税收征收缴纳的各项程序制度规定，重点加强对税款征收、税务检查和税务救济等各项程序机制的立法完善和制度构建。

（四）改革司法体制，强化司法保障

税收司法对税法的立法、执法和守法进行最后的监督，是保证税收法定原则各项要求有效落实的最后屏障，完善税收司法体制对于推动税收法治建设具有重要意义。首先，应当在法院内部单独设立税务法庭。提升税务案件审理质量，关键要保证法庭的独立性，既要在体制上独立，更要在专业知识上独立，要选拔、培养既懂税收、财会又懂法律的

---

① 王军. 深化税制改革 服务发展大局 [J]. 求是，2013（24）：28.

高素质税务法官,在税收案件审判中有能力作出独立的判断,以保证税务法庭审判的独立、中立和公正。其次,要完善司法审查制度。从多个国家的司法实践看,司法审查是对行政机关立法权进行监督最行之有效的方式。法院应充分利用现有的司法审查权力,对国家税务总局制定的规章及规章以下的规范性文件加大审查力度,对于违反法律、法规的规定坚决不予适用,从而对税法的修订和完善起到推动作用。同时要进一步强化法院在税收司法审查、司法解释中的作用,适当扩大司法审查范围,充分发挥司法能动性。再次,要构建完善行刑衔接机制。及时完善税法,解决《税收征收管理法》与《刑法》对于同一性质违法行为定性不一致、罪名不统一等问题,增强税法与刑法的协调性。完善制度规则,建立行政机关与司法机关之间的信息共享、案件通报等机制,并通过各部门联席会议等形式加强部门协调配合,加大刑事案件查办力度。充分发挥检察机关职能作用,强化司法监督,推动行刑衔接工作发展。

税收法定原则作为税法的最高原则,其所蕴含和体现的法治精神贯穿税收法治建设的全过程,涉及税收立法、执法、司法等各环节。税收法定原则的落实过程就是税收观念深刻变革的过程,也是国家征税权力不断规范的过程。现阶段我们落实税收法定原则,需要结合我国的国情、社情、税情,"将立法机关的强大、行政机关的谦抑、司法机关的补足这三者密切结合"[①],需要立法、执法、司法层面的相互协调、相互跟进,唯有如此,税收法定原则才能真正有效落实,税收法治建设才能纵深发展,"良法善治"的"法治中国"理想才能实现。

第三节 税务依法行政理论与实践

依法行政是指国家机关及其工作人员依据宪法和法律赋予的职责权限,在法律规定的职权范围内,对国家的政治、经济、文化、教育、科技等各项社会事务,依法进行管理的活动。依法行政的本质是有效制约和合理运用行政权力,它要求一切国家行政机关和工作人员都必须严格按照法律的规定,在法定职权范围内,充分行使管理国家和社会事务的行政职能,做到既不失职,又不越权,更不能侵犯公民的合法权益。税务机关作为履行国家征税权的行政机关,应当在履职过程中践行依法行政的原则和要求,提高行

[①] 财税法学研究会. "落实税收法定原则"论坛综述[EB/OL]. http://www.chinalaw.org.cn/html/zzyj/xshd/hyzs/7957.html.

政水平，促进征纳和谐。税务依法行政体现了征税主体的税法遵从，是税收法治的重要目标。

一、税务依法行政相关理论

（一）依法行政基础理论

1. 依法行政的发展历程

依法行政的理念和制度，起源于资本主义社会的初期，是在资产阶级反对封建专制和争取民权的宪政运动中产生的，经过几百年的发展形成了一套比较完整的理论和做法。尽管各国依法行政的称谓不完全相同，如德国称为"依法行政"，法国称为"行政法治"，英国称为"法治"或"法治行政"，美国"依法行政"包含在法治原则中，日本称"依据法律行政"或"法治行政"，但依法行政含义是一致的，即指行政机关必须依据法律行使行政权，包括行政权的取得必须由法律设定，行政权的行使必须遵守法律，违法的行政必须承担法律责任。

当代中国对依法行政的深入思考始于1978年，邓小平同志提出："现在我们要认真建立社会主义的民主制度和社会主义法制。只有这样，才能解决问题。"中共十一届三中全会提出了"有法可依，有法必依，执法必严，违法必究"的观点。1984年，中央提出"从依政策办事，逐步转变为既要依政策办事，又要依法律办事"的方针。1993年国务院的工作办法中规定"依法办事，依法行政"，"依法行政"四个字第一次出现于政府文件中。1999年，在"依法治国，建设社会主义法治国家"的治国方略写入宪法的背景之下，11月，国务院发布了《关于全面推进依法行政的决定》（国发〔1999〕23号），提出全面推进依法行政，从严治政，建设廉洁、勤政、务实、高效政府。2004年3月，国务院发布《全面推进依法行政实施纲要》（国发〔2004〕10号），提出了我国依法行政建设的目标，即经过十年左右的时间基本实现建设法治政府的目标，真正实现政府法治化。自此，在推进依法行政的过程中，一批法律、法规相继出台，包括《公务员法》《行政许可法》《行政复议法实施条例》《政府信息公开条例》《行政监察法实施条例》《信访条例》等。2010年，国务院召开全国依法行政工作会。会后，国务院印发了《关于加强法治政府建设的意见》（国发〔2010〕33号），就新形势下深入贯彻落实依法治国基本方略，全面推进依法行政，进一步加强法治政府建设提出了要求。2012年中共十八大将"推进依法行政，切实做到严格规范公正文明执法"作为全面推进依法治国的重要内容，并提出到2020年基本建成法治政府。

2. 依法行政的目标

根据国务院《全面推进依法行政实施纲要》（国发〔2004〕10号）和《关于加强法制政府建设的意见》（国发〔2010〕33号），我国全面推进依法行政的总体目标是建设法治政府。具体来说，就是通过合理界定政府权限，加强制度建设，坚持依法科学民主决策，推进政务公开，强化行政监督问责，依法化解矛盾纠纷和提高依法行政意识能力，来保证行政机关严格规范公正文明执法，切实保护公民合法权益。

3. 依法行政的基本原则和要求

国务院《全面推进依法行政实施纲要》（国发〔2004〕10号）指出，依法行政的基本原则是必须坚持党的领导、人民当家作主和依法治国三者的有机统一；必须把维护最广大人民的根本利益作为政府工作的出发点；必须维护宪法权威，确保法制统一和政令畅通；必须把发展作为执政兴国的第一要务，坚持以人为本和全面、协调、可持续的发展观，促进经济社会和人的全面发展；必须把依法治国和以德治国有机结合起来，大力推进社会主义政治文明、精神文明建设；必须把推进依法行政与深化行政管理体制改革、转变政府职能有机结合起来，坚持开拓创新与循序渐进的统一，既要体现改革和创新的精神，又要有计划、有步骤地分类推进；必须把坚持依法行政与提高行政效率统一起来，做到既严格依法办事，又积极履行职责。

依法行政的基本要求包括六个方面：

一是合法行政。行政机关实施行政管理，应当依照法律的规定进行；没有法律的规定，行政机关不得作出影响公民、法人和其他组织合法权益或者增加公民、法人和其他组织义务的决定。

二是合理行政。行政机关实施行政管理，应当遵循公平、公正的原则。平等对待行政相对人，不偏私、不歧视。行使裁量权应当符合法律目的，排除不相关因素的干扰；所采取的措施和手段应当必要、适当。

三是程序正当。行政机关实施行政管理，除涉及国家秘密和依法受到保护的商业秘密、个人隐私外，应当公开，注意听取公民、法人和其他组织的意见；要严格遵循法定程序，依法保障行政相对人、利害关系人的知情权、参与权和救济权。行政机关工作人员履行职责，与行政相对人存在利害关系时，应当回避。

四是高效便民。行政机关实施行政管理,应当遵守法定时限,积极履行法定职责,提高办事效率,提供优质服务,方便公民、法人和其他组织。

五是诚实守信。行政机关公布的信息应当全面、准确、真实。非因法定事由并经法定程序,行政机关不得撤销、变更已经生效的行政决定;因国家利益、公共利益或者其他法定事由需要撤回或者变更行政决定的,应当依照法定权限和程序进行,并对行政相对人因此而受到的财产损失依法予以补偿。

六是权责统一。行政机关依法履行经济、社会和文化事务管理职责,要由法律、法规赋予其相应的执法手段。行政机关违法或者不当行使职权,应当依法承担法律责任,实现权力和责任的统一。做到执法有保障、有权必有责、用权受监督、违法受追究、侵权须赔偿。

(二)税务依法行政的原则与目标

税务依法行政是依法行政原则和要求在税务领域的落实,是对税务机关行使职权的规范和制约。税务部门是国家重要的经济管理部门和行政执法部门,深入推进依法行政,是确保国家关于建设法治政府和服务型政府的决策部署在税务系统得到有效贯彻落实的具体体现,关系人民群众切身利益,关系政府的执行力和公信力。

1. 税务依法行政的原则

根据国家税务总局《"十二五"时期税务系统推进依法行政工作规划》(国税发〔2012〕26号),当前税务系统推进依法行政工作的基本原则包括:

第一,坚持明确务实的工作定位,围绕中心,服务大局。正确处理依法行政与深化税收改革、完善税收政策、组织税收收入、优化纳税服务、强化税收征管、加强队伍建设和推进党风廉政建设等项工作的关系,注意统筹协调,确保税收工作目标的实现。

第二,坚持将依法行政作为税收工作的基本准则,贯穿于税收工作的始终。用合法行政、合理行政、程序正当、高效便民、诚实守信、权责统一的基本要求指导税务系统依法行政工作,综合衡量依法行政工作水平,确保国家税法得到全面、正确、有效实施。

第三,坚持"五个结合"的工作思路,正确把握税务系统依法行政的工作内容和发展方向。坚持权力制约与权益保护相结合,既要加强对权力运行的全程制约,确保纳税人合法权益不受侵害,又要通过行政复议、纳税服务等措施保护纳税人合法权益;坚持行政执法与行政管理相结合,既要确保行政执法行为的合法规范,又要确保行政管理行为的合规高效；坚持决策、执行、监督相结合，既要做到依法科学民主决策，又要保证行政决策得到有效执行，并将决策和执行置于监督之下；坚持合法行政与合理行政相结合，既要确保职权法定且权力的行使符合法治要求，又要做到行政裁量权行使公平、公正；坚持法律效果与社会效果相结合，既要有利于维护法律的尊严和权威，又要有利于保障社会的和谐稳定。

第四，坚持科学有效的工作方法，循序渐进与改革创新相统一，重点突破与全面推进相结合。既要积极稳妥地落实现行有效的制度规定，又要切实加强体制机制创新，研究提出税务系统深入推进依法行政的新思路、新举措，确保依法行政持续协调发展。既要抓住现有工作重点，又要努力拓展工作领域，将税务机关所有行政行为都纳入法治的轨道，确保提升税务系统依法行政整体水平。

2. 税务依法行政的目标

一是法治理念显著提升。税务人员依法行政的意识和能力进一步增强，尊重、崇尚、遵守法律的氛围基本形成，善于运用法治思维和法律手段管理税收事务，能够依法妥善处理各种涉税矛盾纠纷。

二是制度体系更加完备。税收制度建设质量进一步提高，程序制度建设进一步加强，符合社会主义市场经济的税收制度体系进一步完善；税收立法科学规范、明确具体、切合实际；建章立制遵循法定权限和程序，维护法制统一。

三是行政行为不断规范。税收执法体制和机制进一步完善，各级税务机关严格依法履行职责，程序意识进一步强化，执法流程进一步细化，执法环节和步骤进一步明确，严格、规范、公正、文明执法的基本要求得到进一步体现。

四是监督制约切实有效。税务行政监督制度和机制进一步健全，税务机关内部监督明显增强，纳税人监督保障有力，其他外部监督得到充分尊重，税务行政监督效能显著提高。税务行政问责工作法制化，确保有责必问，有错必纠。

五是权益保障全面增强。依法科学民主决策机制进一步健全，税收决策程序进一步完善，社会公众参与度进一步提高，人民群众意愿得到充分反映，政务公开力度进一步加大，救济渠道更加畅通，涉税矛盾纠纷得到及时有效化解，纳税人及其他公民、法人和其他组织的知情权、参与权、表达权、监督权和法律救济权等各项权利得到充分保障。

六是法治环境明显优化。税务机关内部层级之间、各部门之间工作顺畅，税务机关与其他部门之间协作机制运行良好，与地方党政机关之间配合到位，社会协税护税体系不断健全。社会公众税收法治意识不断增强，税法遵从度得到普遍提升，税收秩序得到有效维护。

（三）各级税务机关在依法行政中的主责差异

税务依法行政是一项全局性、系统性的工作，不但需要各级税务机关共同参与、有效配合，还需要根据各级税务机关的不同职能，区别其在推进税务依法行政中的不同角色和作用，进而确定各级税务机关不同的依法行政工作重点。

对国家税务总局而言，依法行政工作重点应该在加强和改进制度建设、坚持依法科学民主决策方面。重点研究如何发挥税务机关在国家深化财税制度改革、完善税收制度中的作用。立足专业基础和实践，为国家完善地方税体系，完善增值税、消费税、个人所得税制，推进房地产税立法和改革、资源税改革、环境保护费改税，规范税收优惠政策管理，完善国税、地税征管体制等深化税收制度改革的重点工作出谋划策。谋划好税务依法行政的整体工作思路和方案，做好税务系统的顶层设计。从完善税务规章和规范性文件制定机制、提高制度建设质量入手，增强税收立法工作和税政管理工作的科学性、民主性。

对作为中观局的省市级税务机关而言，应该充分发挥好综合管理和组织协调作用。一方面要加强和改进制度建设，结合区域经济实际提出贯彻落实国家税收政策的方案、意见，另一方面要加强对区域内税务机关依法行政的组织领导和督促检查，切实做好强化行政监督和问责、全面推进政务公开、依法化解社会矛盾纠纷等管理性工作。同时，也要积极协调省市政府建立税务部门与其他政府部门、司法机关之间的执法协调机制、信息共享机制，克服"条块分割"的体制障碍，在解决税收管理体制机制深层次的矛盾和问题方面有所作为。

对基层税务机关而言，依法行政工作的重点应放在规范执法上。基层税务机关是税收法律制度和政策的重要执行者，是税收工作的第一线。基层税务机关及其工作人员的执法质量在很大程度上决定了整个税务系统依法行政工作的质量，其执法水平在很大程度上体现了整个税务系统依法行政工作水平。对基层税务机关来说，现阶段推进依法行政工作的重点任务，一是加强教育培训，尤其是加强税收法律知识和业务知识的学习、培训，提高执法人员综合素质。二是明确和理顺税务工作程序，规范执法过程，确保各项税务执法活动有章可循，为纳税人提供高效有序的服务。三是强化监督问责，完善内控机制，重视对重点岗位和关键环节的监督制约，落实监督问责制度，坚持有错必究，有责必问。

二、税务依法行政发展状况

（一）税务依法行政实践成果

多年来，税务机关通过持续推进依法行政，使税法规定得到有效实施，税法遵从度逐步提高，税收征纳关系更加和谐，税收征管质量和效率不断提升。实践成果主要体现在以下几个方面：

一是依法行政思路逐步完善。国家税务总局提出，推进税务机关依法行政，在工作范围上逐步实现以规范税收执法行为为主向规范决策、制度建设、执法等所有税收行政行为转变，在工作机制上逐步实现以法制部门牵头重点推进向所有部门共同参与整体推进转变，在工作方式上逐步实现以监督制约为主向预防、教育、引导、监督、激励多管齐下转变。

二是税收法律体系日益健全。税务部门积极推动企业所得税法、个人所得税法、车船税法、税收征收管理法、增值税和消费税及营业税暂行条例、发票管理办法等法律法规的制定修改工作，提升立法级次，健全税法体系。出台税务部门规章制定实施办法，规范规章制定工作。完善税收规范性文件制定管理权限和程序，以规章形式出台了《税收规范性文件制定管理办法》（国家税务总局令第 20 号），规定所有税收规范性文件必须经法规部门审查，涉及纳税人重要权益的规定须公开听取意见。建立健全税法宣传"三同步"机制[①]，方便纳税人遵从和税务干部执行。开展税收法律法规、规章和规范性文件清理并向社会公布全部现行有效规章和规范性文件目录，确保税收执法依据规范、准确。建立税收政策评价反馈机制，了解有关政策规定执行中存在的问题，及时加以完善。

三是税收管理方式不断创新。税务部门积极推进依法科学民主决策，完善重大决策的规则和程序。积极转变工作方式，坚持征纳双方法律地位平等，进一步明确征纳双方的权利和义务，更加注重优化纳税服务，更加注重尊重和维护纳税人合法权益。坚持依

[①] "三同步"机制即税收规范性文件与其宣传解读稿同步起草、同步报审、同步发布的机制，用以确保基层税务机关和纳税人及时了解文件的出台背景、制定依据和主要内容，促进税务机关依法行政，便于纳税人学法、懂法、守法。

法征管，进行征管改革，推进税源专业化管理，促进提高税收征收率和税法遵从度。探索实施信息管税，降低税收成本，提升管理效能。深化税务行政审批制度改革，清理审批项目，规范审批程序。2013年国家税务总局取消、下放行政审批项目11项，梳理公布了87项行政审批项目，实现了行政审批目录化管理。

四是税收行政行为更加规范。税务部门注重依法规范行政行为，严格按照法定权限和程序行使权力、履行职责，重点规范税务行政裁量权，90%以上的省级税务局制定了税务行政处罚裁量基准或实施办法。依法组织税收收入，防止和纠正违反组织收入原则的行为。深入落实税收执法责任制，依托信息化手段对执法行为实施过程监控、自动预警和日常考核。认真开展税收执法检查、执法监察、经济责任审计和巡视监督，及时发现和纠正违规问题。规范重大税收案件审理工作，实施税收违法案件"一案双查"[①]。加强税务机关内控机制建设。推行政务公开，积极向社会公开税收法律法规和政策等信息。认真做好税务行政复议和应诉工作，及时发现并纠正违法和不当的税收执法行为。积极配合人大、审计、检察等外部监督，认真整改存在的问题。

五是税收法治环境明显改善。税务部门切实加强法制宣传教育，广泛深入地开展税法宣传工作。积极开展税务干部法制教育培训，组织税收执法资格考试，提高税务干部法律素养。加强汇报沟通和协调配合，主动争取各级党委政府、有关部门和社会各界对税收工作的支持，山东、福建、重庆等地的地方人大或政府制定出台了税收保障相关的地方法规或规章。

（二）税务依法行政应重点关注的问题

在肯定各级税务机关推进依法行政工作成绩的同时，应当看到，税务系统依法行政现状与法治政府建设的要求相比，仍然存在明显的差距：一些重要的依法行政基础性制度、机制亟待建立和完善；部分税务人员特别是少数领导干部的法治观念、法治意识还有待提高；个别税收政策和征管措施规定不够科学、具体、明确，存在重制定、轻管理的现象，有的文件之间衔接不够顺畅；税收执法不够规范，以权代法、随意执法等有法不依、执法不严、违法不究的现象时有发生；税收执法监督制约机制不够健全；税务机

---

① 根据国家税务总局《税收违法案件一案双查办法（试行）》（国税发〔2008〕125号）规定，一案双查，是指税务机关在查处纳税人、扣缴义务人税收违法行为的案件中，对涉案税务机关或税务人员违法违纪行为进行调查，并依照有关规定追究税务机关或税务人员的责任。一案双查由税务稽查部门和税务监察部门按照职责分工实施。税务稽查部门负责检查纳税人、扣缴义务人的税收违法行为，税务监察部门负责调查税务机关和税务人员的违法违纪问题。

关推进法治工作的整体合力尚未真正形成，推进机制、方式、手段等有待完善。目前，税务系统依法行政实践应重点关注以下几方面问题：

1. 处理好依法行政与组织收入的关系问题

依法行政是我国当前税收工作的基本原则和要求，组织收入也应以税法为依据，依法进行。但目前税务机关组织收入更多的是以政府制订的税收计划为标准，随着市场经济体制的日益完善，在计划经济体制下形成的指令性税收计划对税务机关依法行政的不良影响日益显现，税收计划与依法治税的矛盾也日益突出。一方面，以"以支定收"和"基数增长法"为基础制定的指令性税收计划与依照税法可能取得的税收收入不完全吻合，不利于公平税负和宏观调控，是造成"有税不收"、收"过头税"等问题的最主要原因。正是看到了原有预算机制对依法组织收入的不良影响，中共十八届三中全会提出："审核预算的重点由财政收支平衡状态、赤字规模向支出预算和政策拓展。"在预算审批以支出为重点后，税收就不再是任务，而是预期，国家将更多地强调税收收入的依法征收。税务机关应顺应国家改革发展要求，重视依法征收问题。另一方面，各级政府长期以税收计划任务的完成情况来考核税收工作绩效，过度强调收入任务容易造成治税观念上的误区，导致税务部门将主要精力放在平衡、调剂税收收入，确保收入计划完成上，相对忽视征管质量的提高和执法水平的规范，有悖于依法行政的要求。

2. 处理好合法行政与合理行政的关系

近年来，税收立法和制度建设工作得到不断加强，税收制度建设的质量得到较大提升，但与依法行政的要求相比还有较大差距。税收制度建设反映客观规律不够，对新情况、新问题的调整滞后；一些政策规定之间不统一、不协调，造成了基层税务机关在适用税法上的困难；部分政策规定可操作性不强，难以全面有效地解决实际问题。在目前建设社会主义法治国家的大背景下，税务部门要更好地适应时代要求，积极推进税制改革，继续落实并完善各项税收政策，科学地把握好改革的"变"与法治的"定"之间的平衡，处理好合法行政与合理行政的关系。在坚持合法性原则的前提下，综合考虑各方面因素，平等、公正地适用法律，更好地发挥税法制度在稳定增长、改善结构、调节分配、促进和谐等方面的作用。

3. 税务依法行政受到体制机制的制约

"转变政府职能，深化行政管理体制改革"是全面推进依法行政的首要任务。当前税务系统推进依法行政还面临一些机制体制障碍。征收管理模式上"条块分割"的问题突出。从外部环境看，各政府部门的"部门职权利益化"倾向广泛存在，税务信息共享机制不完善，协税护税平台作用发挥不充分，没有形成"齐抓共管"的税收环境，在一定程度上削弱了税收职能作用的发挥；从内部机构设置看，省以下税务机关按税种"条条"设置机构与分地区"块块"征管之间缺乏综合环节的机制设计，长期存在"千条线、一根针"的问题，基层税务机关和税务人员工作压力大，重复劳动多，对执法效率和征管成本的影响较大。

在约束机制方面，岗位和职责设置相互分离、相互制约的机制还有待强化。同级执法监督力度还不够，在监督主体、监督权力、监督内容、监督形式等方面还存在一些问题。层级监督在深度和广度上也还需要进一步加强。责任追究不到位，影响执法责任制实施效果，无法真正体现"权责统一"的依法行政基本要求。

4．消极不作为现象更应关注

目前税务系统有法不依、执法不严、违法不究的现象仍时有发生，随意执法、越权执法等"乱作为"现象与执法僵化、应作为不作为等"不作为"现象同时并存，严重损害了执法的公信力和税务机关形象。推进税务依法行政既要防止"乱作为"，更要防止"不作为"，因为后者的隐蔽性更强，违法成本更低，从长期来看对执法队伍造成的影响和危害更甚于前者。应注重将依法行政的原则性、总体性要求与具体征收管理实践结合，与基层执法人员的需求结合，制定操作性强的程序制度，用于规范和指导基层执法，切实提高基层执法水平。

同时，也要注重改进执法方式，努力实现税收执法法律效果和社会效果的统一。社会矛盾凸显期诸多问题的复杂性和艰巨性对推进依法行政提出了许多新的挑战，要依法处理好各种权力和权利的关系，有效解决各种矛盾和问题，必须创新执法方式方法，把保护合法、服务守法与制裁违法相结合，坚持管理与服务并重，处罚与疏导结合，建立完善涉税纠纷化解机制，依法化解涉税矛盾和纠纷。

（三）继续推进税务依法行政的要求

继续深入推进税务依法行政，重点需要从以下几方面出发：

一是推进税收立法和制度建设。税务机关要在尊重历史、立足现实的基础上，区分轻重缓急，循序渐进地落实税收法定原则要求。当前，应当主动配合推动税收立法，将经济社会发展必需、纳税人期盼、税收实践证明可行的税收事项，通过权力机关立法加以落实，努力推动成熟稳定的现行低位阶单行税种法规上升为法律。同时，提高税务机关权限范围内的制度建设质量，促进税法遵从，防止制度性侵权，保障纳税人的权利公平、规则公平。

二是提高依法科学民主决策水平。健全决策程序，依法行使决策权，健全重大决策规则，明确重大决策范围；完善重大决策风险评估机制，重大决策事先必须进行合法性、合理性、可行性和可控性等论证，要把风险评估结果作为重大决策的重要依据；加强重大决策跟踪反馈和责任追究，建立健全重大决策跟踪反馈制度和责任追究制度。

三是规范税收行政行为。严格执行各项法律法规；认真落实组织收入原则，定期开展组织收入原则落实情况检查，开展税收收入质量评价工作；不断完善税收执法程序，通过程序设计保障纳税人对税收执法的知情权、陈述申辩权和监督权；规范税务行政裁量权，明确税务行政裁量权适用规则和裁量基准，重点规范行政处罚裁量权的行使；深入推进税务行政审批制度改革，继续大力清理税务行政审批项目，进一步规范税务行政审批行为；切实转变税收管理方式，不断改进纳税服务，简化、优化税收征管流程和表证单书，减轻基层税务部门和纳税人负担。加强税法解读工作，增强税法透明度。健全征纳双方沟通机制，及时听取纳税人对税收工作的意见和建议。创新完善税收征管模式，大力推行专业化、信息化管理，促进提高税收征收率和税法遵从度；规范内部行政管理行为。优化工作流程，加强工作衔接，全面提高税务机关的执行力。

四是依法化解涉税矛盾纠纷。健全矛盾纠纷防范和化解机制，改进执法方式，积极探索和运用行政指导、行政合同、服务、疏导、教育等柔性执法手段。坚持文明执法，善待和尊重纳税人。注重运用和解、调解等方式，积极稳妥地解决税务行政争议；认真开展行政复议和应诉工作，充分发挥复议、应诉在解决涉税矛盾纠纷中的主渠道作用。简化复议申请手续，畅通复议申请渠道，妥善办理复议案件，严格履行复议决定。完善行政应诉制度；做好信访和涉税舆情引导工作，坚持关口前移，规范税收执法，从源头上预防信访和舆情问题的发生。

五是加强税收执法监督。坚持推进政务公开，拓宽公开领域和公开事项，创新公开形式；加强监督制约，深入推行税收执法责任制，落实重大案件审理制度，充分发挥巡视检查、督察内审、执法监察等综合监督作用，推进内控机制建设；要严格行政问责，坚持有错必纠、有责必问。

六是增强依法行政能力。建立健全推进依法行政的领导体制和工作机制，不断提高税务干部依法行政能力，加强考核评价，完善激励机制，不断提高税务部门依法行政水平。

税务依法行政是依法行政原则和要求在税务机关和税收领域的体现和实施，是税收法治的重要目标。中共十八届三中全会提出"财政是国家治理的基础和重要支柱"，体现出税收在国家治理中的重要作用。税务机关作为行使国家征税权的行政机关，其行政能力和水平在一定程度上体现了国家在税收领域的治理水平和成果。而税务依法行政的全面推进，将在规范税务机关执法行为、提高税务机关行政能力和服务水平等方面起到重要的推动作用。因此，全面推进税务依法行政不仅是建设法治政府，提高国家行政水平的需要，还是提高国家治理能力的基础和条件，对保证党领导人民有效治理国家具有重要意义。

第四节　纳税服务

一、纳税服务的概念和特征

（一）纳税服务的概念

纳税服务的概念有广义和狭义之分。广义的纳税服务是国家机关、政府部门、社会中介共同为纳税人提供的涵盖税收立法、执法、司法等领域的服务措施。[1] 狭义的纳税服务是税务机关根据税收法律、行政法规的规定，在税收征收、管理、检查和实施税收法律救济过程中，向纳税人提供的服务事项和措施。[2]

就具体的税收征纳关系而言，纳税服务是税务机关以法律法规为依据，以纳税人正当需求为导向，以现代科技手段为支撑，以提高税法遵从、和谐征纳关系为目标，为保障纳税人合法权利所提供的一种公共服务。

---

[1] 肖厚雄，等. 纳税服务理论与实践[M]. 北京：中国财政经济出版社，2010：2.
[2] 参见：《国家税务总局关于〈印发纳税服务工作规范（试行）〉的通知》（国税发〔2005〕165号）。

（二）纳税服务的特征

1. 纳税服务具有法定性

国家税务总局提出的纳税服务理念是"始于纳税人需求，基于纳税人满意，终于纳税人遵从"。不同纳税人对服务的具体需求是不同的，而全面落实合法权利应该是其中最一致、最稳定的需求。不同角度对满意的标准也不尽一致，而法定的权限、程序、内容、方式和时限等应该是其中最基本、最统一的标准。因此，围绕落实纳税人的合法权利所提供的纳税服务，不再是工作事项和措施，而是法定的义务和职责。

2. 纳税服务具有公共性

纳税人不仅是依法纳税的义务主体，而且是具有公民身份的权利主体。税务机关围绕保障纳税人合法权利所提供的纳税服务是政府公共服务的组成部分。公共服务具有效用的不可分割性、受益的非排他性和消费的非竞争性。以纳税服务的公共性作为税务机关与社会中介分工的界线，有助于明确税务机关在纳税服务工作中的定位。

3. 纳税服务具有综合性

税务机关提供的纳税服务贯穿于税收征管的全过程，涵盖实体法和程序法的内容，因而具有广泛的综合性。事前，为纳税人提供宣传、咨询、辅导等服务，使纳税人及时准确地了解政策和程序，保障纳税人的知情权；事中，为纳税人提供多种办税渠道，使纳税人快捷、正确地履行纳税义务，保障纳税人的便利权；事后，为纳税人提供投诉举报、争议仲裁、损害赔偿的便利，有效约束征税权的扩张，保障纳税人的救济权。

二、纳税服务的地位和作用

（一）纳税服务的地位

纳税人不仅是依法纳税的义务主体，也是政府公共服务的权利主体。因此，税务机关在依法行使征税权利的同时，也负有依法提供纳税服务的义务。作为税务机关的核心业务之一，纳税服务是贯穿于税收征管全过程的基础性工作。纳税服务在税收征管的不同环节具有不同的内容和形式，其质量和效率直接影响到纳税人对税法的遵从和征纳关系的和谐。

（二）纳税服务的作用

纳税服务的作用主要体现在三个方面：

1. 纳税服务有利于引导纳税人自觉遵从税法

纳税服务通过为纳税人履行纳税义务提供便利，为纳税人合法权益提供保障，从而使有遵从意愿的纳税人获得应有的尊重，使有逃避倾向的纳税人没有合适的借口。优质的纳税服务有助于纳税人在知法、懂法的基础上提高自觉守法的意识，有助于全社会形成诚信纳税的良好氛围。

2. 纳税服务有利于提高税收工作管理水平

税收工作科学发展的一个主要标志就是降低税收征管成本，提高税务行政效率。纳税服务通过提高大多数纳税人自觉遵守、自觉履行、主动缴纳的意识和能力，最大限度地降低日常税收征管的成本，使得税务机关可以集中更多的资源有针对性地加强税源监管、纳税评估、稽查检查、权益保护，从而事半功倍地维护正常的税收秩序。

3. 纳税服务有利于构建稳定的、权利与义务清晰的税收征纳关系

税务工作是政府重要的经济管理职能之一，与政治经济生活联系紧密，涉及广大纳税人切身利益，因而在加强和创新社会管理中为社会所关注。税务机关通过开展纳税服务可以展示良好的工作作风和职业素质，树立热情服务、公正执法的全新形象，最大限度地缓解征纳双方之间的矛盾，增进纳税人对税收工作的理解。

三、纳税服务的基本原则

围绕保障纳税人的合法权益，纳税服务应坚持以下基本原则：

（一）充分知情的原则

纳税人对税法的遵从基于对立法过程、义务范围、税款使用、救济程序的充分知情。让纳税人了解税法草案、起草说明和表决情况等，可以使纳税人更好地理解税法制定的背景；让纳税人知悉法律规定、征收程序、减免规定等，可以让纳税人的财产安排更有确定性；让纳税人获知行政决定的法律依据、情况说明、救济权利等，可以规避行政争议的风险；让纳税人及代理人查阅卷宗、了解证据、参加听证，可以防止征税权的滥用；让纳税人知晓预算编制、执行结果、审计结论，可以监督税款使用的情况。

（二）经济便利的原则

纳税人仅负担法律规定的税收，意味着他有权拒绝法定之外的义务，也意味着他有权要求以最小的遵从成本履行法定的义务。纳税人的遵从成本一般包括货币成本、时间成本、违规成本、心理成本等因素，降低纳税人遵从成本是纳税服务的一项主要内容。[①] 简化税收制度和规范行政解释可以减少税法的不确定性；公开税法规定和开展纳税咨询可以方便纳税人提前知情；丰富办税渠道和简化流程手续可以减少纳税所需的人力物力；拓宽救济途径和整合救济资源可以让纳税人无后顾之忧；公开预算信息和加强预算管理可以降低纳税人对税收的抵触。

（三）诚实互信的原则

征税主体与纳税主体的法律地位平等。征纳之间的和谐关系最终应建立在诚实互信的基础之上。因此，要努力减少征纳之间的信息不对称，让纳税人受到应有的尊重。在税收立法阶段，立法计划、立法精神、立法解释不宜随意变更；在税款使用阶段，预算编制、预算执行、决算结果应该有利于监督；在税收执法阶段，税务机关无证据证明纳税人存在涉税违法行为时，一般不能假定纳税人有过错而限制纳税人行使权利，更不能要求纳税人提供自证其罪的信息资料。在涉税救济阶段，救济体系应该中立，救济过程应该尽量透明。

（四）程序正义的原则

公平正义不仅应当得到实现，而且要以看得见的方式加以实现。没有程序的公正，就很难保证实体公正和结果公正。没有程序的完善，就很难推动权利的实现。因此，不仅税法的设立、修改、废止应当依照法定的程序和权限进行，而且税法的执行、税款的使用、涉税的救济等都应当公布权限、时限、流程、渠道、方式、手续等，以使权力在透明公开的轨道内运行。程序的主持者要确保公正，救济的参与者要确保中立，监督的执行者要确保独立，任何人不能做自己案件的法官。

---

① 肖厚雄，等. 纳税服务理论与实践[M]. 北京：中国财政经济出版社，2010：30.

(五) 有利于纳税人的原则

现行税收法律体系包括法律、法规、规章和规范性文件，法律规范冲突、适用情形模糊、形势发生变化等情况难以避免。由于纳税人对私权的处理需要有预见性，因此，不能让纳税人承担政策不明确的后果。纳税人权利属于"私权"范畴，而征税权属于"公权"范围。纳税人权利可以拓宽解释，即所谓"法无规定即可为"。征税权则截然相反，任何缺乏法律依据的推定均不被允许，即所谓"法无规定不当为"。[①] 在税法解释、税收执法、涉税救济的过程中处理复杂的涉税问题，坚持有利于纳税人的原则是运用法律思维化解涉税争议的基础。

四、纳税服务的内容与形式

纳税服务的内容是指税务机关为保障纳税人的合法权利所提供的各种服务的总称。纳税服务的形式是指税务机关为实现纳税服务的内容，采取的手段、方式、方法的总称。纳税人的需求是具体的，提供与之相应的服务内容才能满足其需求；纳税人又是有区别的，满足同类的需求也可能需要采取不同的形式。

1. 环境服务

是税务机关为满足纳税人办理日常涉税事宜的需要，在创建方便有序、优质高效的办税环境方面所提供的综合服务，其形式包括硬件服务设施和软性服务环境两部分。在硬件服务设施方面，主要是创建人性化的办税环境，包括服务大厅（场所）功能区域、连锁式的办税服务网点、统一的内外服务标识、免费的各类宣传材料、配套的排队叫号系统和触摸屏、方便的自助办税终端等；在软性服务环境方面，主要是统一规范的服务管理，提高税务工作人员的综合素质，以热情的态度、规范的行为和专业的技能为纳税人提供满意的服务。

2. 信息服务

是税务机关通过多种途径，为帮助纳税人了解权利义务、密切征纳双方之间互动交流所提供的服务。其形式包括：通过网站、报刊、广播、电视等媒体向纳税人普及税收法律法规和税收知识；通过提供涉税书刊、光盘资料、离线查询，方便纳税人全面知悉

---

① 施正文. 论征纳权利[J]. 中国法学，2002 (6).

其纳税义务和合法权利；通过网站、电话、短信、辅导等渠道告知纳税人税收政策、办税程序和涉税事项；通过意见征集、调研交流、网站留言、电话征询、官方微博等方式，听取社会意见和了解纳税人诉求。

3. 咨询服务

是税务机关以解答纳税人涉税问题为主要内容，帮助纳税人理解税收法规、了解纳税程序、适用税收政策、寻求涉税救济而提供的服务。其形式包括当面咨询、电话咨询、网络咨询、信函咨询等。此外，为普及税收法规和纳税知识，税务机关还将纳税咨询的内容进行分类整理，以出版书籍、制作光盘等方式提供给纳税人。

4. 办税服务

是税务机关按照规定的工作流程，为纳税人办理具体涉税事宜所提供的服务。办税服务一般包括现代方式的办税服务和传统方式的办税服务两大类形式。前者主要指税务机关以网络、通讯为载体提供的办税服务，包括网上办税、电话办税、短信办税、自助办税、流动办税、预约办税等。后者主要以办税服务厅（场所）、政务大厅、办税场所为平台提供的办税服务，包括"一窗式"服务、"一站式"服务、"一门式"服务、全程服务、区域通办等。

5. 救济服务

是税务机关在发生涉税争议时为保护纳税人合法权益所提供的服务。纳税人对税务机关的征税决定有异议，或者纳税人对税务机关的行政处罚、强制执行、保全措施等具体行政行为不服，以及纳税人对税务人员的服务态度、办事效率、侵权行为、违法行为进行控告，都可以通过网站、电话、信函、面见等渠道及时获得税务机关的救济服务。救济服务的形式主要包括投诉、举报、信访、听证、调解、复议等。

6. 援助服务

是纳税人因特殊困难，向税务机关提出援助申请，税务机关为满足特定纳税人的需要而提供的个性化服务。税务机关通过预约直接向纳税人提供面对面的服务，也可以通过纳税服务志愿者为老年人、残疾人提供上门服务，为下岗失业人员提供涉税咨询辅导和办税服务等。

五、纳税服务的工作体系

(一)高效的组织体系

1. 加强组织领导

各级税务机关应当建立健全党组统一领导、纳税服务部门组织协调、其他部门各负其责的纳税服务领导体制和运行机制,分析把握纳税服务形势任务,研究确定纳税服务发展规划,统筹部署纳税服务重大工作,协调解决纳税服务全局性问题,加强制度建设和责任追究,督促检查纳税服务计划执行情况,全面推动纳税服务专业化和规范化建设。

2. 优化机构设置

围绕便利纳税人履行纳税义务、保障纳税人合法权利的服务需求,推进业务重组、修改工作流程、调整机构设置、简化中间层级、下发审批权限、深化资源整合。按照机构岗位设置、人力资源配置与纳税服务工作要求相适应的原则,确定岗位职责,明晰工作要求,减少责任交叉,防止工作脱节,引导纳税服务工作有效融入税收工作各个环节。

3. 完善运行机制

为高效开展纳税服务工作,在税务机关内部,围绕宣传服务、咨询服务、办税服务、救济服务等工作重点,建立健全跨层级、跨部门的协同机制和响应纳税人需求的快速反应机制,使不直接提供纳税服务的部门积极主动地提供协助服务。同时,理顺各部门之间的工作关系,在纳税服务工作的民主决策、计划实施、效果评价、信息反馈、服务监督、业绩考评和责任追究等方面,形成相互配合、协调运行的工作机制,以保障各项纳税服务制度的有效执行。

(二)健全的制度体系

1. 编制业务流程

按照纳税服务事项梳理纳税服务业务流程,细化业务标准,规定层级权限,确定程序要求,明确手续时限,健全监督机制,编制工作规程,做到岗责明晰、程序规范、操作标准、政策统一、时限公开,依托信息化平台,将纳税服务业务标准融入具体服务事项之中,有效提升纳税服务的质量和水平。

2. 制定配套制度

按照纳税服务的细分策略，以完善税法宣传、纳税咨询、办税服务、权益保护、信用管理、社会协作等工作为重点，建立职责定位明确、服务标准统一、操作流程清晰的标准化管理制度。在完善单项制度基础上，围绕规范需求调查、完善决策管理、加强过程控制、开展效果评估、健全协作机制、推动办税公开、统筹内外监督等内容健全配套制度，形成规范纳税服务全过程的综合制度体系。

3. 推进制度创新

按照规范、公开、监督、问责"四位一体"的原则，推动纳税服务制度创新。在规范服务标准的基础上完善对外公开和服务承诺，在权力运行公开的基础上加强内部控制和外部监督，在内外部监督的基础上建立健全纳税服务行政问责制度。

（三）完善的平台体系

1. 全能性的办税服务厅

积极推进办税服务厅标准化建设，在内外标识、功能设置、基本设施、岗位职责、业务流程、管理制度、工作考核等方面实现统一。科学配置办税服务厅资源，使之从侧重办税服务转型为集办税服务、税法宣传、咨询指导、权益保护以及征纳沟通等多种服务于一体的综合服务场所。稳步推进国税、地税共享实体办税服务厅、共建网上办税服务厅、共驻政务大厅、互相委托代征等多种形式的联合办税。在下放审批权的基础上，扩大办税服务厅同城通办、区域通办的受理范围。

2. 便利型的办税服务网点

按照"便利、统一、专业、开放"的要求，推动基层税务所的资源整合，规范受理和办结的岗位要求，加强内部控制，全面落实纳税服务承诺。逐步扩大基层税务所区域通办的范围，适当增加专业服务场所的数量，与办税服务厅和税务网站相配套，逐步形成综合服务与专业服务相互结合、传统方式与现代方式相互促进、集中服务与便利连锁相互补充的纳税服务网络。

3. 规范化的纳税服务网站

以"优势互补、规范实用"为主线整合税务机关网站资源，实现网上登记、网上申报、网上审批、网上查询、网上缴税、网上复议等基本办税服务功能，增强疑难问题在线咨询、意见建议在线收集、投诉举报在线受理等征纳互动功能，拓展网络发票开具、国税地税业务一网通办等事项，建设集办税、公开、互动、维权为一体的综合性纳税服务平台。

4．专业化的纳税服务热线

积极推进纳税服务热线的建设，总结推广电话咨询专业化管理工作经验，丰富完善电话服务功能，形成集中受理为主、分散受理为辅、税收知识库有效支撑的热线咨询工作格局。整合纳税服务热线、网站、短信、面对面咨询服务需求，建立咨询服务需求收集、分析、响应机制。

（四）完备的考评体系

1．完善指标体系

要充分考虑纳税服务对象多元化、过程专业化、评价社会化、内容多样化的特点，结合纳税服务工作规程和工作标准，逐步完善纳税服务定性指标与定量指标相结合的纳税服务绩效评估体系。建立健全纳税人税法遵从度和满意度调查评估机制，不断提高纳税服务工作在税务机关业务考核中的比重。

2．强化绩效考评

按照内外结合、客观公正的原则，开展纳税服务绩效考核，客观评价内部纳税服务绩效。开展纳税人满意度调查，全面掌握外部满意度评价。在加强内部控制和执法督察的同时，通过行风评议机构、廉政监督员体系或者委托第三方调查机构等多种渠道，采取网上调查、实地走访、调研座谈、信函短信等方式，客观地征求外部对税务机关的看法和意见，及时发现工作中存在的问题。

3．推动后续整改

按照协调发展、持续改进的原则，建立纳税服务绩效评比通报制度。加强对绩效考评结果的沟通反馈和综合分析，引导和督促各部门、各环节全面查找纳税服务工作中存在的问题并进行整改。建立绩效考评持续改进机制，对整改的措施和效果进行跟踪检查，从而形成纳税服务工作质量不断提升的良性循环。

（五）完整的业务体系

1．加强税法宣传

一是丰富宣传方式。发挥主流媒体、税务报刊、互联网、手机信息、服务热线、办税服务网络的各自优势，进行多角度、多侧面的税法宣传。二是规范宣传内容。根据纳税人对税法宣传的需求，突出税法知识、政策解析、热点难点、办税流程、典型案例、权益保护、减免优惠等宣传。对重要的税收政策及管理措施实行规范性文件与宣传解读同步起草、同步报审、同步发布。三是注重分类宣传。针对不同行业、不同规模、不同类型的纳税人，针对纳税人的不同群体，分别进行税法宣传。

2. 规范纳税咨询

一是完善咨询管理办法，建立纳税咨询受理、转办、答复、公开和维护等机制。二是提高纳税咨询效率。推行纳税咨询限时回复公开承诺，逐步缩短回复时限，密切纳税咨询的前后台衔接。三是提高纳税咨询质量。按照定期收集、准确分析、及时反馈的原则，建立税收业务知识库的维护机制，使咨询问题与标准答案在各咨询窗口实现共享，为纳税人提供统一、规范的业务解答。四是提供多种咨询选择。通过电话、网站、信函等方式，为纳税人提供远程咨询选择。通过设置咨询辅导场所，为纳税人提供预约咨询和集中解答。整合咨询服务资源，形成渠道多元、答复统一、服务规范的咨询工作格局。

3. 优化办税服务

一是拓展多元办税方式。健全网上办税、上门办税、电话办税、短信办税、邮寄办税等多种方式。完善网上办税功能，扩大区域通办范围，鼓励中介代办服务，推广国税、地税联办经验，积极推进场所出具、邮寄投递、网上开具等多种方式的缴税凭证开具工作。二是优化办税业务流程。清理办税流程中的重复环节，下放审批权限，前移审批事项，逐步从事前审批转为备案并事后核查。三是完善办税业务流程内控机制，全面落实纳税服务承诺，确保纳税人受理有凭据、时限有告知、进度可查询、办结有手续、过程受监督。四是推广分类服务。根据纳税人的风险评级和信用等级配置繁简不同的办税程序，区别业务含量不同的服务需求，配置不同的服务资源。

4. 完善权益保护

一是在规范性文件制定阶段维护纳税人权益。在涉及纳税人权利义务调整的税收政策出台前要设立社会公示、专家论证、公开听证等程序。在税收政策执行后，要加强意见反馈评估工作，提高公众参与度和税法透明度。二是密切行政执法与行政救济的衔接。完善执法文书中权益告知内容，在具体行政行为可能影响纳税人权利义务变化时及时告知其权益救济的时限和方式。三是建立税收争议化解机制。建立健全对纳税人投诉和举报的处理机制，完善税务行政复议制度，积极运用和解、调解手段化解税收争议，积极应诉法院受理的税务行政案件，认真履行法院依法做出的行政判决和裁定；严格执行国家赔偿法律制度,保证纳税人受到的损失依法获得赔偿。

(六)有力的保障体系

纳税服务的可持续发展还需要科技、经费和人才的保障。例如,为了满足纳税人足不出户办理涉税事宜的需求,拓展办税服务从实体化向虚拟化发展的空间,需要开发更多网上办税的功能,这需要科技手段的支持。又如,在优先保障为大多数纳税人提供普遍服务的基础上,合理开展纳税人迫切需求的分类服务、专项服务,这需要一定的财力保障。再如,从事纳税服务的税务干部除了应具备高度的责任感和良好的精神面貌之外,还应具备较高的业务知识、语言表达、待人处事、分析问题和处置争议等能力,这需要人力资源的保障。

六、纳税服务的法治环境

纳税服务是依法服务。为了推动纳税服务工作走向深入,必须有针对性地优化纳税服务的法治环境。

1. 明确纳税服务的法律地位

借鉴发达国家经验,将纳税服务管理实践成果纳入税收立法范围,推进改革实践和税收立法协同发展。通过修订《税收征收管理法》,把纳税服务定位为税务机关的核心责任之一,进一步确立纳税服务法律地位,明确税务机关同纳税人法律地位平等。在此基础上,完善纳税服务的各项制度,逐步形成具有中国特色的纳税服务法律体系,使我国的纳税服务工作有法可依。

2. 保障纳税人参与税法制定的权利

具有公民身份的纳税人其合法需求并不局限在履行纳税义务的过程中。现行税收法律体系对纳税人应履行的义务规定得较多,赋予纳税人参与税法制定过程的权利则相对偏少,造成税法在制定过程中酝酿不够充分,使税法的执行存在较多不确定性。应当通过完善《立法法》等相关法律规定,让广大纳税人和社会力量参与到涉税法律制定和修订的过程中,为依法服务纳税人奠定坚实的基础。

3. 明确税务机关开展纳税服务的义务

《税收征收管理法》虽然规定纳税人在履行纳税义务过程中的一些权利,但是需要围绕保障纳税人的权利明确税务机关具体的义务。例如,为了保障纳税人的知情权,不仅要规定税务机关应当宣传政策、告知程序、提供咨询，而且应该明确如何做以及否定性的法律后果。因此，要通过修改《税收征收管理法》，明确纳税服务的地位、作用、原则和责任，而且要使税务机关征税的权利与服务的义务更加对等和平衡。

4. 借鉴国际惯例宣示纳税服务的承诺。

当今世界主要国家在通过立法加强纳税人权益保护的同时，还通常由税务机关以宪章、宣言、承诺等形式将法定的纳税服务义务具体化。虽然宣示纳税服务承诺本身不具备严格意义上的法律效力，但是其背后都有相关法律规定作为支撑，而且更易于让纳税人知悉和理解如何保护自身的权利。我国应该积极借鉴这种国际惯例，丰富纳税服务承诺的形式和内容，监督纳税服务承诺的履行和落实，加强对各地纳税服务承诺的比较和考核，推动纳税服务立法体系的完善和健全。

5. 完善制度配套推动税收环境的优化

纳税人违法和失信成本偏低会使诚信和守法的纳税人受到伤害。要通过完善法律推动纳税人信用信息库的建设，实现失信记录公开查询、社会共享、联合惩戒，持续提高纳税人守法意识。加强对涉税中介的扶植和管理有利于维护纳税人的合法权益。要提高涉税中介管理制度的法律层级，扩大中介服务的范围，加强执业质量评估，完善行业评级管理，推动涉税中介服务健康发展。

第五节　税收风险管理与纳税评估

税收法治的目标是税收法律关系主体对税法的遵从。税收程序法和税收征收管理制度是对税法遵从的有效保障。《税收征收管理法》及相关法律法规明确规定了纳税人自主申报的义务和税务机关后续管理的职责。在此基础上，我国逐步建立了纳税人自主申报和税务机关检查与管理并重的税收征管模式。[①] 但是，在纳税人自主申报和税务机关实施检查之间，如何进行强化管理是税收征管的难点，相应的法律设计和制度安排尚不完善。面对海量的纳税申报数据，税务机关很难及时发现纳税人不遵从税法的行为，税

---

① 《国务院办公厅关于转发国家税务总局深化税收征管改革方案的通知》（国办发〔1997〕1号）提出，"建立以申报纳税和优化服务为基础，以计算机网络为依托，集中征收，重点稽查"的税收征管模式，此后根据征管实际需要增加了"强化管理"。税收征管模式是各项税收征管制度的运行机制，是税收征管过程中形成的具体规范，征管模式的选择与构建是由国家政治体制、经济发展水平、法制状况、税务人员素质和公民纳税意识等多种因素共同决定的。

务检查的范围仅限于少量纳税人，其威慑效果并不明显。为解决税收管理中的问题，近年来，税务机关在理论探索方面引入了风险管理理念，制定税收风险管理战略规划，力求逐步建立起以风险管理为导向的现代化税收征管体系[①]；在征管实践方面，借鉴国外先进经验，针对纳税人自主申报情况进行核实比对分析，逐步发展为纳税评估。因此，税收风险管理是强化税收管理的理论基础，纳税评估是强化税收管理的征管实践，本节围绕这两个方面进行了讨论。

一、税收风险管理

（一）税收风险与税收风险管理

税收风险是由于征纳双方信息不对称而引起的税收征管结果的不确定性[②]。税务机关管理资源的有限性和纳税人涉税事项的复杂性加剧了这种不确定性。广义的税收风险包括税收立法风险、税收执法风险和税法遵从风险；狭义的税收风险指税收征管过程中的税法遵从风险，国际上通用的税收风险也主要指税法遵从风险，本书仅论述狭义的税收风险。经济合作与发展组织（以下简称OECD）在2004年《遵从风险管理：管理和改进税收遵从[③]》中将税收遵从风险定义为，在税收管理中对提高纳税遵从产生负面影响的各种可能性和不确定性。税收风险产生的主要原因是纳税人无知、疏漏或故意不遵从税法从而可能导致的税收流失。[④]

税收风险管理是风险管理理论[⑤]与现代税收管理相结合的结果，其目标是在当前复杂的经济形势下，构建科学、严密、有效的税收征管体系，合理配置税收管理资源，实施主动管理，运用风险管理理论的分析方法，对税收风险进行识别并加以应对，以促进税法遵从、不断提高税收管理质量。税收风险管理的动因，一是解决税务机关与纳税人信息不对称的矛盾；二是解决税务机关有限的管理资源与纳税人复杂的涉税事项之间的矛盾。

---

① 国家税务总局2002年《中国税收征收管理战略规划纲要》。
② 刘初旺，沈玉平. 税收征管执法风险与监管研究［M］. 北京：经济管理出版社，2012：9.
③ 此处OECD "税收遵从" 指纳税人对税法的遵从，与本书所称的税法遵从含义一致。
④ 张得志. 税务风险管理理论与实践［M］. 北京：中国税务出版社，2013：1.
⑤ 风险管理是现代管理学的一种理念，也是发达国家一种先进的管理方法。本书不着重介绍风险管理理论，仅阐述借鉴风险管理理论开展的税收风险管理。

（二）税收风险管理的一般程序

从国际上通行的做法来看，税收风险管理都是一个完整的、循环提高的过程。如 OECD 的税收风险管理模型是：基于对目标、战略的分析来识别、确定风险领域→评估和选择风险重点，主要是对登记、申报、报告、纳税等方面进行分析→进行风险处置，包括分析遵从行为、确定处理战略、制定实施计划并实施战略→对执行情况进行监控→再回到识别的循环过程。[①] 结合我国的实际情况，税收风险管理一般包括下列程序：

1．税收风险识别

是指对纳税主体的税法遵从风险加以判断、归类和对风险性质进行鉴定的过程。即对尚未发生的、潜在的和客观存在的各种风险，系统、连续地进行识别和归类，并分析产生风险的原因。税收风险在一定时期和某一特定条件下是否产生并客观存在，以及发生损失的可能性等都是风险识别阶段应予以解决的问题。

2．税收风险分析和评价

风险分析是在风险识别的基础上，通过对所收集的大量资料进行分析，估计和预测风险发生的概率和损失程度。风险评价是结合相关因素对税收流失的概率、损失程度进行全面考量，并对其危害程度进行排序。通过与公认的安全指标比较，衡量风险的程度，决定需要采取的应对措施。

3．税收风险应对

是指根据风险评价结果，选择最佳风险管理措施。风险应对是风险管理中最为重要的环节。税收风险应对措施包括：对涉税疑点的核实、约谈纳税人、实地核查、进行税务检查、行政处罚等。

4．税收风险管理效果评估

风险管理的效益取决于能否以最小风险成本取得最大安全保障。因此，需要对风险管理应对措施适用性及效果进行分析、检查、修正和评估。同时，在实务中还要考虑风险管理与整体管理目标是否一致，是否具有实施的可行性、可操作性和有效性。风险应对措施是否适当，可通过评估风险管理的效果来判断。

---

① 张得志．税务风险管理理论与实践［M］．北京：中国税务出版社，2013：86．

二、纳税评估

（一）纳税评估的概念

纳税评估是税务机关根据纳税人、扣缴义务人报送的申报资料，以及日常掌握的各种涉税信息，按照一定的程序，运用一定的手段和方法，对纳税人在一定期间内履行纳税义务情况及有关涉税事项，进行系统的审核、分析、确认和评价，及时发现、纠正和处理纳税申报行为中的异常情况，促使纳税人依法履行纳税义务的税收管理活动。[①] 目前，纳税评估已经成为一项国际通行的税收管理制度，其中新加坡、英国、美国、日本等国家采取"案头审计""办公室审计""评税""计算机核查"等不同形式的纳税评估管理尤为典型。[②]

（二）纳税评估的特征

1. 纳税评估主体的主动性

税务机关根据征收管理的需要主动开展评估，要求纳税人提供涉税资料，通知被评估对象进行解释、说明。税务机关在税收征收管理中的地位决定了其在纳税评估中的主导地位。

2. 纳税评估内容的广泛性

纳税评估对象包括所有税收行政相对人，评估的内容涵盖了纳税人各种纳税申报表、财务报表、第三方数据等涉税资料。通过广泛的比对、分析和评估，判断纳税人履行法定义务的程度。正是这种广泛性保证了税务机关税源监控的全面性和有效性。[③]

3. 纳税评估技术的综合性

在税收管理中进行纳税评估需要税务机关在纳税人纳税申报的基础上，根据所掌握的数据信息进行审核分析，涉及财务、税收、法律、计算机、统计分析等专业领域。因此，有效开展纳税评估就需要将各种专业技术加以综合应用。

（三）纳税评估的主要内容

1. 采集并整合税源数据

根据纳税评估的特点，税务机关只有在充分拥有纳税人及与纳税人有关联的第三方

[①][②][③] 郑坚. 纳税评估理论与实践 [M]. 北京：中国税务出版社，2005：3—10.

信息的基础上，才能有效地进行纳税评估。采集税源数据并加以整合是开展纳税评估的首要环节。在日常税收管理过程中应加强对纳税人及与纳税人有关联的第三方信息的采集，为纳税评估提供有效的数据支持。

2．设立评估指标及预警值

评估指标包括纳税人数据的采集指标、用来评价纳税人的分析指标、不同等级纳税人的分析指标、与标准指标偏离度的等级指标等。评估指标预警值是具有警示、提醒作用的数值，是税务机关根据宏观税收分析、行业税负监控、纳税人生产经营和财务会计核算情况以及内外部相关信息，运用数学方法测算出的算术值和加权平均值及其合理变动范围。

3．筛选评估对象

结合各项评估指标及预警值，运用计算机自动筛选、人工分析筛选和重点分析筛选等综合的审核对比分析方法对纳税人申报情况进行归类，将有疑点的纳税人作为重点评估对象。

4．对异常情况进行分析判断

经过评估指标的初步筛选后，需要对产生的问题进行初步分析，推断纳税人存在异常情况的性质、涉税规模、影响程度等，进一步确定工作重点。这种分析后的判断实际上是进行风险排序的过程。

5．涉税疑点的应对处理

根据评估分析中发现的不同问题，税务机关可采取税务约谈、调查核实、行政处罚、提出管理建议、移交稽查部门查处等方法进行应对处理。

6．维护更新评估指标

纳税评估的应对结果是对评估指标的校验。在评估事项结束后，应当根据处理结果及时对评估指标进行完善和修订，使其充分体现不同行业、不同规模纳税人的普遍规律，提高筛选疑点的准确率。

（四）纳税评估的定位

在目前的税收程序法律体系以及税收管理实践中，还没有对纳税评估的准确表述和定位。自纳税评估产生伊始，其在税收管理工作中所处的位置始终存在争议。经过多年的实践探索和税收风险管理理念的逐步应用，我们认为，纳税评估应当定位为税收征管的重要程序和开展税收风险管理的主要手段。

1. 纳税评估是税收征管的重要程序

在现行税收程序法律框架和税收征管体制下,纳税人自主申报与税务机关税务检查或强制征收之间存在管理"空白",缺少二者之间的连接桥梁与纽带。纳税评估可以填补这一"空白":一方面,税务机关根据纳税人履行纳税义务的总体情况,分析评价纳税申报的真实准确程度,发现日常管理中的薄弱环节和违规行为,促进纳税遵从,提高征管质量;另一方面,及时发现故意不遵从的纳税人,为税务检查案件提供线索,可以提高检查的针对性。因此,在国家税务总局税收征管改革的设计和规划中,将税收征管基本程序归集为申报纳税、纳税评估、税务稽查、强制征收和法律救济,纳税评估是其中的重要环节。

2. 纳税评估是开展税收风险管理的主要手段

从纳税评估的工作流程可以看出,纳税评估的过程实质是税务部门进行风险管理的过程,涵盖了风险识别、风险分析、风险排序、风险应对、效果评价等各项内容,因此,纳税评估是进行税收风险管理的主要手段。

三、税收风险管理与纳税评估

按照现行税收管理体系的机构和职能设置,纳税评估与税收风险管理的流程基本一致。纳税评估的过程就是进行税收风险管理的过程,最终目标是减少税收风险、促进税法遵从、提高税收征管质量。

1. 纳税评估通过整合分析数据进行税收风险识别

风险识别的一般性工作是寻找和发现各种风险点,深层次的工作则是在收集和辨别风险因素的基础上,分析归纳出反映特殊"症状"的风险特征,探寻和揭示风险分布与发生的规律。纳税评估通过数据分析,研究信息的完整性、准确性、适用性问题,分析各类信息在税收风险管理中的作用,以便进一步提高信息获取的针对性、有效性。在数据分析的基础上,从政策分析、税收分析、案例分析、经验分析等四个方面寻找风险因素并归纳风险特征,形成各行业、各类型、各税种的纳税评估模型。纳税评估模型库就是税收风险特征库。

2. 纳税评估通过指标运行进行税收风险评定

通过纳税评估模型的各种指标扫描纳税人的信息,由计算机信息系统把纳税人不同的特征组合在一起，用指标和风险评定模型进行度量和运算；对少数比较复杂、计算机难以判断的情况，由人工进行综合评定。实行指标分析与经验分析相结合，形成每户纳税人的分项目、分风险特征的风险情况，再汇总形成总风险情况，以此作为纳税人风险评定的依据。

3. 纳税评估通过结果应用开展税收风险应对

根据风险评价的结果，对不同类别的纳税人可以实行不同的税收风险应对策略。对较低风险的纳税人，可以通过纳税辅导等服务措施促进遵从；对中等风险的纳税人，采取案头分析和实地调查相结合的办法进行风险控制；对高风险的纳税人立即实施税务检查。按照风险等级从低到高，在具体的应对措施上，体现调查项目由少到多、进户频率由低到高、管理事项由宽到严等方面的变化，提高税收征管的针对性和管理资源配置的有效性。

四、逐步建立以税收风险管理为导向的纳税评估体系

经过多年的理论探索和管理实践，我们认为，新时期加强税收征管的主要方向是逐步建立以税收风险管理为导向的纳税评估体系。

（一）完善税收征收管理法律体系

以税收风险管理为导向的纳税评估是一项系统工程，应在税收程序法中明确相关内容：一是确立纳税评估的法律地位及在税收征收管理中的位置，使之与税收管理各项制度连接更紧密、流程更顺畅。二是完善纳税人账簿凭证管理制度，确立纳税人涉税信息提供义务，保证生产经营信息、财务信息的真实、可信。三是完善税务机关与相关部门的数据信息交换共享机制，包括政府部门、金融机构等与纳税人相关的所有涉税信息共享，确保能够有效地从第三方获取信息。

（二）广泛采集并整合涉税信息

以税收风险管理为导向的纳税评估需要大量的基础数据，包括来自纳税人的直接数据和来自其他部门的间接数据。纳税人的直接数据包括税务登记信息、纳税申报信息、财务报表信息、发票使用信息等。其他部门的间接信息包括行政管理部门的登记信息、纳税人财产登记信息、资金持有和交易信息等。上述信息获取后，必须加以整合使用，

使其归集到具体纳税人，作为开展纳税评估、分析税收风险的基础。

（三）建立高效的数据处理平台

以税收风险管理为导向的纳税评估需要对纳税人海量涉税信息进行综合分析和风险识别，必须依托信息化手段建立高效、强大的数据处理平台。一个强大的数据处理平台应该具备整合税源信息、运行评估指标、分析涉税疑点、进行风险排序、推送核实任务、反馈评估结果等各项功能，涵盖纳税评估的全过程。

（四）建立科学的风险特征库

以税收风险管理为导向的纳税评估需要对多种信息进行综合处理，必须以科学的分析指标为基础，建立税收风险特征库。不同行业、不同规模、不同财务核算制度纳税人的生产经营信息千差万别，要对这些海量信息进行智能化自动分析，建立科学的分析指标体系的风险特征库显得至关重要。

（五）建立高效的组织体系

以税收风险管理为导向的纳税评估需要建立高效的组织体系，一般应设置如下机构：

1. 数据管理部门

目前，税收管理中采集涉税信息的渠道众多，数据来源广泛，在信息丰富的同时带来了"垃圾数据""信息孤岛"等负面问题。数据管理部门的职责是建立统一的涉税数据标准、剔除"垃圾数据"，对不同渠道获取的涉税信息加以整合，打破"信息孤岛"，为纳税评估提供充足而优质的"弹药"。

2. 风险分析部门

负责进行风险分析识别、等级排序、任务推送、监控评价。特别需要指出的是，目前全国各级税务机关信息数据集中度不同，有的集中在省级，有的集中在市县级。风险分析部门应当设置在数据集中度较高的层级，自上而下地实行"统一分析、分类应对"，才能真正发挥"大数据"分析管理的效应。

3. 风险应对部门

根据风险排序的结果，分类进行税收风险应对。对于低级风险纳税人采取纳税辅导、风险提示等服务方法,督促其修正申报,可以由纳税服务部门或税务所负责。对于中级风险纳税人采用约谈、实地核实等方法,促进其加强自身管理,可以由税务所负责。对于高级风险纳税人实施税务检查,由税务检查部门负责。

第六节　税收滞纳金

一、滞纳金制度的产生和发展

"滞"意指停滞、不流畅,"纳"意指缴纳、缴款,"金"意指货币、金钱。从字面意义上理解,滞纳金是指"因没有按期缴纳税款或规定的费用而必须额外多缴的款项"[①]。滞纳金是特定历史条件下,政治、经济、社会、文化发展的产物。我国的滞纳金制度最早由税收领域产生,随后不断发展,逐步拓展至其他行政领域和民事领域。滞纳金一词,最早出现于1950年1月中央人民政府政务院制定的《工商业税暂行条例》。该条例规定:"不按期缴纳税款者,除限日追缴外,并按日处应纳税额1%的滞纳金;必要时,得由中央人民政府财政部以命令增减之。"同年,政务院颁布《公营企业缴纳工商业税暂行办法》,规定:"纳税单位必须照章缴纳工商税,拖欠税款的,要在其经营费用中扣除或在银行存款中扣除,并要按日课以所欠税款3%的滞纳金。"随后几十年中,国家陆续出台《货物税暂行条例》《利息所得税暂行条例》《车船使用税暂行条例》《商品流通税试行办法》等法律法规,对税收滞纳金的加收范围不断进行调整,且先后出现过1%、3%、5‰、1‰等若干加收比例。期间还曾出现过内外资企业加收比例不同、不同税种加收比例不同的情况。1992年,我国制定《税收征收管理法》,统一了滞纳金的加收比例和加收期限,解决了内外有别、各税种滞纳金加收比例不统一的问题。2001年修订《税收征收管理法》,将滞纳金的加收比例由2‰调整为万分之五,进一步减轻了纳税人的负担。税收滞纳金制度从初创至今,在保障国家税款及时入库、有效促使纳税人履行纳税义务等方面,发挥了积极作用。又因其加收比例远高于银行同期利息,所以能够较好地弥补国家的税收利益损失。

长期以来,滞纳金制度在我国行政管理领域得到广泛应用。据不完全统计,自

---
① 辞海[M]. 北京:光明日报出版社,2003:579.

1950年起至今,已有20余部法律、行政法规和部门规章规定了滞纳金制度。其中,既包括税收领域内的法律法规,也包括《电力设备保护实施条例（1992年）》《排污费资金收缴适用管理办法》《城市节约用水管理规定》《劳动法》《海关法》等其他领域内的法律法规,内容涉及逾期缴纳税款、劳动保险金、养路费、排污费、水资源费、超计划用水加价水费、电费、供热费等多项税费产生的滞纳金。

二、税收滞纳金与行政领域内的其他滞纳金的异同

纵观我国滞纳金制度发展历程,分析不同种类滞纳金制度内容,不难看出税收滞纳金与其他滞纳金之间存在着相同点和不同点:

(一)相同点

集中表现为以下四点:一是均是在义务人不履行法定义务情况下,通过使其承担新的金钱给付义务,促使其履行义务的措施。二是均应用于不作为义务,且该义务必须依法履行。三是加收标准均由法律、法规、规章或规范性文件明文规定,征收机关无权自行调整。四是均从义务主体应履行新的金钱给付义务之日起按天计算,并可以反复适用。一旦义务主体履行义务完毕,滞纳金则不再加收。

(二)不同点

集中表现为以下两点:一是滞纳金的起算时间不同。对于税收滞纳金而言,起算时间为法律、行政法规规定或者税务机关依照法律、行政法规的规定确定的税款缴纳期限届满次日;对于其他类型滞纳金而言,起算时间为有权机关责令限期缴纳相关费用、当事人逾期未缴纳之日起计征。二是征收比率不同。在所有类型的滞纳金中,税收滞纳金的征收比率最低。

《行政强制法》出台后,有关税收滞纳金是否适用该法的问题一直饱受争议。尽管诸多参与立法的专家学者都表示,在该法起草过程中,已将税收滞纳金作为滞纳金的典型代表加以考虑,并且在陆续出版的诸多释义中,税收滞纳金也被认定为执行罚,即行政强制执行的方式之一,但在目前的税收征管实践中,税务机关对税收滞纳金的加收管理仍适用《税收征收管理法》。税收滞纳金的法律性质应该如何界定,需要认真研究。

三、关于税收滞纳金法律性质的主要观点

从现有法律看，有关税收滞纳金的规定，更多地体现为加收条件、加收比例、计算时限、加收程序等内容。关于其法律性质，理论界和实务界始终没有形成统一的观点，主要有以下四种观点：

（一）经济赔偿说

持有该观点的学者认为，税款是一种公法上的金钱给付之债。清偿期限届满时，如果纳税人不能如期履行义务，就会构成迟延履行，进而给债权人带来损失，需要通过赔偿损失的方式加以弥补。换句话说，如果将税款视作纳税人享受国家提供的公共社会产品而支付的对价，那么在税收债务发生并且清偿期限届满，纳税人仍未依法清偿税收债务的情况下，国家资金运转将会因此受到不利影响。税收滞纳金就相当于因逾期履行税收债务而给国家带来的损失，纳税人为此应做赔偿。

（二）经济补偿说

持有该观点的学者认为，税收滞纳金属于利息，其实质是纳税人、扣缴义务人因占用国家税款而向国家支付的经济补偿。资金具有时间价值。如同人们之间借贷资金需要支付利息一样，纳税人、扣缴义务人占用国家税款，也应当支付利息。国家税务总局在相关文件中认为，"滞纳金是纳税人因占用税款而应对国家作出的经济补偿，属于国家税款被占用期间法定孳息，其性质是经济补偿性质的，本质相当于存款利息。略高于利息率是为了督促未履行法定纳税义务的纳税人尽快履行法定义务，减少国家税款的损失"[①]。需要注意到，该学说使用了"补偿"的法律概念。补偿与赔偿不同。前者是对无过错形态下导致的身体或者物质损害，基于公平原则而给予的经济援助；后者是对过错行为导致的身体或者物质损害而承担的经济责任。滞纳税款大多是由于纳税人、扣缴义务人存在过错，在有过错的情况下，将其认定为"经济补偿"是否合理，有待商榷。

（三）经济赔偿与惩罚说

持有该观点的学者认为，税收滞纳金是纳税人因迟延缴纳税款，导致国家资金遭

[①] 《国家税务总局办公厅关于税收征管法有关条款规定的复函》（国税办函〔2007〕647号）。

受损失，而应支付的赔偿金。又因税收滞纳金年加收率为18.25%，远高于银行同期贷款利率，因而还体现了对纳税人的惩戒作用。因此，对于其法律性质的认定，应坚持两者并重。

(四) 经济赔偿与执行罚说

持有该观点的学者认为，税收滞纳金同时具有经济赔偿和行政强制执行中的执行罚的性质。从民法角度讲，滞纳金是纳税人因延迟缴纳税款而向国家做出的赔偿。从行政法角度讲，滞纳金是国家为了保证税款及时足额入库，对应当履行而不履行相关义务的纳税人施加的新的金钱给付义务，具有执行罚的性质。

我们认为，滞纳税款是纳税人未按照法律、行政法规规定或者税务机关依照法律、行政法规的规定确定的税款缴纳期限缴纳税款的一种违法行为。这一违法行为的主观方面表现为纳税人不积极主动履行法定纳税义务，拖欠税款；客观方面表现为损害国家利益，影响国家税收管理秩序。因纳税人存在过错、滞纳税款给国家利益造成损害，故需承担缴纳滞纳金的法律责任。同时，滞纳金制度设计形式，又是以增加新的金钱给付义务为手段，以督促其履行原有的金钱给付义务为目的，所以滞纳金还具有执行罚的性质。因此，我们认同经济赔偿与执行罚说。

四、税收滞纳金的法律特征

1. 具有经济赔偿的性质

税收债务是公法上的金钱给付之债。纳税人迟延履行，势必应当承担责任，采取一定方式加以弥补。税收滞纳金即是纳税人为弥补国家税款损失而支付的款项，体现对国家利益的保护，保证纳税人之间平等纳税，防止部分纳税人因逾期缴纳税款而获得迟延利益。

2. 以纳税人不履行法定义务为加收前提

对于因税务机关的责任，致使未缴或者少缴税款的，税务机关在三年内可以要求补缴税款，但是不得加收滞纳金。对于因纳税人计算错误等失误，未缴或者少缴税款的，或存在偷税、抗税、骗税等情形的，可以依法加收滞纳金。

3. 以督促纳税人履行纳税义务为目的

滞纳金从滞纳税款之日起，按日加收，直至纳税人、扣缴义务人实际缴纳或者解缴税款之日止，非因法定原因，不得不征、减征或免征滞纳金。

4. 以法律法规为加收依据

目前我国普遍推广纳税人自行计算应纳税额、自行填开税收缴款书、自行向国库缴纳税款的纳税申报制度。纳税人无需税务机关出具征收决定，即可确认纳税义务。

5. 加收比例由法律明确规定

税务机关只能依法加收滞纳金，不得随意增加或减少加收数额。滞纳金的加收规模随着滞纳天数增加而呈现递增趋势。

五、税收滞纳金制度的主要内容

税收滞纳金制度是税收征管制度的重要组成部分，目前国家税务总局尚无专门文件对其进行系统、明确、细致的规范，有关滞纳金管理规定，散见于《税收征收管理法》及其实施细则，以及国家税务总局印发的部分文件中。主要内容有：

（一）关于加收条件、比例和期限

纳税人未按照规定期限缴纳税款的，扣缴义务人未按照规定期限解缴税款的，税务机关除责令限期缴纳外，从滞纳税款之日起，按日加收滞纳税款万分之五的滞纳金。

加收滞纳金起止时间为法律、行政法规规定或者税务机关依照法律、行政法规的规定确定的税款缴纳期限届满次日起至纳税人、扣缴义务人实际缴纳或者解缴税款之日止。

（二）关于强制执行

从事生产、经营的纳税人、扣缴义务人未按照规定的期限缴纳或者解缴税款，纳税担保人未按照规定的期限缴纳所担保的税款，由税务机关责令限期缴纳，逾期仍未缴纳的，经县以上税务局（分局）局长批准，税务机关可以采取下列强制执行措施：书面通知其开户银行或者其他金融机构从其存款中扣缴税款；扣押、查封、依法拍卖或者变卖其价值相当于应纳税款的商品、货物或者其他财产，以拍卖或者变卖所得抵缴税款。

税务机关采取强制执行措施时，对前款所列纳税人、扣缴义务人、纳税担保人未缴纳的滞纳金同时强制执行。

(三) 关于阻止出境

欠缴税款的纳税人或其法定代表人需要出境的,应当在出境前向税务机关结清应纳税款、滞纳金或者提供担保。未结清税款、滞纳金,又不提供担保的,税务机关可以通知出境管理机关阻止其出境。

(四) 关于追征期限

关于滞纳金的追征期限,现行税法作出如下规定:(1)因税务机关的责任,致使纳税人、扣缴义务人未缴或者少缴税款的,税务机关在3年内可以要求纳税人、扣缴义务人补缴税款,但是不得加收滞纳金。(2)因纳税人、扣缴义务人计算错误等失误,未缴或者少缴税款的,税务机关在3年内可以追征税款、滞纳金;有特殊情况的,追征期可以延长到5年。(3)对偷税、抗税、骗税的,税务机关追征其未缴或者少缴的税款、滞纳金或者所骗取的税款,不受时效规定的限制。

(五) 关于延期缴纳税款

税务机关应当自收到申请延期缴纳税款报告之日起20日内作出批准或者不予批准的决定。予以批准的,在批准的期限内不加收滞纳金;不予批准的,从缴纳税款期限届满之日起加收滞纳金。

(六) 关于配比入库原则

纳税人缴纳欠税时,必须以配比的办法[1] 同时清缴税金和相应的滞纳金,不得将欠税和滞纳金分离处理。[2] 对于往年陈欠,可暂先将欠税清理入库。[3]

(七) 关于滞纳金的优先执行

国家税务总局文件规定:"税款滞纳金在征缴时视同税款管理,税收强制执行、出境清税、税款追征、复议前置条件等相关条款都明确规定滞纳金随税款同时缴纳。"税

---

[1] 所谓配比的方法,是指在纳税人不能同时足额缴清欠税和滞纳金,可以分期缴纳欠税的情况下,在缴纳部分欠税时,清缴相应滞纳金,不得将欠税和滞纳金分离处理。
[2] 《国家税务总局关于进一步加强欠税管理工作的通知》(国税发〔2004〕66号)。
[3] 《国家税务总局关于印发进一步加强税收征管若干具体措施的通知》(国税发〔2009〕114号)。

收优先权等情形也适用这一法律精神,《税收征收管理法》第四十五条规定:"税收优先权执行时包括税款及其滞纳金"[①]。但是,最高人民法院则规定,"破产企业在破产案件受理前因欠缴税款产生的滞纳金属于普通破产债权。对于破产案件受理后因欠缴税款产生的滞纳金,人民法院应当按照《最高人民法院关于审理企业破产案件若干问题的规定》第六十一条规定执行",即"人民法院受理破产案件后债务人未支付应付款项的滞纳金,包括债务人未执行生效法律文书应当加倍支付的迟延利息和劳动保险金的滞纳金,不属于破产债权"[②],不享有优先权。两者规定明显不一致。实践中,人民法院受理破产案件后因欠缴税款产生的滞纳金,不被视作破产债权。我们认为,人民法院关于滞纳金优先执行的处理意见,有利于保护纳税人的合法权益。

六、税收滞纳金制度存在的问题及改进思路

(一)主要问题

滞纳金制度是税收法律制度的重要组成部分。完善这一制度,对于加强税收管理、保证税款及时足额入库、维护国家税收秩序具有重要意义。从目前税收实践情况来看,滞纳金制度还存在以下几方面问题:

1. **法定免责情形过窄**

现行税法以税务机关责任和纳税人责任两种情况来确定免责情形。因税务机关的责任致使纳税人未缴或少缴税款的,不加收滞纳金;因纳税人自身原因致使未缴或少缴税款的,加收滞纳金。但是实践中,除了上述两类主体可能导致税款滞纳外,还可能出现地方政府干预税收、国家政策调整等诸多因素。对于由此产生的税款滞纳是否加收滞纳金,法律尚未作出明确规定。

2. **计算没有中止情形**

滞纳金年加收率为18.25%,无任何法定中止情形。即便是税务机关对纳税人实施税务检查后,还要持续计征税务检查期间的滞纳金。部分重大复杂案件的办案时间可能长达数月或数年,期间税务机关出于税收任务的考量,往往不同意纳税人自行缴纳税款,无形当中增加了纳税人的经济负担。

---

① 《国家税务总局关于税收优先权包括滞纳金问题的批复》(国税函〔2008〕1084号)。
② 《最高人民法院关于审理企业破产案件若干问题的规定》(法释〔2002〕23号)第61条。

3. 不能延期或分期缴纳

《税收征收管理法》规定，纳税人因有特殊困难，不能按期缴纳税款的，经省级税务机关批准，可以延期缴纳税款。在欠税管理中，也有关于纳税人与税务机关协议分期补缴税款的制度安排。但是对于因不可抗力等原因导致纳税人不能如期缴纳滞纳金的，却没有类似规定，无法对滞纳金实施延期或分期缴纳。

4. 没有关于豁免的规定

《行政处罚法》规定，当事人有主动消除或者减轻违法行为危害后果情形的，可以依法从轻或者减轻处罚。《行政强制法》也规定，当事人采取补救措施的，可以依法减免滞纳金。各税种实体法也有关于减免税款的规定。但是，《税收征收管理法》却没有特定情形下对滞纳金实施减免的规定。

总之，现行税收滞纳金制度在纳税人权益保护方面还存在一定缺失。《行政强制法》有关滞纳金中止计算、协议执行、合理豁免、不超本金等规定，为改进税收滞纳金制度指明了方向。

（二）改进思路

完善税收滞纳金制度，应充分考虑税收的刚性特点，借鉴《行政强制法》的立法精神，注重维护国家税收利益和保护纳税人权益。

1. 增设并细化免责情形

导致纳税人出现滞纳情形的原因是多方面的，对于纳税人能够提供充分证据证实并非由于自身原因造成未缴或者少缴税款，并且事后积极采取补救措施缴纳税款的，可以依法不加收滞纳金。

2. 准予适度减免

参照延期缴纳税款的做法，对于缴纳滞纳金确有特殊困难的，实行特殊的审核程序，准予省及省以下各级税务机关在规定权限内，采取与纳税人签订执行协议等方式实施减免。相关情形包括：因遭受自然灾害或意外事故，造成严重损失，纳税人无力缴纳滞纳金；因生产经营发生较大变化，或者由于国家经济政策调整等原因造成纳税困难，无力缴纳滞纳金等。对有关偷税、骗税、抗税等严重违法案件，不予减免。

3. 增设中止计算情形

原则上，加收滞纳金的起止时间为法律、行政法规规定或者税务机关依法确定的税款缴纳期限届满次日起至纳税人实际缴纳税款之日止。但是，对于税务稽查案件，稽查期间应当中止计算滞纳金。

4．增设终结计算情形

对于滞纳金执行入库前公民死亡、法人或者其他组织终止，无遗产或财产可供执行，又无义务承受人的，或者存在税务机关认为确实需要终结执行的其他情形的，经过特定的审批程序，可以终结滞纳金的执行。

5．取消配比原则规定

实施配比入库，虽然方便税务机关的征收管理，却混淆了滞纳金与税款的区别，并导致部分还款能力有限的纳税人因长期无法缴清全部税款而背负沉重负担。根据国家税务总局文件关于"对于往年陈欠，可暂先将欠税清理入库"的规定，借鉴《日本国税通则法》关于"缴纳的金额应当首先充作其计算基础的国税"的做法，取消配比原则，准许税款先行入库。

6．限制规模不超本金

如果滞纳时间过长，滞纳金规模将比较大，甚至超过本金。既不利于清理欠税、压缩欠税规模，也不利于调动纳税人缴税的积极性。为有效防止"天价滞纳金"的出现，切实减轻纳税人负担，使其对滞纳金数额有明确的心理预期，不再因为巨额滞纳金而怠于履行纳税义务，应当规定滞纳金的规模不得超出未缴或少缴税款的数额。

7．设定最低征收标准

限制不超本金，旨在解决滞纳规模过大的问题；设定最低征收标准，旨在解决滞纳金规模过小的问题。对于纳税数额较小的纳税人来讲，滞纳金的大小无足轻重，滞纳金制度难以发挥应有的作用。为提高征管效率，可以对滞纳金规定一个最低限额。对于规定标准，如20元以下的，不予征收；超过规定标准的，予以征收。

第七节　税收优先权

税收优先权制度是税收法律制度中一项重要而特殊的内容。其重要是因为税收优先权对保障国家税收收入具有重要作用；其特殊是因为税收优先权涉及税收公权与民事私权、其他行政公权的冲突与协调，体现了税法与其他法律所保护的权利的比较与平衡。

一、税收优先权的概念和性质

（一）税收优先权的概念

税收优先权是指税收债权与其他债权同时存在时，税收债权人根据法律规定享有的优先受偿权。税收优先权制度是建立在税收债权关系理论基础上的，它以承认国家与纳税人之间存在税收债权债务关系为前提。税收优先权源于民法中的优先权制度。民法中的优先权是指法律规定的特定债权人享有的就债务人全部或特定财产优先于其他债权受偿的权利。税收债权作为一种特殊的债权，与其他债权同时存在时，特别是当债务人的财产不足以偿还所有债务时，就出现受偿顺序问题。税收优先权制度就是为保护国家的税收债权而设定的。

根据税收优先权适用的标的物范围不同，可以将其分为税收一般优先权和税收特殊优先权。税收一般优先权是以债务人不特定财产为标的物的税收优先权，其权利行使对象可以是债务人部分或全部财产；而税收特殊优先权是以债务人特定财产为标的物的税收优先权，如我国台湾地区《捐税稽征法》规定的"土地增值税之征收，就土地之自然涨价部分，优先于一切债权及抵押权。"就是设定在债务人"土地之自然涨价部分"上的税收特殊优先权。

（二）税收优先权的性质

1. 税收优先权是法定权利

税收优先权是由法律规定的权利，即在法律规定的条件具备时，税收优先权就产生，并不以当事人的约定为要件。税收优先权的法定不仅体现在其成立条件、适用范围、效力等由法律规定，还表现在其行使的主体、方式等都由法律规定，当事人不得自行决定是否行使或如何处置税收优先权。

2. 税收优先权具有从属性

税收优先权是为保障税收收入而设立的，因此，其对税收债权具有从属性。这种从属性表现在，没有税收债权，税收优先权就失去存在基础而无法单独存在；税收债权消灭时，对应的税收优先权也随之消灭。

3. 税收优先权兼具公法和私法性质

民法中的优先权是私法上的权利，其所调整的债权是平等主体之间的民事之债，而这一权利延伸到税法领域后，由于税收之债的公法之债性质使其具有了特殊性。一方面，与其他优先权一样，税收优先权规定了税收债权与其他民事债权之间的受偿顺序；另一方面，税收优先权还包含了税收债权与罚款、没收违法所得、行政收费等其他公法债权间的受偿顺序内容。从这个意义上说，税收优先权兼有公法之权与私法之权的性质。

二、税收优先权的效力冲突及解决

税收优先权对税收债权的保护是基于税收的公共目的性，但对税收优先权的过度强调必然会侵害到私法债权，影响民事活动的安全性与稳定性，阻碍经济的正常发展。因此，合理设计税收优先权的效力，妥善处理税收优先权与其他权利的效力冲突问题就显得十分重要。

（一）税收优先权与普通债权的效力冲突及解决

税收债权先于普通债权受偿，是税收优先权的基本效力。这里的普通债权指没有物的担保的债权。税收债权无论成立于普通债权之前还是之后，均优先于后者受偿。《税收征收管理法》第四十五条规定："税务机关征收税款，税收优先于无担保债权，法律另有规定的除外。"

税收债权对普通债权的优先效力不是绝对的，对于一些特殊的普通债权，如工资、保险费用等，由于关系到公民的基本生活和健康，法律基于对基本人权的尊重和对维持社会稳定的考虑，赋予其优先于税收债权受偿的效力。这种法律规定的债权优先权属于民事优先权，关于税收优先权与民事优先权的冲突及解决，将在后面做详细分析。

（二）税收优先权与担保债权的效力冲突及解决

这里的担保债权指有物的担保的债权，即有抵押、质押、留置担保的债权。由于抵押、质押与留置的担保方式有所不同，因此将其分两类分析。

1. 税收优先权与抵押、质押担保的债权

根据《担保法》规定，抵押是指债务人或者第三人不转移财产的占有，将该财产作为债权的担保。债务人不履行债务时，债权人有权依照法律规定以该财产折价或者以拍卖、变卖该财产的价款优先受偿。质押是指债务人或者第三人将其动产移交债权人占有，将该动产作为债权的担保。债务人不履行债务时，债权人有权依照法律规定以该动产折价或者以拍卖、变卖该动产的价款优先受偿。由此可见，设定抵押和质押的债权就特定的抵押物或质押物优先受偿。如果规定税收债权一律优先于抵押、质押担保的债权受偿，会严重影响经济交易秩序；如果抵押、质押担保的债权一律优先于税收债权受偿，则为当事人恶意串通排除税收债权提供了可能，不利于保障国家税收收入。我们认为，可以以税收优先权产生时间与抵押、质押设立时间的先后确定税收债权与担保债权的受偿顺序，即税收优先权产生在抵押、质押设立之前的，税收债权较担保债权优先受偿。

2. 税收优先权与留置担保的债权

《物权法》规定："债务人不履行到期债务，债权人可以留置已经合法占有的债务人的动产，并有权就该动产优先受偿。"可见，留置不同于抵押和质押，它不以当事人的约定为条件，而是基于法律的规定产生。在效力上留置具有特殊性，《物权法》规定："同一动产上已设立抵押权或者质权，该动产又被留置的，留置权人优先受偿。"

《税收征收管理法》规定，按照留置与税收债权产生时间的先后来决定债权清偿顺序①。按此规定，产生于留置设立之前的税收债权优先于留置担保的债权受偿。在这种情况下，留置权人很可能因为优先受偿的税收债权数额较大而无法实现自己的债权。而此时留置物在留置权人处，从实际执行角度来说，税务机关行使税收优先权时，需要追回留置物，这不仅将增加执行成本，也极易产生执法纠纷。因此，从留置产生的法定性、留置效力的特殊性以及制度的可行性上考虑，我们认为，留置担保的债权应在受偿顺序上优先于税收债权。

（三）税收优先权与民事优先权的效力冲突及解决

民事优先权是指债务人的特定或不特定财产上存在多种民事权利时，法律为确保某一民事权利的实现而赋予其特殊、排他的优先权利。从内容上说，民事优先权分为一般优先权和特别优先权。民事一般优先权是对债务人不特定的财产存在的优先权，

---

① 《税收征收管理法》第四十五条规定："纳税人欠缴的税款发生在纳税人以其财产设定抵押、质押或者纳税人的财产被留置之前的，税收应当先于抵押权、质权、留置权执行。"

主要包括诉讼费用、清算费用、工资报酬、医疗保险、丧葬费用等的优先受偿；民事特别优先权是对债务人特定财产存在的优先权，包括财产保存优先权、不动产建设优先权等。

1. 税收优先权与民事一般优先权

民事一般优先权中诉讼、清算等费用属于共益费用，是为全体债权人的利益服务的，是其他债权实现的前提，因此，此类民事优先权所保护的债权应优于税收债权受偿。《破产法》规定，破产财产在优先清偿破产费用和共益债务后，再按顺序清偿税收债权、普通债权等。

民事一般优先权中工资报酬、医疗保险、丧葬费用等属于生存费用，生存权、健康权是基本人权，法律对其的保护力度应大于税收，因此，此类民事优先权所保护的债权也应优先于税收债权受偿。《保险法》规定：" 破产财产在优先清偿破产费用和共益债务后，按照下列顺序清偿：（一）所欠职工工资和医疗、伤残补助、抚恤费用，所欠应当划入职工个人账户的基本养老保险、基本医疗保险费用，以及法律、行政法规规定应当支付给职工的补偿金；（二）赔偿或者给付保险金；（三）保险公司欠缴的除第（一）项规定以外的社会保险费用和所欠税款；（四）普通破产债权。"

2. 税收优先权与民事特别优先权

民事特别优先权在我国法律中规定较少，主要是《海商法》中的船舶优先权，《民用航空法》中的民用航空器优先权和《合同法》规定的建设工程承包人优先受偿权。这些民事特别优先权所保护的债权内容主要包括对特定财产保管、修建、救助费用以及工资、保险、赔偿等费用，这些债权属于共益费用和生存费用，应当优先于税收债权受偿。

（四）税收优先权与其他公法债权的效力冲突及解决

1. 税收与罚款、没收违法所得

罚款、没收违法所得具有惩罚性质，不以保障国家财政收入为主要目的，与税收的性质有所区别。如果罚款、没收违法所得优先于其他债权受偿，就可能使其他债权人的财产蒙受损失，使无辜的债权人为债务人的违法行为承担责任，这有违公平原则。所以就优先受偿性而言，其应落后于包括税收债权在内的其他债权。《税收征收管理法》规定："纳税人欠缴税款，同时又被行政机关决定处以罚款、没收违法所得的，税收优先于罚款、没收违法所得。"

2. 税收与行政事业性收费

行政事业性收费，是国家机关、事业单位为加强社会、经济、技术管理，向社会或个人提供特定服务所收取的费用。税收则是基于政治权力和法律规定，由政府专门机构向居民和非居民征收的，是国家最主要的一种财政收入形式。我国现行法律未对二者的受偿顺序作出明确规定，但从征收依据的效力、收取程序的严格性以及收入使用的公益性上，行政事业性收费都低于税收，因此我们认为，税收应优先于行政事业性收费受偿。

（五）税收优先权内部的效力冲突及解决

1. 中央税与地方税的税收优先权效力冲突

在我国现行税收体制下，税收收入按照收入归属分为中央税、地方税以及中央与地方共享税。虽然中央税与地方税的收入归属不同，但这并不能说明两者在收入性质上有实质性的区别。两者都是征收机关依法征收的用于国家公共财政的税收，在对应的税收优先权效力上应当平等。另外，从实际执行的角度出发，无论赋予中央税和地方税哪一方更为优先的受偿权，都会削弱另一方税收制度的执行效力和保障力度，从而影响整个税收体制的平衡与稳定。

二者的税收优先权效力平等，在遇到债务人财产不足以清偿所有税收债务时，二者间可以按照权利产生的先后排列清偿顺序或者按照各自债权数额占债权总额的比例受偿。

2. 不同税种间的税收优先权效力冲突

不同税种在征税对象、纳税人、税目、税率等税制要素上存在差别，在形成的税收收入规模上也有差异，即不同的税种在筹集国家财政收入的作用大小上是有区别的。但这种差别并不代表不同税种的税收在收入性质上有实质性的区别，不同税种的税收优先权效力应当平等。但在实际操作层面，如果通过行使税收优先权获取的税款不足以实现所有税种的债权，为便于执行，我们认为在税款分配上可以将不同类别税种的债权按照一定的顺序受偿，例如按照货物劳务税、所得税、资源税、财产税、行为税的顺序进行。

（六）税收优先权与其他税收执法权效力的冲突及解决

税收优先权是法律为保障国家税收收入而设立的一项权利制度，同时，法律为保障税收收入还规定了税收保全、税收强制等制度，税收优先权的行使也可能与这些税收执法权产生冲突。

1. 税收优先权与纳税担保

纳税担保，是指经税务机关同意或确认，纳税人或其他自然人、法人、经济组织以保证、抵押、质押的方式，为纳税人应当缴纳的税款及滞纳金提供担保的行为。纳税担保可以与税收优先权同时存在，即设定了担保的税收债权并不丧失法律规定的税收优先权，即使因为税务机关的过失致使纳税担保权丧失或不能实现时，法定的税收优先权也不丧失。从执行便利和行政效率的角度出发，设有税收担保的税收债权，应先就保证或担保物行使权利，不足部分再主张税收优先权。而就债务人用以提供纳税担保的财产而言，设有纳税担保的税收债权应优先于无纳税担保的税收债权受偿。

2. 税收优先权与税收保全、强制执行

《税收征收管理法》规定，税收保全、强制执行措施包括冻结存款，扣押、查封商品、货物或者其他财产，从存款中扣缴税款，拍卖或者变卖商品、货物或者其他财产，以拍卖或者变卖所得抵缴税款。税收保全、强制执行措施的采取并不使法定的税收优先权丧失。与纳税担保一样，已有税收保全、强制执行措施保障的税收债权，宜先就保全、强制措施标的物行使权利，未受偿部分再主张税收优先权。对债务人被采取强制、保全措施的财产而言，强制、保全措施保障的税收债权应优先于其他税收债权受偿。

3. 税收优先权与税收代位权

《税收征收管理法》规定，欠缴税款的纳税人因怠于行使到期债权，对国家税收造成损害的，税务机关可以依照合同法的规定行使代位权。《合同法》则规定，因债务人怠于行使其到期债权，对债权人造成损害的，债权人可以向人民法院请求以自己的名义代位行使债务人的债权，但该债权专属于债务人自身的除外。《最高人民法院关于适用〈中华人民共和国合同法〉若干问题的解释（一）》进一步规定，债权人向次债务人提起的代位权诉讼经人民法院审理后认定代位权成立的，由次债务人向债权人履行清偿义务，债权人与债务人、债务人与次债务人之间相应的债权债务关系即予消灭。

税收代位权的行使与税收优先权并不冲突，税收债权人履行代位权，以次债务人支付的财产受偿债权，若尚有未受偿的税收债权，则未受偿部分仍可以依照法律规定行使税收优先权。

三、税收优先权的行使

（一）税收优先权行使的主体

税收优先权必须由法律规定的权利主体行使。由于税收优先权来源于民法上的优先权，而且在税收优先权行使过程中，可能需要其主体进行民事诉讼、参与破产清算等民事法律活动，因此，税收优先权的行使主体首先应具有民事权利主体的行为能力和权利能力。其次税收优先权作为保障税收这一公法债权的权利，其权利主体还应具有代表国家行使征税权的资格。税务机关是行使税收征收管理权的国家机关，同时具有民法上的主体资格，是税收优先权的适格主体。

在我国现有税收制度下，不同税务机关的税收征管权限不同，税收优先权行使主体适格还要求行使权利的税务机关是在法定管辖权范围内，在依法征税的前提下获得税收债权。

行使税收优先权的主体不同于税款征收活动的主体。根据《税收征收管理法》规定，在我国进行税款征收活动的主体包括税务机关、税务人员以及经税务机关依照法律、行政法规委托的单位和人员，但行使税收优先权的主体只能是行使国家征税权的税务机关。

（二）税收优先权行使的范围

税收优先权是法定权利，其行使范围应当在法律明文规定的界限以内。税务机关不能随意扩大或者缩小税收优先权的行使范围。税收优先权行使范围的核心问题在于哪些与税收有关的内容属于税收优先权的保护范围。

这里指的与税收有关的内容主要包括：税款、滞纳金、税务行政罚款和没收违法所得。其中，税款作为税收的主要组成部分，必然属于税收优先权保护的对象。而行政罚款与没收违法所得，其性质与作用与税收不同，对其的优先保护会造成对其他债权人的不公，因此不属于税收优先权保护的范围。关于滞纳金是否属于税收优先权保护范围的问题，《税收征收管理法》没有明确规定，国家税务总局有关规定指出滞纳金属于税收优先权保护范围。[①] 我国司法实践中，一般认为破产企业在破产案件受理前因欠缴税款产生的滞纳金属于普通破产债权，破产案件受理后因欠缴税款产生的滞纳金，不属于破产债权。[②] 本书相关章节专门就滞纳金的性质进行了分析，认为其兼具经济赔偿和执行罚的性质。由于在实际操作中，难以将体现两种性质的滞纳金数额明确的区分，从保护纳税人权益的角度出发，我们认为不应将滞纳金纳入税收优先权保护范围。

（三）税收优先权行使的期限

1. 税收优先权的产生时间

税收优先权的产生时间不仅是其权利行使期限的开始，也是其与其他权利冲突时决定债权优先受偿顺序的重要衡量标准，因此，税收优先权的产生时间对税收优先权的行使具有重要意义。

《税收征收管理法》规定："纳税人欠缴的税款发生在纳税人以其财产设定抵押、质押或者纳税人的财产被留置之前的，税收应当先于抵押权、质权、留置权执行。"由此可以看出该法是以欠缴税款"发生"时间作为税收优先权产生的时间。这一规定的理论依据在于，欠税发生时国家即拥有了对此笔税款的债权，又由于税收优先权是对税收债权的法定保障，所以其对税收债权的保护应该从税收债权成立时就开始。

但在实际操作中，由于不同税种的欠缴税款发生时间不同，同一税种的不同税目或征税对象的欠缴税款发生时间不同，给税收优先权的行使带来不便。另一方面，税务机关以外的其他债权人很难掌握欠缴税款发生时间，如果以其作为税收优先权产生时间，则是在其他债权人不知情的情况下成立了一种具有优先性的债权。这种债权的优先效力甚至高于其后设立的担保债权，这就大大增加了民事经济行为的风险，在实际上形成了

---

① 国家税务总局在《国家税务总局关于税收优先权包括滞纳金问题的批复》（国税函〔2008〕1084号）中表示："按照《中华人民共和国税收征收管理法》的立法精神，税款滞纳金与罚款两者在征收和缴纳时顺序不同，税款滞纳金在征缴时视同税款管理，税收强制执行、出境清税、税款追征、复议前置条件等相关条款都明确规定滞纳金随税款同时缴纳。税收优先权等情形也适用这一法律精神，《税收征收管理法》第四十五条规定的税收优先权执行时包括税款及其滞纳金。"

② 《最高人民法院关于税务机关就破产企业欠缴税款产生的滞纳金提起的债权确认之诉应否受理问题的批复》（法释〔2012〕9号）规定："税务机关就破产企业欠缴税款产生的滞纳金提起的债权确认之诉，人民法院应依法受理。依照企业破产法、税收征收管理法的有关规定，破产企业在破产案件受理前因欠缴税款产生的滞纳金属于普通破产债权。对于破产案件受理后因欠缴税款产生的滞纳金，人民法院应当依照《最高人民法院关于审理企业破产案件若干问题的规定》第六十一条规定处理。"
《最高人民法院关于审理企业破产案件若干问题的规定》（法释〔2002〕23号）第六十一条规定："下列债权不属于破产债权：……（二）人民法院受理破产案件后债务人未支付应付款项的滞纳金，包括债务人未执行生效法律文书应当加倍支付的迟延利息和劳动保险金的滞纳金。"

对其他债权人的不公。

因此，为增强税收优先权行使的确定性、公开性，我们认为，应当在其行使过程中增加税务机关的公示程序，即向社会公示纳税人欠税情况，并以公示时间作为税收优先权产生的时间。这样既有利于统一不同税种税款的优先权产生时间，也有利于其他债权人掌握债务人负债情况，降低经济活动风险，还有利于督促税务机关认真履行职责，及时准确掌握欠税情况。

《税收征收管理法》虽然规定税务机关应当对纳税人欠缴税款的情况定期予以公告，但并未将公告作为行使税收优先权的必经程序。《税收征收管理法》虽然规定"纳税人有欠税情形而以其财产设定抵押、质押的，应当向抵押权人、质权人说明其欠税情况。抵押权人、质权人可以请求税务机关提供有关的欠税情况"，但这种依靠债务人主动告知和抵押权人、质权人个别询问的方式显然不能起到公示的作用。因此，有必要以公示时间作为税收优先权的产生时间，将公示作为行使税收优先权的前提条件。虽然未经公示的税收债权没有优先受偿权，但并不影响税务机关依法通过其他方式对该债权进行追偿。

2. 税收优先权行使的期限

税收优先权虽然是为保障国家税收收入设立的，但由于其具有对抗、排除其他民事权利的效力，不宜无限期的行使。澳门《民法典》规定，因物业转移税以及继承与赠与税而产生的属于澳门地区之债权，自产生债权之事实出现时起两年内对转移财产有优先受偿权。日本《国税通则法》规定，以国税征收为目的的国家权利，从国税的法定缴纳期限5年内未行使的，依时效消灭。

我国法律对税收优先权的行使期限没有明确规定，虽然《税收征收管理法》第五十二条有关于税款和滞纳金追征期的规定，但税收追征权与税收优先权性质不同，不能将二者的行使期限混为一谈，法律应当为税收优先权设定合理适当的行使期限。

（四）税收优先权行使的方式

税务机关作为税收优先权的行使主体，可以在法律规定的范围内自行主张税收优先权。税收债权与其他债权并存时，税务机关可直接要求债务人依法就税收债权优先清偿。税务机关还可以通过向清算组申报债权的方式在债务人清算或破产清算中主张税收优先权。税务机关也可以通过诉讼的方式行使税收优先权。

四、我国税收优先权制度的问题和完善

（一）我国现行法律制度中关于税收优先权的规定

目前，我国税收优先权相关规定分散在各部门法中，主要有：

《税收征收管理法》第四十五条规定："税务机关征收税款，税收优先于无担保债权，法律另有规定的除外；纳税人欠缴的税款发生在纳税人以其财产设定抵押、质押或者纳税人的财产被留置之前的，税收应当先于抵押权、质权、留置权执行。纳税人欠缴税款，同时又被行政机关决定处以罚款、没收违法所得的，税收优先于罚款、没收违法所得。税务机关应当对纳税人欠缴税款的情况定期予以公告。"

《企业破产法》第一百一十三条规定："破产财产在优先清偿破产费用和共益债务后，依照下列顺序清偿：（一）破产人所欠职工的工资和医疗、伤残补助、抚恤费用，所欠的应当划入职工个人账户的基本养老保险、基本医疗保险费用，以及法律、行政法规规定应当支付给职工的补偿金；（二）破产人欠缴的除前项规定以外的社会保险费用和破产人所欠税款；（三）普通破产债权。破产财产不足以清偿同一顺序的清偿要求的，按照比例分配。"

《公司法》第一百八十六条规定："公司财产在分别支付清算费用、职工的工资、社会保险费用和法定补偿金，缴纳所欠税款，清偿公司债务后的剩余财产，有限责任公司按照股东的出资比例分配，股份有限公司按照股东持有的股份比例分配。"

《合伙企业法》第八十九条规定："合伙企业财产在支付清算费用和职工工资、社会保险费用、法定补偿金以及缴纳所欠税款、清偿债务后的剩余财产，依照本法第三十三条第一款的规定进行分配。"

《个人独资企业法》第二十九条规定："个人独资企业解散的，财产应当按照下列顺序清偿：（一）所欠职工工资和社会保险费用；（二）所欠税款；（三）其他债务。"

《商业银行法》第七十一条规定："商业银行破产清算时，在支付清算费用、所欠职工工资和劳动保险费用后，应当优先支付个人储蓄存款的本金和利息。"

《保险法》第九十一条规定："破产财产在优先清偿破产费用和共益债务后，按照下列顺序清偿：（一）所欠职工工资和医疗、伤残补助、抚恤费用，所欠应当划入职工个人账户的基本养老保险、基本医疗保险费用，以及法律、行政法规规定应当支付给职

工的补偿金；（二）赔偿或者给付保险金；（三）保险公司欠缴的除第（一）项规定以外的社会保险费用和所欠税款；（四）普通破产债权。破产财产不足以清偿同一顺序的清偿要求的，按照比例分配。"

《海商法》第二十一条规定："船舶优先权，是指海事请求人依照本法第二十二条的规定，向船舶所有人、光船承租人、船舶经营人提出海事请求，对产生该海事请求的船舶具有优先受偿的权利。"第二十二条规定："下列各项海事请求具有船舶优先权：（一）船长、船员和在船上工作的其他在编人员根据劳动法律、行政法规或者劳动合同所产生的工资、其他劳动报酬、船员遣返费用和社会保险费用的给付请求；（二）在船舶营运中发生的人身伤亡的赔偿请求；（三）船舶吨税、引航费、港务费和其他港口规费的缴付请求；（四）海难救助的救助款项的给付请求；（五）船舶在营运中因侵权行为产生的财产赔偿请求。"第二十三条规定："本法第二十二条第一款所列各项海事请求，依照顺序受偿。但是，第（四）项海事请求，后于第（一）项至第（三）项发生的，应当先于第（一）项至第（三）项受偿。本法第二十二条第一款第（一）、（二）、（三）、（五）项中有两个以上海事请求的，不分先后，同时受偿；不足受偿的，按照比例受偿。第（四）项中有两个以上海事请求的，后发生的先受偿。"第二十四条规定："因行使船舶优先权产生的诉讼费用，保存、拍卖船舶和分配船舶价款产生的费用，以及为海事请求人的共同利益而支付的其他费用，应当从船舶拍卖所得价款中先行拨付。"第二十五条规定："船舶优先权先于船舶留置权受偿，船舶抵押权后于船舶留置权受偿。"

（二）我国税收优先权制度存在的问题

1. 制度规定分散，缺乏统一协调

由于我国对税收优先权制度缺乏系统规定，《税收征收管理法》中个别条款的规定，难以支撑税收优先权制度整体的协调运行。各部门法制定时出于保护不同利益的考虑，对税收优先权的制度安排不尽相同，关于税收债权与其他债权间受偿顺序的部分规定甚至存在冲突。

例如，《税收征收管理法》将税收债权的受偿顺序排在无担保债权和部分担保债权之前。《企业破产法》将税收债权的受偿顺序排在破产费用、共益债务和工资、保险、

赔偿金等费用之后，普通破产债权之前。按照该法第八十二条的规定①，其所指普通债权不包括对债务人的特定财产享有担保权的债权。关于此类担保债权与税收债权的偿还顺序，该法没有直接规定，而是在第一百零九条规定："对破产人的特定财产享有担保权的权利人，对该特定财产享有优先受偿的权利。"又在第一百一十条规定："享有本法第一百零九条规定权利的债权人行使优先受偿权利未能完全受偿的，其未受偿的债权作为普通债权；放弃优先受偿权利的，其债权作为普通债权。"在《最高人民法院关于适用〈中华人民共和国企业破产法〉若干问题的规定（二）》（法释〔2013〕22号）中对担保债权的优先受偿性进一步明确，"债务人已依法设定担保物权的特定财产，人民法院应当认定为债务人财产。对债务人的特定财产在担保物权消灭或者实现担保物权后的剩余部分，在破产程序中可用以清偿破产费用、共益债务和其他破产债权。"由此可见，设定物的担保的债权优先于破产费用、共益债务和包括税收债权在内其他破产债权受偿。这显然与《税收征收管理法》的规定不尽一致。

2. 制度内容不完备，缺乏可操作性

目前我国法律关于税收优先权的规定主要集中在对税收债权与其他债权偿还顺序的内容上，有关税收优先权行使的制度规范和实际操作中的配套制度都不完备。一是相关制度缺乏，如对税收优先权行使期限、行使方式、公示程序、法律责任等没有明确的制度规定；二是现有制度可操作性不强，如对税务机关以债权人身份参与清算、诉讼等缺乏具体操作实施的制度规范。

（三）我国税收优先权制度的完善

1. 系统协调税收优先权制度

在相关法律中增加对税收优先权的系统性规定，一方面明确税收优先权基础性问题和共性问题，另一方面在协调解决各部门法对税收优先权规定不一致问题的基础上，对税收优先权的效力、税收债权与其他债权的优先受偿关系以及税收债权内部的受偿顺序做出全面系统的规定。

---

① 《企业破产法》第八十二条规定："下列各类债权的债权人参加讨论重整计划草案的债权人会议，依照下列债权分类，分组对重整计划草案进行表决：（一）对债务人的特定财产享有担保权的债权；（二）债务人所欠职工的工资和医疗、伤残补助、抚恤费用，所欠的应当划入职工个人账户的基本养老保险、基本医疗保险费用，以及法律、行政法规规定应当支付给职工的补偿金；（三）债务人所欠税款；（四）普通债权。人民法院在必要时可以决定在普通债权组中设小额债权组对重整计划草案进行表决。"可见，"对债务人的特定财产享有担保权的债权"与"普通债权"在该法中是不同类别的债权。

2. 健全税收优先权行使制度

健全税收优先权行使相关制度，增强制度可操作性，主要包括：合理设定税收优先权行使期限；明确税收优先权的行使方式以及每种方式行使的主体、步骤、时限和要求；建立税收优先权公示制度，规定公示主体、条件、时间、期限、内容、方式和效力；明确违反税收优先权制度的法律责任，包括税务机关、债务人以及有关单位和个人的责任。

第八节 税务行政裁量权

一、税务行政裁量权的概述

（一）行政裁量权的概念

行政裁量权，也称行政自由裁量权，是一个法理学概念，学术界对其含义众说纷纭。德国行政法学者哈特穆特·毛雷尔认为："行政机关处理同一事实要件时，可以选择不同的处理方式，构成裁量。法律没有为同一事实要件只设定一种法律后果，而是授权行政机关自行确定法律后果，例如设定两个或两个以上的选择，或者赋予其特定的处理幅度。"[1] 在国内，最早提出行政裁量权概念的是王岷灿所著的《行政法概要》，书中指出"凡法律没有详细规定，行政机关在处理具体事件时，可以依照自己的判断采取适当的方法的，是自由裁量的行政措施"。罗豪才在其主编的《行政法学》中则定义"自由裁量权是指法律规定的条件下，行政机关根据其合理的判断，决定作为或不作为，以及如何作为的权力"。[2] 姜明安则认为"行政裁量权是指法律法规赋予行政机关在行政管理中，根据立法目的和公正合理原则，自行判断行为条件、自行选择行为的方式和自由做出行政决定的权力"。[3]

分析上述内容可以看出，虽然学者们对于行政裁量权的定义各不相同，但关于行政裁量权的内涵已达成以下几点共识：一是行政裁量权是行政主体在法定的职权范围内依

---

[1] 哈特穆特·毛雷尔. 行政法总论 [M]. 高家伟, 译. 北京：法律出版社, 2000：125.
[2] 罗豪才. 行政法学 [M]. 北京：北京大学出版社, 1996：33.
[3] 姜明安. 论行政自由裁量权及其法律控制 [J]. 法学研究, 1993（1）.

法享有的权力；二是法律对于符合法律要件的事实，并非只规定了一种法律后果，而是规定了多种法律后果，供行政机关适当选择；三是行政主体在行使裁量权时，虽然拥有一定的裁量空间，但是该权力的行使还是必须符合法律规定；四是行政裁量权的行使必须符合法律目的和意图，不得滥用。

（二）税务行政裁量权的概念及特征

税务行政裁量权，是行政裁量权在税收领域的表现，是指税务机关在依法履行税务行政管理职权时，依据法律、法规和规章的规定，按照相关立法目的和公平合理的原则，针对具体情况，自主决定税务行政行为的方式、种类、时限、幅度的权力。税务行政裁量权具有以下特征：

1. 税务行政裁量权是税务机关对纳税人进行管理过程中行使的一项特定的行政权，必须依据相关法律、法规或规章的授权方可实施

没有相关授权情况下作出的任何行政决定都是违法的。从现行税法规定来看，税务行政裁量权的取得，既来自于《税收征收管理法》等税收程序法，也来自于《企业所得税法》等税收实体法。

2. 税务行政裁量权是一项有弹性特点的权力，有明确的法定裁量空间

与羁束性行政行为不同，税务行政裁量权的行使是典型的自由裁量行为，具有明显的弹性空间。法律往往只规定一定的适用条件、幅度和范围，由税务机关根据具体情况，在法定的裁量空间内，作出自认为适当的行政行为。

3. 税务行政裁量权是一项受限制的选择权

在现代法治国家，权力的授予与控制总是相伴而行，税务行政裁量权也不例外。税务机关为实现税收征管职能，需要采取灵活手段合理使用行政裁量权，但这种可以选择的裁量权力必须受到税法的规制，符合有关方式、种类、时限、幅度的限制，遵循既定的裁量原则，并依照法定程序实施。

（三）税务行政裁量权产生的主要原因

1. 设定税务行政裁量权能够有效弥补成文法的不足

我国是典型的成文法国家。成文法虽然具有明确、具体、稳定等优点，却存在制度不尽完备、具有滞后性等缺点。税收法律法规不可能穷尽所有情况，对征管过程中可能发生的事项全面加以概括和规制。税务机关也不可能完全依据既定的规范，统一调整各种复杂多变的税收法律关系，而是需要在遵守既定规范的基础上，在法律允许的范围内，针对特定事项实施特定的行政裁量权，以弥补成文法的不足。

2. 设定税务行政裁量权能有效适应税务行政管理工作的特殊性和复杂性特点

税务机关的管理对象是广大纳税人，管理的事务内容涉及众多税种、不同管理环节。面对情况各异、复杂多变的管理事项，以及层出不穷的新情况、新问题，税务机关需要妥善处理好公平与效率的关系，灵活有效地加以应对和处理。税务行政裁量权的存在，能够确保税务机关立足实际，针对个案实施有效的裁量，更好地体现相关税法的立法目的。

二、税务行政裁量权的适用原则

（一）合法性原则

合法性原则是对税务机关行使行政裁量权的最低要求标准。税务机关必须在尊重事实的基础上，做到以下三点：一是主体资格合法。税务机关作为行使裁量权的主体，必须经过合法程序设定并且取得相关法律法规授权。二是适用范围合法。税务机关必须在法定范围内行使行政裁量权，任何超越职权范围的裁量行为都是无效的。三是行为内容合法。税务机关必须按照法定的条件、方式、步骤、时限、幅度行使行政裁量权，其裁量行为需要受到法律的限制和约束。特别要确保程序的公正与合法。程序违法将导致裁量行为无效。

（二）合理性原则

合理性原则是指税务机关实施行政裁量权时，必须符合相关法律的立法目的，基于正当动机和适当考虑，确保裁量行为的公平、正义、适当。具体体现为以下四点：一是符合立法目的。任何法律的制定都是基于一定的立法动机，体现一定的立法意图。税务机关行使裁量权时，不能偏离《税收征收管理法》等法律法规的精神实质，要确保裁量权的行使能够达到加强税收征收管理、促进经济社会发展等目的。二是出于正当合理的动机。要坚持同等情况同等对待，即在条件相同的情况下，作出相同行为，体现执法的公平、公正，不能偏袒某些纳税人或谋求部门私利。三是充分考虑可能影响裁量的相关因素。税务行政裁量权具有弹性特征，影响税务机关最终选择的因素有很多种。税务机关应当将与正在处理的事项有密切关联的因素，作为确定裁量标准的有效因素，并据以作出独立、公正的选择。四是坚持比例原则。比例原则要求税务机关在选择执法方式、方法时，应注意把握合理分寸与尺度，确保"目的和手段之间的关系必须具有客观的对称性；在实现法定目的的前提下，对公民的侵害应该减少到最低限度"。①

（三）因地制宜原则

任何事物的发展都有其共性和个性特点。坚持因地制宜原则，对具体问题进行具体分析，是马克思主义哲学思想在行政执法领域的具体体现。税务机关在实施税务行政管理过程中，应当坚持从实际出发，因地制宜，审慎灵活地处理问题。要适度考虑各地经济发展水平不同、纳税人的实际承受能力上的差异，适当加以区别对待。对于相同性质的税收违法行为，如发生在经济较为发达的地区，可以确定高一些的罚款额度；如发生在经济较为落后的地区，可以适当地降低处罚额度。同样，对于经营规模大、经济负担能力强的大企业和经营规模小、负担能力弱的个体工商户，也可以适当地区别对待，适度进行差异化管理。

三、税务行政裁量权的分类

目前，理论界关于税务行政裁量权的分类还没有统一的认识。我们认为，依据不同标准，税务行政裁量权可以有以下两种不同的分类方式。

（一）以裁量的具体内容为标准进行分类

根据内容不同，税务行政裁量权可以分为选择行为方式的裁量权、选择行为时限的裁量权、认定事实性质的裁量权、认定情节轻重的裁量权、确定纳税数额的裁量权、确定处罚幅度的裁量权等。

1. 选择行为方式的裁量权

是指税务机关可以依法在两种或者两种以上行政行为（包括实施行政行为与不实施行政行为、实施相同或不同性质的行政行为）之间进行选择的权力。如《税收征收管理法》第四十条规定："从事生产、经营的纳税人、扣缴义务人未按照规定的期限缴纳或者解

---

① 哈特穆特·毛雷尔. 行政法总论[M]. 高家伟, 译. 北京: 法律出版社, 2000: 106—107.

缴税款，纳税担保人未按照规定的期限缴纳所担保的税款，由税务机关责令限期缴纳，逾期仍未缴纳的，经县以上税务局（分局）局长批准，税务机关可以采取下列强制执行措施：（一）书面通知其开户银行或者其他金融机构从其存款中扣缴税款；（二）扣押、查封、依法拍卖或者变卖其价值相当于应纳税款的商品、货物或者其他财产，以拍卖或者变卖所得抵缴税款"，则是采取正列举方式，明确授权税务机关对经过催告仍未缴纳税款的纳税人、扣缴义务人可以选择适用不同形式的强制执行措施。第六十一条规定："扣缴义务人未按照规定设置、保管代扣代缴、代收代缴税款账簿或者保管代扣代缴、代收代缴税款记账凭证及有关资料的，由税务机关责令限期改正，可以处2000元以下的罚款"，其中的"可以"一词说明，税务机关可以根据实际情况选择处以2000元以下罚款，也可以选择不予处罚。

2. 选择行为时限的裁量权

是指在相关法律未明确规定行政权力行使时限的情况下，税务机关自行确定有关时限的权力。如《税收征收管理法》第六十条规定："纳税人有下列行为之一的，由税务机关责令限期改正，可以处2000元以下的罚款：（一）未按照规定的期限申报办理税务登记、变更或者注销登记的……"。关于责令限期改正的具体时限，相关法律未作出明确规定。税务机关应根据案情，自行确定相对合理的改正时限。

3. 认定事实性质的裁量权

是指在相关法律仅对纳税人违法行为的事实和性质进行原则性描述，但未明确具体适用标准的情况下，税务机关自行认定有关事实和性质的权力。如《税收征收管理法》第六十七条规定："以暴力、威胁方法拒不缴纳税款的，是抗税。"而对于暴力、胁迫方法的标准，则没有作出更为明确具体的规定。税务机关可以根据实际，对纳税人拒不缴纳税款采取的方法进行性质认定。

4. 认定情节轻重的裁量权

在《税收征收管理法》《发票管理办法》等法律法规中，都有关于"情节严重的"，处以一定幅度罚款的规定。对于何为"情节严重"，并未作出明确规定。由税务机关根据不同案件的案情事实，根据违法行为持续时间的长短、致使国家税收流失的规模、违法行为发生的频次，以及纳税人纠正违法行为的积极程度等进行确定。

5. 确定纳税数额的裁量权

是指在符合规定的条件下，税务机关采取核定等手段，依法确定纳税人应纳税额的权力。如《税收征收管理法》第三十五条规定："纳税人有下列情形之一的，税务机关有权核定其应纳税额：（一）依照法律、行政法规的规定可以不设置账簿的；（二）依照法律、行政法规的规定应当设置账簿但未设置的……"。同时，《税收征收管理法实施细则》第四十七条还规定："纳税人有税收征管法第三十五条或者第三十七条所列情形之一的，税务机关有权采用下列任何一种方法核定其应纳税额：（一）参照当地同类行业或者类似行业中经营规模和收入水平相近的纳税人的税负水平核定；（二）按照营业收入或者成本加合理的费用和利润的方法核定……"。

6. 确定处罚幅度的裁量权

是指税务机关在法定行政处罚权限范围内，根据立法目的和公平合理原则，自主决定对税收违法行为是否给予行政处罚、给予何种行政处罚和给予何种额度行政处罚的权力。[①]《税收征收管理法》及其实施细则、《发票管理办法》及其实施细则、《纳税担保试行办法》《非居民承包工程作业和提供劳务税收管理暂行办法》等法律、法规及规章，对税务行政处罚的种类、裁量权适用范围及幅度进行了明确规定。同时，《行政处罚法》对不得处罚、不予处罚、从轻处罚、从重处罚的情形，提出了原则性要求。税务机关应当遵循《行政处罚法》确立的合法、合理、公正、公开、处罚与教育相结合、过罚相当和最小损害原则，依法行使税务行政处罚裁量权。

（二）以税收业务内容为标准进行分类

根据业务内容不同，税务行政裁量权可以分为税务登记裁量权、纳税申报裁量权、税款征收裁量权、行政强制裁量权、税务检查裁量权、发票管理裁量权、行政处罚裁量权、行政审批裁量权、行政许可裁量权、行政奖励裁量权等，几乎贯穿于税收征管的全过程。

1. 税务登记裁量权

如《税务登记管理办法》（国家税务总局令第7号）第十八条规定："纳税人税务登记内容发生变化的，应当向原税务登记机关申请办理变更登记。"第二十二条规定："税务机关应当自受理之日起30日内，审核办理变更税务登记。"[②]

2. 纳税申报裁量权

如《税收征收管理法实施细则》第三十五条规定："扣缴义务人办理代扣代缴、代

---

① 卜祥来，周上序，高源.论规范税务行政处罚自由裁量权[J].税务研究，2010（11）.
② 截至本书发稿之日止，相关立法部门尚未对税务机关审核办理变更税务登记的时限进行调整。

收代缴税款报告时，应当如实填写代扣代缴、代收代缴税款报告表，并报送代扣代缴、代收代缴税款的合法凭证以及税务机关规定的其他有关证件、资料。"据此，税务机关有权根据实际，确定其他需报送的有关证件、资料的内容。

3．税款征收裁量权

前文提及的税务机关采取核定等手段，依法确定纳税人应纳数额的权力，即是典型的税款征收裁量权。

4．行政强制裁量权

前文提及的对于从事生产、经营的纳税人未按照规定的期限缴纳税款，税务机关责令限期缴纳后，逾期仍未缴纳的，依法选择适用强制执行措施，即是行政强制裁量权的具体体现。

5．税务检查裁量权

如《税收征收管理法》第五十四条规定，税务机关有权依法实施税务检查。在确定检查对象后，关于采用何种方式进行检查，如何确定检查范围、检查期限，开展证据收集等，税务机关都享有一定裁量权。即便是在审理环节，不同执法人员对政策理解和把握的标准也不完全一致。

6．发票管理裁量权

如《发票管理办法》第十五条规定："主管税务机关根据领购单位和个人的经营范围和规模，确认领购发票的种类、数量以及领购方式，在5个工作日内发给发票领购簿。"

7．行政处罚裁量权

如《行政处罚法》第五十二条规定："当事人确有经济困难，需要延期或者分期缴纳罚款的，经当事人申请和行政机关批准，可以暂缓或者分期缴纳。"

8．行政审批裁量权

如《税收征收管理法》第二十七条规定："纳税人、扣缴义务人不能按期办理纳税申报或者报送代扣代缴、代收代缴税款报告表的，经税务机关核准，可以延期申报。"税务机关依法享有审批权限，合理确定延期时限。

9．行政许可裁量权

如《税收征收管理法》第三十一条规定："纳税人因特殊困难，不能按期缴纳税款的，经省、自治区、直辖市国家税务局、地方税务局批准，可以延期缴纳税款，但是最长不得超过三个月。"对纳税人延期缴纳税款的审批,是典型的税务行政许可项目,其批准延长时限,由税务机关依法裁量确定。

10．行政奖励裁量权

国家税务总局有关制度规定:"举报事项经查证属实,为国家挽回或者减少损失的,对举报的有功人员,按其贡献大小给予相应的精神鼓励或者物质奖励。"具体奖励金额,由相关税务机关自行确定。

四、规范税务行政裁量权的必要性和基本要求

税务行政裁量权的存在既是由社会关系的复杂性所决定,又是由法律规范的局限性所决定;既是提高行政效率的需要,也是实现个案公平的需要。实践中,税务行政裁量权又是一把双刃剑,容易被行政机关滥用,侵害公民、法人和其他组织的合法权益。近年来,很多行政诉讼案件,都是由于税务机关滥用行政裁量权而引起的。因此,赋予行政机关行政裁量权的同时,必须对其进行规范和控制。

(一)规范税务行政裁量权的必要性[①]

1．规范税务行政裁量权是服务科学发展、共建和谐税收的必然选择

规范税务行政裁量权,限制和规范税收执法权,有利于切实提高税务机关依法行政质量和水平,有效促进税务机关带头遵从税法,并充分带动纳税人自觉遵从税法,不断实现税收征纳关系的和谐。

2．规范税务行政裁量权是推进依法行政、保障纳税人合法权益的现实要求

规范税务行政裁量权,有利于促进各级税务机关依法履行职责,防止和减少税务机关随意执法、选择性执法和机械性执法,切实保障纳税人的合法权益,保障纳税人依法享有的各项权利和自由。

3．规范税务行政裁量权是加强税务机关自身建设、防范税收执法风险的有效途径

规范执法行为、提高执法质量是税务机关加强自身建设、防范执法风险的重要目标。规范税务行政裁量权,合理调整执法权行使的弹性空间,有利于促进税务行政裁量定位更准确,操作更规范。

---

① 《国家税务总局关于规范税务行政裁量权工作的指导意见》(国税发〔2012〕65号)。

4．规范税务行政裁量权是促进税务机关廉政建设、遏制腐败的重要举措

深入推进税务系统反腐倡廉建设必须强化对税收执法权和行政管理权的监督。规范税务行政裁量权，从机制上加强对税收执法权运行的监控，有利于实现制度防腐和源头防腐，有效遏制税收执法领域职务腐败的发生。

（二）基本要求

1．合法裁量

税务机关行使行政裁量权应当依照法律法规进行。税务机关行使行政裁量权应当依照法定权力、条件、范围、幅度和程序进行。

2．合理裁量

税务机关行使行政裁量权应当符合立法目的和法律原则。要全面考虑相关事实因素和法律因素，排除不相关因素的干扰，维护纳税人合法权益，努力实现法律效果与社会效果的统一。可以采取多种方式实现行政目的的，应当选择对纳税人权益损害最小的方式，对纳税人造成的损害不得与所保护的法定利益显失均衡。

3．公正裁量

税务机关行使行政裁量权应当平等对待纳税人，同样情形同等处理。对事实、性质、情节及社会危害程度等因素基本相同的税务事项，应当给予基本相同的处理。同一地区国税、地税机关对相同税务管理事项的处理应当一致。非因法定事由并经法定程序，不得撤销、变更已经生效的税务决定。因国家利益、公共利益或者其他法定事由需要撤销或者变更税务决定的，应当依照法定权限和程序进行，对纳税人因此受到的财产损失依法予以补偿。

4．程序正当

税务机关行使行政裁量权应当严格遵循法定程序，注意听取纳税人的意见，依法保障纳税人的知情权、参与权和救济权。税务人员与纳税人存在利害关系时，应当依法回避。税务机关行使行政裁量权作出税务决定时，应当说明理由。

5．公开透明

税务机关行使行政裁量权，除涉及国家秘密和依法受到保护的商业秘密、个人隐私外，应当依法公开执法依据、执法过程、处理结果等。

五、规范税务行政裁量权的主要方式

对税务行政裁量权进行规范，是一个庞大而且复杂的系统工程，必须通过立法、行政、司法、社会监督等多种手段，共同配合作用。其中，对税务行政裁量权进行有效的内部控制，是防止其滥用的根本手段。

（一）建立裁量基准

所谓裁量基准，是指行政机关根据执法实际为规范行政裁量权行使而制定的具体标准，是对行政裁量权按照一定标准进行细化、量化和具体化的重要参考指标。裁量基准是对以往执法经验的归纳、总结和提炼。制定裁量基准包括解释法律规范中的不确定法律概念、列举考量因素以及分档、细化量罚幅度等。[①]

税务行政裁量权涉及税收执法的方方面面。为保证规范税务行政裁量权工作有效、有序地开展，国家税务总局要求，各地税务机关应本着整体设计、重点推进的原则，逐步推动税务行政裁量权的规范工作。实践中，各地普遍将规范税务行政处罚裁量权作为规范税务行政裁量权工作的突破口，开展了税务行政处罚裁量基准的制定工作。通过分析各地的裁量基准不难发现，现阶段的规范裁量权工作主要集中于税务行政处罚领域，在裁量基准的选择上，也大多围绕是否按照税务机关责令限改的要求及时进行改正、税收违法行为持续时间长短、税收违法行为造成的税款流失的规模、涉案发票数量、票面累计金额大小、纳税人在接受税务检查及税务处理过程中的协助态度等内容来进行制度设计，对于同一违法行为，各地处罚裁量标准也不尽相同。

由于我国税法中，大量设定了税务行政裁量空间，并较多地运用了"公共利益""情节严重"等不确定的法律概念，使得税务机关在具体执法过程中，有了更多的解释和判断空间。对较为宽泛的裁量空间逐一进行具体细化，并且将不确定的法律概念转化为相对具体的基准，是有效规范行政裁量权的一种手段。要充分利用基层税务人员在执法过程中积累的经验，逐步开展对不同类型裁量权的规范工作，逐渐形成具有较强针对性的裁量方法，被税务机关和纳税人所接受，从而发展建立覆盖面更广、内容更科学合理的裁量基准。同时，同一地区的国税和地税部门应尽可能地建立起执行标准相对一致的裁

---

① 《国家税务总局关于规范税务行政裁量权工作的指导意见》（国税发〔2012〕65号）。

量基准,最大限度地减少行政争议。目前,北京市国税局与北京市地税局已在全市范围内推行针对特定税收违法行为的处罚裁量基准。

(二)健全程序制度

现代法学认为,程序公正是绝对的,实体公正是相对的。程序权利是实现实体权利的前提和基础。没有程序规范,实体权利无从实现。实践充分表明,程序违法或不规范,势必导致税务行政裁量权的滥用。因此,要有效规范行政裁量权,就必须建立起一套公正、合理、有效的程序制度。一是要建立健全告知制度。税务机关行使行政裁量权应当严格履行法定的告知义务,将作出裁量决定的事实、理由、依据告知纳税人。各级税务机关要进一步明确告知的内容、程序及救济措施。二是要完善陈述申辩和听证制度。税务机关行使行政裁量权应当充分听取纳税人的意见。纳税人提出的事实、证据和理由成立的,税务机关应当予以采纳。各级税务机关要进一步完善陈述申辩的告知、审查、采纳等程序性规定,明确适用听证事项,规范听证程序。三是要充分落实说明理由制度。税务机关行使行政裁量权应当在行政决定中对事实认定、法律适用和裁量基准的引用等说明理由。逐步推行使用说理式执法文书。四是要完善重大执法事项合议制度。税务机关行使行政裁量权涉及重大或者复杂裁量事项的,应当进行合议,共同研究决定。各级税务机关要进一步完善合议程序,明确工作职责、决策方式等内容。五是要完善重大执法事项备案制度。税务机关行使行政裁量权涉及重大或者复杂裁量事项的,应当将该事项的处理结果报上一级税务机关审查备案。

(三)加强事后监督

不受监督的权力必然会导致腐败,税务行政裁量权如果不能受到有效规范和监督,也势必会出现滥用现象。加强对该权力的事后监督,能够有效地管理和控制税务行政裁量行为,确保其依法、正确地行使。一是认真落实行政复议制度。根据《税务行政复议规则》规定,复议机关可以对申请人因不服具体行政行为而提起的行政复议进行审查,对属于滥用职权、明显不当的行政裁量行为,可以依法决定撤销、变更或者确认该具体行政行为违法;决定撤销或者确认该具体行政行为违法的,可以责令被申请人在一定期限内重新作出具体行政行为。行政复议制度在控制裁量权方面具有明显优势,复议机关能够借此对行政裁量行为的合法性和合理性进行审查,及时纠错,确保形成裁量行为的合法、有效。二是积极组织开展税收执法督察。要正确选择执法督察项目、明确把握执法的关键环节,通过开展督察工作,发现税务行政裁量权行使中存在的错误和不足。三是要积极落实过错责任追究制度。对于造成国家税收利益损失、对纳税人合法权益形成损害,以及存在其他未按规定依法履行税务行政裁量权行为的情形,依法进行过错责任追究,努力促使执法人员依法正确履行工作职责,确保税务行政裁量权的正确行使。

第九节 税务行政处罚

一、税务行政处罚概述

(一)税务行政处罚的概念

税务行政处罚,是指税务行政主体机关依据法律、法规或者规章规定,在法定职权范围内,对违反税收管理秩序的行政管理相对人实施的特定行政制裁手段,是行政处罚在税收领域内的具体表现形式。《行政处罚法》第三条规定:"公民、法人或者其他组织违反行政管理秩序规定的行为,应当给予行政处罚的,依照本法由法律、法规或者规章规定,并由行政机关依照本法规定的程序实施。"由此可见,税务行政处罚包括三层的基本含义:(1)税务行政处罚是税务行政管理相对人违反税务行政管理秩序应当承担的特定的行政法律责任。(2)法律、法规或者规章明确规定,税务行政管理相对人违反税务行政管理秩序应当给予处罚的,才能给予处罚。(3)税务行政处罚只能由税务机关行政主体在法定职权范围内,依照《行政处罚法》规定程序作出。

(二)税务行政处罚的特征

税务行政处罚具有不同于其他具体行政行为的特征,具体表现为:

1. 实施主体是税务机关

《行政处罚法》规定:"行政处罚由具有行政处罚权的行政机关在法定职权范围内实施。"具有行政处罚权的行政机关,应当符合以下条件:一是能够以自身名义行使处罚权。二是能够独立承担由此引发的行政法律责任。三是在行政诉讼案件中有资格作为被告应诉。四是由《行政处罚法》《行政许可法》《税收征收管理法》等法律、法规和规章明确规定了其主体资格。目前，有权依法实施税务行政处罚的主体包括国家税务系统、地方税务系统的各级税务机关（含税务局、税务分局、稽查局和税务所）。

2. 处罚对象是税务行政相对人

税务行政处罚对象是违反税收管理秩序，依据有关法律、法规和规章规定应当依法予以处罚的公民、法人或者其他组织。因承担义务或责任不同，税务行政相对人可分为纳税人、扣缴义务人和其他税务行政相对人（本节以下统称当事人）。税务行政处罚的实施，直接影响、改变或者消灭当事人法律上的权利和义务。

3. 处罚依据是有关法律、法规和规章

实施税务行政处罚必须有明确的法律依据，法无明文规定的行为不受处罚。部分税收违法行为虽然影响税收管理秩序、违反某些禁止性规定，但是法律、法规或规章未规定予以处罚的，则不能给予处罚。处罚的种类和幅度必须由法律、法规和规章规定。税收规范性文件不得设定行政处罚。

4. 处罚目的是教育和惩戒

税务行政处罚是一种行政制裁，不是刑事制裁、民事制裁或违宪制裁。它以教育和惩戒行政管理相对人为目的，旨在纠正其违法行为，而不是敦促或强制其履行未履行的纳税义务。税务行政处罚以惩戒为特征。惩戒方式一般表现为剥夺行政相对人一定的金钱或财物，限制、剥夺其某种权利或资格等。

二、税务行政处罚的种类

（一）行政处罚的法定种类

《行政处罚法》第八条规定，行政处罚包括：（1）警告；（2）罚款；（3）没收违法所得、没收非法财物；（4）责令停产停业；（5）暂扣或者吊销许可证、暂扣或者吊销执照；（6）行政拘留；（7）法律、行政法规规定的其他行政处罚。

根据性质不同，行政处罚又可分为四大类：（1）训诫罚。即以损害当事人名誉权为内容的处罚形式，不涉及其他实体权利，具有谴责和告诫的双重作用。主要形式表现为警告。（2）财产罚。即强迫当事人缴纳一定数额的金钱或者剥夺其财产的处罚形

式。财产罚不影响当事人的人身自由和其他活动,又能起到惩戒作用,是目前应用最广泛的一种处罚。主要形式有罚款、没收违法所得和非法财物等。(3)行为罚。即对当事人的行为能力和资格进行限定或剥夺的一种制裁措施。主要形式包括暂扣或者吊销许可证和营业执照、责令停产停业等。(4)人身罚。即对违反行政法律规范情节严重的公民在短期内限制和剥夺人身自由的处罚,是行政处罚中最为严厉的一种。主要形式是行政拘留。

(二)税务行政处罚的种类

税务行政处罚较《行政处罚法》规定的种类有所减少,主要包括警告、罚款、没收财物和违法所得、停止出口退税权四种。其中,罚款、没收违法所得和财物、停止出口退税权三类处罚,由《税收征收管理法》予以设定;警告由《行政许可法》予以设定。①

除以上四种税务行政处罚外,税务机关依法作出的其他带有命令和惩戒色彩的执法行为不是处罚。其中,容易被混同于处罚看待的有:(1)责令限期改正;(2)收缴或者停止发售发票;(3)提请工商部门吊销营业执照;(4)通知出入境管理部门阻止出境;(5)撤销或注销税务行政许可。

(三)税务行政处罚与加处罚款和滞纳金的区别

1. 税务行政处罚与加处罚款的区别

《行政处罚法》第五十一条规定,当事人逾期不履行行政处罚决定,作出处罚决定的行政机关可以每日按罚款数额的3%加处罚款。加处罚款因名称上带有"罚款"二字,容易被混同于罚款。实际上,罚款与加处罚款有本质上的不同,主要表现为:(1)罚款是一种行政处罚措施,加处罚款则是一种行政强制执行方式。《行政强制法》明确规定:"行政机关依法作出行政决定后,当事人在行政机关决定的期限内不履行义务的,具有行政强制执行权的行政机关依照本章规定实施强制执行",加处罚款就是强制执行方式之一。税务机关实施加处罚款,必须依据《行政强制法》履行有关催告、陈述申辩、决定程序。(2)罚款的目的在于对违法当事人实施经济惩戒,而加处罚款的目的则在于迫使当事人迅速及时地履行税务行政处罚决定,是典型的执行罚。

---

① 《行政许可法》第七十八条规定:"行政许可申请人隐瞒有关情况或者提供虚假材料申请行政许可的,行政机关不予受理或者不予行政许可,并给予警告。"

2. 税务行政处罚与滞纳金的区别

滞纳金是税务机关对于未按照规定期限缴纳或者解缴税款的纳税人或者扣缴义务人，从滞纳税款之日起，按照滞纳天数和法定比率加收的款项。税务行政处罚与滞纳金存在本质区别，主要表现为：（1）税务行政处罚是对税收违法行为进行的一种惩戒，滞纳金则是纳税人、扣缴义务人因延迟缴纳税款而向国家做出的经济赔偿并且具有一定的执行罚性质。[①]（2）税务行政处罚对象包括纳税人、扣缴义务人和其他行政相对人，而滞纳金只能针对发生滞纳税款行为的纳税人和扣缴义务人加收。（3）税务行政处罚可分为羁束行为和行政裁量行为两类。其中，罚款作为最主要的处罚种类，往往具有一定的法定裁量空间，而滞纳金的加收比例、计算起止时间却是确定的，不受人为主观因素影响。滞纳金加收是典型的羁束行政行为。

三、税务行政处罚的原则

（一）处罚法定原则

处罚法定原则是最重要的处罚原则，其主要内容包括处罚设定权法定、处罚依据法定、处罚主体法定、处罚职权法定、处罚程序法定、处罚类型法定、处罚形式法定等。税务行政处罚属于损益性行政行为。税务机关必须遵守"法无明文授权即禁止"的规定。对法律、法规及规章没有规定予以处罚的行为，均不得给予处罚。实施行政处罚时，必须严格遵守法定职权和程序。任何没有法律依据或者不遵守法定程序的处罚都是无效的。

（二）公开公正原则

《行政处罚法》第四条第一款规定："行政处罚应当遵循公正、公开的原则。"公正是指行政处罚的设定和实施要保证公平、平等对待当事人，尽量排除各种可能造成偏见或者滥用权力的因素。必须做到横向公平与纵向公平，避免出现同案不同罚、不同案

---

① 本章第六节专题就滞纳金的性质进行论述。我们认为，税收之债是公法上的金钱给付之债。纳税人迟延缴纳税款，理应承担赔偿责任。滞纳金即是纳税人为弥补国家税款损失而支付的款项。同时，滞纳金制度设计，又是以增加新的金钱给付义务为手段，以督促纳税人履行纳税义务为目的，所以它还兼具执行罚的性质。滞纳金年加收率为18.25%，远高于银行同期贷款利率，体现了经济赔偿与执行罚的双重特性。另外，现行税法规定在计算应纳税所得额时滞纳金不得税前列支，也表明了税法对迟延缴纳税款行为的否定态度。

件不区分情况简单地给予相同处罚的情况。公开是指行政处罚的各环节及其过程，应当能够为当事人所了解。公开有助于当事人直接参与行政处罚的过程，保证其知情权的实现，监督行政机关是否依法办事，提高行政机关的公信力。

（三）过罚相当原则

《行政处罚法》第四条第二款规定："设定和实施行政处罚必须以事实为依据，与违法行为的事实、性质、情节以及社会危害程度相当。"对于立法工作来说，在设定行政处罚时，应当根据违法行为的危害程度与当事人的行为过错程度，设定与之相适应的处罚种类、幅度和范围；对于执法来说，也应当根据违法行为的危害程度与当事人的行为过错程度，决定适用相应的行政处罚。重过重罚、轻过轻罚，合理适用从轻、减轻或不予处罚的规定。

（四）处罚与教育相结合原则

《行政处罚法》第五条规定："实施行政处罚，纠正违法行为，应当坚持处罚与教育相结合，教育公民、法人或者其他组织自觉守法。"第二十三条规定："行政机关实施行政处罚时，应当责令当事人改正或者限期改正违法行为。"由此可见，实施税务行政处罚不是目的而是手段，意在预防违法者再度违法并教育其他行政相对人不要违法。

（五）保障当事人权益原则

保障相对人当事人权益原则又称"无救济即无处罚"原则。实施税务行政处罚，必须对行政管理相对人当事人的合法权益予以保障。依据《行政处罚法》有关规定，行政管理相对当事人对于税务机关作出的行政处罚，依法享有陈述申辩权。对于处罚决定不服的，可以依法申请行政复议或提起行政诉讼。因税务机关违法实施处罚受到损害的，当事人有权依法提出赔偿要求。

（六）一事不二罚原则

《行政处罚法》第二十四条规定："对当事人的同一个违法行为，不得给予两次以上罚款的行政处罚。"该原则的基本内涵是对当事人的同一违法行为，不得以同一事实和同一依据给予两次或两次以上的罚款。从税收实践看，一个违法行为，可能会触犯不同的法律规范，出现法规竞合问题，所以有学者将"同一税务违法行为"进一步划分为五类：（1）单纯税务违法行为，即一个只违反了一个税收法律规范的行为，如逾期办理税务登记。（2）牵连税务违法行为，即以实施一个行为为目的，但其违法手段、结果又违反了其他税收法律规范的行为，如虚开发票以图偷税。（3）连续税务违法行为，即基于同一或者概括的违法故意，持续实施性质相同、触犯同一税收法律规范的行为，如以同一手段连续数月偷税。（4）持续税务违法行为，即违法行为和状态在一定时间和地点处于持续状态的行为，如非法运输空白发票。（5）合并税务违法行为，即实施两个客观独立完整的违法行为，且两行为均触犯法律，但法律将其合并为一个违法行为，只按一个行为实施处罚，如出售伪造的增值税专用发票。[①] 对上述行为实施处罚时，应坚持一事不二罚原则。

下列情形不违反一事不二罚原则：（1）税务机关发现罚款决定不当，依法撤销并重新作出罚款决定的，或者罚款决定被上级机关、人民法院撤销并被责令重新作出具体行政行为，重新作出罚款决定的。（2）税务机关对当事人的一个违法行为，在适用一个法律规范时，同时依法实施了罚款、没收违法所得或其他种类的行政处罚的。（3）税务机关实施处罚决定导致当事人的违法行为中断，过后当事人重新作出性质相同的违法行为，税务机关实施新的处罚的。

四、税务行政处罚的管辖和适用

（一）税务行政处罚的管辖

税务行政处罚管辖，是指税务机关对于行政处罚案件的权限和分工。依据《行政处罚法》和《税收征收管理法》等法律法规规定，税务处罚案件应由违法行为发生地的县以上税务机关管辖。罚款额在2000元以下的，可由税务所作出；对于没收违法所得等其他行政处罚，税务所不具有管辖权。各级稽查局（包括县级稽查局）专司偷税、逃避追缴欠税、骗税、抗税案件的查处，具有独立的处罚权。同时，根据国务院相关文件规定[②]，国税系统和地税系统分别负责不同税种的征收和管理，也依法各自享有独立的处

[①] 魏勇. 税务行政处罚实务指导［M］. 北京：中国法律出版社，2009：67.
[②] 即《国务院办公厅转发国家税务总局关于组建在各地的直属税务机构和地方税务局实施意见的通知》（国办发〔1993〕87号）。

罚权。

（二）税务行政处罚的适用

税务行政处罚的适用，是指税务机关在认定当事人违法的基础上，依照行政法律规范规定的原则和方法，决定对其是否给予处罚和如何给予处罚，将税收法律规范运用到各类税务行政违法案件中的活动。税务行政处罚的适用旨在解决行政处罚的具体运用问题，包括对于违法行为认定、评价以及运用法律进行处罚等。

税务行政处罚的适用条件有：（1）当事人实施违法行为并违反了相关税收法律规范，依法应当受到行政处罚。（2）当事人具有责任能力。（3）违法行为尚未超过处罚追究时效。只有对税收违法行为依法作出客观、全面的分析，并正确理解和掌握《行政处罚法》对行政处罚适用问题的规定，才能客观、公正地实施处罚，切实保障当事人合法权益不受侵犯。

税务行政处罚的适用内容主要包括：（1）决定是否给予处罚。（2）决定处罚种类。（3）决定是否给予从轻、减轻处罚。（4）决定给予一种处罚还是数种处罚。（5）考虑税务行政处罚的追究时效。

（三）不予处罚

不予处罚是指虽然当事人实施了税收违法行为，但因其符合法律规定的特定情形，税务机关不给予处罚。《行政处罚法》规定，不满 14 周岁的人有违法行为的，不予处罚，责令监护人加以管教。精神病人不能辨认或者不能控制自己行为时有违法行为，不予行政处罚，但应当责令其监护人严加看管和治疗。违法行为轻微并及时纠正，没有造成危害后果的，不予行政处罚。另外，《税收征收管理法》规定，违反税收法律、行政法规应当给予行政处罚的行为，在 5 年内未被发现的，不再给予行政处罚。

（四）从轻、减轻处罚

从轻处罚是指税务机关在法定处罚种类和处罚幅度内，适用较轻的处罚种类或者按照处罚下限或者略高于处罚下限给予处罚。从轻处罚不得低于法定处罚幅度的最低限。减轻处罚是指税务机关在法定处罚幅度最低限以下适用更轻的处罚。《行政处罚法》规定，当事人有下列情形之一的，应当依法从轻或者减轻处罚：（1）已满 14 周岁不满

18 周岁的人有违法行为的。（2）主动消除或者减轻违法行为危害后果的。（3）受他人胁迫有违法行为的。（4）其他依法从轻或者减轻行政处罚的。税务实践中，从轻处罚适用比较普遍，而减轻处罚，特别是减轻对于偷税等严重违法行为处罚的情况鲜有发生。

五、税务行政处罚程序

税务行政处罚程序分为简易程序和一般程序。其中，一般程序执行过程中还可能出现听证程序。税务机关在实施行政处罚时，无论适用何种程序，都必须做到：（1）查明事实。对于事实不清的，不得给予行政处罚。（2）在作出处罚决定之前，应当告知当事人作出处罚决定的事实、理由、依据以及当事人依法享有的权利。（3）充分听取当事人的陈述和申辩。对当事人提出的事实、理由和证据进行复核；当事人提出的事实、理由或者证据成立的，应当采纳，并且不得因当事人申辩而加重处罚。

（一）简易程序

简易程序是指税务机关对符合法定条件的税收违法行为，当场作出处罚决定所应遵循的简易方式与步骤。适用简易程序必须符合三个条件：违法事实清楚、法律依据明确、处罚决定为数额较小的罚款（即对公民处 50 元以下、对法人或者其他组织处 1000 元以下）或警告。对符合上述条件的违法行为，税务机关可以当场予以处罚。

简易程序的执行步骤：（1）表明身份。执法人员当场作出处罚决定的，应当向当事人出示执法身份证件。（2）确认违法事实，说明处罚理由和依据，并给予当事人申辩的机会。（3）制作处罚决定书。处罚决定书应载明当事人的违法行为、处罚依据、处罚数额、时间、地点以及行政机关名称，并由执法人员签名或者盖章。（4）将处罚决定书当场交付当事人。（5）将处罚决定书报所属税务机关备案。当事人对税务机关当场作出的处罚决定不服，可以依法申请行政复议或者提起行政诉讼。

（二）一般程序

一般程序是指除简易程序外，税务机关依法对税收违法行为实施税务行政处罚时所遵循的一般性的方式与步骤。一般程序具有以下两个特点：适用范围广泛、较简易程序相对复杂和严格。一般程序包括立案、调查或者检查、审查、告知、听取陈述申辩、制作处罚决定书、送达处罚决定书等步骤。

1. 立案

立案是行政处罚程序的开始。对于属于税务机关管辖范围并在法定追究时效内的税收违法案件，税务机关认为有必要进行调查处理的，应当予以立案。

2. 调查

税务机关发现当事人有依法应当给予行政处罚的行为的，必须全面、客观、公正地调查，收集有关证据。必要时，可以依法进行检查。国家税务总局《税务稽查工作规程》对税务稽查案件处罚决定前的调查、取证程序作出了详细规定。在调查或者进行检查时，执法人员不得少于2人。应当向当事人或者有关人员出示证件，并制作询问笔录。

3. 审查

调查终结，调查人员应当出具调查报告，提出处罚的事实依据和处罚建议，送交有关部门进行审查。审查部门根据不同情况，分别作出行政处罚、不予行政处罚、不得给予行政处罚和移送司法机关的处理建议。

4. 告知

税务机关在作出处罚决定前，应当告知当事人作出处罚的事实、理由、依据和当事人依法享有的权利。税务机关不依法告知的，行政处罚决定不能成立。

5. 听取陈述申辩

当事人有权在税务机关作出处罚决定前进行陈述和申辩。税务机关拒绝听取陈述和申辩的，行政处罚决定不能成立。当事人放弃陈述和申辩权利的除外。

6. 制作处罚决定书

税务机关依法给予行政处罚的，应当制作处罚决定书，载明当事人名称、地址等基本信息，违反法律、法规或者规章的事实和证据，处罚的种类和依据，处罚的履行方式和期限，申请行政复议或者提起行政诉讼的途径和期限，作出处罚决定的税务机关名称和日期，并加盖税务机关印章。

7. 送达处罚决定书

处罚决定书应当在宣告后当场交付当事人。当事人不在场的，税务机关应当在七日内按照《民事诉讼法》的有关规定，将处罚决定书送达当事人。

（三）听证程序

听证程序是指为了查清违法事实，在作出特定的行政处罚决定前，根据当事人申请，公开举行听证会，广泛听取各方利害关系人意见的法律程序。设定听证程序的意义在于赋予当事人反映案件事实的权利，确保处罚证据的客观性和公正性。

《税务行政处罚听证程序实施办法（试行）》规定，税务机关对公民作出2000元以上罚款或者对法人、其他组织作出1万元以上罚款的行政处罚之前，应当向当事人送达税务行政处罚事项告知书，告知当事人已经查明的违法事实、证据、处罚的法律依据和拟给予的行政处罚，并告知其有要求举行听证的权利。

听证程序具有以下四个特点：（1）听证程序是法定必经程序。除法律规定免除的情况外，当事人要求听证的，就必须听证。否则就是程序违法，必然导致处罚决定无效。（2）参与听证的主体有三个：一是税务机关中处于相对独立地位的工作人员，二是作为当事人一方的违法行为人，三是作为当事人另一方的案件调查人员。听证程序由税务机关指定的非本案调查机构的人员主持，由当事人、案件调查人员及其他有关人员参加。（3）税务行政处罚听证，只适用于《税务行政处罚听证程序实施办法（试行）》第三条规定的特定案件。（4）除涉及国家秘密、商业秘密和个人隐私外，听证应公开举行。

听证程序的执行步骤：（1）作出特定行政处罚决定前，告知当事人听证权利。（2）当事人要求听证的，应当在告知后3日内提出。（3）在听证的7日前，通知当事人举行听证的时间、地点。（4）当事人认为主持人与本案有利害关系的，有权申请回避。当事人可以亲自参加听证，也可以委托一至二人代理。（5）举行听证时，调查人员提出当事人违法的事实、证据和处罚建议，当事人进行申辩和质证。（6）听证记录人员应当制作听证笔录。笔录应当交当事人审核无误后签字或者盖章。

第十节　税务行政审批

一、行政审批概述

（一）行政审批的概念

行政审批是指行政机关（包括有行政审批权的其他组织）根据自然人、法人或者其他组织依法提出的申请，经依法审查，准予其从事特定活动、认可其资格资质、确认特定民事关系或者特定民事权利能力和行为能力的行为。[①] 行政审批是政府管理经济和社会的一种重要手段，也是政府工作的基本内容之一。

（二）行政审批的形式

行政审批形式多样、名称不一，有审批、审核、核准、批准、同意、许可、认证、登记、鉴证等。行政审批的实质是"必须经过行政审批机关同意"，即只要行政相对人实施某一行为、取得某种资格资质、确认特定民事关系或者特定民事权利能力和行为能力，必须先行经过行政机关同意的，都属于行政审批。

（三）行政审批的特征

行政审批具有以下特征：一是确定性。行政审批由法律、法规、规章以及根据国务院的决定、命令或者要求而发布的国务院部门文件设定。二是外部性。行政审批是行政机关对行政相对人实施的外部具体行政行为。行政机关对其内部有关人事、财务、外事等事项的审批、决定等事项，不属于行政审批范畴。三是被动性。行政审批是行政机关依行政相对人的申请而启动的行政行为。无申请则无审批。四是管理性。有权审批机关应当依法对申请进行审查，履行行政管理职责。五是特定性。行政审批的效力在于准予行政相对人从事特定活动、确认特定民事关系或承认其某种特定能力或者资格。

（四）行政审批的分类

1994年，我国推行分税制改革，建立了以流转税为主体的税制体系。为适应经济发展形势需要，实现财政收入稳定增长，陆续设定了一系列的税务行政审批项目，逐渐形成了一套以税收法律、法规、规章和规范性文件为依据，以各级税务机关为审批主体，以加强征管和落实税收优惠为目标的税务行政审批制度体系。但是，随着经济形势不断发展，行政审批也引发了许多问题。有些审批项目也成为影响社会生产力发展的制度性障碍。因此，国务院于2001年成立了行政审批制度改革工作领导小组，将逐步清理和简化行政审批事项作为政府重要任务之一。随后陆续开展多轮大规模的行政审批事项清理工作，取消和下放了一大批行政审批事项。2003年8月《行政许可法》

[①] 《国务院行政审批制度改革工作领导小组关于印发〈关于贯彻行政审批制度改革的五项原则需要把握的几个问题〉的通知》（国审改发〔2001〕1号）。

正式施行。国家税务总局根据国务院相关部署，开展了一系列税务行政审批事项清理工作。按照"凡是相对人需要先经行政机关同意才能办理的所有事项都列入行政审批"的标准，逐项确认各审批项目的政策依据，初步摸清了税务行政审批的底数，并提出了取消部分审批项目的意见[①]。同时，出于平稳过渡考虑，将暂时保留下来的税务行政审批项目按照"许可类审批"和"非许可类审批"两类标准进行划分和管理，并报国务院相关部门批准。

（五）行政审批和行政许可的关系

准确界定审批和许可是有效落实《行政许可法》、推动审批制度改革的前提。但是，目前对许可类和非许可类审批项目的划分，均是建立在对以往行政审批项目进行清理、简合、取消和下放的基础上，由国务院以决定形式或国家税务总局以规范性文件形式予以公布，具体划分标准并不十分明晰。部分具有行政许可内涵和特征的审批项目列为非许可类审批项目，游离于《行政许可法》的约束范围之外，弱化了监督和管理力度。个别不具备行政许可实质、发生概率较小或者能够通过采取市场竞争机制有效调节的项目被列为许可类审批项目，导致许可工作流于形式，影响了《行政许可法》的严肃性和权威性。

从本质意义上讲，行政审批与行政许可有密切联系，但又不完全相同。行政审批的范围比行政许可更为广泛。两者是包含与被包含的关系。均具有确定性、外部性、被动性、管理性、特定性的特征，有审批、审核、批准、核准等多种不同形式。目前立足于规范管理和平稳过渡，将行政审批划分为许可类和非许可类审批，有利于解决行政审批制度改革的迫切性与税务行政审批的广泛性之间的关系问题，但是这种划分必然是动态的。随着《行政许可法》的贯彻实施和行政审批制度改革工作的不断推进，非许可类审批项目最终势必将朝着两个方向发展：一是部分被彻底取消；二是部分被确认为许可类审批，被以法律形式加以规范和约束。

二、"非许可类"税务行政审批

在现有税务行政审批项目中，绝大多数的审批事项属于"非许可类"审批事项，内

---

① 本书成稿之日前，国家税务总局下发最新文件，对该局和全国各级国家税务局实施的有关"企业印制发票审批""对纳税人延期缴纳税款的核准""对办理税务登记的核准""偏远地区简并征期认定"等87项行政审批项目予以公布。详见《国家税务总局关于公开行政审批事项等相关工作的公告》（国家税务总局公告2014年第10号）。

容涉及税务登记、税款征收、税收减免、发票管理、非居民享受税收协定待遇审批、中国税收居民身份认定、汇总纳税企业组织结构变更审核等多项内容。

（一）实施主体

非许可类审批由具有行政审批权的税务机关在法定权限范围内实施。没有法律、法规、规章或者国家税务总局相关文件的授权，税务机关不得委托其他主体实施行政审批。

针对不同审批项目，税收法律、法规、规章及规范性文件设定了不同层级的审批实施机关，包括国家税务总局及省（含）以下税务机关等。例如，"外国政府和国际组织无偿援助项目在华采购物资免税"等项目的审批机关为国家税务总局。"中国税收居民身份认定"等项目的审批机关为各地、市、州（含直辖市下辖区）国家税务局、地方税务局。"对吸纳下岗失业人员达到规定条件的服务型商贸企业和对下岗失业人员从事个体经营免税的审批"等项目的审批机关为所在地主管税务机关。另外，针对一些适用于特定地区的特定审批事项，还明确了具体的审批责任机关。例如，对于"上市公司国有股权无偿转让免征证券交易印花税审批"项目，明确规定由上海市、深圳市国家税务局负责。

（二）实施程序

非许可类审批实施程序应当符合效率和公开透明的原则。[①] 效率原则要求税务机关制定的行政审批程序应当尽可能简化，尽量缩短审批时间，减少审批环节，方便纳税人办理审批事宜。公开透明原则要求税务机关将行政审批的适用条件、手续、时限、责任人、结果等进行公开，让纳税人充分了解审批的全过程。对不予受理的申请和未被批准的项目，要说明理由。关于非许可类审批的实施程序，目前尚无统一的法律规范要求。各地税务机关为加强管理、明确责任，往往会依据各自的机构设置、部门分工情况和审批项目类别，设定不同的审查程序。通常采取的实施审批程序主要有：（1）申请人先行提出申请；（2）税务机关对相关申请进行审查；（3）对于符合审批条件的，税务机关依法作出批准决定；对不符合审批条件的，依法作出不予审批决定；（4）税务机关

[①] 国家税务总局《税务行政审批制度改革研究》课题组.建立法制科学高效的税务行政审批制度[J].税务研究，2003(8)：26.

将相关审批决定送达申请人。

(三) 救济制度

税务行政审批的救济制度包括税务行政审批的复议制度、诉讼制度和赔偿制度。[①] 依据《行政复议法》《行政诉讼法》《国家赔偿法》等法律规定，纳税人对于税务机关实施的减税、免税审批行为不服的，应当遵循复议前置程序，先向行政复议机关申请行政复议；对行政复议决定不服的，可以向人民法院提起行政诉讼。对于其他行政审批行为不服的，可以依法提出行政复议或者提起行政诉讼。因税务机关违法实施审批行为给纳税人造成经济损失的，纳税人有权要求行政赔偿。

三、"许可类"税务行政审批

(一) 行政许可概述

《行政许可法》自2004年7月正式施行。该法第二条明确规定："行政许可，是指行政机关根据公民、法人或者其他组织的申请，经依法审查，准予其从事特定活动的行为。"

关于行政许可的性质，学术界有"赋权说"和"解禁说"两种观点。前者认为行政许可是行政机关根据行政管理相对人的申请，以书面证照或者其他方式允许其从事某种行为、确认某种权利、授予某种资格和能力的行为；后者认为行政许可是行政机关依法赋予特定的行政管理相对人拥有可以从事法律一般禁止的权利和资格的法律行为。

根据《行政许可法》规定，行政许可分为以下五种：（1）普通许可。即依法准予对符合法定条件的相对人从事某些直接涉及国家安全、公共安全、经济宏观调控、生态环境保护以及直接关系人身健康、生命财产安全等特定活动。（2）特许。即依法赋予相对人从事有限自然资源开发利用、公共资源配置以及直接关系公共利益的特定行业的市场准入等特定权利。（3）认可。即确定相对人具有某种特殊信誉、特殊条件或者特殊技能的资格或资质。（4）核准。即按照相关技术标准、技术规范，采取检验、检测、检疫等方式，对某些事项或者活动进行核实准许。（5）登记。即对特定主体资格的确定。

因性质和内容不同，税务行政许可事项数量较少，种类也较《行政许可法》规定得

---

① 该救济制度同时适用于非许可类审批和许可类审批。

相对单一。《行政许可法》施行初期,国家税务总局对外公布的许可项目共有六大项十小项。经过多次清理,目前保留的税务许可项目有"企业印制发票审批[①]""对纳税人延期申报的核准""印花税票代售许可"等八项[②],均为税务机关准予纳税人从事某些特定活动、行使某些特定权利的许可,属于《行政许可法》规定的普通许可范畴。

(二)税务行政许可的原则

1. 法定原则

《行政许可法》第四条规定,设定和实施行政许可,应当遵循法定权限、范围、条件和程序。所谓法定,包括许可设定法定、主体法定、权限法定、程序法定等。税务行政许可的法定原则要求税务行政许可项目的设定必须有法律依据,并且由法定实施主体在法律规定权限范围内,按照规定程序实施。

2. 公开、公平、公正原则

《行政许可法》第五条规定,设定和实施行政许可,应当遵循公开、公平、公正的原则。具体来讲,就是有关行政许可的规定应当公布;未经公布的,不得作为实施行政许可的依据。行政许可的实施和结果,除涉及国家秘密、商业秘密和个人隐私外,应当公开。符合法定条件、标准的,申请人有依法取得行政许可的平等权利,行政机关不得歧视。

3. 便民原则

《行政许可法》第六条规定,实施行政许可,应当遵循便民的原则,提高办事效率,提供优质服务。便民原则是我国法律制度的重要价值取向,也是行政机关应当严格遵守的重要准则。为确保该原则落到实处,该法还设立了许可内容公告制度、统一受理申请制度、一次性告知补正制度等内容。

4. 救济原则

《行政许可法》第七条规定,公民、法人或者其他组织对行政机关实施行政许可,享有陈述权、申辩权,有权依法申请行政复议或者提起行政诉讼;其合法权益因行政机

[①] 本书认为,根据《行政许可法》第十三条"本法第十二条所列事项,通过下列方式能够予以规范的,可以不设定行政许可:(一)公民、法人或者其他组织能够自主决定的;(二)市场竞争机制能够有效调节的;(三)行业组织或者中介机构能够自律管理的;(四)行政机关采用事后监督等其他行政管理方式能够解决的"之规定,该项目可以不作为许可项目进行管理。

[②] 参见:《国家税务总局关于公开行政审批事项等相关工作的公告》(国家税务总局公告2014年第10号)。印花税票代售许可项目为地方税务机关实施的项目,未被纳入该公告公开事项的范围。

关违法实施行政许可受到损害的,有权依法要求赔偿。救济原则的设定,有利于确保税务机关在实施行政许可时,和申请人保持平等的法律地位,充分保护纳税人合法权益。

(三)税务行政许可的设定

设定税务行政许可,应当遵循经济和社会发展规律,注重发挥公民、法人或者其他组织的积极性、主动性,维护公共利益和社会秩序,推动经济、社会等协调发展。对于"直接涉及国家安全、公共安全、经济宏观调控、生态环境保护以及直接关系人身健康、生命财产安全等特定活动,需要按照法定条件予以批准的事项"等六大类事项,可依法设定行政许可。对于公民、法人或者其他组织能够自主解决的、市场竞争机制能够有效调节的、行业组织或者中介机构能够自律管理的,以及税务机关采用事后监督等其他管理方式能够解决的事项,可以不设税务行政许可。

《行政许可法》对许可的设定权作出以下规定:行政许可原则上应由法律、行政法规设定;尚未制定法律、行政法规的,地方性法规可以设定;尚未制定法律、行政法规或者地方性法规的,省级人民政府规章可以设定临时性行政许可。地方性法规和省级人民政府规章不得设定应当由国家统一确定的公民、法人或者其他组织的资格、资质的行政许可;不得设置企业或者其他组织的设立登记及其前置性行政许可。除法律、行政法规、地方性法规和省级人民政府规章外,其他规范性文件一律不得设定行政许可。规章可以在上位法设定的行政许可事项范围内,对实施行政许可作出具体规定,但不得增设行政许可;对行政许可条件作出的具体规定,不得增设违反上位法的条件。由此可见,《行政许可法》实施后,全国各级税务机关,包括国家税务总局在内将不再享有行政许可的设定权。原则上,所有税务行政许可事项必须由法律、行政法规予以设定。

现行税务行政许可项目并不是《行政许可法》施行后依法新设的许可项目,而是有权机关在对该法生效前执行的众多行政审批项目进行集中清理基础上,确认为税务行政许可的项目。其设定形式各不相同:(1)"企业印制发票审批""印花税票代售许可"项目分别由《税收征收管理法》《印花税暂行条例实施细则》设定,由国务院以发布决定的形式予以公告。[①](2)"对纳税人延期缴纳税款的核准""对纳税人延期申报的核准""对纳税人变更纳税定额的核准""对采取实际利润额预缴以外的其他企业所得税预缴方式的核定""非居民企业选择由其主要机构场所汇总缴纳企业所得税的审批"

[①] 《国务院对确需保留的行政审批项目设定行政许可的决定》(国务院令第412号)。

等五个项目分别由《税收征收管理法》及其实施细则、《企业所得税法》等法律法规设定，由国家税务总局以发布规范性文件形式予以公告。①（3）"增值税防伪税控系统最高开票限额的审批"项目则是由国家税务总局以税收规范性文件形式设定，由国务院以发布决定的形式予以确认。

（四）税务行政许可的实施主体

税务行政许可由具有行政许可权的税务机关在法定职权范围内实施。这句话有两层含义：一是税务行政许可必须由具有行政许可权的税务机关实施。税务机关虽然依法享有税务行政管理职权，但是并不必然享有税务行政许可权。根据《行政许可法》规定，税务机关要取得许可权，必须经过法律、法规或者相关规章的特别授权。相关法律、法规或者规章设定了行政许可，负责管理此项事务的税务机关才享有行政许可权；没有相关规定，则无权实施许可。二是税务行政许可必须在法定职权范围内实施。法律、法规或者相关规章对税务行政许可项目的实施主体作出严格规定。无论是国家税务总局，还是其他各级税务机关，都必须严格遵守各自的管理权限，不得超越管理权限实施许可。下级税务机关不得实施上级税务机关依法享有的行政许可权。

目前执行的税务行政许可项目，分别由不同层级的税务机关审批实施，包括国家税务总局及省（含）以下各级税务机关。例如，"企业印制增值税专用发票"项目，由国家税务总局审批。"企业印制其他发票"项目，由省、自治区、直辖市税务机关审批。"增值税防伪税控系统最高开票限额"项目，由区县税务机关审批。"纳税人延期申报的核准"，可由税务所审批。

（五）税务行政许可的实施程序

1．申请

公民、法人或者其他组织从事特定活动，依法需要取得税务行政许可的，应当向有行政许可权的税务机关提出申请。申请人可以自行提出申请，也可以委托代理人提出行政许可申请（依法应当由申请人到税务机关办公场所提出申请的除外）。税务行政许可申请可以通过信函、电报、电传、传真、电子数据交换和电子邮件等方式提出。

税务机关应当将法律、法规、规章规定的有关税务行政许可的事项、依据、条件、

---

① 《国家税务总局关于公开行政审批事项等相关工作的公告》（国家税务总局公告2014年第10号）。

数量、程序、期限以及需要提交的全部材料的目录和申请书示范文本在办公场所公示。申请人要求税务机关对公示内容进行说明、解释的，税务机关应当说明、解释。

申请人申请税务行政许可，应当如实提供有关材料，反映真实情况，并对其申请材料实质内容的真实性负责。税务机关不得要求申请人提供与其申请的税务行政许可事项无关的资料。

2. 受理

税务机关对申请人提出的许可申请，区别不同情况分别做出如下处理：（1）申请事项依法不需要取得税务行政许可的，应当即时告知申请人不受理；（2）申请事项依法不属于本税务机关职权范围的，应当即时作出不予受理的决定，并告知申请人向有关机关申请；（3）申请材料存在可以当场更正的错误的，应当允许申请人当场更正；（4）申请材料不齐全或者不符合法定形式的，应当当场或者在五日内告知申请人需要补正的全部内容，逾期不告知的，自收到申请材料之日起即为受理；（5）申请事项属于本税务机关职权范围，申请材料齐全、符合法定形式，或者申请人按照本税务机关的要求提交全部补正申请材料的，应当受理税务行政许可申请。

税务机关受理或者不受理行政许可申请，均应当出具加盖本税务机关专用印章和注明日期的书面凭证。

《行政许可法》第二十六条规定，行政许可需要行政机关内设的多个机构办理的，该行政机关应当确定一个机构统一受理行政许可申请，统一送达行政许可决定。按照这一要求，申请人在办理税务行政许可时，一般只需要与税务机关确定的一个机构进行联系，由其统一受理申请并送达许可决定，从而有效杜绝以往工作中经常出现的，申请人为办理一项审批事项，在同一行政机关不同内设机构之间奔波往返的情况。

3. 审查

税务机关应当对申请人提交的申请材料进行审查。审查方式包括书面审查、实地核查、听取利害关系人意见以及听证等其他审查方式。

申请材料齐全、符合法定形式、税务机关能够当场作出决定的，应当当场作出书面许可决定。根据法定条件和程序，需要对申请材料的实质内容进行核实的，税务机关应当指派两名以上工作人员进行核查。

税务机关对申请进行审查时，发现税务行政许可事项直接关系他人重大利益的，应当告知该利害关系人。申请人、利害关系人有权进行陈述和申辩。税务机关应当听取申请人、利害关系人的意见。

依法应当先经下级税务机关审查后报上级税务机关决定的行政许可，下级税务机关应当在法定期限内将初步审查意见和全部申请材料直接报送上级税务机关。上级税务机关不得要求申请人重复提供申请材料。

4. 听证

根据《行政许可法》规定，税务机关应当主动举行听证的事项限于两类：一是法律、法规、规章规定实施行政许可应当听证的事项；二是税务机关认为需要听证的涉及公共利益的重大行政许可事项。税务行政许可直接涉及申请人与他人之间重大利益关系的，税务机关在作出行政许可决定前，应当告知申请人、利害关系人享有要求听证的权利；申请人、利害关系人在被告知听证权利之日起 5 日内提出听证申请的，税务机关应当在 20 日内组织听证。申请人、利害关系人不承担税务机关组织听证的费用。具体听证程序应按照《行政许可法》规定执行。

目前保留的税务行政许可项目均不属于法律、法规、规章规定应在作出行政许可决定前主动举行听证的事项。

5. 决定

税务机关对申请进行审查后，除当场作出税务行政许可决定的外，应当在法定期限内按照规定程序作出税务行政许可决定。

申请符合法定条件、标准的，行政机关应当依法作出准予行政许可的书面决定；税务机关依法作出不予行政许可的书面决定的，应当说明理由，并告知申请人享有依法申请行政复议或者提起行政诉讼的权利。

除可以当场作出税务行政许可决定的外，税务机关应当自受理申请之日起 20 日内作出税务行政许可决定。20 日内不能作出决定的，经本税务机关负责人批准，可以延长 10 日，并应当将延长期限的理由告知申请人（法律法规另有规定的，依照其规定执行）。依法应当先经下级税务机关审查后报上级税务机关决定的税务行政许可，下级税务机关应当自受理行政许可申请之日起 20 日内审查完毕（法律法规另有规定的，依照其规定执行）。

税务机关作出准予税务行政许可决定的，应当自作出决定之日起 10 日内向申请人送达加盖有本税务机关印章的税务行政许可证件，包括许可证书、税务机关的批准文件或者证明文件等。税务机关作出的准予税务行政许可决定应当予以公开，公众有权查阅。

6. 变更与延续

税务行政许可决定作出后，被许可人要求变更许可事项的，如变更被许可人名称、法定代表人等，应当向作出许可决定的税务机关提出申请；符合法定条件、标准的，税务机关应当依法办理变更手续。如果被许可人拟从事的活动，依法应当属于取得另一项税务行政许可情形的，被许可人应当重新申请税务行政许可，而不能变更行政许可。

被许可人需要延续依法取得的税务行政许可的有效期的，应当在该税务行政许可有效期届满30日前向作出许可决定的税务机关提出申请。但是，法律、法规、规章另有规定的，依照其规定。税务机关应当根据被许可人的申请，在该许可有效期届满前作出是否准予延续的决定；逾期未作决定的，视为准予延续。目前保留的税务行政许可，均未设定有效期。

7. 撤回

被申请人依法取得的税务行政许可受法律保护，税务机关不得擅自改变已生效的行政许可。但是，行政许可所依据的法律、法规、规章修改或者废止，或者准予税务行政许可所依据的客观情况发生重大变化的，为了公共利益的需要，税务机关可以依法变更或者撤回已生效的税务行政许可。由此给被申请人造成财产损失的，税务机关应依法给予补偿。

（六）税务行政许可的监督检查

税务行政许可监督检查，包括两方面含义：一是上级税务机关对于下级税务机关实施税务行政许可活动的监督；二是作出行政许可决定的税务机关对于被许可人从事税务行政许可事项的监督检查。为强化行政机关的监督检查责任，加强对被许可人的监督，《行政许可法》从以下几方面作出了规定：一是上级行政机关应当加强对下级行政机关实施行政许可的监督检查，及时纠正行政许可实施中的违法行为；二是行政机关应当建立健全监督制度，通过核查反映被许可人从事行政许可事项活动情况的有关材料，履行监督责任；三是行政机关实施监督检查，不得妨碍被许可人正常的生产经营活动，不得索取或者收受被许可人的财物，不得谋取其他利益。

依据《行政许可法》规定，有下列情形之一的，作出行政许可决定的税务机关或者其上级税务机关，根据利害关系人的申请或者依据职权，可以撤销行政许可：（1）税务机关工作人员滥用职权、玩忽职守作出准予行政许可决定的；（2）超越法定职权作出准予许可决定的；（3）违反法定程序作出准予许可决定的；（4）对不具备申请资格或者不符合法定条件的申请人准予许可的；（5）依法可以撤销行政许可的其他情形。依法撤销行政许可，被许可人的合法权益受到损害的，税务机关应当依法给予赔偿。被许可人以欺骗、贿赂等不正当手段取得税务行政许可后被撤销的，被许可人基于税务行政许可取得的利益不受保护。

有下列情形之一的，税务机关应当依法办理有关行政许可的注销手续：（1）行政许可有效期届满未延续的；（2）赋予公民特定资格的行政许可，该公民死亡或者丧失行为能力的；（3）法人或者其他组织依法终止的；（4）行政许可依法被撤销、撤回的；（5）因不可抗力导致税务行政许可事项无法实施的；（6）法律、法规规定的应当注销行政许可的其他情形。

四、我国税务行政审批制度存在的主要问题

（一）法律依据比较薄弱

目前，对于许可类审批的设定形式、设定内容和设定程序等，《行政许可法》已作出了严格规定。对于非许可类审批，国务院则规定"法律、行政法规、地方性法规和依照法定职权、程序制定的规章可以设定行政审批。鉴于目前有关立法还不够完善，国务院各部门可根据国务院的决定、命令和要求设定行政审批，并以部门文件形式予以公布；其他机关、文件设定的行政审批应当取消"[①]。实践中相关规定并未被严格执行。部分许可和非许可类审批项目仍由国家税务总局文件加以设定，法律依据级次较低、合法性不足。

（二）审批制度不够健全

我国的税务行政审批制度改革尚处在起步阶段。尚未对非许可类审批予以明确的法律规范。很多非许可类审批项目的立、改、废，并没有经过严格的法律审查和广泛的论证、听证。绝大部分非许可类审批项目没有明确的审批时限。工作中，仍然存在审批层级较多、审批手续繁琐、工作效率低下等问题，需要进一步减少项目、简化程序。同时，

[①] 《国务院批转关于行政审批制度改革工作实施意见的通知》（国发〔2001〕33号）。

对于非许可类审批项目而言，由于不需要按照《行政许可法》的要求进行透明管理、施行过程和结果公开，所以缺乏有效的监督制约，容易滋生腐败。

（三）后续管理不到位

近年来，随着国务院陆续取消或者下放行政审批项目，国家税务总局也出台了一系列配套文件，对后续管理工作提出要求。但是，受税务机关管理人员数量、管理能力等多方面因素限制，部分项目的后续管理工作还存在监管能力不到位、问题发现不及时等现象。一些税务机关为了避免管理出现漏洞，以事前备案取代行政审批。对于部分取消项目，税务机关仍要求纳税人提供各种形式的备案资料，纳税人并未因取消审批而减轻负担。

五、深化税务行政审批制度改革的建议

（一）继续深入开展行政审批项目清理工作

深化税务行政审批制度改革，就是要通过逐步开展审批项目清理、取消和下放等工作，使不必要的、过多的行政审批得到有效遏制，积极发挥市场对资源配置的基础性作用，为进一步转变政府职能、理顺政企关系创造条件。因此，要继续推进行政审批项目清理工作，逐步减少行政审批事项，并严格控制新设审批项目，各级税务机关不得在没有上位法明确授权的情况下，自行在相关规范性文件中设定审批项目。凡设定税务行政审批项目的，均应及时将有关情况向社会公布，接受公众监督。

（二）加强对保留的审批事项的管理

从目前保留的行政审批事项来看，大部分行政审批项目的依据均是来自法律、行政法规、规章及国家税务总局制定的税收规范性文件。其具体实施条件、实施程序及实施时限均未在设定审批项目时予以明确规定。基层税务机关在开展审批工作时，往往会根据实际工作需要，自行设定不同的审批程序，可能导致出现审批程序设置不科学、审批时限较长、要求纳税人提交的资料过多等情况。因此，相关立法部门应当尽可能在设定相关审批事项时，一并明确有关审批机关、审批条件、审批程序、审批时限以及需要纳税人提供的资料等内容，确保政策执行尽可能统一、规范、到位。

（三）加强已取消税务行政审批事项的监督

对取消审批但仍然需要加强监管的项目，要建立健全后续监督管理制度，加强事中监督和事后检查，防止相关审批项目出现管理缺位现象，避免出现因放松管理而导致监管失控的情况。要认真落实项目备案制度，强化项目备案管理。及时开展税收分析和纳税评估工作，建立动态监管机制。及时根据日常监管信息反映的情况，对存在突出问题的事项开展专项检查，准确掌握有关情况，研究解决对策，堵塞征管漏洞。要将取消审批项目的后续监管与落实税收执法责任制和过错责任追究工作结合起来，明确相关部门和税务干部的工作职责，对于违反规定、疏于管理的，依照有关规定追究责任。

第十一节　避税与反避税

一、避税概述

（一）避税的概念

避税是指纳税人在不违反法律规定的前提下，利用法律之间的差异、缺陷和漏洞，作适当的安排，以实现减轻或解除税负目的的行为。其后果是造成国家税收收入的减少，使得国家收入和分配发生扭曲。

按照避税是否涉及其他国家或地区来划分，避税分为国际避税和国内避税两种类型。国际避税是指跨国纳税人利用国与国之间的税制差异以及各国涉外税收法律法规和国际税法中的缺陷和漏洞，在实施跨国经济活动中，规避或减少有关国家的纳税义务，以减轻其税收负担的行为。国内避税是指一国纳税人利用该国税法的差异、缺陷和漏洞，采取一定的方法和手段规避该国纳税义务的行为。

按照避税行为是否符合税法的立法意图来划分，避税可分为顺法意识的避税和逆法意识的避税。顺法意识的避税，又称节税，是指纳税人在熟悉掌握税法规定的前提下，作出符合立法本意、顺应各国税收政策导向、有利于减轻自身税收负担的安排。顺法意识的避税是法律准许的，无需采取限制性措施加以规范。逆法意识的避税是指纳税人利用税法规定不明确、不具体、不到位或者疏漏之处实施的违背立法精神的避税行为。对逆法意识的避税，各国均予以限制和管理。

本节后续所研究的避税均指逆法意识的避税。

（二）避税的性质

避税的性质界定是避税理论的核心内容。关于避税的性质，我国法学界有以下三种不同观点：

1. 合法说

该观点认为，从税收法定原则出发，在法律没有明确认定其违法的情况下，避税应当被认定为合法行为。"法无明文规定即自由"。不能因为避税造成了税款流失，就否认避税的合法性。

2. 违法说

该观点认为，避税行为是一种以合法形式掩盖非法目的的行为，是通过特殊的、缺乏真实合理商业目的的活动安排，来减轻纳税人税收负担，规避法律约束。因其违反了税法宗旨，损害了国家利益，所以实质是违法的。

3. 脱法说

该观点认为，避税行为在法律上既不是合法的，也不是非法的，与法律的立法宗旨相违背，却不受法律条款的规制；不违反法律的禁止性规定，却在客观上造成了国家税收收入的流失，脱离了法律的控制，成为一种排除税法适用的脱法行为。"脱法说"目前在法学界占有主导地位。我们认同"脱法说"。

（三）避税的法律特征

1. 避税是故意策划实施的行为

避税是纳税人在纳税义务发生之前，为了避免和减少税收负担，而精心安排、故意实施、有意钻税法漏洞的行为。

2. 避税具有"脱法"的性质

避税违反了税收立法意图和税收政策导向。对避税行为，通常采取修改完善法律法规、实施反避税管理等形式加强限制。①

3. 避税的前提是法律之间存在差异、漏洞或缺陷

纳税人知悉相关内容，并能有效加以运用，准确把握合法与非法的临界点。

4. 避税的结果直接导致了国家税收收入的流失

避税损害国家的税收利益，影响了税法的公正性、严肃性，不利于构建公平竞争的税收环境。

（四）避税产生的主要原因

1. 国际避税产生的主要原因

一是税收管辖权上的差异。税收管辖权包括来源地管辖权、居民管辖权和公民管辖权。对于收入来源地，各国认定标准各有不同，如劳务提供地、合同签订地、权利使用地等；对于法人居民身份的判定，分别采用注册地、总机构所在地、实际管理和控制中心所在地等。②

二是征税范围上的不同。各国税法规定的征税范围以及税收优惠政策不完全相同。有些国家不征收财产税只征收所得税，有些国家不征收任何形式的财产税、所得税，有些国家征收所得税但税率较低，这使得纳税人在开展国际经济活动时有了更多的选择空间。

三是国际避税地的存在。国际避税地通常是指那些可以被纳税人借以进行所得税或财产税避税活动的国家和地区。为了吸引外资，国际避税地为企业提供普遍的税收优惠，使其能够较少的承担或者不承担所得税等税收负担。比较著名的避税地有巴哈马、百慕大群岛、开曼群岛等。

---

① 该理论主要基于我国税法对避税行为持有的态度、制定的应对措施而形成。目前，我国税法并未将避税视为一种违法行为，未设定相关罚则。对纳税人与关联企业未按照独立交易原则支付价款、费用的，税务机关自该业务往来发生的纳税年度起3年内依法进行调整；有特殊情况的，可以在10年内进行调整。税务机关作出特别纳税调整的，应当对补征的税款，自税款所属纳税年度的次年6月1日起至补缴税款之日止的期间，按日加收利息。相关利息应当按照税款所属纳税年度中国人民银行公布的与补税期间同期的人民币贷款基准利率加5个百分点计算（企业依法提供同期资料的，不加5个百分点），并且不得在计算应纳税所得额时扣除。实践中，世界各国对避税采取的制裁手段并不完全相同，大体主要分为两种：一是对避税造成的纳税调整只要求补缴税款，不予处罚，如德国、西班牙、印度等；二是对避税造成的纳税调整既要求补缴税款，也实施处罚，如美国、英国、澳大利亚等。

② 历史上著名的朗博避税案：朗博是英国一种汽轮机叶片的发明人。他将发明专利转让给卡塔尔一家公司，取得47500美元的技术转让费。随后，朗博以技术转让费的获得者不是卡塔尔居民、不必向卡塔尔政府纳税为由，避开了向卡塔尔政府纳税的义务。同时，又将其在英国的住所卖掉，迁居到了中国香港，以住所不在英国为由，避开了向英国政府的纳税义务。而中国香港仅实行地域管辖权，不对来自于中国香港以外的地区的所得征税。这样朗博虽然取得收入，但因其处于各国（地区）税收管辖权的真空，所以可以不负担任何纳税义务。参见：朱青. 国际税收 [M]. 5版. 北京：中国人民大学出版社，2011:100.

四是避免双重征税方法的差异。国际重复征税的存在，制约了国际经济正常交往。为消除重复征税，各国采取了不同的方法。大多数国家采用抵免法，但也有一部分国家采取免税法和扣除法。免税法和扣除法的使用为纳税人实施国际避税创造了机会。同时，税收饶让条款的存在，也使国际避税成为可能。

五是国际市场竞争的需要。在国际市场上，跨国企业面临着比国内市场更加激烈的竞争。从全球经营战略角度出发，跨国企业往往会通过调整业务格局、转移利润和实施国际避税等手段，最大化地增加企业利润、降低生产成本、增强企业竞争能力。

2．国内避税产生的主要原因

一是国内税法存在盲区和漏洞。税法不可能包罗万象，总有规制不到之处。企业可以利用税法的盲区，通过制定自身所需的定价策略等手段，达到避税的目的。同时，税法中存在大量的选择性条款，纳税人可以选择有利于自身的计算方法来实施避税。另外，税法之间规定不一致，如前后规定不一致或税收实体法与程序法规定不一致等，以及征税对象的交叉和重叠，也是导致避税的主要原因。

二是关联企业间存在大量的业务往来[①]。一些适用不同税率的企业集团，通过转让定价，把利润更多地转移到低税率企业，以实现不缴或少缴税款的目的；利用在关联企业之间支付和收取技术转让费等形式，使收取一方获得税收优惠，支付一方实现税前列支；通过相互拆借资金，不支付或者少支付利息，降低高税率企业收入。或者为了避税，刻意隐瞒关联关系，不按规定提供与关联关系认定有关的资料，使得税务机关无从掌握相关线索，无法有效实施管理。

三是税收优惠政策比较容易被滥用。为扶持特定的纳税人，税法中设定了很多优惠政策。优惠形式包括税额减免、税基扣除、降低税率，设定起征点、免征额，准许加速折旧等。优惠政策的存在，造成了地区之间、行业之间的税收差别。纳税人为享受相关税收优惠，会努力在形式上满足所需条件，从而享受本不应由其享受的优惠待遇。如在税收优惠区域虚设机构但业务活动则在区域之外、假办福利企业、综合利用企业违规享受减免税政策等。

---

① 所谓关联企业，是指有下列关联关系的企业：（一）在资金、经营、购销等方面存在直接或者间接的控制关系；（二）直接或者间接地同为第三者控制；（三）在利益上具有相关联的其他关系。具体表现为：1.一方直接或间接持有另一方的股份总和达到25%以上，或者双方直接或间接同为第三方所持有的股份达到25%以上。2.一方与另一方（独立金融机构除外）之间借贷资金占一方实收资本50%以上，或者一方借贷资金总额的10%以上是由另一方（独立金融机构除外）担保。3.一方半数以上的高级管理人员（包括董事会成员和经理）或至少一名可以控制董事会的董事会高级成员是由另一方委派，或者双方半数以上的高级管理人员（包括董事会成员和经理）或至少一名可以控制董事会的董事会高级成员同为第三方委派等。

（五）避税与偷税的区别[①]

避税和偷税都是纳税人为了减轻自身税收负担而实施的故意行为。两者之间的区别主要表现：

1. 行为发生时间不同

避税发生在纳税义务产生之前，是纳税人提早进行的筹划行为；偷税则发生在纳税义务产生之后，是为了规避已经发生的税收负担而实施的行为。

2. 行为手段不同

避税多是利用交易双方具有关联性的实质，采用转移利润、改变纳税地点等方法来实施；偷税则是利用欺骗或隐瞒等手段，否定纳税义务的存在。

3. 行为性质不同

避税是一种脱法行为，我国现行法律并未明确作出禁止避税的规定；偷税则是一种违法行为，是法律严令禁止并打击的行为。

4. 法律责任不同

对于避税而言，我国税法规定只调整应纳税额，加收利息，不进行罚款，也不追究刑事责任；对于偷税而言，除追缴税款以外，还要依法加收滞纳金并实施处罚，情节严重的，依法追究刑事责任。

二、避税方法

纳税人为了实现纳税更少、缴税更晚、风险更低的目标，通过对经营、投资、筹资活动进行预先安排而实施避税。通常采用的避税方法有：

（一）利用转让定价避税

转让定价是指关联企业之间或者企业集团内部机构之间销售产品、提供劳务或转让资产而进行的内部交易定价。通过转让定价确定的价格被称作转让价格（transfer price）。转让定价既可以发生在一国之内，也可以发生在国与国之间。由于转让定价交易主体之间在法律上或经济上有着紧密联系，因此转让价格很可能是为了公司集团的整体利益，人为地加以设定，不符合市场竞争原则。利用关联企业转让定价避税已成为

[①] 因截至本书成稿之日，《税收征收管理法》尚未将"偷税"修改为"逃避缴纳税款"，所以本书仍使用"偷税"的概念。

一种常见的避税方法。就国内避税而言，企业可以通过控制原材料的转让价格，调整贷款利率、劳务供应费用、无形资产的使用费和转让费等手段影响关联方的成本和利润。就国际避税而言，一般采用的做法是由高税国企业在向低税国关联企业销售货物、提供劳务、转让资产时制定低价；反向操作时制定高价。这样，将利润从高税国转移到低税国，从而达到最大限度减轻其税负的目的。

（二）利用成本分摊协议避税

成本分摊协议是指是两个以上企业之间议定形成的一种协议，用以确定参与各方在研发、生产或获得无形资产、提供劳务等方面承担的成本和风险，并确定这些资产、劳务的性质和范围等。企业对成本分摊协议所涉及无形资产或劳务的受益权应有合理的、可计量的预期收益，且以合理商业假设和营业常规为基础。成本分摊安排主要涉及大企业集团内部无形资产开发和提供劳务领域。其焦点在于关联企业间如何分摊开发成本和分享收益。

（三）利用资本弱化避税

资本弱化是指企业通过加大借贷款（债权性投资）而减少股份资本（权益性投资）比例的方式增加税前扣除，以降低企业税负的一种行为。利息收入相对于经营利润来讲，税率往往会比较低。这促使企业尽可能将利润转变为支付给关联方的利息，以弱化资本的方式避税。同时，利息作为财务费用一般可以税前扣除，而股息一般不得税前扣除。因此，企业为了加大税前扣除而减少应纳税所得额，在筹资时多采用借贷款而不是募集股份的方式，以此来达到避税的目的。

（四）利用受控外国企业避税

受控外国企业是指在避税地设置的由本国居民企业或者个人直接或者间接控制的外国企业。我国税法规定，构成受控外国企业必须符合三个条件：一是由中国企业或是中国居民控制；二是设立在实际税负明显偏低的国家或地区；三是并非出于合理的经营需要而对利润不做或少做调整。[①] 受控外国企业避税安排，通常是通过相关企业将股东

[①] 《特别纳税调整实施办法（试行）》规定，受控外国企业是指由居民企业或者由居民企业和居民个人控制的设立在实际税负低于12.5%的国家（地区），并非出于合理经营需要对利润不做分配或者减少分配的外国企业。

居住国的利润及境外利润转移至低税率地区，并且不做或少做分配，以达到减少或者规避税负的目的。

（五）滥用税收优惠避税

税收优惠是国家利用税收调节经济的手段，为扶持某些特殊地区、产业、企业的发展，促进产业结构调整和社会经济协调发展而制定的特殊政策。纳税人应当依法享受税收优惠政策，但是不能曲解税收优惠政策，利用不合理、不合法的手段，违规享受税收优惠待遇。如利用民族自治地方税收优惠政策避税。把具有法人资格的总机构设置在这些税收优惠地区，把分支机构设置在区外，各分支机构产生的利润统一归并到总机构计算纳税，借以享受民族自治地区税收优惠政策，逃避分支机构所在地主管税务机关的监管。

（六）滥用公司组织形式避税

各国税法对公司的不同组织形式，设定了不同的税收政策。子公司是独立的法人主体，依法独立承担纳税义务并缴纳所得税。分公司无独立的法人资格，由总公司汇总计算并缴纳企业所得税。一般来说，在企业创立初期，发生亏损的可能性较大，采用分公司形式可以把损失转嫁到总公司，进而减轻总公司的税收负担。而当投资的企业进入正常和稳定运行轨道之后，则可采用设立子公司的形式来享受当地政府提供的税收优惠政策。

（七）滥用税收协定避税

滥用税收协定的实质是原本没有资格享受某一特定税收协定优惠的跨国自然人或跨国法人设法享受了优惠。滥用税收协定避税的方式包括设置直接传输公司[①]、脚踏石传输公司[②]。即通过在协定国组建中介性投资公司、持股公司等方式，把来源于非协定

---

① 直接传输公司的设立情形是：A国与B国有税收协定，B国与C国有税收协定，但A国与C国之间没有税收协定。A国一公司有来自C国的收入，但直接从C国转入A国要缴纳高达68%的双重税收（A国33%，C国35%）。但A国的这家公司在B国设立了一家子公司，并由该子公司收取来自C国的收入，这样A国这家公司在向C国缴纳了35%的来源地国税款后，把利润汇入到B国的子公司，B国免予征税，然后再从B国汇回A国，也同样免予征税。A国的这家公司总共只在C国缴纳了35%的所得税。

② 脚踏石传输公司的设立情形是：A国与B、C两国均没有协定，B国与C国有税收优惠协定，A国一家公司有来自于C国的收入，于是它便选择在D国设立一家控股公司（D国可能是一个避税港，也可能与B国签订税收协定），然后再由D国的控股公司在B国设立一家子公司，并由这家B国的子公司收取来自于C国的收入，然后再转给D国的控股公司，再由控股公司转给A国的这家公司，D国的控股公司便起到了踏脚石的作用。

国的收入转到这些公司去,以谋取不应得的税收优惠。收入项目主要针对股息、利息、特许权使用费、财产租赁收入等间接性投资所得。

(八)利用避税港避税

避税港通常是指向跨国纳税人提供低税、免税或给予大量税收优惠的国家和地区。OECD认为可以通过四个要素确认避税港:不征税或者仅征象征性的税、缺乏透明度、存在阻止与其他政府间以征税为目的的信息交换的法律和行政行为、没有实质的交易活动。纳税人在避税港设置空壳控股公司,再由该公司向其他国家或者地区进行投资,利用转让定价方式,尽可能将利润转移至避税港,以享受低税或者免税的待遇。

(九)利用其他不具有合理商业目的的安排避税

按照国家税务总局文件规定,某种行为安排满足如下三个条件则可断定其不具有合理商业目的的安排且已经构成了避税事实:一是人为规划一个或一系列行动交易;二是从该安排中获取税收利益,即减少应纳税收入或者所得额;三是企业将获取税收利益作为其从事某安排的主要目的。

纳税人在实施国际避税时,往往会综合采用上述多种手段进行避税。避税活动复杂多样、具有隐蔽性,增加了税务机关开展反避税管理工作的难度。在实施国内避税时,则可能综合采用转让定价、成本分摊协议、资本弱化、滥用税收优惠、滥用公司组织形式以及实施其他不具有合理商业目的的行为等手段进行避税。

三、反避税管理

反避税是税务机关针对避税所做的一种反制行为。反避税的实质是通过加强税收征管、实施税收调整等手段,阻止企业转移利润,防止税基遭受侵蚀,维护国家税收利益。

(一)国际反避税制度的发展

反避税管理规定最早出现在1915年英国的财政法中。美国则是世界上第一个对转让定价进行专门立法的国家。1928年,美国《国内收入法》(Internal Revenue Code)对国内关联企业从事跨州交易的转移利润问题作出了规定。1968年,又制定了跨国关联企业间转让定价调整的法律法规,为以后各国转让定价制度的建立提供了参考。近三十年来,随着经济全球化趋势的发展,对转让定价进行立法的国家也越来越多。有关转让定价立法调整的对象范围也在不断扩大。关联企业的判定标准从股权关系扩大至实际控制关系,关联企业范围由跨国关联企业扩大至国内关联企业、母子公司、总分公司、同一总公司所属的各国分公司。纳税调整的方法也不断丰富,先后确定了可比非受控价格法、利润分割法、交易净利润法等。

(二)国际反避税经验

虽然世界各国反避税制度内容不同,但对其持有的规制态度基本相同,反避税手段大体可以分为以下四种:一是建立反避税制度。在税法中设立一般反避税条款,对课税对象等内容进行规定,并广泛使用经济概念,赋予税务机关比较大的灵活性,方便其开展反避税工作。同时,针对某些特定的避税行为,制定特殊反避税条款,尽可能使法律条款的内容明确、具体、严谨,严堵税收漏洞。二是明确纳税人的特殊义务。为解决居住国不能准确掌握居民纳税人在国外的经营情况的问题,各国税法普遍规定,居民纳税人负有向居住国提供国外经营活动情况的法定义务。三是加强税收征管。各国税务机关普遍建立了专门机构从事反避税调查工作。为确保调查效果,将调查对象范围扩大到金融机构、中介机构、其他政府部门、其他有经济业务往来的个人等。很多国家都制定了严格的涉外公司审计制度,要求外国公司提供报表必须经过会计师事务所审核,否则不予承认。四是开展国家合作。积极推进双边、多边以及非区域性多边国际合作,明确相互提供税务行政协助的协议内容。目前国际上最具有影响力的两个双边税收协定范本分别是 OECD 范本和 UN 范本。①

(三)我国反避税管理的主要措施

我国的反避税工作起步较晚。有关反避税的法律法规主要包括《企业所得税法》《税收征收管理法》及《特别纳税调整实施办法(试行)》等。反避税管理工作重点是资本在国内和国际间的流动,强调企业经营行为在市场经济中的公平性、合理性。目前,针对国际避税行为实施的反避税措施主要有:

---

① 叶守光. 中国企业避税问题风险控制与管理实务[M]. 北京:中国税务出版社,2002:117.

1. 转让定价管理

转让定价管理是指税务机关按照税法规定，对企业与其关联方之间的业务往来是否符合独立交易原则进行审核评估和调查调整等工作的总称。企业发生关联交易以及税务机关审核、评估关联交易均应遵循独立交易原则，选用合理的转让定价方法，包括可比非受控价格法[1]、再销售价格法[2]、成本加成法[3]、交易净利润法[4]、利润分割法[5]等。上述相关方法最早由美国采用，1979年经济合作发展组织发布的《转让定价与跨国企业》报告将其推广至世界各国。前述转让定价方法不仅是税务机关审核和调整转让定价的方法，也是企业从事关联交易时应当采用的定价方法。换句话说，如果企业在进行关联交易时正确使用了相关方法，税务机关对其制定的转让价格就会予以认可。[6]

我国税法规定，税务机关应当对比非关联交易，对关联交易所选用的转让定价方法应进行可比性分析。只有在可比的情况下，税务机关才能将非关联交易的价格、加

---

[1] 可比非受控价格法，是指根据相同交易条件下非关联企业之间进行同类交易时使用的非受控价格来调整关联企业之间不合理的转让定价。所谓非受控价格，是关联企业集团中的成员企业与非关联企业进行同类交易所使用的价格。如果成员企业没有与非关联企业进行过同类交易，也可参照成员企业所在地同类交易的一般市场价格来确定。如A与B是关联企业，C与位于B所在国的D公司是非关联企业并且C、D与A、B也没有关联关系，那么A向B销售货物，其公平的市场价格应当为：A向非关联企业销售相同货物的价格，B从非关联企业购入相同货物的价格，或是C生产相同货物向D销售的价格。可比非受控价格法适用于跨国关联企业之间有形资产的交易、贷款、劳务提供、财产租赁和无形资产转让等交易，是审核和调整跨国关联企业转让定价的一种最合理的方法。该方法要求关联交易与非关联交易具有严格的可比性，否则非关联交易使用的价格就不具有参照性。

[2] 再销售价格法，是指以关联企业间交易的买方将构建的货物再销售给非关联企业时的销售价格扣除合理销售利润及其他费用后的余额为依据，用以确定或调整关联企业之间的交易价格的方法。再销售价格法下，公平交易价格=再销售价格×（1−合理销售毛利率）。前式中的合理销售毛利率应当是买方与非关联企业之间买卖相同产品时的销售毛利率，也可以是在买方当地市场上非关联企业销售同类产品的销售毛利率。再销售价格法是一种根据非关联交易使用的市场价格倒推出关联交易应使用的转让价格的方法，适用于关联企业之间的批发业务或简单加工业务。

[3] 成本加成法，是指以关联企业发生的生产成本加上合理利润后形成的金额为依据，用以确认关联企业间合理的转让价格的方法。如甲国A公司向乙国关联企业B公司提供产品，生产成本为5000美元，销售价格也是5000美元。由于市场上没有同类产品，甲国税务机关决定按照成本加成法调整转让价格。甲国根据情况确定当地合理的利润率为20%，由此认定转让价格应当为6000美元即5000×（1+20%），并据以调整其应纳税额。这里的合理利润是指企业销售收入减去生产成本后形成的毛利。毛利额应当能够弥补产品的期间费用并使企业获得合理利润。成本加成法除了可以用于货物销售转让定价的审核调整外，还可以用于劳务提供、无形资产转让、研发费用分摊等。

[4] 交易净利润法，是指以独立企业一项可比交易中所能获得的净利润为基础来确定转让定价的方法。根据该方法，纳税人在关联交易下取得的净利润应与可比交易情况下非受控企业取得的净利润大致相同。

[5] 利润分割法，是指对若干个关联企业共同参与某一项关联交易产生的合并利润，按照各个企业承担的职能和对合并利润贡献的大小来确定分配比率，在关联企业间分配利润，并最终确定某一关联企业合理的转让价格的方法。合并利润分割通常有两种方法：一是根据各关联企业对该关联交易贡献，直接确定某个关联企业的利润分割额。二是先将经营收入在各关联企业间进行分配，以确保能够弥补各企业的成本费用及相对称的报酬，余下的则是关联企业集团的剩余利润。对剩余利润的分配主要是考虑各关联企业所特有的资产，尤其是无形资产。

[6] 朱青. 国际税收 [M]. 5版. 北京：中国人民大学出版社，2011：156.

成率、利润率等指标应用于关联企业之间。可比性分析的内容包括交易资产或劳务特性、交易各方的功能和风险、合同条款、经济环境和经营策略等。同时,税务机关有权依据《税收征收管理法》关于税务检查的规定,确定调查企业,进行转让定价调查、调整。被调查企业必须据实报告其关联交易情况,并提供相关资料,不得拒绝或隐瞒。税务机关应结合日常征管工作,开展案头审核[1]。对已确定的调查对象,应依法实施现场调查。调查时,有权要求企业及其关联方,以及与关联业务调查有关的其他企业(简称可比企业)提供相关资料。税务机关审核企业、关联方及可比企业提供的相关资料,可采用现场调查、发函协查和查阅公开信息等方式核实。需取得境外有关资料的,可按有关规定启动税收协定的情报交换程序,或通过我国驻外机构调查收集有关信息。经调查,企业关联交易符合独立交易原则的,税务机关应做出转让定价调查结论;企业关联交易不符合独立交易原则而减少其应纳税所得额的,税务机关应按相关程序实施调整。[2]

税务机关对企业实施转让定价纳税调整后,应自企业被调整的最后年度的下一年度起五年内实施跟踪管理。在跟踪管理期内,企业应在跟踪年度的次年 6 月 20 日之前向税务机关提供跟踪年度的同期资料[3],税务机关根据同期资料和纳税申报资料重点分析评估企业投资、经营状况及其变化情况、企业纳税申报额变化情况、企业经营成果变化情况、关联交易变化情况等。税务机关在跟踪管理期内发现企业转让定价异常等

---

[1] 案头审核应主要根据被调查企业历年报送的年度所得税申报资料及关联业务往来报告表等纳税资料,对企业的生产经营状况、关联交易等情况进行综合评估分析。

[2] 税务机关应按以下程序实施转让定价纳税调整:(1)在测算、论证和可比性分析的基础上,拟定特别纳税调查初步调整方案;(2)根据初步调整方案与企业协商谈判,税企双方均应指定主谈人,调查人员应做好《协商内容记录》,并由双方主谈人签字确认,若企业拒签,可由2名以上调查人员签认备案;(3)企业对初步调整方案有异议的,应在税务机关规定的期限内进一步提供相关资料,税务机关收到资料后,应认真审核,并及时做出审议决定;(4)根据审议决定,向企业送达《特别纳税调查初步调整通知书》,企业对初步调整意见有异议的,应自收到通知书之日起7日内书面提出,税务机关收到企业意见后,应再次协商审议;企业逾期未提出异议的,视为同意初步调整意见;(5)确定最终调整方案,向企业送达《特别纳税调查调整通知书》。

[3] 同期资料又称同期文档、同期证明文件,是指根据各国和地区的相关税法规定,纳税人对于关联交易发生时按时准备、保存、提供的转让定价相关资料或证明文件。同期资料准备、保存和提供是企业转让定价文档管理的基础。同期资料的主要内容包括以下几个方面:(1)组织结构;(2)生产经营情况;(3)关联交易情况;(4)可比性分析;(5)转让定价方法的选择和使用。从纳税人方面来说,准备同期资料文档,可以显示其制定和执行符合独立交易原则的转让定价的意愿,确保其转让定价是经得起检验的,也规范了纳税人纳税行为及实务操作。从税务机关角度来说,纳税人准备的转让定价同期资料文档可以协助税务调查人员评估和检查纳税人在转让定价中存在税务违规的可能性,检验纳税人是否存在转让定价行为并可作为是否应进行纳税调整的初步依据。依据我国税法规定,属于下列情形之一的企业,可免于准备同期资料:(一)年度发生关联购销金额(来料加工业务按年度进出口报关价格计算)在2亿元人民币以下且其他关联交易金额(关联融通资金按利息收付金额计算)在4000万元人民币以下,不包括企业在年度内执行成本分摊协议或预约定价安排所涉的关联交易额;(二)关联交易属于执行预约定价安排所涉及的范围;(三)外资股份低于50%且仅与境内关联方发生关联交易。

情况，应及时与企业沟通，要求企业自行调整，或按照有关规定开展转让定价调查、调整。

2. 成本分摊协议管理

成本分摊协议管理是指税务机关依法对企业与其关联方签署的成本分摊协议是否符合独立交易原则进行审核评估和调查调整等工作的总称。现行《企业所得税法》规定，企业与其关联方共同开发、受让无形资产，或者共同提供、接受劳务发生的成本，在计算应纳税所得额时，应当按照独立交易原则对共同发生的成本进行分摊，达成成本分摊协议。企业与关联方分摊成本时，应当按照成本与预期收益相配比的原则进行分摊，并在税务机关规定的期限内，按要求报送相关资料。企业与其关联方分摊成本时违反上述规定的，其自行分摊的成本不得在计算应纳税所得额时扣除。

成本分摊协议适用于无形资产和劳务成本的分摊。现行政策仅规定了成本分摊协议应当包括的十项内容，如参与方、所在国家、关联关系、在协议中的权利义务等，却没有作出更为清晰的规范要求。这给协议签订各方较大的操作空间。企业应自成本分摊协议达成之日起 30 日内，层报国家税务总局备案。如果国家税务总局不予批准，相关费用就不能扣除。为降低这种风险，企业可以采取预约定价安排的方式达成成本分摊协议，以便对未来年度的费用扣除风险进行有效掌控。

对于符合独立交易原则的成本分摊协议，规定如下：企业按照协议分摊的研发费用或劳务费用，应在协议规定的各年度税前扣除。涉及补偿调整的，应在补偿调整的年度计入应纳税所得额，即对于作出补偿的企业允许税前扣除，对于接受补偿的企业增加应税所得。对于无形资产类成本分摊协议，当企业作出"加入支付"时，按资产购入处理；在接受"退出补偿"和终止协议时，对协议成果进行分配的，按资产处置处理。[1]

目前，成本分摊协议管理对于我国税务机关来讲，是一个崭新的工作领域，尚缺乏成熟的操作经验和审批标准。

---

[1] 对已执行并形成一定资产的成本分摊协议，如某项无形资产的开发已取得阶段性成果，此时有新加入者要进入该成本分摊协议，就要按公平交易原则，由新加入者给予原参与方一定金额的补偿，这被称为"加入支付"。相反，如果有参与方要退出该成本分摊协议，也应当从其他参与方获得合理补偿，因为退出者向其他参与方转让了其在前期活动成果中的利益，这被称为"退出补偿"。同样，终止协议也会出现类似情况，需要按照独立交易原则，对协议产生的资产在参与方之间进行分配。实践中，对于成本分摊协议涉及的无形资产评估程序十分复杂。

3. 资本弱化管理

资本弱化管理是指税务机关按照税法规定，对企业接受关联方债权性投资与企业接受的权益性投资的比例是否符合规定比例或独立交易原则进行审核评估和调查调整等工作的总称。我国资本弱化管理规定主要包括以下内容：

（1）不得税前扣除利息支出的计算。我国税法规定，不得在计算应纳税所得额时扣除的利息支出应按下列公式计算[①]：不得扣除利息支出＝年度实际支付的全部关联方利息×（1－标准比例÷关联债资比例）。

（2）不得税前扣除的利息支出的税务处理。不得在计算应纳税所得额时扣除的利息支出，应按照实际支付给各关联方利息占关联方利息总额的比例，在各关联方之间进行分配。其中，分配给实际税负高于企业的境内关联方的利息准予扣除。直接或间接实际支付给境外关联方的利息，应视同分配的股息，按照股息和利息分别适用的所得税税率差补征企业所得税。如已扣缴的所得税税款多于按照股息计算应征所得税税款，多出的部分不予退税。

（3）准予扣除的超标准利息。企业关联债资比例超过标准比例的利息支出，如要在计算应纳税所得额时扣除[②]，就必须按照税务机关要求提供相关资料，证明关联债权投资金额、利率、期限、融资条件及关联债资比例等均符合独立交易原则。

目前，我国资本弱化管理制度仅适用于关联方的债权性投资，企业从无关联关系的银行、企业或其他组织取得的债权性投资不属于资本弱化管理的内容。实践中，应重点关注在避税地设立关联公司的企业以及与长期亏损企业、高新技术企业以及享受优惠税率的企业有关联关系并从其获得债权性投资的企业。

4. 受控外国企业管理

受控外国企业管理是指税务机关按照税法规定，对受控外国企业不作利润分配或减少分配进行审核评估和调查，并对归属于中国居民企业所得进行调整等工作的总称。实

[①] "年度实际支付的全部关联方利息"是指按照权责发生制原则计入相关成本、费用的利息。"标准比例"是指《财政部、国家税务总局关于企业关联方利息支出税前扣除标准有关税收政策问题的通知》（财税〔2008〕121号）规定的比例。企业实际支付给关联方的利息支出，接受关联方债权性投资与权益性投资的比例应为：金融企业5∶1，其他企业2∶1。企业同时从事金融业务和非金融业务的，其实际支付关联方的利息支出，应当按照合理方法分开计算，没有按照合理方法分开计算的，一律按照其他企业适用的标准计算准予税前扣除的利息支出。"关联债资比例"是指企业从其全部关联方接受的债权性资产占企业接受的权益性投资的比例。我国税法规定，关联债资比例计算方法为：关联债资比例＝年度各月平均关联债权投资之和÷年度各月平均权益投资之和。

[②] 企业如果能够提供相关资料证明交易活动符合独立交易原则，或者该企业的实际税负不高于境内关联方的，其实际支付给境内关联方的利息支出，在计算所得额时准予扣除。

施受控外国企业管理的目的在于防止企业通过低税率国家或地区，实施不具有商业实质的安排，将利润留置于境外，以达到逃避或者延迟缴纳居住国税收的目的。

受控外国企业管理只针对设立在避税地的外国企业，并且只针对企业取得的股息、利息、租金、特许权使用费、资本利得等消极所得。也就是说，如果外国企业不是设立在避税地或者企业从事的是积极的生产经营活动，则不受受控外国企业管理制度的约束。

我国居民企业或居民个人被税务机关认定为外国企业股东的，其在受控外国企业按控股比例计算应取得的所得，不论是否以股息形式汇入境内，一律计入中国居民股东当年所得计算缴纳税款。该所得已在境外缴纳企业所得税的，可按照税法或者税收协定的有关规定抵免。受控外国企业实际分配的利润已经根据《企业所得税法》有关规定征税的，不再计入中国居民企业股东的当期所得。中国居民企业股东与受控外国企业的纳税年度有差异的，应根据受控外国企业纳税年度最后一日对应的中国居民企业股东的纳税年度，确认视同股息分配所得应当计入的年度。[①]

5. 预约定价安排管理

预约定价安排管理是指税务机关按照税法规定，对企业提出的未来年度关联交易的定价原则和计算方法进行审核评估，并与企业协商达成预约定价安排等工作的总称。预约定价安排，也称预约定价协议，是指有关各方事先就跨国关联企业的转让定价方法达成的协议，它分为单边、双边和多边预约定价协议。

单边预约定价协议是指一国税务机关与本国的企业就其与境外关联企业进行关联交易所使用的转让定价方法达成的协议。跨国企业可以根据自身经营需要，向本国税务机关提出本企业的转让定价方法，由税务机关进行审批。税企之间如对此达成一致意见，就可以签订单边预约定价协议。日后如果该企业与境外关联企业从事关联交易使用的定价方法与协议约定一致，税务机关就应当予以认可。否则税务机关可以进行转让定价调整。签订单边预约定价协议，一方面能够使跨国关联企业准确知晓税务机关对自身经营活动中的转让定价行为作何反应，在转让定价问题上提早做到心中有数，另一方面也方便税务机关提早知悉企业的转让定价方法，并通过协议方式对转让定价行为进行适当的约束。

[①] 如中国居民企业A公司控制的外国企业B公司所在国公司所得税纳税年度为每年7月1日至次年6月30日，则B公司2012年7月1日至2013年6月30日未分配股息，应按照A公司持有B公司股份计算股息分配所得，计入A公司2009年应纳税所得额。

双边和多边预约定价协议是指两个或多个国家事先就某一跨国关联企业转让定价的调整方法达成的协议，是建立在单边预约定价协议的基础上形成的协议形式。如甲、乙两国签订双边预约定价协议，则甲、乙两国要相互认可对方国家税务机关与其纳税人签订的单边预约定价协议，以及纳税人违反协议约定时，对方国家税务机关对其转让定价采用的调整方法。双边或多边预约定价协议能够简化有关国家对跨国关联企业转让定价调整中的相互协商程序，防止有关国家在调整问题上相互扯皮。

根据我国税法规定，企业在符合规定条件下，可以与税务机关就企业未来年度关联交易的定价原则和计算方法达成预约定价安排。预约定价安排由设区的市、自治州以上的税务机关受理。一般适用于同时满足以下条件的企业：年度发生的关联交易金额在4000万元人民币以上；依法履行关联申报义务[1]；按规定准备、保存和提供同期资料。

预约定价安排的谈签与执行，通常需要经过预备会谈[2]、正式申请[3]、审核评估[4]、磋商[5]、签订协议[6]和监督执行[7]六个阶段。

预约定价安排适用于自企业正式书面申请年度的次年起三至五个连续年度的关联

---

[1] 关联申报是税务机关掌握纳税人避税行为信息的主要来源。我国税法规定，企业向税务机关报送年度企业所得税纳税申报表时，应当就其关联方之间的业务往来，附送年度关联业务往来报告表。关联申报是纳税人的法定义务，确立了企业的纳税申报义务以及税务机关与纳税人的法律责任。关联申报适用范围为实行查账征收的居民企业和在中国境内设置机构场所并据实申报缴纳企业所得税的非居民企业。税务机关通过对相关申报数据进行分析判断，确认纳税人与第三方之间是否存在关联关系，并确认纳税人是否存在避税情形，以便税务机关据以进行特别纳税调整。

[2] 企业正式提出预约定价协议申请前，应当向税务机关书面提出谈签意向，税务机关应及时与企业开展预备会谈，充分讨论预约定价协议的可行性。

[3] 企业应当在接到税务机关正式会谈通知之日起三个月内，向税务机关提出预约定价安排书面申请报告。其中，申请双边或多边预约定价安排的，申请需同时报送国家税务总局和主管税务机关。

[4] 税务机关应当自收到企业提交的预约定价安排书面申请之日起五个月内，进行审核和评估。可以要求企业补充提供有关资料。因特殊原因需要延长审核评估时限的，应及时通知企业。延长时限不得超过三个月。

[5] 税务机关应当自单边预约定价安排形成审核评估结论之日起三十日内，与企业进行预约定价安排磋商。磋商达成一致的，将预约定价协议草案和审核评估报告一并层报国家税务总局审定。国家税务总局与税收协定缔约对方税务主管当局开展双边或多边预约定价安排的磋商。磋商达成一致的，根据磋商备忘录拟定预约定价协议草案。

[6] 税务机关与企业就单边预约定价安排草案内容达成一致后，正式签订单边预约定价协议。国家税务总局与税收协定缔约对方税务主管当局就双边或多边预约定价安排草案内容达成一致后，双方或多方税务主管当局授权的代表正式签订双边或多边预约定价协议。

[7] 税务机关应建立监控管理制度，监控预约定价协议的执行情况。在预约定价安排协议执行期内，企业应完整保存与安排有关的文件资料并按期向税务机关报送执行协议情况的年度报告。税务机关应定期检查企业履行协议的情况。如果企业发生实际经营成果不在协议所预期的价格或利润区间之内的情况，税务机关应在报经上一级税务机关核准后，将实际经营结果调整到安排所确定的价格或利润区间。涉及双边或多边预约定价安排的，应当层报国家税务总局核准。如果企业发生影响协议执行的实质性变化，应及时向税务机关书面报告。税务机关应按规定时限予以审核和处理，包括审核企业变化情况、与企业协商修订预约定价协议条款和相关条件，或根据实质性变化对预约定价协议影响程度采取修订或终止安排等措施。

交易。如果企业申请当年或以前年度的关联交易与预约定价安排适用年度相同或类似，经企业申请、税务机关批准，可将预约定价安排确定的定价原则和计算方法适用于申请当年或以前年度关联交易的评估和调整。但预约定价安排的谈签不影响税务机关对企业提交预约定价安排书面申请当年或以前年度关联交易的转让定价调查调整。

6. 一般反避税管理

一般反避税管理是指税务机关依照税法规定，对企业实施其他不具有合理商业目的的安排、减少其应纳税收入或所得额进行审核评估和调查调整等工作的总称。相对于前文所述转让定价管理、资本弱化管理等特别反避税管理而言，一般反避税管理是就反避税的共性问题所作的一般性、基础性、原则性规定，不针对某一特定类型的避税行为，而是普遍适用于各种避税行为。在一般反避税管理制度中，大量使用了经济概念而不是法律概念来明确课税对象，适用范围广泛，赋予税务机关很大的灵活性。学术界的主流观点认为，一般性反避税管理制度是税收法律漏洞的有效补充，对各种无法预料的避税行为进行了概括性否定，克服了特别反避税制度对新出现的各种类型的避税行为无法适用的缺点，为税务机关实施税收征管、司法机关开展司法活动提供了法律依据。一般反避税管理已成为各国税务机关打击避税的有效手段。

根据我国税法规定，税务机关可依法对存在下列避税安排的企业实施一般反避税管理：（1）滥用税收优惠；（2）滥用公司组织形式；（3）滥用税收协定；（4）利用避税港避税；（5）其他不具有合理商业目的的安排。税务机关在审核企业是否存在避税安排时，应按照实质重于形式的原则确认其事实关系，了解其安排目的，判断其是否违背税法意图。对企业实施不具有合理商业目的的安排而减少应纳税收入或所得额的，税务机关有权按照合理的方法进行调整。实施调整过程中，税务机关可以采用"公司法人人格否认"（又称"刺破公司面纱"）制度。对于没有经济实质的企业，特别是设在避税港并导致其关联方或非关联方避税的企业，可在税收上否定该企业的存在，依法取消企业从避税安排中获得的税收利益，并根据交易行为的经济实质对其安排重新定性。

对企业启动一般反避税调查时，应按规定向企业送达相关文书。企业应在规定时限内提供资料证明其安排具有合理的商业目的。企业未在规定期限内提供资料或提供资料不能证明安排具有合理商业目的的，税务机关可以根据已掌握的信息实施纳税调整。一般反避税调查及调整需层报国家税务总局批准。

相对于国际反避税管理措施而言，我国对国内避税行为的管理力度还很薄弱。由于国内避税不涉及他国的主权利益，且现行税法规定"实际税负相同的境内关联方之间的交易，只要该交易没有直接或间接导致国家总体税收收入的减少，原则上不做转让定价调查、调整"，所以有关国内避税问题还没有引起各方充分重视。对于国内企业利用关联企业转让定价、成本分摊协议、资本弱化、滥用税收优惠、滥用公司组织形式，以及实施其他不具有合理商业目的、不符合独立交易原则等手段避税的，一方面是通过改进和完善税法的形式加以规制，另一方面则是采取按照合理方法实施纳税调整的手段加以管理。相关措施还不够到位，管理手段还十分有限。

应当看到，我国现行反避税管理工作还存在以下不足：一是在诸多反避税管理方法中，只有转让定价调整和预约定价安排被经常使用，其他方法运用较少，具有兜底性质的一般反避税条款的运用则更少；二是反避税对象主要集中于外资企业，对内资企业和外籍个人等关注较少；三是反避税针对的行为主要局限于商品销售、加工制造等行业，对无形资产转让、股权交易、金融服务等活动则较少实施管理；四是反避税针对的税种主要是企业所得税，对其他税种避税行为关注较少；五是反避税管理的企业规模主要集中于年度发生关联交易购销金额在2亿元以上或者存在其他关联交易金额在4000万元以上的大型企业，对数量庞大没有达到上述规模的关联企业难以实施有效监管；六是转让定价调整方法中，只有交易净利润法、成本加成法被经常使用，其他调整方法鲜有操作；七是反避税管理所需信息的收集量还比较少；八是目前各地反避税管理工作发展还很不平衡，除少数地区具有一定反避税管理经验外，绝大多数地区的反避税工作还都处在起步阶段。

要切实解决掣肘反避税工作开展的问题，提高反避税管理工作质量，就必须大力拓宽反避税工作领域，将所有外资和内资企业、将所有税种均纳入反避税管理范围，将反避税工作重点向无形资产转让、股权交易、金融服务等活动延伸。要及时改进和完善税法，在充分借鉴国际经验基础上，结合我国实际，研究制定反避税管理的专项法规，进一步细化工作要求，增强条款的可操作性。同时，赋予纳税人更多的法律责任，明确规定对于实施特定避税行为的纳税人可依法实施处罚，以增加纳税人的避税成本，遏制其避税行为，加大打击力度，维护税法权威。要不断总结和分析不同行业企业的避税规律和模式，强化关联申报审核，重点做好大企业和跨境税源企业的管理，提高反避税调查的能力。注重加强国际合作，多渠道地获取反避税所需相关信息，争取国际社会支持。

第十二节 税法的期间制度

一、税法期间制度概述

（一）概念及其特征

税法的期间制度，是指在税法实施过程中税收法律关系主体应当遵守的时间规定。税法的实施必须依法进行。为实现税收公平和效率的统一，税法不仅需要明确纳税人履行纳税义务的时间要求，也要明确税务机关依法履行职责的时间限制。

期间制度在税法上的功能主要体现在以下方面：一是保证税收活动及时有序进行，提高税收征收效率，节约税收成本，保障税款及时入库，维护国家利益；二是有利于明晰纳税义务，便于纳税人及时履行义务、行使权利，维护自身合法权益；三是约束和限制税务机关的征税行为，促使税务机关及时正确行使职权，维护纳税人合法权益。可见，期间制度是税法中一项重要的制度，对保障国家利益和纳税人权利均具有重要意义。各国税法都毫无例外地规定了严格的期间制度。[1]

税法的期间制度具有以下特征：一是主体的特指性。税法期间制度约束两类主体的行为，即税务机关及其税务人员履行税收征管职能的职务行为；纳税人、扣缴义务人等税务行政管理相对人履行纳税义务的行为。二是范围的特定性。税法期间制度是征纳双方在税法实施中应当遵守的时间要求，贯穿于税收活动的始终。三是效力的强制性。除特殊情况外，税务机关和税务行政相对人都必须遵守，否则将承担相应的法律后果。如税务机关及税务人员未遵守，不仅是失职，还可能导致行政行为无效；纳税人、扣缴义务人等税务行政管理相对人未遵守，将面临被处罚或加收滞纳金等不利后果。

（二）税法期间的分类

1. 根据税法期间确定的方式不同，可分为法定期间和指定期间

法定期间，是税法规定税务机关或税务行政管理相对人完成某项税收活动应当遵守

---

[1] 魏俊著. 税权效力论[M]. 北京：法律出版社，2012：34.

的期限。如《个人所得税法》第九条第五款规定，从中国境外取得所得的纳税人，应当在年度终了后 30 日内，将应纳的税款缴入国库，并向税务机关报送纳税申报表。如《税收征收管理法实施细则》第四十二条规定，税务机关应当自收到申请延期缴纳税款报告之日起 20 日内作出批准或者不予批准的决定。基于税法的强制性和确定性，税法期间大多数为法定期间。

指定期间是指税务机关根据税法规定和税收征管的需要，依照职权指定纳税人等税务行政相对人完成某项税收活动的期限。税务机关对指定期间有一定的自由裁量权。如《税收征收管理法》第三十二条规定，纳税人未按照规定期限缴纳税款的，扣缴义务人未按照规定期限解缴税款的，税务机关除责令限期缴纳外，从滞纳税款之日起，按日加收滞纳税款万分之五的滞纳金。《税收征收管理法实施细则》第七十三条规定，从事生产、经营的纳税人、扣缴义务人未按照规定的期限缴纳或者解缴税款的，纳税担保人未按照规定的期限缴纳所担保的税款的，由税务机关发出限期缴纳税款通知书，责令缴纳或者解缴税款的最长期限不得超过 15 日。上述责令缴纳的期限，就是税务机关根据具体情况指定的。税务机关指定期间必须履行一定的程序，如制发限期缴纳通知书并送达当事人，最长期限不超过 15 日等。

2. 根据所在税收工作环节和载体不同，分为税收实体法期间、税收程序法期间和相关行政法期间

我国单行税收实体法中规定了纳税人履行纳税义务必须具备时间要件，如纳税义务发生时间、计税期间和纳税期限。在税收征收管理过程中税务登记、账簿凭证设置、发票管理、纳税申报和税款征收等环节都有时间要求。由于税收执法的行政性，税务机关也应遵守《行政处罚法》《行政许可法》《行政强制法》等行政法期间制度。税收实体法中的期间制度在本书第三章第十节中已有介绍。

二、税收程序法期间制度

根据《税收征收管理法》及其实施细则的规定，按照税收征收管理工作环节，税收程序法期间制度主要由税务登记期限、账簿凭证管理期限、发票管理期限、纳税申报期限、税款征收期限和税务检查期限等方面的内容组成。

(一)税务登记期限

税务登记主要包括设立登记、变更登记、注销登记、停业复业登记和外出经营报验登记等,税法对每种税务登记都规定了明确的期限:

1. 设立登记期限

(1)从事生产、经营的纳税人自领取营业执照之日起 30 日内,持有关证件,向税务机关申报办理税务登记。(2)从事生产、经营的纳税人未办理工商营业执照但经有关部门批准设立的,应当自有关部门批准设立之日起 30 日内申报办理税务登记。(3)从事生产、经营的纳税人未办理工商营业执照也未经有关部门批准设立的,应当自纳税义务发生之日起 30 日内申报办理税务登记。(4)有独立的生产经营权、在财务上独立核算并定期向发包人或者出租人上交承包费或租金的承包承租人,应当自承包承租合同签订之日起 30 日内,向其承包承租业务发生地税务机关申报办理税务登记。(5)从事生产、经营的纳税人外出经营,自其在同一县(市)实际经营或提供劳务之日起,在连续的 12 个月内累计超过 180 日的,应当自期满之日起 30 日内,向生产、经营所在地税务机关申报办理税务登记。(6)境外企业在中国境内承包建筑、安装、装配、勘探工程和提供劳务的,应当自项目合同或协议签订之日起 30 日内,向项目所在地税务机关申报办理税务登记。(7)以上规定以外的其他纳税人,除国家机关、个人和无固定生产、经营场所的流动性农村小商贩外,均应当自纳税义务发生之日起 30 日内,向纳税义务发生地税务机关申报办理税务登记。税务机关应当自收到申报的当日办理登记并发给税务登记证件。

2. 变更登记期限

(1)纳税人税务登记内容发生变化的,应当自工商行政管理机关或者其他机关办理变更登记之日起 30 日内,持有关证件向原税务登记机关申报办理变更税务登记。(2)纳税人税务登记内容发生变化,不需要到工商行政管理机关或者其他机关办理变更登记的,应当自发生变化之日起 30 日内,持有关证件向原税务登记机关申报办理变更税务登记。

3. 注销登记期限

(1)纳税人发生解散、破产、撤销以及其他情形,依法终止纳税义务的,应当在向工商行政管理机关或者其他机关办理注销登记前,持有关证件和资料向原税务登记机关申报办理注销税务登记；按规定不需要在工商行政管理机关或者其他机关办理注册登记的，应当自有关机关批准或者宣告终止之日起 15 日内，持有关证件和资料向原税务登记机关申报办理注销税务登记。（2）纳税人被工商行政管理机关吊销营业执照或者被其他机关予以撤销登记的，应当自营业执照被吊销或者被撤销登记之日起 15 日内，向原税务登记机关申报办理注销税务登记。（3）纳税人因住所、经营地点变动，涉及改变税务登记机关的，应当在向工商行政管理机关或者其他机关申请办理变更、注销登记前，或者住所、经营地点变动前，持有关证件和资料，向原税务登记机关申报办理注销税务登记，并自注销税务登记之日起 30 日内到迁达地税务机关申报办理税务登记。（4）境外企业在中国境内承包建筑、安装、装配、勘探工程和提供劳务的，应当在项目完工、离开中国前 15 日内，持有关证件和资料，向原税务登记机关申报办理注销税务登记。

4. 停业复业登记期限

（1）实行定期定额征收方式的个体工商户需要停业的，应当在停业前向税务机关申报办理停业登记。纳税人的停业期限不得超过一年。（2）纳税人应当于恢复生产经营之前，向税务机关申报办理复业登记。

5. 外出经营报验登记期限

从事生产、经营的纳税人到外县（市）临时从事生产、经营活动的，应当在外出生产经营以前，持税务登记证向主管税务机关申请开具《外出经营活动税收管理证明》，并向营业地税务机关报验登记。该证明的有效期限一般为 30 日，最长不得超过 180 日。从事生产、经营的纳税人外出经营，在同一地累计超过 180 日的，应当在营业地办理税务登记手续。

（二）账簿凭证管理期限

除经税务机关批准可以不设置账簿的个体工商户外，纳税人、扣缴义务人应当按照有关法律、行政法规和国务院财政、税务主管部门的规定设置账簿，根据合法、有效凭证记账，进行核算。

1. 设置账簿期限

从事生产、经营的纳税人应当自领取营业执照或者发生纳税义务之日起 15 日内，按照国家有关规定设置账簿。扣缴义务人应当自税收法律、行政法规规定的扣缴义务发生之日起 10 日内，按照所代扣、代收的税种，分别设置代扣代缴、代收代缴税款账簿。

2. 报告备案期限

（1）从事生产、经营的纳税人应当自开立基本存款账户或者其他存款账户之日起15日内，向主管税务机关书面报告其全部账号；发生变化的，应当自变化之日起15日内，向主管税务机关书面报告。（2）从事生产、经营的纳税人应当自领取税务登记证件之日起15日内，将其财务、会计制度或者财务、会计处理办法报送主管税务机关备案。

3. 保管期限

账簿、记账凭证、报表、完税凭证、发票、出口凭证以及其他有关涉税资料应当保存10年，法律、行政法规另有规定的除外。

（三）发票管理期限

发票不仅是财务收支和会计核算的原始凭证，也是税收监督的重要依据和手段。《发票管理办法》[①]《发票管理办法实施细则》《增值税专用发票使用规定》等有关规定，明确了发票的领购、开具、保管、缴销和报送相关数据的期限。

1. 领购期限

需要领购发票的单位和个人，应当持税务登记证件、经办人身份证明、按照国务院税务主管部门规定式样制作的发票专用章的印模，向主管税务机关办理发票领购手续。主管税务机关根据领购单位和个人的经营范围和规模，确定领购发票的种类、数量以及领购方式，在5个工作日内发给发票领购簿。

2. 开具期限

开具发票应当按照规定的时限、顺序、栏目，全部联次一次性如实开具，并加盖发票专用章。填开发票的单位和个人必须在发生经营业务确认营业收入时开具发票。增值税专用发票应按照增值税纳税义务的发生时间开具。未发生经营业务一律不准开具发票。

3. 保管期限

开具发票的单位和个人应当按照税务机关的规定存放和保管发票，不得擅自损毁。已经开具的发票存根联和发票登记簿，应当保存5年。保存期满，报经税务机关查验后销毁。使用发票的单位和个人应当妥善保管发票。发生发票丢失情形时，应当于发现丢失当日书面报告税务机关，并登报声明作废。

[①] 《中华人民共和国发票管理办法》，1993年12月12日国务院批准、1993年12月23日财政部令第6号发布，根据2010年12月20日《国务院关于修改〈中华人民共和国发票管理办法〉的决定》（国务院令第587号）修订。

4. 报送发票数据期限

（1）安装税控装置的单位和个人，应当按照规定使用税控装置开具发票，并按期向主管税务机关报送开具发票的数据。具体期限由主管税务机关确定。（2）一般纳税人开具增值税专用发票，应在增值税纳税申报期内向主管税务机关报送开票数据电文，在申报所属月份内可分次向主管税务机关报送。（3）开具网络发票的单位和个人在网络出现故障，无法在线开具发票时，可离线开具发票。开具发票后，不得改动开票信息，并于48小时内上传开票信息。

5. 缴销期限

开具发票的单位和个人应当在办理变更或者注销税务登记的同时，办理发票和发票领购簿的变更、缴销手续。

（四）纳税申报期限

纳税申报是税法规定的一项程序性义务，纳税人在纳税申报期内无论是否有应纳税款或者在减税、免税期间，都应当按照规定办理纳税申报。

1. 申报期限

根据税种和纳税人的不同特点，申报期限一般确定为计税期间届满后的一段合理时间，大多数情况下与纳税期限一致，在税收实体法中与纳税期限同时规定。

《增值税暂行条例》第二十三条第二款规定，纳税人以一个月或者一个季度为一个纳税期的，自期满之日起15日内申报纳税；以1日、3日、5日、10日或者15日为一个纳税期的，自期满之日起5日内预缴税款，于次月1日起15日内申报纳税并结清上月应纳税款。《消费税暂行条例》《营业税暂行条例》中也有类似的规定。货物和劳务税的申报期限与纳税期限一致，一般为每月1—15日。

《企业所得税法》第五十四条规定，企业所得税分月或者分季预缴。企业应当自月份或者季度终了之日起15日内，向税务机关报送预缴企业所得税纳税申报表，预缴税款。企业应当自年度终了之日起5个月内，向税务机关报送年度企业所得税纳税申报表，并汇算清缴，结清应缴应退税款。

《个人所得税法》及其实施条例中详细规定了个人所得税的申报期限和纳税期限。扣缴义务人每月所扣的税款，自行申报纳税人每月应纳的税款，都应当在次月15日内缴入国库，并向税务机关报送纳税申报表。工资、薪金所得应纳的税款，按月计征，由扣缴义务人或者纳税人在次月15日内缴入国库，并向税务机关报送纳税申报表。特定行业的工资、薪金所得应纳的税款，可以实行按年计算、分月预缴的方式计征，具体办法由国务院规定。个体工商户的生产、经营所得应纳的税款，按年计算，分月预缴，由纳税人在次月15日内预缴，年度终了后3个月内汇算清缴，多退少补。对企事业单位的承包经营、承租经营所得应纳的税款，按年计算，由纳税人在年度终了后30日内缴入国库，并向税务机关报送纳税申报表。纳税人在一年内分次取得承包经营、承租经营所得的，应当在取得每次所得后的15日内预缴，年度终了后3个月内汇算清缴，多退少补。从中国境外取得所得的纳税人，应当在年度终了后30日内，将应纳的税款缴入国库，并向税务机关报送纳税申报表。扣缴义务人应当在代扣税款的次月内，办理个人所得税全员全额扣缴申报。年所得12万元以上的纳税人可在纳税年度终了后3个月内到主管税务机关进行申报。

2．申报期限的延长

纳税人、扣缴义务人按照规定的期限办理纳税申报或者报送代扣代缴、代收代缴税款报告表确有困难，需要延期的，应当在规定的期限内向税务机关提出书面延期申请，经税务机关核准，在核准的期限内办理。纳税人、扣缴义务人因不可抗力，不能按期办理纳税申报或者报送代扣代缴、代收代缴税款报告表的，可以延期办理；但是，应当在不可抗力情形消除后立即向税务机关报告。税务机关应当查明事实，予以核准。

（五）税款征收期限

纳税人、扣缴义务人按照法律、行政法规规定或者税务机关依照法律、行政法规的规定确定的期限，缴纳或者解缴税款。税务机关依法征收税款，不得违法开征、停征、多征、少征、提前征收、延缓征收或者摊派税款。税款征收涉及的纳税义务发生时间、计税期间和纳税期限一般在税收实体法中规定，详见本书第三章第十节。本节介绍税款征收涉及的其他期限。

1．纳税期限的延长

纳税人因有特殊困难，需要延期缴纳税款的，应当在缴纳税款期限届满前提出申请，经省、自治区、直辖市国家税务局、地方税务局批准，可以延期缴纳税款，但是最长不得超过3个月。税务机关应当自收到申请延期缴纳税款报告之日起20日内作出批准或者不予批准的决定；不予批准的，从缴纳税款期限届满之日起加收滞纳金。

2. 重要事项报告期限

（1）欠缴税款5万元以上的纳税人在处分其不动产或者大额资产之前，应当向税务机关报告。（2）享受减税、免税优惠的纳税人，减税、免税条件发生变化的，应当自发生变化之日起15日内向税务机关报告。（3）发包人或者出租人应当自发包或者出租之日起30日内将承包人或者承租人的有关情况向主管税务机关报告。

3. 纳税调整期限

纳税人与其关联企业未按照独立企业之间的业务往来支付价款、费用的，税务机关自该业务往来发生的纳税年度起3年内进行调整；有特殊情况的，可以自该业务往来发生的纳税年度起10年内进行调整。

4. 税收保全期限

税务机关采取税收保全措施的期限一般不得超过6个月；重大案件需要延长的，应当报国家税务总局批准。纳税人在税务机关采取税收保全措施后，按照税务机关规定的期限缴纳税款的，税务机关应当自收到税款或者银行转回的完税凭证之日起1日内解除税收保全。

5. 强制执行期限

《税收征收管理法实施细则》规定，拍卖或者变卖所得抵缴税款、滞纳金、罚款以及拍卖、变卖等费用后，剩余部分应当在3日内退还被执行人。国家税务总局《税务稽查工作规程》第六十七条第三款、第四款规定，拍卖或者变卖实现后，应当在结算并收取价款后3个工作日内，办理税款、滞纳金、罚款的入库手续。尚有剩余的财产或者无法进行拍卖、变卖的财产的，自办理入库手续之日起3个工作日内退还被执行人。可见，国家税务总局对《税收征收管理法实施细则》规定退还剩余财产的期间扩大解释为"3个工作日"。

6. 退税期限

纳税人超过应纳税额缴纳的税款，税务机关发现后应当自发现之日起10日内办理退还手续；纳税人自结算缴纳税款之日起3年内发现的，可以向税务机关要求退还多缴的税款并加算银行同期存款利息，税务机关应当自接到纳税人退还申请之日起30日内查实并办理退还手续。

7. 补征（追征）期限

因税务机关的责任，致使纳税人、扣缴义务人未缴或者少缴税款的，税务机关在3

年内可以要求纳税人、扣缴义务人补缴税款，但是不得加收滞纳金。因纳税人、扣缴义务人计算错误等失误，未缴或者少缴税款的，税务机关在3年内可以追征税款、滞纳金；累计数额在10万元以上的，追征期可以延长到5年。对偷税、抗税、骗税的，税务机关追征其未缴或者少缴的税款、滞纳金或者所骗取的税款，不受以上规定期限的限制。

（六）税务检查期限

税务检查是税收征收管理的重要环节，是税法赋予税务机关的一项重要职权。税务机关实施税务检查应当依法进行，严格遵守有关期限的规定。

1. 调取账簿期限

税务机关税务检查中行使调取账簿权时，可以在纳税人、扣缴义务人的业务场所进行；必要时，经县以上税务局（分局）局长批准，可以将纳税人、扣缴义务人以前会计年度的账簿、记账凭证、报表和其他有关资料调回税务机关检查，但是税务机关必须向纳税人、扣缴义务人开付清单，并在3个月内完整退还；有特殊情况的，经设区的市、自治州以上税务局局长批准，税务机关可以将当年的账簿、记账凭证、报表和其他有关资料调回检查，但是必须在30日内退还。

2. 检查期限

在税务稽查中，检查应当自实施检查之日起60日内完成；确需延长检查时间的，应当经稽查局局长批准。

3. 审理期限

在税务稽查中，审理部门接到检查部门移交的《税务稽查报告》及有关资料后，应当在15日内提出审理意见。但检查人员补充调查的时间和向上级机关请示或者向相关部门征询政策问题的时间不计算在内。案情复杂确需延长审理时限的，经稽查局局长批准，可以适当延长。

4. 稽查案卷归档期限

《税务处理决定书》《税务行政处罚决定书》《不予行政处罚决定书》《税务稽查结论》执行完毕，或者依法终结检查或执行的，审理部门应当在60日内收集稽查各环节与案件有关的全部资料，整理成税务稽查案卷，归档保管。

5. 稽查案卷保管期限

偷税、逃避追缴欠税、骗税、抗税案件，以及涉嫌犯罪案件，案卷保管期限为永久；

一般行政处罚的税收违法案件，案卷保管期限为30年；其他税收违法案件，案卷保管期限为10年。税务稽查案卷应当在立卷次年6月30日前移交所属税务局档案管理部门保管；稽查局与所属税务局异址办公的，可以适当延迟移交，但延迟时间最多不超过两年。

三、相关行政法期间制度

由于税务执法的行政性，除税收法律另有规定外，税务机关实施行政处罚、行政许可等行为，还应遵守《行政处罚法》和《行政许可法》的规定。由于《行政强制法》与《税收征收管理法》的衔接问题尚待解决，本节重点介绍税务行政处罚和税务行政许可的期间制度。

（一）税务行政处罚中的期间制度

1. 税务行政处罚的追溯时效

《行政处罚法》第二十九条规定："违法行为在两年内未被发现的，不再给予行政处罚。法律另有规定的除外。前款规定的期限，从违法行为发生之日起计算；违法行为有连续或者继续状态的，从行为终了之日起计算。"《税收征收管理法》第八十六条规定："违反税收法律、行政法规应当给予行政处罚的行为，在5年内未被发现的，不再给予行政处罚。"《行政处罚法》和《税收征收管理法》均为法律，根据特别法优于一般法的适用原则，对税务违法行为的行政处罚追溯时效应按照《税收征收管理法》的规定执行。但应注意，5年追溯时效的起算时间，《税收征收管理法》中没有规定，应按照《行政处罚法》的规定执行。

2. 税务行政处罚听证期限

（1）申请听证的期限。根据《行政处罚法》第四十二条和国家税务总局《税务行政处罚听证程序实施办法（试行）》（国税发〔1996〕190号）规定，税务机关对公民作出2000元以上（含本数）罚款或者对法人或者其他组织作出1万元以上（含本数）罚款的行政处罚之前，应当向当事人送达《税务行政处罚事项告知书》，告知当事人已经查明的违法事实、证据、行政处罚的法律依据和拟将给予的行政处罚，并告知有要求举行听证的权利。当事人要求听证的，应当在税务机关告知后3日内提出，税务机关应当组织听证。以上规定中没有明确"3日"的起算时间。国家税务总局统一印发的税收执法文书《税务行政处罚事项告知书》中写明"自收到本告知书之日起3日内向本局书面提出听证申请",告知时间应以告知书送达回证上记载的时间为准。参照《民事诉讼法》中"期间开始的时和日,不计算在期间内"的规定,"3日"应当从告知书送达之次日开始计算。由于没有规定为工作日,所以"3日"应为自然日,适用《民事诉讼法》"期间届满的最后一日是节假日的,以节假日后的第一日为期间届满的日期"的规定。但由于该申请期限不是《税收征收管理法》及其实施细则规定的期限,不能适用《税收征管法实施细则》"在期限内有连续3日以上法定休假日的,按休假日天数顺延"的规定。为保证当事人的合法权益,税务机关作出达到听证条件的处罚决定,必须在告知书送达后留足3日,也就是说《税务行政处罚决定书》的决定时间即签发时间,至少应在告知书送达后3日之后。此外,当事人由于不可抗力或者其他特殊情况而耽误提出听证期限的,在障碍消除后5日以内,可以申请延长期限。

(2)举行听证的期限。根据《行政处罚法》第四十二条和国家税务总局《税务行政处罚听证程序实施办法(试行)》规定,税务机关应当在收到当事人听证申请后15日内举行听证,并在举行听证的7日前将《税务行政处罚听证通知书》送达当事人。可见,为了给当事人充分的时间做好听证准备,根据上述规定,听证应当在收到听证申请之次日起计算7日后15日内举行。

3. 税务行政处罚决定书的送达期限

《行政处罚法》第四十条规定:"行政处罚决定书应当在宣告后当场交付当事人;当事人不在场的,行政机关应当在7日内依照民事诉讼法的有关规定,将行政处罚决定书送达当事人。"此处"7日内"起算时间不明确,应该理解为"自税务行政处罚决定之日起7日内"。具体送达时间以税务行政处罚决定书送达回证上签署的时间为准。

(二)税务行政许可中的期间制度

目前税务行政许可共有三项,即指定企业印制发票、对增值税防伪税控系统最高开票限额的审批和印花税票代售许可,税务机关实施以上许可应遵守《行政许可法》的规定。《行政许可法》第三章行政许可的实施程序单独设"第三节期限"集中规定了实施许可的期限。税务机关实施税务行政许可的期限以工作日计算,不含法定节假日。

1. 办理许可申请的期限

税务机关对申请人提出的税务行政许可申请，应当根据情况分别作出处理：申请事项依法不需要取得行政许可的，应当即时告知申请人不受理；申请事项依法不属于本机关职权范围的，应当即时作出不予受理的决定，并告知申请人向有关行政机关申请；申请材料存在可以当场更正的错误的，应当允许申请人当场更正；申请材料不齐全或者不符合法定形式的，应当当场或者在5日内一次告知申请人需要补正的全部内容，逾期不告知的，自收到申请材料之日起即为受理。

2. 许可决定期限

除可以当场作出税务行政许可决定的外，税务机关应当自受理许可申请之日起20日内作出行政许可决定。20日内不能作出决定的，经本税务机关负责人批准，可以延长10日，并应当将延长期限的理由告知申请人。但是，法律、法规另有规定的，依照其规定。行政许可采取统一办理或者联合办理、集中办理的，办理的时间不得超过45日；45日内不能办结的，经本级人民政府负责人批准，可以延长15日，并应当将延长期限的理由告知申请人。依法应当先经下级税务机关审查后报上级税务机关决定的行政许可，下级税务机关应当自其受理行政许可申请之日起20日内审查完毕。但是，法律、法规另有规定的，依照其规定。

3. 颁发许可证件的期限

税务机关作出准予行政许可的决定，应当自作出决定之日起10日内向申请人颁发、送达行政许可证件。

四、期间的计算

准确计算税法上的期间，是税务机关和税务行政管理相对人遵守期间制度、依法履行职权和义务的前提和基础。在税法实施过程中，期间的计算直接关系到税务行政行为的效力和纳税人的切身利益，因此期间的计算问题尤为重要。

（一）相关规定

目前，我国尚未制定统一的行政程序法，税法中计算期间的制度规定还不完善。由于税收执法的行政性和程序性，在税收工作实践中涉及的期间计算问题，应按照《税收征收管理法实施细则》和相关行政法的规定执行，没有规定的，应参照民法和民事诉讼法的有关规定执行。

《行政许可法》第八十二条规定，本法规定的行政机关实施行政许可的期限以工作日计算，不含法定节假日。

《行政复议法》第四十条规定，行政复议期间的计算和行政复议文书的送达，依照民事诉讼法关于期间、送达的规定执行。本法关于行政复议期间有关"5日""7日"的规定是指工作日，不含节假日。

《行政强制法》第六十九条规定，本法中10日以内期限的规定是指工作日，不含法定节假日。

《税收征收管理法实施细则》第一百零八条规定，税收征管法及本细则所称"以上""以下""日内""届满"均含本数。第一百零九条规定，税收征管法及本细则所规定期限的最后一日是法定休假日的，以休假日期满的次日为期限的最后一日；在期限内有连续三日以上法定休假日的，按休假日天数顺延。

《最高人民法院关于执行〈中华人民共和国行政诉讼法〉若干问题的解释》第九十七条规定，人民法院审理行政案件，除依照行政诉讼法和本解释外，可以参照民事诉讼的有关规定。

《民事诉讼法》第八十二条规定，期间包括法定期间和人民法院指定的期间。期间以时、日、月、年计算。期间开始的时和日，不计算在期间内。期间届满的最后一日是节假日的，以节假日后的第一日为期间届满的日期。期间不包括在途时间，诉讼文书在期满前交邮的，不算过期。第八十三条规定，当事人因不可抗拒的事由或者其他正当理由耽误期限的，在障碍消除后的十日内，可以申请顺延期限，是否准许，由人民法院决定。

《民法通则》第一百五十四条规定，民法所称的期间按照公历年、月、日、小时计算。规定按照小时计算期间的，从规定时开始计算。规定按照日、月、年计算期间的，开始的当天不算入，从下一天开始计算。期间的最后一天是星期日或者其他法定休假日的，以休假日的次日为期间的最后一天。期间的最后一天的截止时间为24点。有业务时间的，到停止业务活动的时间截止。第一百五十五条规定，民法所称的"以上""以下""以内""届满"，包括本数；所称的"不满""以外"，不包括本数。

（二）计算单位

税法上的期间计算单位有日、月、年。其中"日"有公历中的自然日和工作日之分。

工作日不包含节假日，自然日包含节假日。一般来说，除法律规范中明文规定为工作日的外，均为自然日。月、年均按照公历确定，不分大月、小月和闰月、平年和闰年。节假日和工作日的确定以每年国务院公布的时间为准。

（三）期间开始的计算

（1）以日、月、年为计算单位，期间开始之日不计算在期间以内，均从次日起算。如果规定中明确从次日起算的，次日应计算在内。如《税收征收管理法》第三十二条规定："纳税人未按照规定期限缴纳税款的，扣缴义务人未按照规定期限解缴税款的，税务机关除责令限期缴纳外，从滞纳税款之日起，按日加收滞纳税款万分之五的滞纳金。"《税收征收管理法实施细则》第七十五条规定："税收征管法第三十二条规定的加收滞纳金的起止时间，为法律、行政法规规定或者税务机关依照法律、行政法规的规定确定的税款缴纳期限届满次日起至纳税人、扣缴义务人实际缴纳或者解缴税款之日止。"以上规定中"滞纳税款之日"和"税款缴纳期限届满次日"含义一致，并不矛盾。

（2）以行为成立之日开始计算的，该行为成立的当日不计算在期间内。如《税收征收管理法》规定，从事生产、经营的纳税人自领取营业执照之日起30日内，持有关证件，向税务机关申报办理税务登记。办理税务登记的期间从领取营业执照之次日起算，领取营业执照的当日不计算在"30日"内。

（3）以某一期限届满之日开始计算的，届满之日不计算在期间内。如《税收征收管理法实施细则》第四十二条规定，税务机关应当自收到申请延期缴纳税款报告之日起20日内作出批准或者不予批准的决定；不予批准的，从缴纳税款期限届满之日起加收滞纳金。因此，缴纳税款期限届满的当日不加收滞纳金，从届满之次日开始计算加收滞纳金时间。

（四）期间终止的计算

（1）期限的最后一日是法定休假日的，以休假日期满的次日为期限的最后一日。

（2）以月为单位计算的，期间的最后一日，应当是终止当月对应于开始月份的那一日。在终止月份没有对应日期的，应当为终止当月的最后一日。如根据《税收征收管理法实施细则》第八十六条规定，税务机关调取纳税人以前会计年度账簿的期限为3个月。如调账时间为8月2日，退还账簿的最后期限为11月2日；如调账时间为8月31日，退还账簿的最后期限为 11 月 30 日。

（3）以年为单位计算的，期间的最后一日，应当为终止年份中对应开始年份的那一日。如根据《税收征收管理法》第五十一条规定，纳税人超过应纳税额缴纳的税款，纳税人自结算缴纳税款之日起三年内发现的，可以向税务机关要求退还多缴的税款并加算银行同期存款利息。如纳税人结算缴纳税款之日为 2 月 5 日，对应的终止日期为 3 年后的 2 月 5 日。以年为单位的期间，应注意与"年度"相区别，特别是"纳税年度"是税法上的专用术语，《企业所得税法》第五十三条规定："企业所得税按纳税年度计算。纳税年度自公历 1 月 1 日起至 12 月 31 日止。企业在一个纳税年度中间开业，或者终止经营活动，使该纳税年度的实际经营期不足 12 个月的，应当以其实际经营期为一个纳税年度。企业依法清算时，应当以清算期间作为一个纳税年度。"

（4）期间的最后一日的截止时间为 24 点。有业务时间的，到停止业务活动的时间截止。如需要到税务机关现场办理的，应在税务机关对外公示的办公时间内办理。近年来互联网技术应用范围日益广泛，网上办理涉税事项的截止时间，除非税务机关特别公告网络服务截止时间外，一般为最后一天的 24 点。

（五）期间的顺延

《税收征收管理法》及其实施细则所规定期限的最后一日是法定休假日的，以休假日期满的次日为期限的最后一日；在期限内有连续 3 日以上法定休假日的，按休假日天数顺延。其中"按休假日天数顺延"是税法中特有的规定，常用于纳税申报期限和缴纳税款的期限中。如 2014 年 2 月资源税申报缴纳期间为 2014 年 2 月 1—17 日。[①] 资源税法定征期原为每月 1—10 日，因为 2014 年 2 月征期内 1—6 日为节假日，顺延六天至 16 日为周日，再顺延至周一 17 日。

（六）在途时间

税法上的在途时间，一般是指邮寄在途时间。根据《税收征收管理法》第三十一条规定，邮寄申报以寄出的邮戳日期为实际申报日期。根据《税收征收管理法》第一百零五条规定，税务机关以邮寄方式送达税务文书的，以挂号函件回执上注明的收件日期为送达日期，并视为已送达。税务行政处罚决定书的送达参照民事诉讼法的规定，《民事

[①] 参见北京市地税局网站办税服务栏目公布的"2014年度北京国税、北京地税常用征期日历"。

诉讼法》第八十二条第四款规定："期间不包括在途时间，诉讼文书在期满前交邮的，不算过期。"可见，税务机关或者纳税人依法通过邮寄送达或递交的文书，在邮寄途中所用去的时间，不计算在期间内。

期间制度是税法中一项重要的制度，对保障国家利益和纳税人权利均具有重要意义。目前，税法期间制度尚不完善，存在许多立法空白，相关概念和计算的规定还不明确，无论是在税收立法层面，还是在税收执法层面都应给予更多的关注和重视。

思 考 题

1. 简述税收法治的目标。
2. 简述税收法定原则在我国现行法律中的法律依据。
3. 简述依法行政的基本要求。
4. 简述纳税服务的原则以及纳税服务体系的内容。
5. 简述在税收现代化过程中如何通过纳税评估实现税收风险管理。
6. 简述税务行政审批与税务行政许可的关系。
7. 简述税务行政许可基本原则。
8. 简述税务行政处罚听证程序的标准。
9. 简述如何理解税收优先权与担保债权的效力冲突。
10. 简述对关联企业进行纳税调整的期间规定。
11. 简述税收滞纳金的法律特点。
12. 简述行使税务行政裁量权的基本要求。
13. 简述预约定价安排的适用条件。
14. 简述期间制度在税法上的功能。

附 录

附表一：中国现行税种纳税人列表

序号	税种	纳税人
1	增值税	在中华人民共和国境内销售货物或者提供加工、修理修配劳务以及进口货物的单位和个人。 单位租赁或者承包给其他单位或者个人经营的，以承租人或者承包人为纳税人。 按照营业税改征增值税试点相关政策，在中华人民共和国境内提供交通运输业、邮政业、电信业和部分现代服务业服务的单位和个人，也是增值税纳税人。 单位以承包、承租、挂靠方式经营的，承包人、承租人、挂靠人（以下统称承包人）以发包人、出租人、被挂靠人（以下统称发包人）名义对外经营并由发包人承担相关法律责任的，以该发包人为纳税人。否则，以承包人为纳税人。
2	消费税	在中华人民共和国境内生产、委托加工和进口《消费税暂行条例》规定的消费品的单位和个人，以及国务院确定的销售《消费税暂行条例》规定的消费品的其他单位和个人。
3	营业税	在中华人民共和国境内提供《营业税暂行条例》规定的劳务、转让无形资产或者销售不动产的单位和个人。 单位以承包、承租、挂靠方式经营的，承包人、承租人、挂靠人（以下统称承包人）发生应税行为，承包人以发包人、出租人、被挂靠人（以下统称发包人）名义对外经营并由发包人承担相关法律责任的，以发包人为纳税人；否则以承包人为纳税人。 （按照营业税改征增值税试点相关政策，在中华人民共和国境内提供交通运输业、邮政业、电信业和部分现代服务业服务的单位和个人，已成为增值税纳税人。）
4	车辆购置税	在中华人民共和国境内购置《车辆购置税暂行条例》规定的车辆的单位和个人。
5	烟叶税	在中华人民共和国境内收购烟叶的单位。

续表

序号	税种	纳税人
6	企业所得税	在中华人民共和国境内的企业和其他取得收入的组织。 企业分为居民企业和非居民企业。 居民企业，是指依法在中国境内成立，或者依照外国（地区）法律成立但实际管理机构在中国境内的企业。 非居民企业，是指依照外国（地区）法律成立且实际管理机构不在中国境内，但在中国境内设立机构、场所的，或者在中国境内未设立机构、场所，但有来源于中国境内所得的企业。
7	个人所得税	在中国境内有住所，或者无住所而在境内居住满一年的个人，从中国境内和境外取得的所得，依照《个人所得税法》规定缴纳个人所得税。 在中国境内无住所又不居住或者无住所而在境内居住不满一年的个人，从中国境内取得的所得，依照《个人所得税法》规定缴纳个人所得税。
8	房产税	房产税由产权所有人缴纳。产权属于全民所有的，由经营管理的单位缴纳。产权出典的，由承典人缴纳。产权所有人、承典人不在房产所在地的，或者产权未确定及租典纠纷未解决的，由房产代管人或者使用人缴纳。
9	车船税	在中华人民共和国境内属于《车船税法》所附《车船税税目税额表》规定的车辆、船舶的所有人或者管理人。
10	资源税	在中华人民共和国领域及管辖海域开采《资源税暂行条例》规定的矿产品或者生产盐的单位和个人。
11	耕地占用税	占用耕地建房或者从事非农业建设的单位和个人。 经申请批准占用耕地的，纳税人为农用地转用审批文件中标明的建设用地人；农用地转用审批文件中未标明建设用地人的，纳税人为用地申请人。未经批准占用耕地的，纳税人为实际用地人。
12	城镇土地使用税	在城市、县城、建制镇、工矿区范围内使用土地的单位和个人。 土地使用税由拥有土地使用权的单位或个人缴纳。拥有土地使用权的纳税人不在土地所在地的，由代管人或实际使用人纳税；土地使用权未确定或权属纠纷未解决的，由实际使用人纳税；土地使用权共有的，由共有各方分别纳税。
13	土地增值税	转让国有土地使用权、地上的建筑物及其附着物并取得收入的单位和个人。
14	契税	在中华人民共和国境内转移土地、房屋权属，承受的单位和个人。
15	印花税	在中华人民共和国境内书立、领受《印花税暂行条例》所列举凭证的单位和个人。
16	城市维护建设税	缴纳消费税、增值税、营业税的单位和个人。

附表二：中国现行税种课税对象列表

序号	税种	课税对象
1	增值税	货物；加工、修理修配劳务；按照营业税改征增值税试点相关政策，还包括交通运输业、邮政业、电信业和部分现代服务业劳务。
2	消费税	《消费税暂行条例》规定的消费品。
3	营业税	《营业税暂行条例》规定的劳务、无形资产或者不动产。按照营业税改征增值税试点相关政策，不包括交通运输业、邮政业、电信业和部分现代服务业劳务。
4	车辆购置税	《车辆购置税暂行条例》规定的车辆，包括：汽车、摩托车、电车、挂车、农用运输车。
5	烟叶税	晾晒烟叶和烤烟叶。
6	企业所得税	企业取得的各项所得，包括销售货物所得、提供劳务所得、转让财产所得、股息红利等权益性投资所得、利息所得、租金所得、特许权使用费所得、接受捐赠所得和其他所得。 居民企业应当就其来源于中国境内、境外的所得缴纳企业所得税。 非居民企业在中国境内设立机构、场所的，应当就其所设机构、场所取得的来源于中国境内的所得，以及发生在中国境外但与其所设机构、场所有实际联系的所得，缴纳企业所得税。 非居民企业在中国境内未设立机构、场所的，或者虽设立机构、场所但取得的所得与其所设机构、场所没有实际联系的，应当就其来源于中国境内的所得缴纳企业所得税。
7	个人所得税	个人取得的各项所得。 在中国境内有住所，或者无住所而在境内居住满一年的个人，从中国境内和境外取得的所得。 在中国境内无住所又不居住或者无住所而在境内居住不满一年的个人，从中国境内取得的所得。
8	车船税	《车船税法》所附《车船税税目税额表》规定的车辆、船舶。
9	房产税	城市、县城、建制镇、工矿区范围内的房产。
10	资源税	《资源税暂行条例》规定的矿产品或者盐。
11	耕地占用税	建房或者从事非农业建设占用的耕地。
12	城镇土地使用税	城市、县城、建制镇、工矿区范围内的土地。

续表

序号	税种	课税对象
13	土地增值税	国有土地使用权、地上的建筑物及其附着物。
14	契税	在中华人民共和国境内转移的土地、房屋权属的行为。 包括： 1. 国有土地使用权出让； 2. 土地使用权转让，包括出售、赠与和交换；不包括农村集体土地承包经营权的转移； 3. 房屋买卖； 4. 房屋赠与； 5. 房屋交换。
15	印花税	在中华人民共和国境内书立、领受《印花税暂行条例》所列举的以下凭证的行为： 1. 购销、加工承揽、建设工程承包、财产租赁、货物运输、仓储保管、借款、财产保险、技术合同或者具有合同性质的凭证； 2. 产权转移书据； 3. 营业账簿； 4. 权利、许可证照； 5. 经财政部确定征税的其他凭证。
16	城市维护建设税	增值税、消费税、营业税的课税对象。

附表三：中国现行税种税目税率列表

序号	税种	税目		税率
1	增值税	（一）出口货物		0%
		（二）农业产品		13%
		（三）粮食复制品		
		（四）食用植物油		
		（五）自来水		
		（六）暖气、热气、热水和冷气		
		（七）煤气		
		（八）石油液化气		
		（九）天然气		
		（十）沼气		
		（十一）居民用煤炭制品		
		（十二）图书、报刊、音像制品和电子出版物		
		（十三）饲料		
		（十四）化肥		
		（十五）农药		
		（十六）农机（整机）		
		（十七）农膜		
		（十八）食用盐		
		（十九）二甲醚		
		（二十）原油		17%
		（二十一）其他货物		
		（二十二）加工、修理修配劳务		
		（二十三）交通运输业	1. 陆路运输服务	11%
			2. 水路运输服务	
			3. 航空运输服务	
			4. 管道运输服务	
		（二十四）邮政业	1. 邮政普遍服务	11%
			2. 邮政特殊服务	
			3. 其他邮政服务	

续表

序号	税种	税目		税率
1	增值税	(二十五)电信业	1.基础电信服务	11%
			2.增值电信服务	6%
		(二十六)现代服务业	1.研发和技术服务	6%
			2.信息技术服务	
			3.文化创意服务	
			4.物流辅助服务	
			5.鉴证咨询服务	
			6.广播影视服务	
			7.有形动产租赁	17%
2	消费税	(一)烟	1.卷烟① (1)甲类卷烟	56%加0.003元/支
			(2)乙类卷烟	36%加0.003元/支
			(3)卷烟批发	5%
			2.雪茄烟	36%
			3.烟丝	30%
		(二)酒及酒精	1.啤酒 (1)甲类啤酒	250元/吨
			(2)乙类啤酒	220元/吨
			2.白酒	20%+0.5元/斤(500毫升)
			3.黄酒	240元/吨
			4.其他酒	10%
			5.酒精	5%
		(三)成品油②	1.汽油 (1)含铅汽油	1.4元/升
			(2)无铅汽油	1.0元/升
			2.柴油	0.80元/升
			3.石脑油	1.0元/升
			4.溶剂油	1.0元/升
			5.润滑油	1.0元/升
			6.燃料油	0.8元/升
			7.航空煤油	0.8元/升

① 甲类卷烟、乙类卷烟和雪茄烟的税率已按《财政部、国家税务总局关于调整烟产品消费税政策的通知》(财税〔2009〕84号)调整。

② 成品油消费税税率已按《财政部、国家税务总局关于提高成品油消费税税率的通知》(财税〔2008〕167号)调整。

续表

序号	税种	税目			税率
2	消费税	（四）鞭炮、焰火			15%
		（五）贵重首饰及珠宝玉石	1.金银首饰；铂金首饰；钻石及钻石饰品		5%
			2.其他贵重首饰；珠宝玉石		10%
		（六）高尔夫球及球具			10%
		（七）高档手表			20%
		（八）游艇			10%
		（九）木制一次性筷子			5%
		（十）实木地板			5%
		（十一）小汽车	1.乘用车	（1）气缸容量(排气量,下同)在1.0升（含）以下	1%
				（2）气缸容量(排气量,下同)在1.0升至1.5升（含）	3%
				（3）气缸容量在1.5升至2.0升（含）	5%
				（4）气缸容量在2.0升至2.5升（含）	9%
				（5）气缸容量在2.5升至3.0升（含）	12%
				（6）气缸容量在3.0升至4.0升（含）	25%
				（7）气缸容量在4.0升以上	40%
			2.中轻型商用客车		5%
		（十二）汽车轮胎			3%
		（十三）摩托车	1.气缸容量250毫升以下（含）		3%
			2.气缸容量250毫升以上		10%
		（十四）化妆品			30%
3	营业税	（一）建筑业			3%
		（二）文化体育业			
		（三）服务业（不含改征增值税的现代服务业）			5%
		（四）销售不动产			
		（五）转让无形资产			
		（六）金融保险业			
		（七）娱乐业			5%~20%

续表

序号	税种	税目		税率
4	车辆购置税	—		10%
5	烟叶税	—		20%
6	企业所得税	—		25%
7	个人所得税	（一）工资、薪金所得	不超过1500元的部分	3%
			超过1500元至4500元的部分	10%
			超过4500元至9000元的部分	20%
			超过9000元至35000元的部分	25%
			超过3500元至55000元的部分	30%
			超过55000元至80000元的部分	35%
			超过80000的部分	45%
		（二）个体工商户生产、经营所得和对企事业单位的承包经营、承租经营所得	不超过15000元的部分	5%
			超过15000元至30000元的部分	10%
			超过30000元至60000元的部分	20%
			超过60000元至100000元的部分	30%
			超过100000元的部分	35%
		（三）劳务报酬	不超过20000元的部分	20%
			超过20000元至50000元的部分	30%
			超过50000元的部分	40%

续表

序号	税种	税目		税率
7	个人所得税	(四)稿酬		20%(再减征30%)
		(五)特许权使用费所得	与中国签订避免对所得双重征税协定的国家的居民来源于中国的此四项所得,可按协定规定享受优惠税率或免税待遇	20%
		(六)利息、股息、红利所得		
		(七)财产租赁所得	出租住房得税,减按10%的税率征税	
		(八)财产转让所得		
		(九)偶然所得		
		(十)其他所得		
8	房产税			(从价计征)1.20%
				(从租计征)12%
9	车船税	(一)乘用车(按发动机气缸容量分档)	1.0升(含)以下的	60~360元/辆
			1.0升以上至1.6升(含)的	300~540元/辆
			1.6升以上至2.0升(含)的	360~660元/辆
			2.0升以上至2.5升(含)的	660~1200元/辆
			2.5升以上至3.0升(含)的	1200~2400元/辆
			3.0升以上至4.0升(含)的	2400~3600元/辆
			4.0升以上的	3600~5400元/辆
		(二)商用车	1.客车(核定载客9人以上)	480~1440元/辆
			2.货车	16~120元/吨
		(三)挂车		按货车税额的50%计算
		(四)其他车辆	1.专用作业车	16~120元/吨
			2.轮式专用机械车	
		(五)摩托车		36~180元/辆
		(六)船舶	1.机动船舶	3~6元/吨
			2.游艇	600~2000元/米

续表

序号	税种	税目		税率
10	资源税	（一）原油		销售额的 5%~10%
		（二）天然气		销售额的 5%~10%
		（三）煤炭	焦煤	8~20 元/吨
			其他煤炭	0.3~5 元/吨
		（四）其他非金属矿原矿	普通非金属矿原矿	0.5~20 元/吨（立方米）
			贵重非金属矿原矿	0.5~20 元/千克（克拉）
		（五）黑色金属矿原矿		2~30 元/吨
		（六）有色金属矿原矿	稀土矿	0.4~60 元/吨
			其他有色金属矿原矿	0.4~30 元/吨
		（七）盐	固体盐	10~60 元/吨
			液体盐	2~10 元/吨
11	耕地占用税	—	人均耕地不超过 1 亩	10~50 元/平方米
			人均耕地超过 1 亩不超过 2 亩	8~40 元/平方米
			人均耕地超过 2 亩不超过 3 亩	6~30 元/平方米
			人均耕地超过 3 亩以上	5~25 元/平方米
12	城镇土地使用税	—	大城市	1.5~30 元/平方米
			中等城市	1.2~24 元/平方米
			小城市	0.9~18 元/平方米
			县城、建制镇、工矿区	0.6~12 元/平方米
13	土地增值税	—	增值额≤50%	30%
			50%＜增值额≤100%	40%
			100%＜增值额≤200%	50%
			增值额＞200%	60%

续表

序号	税种	税目		税率	
14	契税	—		3%~5%	
15	印花税	（一）合同	1. 借款合同（包括融资租赁合同）	0.05‰	
			2. 购销合同	0.3‰	
			3. 建筑安装工程承包合同	0.3‰	
			4. 技术合同	0.3‰	
			5. 加工承揽合同	0.5‰	
			6. 建设工程勘察设计合同	0.5‰	
			7. 货物运输合同	0.5‰	
			8. 财产租赁合同	1‰	
			9. 仓储保管合同	1‰	
			10. 财产保险合同①	1‰	
		（二）书据	11. 产权转移书据	0.5‰	
			12. 股权转让书据	1‰	
		（三）账簿	13. 营业账簿	0.5‰	
				5元/件	
		（四）证照	14. 权利、许可证照	5元/件	
16	城市维护建设税	—		市区	7%
				县城、建制镇	5%
				其他	1%

备注：增值税和营业税相关内容按照现阶段营业税改征增值税试点相关规定列示。

---

① 根据《国家税务总局关于对保险公司征收印花税有关问题的通知》（国税地字〔1998〕37号），责任保险、保证保险和信用保险合同暂按定额5元贴花。

附表四：中国现行税种计税依据列表

序号	税种	计税依据
1	增值税	增值税的计税依据为销售货物或提供应税劳务的增值额，但增值税应纳税额采用间接计算法，应纳税额 = 销售额 × 税率 – 进项税额。
2	消费税	实行从量定额的应税消费品以应税消费品的重量、容积或数量为计税依据。实行从价定率的应税消费品的计税依据为应税消费品的销售额。销售额为纳税人销售应税消费品向购买方收取的全部价款和价外费用。
3	营业税	营业税的计税依据为纳税人提供应税劳务、转让无形资产或者销售不动产的营业额。营业额为纳税人提供应税劳务、转让无形资产、销售不动产收取的全部价款和价外费用。
4	车辆购置税	车辆购置税的计税依据为应税车辆的计税价格。 车辆购置税的计税价格根据不同情况，按照下列规定确定： 1. 纳税人购买自用的应税车辆的计税价格，为纳税人购买应税车辆而支付给销售者的全部价款和价外费用，不包括增值税税款。 2. 纳税人进口自用的应税车辆的计税价格的计算公式为： 计税价格＝关税完税价格＋关税＋消费税 3. 纳税人自产、受赠、获奖或者以其他方式取得并自用的应税车辆的计税价格，由主管税务机关参照最低计税价格核定。
5	烟叶税	烟叶税计税依据为纳税人收购烟叶的收购金额。
6	企业所得税	企业所得税的计税依据为应纳税所得额。企业每一纳税年度的收入总额，减除不征税收入、免税收入、各项扣除以及允许弥补的以前年度亏损后的余额，为应纳税所得额。
7	个人所得税	个人所得税的计税依据为个人应纳税所得额。应纳税所得额的计算方法如下： 1. 工资、薪金所得，以每月收入额减除费用3500元后的余额，为应纳税所得额。 2. 个体工商户的生产、经营所得，以每一纳税年度的收入总额减除成本、费用以及损失后的余额，为应纳税所得额。 3. 对企事业单位的承包经营、承租经营所得，以每一纳税年度的收入总额，减除必要费用后的余额，为应纳税所得额。 4. 劳务报酬所得、稿酬所得、特许权使用费所得、财产租赁所得，每次收入不超过4000元的，减除费用800元；4000元以上的，减除20%的费用，其余额为应纳税所得额。

续表

序号	税种	计税依据
7	个人所得税	5.财产转让所得，以转让财产的收入额减除财产原值和合理费用后的余额，为应纳税所得额。 6.利息、股息、红利所得，偶然所得和其他所得，以每次收入额为应纳税所得额。 个人将其所得对教育事业和其他公益事业捐赠的部分，按照国务院有关规定从应纳税所得中扣除。 对在中国境内无住所而在中国境内取得工资、薪金所得的纳税义务人和在中国境内有住所而在中国境外取得工资、薪金所得的纳税义务人，可以根据其平均收入水平、生活水平以及汇率变化情况确定附加减除费用，附加减除费用适用的范围和标准由国务院规定。
8	房产税	房产税以房产的计税余值或租金收入为计税依据。房产税依照房产原值一次减除10%~30%后的余值计算缴纳。具体减除幅度，由省、自治区、直辖市人民政府规定。没有房产原值作为依据的，由房产所在地税务机关参考同类房产核定。房产出租的，以房产租金收入为房产税的计税依据。
9	车船税	车船税的计税依据分别为数量、整备质量吨数、净吨位吨数、艇身长度。
10	资源税	从价计税的，计税依据为应税产品的销售额；从量计税的，计税依据为应税产品的销售数量；复合计税的，计税依据为应税产品的销售额和销售数量。
11	耕地占用税	计税依据为纳税人实际占用的耕地面积。
12	城镇土地使用税	计税依据为纳税人实际占用的土地面积。
13	土地增值税	计税依据为纳税人转让房地产所取得的增值额。 纳税人转让房地产所取得的收入减除《土地增值税暂行条例》第六条规定扣除项目金额后的余额，为增值额。 计算增值额的扣除项目包括： 1.取得土地使用权所支付的金额； 2.开发土地的成本、费用； 3.新建房及配套设施的成本、费用，或者旧房及建筑物的评估价格； 4.与转让房地产有关的税金； 5.财政部规定的其他扣除项目。

续表

序号	税种	计税依据
14	契税	契税的计税依据包括： 1. 国有土地使用权出让、土地使用权出售、房屋买卖，为成交价格； 2. 土地使用权赠与、房屋赠与，由征收机关参照土地使用权出售、房屋买卖的市场价格核定； 3. 土地使用权交换、房屋交换，为所交换的土地使用权、房屋的价格的差额。 以上成交价格明显低于市场价格并且无正当理由的，或者所交换土地使用权、房屋的价格的差额明显不合理并且无正当理由的，由征收机关参照市场价格核定。
15	印花税	1. 合同或具有合同性质的凭证，以凭证所载金额为计税依据。 2. 营业账簿中记载资金的账簿，按实收资本和资本公积的合计金额为计税依据。 3. 不记载金额的营业账簿，政府部门发给的房屋产权证、工商营业执照、商标注册证、专利证、土地使用证，以及企业的日记账簿和各种明细分类账簿等辅助性账簿，计税依据为凭证或账簿的件数。
16	城市维护建设税	计税依据为纳税人实际缴纳的增值税、消费税、营业税税额。

附表五：中国现行税种纳税环节列表

序号	税种	纳税环节
1	增值税	增值税的纳税环节主要包括： 1. 纳税人从事货物生产，在货物生产销售或移送使用环节纳税。 2. 纳税人从事货物批发，在货物批发销售环节纳税。 3. 纳税人从事货物零售，在货物零售环节纳税。 4. 纳税人进口应税货物，在货物进口环节纳税。 5. 纳税人提供应税劳务，在劳务提供环节纳税。
2	消费税	消费税的纳税环节主要包括： 1. 纳税人生产的应税消费品（除金银首饰外），在出厂销售环节纳税。金银首饰消费税的纳税环节为零售环节征收。纳税人将自产自用的消费品用于除本企业连续生产消费品外的其他方面，于移送使用环节纳税。 2. 委托加工的应税消费品，由受托方在向委托方交货时，由受托方代收代缴环节纳税。 3. 进口应税消费品，于报关进口环节纳税。
3	营业税	营业税的纳税环节主要包括： 1. 纳税人提供应税劳务，在劳务提供环节纳税。 2. 纳税人转让土地使用权，在土地使用权转让环节纳税。 3. 纳税人销售不动产，在不动产销售环节纳税。
4	车辆购置税	车辆购置税的纳税环节主要包括： 1. 购买自用的，为车辆购置环节。 2. 进口自用的，为车辆进口环节。 3. 自产、受赠、获奖的，为车辆取得环节。
5	烟叶税	烟叶税的纳税环节为烟叶收购环节。
6	企业所得税	企业所得税按年计算所得，分月或分季预缴，年度终了后五个月内汇算清缴，纳税环节为预缴环节或汇算清缴环节。
7	个人所得税	个人所得税分项的纳税环节主要包括： 1. 工资、薪金所得，为工资、薪金支付环节。 2. 个体工商户的生产、经营所得和对企事业单位的承包经营、承租经营所得，按年计算所得，分月预缴，年度终了后三个月内汇算清缴，纳税环节为预缴环节或汇算清缴环节。 3. 劳务报酬所得，为劳务报酬支付环节。 4. 稿酬所得，为稿酬支付环节。 5. 特许权使用费所得，为特许权使用费支付环节。 6. 利息、股息、红利所得，为利息、股息、红利支付环节。 7. 财产租赁所得，为租金支付环节。

续表

序号	税种	纳税环节
7	个人所得税	8. 财产转让所得，为所得支付环节。 9. 偶然所得，为所得支付环节。
8	房产税	房产税的纳税环节为房产保有环节。
9	车船税	车船税的纳税环节为车辆、船舶保有环节。
10	资源税	资源税的纳税环节主要包括： 1. 纳税人对外销售应税产品的，纳税环节为出厂销售环节。 2. 纳税人自产自用应税产品用于连续生产以及生活福利、基建等方面的，纳税环节为移送使用环节。 3. 扣缴义务人代扣代缴资源税的，纳税环节为收购未税矿产品的环节。 4. 盐的资源税纳税环节为在出厂环节由生产者缴纳。
11	耕地占用税	耕地占用税的纳税环节为获准占用耕地环节。
12	城镇土地使用税	城镇土地使用税的纳税环节为土地使用环节。
13	土地增值税	土地增值税的纳税环节为房地产转让环节。
14	契税	契税的纳税环节主要包括： 1. 购买土地、房屋的，为土地、房屋购买环节。 2. 接受土地、房屋捐赠的，为土地、房屋受赠环节。 3. 进行土地、房屋交换的，为土地、房屋交换环节。
15	印花税	印花税的纳税环节主要包括： 1. 签订应税合同的，为合同签订环节。 2. 书立应税书据的，为书据立据环节。 3. 使用应税账簿的，为账簿启用环节。 4. 领取应税证照的，为证照领受环节。
16	城市维护建设税	城市维护建设税的纳税环节为增值税、消费税、营业税税款的缴纳环节。

附表六：中国现行税种税收优惠列表

序号	税种	税收优惠
1	增值税	下列项目免征增值税： 1. 农业生产者销售的自产农产品； 2. 避孕药品和用具； 3. 古旧图书； 4. 直接用于科学研究、科学试验和教学的进口仪器、设备； 5. 外国政府、国际组织无偿援助的进口物资和设备； 6. 由残疾人的组织直接进口供残疾人专用的物品； 7. 销售的自己使用过的物品。 除以上项目外，增值税的免税、减税项目由国务院规定。 纳税人销售额未达到国务院财政、税务主管部门规定的增值税起征点的，免征增值税；达到起征点的，依照《增值税暂行条例》规定全额计算缴纳增值税。 增值税起征点的适用范围限于个人。增值税起征点的幅度规定如下： 1. 销售货物的，为月销售额 5000～20000 元； 2. 销售应税劳务的，为月销售额 5000～20000 元； 3. 按次纳税的，为每次（日）销售额 300～500 元 省、自治区、直辖市财政厅（局）和国家税务局应在规定的幅度内，根据实际情况确定本地区适用的起征点，并报财政部、国家税务总局备案。
2	消费税	对纳税人出口应税消费品，免征消费税；国务院另有规定的除外。
3	营业税	下列项目免征营业税： 1. 托儿所、幼儿园、养老院、残疾人福利机构提供的育养服务，婚姻介绍，殡葬服务； 2. 残疾人员个人提供的劳务； 3. 医院、诊所和其他医疗机构提供的医疗服务； 4. 学校和其他教育机构提供的教育劳务，学生勤工俭学提供的劳务； 5. 农业机耕、排灌、病虫害防治、植物保护、农牧保险以及相关技术培训业务，家禽、牲畜、水生动物的配种和疾病防治； 6. 纪念馆、博物馆、文化馆、文物保护单位管理机构、美术馆、展览馆、书画院、图书馆举办文化活动的门票收入，宗教场所举办文化、宗教活动的门票收入； 7. 境内保险机构为出口货物提供的保险产品。 除以上项目外，营业税的免税、减税项目由国务院规定。 纳税人营业额未达到国务院财政、税务主管部门规定的营业税起征点的，免征营业税；达到起征点的，依照《营业税暂行条例》规定全额计算缴纳营业税。 营业税起征点的适用范围限于个人。营业税起征点的幅度规定如下： 1. 按期纳税的，为月营业额 5000～20000 元； 2. 按次纳税的，为每次（日）营业额 300～500 元。 省、自治区、直辖市财政厅（局）、税务局应当在规定的幅度内，根据实际情况确定本地区适用的起征点，并报财政部、国家税务总局备案。

续表

序号	税种	税收优惠
4	车辆购置税	1. 外国驻华使馆、领事馆和国际组织驻华机构及其外交人员自用的车辆，免税； 2. 中国人民解放军和中国人民武装警察部队列入军队武器装备订货计划的车辆，免税； 3. 设有固定装置的非运输车辆，免税； 4. 有国务院规定予以免税或者减税的其他情形的，按照规定免税或者减税。
5	烟叶税	—
6	企业所得税	国家对重点扶持和鼓励发展的产业和项目，给予企业所得税优惠。 （一）企业的下列收入为免税收入： 1. 国债利息收入； 2. 符合条件的居民企业之间的股息、红利等权益性投资收益； 3. 在中国境内设立机构、场所的非居民企业从居民企业取得与该机构、场所有实际联系的股息、红利等权益性投资收益； 4. 符合条件的非营利组织的收入。 （二）企业的下列所得，可以免征、减征企业所得税： 1. 从事农、林、牧、渔业项目的所得； 2. 从事国家重点扶持的公共基础设施项目投资经营的所得； 3. 从事符合条件的环境保护、节能节水项目的所得； 4. 符合条件的技术转让所得； 5. 本法第三条第三款规定的所得。 （三）符合条件的小型微利企业，减按20%的税率征收企业所得税。 （四）国家需要重点扶持的高新技术企业，减按15%的税率征收企业所得税。 （五）民族自治地方的自治机关对本民族自治地方的企业应缴纳的企业所得税中属于地方分享的部分，可以决定减征或者免征。自治州、自治县决定减征或者免征的，须报省、自治区、直辖市人民政府批准。 （六）企业的下列支出，可以在计算应纳税所得额时加计扣除： 1. 开发新技术、新产品、新工艺发生的研究开发费用； 2. 安置残疾人员及国家鼓励安置的其他就业人员所支付的工资。 （七）创业投资企业从事国家需要重点扶持和鼓励的创业投资，可以按投资额的一定比例抵扣应纳税所得额。 （八）企业的固定资产由于技术进步等原因，确需加速折旧的，可以缩短折旧年限或者采取加速折旧的方法。 （九）企业综合利用资源，生产符合国家产业政策规定的产品所取得的收入，可以在计算应纳税所得额时减计收入。 （十）企业购置用于环境保护、节能节水、安全生产等专用设备的投资额，可以按一定比例实行税额抵免。

续表

序号	税种	税收优惠
6	企业所得税	（十一）根据国民经济和社会发展的需要，或者由于突发事件等原因对企业经营活动产生重大影响的，国务院可以制定企业所得税专项优惠政策，报全国人民代表大会常务委员会备案。
7	个人所得税	下列各项个人所得，免纳个人所得税： 1. 省级人民政府、国务院部委和中国人民解放军军以上单位，以及外国组织、国际组织颁发的科学、教育、技术、文化、卫生、体育、环境保护等方面的奖金； 2. 国债和国家发行的金融债券利息； 3. 按照国家统一规定发给的补贴、津贴； 4. 福利费、抚恤金、救济金； 5. 保险赔款； 6. 军人的转业费、复员费； 7. 按照国家统一规定发给干部、职工的安家费、退职费、退休工资、离休工资、离休生活补助费； 8. 依照我国有关法律规定应予免税的各国驻华使馆、领事馆的外交代表、领事官员和其他人员的所得； 9. 中国政府参加的国际公约、签订的协议中规定免税的所得； 10. 经国务院财政部门批准免税的所得。 有下列情形之一的，经批准可以减征个人所得税： 1. 残疾、孤老人员和烈属的所得； 2. 因严重自然灾害造成重大损失的； 3. 其他经国务院财政部门批准减税的。
8	车船税	下列车船免征车船税： 1. 捕捞、养殖渔船； 2. 军队、武装警察部队专用的车船； 3. 警用车船； 4. 依照法律规定应当予以免税的外国驻华使领馆、国际组织驻华代表机构及其有关人员的车船。 对节约能源、使用新能源的车船可以减征或者免征车船税；对受严重自然灾害影响纳税困难以及有其他特殊原因确需减税、免税的，可以减征或者免征车船税。具体办法由国务院规定，并报全国人民代表大会常务委员会备案。 省、自治区、直辖市人民政府根据当地实际情况，可以对公共交通车船，农村居民拥有并主要在农村地区使用的摩托车、三轮汽车和低速载货汽车定期减征或者免征车船税。
9	房产税	（一）下列房产免纳房产税： 1. 国家机关、人民团体、军队自用的房产； 2. 由国家财政部门拨付事业经费的单位自用的房产； 3. 宗教寺庙、公园、名胜古迹自用的房产；

续表

序号	税种	税收优惠
9	房产税	4. 个人所有非营业用的房产； 5. 经财政部批准免税的其他房产。 （二）除《房产税暂行条例》第五条规定者外，纳税人纳税确有困难的，可由省、自治区、直辖市人民政府确定，定期减征或者免征房产税。 （三）经有关部门鉴定，对毁损不堪居住的房屋和危险房屋，在停止使用后，可免征房产税。
10	资源税	有下列情形之一的，减征或者免征资源税： 1. 开采原油过程中用于加热、修井的原油，免税。 2. 纳税人开采或者生产应税产品过程中，因意外事故或者自然灾害等原因遭受重大损失的，由省、自治区、直辖市人民政府酌情决定减税或者免税。 3. 国务院规定的其他减税、免税项目。
11	耕地占用税	（一）下列情形免征耕地占用税 1. 军事设施占用耕地； 2. 学校、幼儿园、养老院、医院占用耕地。 （二）铁路线路、公路线路、飞机场跑道、停机坪、港口、航道占用耕地，减按每平方米2元的税额征收耕地占用税。根据实际需要，国务院财政、税务主管部门商国务院有关部门并报国务院批准后，也可以免征或者减征耕地占用税。 （三）农村居民占用耕地新建住宅，按照当地适用税额减半征收耕地占用税。 （四）农村烈士家属、残疾军人、鳏寡孤独以及革命老根据地、少数民族聚居区和边远贫困山区生活困难的农村居民，在规定用地标准以内新建住宅缴纳耕地占用税确有困难的，经所在地乡（镇）人民政府审核，报经县级人民政府批准后，可以免征或者减征耕地占用税。
12	城镇土地使用税	（一）下列土地免缴城镇土地使用税： 1. 国家机关、人民团体、军队自用的土地； 2. 由国家财政部门拨付事业经费的单位自用的土地； 3. 宗教寺庙、公园、名胜古迹自用的土地； 4. 市政街道、广场、绿化地带等公共用地； 5. 直接用于农、林、牧、渔业的生产用地； 6. 经批准开山填海整治的土地和改造的废弃土地，从使用的月份起免缴城镇土地使用税5至10年； 7. 由财政部另行规定免税的能源、交通、水利设施用地和其他用地。 （二）纳税人缴纳城镇土地使用税确有困难需要定期减免的，由县级以上地方税务机关批准。
13	土地增值税	（一）有下列情形之一的，免征土地增值税： 1. 纳税人建造普通标准住宅出售，增值额未超过扣除项目金额20%的； 2. 因国家建设需要依法征用、收回的房地产。包括因城市实施规划、国家建设的需要而搬迁，由纳税人自行转让原房地产的。

续表

序号	税种	税收优惠
13	土地增值税	符合上述免税规定的单位和个人，须向房地产所在地税务机关提出免税申请，经税务机关审核后，免予征收土地增值税。 （二）个人因工作调动或改善居住条件而转让原自用住房，经向税务机关申报核准，凡居住满五年或五年以上的，免予征收土地增值税；居住满三年未满五年的，减半征收土地增值税。居住未满三年的，按规定计征土地增值税。
14	契税	（一）有下列情形之一的，减征或者免征契税： 1. 国家机关、事业单位、社会团体、军事单位承受土地、房屋用于办公、教学、医疗、科研和军事设施的，免征； 2. 城镇职工按规定第一次购买公有住房的，免征； 3. 因不可抗力灭失住房而重新购买住房的，酌情准予减征或者免征； 4. 财政部规定的其他减征、免征契税的项目。 （二）下列项目减征、免征契税： 1. 土地、房屋被县级以上人民政府征用、占用后，重新承受土地、房屋权属的，是否减征或者免征契税，由省、自治区、直辖市人民政府确定。 2. 纳税人承受荒山、荒沟、荒丘、荒滩土地使用权，用于农、林、牧、渔业生产的，免征契税。 3. 依照我国有关法律规定以及我国缔结或参加的双边和多边条约或协定的规定应当予以免税的外国驻华使馆、领事馆、联合国驻华机构及其外交代表、领事官员和其他外交人员承受土地、房屋权属的，经外交部确认，可以免征契税。
15	印花税	下列凭证免纳印花税： 1. 已缴纳印花税的凭证的副本或者抄本； 2. 财产所有人将财产赠给政府、社会福利单位、学校所立的书据； 3. 国家指定的收购部门与村民委员会、农民个人书立的农副产品收购合同； 4. 无息、贴息贷款合同； 5. 外国政府或者国际金融组织向我国政府及国家金融机构提供优惠贷款所书立的合同； 6. 经财政部批准免税的其他凭证。
16	城市维护建设税	—

注：列表内容主要依据各税种法律、行政法规和规章。不含规定税收优惠的其他规范性文件。

附表七：中国现行税种纳税地点列表

序号	税种	纳税地点
1	增值税	1. 固定业户应当向其机构所在地的主管税务机关申报纳税。总机构和分支机构不在同一县（市）的，应当分别向各自所在地的主管税务机关申报纳税；经国务院财政、税务主管部门或者其授权的财政、税务机关批准，可以由总机构汇总向总机构所在地的主管税务机关申报纳税。 2. 固定业户到外县（市）销售货物或者应税劳务，应当向其机构所在地的主管税务机关申请开具外出经营活动税收管理证明，并向其机构所在地的主管税务机关申报纳税；未开具证明的，应当向销售地或者劳务发生地的主管税务机关申报纳税；未向销售地或者劳务发生地的主管税务机关申报纳税的，由其机构所在地的主管税务机关补征税款。 3. 非固定业户销售货物或者应税劳务，应当向销售地或者劳务发生地的主管税务机关申报纳税；未向销售地或者劳务发生地的主管税务机关申报纳税的，由其机构所在地或者居住地的主管税务机关补征税款。 4. 进口货物，应当向报关地海关申报纳税。 5. 扣缴义务人应当向其机构所在地或者居住地的主管税务机关申报缴纳其扣缴的税款。
2	消费税	1. 向纳税人机构所在地或者居住地的主管税务机关申报纳税。 2. 委托加工的应税消费品，除受托方为个人外，由受托方向机构所在地或者居住地的主管税务机关解缴消费税税款。 3. 进口的应税消费品，应当向报关地海关申报纳税。
3	营业税	1. 纳税人提供应税劳务应当向其机构所在地或者居住地的主管税务机关申报纳税。但是，纳税人提供的建筑业劳务以及国务院财政、税务主管部门规定的其他应税劳务，应当向应税劳务发生地的主管税务机关申报纳税。 2. 纳税人转让无形资产应当向其机构所在地或者居住地的主管税务机关申报纳税。但是，纳税人转让、出租土地使用权，应当向土地所在地的主管税务机关申报纳税。 3. 纳税人销售、出租不动产应当向不动产所在地的主管税务机关申报纳税。 4. 扣缴义务人应当向其机构所在地或者居住地的主管税务机关申报缴纳其扣缴的税款。
4	车辆购置税	纳税人购置应税车辆，应当向车辆登记注册地的主管税务机关申报纳税；购置不需要办理车辆登记注册手续的应税车辆，应当向纳税人所在地的主管税务机关申报纳税。
5	烟叶税	纳税人收购烟叶，应当向烟叶收购地的主管税务机关申报纳税。

续表

序号	税种	纳税地点
6	企业所得税	1. 除税收法律、行政法规另有规定外，居民企业以企业登记注册地为纳税地点；但登记注册地在境外的，以实际管理机构所在地为纳税地点。居民企业在中国境内设立不具有法人资格的营业机构的，应当汇总计算并缴纳企业所得税。 2. 在中国境内设立机构、场所的非居民企业，取得来源于中国境内的所得，以及发生在中国境外但与其所设机构、场所有实际联系的所得，以机构、场所所在地为纳税地点。非居民企业在中国境内设立两个或者两个以上机构、场所的，经税务机关审核批准，可以选择由其主要机构、场所汇总缴纳企业所得税。 3. 非居民企业在中国境内未设立机构、场所的，或者虽设立机构、场所但取得的所得与其所设机构、场所没有实际联系的，应当就其来源于中国境内的所得缴纳企业所得税，以扣缴义务人所在地为纳税地点。
7	个人所得税	1. 个人所得税实行代扣代缴制度，以所得人为纳税义务人，以支付所得的单位或者个人为扣缴义务人。纳税地点为扣缴义务人所在地。 2. 个体工商户的纳税地点为实际经营所在地。 3. 个体独资、合伙企业投资者应当向企业实际经营管理所在地税务机关申报。个体独资、合伙企业兴办两个或两个以上企业的，区分不同情形确定纳税申报地点： （1）企业全部是个人独资性质的，分别向各企业的实际经营管理所在地主管税务机关申报； （2）企业中含有合伙性质的，向经常居住地主管税务机关申报； （3）企业中含有合伙性质，个人投资者经常居住地与其兴办企业的经营管理所在地不一致的，选择并固定向其参与兴办的某一合伙企业的经营管理所在地主管税务机关申报。 4. 从中国境外取得所得的，向中国境内户籍所在地主管税务机关申报。户籍所在地与中国境内经常居住地不一致的，选择并固定向其中一地主管税务机关申报。在中国境内没有户籍的，向中国境内经常居住地主管税务机关申报。
8	房产税	房产税由房产所在地的税务机关征收。
9	车船税	车船税的纳税地点为车船的登记地或者车船税扣缴义务人所在地。依法不需要办理登记的车船，车船税的纳税地点为车船的所有人或者管理人所在地。
10	资源税	1. 纳税人应纳的资源税，向应税产品的开采或者生产所在地主管税务机关缴纳。纳税人在本省、自治区、直辖市范围内开采或者生产应税产品，其纳税地点需要调整的，由省、自治区、直辖市税务机关决定。 2. 跨省开采资源税应税产品的单位，其下属生产单位与核算单位不在同一省、自治区、直辖市的，对其开采的矿产品，一律在开采地纳税，其应纳税款由独立核算、自负盈亏的单位，按照开采地的实际销售量（或者自用量）及适用的单位税额计算划拨。 3. 扣缴义务人代扣代缴的资源税，应当向收购地主管税务机关缴纳。

续表

序号	税种	纳税地点
11	耕地占用税	纳税人占用耕地或其他农用地,应当在耕地或其他农用地所在地申报纳税。
12	城镇土地使用税	城镇土地使用税由土地所在地的税务机关征收。
13	土地增值税	在房地产所在地办理纳税。房地产所在地,是指房地产的座落地。纳税人转让的房地产座落在两个或两个以上地区时,应按房地产所在地分别申报纳税。
14	契税	向土地、房屋所在地的契税征收机关办理纳税申报。
15	印花税	应纳税凭证应当于书立或者领受时贴花。 同一种类应纳税凭证,需频繁贴花的,应向当地税务机关申请按期汇总缴纳印花税。 对于全国性商品物资订货会(包括展销会、交易会等)上所签订合同应纳的印花税,由纳税人回其所在地即时办理贴花完税手续;对地方主办、不涉及省际关系的订货会、展销会上所签合同的印花税,其纳税地点由各省、自治区、直辖市税务局自行确定。
16	城市维护建设税	比照增值税、消费税、营业税的有关规定办理。

附表八：中国现行税种计税期间和纳税期限列表

序号	税种	计税期间	纳税期限
1	增值税	增值税的计税期间分别为1日、3日、5日、10日、15日、1个月或者1个季度。纳税人的具体计税期间，由主管税务机关根据纳税人应纳税额的大小分别核定；不能按照固定期限纳税的，可以按次纳税。 以1个季度为计税期间的规定仅适用于小规模纳税人。小规模纳税人的具体计税期间，由主管税务机关根据其应纳税额的大小分别核定。	纳税人以1个月或者1个季度为1个计税期的，自期满之日起15日内申报纳税；以1日、3日、5日、10日或者15日为1个计税期的，自期满之日起5日内预缴税款，于次月1日起15日内申报纳税并结清上月应纳税款。 纳税人不能按照固定期限缴纳增值税的，可以按次纳税。 进口货物的，纳税人自海关填发海关进口增值税专用缴款书之日起15日内缴纳税款。 扣缴义务人解缴增值税的纳税期限，依照上述规定执行。
2	消费税	消费税的计税期间分别为1日、3日、5日、10日、15日、1个月或者1个季度。纳税人的具体计税期间，由主管税务机关根据纳税人应纳税额的大小分别核定；不能按照固定期限纳税的，可以按次纳税。	纳税人以1个月或者1个季度为1个计税期的，自期满之日起15日内申报纳税；以1日、3日、5日、10日或者15日为1个计税期的，自期满之日起5日内预缴税款，于次月1日起15日内申报纳税并结清上月应纳税款。 纳税人进口应税消费品，应当自海关填发海关进口消费税专用缴款书之日起15日内缴纳税款。
3	营业税	营业税的计税期间分别为5日、10日、15日、1个月或者1个季度。纳税人的具体计税期间，由主管税务机关根据纳税人应纳税额的大小分别核定；不能按照固定期限纳税的，可以按次纳税。 银行、财务公司、信托投资公司、信用社、外国企业常驻代表机构的计税期间为1个季度。	纳税人以1个月或者1个季度为一个计税期的，自期满之日起15日内申报纳税；以5日、10日或者15日为一个计税期的，自期满之日起5日内预缴税款，于次月1日起15日内申报纳税并结清上月应纳税款。 扣缴义务人解缴税款的期限，依照上述规定执行。
4	车辆购置税	按次计税	纳税人购买自用应税车辆的，应当自购买之日起60日内申报纳税；进口自用应税车辆的，应当自进口之日起60日内申报纳税；自产、受赠、获奖或者以其他方式取得并自用应税车辆的，应当自取得之日起60日内申报纳税。

续表

序号	税种	计税期间	纳税期限
5	烟叶税	具体计税期间由税务机关核定	纳税人应当自纳税义务发生之日起30日内申报纳税。
6	企业所得税	企业所得税按纳税年度计算。纳税年度自公历1月1日起至12月31日止。企业在1个纳税年度中间开业，或者终止经营活动，使该纳税年度的实际经营期不足12个月的，应当以其实际经营期为1个纳税年度。企业依法清算时，应当以清算期间作为1个纳税年度。	企业应当自月份或者季度终了之日起15日内，向税务机关报送预缴企业所得税纳税申报表，预缴税款。企业所得税分月或分季预缴，由税务机关具体核定。企业应当自年度终了之日起5个月内，向税务机关报送年度企业所得税纳税申报表，并汇算清缴，结清应缴应退税款。扣缴义务人每次代扣的税款，应当自代扣之日起7日内缴入国库，并向所在地税务机关报送扣缴企业所得税报告表。
7	个人所得税	1. 扣缴义务人所扣的税款，按月计征。2. 工资、薪金所得应纳的税款，按月计征。3. 采掘业、远洋运输业、远洋捕捞业以及国务院财政、税务主管部门确定的其他特定行业的工资、薪金所得应纳的税款，可以实行按年计算、分月预缴的方式计征。4. 个体工商户的生产、经营所得应纳的税款，按年计算，分月预缴，年度终了后3个月内汇算清缴，多退少补。5. 对企事业单位的承包经营、承租经营所得应纳的税款，按纳税年度计算。6. 从中国境外取得所得的纳税义务人，应当在年度终了后30日内，将应纳的税款缴入国库，并向税务机关报送纳税申报表。	1. 扣缴义务人每月所扣的税款，自行申报纳税人每月应纳的税款，都应当在次月15日内缴入国库，并向税务机关报送纳税申报表。2. 工资、薪金所得应纳的税款，按月计征，由扣缴义务人或者纳税义务人在次月15日内缴入国库。3. 采掘业、远洋运输业、远洋捕捞业以及国务院财政、税务主管部门确定的其他特定行业的工资、薪金所得应纳的税款，按月预缴，自年度终了之日起30日内，合计其全年工资、薪金所得，再按12个月平均并计算实际应纳的税款，多退少补。4. 个体工商户的生产、经营所得应纳的税款，按年计算，分月预缴，由纳税义务人在次月15日内预缴，年度终了后3个月内汇算清缴，多退少补。5. 对企事业单位的承包经营、承租经营所得应纳的税款，纳税义务人在年终一次性取得承包经营、承租经营所得的，自取得收入之日起30日内将应纳税款缴入国库；纳税义务人在1年内分次取得承包经营、承租经营所得的，应当在取得每次所得后的15日内预缴，年度终了后3个月内汇算清缴，多退少补。

序号	税种	计税期间	纳税期限
7	个人所得税	7.劳务报酬所得、稿酬所得、特许权使用费所得、利息、股息、红利所得、财产租赁所得、财产转让所得、偶然所得和其他所得，按次计税。	6.从中国境外取得所得的纳税义务人，应当在年度终了后30日内，将应纳的税款缴入国库，并向税务机关报送纳税申报表。
8	房产税	按年计税	房产税按年征收、分期缴纳。纳税期限由省、自治区、直辖市人民政府规定。
9	车船税	按年申报缴纳	实行按年申报，分月计算，一次性缴纳，具体申报纳税期限由省、自治区、直辖市人民政府确定。
10	资源税	纳税人的计税期间为1日、3日、5日、10日、15日或者1个月，由主管税务机关根据实际情况具体核定。不能按固定期限计算纳税的，可以按次计算纳税。	纳税人以1个月为一期计税的，自期满之日起10日内申报纳税；以1日、3日、5日、10日或者15日为一期计税的，自期满之日起5日内预缴税款，于次月1日起10日内申报纳税并结清上月税款。扣缴义务人的解缴税款期限，比照上述规定执行。
11	耕地占用税	按次计税	获准占用耕地的单位或者个人应当在收到土地管理部门的通知之日起30日内缴纳耕地占用税。
12	城镇土地使用税	按年计税	按年计算、分期缴纳。缴纳期限由省、自治区、直辖市人民政府确定。
13	土地增值税	由主管税务机关具体确定	纳税人在税务机关核定的期限内缴纳土地增值税。
14	契税	按次计税	在契税征收机关核定的期限内缴纳税款。
15	印花税	按次计税；为简化贴花手续，应纳税额较大或者贴花次数频繁，纳税人可向税务机关提出申请，采取以缴款书代替贴花或者按期汇总缴纳的办法。汇总缴纳的限期额由当地税务机关确定，但最长期限不得超过1个月。	应纳税凭证应当于书立或者领受时贴花。汇总缴纳的纳税期限由当地税务机关确定。
16	城市维护建设税	比照增值税、消费税、营业税的有关规定办理。	比照增值税、消费税、营业税的有关规定办理。

注：本表中计税期间是指纳税人据以计算应纳税额的期间。纳税期限是指税人将应纳税款缴入国库的时间限制。

参考文献

一、专著、教材类

1. 法学词典. 上海：上海辞书出版社，1980.
2. 阿诺德，麦金太尔. 国际税收基础［M］. 国家税务总局国际税务司，译. 北京：中国税务出版社，2005.
3. 保罗·萨缪尔森，威廉·诺德豪斯. 经济学［M］. 18版. 肖琛主，译. 北京：人民邮电出版社，2008.
4. 伯尔曼. 法律和宗教［M］. 梁治平，译. 北京：三联书店，1991.
5. 陈共. 财政学［M］. 北京：中国人民大学出版社，2012.
6. 程永昌. 国际税收学［M］. 北京：中国税务出版社，2006.
7. 樊丽明，张斌，等. 税收法治研究［M］. 北京：经济科学出版社，2004.
8. 高铭暄. 新型经济犯罪研究［M］. 北京：中国方正出版社，2000.
9. 国家税务总局. 中华人民共和国税收基本法规［M］. 北京：中国税务出版社，2014.
10. 国家税务总局国际税务司. 中国避免双重征税协定执行指南［M］. 北京：中国税务出版社，2013.
11. 国家税务总局征管和科技发展司. 税收征管若干问题探讨［M］. 北京：中国税务出版社，2013.
12. 国家税务总局科研所. 西方税收理论［M］. 北京：中国财政经济出版社，1997.
13. 国家税务总局征收管理司. 新税收征收管理法及其实施细则释义［M］. 北京：中国税务出版社，2002.
14. 胡建淼. 行政法学［M］. 北京：法律出版社，2010.
15. 湖北省国家税务局. 税收执法案例选编［M］. 北京：中国税务出版社，2013.
16. 湖北省国家税务局. 以城市为中心的税收管理［M］. 武汉：湖北人民出版社，2005.
17. 郝如玉，曹静韬. 当代税收理论研究［M］. 北京：中国财政经济出版社，2008.
18. 黄桦. 税收学［M］. 北京：中国人民大学出版社，2006.

19. 黄振钢. 税法学［M］. 上海：复旦大学出版社，1991.

20. 何秉松. 刑法教科书［M］. 北京：中国法制出版社，1997.

21. 侯梦蟾. 税收概论［M］. 北京：中国人民大学出版社，1989.

22. 江必新，梁凤云，梁清. 国家赔偿法理论与实务［M］. 北京：中国社会科学出版社，2010.

23. 靳东升，付树林. 外国税收管理的理论与实践［M］. 北京：经济科学出版社，2009.

24. 金子宏. 日本税法原理［M］. 刘多田，等，译. 北京：中国财政经济出版社，1989.

25. 经济合作与发展组织. OECD税收协定范本及注释［M］. 国家税务总局国际税务司译. 北京：中国税务出版社，2012.

26. 李青. 税收管理［M］. 大连：东北财经大学出版社，2006.

27. 李小波. 税收违法与犯罪的认定与追究实务［M］. 北京：中国税务出版社，2011.

28. 李华罡. 税制结构变迁与优化的政治经济学分析［M］. 北京：中国税务出版社，2009.

29. 理查德·波斯纳. 法律的经济分析［M］. 蒋兆康，译. 北京：中国大百科全书出版社，1997.

30. 廖益新. 国际税法学［M］. 北京：高等教育出版社，2008.

31. 刘初旺，沈玉平. 税收征管执法风险与监管研究［M］. 北京：经济管理出版社，2012.

32. 刘剑文. 税法学［M］. 2版. 北京：人民出版社，2003.

33. 刘剑文. 财税法学［M］. 北京：高等教育出版社，2004.

34. 刘剑文. 税法学［M］. 北京：北京大学出版社，2010.

35. 刘剑文. 税法专题研究［M］. 北京：北京大学出版社，2002.

36. 刘剑文. 纳税主体法理研究［M］. 北京：经济管理出版社，2006.

37. 刘剑文. 国际税法学［M］. 北京：北京大学出版社，2004.

38. 刘剑文，熊伟. 税法基础理论［M］. 北京：北京大学出版社，2004.

39. 刘隆亨. 国际税法［M］. 北京：法律出版社，2007.

40. 刘佐. 中国税制概览［M］. 北京：经济科学出版社，2013.

41. 卢卡·帕乔利. 簿记论［M］. 林志军，等，译. 上海：立信会计出版社，2009.

42. 罗豪才. 中国行政法教程［M］. 北京：人民法院出版社，1996.

43. 庞凤喜. 税收原理与中国税制［M］. 北京：中国财政经济出版社，2013.

44. 全国税收"六五"普法丛书编委会. 发票管理知识读本［M］. 北京：中国税务出版社，2012.

45. 全国注册税务师执业资格考试教材编写组. 2014年全国注册税务师执业资格考试教材（全五册）［M］. 北京：中国税务出版社，2014.

46. 任翠霞. 从零开始学凭证与发票管理［M］. 北京：化学工业出版社，2013.

47. 史正保. 税法原理与实务［M］. 北京：经济科学出版社，2006.

48. 史正保. 税法原理与实务［M］. 北京：经济科学出版社，2011.
49. 税收与税源问题研究课题组. 区域税收转移调查［M］. 北京：中国税务出版社，2007.
50. 斯蒂格利茨. 经济学［M］. 郭晓惠，等，译. 北京：中国人民大学出版社，1997.
51. 宋凤轩. 税收理论与制度［M］. 北京：人民邮电出版社，2011.
52. 宋延康. 中国税收管理体制的制度研究［M］. 北京：中国税务出版社，2006.
53. 汤贡亮. 2012中国税收发展报告——中国国际税收发展战略研究［M］. 北京：中国税务出版社，2013.
54. 涂龙力，王鸿貌. 税法学通论［M］. 北京：中国税务出版社，2007.
55. 王传伦，高培勇. 当代西方财政经济理论［M］. 北京：商务印书馆，1995.
56. 王东山. 税收与民商法［M］. 北京：中国市场出版社，2009.
57. 王名扬. 美国行政法［M］. 北京：中国法制出版社，2005.
58. 汪永清. 中华人民共和国行政许可法教程［M］. 北京：中国法律出版社，2003.
59. 魏俊著. 税权效力论［M］. 北京：法律出版社，2012.
60. 魏振瀛. 民法［M］. 4版. 北京：高等教育出版社，2010.
61. 谢伏瞻. 中国不动产税制设计［M］. 北京：中国发展出版社，2006.
62. 肖厚雄，等. 纳税服务理论与实践［M］. 北京：中国财政经济出版社，2010.
63. 徐孟洲. 税法原理［M］. 北京：中国人民大学出版社，2008.
64. 闫海. 税收征收管理的法理与制度［M］. 北京：法律出版社，2011.
65. 盐野宏. 行政法总论［M］. 北京：北京大学出版社，2008.
66. 杨森平，李日新，李英. 税务管理［M］. 广州：暨南大学出版社，2012.
67. 杨秀琴. 国家税收［M］. 北京：中国人民大学出版社，1995.
68. 叶守光. 中国企业避税问题风险控制与管理实务［M］. 北京：中国税务出版社，2002.
69. 应松年. 行政法与行政诉讼法学［M］. 北京：法律出版社，2009.
70. 应松年，刘莘. 中华人民共和国行政强制法条文释义与案例适用［M］. 北京：中国市场出版社，2011.
71. 翟继光. 税法学原理：理论·实务·案例［M］. 北京：清华大学出版社，2012.
72. 翟继光. 和谐社会背景下的税收法治建设［M］. 上海：立信会计出版社，2008.
73. 湛中乐，等. 行政调解、和解制度研究［M］. 北京：法律出版社，2009.
74. 张得志. 税务风险管理理论与实践［M］. 北京：中国税务出版社，2013.
75. 张松. 税法原理［M］. 北京：中国税务出版社，2008.
76. 张守文. 税法原理［M］. 2版. 北京：北京大学出版社，2001.
77. 张守文. 税法原理［M］. 5版. 北京：北京大学出版社，2009.
78. 张守文. 税法原理［M］. 6版. 北京：北京大学出版社，2012.
79. 张文显. 法理学［M］. 北京：高等教育出版社，北京大学出版社，1999.

80. 章炜. 税务辞典［M］. 北京：中国财政经济出版社，1989.

81. 郑坚. 纳税评估理论与实践［M］. 北京：中国税务出版社，2005.

82. 周旺生. 立法学［M］. 2版. 北京：法律出版社，2009.

83. 朱承斌. 税收优惠的经济分析［M］. 北京：经济科学出版社，2006.

84. 朱力宇，张曙光. 立法学［M］. 3版. 北京：中国人民大学出版社，2009.

85. 朱青. 国际税收［M］. 北京：中国人民大学出版社，2009.

二、论文、新闻类

1. 冯立增，高峰，王立利，等. 税收协定系列讲座［J］. 国际税收，2013（7—11）.

2. 施正文. 论税收程序［J］. 安徽大学法律评论，2001（12）.

3. 全胜奇. 试论我国税务登记制度的完善［J］. 河南财政税务高等专科学校学报，2005（1）.

4. 郭维真. 我国推定课税制度的法理研析［J］. 税务研究，2014（2）.

5. 肖绮芳. 国内避税问题探讨［J］. 湘潭大学学报，1999（1）.

6. 徐公伟，丁建忠. 新税法实施后的国内避税问题探析［J］. 现代财经，2009（3）.

7. 闫海，于骁骁. 论税收滞纳金的法律性质、适用情形与核定机制［J］. 湖南财政经济学院学报，2011（6）.

8. 李孝猛. 责令改正的法律属性及其适用［J］. 法学，2005（2）.

9. 谢祥为，张哲. 行政处罚法定种类评析［J］. 江西社会科学，2003（2）.

10. 张婉苏. 论滞纳金的法律性质［J］. 学海，2013（4）.

11. 刘承智. 欠税公告的法律性质、行为原则与正当程序［J］. 财会月刊，2007（24）.

12. 施正文. 论税法主体［J］. 税务研究，2002（11）.

13. 陈兴良. 罪刑法定的当代命运［J］. 法学研究，1996（2）.

14. 马克昌. 经济犯罪的罪与非罪界限［J］. 法学，1994（4）.

15. 杨书文. 经济犯罪立案追诉标准的理解与适用［J］. 江西警察学院学报，2013（2）.

16. 杨宏芹，朱铁军. 徇私舞弊不移交刑事案件罪司法认定中的若干问题［J］. 人民法院报，2013-03-20.

17. 张伦伦. 全面解读《多边税收征管互助公约》［J］. 国际税收，2014（2）.

18. 付瑶. 内地与香港避免双重征税安排的内容、成果与展望［J］. 国际税收，2013（2）.

19. 兰权昌. 论税务行政自由裁量权及其有效控制［D］. 长春：吉林大学，2008.

20. 张雁荣. 我国税收滞纳金制度研究［D］. 兰州：兰州商学院，2010.

21. 张婉苏. 滞纳金制度研究［D］. 南京：南京大学，2013.

22. 施宏. 试论纳税人权利的法律保障［EB/OL］. http: //news.bjnsr.com/.

23. 中国政府正式签署《多边税收征管互助公约》［EB/OL］. http: //www.gov.cn/jrzg/2013-08/27/content_2475152.htm.

24. 中国顺利通过全球税收论坛税收透明度和情报交换同行审议［EB/OL］．http：//www.chinatax.gov.cn/n8136506/n8136608/n9947993/n9948014/11984166.htm．

25. Tax Transparency 2013：Report on Progress［EB/OL］．http：//www.oecd.org/tax/transparency/．

26. 税务局所课征的税项指南 2013—2014［EB/OL］．http：//www.ird.gov.hk/chs/ati/cai.htm．

27. 刘隆亨．中国内地及香港、澳门地区经贸关系的新发展及其税收协调［EB/OL］．http：//article.chinalawinfo.com/article_print.asp?articleid=29785．

28. 周绍基．香港内地避免双重征税 港获税率 80 地区中最低［EB/OL］．http：//www.p5w.net/news/gatxw/200608/t480393.htm．

后　记

　　历时一年多，数易其稿，《税收法治通论》一书付梓在即，书山求索的艰辛、咬文嚼字的执着、观点碰撞的火花和彻夜不眠的疲惫统统都化为了夙愿得偿的喜悦。一年的忙碌和坚持是编写组成员十几年乃至几十年税收工作经验和对当前中国税收法治建设状况思考的总结回顾，也是作为税务工作者为推进中国税收法治化进程所尽的"匹夫之责"。

　　税法研究领域百家争鸣，税收读本百花齐放。本书在编写过程中参阅了大量资料，因篇幅限制，参考文献中没有全部罗列，在此对各位学者表示敬意、谢意及歉意。作为执行税法的实践者，编者也发现诸多实践领域存在理论的盲区和认识的误区。为了系统地指导税收工作，编者倾注大量精力，力求填漏补缺，理清税法框架，这也是本书藉以忝列书林的精华所在。同时，编者也心存忐忑，"一家之言"难免有失，仅作抛砖引玉，欢迎读者探讨并批评指正。

　　本书得以顺利面世，得益于国家税务总局、北京市地方税务局和税法学界专家学者的大力支持。国家税务总局原副局长郝昭成同志始终关注和指导了本书的写作，并欣然作序。北京市地方税务局有关部门为编写组提供了各方面的保障，使编写组成员在繁忙的工作之余能够静下心来研究思考。中国税务出版社高度重视，资深编辑刘淑民主任承担了大量细致的工作。国家税务总局科研所所长李万甫同志、副所长付树林同志，法规司副巡视员张学瑞同志，北京大学刘剑文教授、中国人民大学朱青教授、中国政法大学施正文教授、天津财经大学李炜光教授，多年从事税法实务的王家本律师，北京市地方税务局党组书记刘江平同志、局领导班子吴鼎、朱元广、刘健、吕兴渭、王炜、沈永奇、刘宝忠、杨文俊等同志，各业务处室的领导，给本书提出了宝贵的意见。在此一并表示诚挚的感谢。

编　者

2014 年 8 月